Verhaltensstörungen bei Kindern und Jugendlichen

Erscheinungsformen -
Ursachen -
Hilfreiche Maßnahmen

2. Auflage

Verlag W. Kohlhammer
Stuttgart Berlin Köln

Die Deutsche Bibliothek - CIP-Einheitsaufnahme

Myschker, Norbert:
Verhaltensstörungen bei Kindern und Jugendlichen :
Erscheinungsformen – Ursachen – hilfreiche Massnahmen /
Norbert Myschker. – 2. Aufl. – Stuttgart ; Berlin ; Köln :
Kohlhammer, 1996

ISBN 3-17-014138-4

2. Auflage 1996
Alle Rechte vorbehalten
© 1993 W. Kohlhammer GmbH
Stuttgart Berlin Köln
Verlagsort: Stuttgart
Umschlag: Data Images
        audiovisuelle Kommunikation GmbH
Typoskript: N. Myschker, P. Muggelberg
Gesamtherstellung:
W. Kohlhammer Druckerei GmbH + Co. Stuttgart
Printed in Germany

Inhaltsverzeichnis

6. Erziehung, Unterricht, Therapie und Beratung 151

Vorwort

Es mag als Hybris aufgefaßt und kann als Wagnis angesehen werden, sich angesichts der Komplexität der Thematik und des Umfangs vorliegender Untersuchungen, Konzepte und Theorien als alleiniger Autor mit Verhaltensstörungen bei Kindern und Jugendlichen zu befassen. Der Begriff Hybris (altgriechisch: Übermut, Vermessenheit, Herausforderung der Götter) scheint mir deshalb am Platze zu sein, weil es für einen einzelnen unmöglich ist, die gesamte relevante Literatur zu bearbeiten und mit eigenen Erkenntnissen und Vorstellungen zu verarbeiten. Es gilt also auszuwählen, Schwerpunkte, Akzente zu setzen und dennoch die Thematik sachgerecht und zeitgemäß, d.h. dem gegenwärtigen Forschungs- und Erkenntnisstand entsprechend, darzustellen. So ist auch das Wagnis gegeben, nicht auf das notwendige Verständnis zu stoßen, insbesondere bei denjenigen Fachkolleginnen und -kollegen, die nicht die entsprechende Berücksichtigung fanden oder andere Aspekte präferieren. Es läßt sich also vieles anders und vielleicht auch besser machen. Ich möchte deshalb den/die Leser/-in bitten, sich mit konstruktiv-kritischen Hinweisen und Anregungen an mich zu wenden.

Trotz der aufgezeigten Problemkonstellation lege ich das Buch vor aus der Überzeugung heraus, daß eine möglichst umfassende - wenn auch in Teilen verkürzte - Darstellung über Verhaltensstörungen im Kindes- und Jugendalter aus pädagogischer Sicht von historischen Betrachtungen bis zur Drogenabhängigkeit notwendig ist, um dem wachsenden Informationsbedürfnis einer breiteren Öffentlichkeit, insbesondere aber der Eltern und all derer zu genügen, die sich professionell mit schwierigen, hilfsbedürftigen jungen Menschen beschäftigen.

Eigene Arbeiten aus früherer Zeit, die auch gegenwärtig relevant erscheinen, wurden überarbeitet in den Text einbezogen.

Bei den technischen Arbeiten haben mir meine Frau, der Wissenschaftliche Mitarbeiter Peter Muggelberg und der Student Ulrich Korthals hilfreich zur Seite gestanden, denen ich auch an dieser Stelle herzlich danken möchte.

Dem Kohlhammer-Verlag gilt der Dank für Verständnis und Geduld - Tugenden, die sich im Zusammenhang mit der Manuskripterstellung als notwendig erwiesen.

Um den Preis für das Buch relativ niedrig zu halten, habe ich es übernommen, Text und Abbildungen in reproduktionsfähigen Druckseiten zu gestalten. Die dafür verfügbaren Computerprogramme erwiesen sich jedoch noch als sehr fehlerhaft und zeitraubend.

Berlin 33, im Januar 1993
Prof. Dr. Norbert F. Myschker
Freie Universität
Königin-Luise-Str. 24 - 26

Vorwort zur 2. Auflage

Die freundliche Aufnahme des Buches ermöglicht schon nach relativ kurzer Zeit eine zweite Auflage, was mich freut und wofür ich mich bedanke. Eine gründliche Überarbeitung wird noch nicht als notwendig angesehen, wohl aber kann die Gelegenheit genutzt werden, einige Verbesserungen vorzunehmen.

Berlin, im Oktober 1995
N. M.

Einleitung

Kinder und Jugendliche, die Verhaltensstörungen, Verhaltensauffälligkeiten, Verhaltensschwierigkeiten - oder wie immer die Problematik bezeichnet werden kann - zeigen, bringen durch ihr Verhalten zum Ausdruck, daß ihre Entwicklung, ihr Leben durch innere und/oder äußere Bedingungen beeinträchtigt, vielleicht sogar bedroht ist. Ihr Verhalten ist als Hilferuf aufzufassen. Noch nicht lange werden Verhaltensstörungen so gesehen und mit Hilfsmaßnahmen beantwortet. In einem historischen Überblick wird deshalb im 1. Kapitel zunächst dargestellt, wie früher mit Kindern und Jugendlichen, die unerwünschtes, als störend empfundenes Verhalten zeigten, umgegangen wurde. Ihnen wurden "Kinderfehler" zugeschrieben, sie galten als böswillig, schwer erziehbar oder gar unerziehbar und wurden hart bestraft. Nach der für "Problemkinder" äußerst schwierigen, ja, gefährlichen Zeit der nationalsozialistischen Diktatur kommen erst in der Gegenwart verstärkt Erziehungs- und Unterrichtskonzepte zum Tragen, die den Bedürfnissen und Möglichkeiten dieser Kinder und Jugendlichen weitgehend gerecht werden.

Verhaltensstörungen stellen eine komplexe Problematik dar, die sich sowohl terminologisch als auch definitorisch nur annäherungsweise und unvollkommen fassen läßt. Gerade deshalb ist eine Auseinandersetzung mit relevanten Begriffen notwendig und bedeutsam. Wenn nach eingehender begrifflicher Diskussion eine terminologische Festlegung im 2. Kapitel vorgenommen wird, handelt es sich jedoch weniger um eine Definition im Sinne von etwas Endgültigem als vielmehr um einen Umschreibungsversuch, der für Veränderungen offen ist und seine Legitimation aus der Notwendigkeit zur Verständigung bezieht.

So verschieden, wie die Veranlagungen sind, mit denen Kinder auf die Welt kommen, sind die Bedingungen, unter denen sie aufwachsen und menschengerecht, sozialadäquat erzogen oder auch verzogen, vernachlässigt, mißhandelt, mißbraucht werden. Diese Verschiedenartigkeit drückt sich in ihrem Sein und - bei pathogenen Bedingungen - in den durch ihr Verhalten demonstrierten Hilferufen aus.

Es wird also ausführlich auf die Erscheinungsformen einzugehen sein, - und auch auf die Verbreitung von Verhaltensstörungen, denn nur wenn zu der Prävalenz einer Problematik Aussagen gemacht werden können, werden die notwendigen Ressourcen zu beantragen und evtl. auch zu erhalten sein (Kapitel 3).

Ausführlichkeit im Rahmen des Möglichen gebührt auch den Ursachen und der Genese von Verhaltensstörungen (Kapitel 4). Dabei ist zu explizieren, daß Verhaltensstörungen sich multidimensional darstellen und multifaktoriell bedingt sind. Das Verhalten des Menschen wird bestimmt durch das interdependente Wirken genetischer, sozialer und arbiträrer Komponenten, d.h. durch Anlage und Vererbung, durch Umweltbedingungen und durch Selbststeuerungsmöglichkeiten und Selbstbestimmungstendenzen. Sowohl die mehr den Vererbungstheorien zuneigenden Forscher (z.B. Mediziner, Humanethologen, Soziobiologen) als auch die stärker den Milieutheorien verpflichteten Wissenschaftler (z.B. Soziologen, Tiefenpsychologen, Lernpsychologen) sowie die Vertreter der Selbstorganisation (Kybernetik, Kommunikationstheorie) machen bedeutsame Aussagen zu Verhaltensaspekten des Menschen, aber erst die Zusammenschau ihrer Ergebnisse beleuchtet das menschliche Verhalten umfassend. Die Ursachen und die Genese von Verhaltensstörungen lassen sich weder monokausal noch multikausal, sondern nur über einen komplexen Ansatz erklären, der die Einsichten verschiedener monistischer Konzepte einbezieht und auf das interdependente Zusammenwirken der Faktoren abhebt. Ein solcher Ansatz, der hier vertreten wird, versucht das gesamte Bedingungsgefüge zu berücksichtigen und ist somit als ganzheitlich, synthetisch oder integrativ zu bezeichnen.

In Kapitel 5 ist das zentrale Anliegen, einen Überblick zu geben über relevante diagnostische Ansätze und Verfahren und einen vertiefenden Einblick in die Komplexität des theoretischen Konstrukts zu vermitteln, das als Verhaltensstörung(-en) bezeichnet wird. Diagnostik wird dabei als prozeßorientiert (Förderdiagnostik) verstanden, d.h. ihr wird große Bedeutung für eine evaluierende Begleitung aller Interventionen beigemessen. Im wesentlichen aus diesem Grund werden viele Verfahren vorgestellt, die beispielhaft für die verschiedenen diagnostischen Bereiche stehen und der Praxis dienlich sind.

Wer auf Verhaltensstörungen bei Kindern und Jugendlichen einwirken will, muß ein/-e Vielkönner/-in* sein. Er/sie muß nicht nur über ein möglichst umfassendes Wissen zu den Erscheinungsformen, zur Verursachung und zur Genese von Verhaltensstörungen verfügen, er/sie muß sich auch Fähigkeiten und Fertigkeiten aneignen, eine in eine unerwünschte Richtung geratene Entwicklung eines Kindes oder Jugendlichen so zu beeinflussen, daß es zu einer psychischen Umorganisation kommt, zu einer Änderung des Lebensplans bzw. zu sozial adäquaten Lerneffekten im Hinblick auf das Verhaltensrepertoire. Diese sehr schwierige Aufgabe ist nur zu bewältigen, wenn auf alle zielrelevanten Möglichkeiten zurückgegriffen werden kann. Junge Menschen mit Verhaltensstörungen brauchen alle Hilfen, die verfügbar, erfolgversprechend und verantwortbar sind. Sie haben einen Anspruch darauf, daß von ihren Bedürfnissen und Möglichkeiten, weniger von wissenschaftlichen und theoretischen Erwägungen ausgegangen wird. Fragen nach stringenter theoretischer Ableitung und Begründung von Konzepten und Verfahren - so wichtig sie letztlich sind - erscheinen als ebenso zweitrangig wie die nach - praktischer Handhabung vorgeschalteten - breiten und peniblen Ansprüchen genügenden Effizienzkontrollen bzw. Evaluationsstudien. Wenn angesichts akuter Problemlagen Handlungsbedarf besteht, muß die Praxis hier und heute im Vordergrund stehen und ihren Aufgaben so gut wie möglich gerecht werden. Die Menschen vergangener Jahrhunderte sorgten für sauberes Trinkwasser, bevor sie etwas über Bakterien wußten. Umweltschutz ist in unserer Zeit zu betreiben, bevor die negative Wirkung aller Faktoren und das Bedingungsgefüge aller Negativfaktoren erforscht sind. Im Sinne dieser Überlegungen werden im 6. Kapitel verschiedene Interventionsansätze und -verfahren behandelt. Sie haben alle - gerade wegen ihrer Verschiedenheit - ihre Berechtigung, auch weil die Menschen, die sie anwenden, wie diejenigen, die von ihnen profitieren sollen, so sehr verschieden sind. Sie bieten als Ganzes oder in Elementen Möglichkeiten, Anregungen, Komponenten für verbindende, auf spezifische Situationen ausrichtbare Konzepte. Mit den Ausführungen insgesamt wird - wie bei der Ursachenbetrachtung von Verhaltensstörungen - für einen eklektizistischen, synthetischen oder integrativen Interventionsansatz plädiert. Mit diesem Ansatz wird der Überzeugung Rechnung getragen, daß Intervention bei Verhaltensstörungen, um den Bedürfnissen und Möglichkeiten der Kinder und Jugendlichen genügen zu können, multimodal und multiprofessionell sein muß. Deshalb wird neben verschiedenen Ansätze und Verfahren auch ein flexibel zusammenstellbares und einsetzbares sowie auf Kooperation ausgerichtetes integratives Konzept vorgestellt.

Es erscheint auch als notwendig herauszustellen, daß es für den Intervenierenden wichtig, ja, nahezu lebenswichtig ist, um nicht vorzeitig auszubrennen bzw. eine Burn-outSymptomatik zu entwickeln, das Interventionskonzept auf die persönlichen Verhältnisse

---

*Im weiteren Text werden Begriffe, die traditionsgemäß beide Geschlechter meinen (Mensch, Gast usw.) oder als Berufbezeichnungen verstanden werden, aus ökonomischen Gründen und im Sinne vieler Autorinnen und Wissenschaftlerinnen (vgl. z.B. Vernooij 1992, 5) nicht durchgängig geschlechtsspezifisch differenziert.

und Möglichkeiten einzustellen, um es adäquat realisieren und sich voll und ganz mit dem eigenen Tun identifizieren zu können. Aus der individuellen Kompetenzabsicherung kann sich dann auch die so notwendige Bereitschaft zur Kooperation ergeben. Zur Verdeutlichung der angemessenen und notwendigen Umsetzung dieser Erkenntnis auf der Ebene der Institutionen und der helfenden Berufe wird nach der Behandlung der für die Intervention bei Verhaltensstörungen wichtigen Institutionen in Kapitel 7 im folgenden 8. Kapitel auf die für die Interventionsmaßnahmen wichtigsten Berufsgruppen eingegangen. Dabei sollte auch deutlich werden, daß die verschiedenen auf dem Gebiet der pädagogisch-therapeutischen Hilfe Tätigen eine Ausbildung auf gleichem Niveau brauchen, woraus auch eine gleiche Bezahlung resultieren sollte. Dadurch würden auch organisatorische Probleme leichter und besser lösbar, und das Betriebsklima allgemein in Einrichtungen für Kinder und Jugendliche mit Verhaltensstörungen könnte positiv beeinflußt werden.
In einem "Speziellen Teil", der das 9. Kapitel ausmacht, werden wichtige Teilbereiche der Thematik mit der möglichen Ausführlichkeit behandelt, die in sich eine gewisse Geschlossenheit haben und deren Integration in den vorausgegangenen Teil die Darstellung einerseits zu sehr aufgebläht und andererseits zerrissen hätte. Zudem werden Inhalte angesprochen, die - wie Angst und Aggressivität - in allen Lebensbereichen des Menschen und insbesondere bei psychischen Störungen große Bedeutung haben oder Störungen sind, die - wie Suizidalität und Delinquenz - zwar "spezielle", aber doch allgemeinmenschliche Problemlagen bezeichnen, oder - wie psychophysische und psychopathologische Störungen - alle Menschen mehr oder weniger bedrohen und unerwartet über jeden bzw. über jede Gruppe oder Familie hereinbrechen können.

Die Darstellung versucht
- möglichst umfassend zu sein, ohne dabei alle Theorien, Ansätze oder gar Untersuchungen berücksichtigen zu können, die für die gesamte Thematik bedeutsam sind,
- möglichst anschaulich zu sein, wozu Abbildungen, Grafiken und Beschreibungen herangezogen werden und
- möglichst allgemein verständlich zu sein.
Insgesamt ist eine gewisse Redundanz gegeben, die sich nicht eingeschlichen hat, sondern beabsichtigt ist. Die vorliegende Abhandlung soll nicht unbedingt systematisch vom Anfang bis zum Ende durchgelesen werden; einzelne Kapitel sollen auch für sich stehen, gelesen und verstanden werden können - unabhängig von den vorausgegangenen Darstellungen.

Allgemeiner Teil

1. Historischer Überblick

Kinder und Jugendliche, deren Verhaltensweisen die Umwelt als unerwünscht und störend empfindet und die sich selbst in ihrer Lebensgestaltung und Entwicklung beeinträchtigen, hat es in allen Kulturen und zu allen Zeiten gegeben. Bewertungen der Auffälligkeiten und Reaktionen der Umwelt geschahen und werden weiterhin realisiert in Abhängigkeit von gesellschaftlichen Verhältnissen, d.h. insbesondere von kulturellen, religiös-ethischen und nicht zuletzt ökonomischen Bedingungen. Die Reaktionen waren durch die Jahrhunderte hindurch sehr vielfältig und unterschiedlich. Sie reichten im europäischen Kulturraum von den verschiedenen Formen körperlicher Züchtigung über Isolationsmaßnahmen bis hin zur Tötung einerseits und zu verständnisvoller Akzeptanz mit umfassender Hilfe zur Selbstentfaltung andererseits. Die harten Maßnahmen, denen verhaltensabweichende junge Menschen unterworfen wurden, gipfelten in der ideologisch begründeten "Ausmerzung" während des Terrorregimes der Nationalsozialisten in Deutschland.

Soweit das Leben geschont wurde, lassen sich die Reaktionen durch die Jahrhunderte hindurch mit den Begriffen Separieren, Isolieren, Disziplinieren und Normalisieren zusammenfassend bezeichnen.

Bereits die ersten Einrichtungen, die sich - wie die Findelhäuser und Klöster - Kindern mit und in Schwierigkeiten pflegerisch und erzieherisch annahmen, waren separierende und isolierende Anstalten mit harter Zucht. Die Schulen, zunächst der Klöster und der Gemeinden, später des Staates, konnten lange auf dauerhafte Separierung und Isolation der "Störenfriede" verzichten. Durch religiös begründete körperliche Züchtigungen erreichten und hielten auch sie Disziplin aufrecht, d.h. ein "Verhalten nach den vorgegebenen Ordnungsgeboten" (Hagemeister 1968, 25). Als dann, erst in unserem Jahrhundert, körperliche Züchtigung in Verruf kam, wurden die "psychopathischen" oder "schwer erziehbaren" Kinder und Jugendlichen in Sonderklassen separiert und isoliert, um sie noch besser disziplinieren und normalisieren zu können. Sie wurden aus der Gemeinschaft der anderen ausgesondert, psychisch und physisch vereinzelt und besonderen Maßnahmen unterzogen, um sie zu befähigen, sich möglichst "normal" zu verhalten, also situativen und übergreifenden Erfordernissen der Gemeinschaft zu genügen und so zu werden wie die anderen.

1.1 Fünf historiographische Linien

Die besonderen Einrichtungen, die für Kinder und Jugendliche mit Verhaltensstörungen entstanden, waren das Erfahrungsfeld für die Entwicklung einer differentiellen Pädagogik, die wir heute als Pädagogik bei Verhaltensstörungen bezeichnen. Sie lassen sich von ihren Ursprüngen über ihre Entfaltung und Konsolidierung oder auch ihren Niedergang in fünf historiographischen Linien verfolgen, und zwar über:
1. die sozialpädagogische Linie:
    Waisenhäuser - Rettungshäuser - Erziehungsheime - Heimschulen,
2. die kriminalpädagogische Linie:
    Zuchthäuser - Jugendstrafvollzug - Gefängnisschule,

3. die schulpädagogische Linie:
    Beobachtungsklassen - Erziehungsklassen - Kleinklassen, Sonderklassen - Sonder-
    schulen - Integrierte Fördereinrichtungen,
4. die pädagogisch-psychiatrische Linie:
    Einrichtungen der Psychopathenfürsorge - Kliniken für Kinder- und Jugendpsychia-
    trie - Klinikschulen,
5. die berufspädagogische Linie:
    Arbeitserziehung - Industrieschulen - Fortbildungsschulen - Berufsschulen - Berufs-
    bildungswerke (vgl. Myschker 1989).

Innerhalb der einzelnen historiographischen Linien spiegeln sich jeweils spezifische
Entwicklungen in theoretischer, praktischer und organisatorischer Hinsicht wieder. Neue
Möglichkeiten und Konzepte wurden häufig von Gemeinschaften, Gruppen Gleich-
gesinnter, aber auch von Einzelpersonen initiiert und getragen. Einige Einrichtungen gibt
es nicht mehr: Rettungshäuser, Zuchthäuser und die "Psychopathen"-fürsorge,
Industrieschulen, Fortbildungsschulen gehören der Vergangenheit an. Heime und Heimschulen reduzieren sich oder sind in einigen Bundesländern bereits völlig abgebaut. Das
Sonderklassen- und Sonderschulwesen für Kinder und Jugendliche mit Verhaltensstörungen befindet sich in einer Legitimationskrise, wird nicht ausgeweitet, sondern
zugunsten integrativer Einrichtungen, d.h. der gemeinsamen Unterrichtung aller Schüler,
eingeschränkt.

1.1.1 Die sozialpädagogische Linie
Waisenhäuser - Rettungshäuser - Erziehungsheime -
Heimschulen

Verwaister, verlassener, ausgesetzter, bedrohter oder verwahrloster Kinder und
Jugendlicher nahmen sich im Bereich abendländischer Kultur zuerst christliche Ordens-
leute in Klöstern und Hospitälern, später auch in speziell gegründeten Findelhäusern an.
Sie handelten aus der Verpflichtung zur Nächstenliebe heraus und um der Kinder wie der
eigenen Seligkeit willen. Diese religiöse Motivation war durch Jahrhunderte hindurch
tragend. Die mittelalterlichen Mönch-Pädagogen waren tief verwurzelt in der christlichen
Anschauung von der "Verderbtheit des Fleisches" und dem "Körper als Sitz des Bösen".
Ihre Erziehung, die sie entsprechend auf Rute und Peitsche gründeten, war "von barbari-
scher Strenge" (Günther et al. 1976, 57).
Im 15. Jahrhundert stieg mit der Veränderung der ökonomischen Verhältnisse die Zahl
verwahrloster, hilfsbedürftiger Kinder stetig an und führte Mitte des 16. Jahrhunderts da-
zu, daß viele Eltern "selbst ihre Kinder weder regieren und unterrichten, noch sie etwas
Gutes lehren können", und die Kinder nur "rabauten" und betteln lernten (zitiert nach:
Scherpner 1979, 33). In dieser Zeit wurden einerseits in vielen Ländern Europas Waisenhäuser in großer Zahl gegründet, andererseits gegen Armut und Bettel verschärfte
Gesetze erlassen (Karl Marx: "Blutgesetzgebung"), die Erwachsene und auch Kinder an
den Galgen brachten.
Nach der Katastrophe des Dreißigjährigen Krieges kam es zu einer Neubesinnung auf
christliche Werte und Lebensgestaltung, - auch und gerade mit dem Blick auf heranwachsende junge Menschen in der Pädagogik. Gottgefälligkeit wurde zur Maxime und
bestimmte auch das Handeln der pädagogisch bedeutsamen pietistischen Theologen wie
Philipp Jakob Spener (1635-1705) und August Hermann Francke (1663-1727). Beide

gründeten Waisenhäuser bzw. Erziehungseinrichtungen mit Vorbild-Charakter. Spener, der "Vater des Pietismus", und Franke, dessen Hallesche Anstalten ein Großunternehmen und weltberühmt wurden, erkannten die Bedeutung der liebevollen Zuwendung und des engen pädagogischen Bezuges und versuchten, ihre Erziehung entsprechend auszurichten. Ihr Vorbild bestimmte das Handeln späterer neupietistischer Theologen, unter denen Johann Hinrich Wichern (1808-1881) als Gründer des "Rauhen Hauses" in Hamburg und der "Inneren Mission" sowie als kämpferischer Anwalt der Rettungshaus-Bewegung der bekannteste wurde (vgl. Wichern 1956). Von zentraler Bedeutung für alles Erziehungsdenken gerade auch gegenüber "verwilderten" Kindern und Jugendlichen wurde - auch im Hinblick auf Wichern und sein pädagogisches Konzept der Familienerziehung - Johann Heinrich Pestalozzi (1746-1827). Pestalozzi gehört zu den ersten, dessen Hinwendung zu den alleine gelassenen, schwierigen Kindern und Jugendlichen nicht mehr primär in religiösen, sondern in humanistischen Vorstellungen und einer den Bedürfnissen und Möglichkeiten der Menschen zugewandten Aufklärung begründet war. Seine Erkenntnisse, die er über Erziehung und Unterrichtung schwieriger Kinder z.B. in dem berühmten Brief an einen Freund über den Aufenthalt in Stans zusammenfaßte, wurden für die Pädagogik bei Verhaltensstörungen - in sonder- wie in sozialpädagogischer Ausrichtung - grundlegend. Sein kinderfreundliches, kinderförderliches Tun fand später eine Fortführung z.B. in der Arbeit von Johannes Trüper (1855 - 1821), August Aichhorn (1878 - 1949), Bruno Bettelheim (1903 - 1990) und Fritz Redl (1902 - 1988).

Wenn die historiographische Linie von den Klöstern über Findelhäuser, Rettungshäuser und Erziehungsheime als sozialpädagogisch typisiert werden kann, so läßt sich eine weitere für die heutige Pädagogik bei Verhaltensstörungen relevante Linie als kriminalpädagogisch bezeichnen, die zwar immer einen gewissen Zusammenhang mit der sozialpädagogischen Linie, aber doch auch eine deutliche Eigenständigkeit hatte.

1.1.2 Die kriminalpädagogische Linie
Zuchthäuser - Jugendstrafvollzug - Gefängnisschule

Die ersten Erziehungseinrichtungen für Kinder und Jugendliche, die nicht nur Verhaltensschwierigkeiten oder Verwahrlosungserscheinungen zeigten, sondern gegen Strafnormen verstoßen hatten, wurden ab 1595 als sog. "Zuchthäuser" eingerichtet. Nach den Gesetzen der Zeit drohten Kindern und Jugendlichen wie Erwachsenen harte Strafen, sogar die Hinrichtung. Der neue Gedanke, der Ende des 16. Jahrhunderts in Amsterdam aufkam, war der, Kinder und Jugendliche nicht durch Leib- und Lebensstrafen sühnen zu lassen, sondern sie - im Sinne der Glaubensvorschriften des Reformators Jean Calvin (1509 - 1564) - durch Zucht und Arbeit in ihrem Verhalten zu ändern. Die Zuchthäuser, die nach Amsterdamer Vorbild in ganz Deutschland, vor allem in den Hansestädten gegründet wurden (z.B. in Bremen 1609, in Hamburg 1622, in Danzig 1636), realisierten für männliche wie für weibliche Kinder und Jugendliche ein Arbeits- und Erziehungskonzept. Diese Anstalten können als Vorläufer der Einrichtungen der Fürsorgeerziehung und des Jugendstrafvollzugs angesehen werden. Merkantilistische Ideen und die äußerst ungünstigen Bedingungen nach dem Dreißigjährigen Krieg brachten in den Zuchthäusern Ausbeutung der Arbeitskraft der Insassen und strafverschärfende Verhältnisse mit sich. Mit dem beginnenden 19. Jahrhundert, als es in Deutschland mindestens 60 Zuchthäuser gab, begann die Entwicklung zu einer Institution schwerer Strafe, die als "Hochschule des Verbrechens" typisiert wurde. Zur Zeit ihrer Auflösung in den Jahren ab 1960 waren die strukturgewandelten deutschen Zuchthäuser Strafanstalten für erwachsene Schwerverbrecher ohne nennenswerte pädagogische Fördermöglichkeiten.

Im ausgehenden 18. und beginnenden 19. Jahrhundert verstärkten sich wieder Tendenzen, den Strafvollzug allgemein und insbesondere für Jugendliche zu einem Besserungsvollzug zu machen. Beccaria in Italien, Howard in England, Pestalozzi in der Schweiz und Wagnitz in Deutschland gehörten zu den Reformern des Strafvollzugs, die im Sinne humanistischer und aufklärerischer Tendenzen besondere Bedingungen für delinquente Jugendliche und einen systematischen Unterricht in der Gefängnisschule erstrebten und erreichten.

Die sozialpädagogische und die kriminalpädagogische Linie griffen an verschiedenen Stellen ineinander, z.B. auch dann, als Wichern und die "Innere Mission" auf die Kodifizierung des Reichsstrafgesetzbuches von 1871 einwirkten, das die Straf*un*mündigkeit für Kinder bis zum vollendeten 12. Lebensjahr festschrieb und Jugendliche bis zum 17. Lebensjahr als nur bedingt strafmündig bezeichnete. Der Strafvollzug an Jugendlichen sollte getrennt von dem für Erwachsene stattfinden. Mit der Novelle von 1876 wurde die Unterbringung von "Übeltätern" in Erziehungs- oder Besserungsanstalten auf Anordnung eines Vormundschaftsrichters vorgesehen. Der Deutsche Bundesrat formulierte 1897 Grundsätze für den Jugendstrafvollzug, nach denen die jugendlichen Gefangenen in allen Fächern der Volksschule unterrichtet werden sollten. Damit war im Bereich der Jurisdiktion eine Entwicklung vorgegeben, die zum seinerzeit sehr fortschrittlichen Jugendwohlfahrtgesetz (JWG von 1922) und zum Jugendgerichtsgesetz (JGG von 1923) führte. Diese weltweit bedeutende und fortschrittliche Gesetzgebung (siehe dazu Kap. 7.2 und 7.3) überdauerte im wesentlichen die Nazi-Zeit und wurde mit geringfügigen Veränderungen nach dem 2. Weltkrieg von der Bundesrepublik Deutschland übernommen. Erst 1990 kam es zu einer völligen Überarbeitung des JWG zu einem Kinder- und Jugendhilfegesetz (KJHG) sowie zu einigen Änderungen des JGG, das aber - zum Verdruß vieler Fachleute - im wesentlichen beibehalten wurde. Der heutige Jugendstrafvollzug macht weitestgehend von Möglichkeiten des - im JGG vorgesehenen - offenen Vollzugs Gebrauch. Die Gefängnisschule sollte im Vollzug bei Jugendlichen nach dem 1960 von der Kultusminsterkonferenz (KMK) beschlossenen "Gutachten zur Ordnung des Sonderschulwesens" eine sonderschulische Einrichtung, "eine Berufsschule von betont heilpädagogischer Prägung" sein. Diese bildungspolitische Aufgabenstellung wurde fallengelassen. In den "Empfehlungen zur Ordnung des Sonderschulwesens" der KMK von 1972 wurde die Schule in der Jugendstrafanstalt nicht mehr berücksichtigt. Sie konnte niemals eine deutliche Struktur und ein ausgeprägtes Selbstverständnis entwickeln, da sie immer im Widerstreit der Meinungen stand, von den Behörden - nicht zuletzt im Hinblick auf die Öffentlichkeit - kurzgehalten wurde und der Entwicklung im übrigen Schulwesen hinterherhinkte. Schüler wie Lehrer leiden nach wie vor unter diesen Umständen.

1.1.3 Die schulpädagogische Linie

Auf die Unterrichtung von Kindern und Jugendlichen mit Verhaltensstörungen und die Etablierung einer eigenständigen akademischen Fachrichtung der Sonderpädagogik beziehen sich die beiden historiographischen Linien, die zum einen Beobachtungsklassen, Erziehungsklassen und Kleinklassen, zum anderen Sonderklassen, Sonderschulen und Maßnahmen integrierter Förderung umfassen und in der Zusammenschau als schulpädagogische Linie zu typisieren sind.

1.1.3.1 Beobachtungsklassen - Erziehungsklassen - Kleinklassen

Spezielle Fördereinrichtungen für Kinder und Jugendliche mit Verhaltensstörungen wurden seit Mitte der zwanziger Jahre in der Schweiz und in Deutschland gegründet, und zwar 1926 in Zürich als "Beobachtungsklassen" und in Berlin 1928 als "Erziehungs-Klassen" (E-Klassen). Zur Gründung dieser Kleinklassen kam es
- zum einen im Zuge von Separierungs- und Isolierungstendenzen, um die übrigen Schüler vor den "psychopathischen" und "schwer erziehbaren" Kindern und Jugendlichen zu schützen, und
- zum anderen im Zuge von Normierungs- und Normalisierungstendenzen, um abweichende Kinder und Jugendliche den übrigen wieder anzugleichen.

Die Kleinklassen bekamen in der Schweiz wie in Deutschland die Aufgabe und Zielsetzung, mit besonders befähigten Lehrern, besonderen Methoden und in kleinen Gemeinschaften im Regelschulwesen als nicht mehr tragbar eingestufte Schüler in einem Zeitraum von zwei bis vier Jahren so zu verändern, daß sie wieder zurückgeschult werden konnten (vgl. Sidler / Moos 1928, Sidler 1937, Fuchs 1930). Die Klassen sollten sich nicht zu Sonderschulen weiterentwickeln, sondern als Durchgangseinrichtungen Teil der Regelschule bleiben. Der Initiator der Berliner E-Klassen, der Magistratsschulrat Arno Fuchs, erklärte ausdrücklich: "Der Ausbau einer aus E-Klassen bestehenden E-Schule kann nicht gutgeheißen werden, da hierdurch die unbedingt innezuhaltende Unauffälligkeit und engste Zugehörigkeit zur Normalschule, sowie der leitende Zweck einer vorübergehenden Heilbehandlung aufgehoben wäre" (Fuchs 1930, 48-49). Die Organisationsform der Berliner E-Klassen (siehe dazu Kap. 7.1) wurde auch von anderen deutschen Städten übernommen. Sowohl in der Schweiz als auch in Deutschland bewährten sich diese Klassen, wie z.B. auch die Hilfsschulen und -klassen, die aus ähnlichen Tendenzen heraus entstanden waren.

Nach dem 2. Weltkrieg wurden die E-Klassen, nachdem die Nationalsozialisten sie aus ideologischen Gründen in Deutschland aufgelöst hatten (siehe dazu weiter unten Kap. 1.3), in Berlin neugegründet und in ähnlicher Form auch in anderen Städten (z.B. in Bremen und Hamburg) eingerichtet. Nach dem "Gutachten zur Ordnung des Sonderschulwesens" der KMK von 1960 sollten sie in der notwendigen Verbreitung Einrichtungen zwischen der Sonderschule für Verhaltensgestörte und der Regelschule sein und Schüler aufnehmen, "die durch ihr Verhalten die Klassengemeinschaft nachhaltig stören, bei denen aber zu erwarten ist, daß durch stärkere Einzelbetreuung die Fehlhaltungen gemildert oder beseitigt und damit eine Rückführung in die allgemeine Klasse ermöglicht oder vorbeugend eine weitere Gefährdung vermieden werden kann" (KMK 1960, 35).

Ähnlich organisierte Klassen gibt es unter dem Namen "Ausgleichsklassen" gegenwärtig in den neuen Bundesländern, wo sie auch zu Schulen zusammengefaßt sein können und sich - insgesamt gesehen - bewährt haben sollen (vgl. Großmann / Gerth 1990).

Separierende Kleinklassen werden gegenwärtig kritisch gesehen und stehen in einer Legitimationskrise. Materiell wie personell wurden sie in den Regelschulen nicht adäquat ausgestattet, wurden zu "Rüpelklassen" oder zum isolierten Getto und konnten häufig in der verfügbaren Zeit die Problemkinder nicht wesentlich bessern. Zudem ist der Zug der Zeit auf völlige Integration, d.h. auf die gemeinsame Erziehung und Unterrichtung behinderter und nichtbehinderter Schüler ausgerichtet, wobei allerdings Kinder und Jugendliche mit Verhaltensstörungen die größten Schwierigkeiten bereiten. So ist anzunehmen, daß auf Kleinklassen nicht verzichtet werden kann und diese bei adäquater äußerer wie innerer Organisation auch einen sinn- und effektvollen Platz in einem gestuften schulischen System haben können (siehe Kap. 7.1; Grissemann 1992).

1.1.3.2 Sonderklassen - Sonderschulen - Integrierte Fördereinrichtungen

Die öffentlichen "Sonderschulen für Verhaltensgestörte" entwickelten sich nach dem 2. Weltkrieg aus zunächst als Provisorien eingerichteten Sonderklassen zu voll ausgebauten Systemen. Die Sonderklassen wurden insofern aus einer Notsituation heraus eingerichtet, als - wie z.B. in Bremen - "kriegsgeschädigte" Kinder in den großen Klassen auffällig wurden "durch Nervosität, Unkonzentriertheit, leichte Ermüdbarkeit und durch ihr gestörtes soziales Integriertsein" (Klink 1962, 92). Mit den Jahren veränderte sich die Population der Sonderklassen, und es handelte sich nunmehr um "leistungsgehemmte, lernunwillige bzw. lernentmutigte und leicht erregbare Kinder" (Senator für das Bildungswesen in Bremen, zitiert nach Klink 1962, 113). Die Sonderklassen begannen ein Selbstverständnis als notwendige Einrichtung zur speziellen Förderung besonders schwieriger Schüler und zur notwendigen Entlastung der Regelschule zu entwickeln, und die Regelschulen nahmen die Entlastung zunächst dankbar an und forderten sie später geradezu. Die zu Schulen gewordenen Sonderklassen nannten sich z.B. "Sonderschule für Entwicklungsgestörte", "...für Erziehungsschwierige", "...für Verhaltensgestörte" oder - neutraler und heute noch gern verwendet - "Schule für Erziehungshilfe". Sie wurden, gestützt und gefördert durch das Gutachten von 1960 und die Empfehlungen von 1972 und 1977 der KMK, zu gut ausgebauten Systemen, die sich in Abgrenzung zu den Heimschulen der Jugendhilfe dadurch definierten, daß sie nur solche Schüler und Schülerinnen aufnahmen, die den Schulweg selbständig absolvieren konnten, gruppenfähig waren und ein förderndes Elternhaus hatten. Diese Abgrenzung ist auch gegenwärtig noch relevant, kann aber nicht mehr völlig aufrechterhalten werden, zumal die Schulen auf Zubringerdienste durch Schulbusse oder Taxis zurückgreifen können. Andererseits haben sich auch Heimschulen, soweit sie nicht wegen ihrer stark separierenden Organisationsform und der Gefahr der Stigmatisierung abgeschafft wurden, auch "externen" Schülern und Schülerinnen geöffnet. Die öffentlichen Sonderschulen versuchen, durch ein differenziertes System, von der Einzel- bis zur Großgruppenförderung, von ambulanten Maßnahmen im Regelschulbereich bis hin zum Ganztagsunterricht über mehrere Jahre, das gesamte Aufgabengebiet von den leichteren bis hin zu den schweren Verhaltensstörungen abzudecken (siehe Kap. 7.1). Einige Sonderschulen für Erziehungshilfe haben Dependancen in Regelschulen, in denen Sonderpädagogen in speziell eingerichteten und ausgestatteten Klassen, die als integrierte Fördereinrichtungen verstanden werden können, Schülern je nach Notwendigkeit in pädagogisch-therapeutischer Ausrichtung Teilzeitunterricht mit wenigen Wochenstunden oder auch Vollzeitunterricht geben (vgl. z.B. Soetemann / Wormland 1976, Sarges / Würtl 1976).
Eine Untersuchung zur Verbreitung der Sonderschulen in den siebziger Jahren resümierten die Wissenschaftler mit der Feststellung: "Die geringe Anzahl von Städten mit E-Schulen zeigt uns an, daß die schulischen Aktivitäten für verhaltensauffällige Kinder sehr häufig noch in den Anfängen stecken" (Benzel / Kluge 1974, 15). Im Rückblick wird deutlich, daß die Verbreitung der E-Schulen in den Anfängen steckenblieb. Gründe dafür liegen in der grundsätzlichen Problematik der Separierung und in der Empfehlung des Deutschen Bildungsrats von 1973 "Zur pädagogischen Förderung behinderter und von Behinderung bedrohter Kinder und Jugendlicher", mit der "der bisher vorherrschenden schulischen Isolation Behinderter ihre schulische Integration" entgegengestellt wurde

(Deutscher Bildungsrat / Bildungskommission 1973/1974, 15-16). Die Legitimationskrise der Sonderschulen für Kinder und Jugendliche mit Verhaltensstörungen hält trotz der differenzierenden Organisation und einer von Lehrern wie von Schülern zumeist als erfolgreich eingeschätzten Arbeit an. Die Forderung, auch Kinder und Jugendliche mit Verhaltensstörungen grundsätzlich gemeinsam mit anderen Schülern in Regelschulen zu unterrichten und dies durch verbesserte Bedingungen im Regelschulbereich und über unterstützende Maßnahmen durch Sonderpädagogen sowie durch eine verbesserte Lehrerausbildung zu ermöglichen, hat bereits zu vielfältigen Innovationen geführt. Es scheint aber die Erfahrung des Kollegiums der Wuppertaler Schule für Erziehungshilfe - zumindest partiell - zutreffend zu sein, "daß auch bei sehr günstigen allgemeinen Schulverhältnissen eine nicht unerhebliche Anzahl von Schülern verbleiben wird, die ihren Sozialisierungsprozeß oder Resozialisierungsprozeß nur in einem besonderen Rahmen werden absolvieren können. Für diese ist die Sonderschule für Erziehungshilfe wohl auch in Zukunft nicht zu entbehren" (Kollegium 1981, 747).

In der Zusammenarbeit der schulischen Sondereinrichtungen für Kinder und Jugendliche mit Verhaltensstörungen mit den sonderpädagogischen Studienstätten an den Universitäten und Hochschulen haben sich unterschiedliche Konzepte für Erziehung, Unterricht und pädagogisch-therapeutische Interventionen elaborieren lassen. Die wichtigsten Konzepte können wegen ihrer weitgehenden Ausrichtung auf dahinter stehende psychologische Ansätze als psychoanalytisch, individualpsychologisch, lerntheoretisch, humanistisch-psychologisch oder wegen ihres Rückgriffs auf verschiedene Ansätze und der Berücksichtigung aller relevanten Erkenntnisse und Gegebenheiten als synthetisch bzw. integrativ bezeichnet werden (siehe Benkmann 1989).

1.1.4 Die pädagogisch-psychiatrische Linie
Einrichtungen der Psychopathenfürsorge - Kliniken für Kinder- und Jugendpsychiatrie - Klinikschulen

Die Beurteilung der Kinder und Jugendlichen, die Schwierigkeiten im Umgang mit sich und der Umwelt zeigen, hat sich im Laufe der Jahrhunderte mehrfach verändert (vgl. für das 19. und 20. Jhdt.: Göppel 1989). Im Mittelalter - und mancherorts auch später noch - galten sie schlechthin als " böse", deren sündige Bosheit mit harten Körperstrafen ausgetrieben werden mußte. Im Zuge der Aufklärung verbreitete sich die Erkenntnis, daß Umwelteinflüsse, Mängel in der Bedürfnisbefriedigung und in der Erziehung im Zusammenhang zu sehen sind mit "sittlicher Verwilderung" und "Verwahrlosung" und daß liebevolle Zuwendung, Pflege und planvolle Erziehung vonnöten sind (vgl. Pestalozzi: Stanser Brief, 1799). Unter dem Einfluß von Jean Jacques Rousseau (1712-1778) und der Französischen Revolution war es nicht mehr möglich, kindliches Problemverhalten unter dem Aspekt einseitiger Schuldzuweisung zu sehen.

Großes Interesse für "abnorme" Kinder und Jugendliche rief in ganz Europa das Schicksal des "Wilden von Aveyron" hervor. Er war etwa zwölf Jahre alt, lief auf allen Vieren und benahm sich auch sonst wie ein Tier. Jäger hatten ihn 1798 in den Wäldern des französischen Departements Aveyron eingefangen. Der als schwachsinnig eingeschätzte Junge konnte weglaufen, wurde wieder eingefangen und dann dem ersten Versuch zugeführt, "der je gemacht wurde, um ein geistig beschränktes Individuum zu erziehen" (Alexander / Selesnick 1969, 470). In der Taubstummenanstalt von Paris wurde er dem Arzt Jean Itard (1774-1838) übergeben, der - in der Tradition von Pinel und Esquirol - mit viel Zuwendung, Verständnis und Phantasie dem Jungen Sprache und menschliches

Benehmen beizubringen versuchte. Mit seinen einfallsreichen und differenzierten Methoden trug er fundierend zur Heilpädagogik bei. Edward Seguin entwickelte den Interventionsansatz von Itard zu einer physiologischen Sinnesbildung weiter, die wiederum Ausgangspunkt war für Maria Montessori zur Elaborierung ihres psychodidaktischen Ansatzes. In dem Verständnis von Itard und Seguin liegen die Wurzeln der als pädagogisch-psychiatrisch zu bezeichnenden historiographischen Linie, die mit den Anfängen einer wissenschaftlichen Psychologie und Psychopathologie in der zweiten Hälfte des vorigen Jahrhunderts eine deutliche Ausprägung bekam, als das Bemühen wuchs, problematische Verhaltensweisen von Kindern und Jugendlichen zu verstehen und sie als Krankheiten im Vorfeld der Geisteskrankheiten zu sehen. Auf die systematischen Beobachtungen und gesammelten Erfahrungen zur Psychopathologie des Kindesalters ging erstmals ausführlicher W. Griesinger ein, und der Leipziger H. Emminghaus schrieb 1887 das erste Lehrbuch über "Die psychischen Störungen des Kindesalters". Die bereits von Emminghaus festgestellten extremen Seelenzustände verdichteten dann Pädagogen und Psychiater zum Konstrukt der "psychopathischen Minderwertigkeiten" (vgl. Koch 1891-1893, Trüper 1893). Im Gegensatz zu dem Konzept der "pädagogischen Pathologie" des Philosophen und Pädagogen Ludwig von Strümpell (1890 / 1910), das über 300 "Kinderfehler im pädagogischen Sinne" darstellte und weite Verbreitung und Anerkennung fand, aber mit dem 1. Weltkrieg unterging, erwies sich das Psychopathie-Konzept als sehr langlebig und wurde immer mehr verfeinert (vgl. Strohmayer 1910, Ziehen 1926). Es hat vielen Kindern und Jugendlichen mit psychischen Störungen in den kinderpsychiatrischen Abteilungen der Nervenkliniken und in den zumeist pädagogisch geleiteten Heilerziehungsanstalten, unter denen das von Trüper gegründete Heim und Sanatorium auf der Sophienhöhe bei Jena international bekannt wurde und weltweite Anerkennung fand, die notwendige Hilfe ermöglicht. Auch durch den "Verein zur Fürsorge für jugendliche Psychopathen" kam es zu positiver Wirkung (vgl. von der Leyen 1923). Die Nationalsozialisten jedoch, die einseitig und übermäßig eine dem Konzept immanente "anlagebedingte Minderwertigkeit" betonten, mißbrauchten es für harte Maßnahmen gegen Leib und Leben der als "psychopathisch" diagnostizierten Kinder und Jugendlichen (siehe dazu Abschnitt 1.3). Trotz dieser historischen Hypothek und vieler Ungereimtheiten hielt es sich bis in die Zeit nach dem 2. Weltkrieg (vgl. Schneider 1950) und ist rudimentär noch heute wirksam.

Kinder- und jugendpsychiatrische Versorgung wurde bis in die 2. Hälfte des 19. Jahrhunderts hinein vorwiegend durch Pädagogen und pädagogische Einrichtungen geleistet. Es waren vor allem die sogenannten Rettungshäuser und später die Heilerziehungsanstalten, die "abnorme", "abartige", "minderwertige" Kinder und Jugendliche - wie man damals sagte - aufnahmen. Ärzte und Pädagogen arbeiteten gleichberechtigt oder unter pädagogischer Leitung zusammen. Noch in den zwanziger Jahren galt es als notwendig, daß der Leiter einer Heilerziehungseinrichtung ein Pädagoge war, da dieser "für die Erziehbarkeit und Bildsamkeit allein zuständig bleibt" und "die heilpädagogischen Maßnahmen bestimmt" (Knauthe 1920, 388/389).

Pädagogen schrieben anerkannte psychopathologische Abhandlungen, wie z.B. Christian Ufer, dessen 1891 erschienenes Buch über "Geistesstörungen in der Schule" von dem Psychiater Ziehen 1926 zu der kleinen Zahl brauchbarer Spezialwerke, die alle Kinderpsychosen behandelten, gezählt wurde. Auch Trüpers Bücher von 1893 über "Psychopathische Minderwertigkeiten im Kindesalter" und von 1902 über "Die Anfänge der abnormen Erscheinungen im kindlichen Seelenleben" hatten Geltung in der Psychiatrie.

Die erste kinderpsychiatrische Einrichtung gründete in Deutschland der als Autor des "Struwwelpeter" berühmt gewordene Nervenarzt H. Hoffmann 1864 in Frankfurt/Main. Später wurden auch eigenständige kinder- und jugendpsychiatrische Kliniken eingerichtet, die weltweit vorbildlich waren.

Nachdem in der Zeit des Faschismus und im 2. Weltkrieg die medizinischen Disziplinen wegen ihrer Kriegswichtigkeit besonders gefördert und heilpädagogische Maßnahmen als "marxistische Gefühlsduselei" abgelehnt worden waren, behielt nach dem Ende des Weltkrieges und dem Zusammenbruch des "Dritten Reiches" der Mediziner eine übergeordnete und der Pädagoge bzw. auch der Psychologe verblieben in nachgeordneten Stellungen. In Überbewertung der medizinischen Maßnahmen schien sich zeitweilig Kindern und Jugendlichen mit Verhaltensstörungen gegenüber eine Entwicklung anzubahnen, die ein Buch mit dem bezeichnenden Titel "Pillen für den Störenfried" als verhängnisvoll, inhuman und letztlich ineffektiv kritisierte (vgl. Voss 1983).

Inzwischen wird die Fragwürdigkeit des Griffs nach dem Pharmakon bei Verhaltensstörungen deutlich gesehen, und der Heil- und Sonderpädagoge sowie der Psychologe bekommen mit ihren Möglichkeiten und Verfahren mehr und mehr Bedeutung im kinder- und jugendtherapeutischen Prozeß, allerdings unter der Ägide des Arztes, der allein als weisungsbefugt und verantwortlich angesehen wird.

In den gegenwärtigen Kliniken für Kinder- und Jugendpsychiatrie sowie in den angeschlossenen Klinikklassen und -schulen steht die Arbeit für psychosozial gestörte und psychisch kranke Kinder in der Tradition, die mit Jean Itard (1774-1838) und seiner verständnisvollen und einfallsreichen Erziehung des "Wilden von Aveyron" begann, über Edward Seguin und Maria Montessori fortgeführt wurde, durch Sigmund Freud eine tiefenpsychologische und durch Kinder- und Jugendpsychiater wie Asperger und Stutte eine heilpädagogische Ausrichtung bekam, die sich in diagnostischen und pädagogisch-therapeutischen Maßnahmen, vor allem aber in einer menschlich warmen, dialogischen Beziehung zwischen Kindern und Jugendlichen und ihren Helfern zeigt.

1.1.5 Die berufspädagogische Linie
Arbeitserziehung - Industrieschulen - Fortbildungsschulen - Berufsschulen - Berufsbildungswerke

Jugendliche mit Verhaltensstörungen haben Schwierigkeiten, sich in die Berufs- und Arbeitswelt einzugliedern. Diese Problematik wird gesehen und zumindest ansatzweise berücksichtigt, seit - mit der beginnenden Neuzeit - die Beschränkung auf Strafmaßnahmen und die Vorbereitung auf ein Bettelleben als inadäquat und unbefriedigend erkannt worden waren. Erziehungs- und Strafanstalten, später dann - mit der Etablierung der allgemeinen Schulpflicht - auch öffentliche Schulen, machten es sich zur Aufgabe, die Jugendlichen durch Arbeit zur Arbeit bzw. für ein unabhängiges, erwerbsfähiges, wirtschaftlich selbständiges Leben zu erziehen.

Mittelpunkt des Konzepts der Amsterdamer Zuchthäuser, nach deren Vorbild europaweit Gründungen erfolgten, war die, allerdings noch sehr einseitige, Arbeitserziehung. Im Zuchthaus für männliche "Übeltäter" z.B. wurde vorwiegend Holz geraspelt (Rasphuis), im Zuchthaus für Frauen vorwiegend gesponnen (Spinnhuis). Die Inschrift über dem Spinnhaus gibt die damalige Einstellung wieder und charakterisiert das Konzept (zitiert nach Hippel 1898, 457):

"Fürchte dich nicht!
Ich räche nicht Böses, sondern zwinge zum Guten.
Hart ist meine Hand, aber liebreich mein Gemüt."

Nach der Zeit des Niedergangs infolge des Dreißigjährigen Krieges im 17. Jahrhundert brachte das 18. Jahrhundert insbesondere mit den Pietisten ein weit verbreitetes Engagement für die Erziehung zur Arbeitsfähigkeit und zur wirtschaftlichen Selbständigkeit auch schwieriger junger Menschen. In den von Francke gegründeten Halleschen Anstalten war neben der Erziehung zur Frömmigkeit auch die Erziehung zur "Nützlichkeit" ein Hauptziel. Die Kinder und Jugendlichen wurden systematisch in handwerkliches Arbeiten eingeführt.

Mit der aufkommenden Industrieproduktion kam es zur Gründung von arbeitsbezogenes Wissen vermittelnden "Sonntagsschulen" und von "Industrieschulen", in denen nicht nur arme und verwahrloste, sondern auch schwererziehbare Kinder aus gutsituierten Familien zur "Industriosität" erzogen wurden, d.h. sie sollten die für die industrielle Produktion notwendigen Fähigkeiten und Fertigkeiten erlernen. Eine der ersten und mit Vorbildcharakter wirkenden Industrieschulen war die von Pastor Wagemann 1784 in Göttingen gegründete Einrichtung (vgl. Trost 1930).

In dem ebenfalls für ganz Deutschland vorbildhaft wirkenden, 1833 gegründeten neupietistischen "Rauhen Haus" in Hamburg legte Wichern, der Gründer und Leiter der Anstalt, großen Wert auf die Erziehung zur Arbeit durch Arbeit, für ihn der dritte bedeutsame Erziehungsfaktor neben Familie und Schule. Wenn sowohl in den Zuchthäusern als auch in vielen Rettungshäusern und Industrieschulen die Arbeit der Kinder und Jugendlichen einen deutlichen ökonomischen Zweck hatte und nicht selten zur Ausbeutung der Arbeitskraft der jungen Menschen pervertierte, so hat für Wichern die Arbeit der Kinder und Jugendlichen einen eindeutig pädagogischen Zweck, der zum einen "in der durch sie nach festen technischen Regeln geordneten Übung des Willens und der Hand", zum anderen in der "Vorbereitung auf den künftigen Beruf" liegt (Wichern 1958, 260-261). "Geistlose Arbeiten" wie "Werg-, Roß- und Kuhhaarzupfen, Kopal-, Kaffee- und Wollsortieren, Pappschachtel- und Streichhölzerfabrikation u. dgl." wurden deshalb ebenso entschieden abgelehnt wie die "Überlassung von Zöglingen an Fabrikanten" (a.a.O., 259). In diesem Sinne war die Erziehung zur komplexen Arbeitsfähigkeit über Charakterbildung und die Aneignung handwerklicher Fähigkeiten ein Grundanliegen der ganz Deutschland erfassenden Rettungshausbewegung. Den Erfolg dieser auf das Arbeitsleben vorbereitenden und in die Berufswelt einführenden Erziehung und Bildung im "Rauhen Haus" dokumentierte Wichern für die Jahre von 1833 bis 1867 mit einer Erfolgsquote von 82%. Von den 604 "ordentlich Entlassenen" betrugen sich 55 schlecht (9,1%), 433 gut (71,7%, "nähren sich redlich mit ihrer Hände Arbeit") und 62 "mittelmäßig, d.h. schwankend" (10,3%). 54 bzw. 8,9% waren ausgewandert, verschollen usw., konnten also nicht beurteilt werden (Wichern a.a.O., 315). Dieser aus der Sicht Wicherns große Erfolg kann allerdings auch als Manipulation für ein christlich-demütiges, den Produktionsverhältnissen angepaßtes und auf einfache Arbeitstätigkeit reduziertes Leben verstanden werden (vgl. Ahlheim et al. 1971, 42-43).

Diese kurz skizzierte erste Phase einer berufspädagogisch-historiographischen Linie, die - wie deutlich wurde - noch in enger Verbindung mit der sozial- und der kriminalpädagogischen Linie zu sehen ist, mündet hinein in eine zweite Phase, die mit den Fortbildungs- und späteren Berufsschulen, mit der Berufsschulpflicht seit 1938 und dem "dualen System" beruflicher Bildung - Betrieb und Berufsschule sind aufeinander bezogene, aber eigenständige Lernorte - eine neue Qualität gewinnt.

Aus allgemeinen Fortbildungsschulen, die seit dem ausgehenden 18. Jahrhundert der "Nachholung, Wiederholung und Fortbildung" junger Leute mit einer einfachen Schulbildung dienten (Spranger 1949, 67) und anfangs auf Betreiben der Kirche, später auch des Gewerbes gegründet wurden, entwickelten sich seit dem letzten Jahrzehnt des 19. Jahrhunderts auf Berufsbildung ausgerichtete schulische Einrichtungen, wie spezialisierte Fortbildungsschulen und Gewerbeschulen. Derartige Einrichtungen sahen die engagierten Vertreter der Hilfsschulbewegung, die die Gründung der als Hilfsschulen bezeichneten schulischen Sondereinrichtungen für die "schwachbefähigten" bzw. "intelligenzschwachen", auch damals schon - wie sich zeitgenössischen Beschreibungen und Untersuchungen entnehmen läßt - zum großen Teil Verhaltensstörungen zeigenden Kinder und Jugendlichen betrieben, für die berufliche Eingliederung ihrer ehemaligen Schüler als unbedingt notwendig an. Es wurden zunächst - z.B. in Frankfurt seit 1897, in Nürnberg seit 1899 - besondere Kurse für ehemalige Hilfsschüler an Fortbildungsschulen eingerichtet, die dann in besondere Fortbildungseinrichtungen hineinmündeten. Zur Gründung der ersten Hilfsfortbildungsschule Deutschlands kam es 1906 in Berlin. Bis zum 1. Weltkrieg gab es in vielen deutschen Städten selbständige Hilfsfortbildungsschulen oder Hilfsfortbildungsklassen, die den Hilfsschulen angegliedert waren. Das Hilfsberufsschulwesen existierte mit gemischten Klassen für lernschwache und schwierige ehemalige Volksschüler zusammen mit Hilfsschülern sowie mit reinen Hilfsschülerklassen bis in die Zeit der nationalsozialistischen Herrschaft hinein, wurde in Nord- und Mitteldeutschland sogar weiter ausgebaut. In den zwanziger Jahren änderte sich - der Terminologie der Reichsschulkonferenz entsprechend - die Bezeichnung Fortbildungsschule in Berufsschule.

Mit umfangreichen statistischen Erhebungen bemühte sich der "Verband der Hilfsschulen Deutschlands (VDHD)", dem die meisten Hilfsschullehrer angehörten, darum, die "Erwerbsfähigkeit" bzw. die erfolgreiche berufliche Eingliederung der ehemaligen Schüler nachzuweisen. Nach einer Statistik z.B., die die zwischen 1906 und 1909 hilfsschulentlassenen über 9000 Schüler und Schülerinnen erfaßte, wurden 71,24% als völlig erwerbsfähig, 22,35% als teilweise erwerbsfähig und nur 6,31% als nicht erwerbsfähig festgestellt. In einer "Berufsstatistik" von 1926, die von insgesamt 44182 zwischen 1918 und 1925 entlassenen Hilfsschülern 40963 junge Menschen einbeziehen konnte, wurden 91,33% als erwerbstätig und nur 8,76% als nicht beschäftigt klassifiziert, Zahlen, die angesichts der damals herrschenden großen Arbeitslosigkeit beachtlich sind (siehe dazu ausführlicher Myschker 1969, 144-156).

Mit dem Zusammenbruch des "Dritten Reiches" endete die Existenz selbständiger Hilfsberufsschulen, deren Tradition jedoch innerhalb des Berufsvorbereitungs- und Berufsausbildungswesens der bundesdeutschen Gegenwart weiterlebt.

In der Aufbauperiode nach dem 2. Weltkrieg zeigten die Behindertenpädagogen im Hinblick auf die berufliche Eingliederung ihrer ehemaligen Schülerinnen und Schüler zunächst eine auffallende, allerdings aus den Zeitverhältnissen zu erklärende Zurückhaltung (vgl. Ellger-Rüttgardt 1982, 59). Mit den siebziger Jahren begann in diesem Bereich ein Erwachen, in gewisser Hinsicht auch als Reaktion auf das als unbefriedigend empfundene "Berufsbildungsgesetz" (BBiG) von 1969, dem sich die "Handwerksordnung" (HwO) von 1953 anpaßte und das von vielen Erziehungswissenschaftlern vehement kritisiert wurde. Es entwickelte sich ein sich ausbreitendes Engagement, und eine dritte Phase innerhalb der berufspädagogischen Linie zeichnete sich ab.

Es ging von nun an nicht mehr nur um Erziehung zur Erwerbsfähigkeit und um Eingliederung in die Bereiche *einfacher* Arbeitstätigkeit, sondern um eine den Bedürfnissen und Möglichkeiten Behinderter angepaßte berufliche Qualifizierung auf der Basis von Chancengleichheit und Solidarität mit der Integration allgemeiner und beruflicher Bildung und in Überwindung der Dualität im beruflichen Ausbildungswesen. Ansatzpunkte lieferte neben dem BBiG das ebenfalls 1969 erlassene "Arbeitsförderungsgesetz" (AFG), vor allem aber der "Strukturplan für das Bildungswesen" des Deutschen Bildungsrats von 1970. Das BBiG sieht im § 48 Sonderregelungen für körperlich, geistig und seelisch Behinderte vor, und das AFG verlangt für diese Personengruppe spezielle Fördermaßnahmen für eine möglichst dauerhafte berufliche Eingliederung (§ 56). Mit dem "Strukturplan" forderte der Bildungsrat Chancengleichheit auch für benachteiligte junge Menschen über eine Verbindung allgemeiner und beruflicher Bildung, eine Zielvorstellung, die die Bildungskommission für die Schuljahre 11 bis 13 mit ihrer Empfehlung "Zur Neuordnung der Sekundarstufe II. Konzept für eine Verbindung von allgemeinem und beruflichem Lernen" 1974 weiterentwickelte und vertiefte, die aber nicht - bzw. nur in Modellvorhaben (Kollegschulen in Nordrhein-Westfalen) oder im Privatschulbereich (Hibernia-Schule in Wanne-Eickel) - realisiert werden konnte. Weitere wichtige Stationen auf dem Weg, auch für Jugendliche mit Verhaltensstörungen / seelischer Behinderung weitgehend adäquate Möglichkeiten der beruflichen Vorbereitung, Beratung und Eingliederung zu finden und bereitzustellen, waren:

- das "Rehabilitationsangleichungsgesetz" (RehaAnglG) von 1974, nach dem von den verschiedenen Rehabilitationsträgern in gleicher Weise alle Maßnahmen zur Rehabilitation körperlich, geistig oder seelisch Behinderter auf eine dauerhafte Eingliederung in Arbeit, Beruf und Gesellschaft auszurichten sind,
- die "Richtlinien des Bundesministers für Bildung und Wissenschaft für die Förderung der Berufsbildung von benachteiligten Jugendlichen vom 12. Mai 1980",
- die "Empfehlung zu Maßnahmen beruflicher Schulen für Jugendliche, die aufgrund ihrer Lernbeeinträchtigung zum Erwerb einer Berufsausbildung besonderer Hilfe bedürfen", der Kultusministerkonferenz vom 29. Oktober 1982,
- die "Anordnung des Verwaltungsrats der Bundesanstalt für Arbeit über die Arbeits- und Berufsförderung Behinderter" (AReha), nach der auch angepaßte Förderung bei drohender Behinderung und zur Vermeidung von Arbeitslosigkeit möglich ist, und
- die Entschließung des Ausschusses für Fragen Behinderter beim Bundesinstitut für Berufsbildung zu "Lernorte der beruflichen Bildung für Behinderte" vom 18./19. Mai 1988.

Im Sinne der genannten Empfehlungen, Verordnungen und Gesetze sind vielfältige Maßnahmen und Einrichtungen zur Berufsvorbereitung, Berufsberatung und Berufseingliederung etabliert worden, die - wie z.B. das Berufvorbereitungsjahr und die Förderungslehrgänge mit der Ermöglichung des Hauptschulabschlusses und umfassender Neigungsprüfung, die Ausbildung in überbetrieblichen Einrichtungen mit ihrem komplexen Stützapparat und die Berufsbildungswerke mit ihrer nahezu erreichten Überwindung der Dualität der beruflichen Ausbildung - auch jungen Menschen mit Lern- und Verhaltensstörungen gute Hilfen bieten können, in ein befriedigendes Arbeits- und Berufsleben zu finden (siehe dazu ausführlicher Kap. 7.5).

1.2 Begründer wichtiger Konzepte für die Pädagogik bei Verhaltensstörungen

In der Vergangenheit haben sich - wie weiter oben bereits dargestellt wurde - Theologen und Pädagogen, vereinzelt auch Mediziner, mit der Erziehung und Bildung schwieriger Kinder und Jugendlicher beschäftigt. Für die pädagogische Konzeptbildung wurden seit den zwanziger Jahren im Hinblick auf diese jungen Menschen psychologische Modellvorstellungen richtungsweisend, und zwar zunächst diejenigen der Tiefenpsychologen Sigmund Freud und Alfred Adler (siehe Kap. 6.1.2. und 6.1.3), später dann - in den auslaufenden sechziger Jahren - die der Lernpsychologen Iwan P. Pawlow, Burrhus F. Skinner und Albert Bandura (siehe Kap. 6.1.5) sowie - gegenwärtig in wachsendem Ausmaß - die der humanistischen Psychologie, insbesondere diejenigen von Carl Rogers (siehe Kap. 6.1.5).

Da Konzepte, Theorien, Leistungen schlechthin, in engem Zusammenhang zu sehen und erst richtig einschätzbar sind vor dem Hintergrund biographischer Daten oder gar spezifischer Problemlagen ihrer Autoren, sollen einige Hinweise zum privaten und wissenschaftlichen Leben dieser Humanwissenschaftler gegeben werden.

Der Begründer der Psychoanalyse ist *Sigmund Freud,* der mit seinen psychologischen Erkenntnissen das Weltbild der Menschen in einer Weise veränderte wie wohl nur noch Einstein mit seiner Relativitätstheorie. Sigmund Freud wurde im Mai 1856 im österreichisch-ungarischen Freiberg als erster Sohn in der zweiten Ehe seines Vaters, eines jüdischen Wollkaufmanns, geboren. Als er 3 Jahre alt war, brachte ihn der Umzug der Familie nach Wien, wo er auf dem Gymnasium ein sehr guter Schüler wurde, wo er aus praktischen Überlegungen heraus Medizin studierte, eine Familie gründete und wo er mit nur kurzen Unterbrechungen bis 1938 lebte.

Freud war in seiner wissenschaftlichen Arbeit zunächst ganz auf anatomische und physiologische Forschung ausgerichtet. Viele Jahre verbrachte er in Laboratorien mit Forschungen über die Anatomie des zentralen Nervensystems, über neuropathologische Fragestellungen und u.a. auch über die Wirkungsweise des Kokains, die er auch an sich selbst überprüfte. Gehirnanatomische und -physiologische Fragestellungen waren es auch, die ihn nach Paris an die berühmte Klinik Salpetriere führten. Charcot, der Leiter der Nervenklinik, konfrontierte ihn mit Forschungen über Hysterie und Hypnose und stellte damit dem nunmehr fast 30jährigen Arzt aus Wien seine Lebensaufgabe: die Erforschung psychischer Störungen und Krankheit und deren Heilung. Nach seinen Studien in Frankreich ließ sich Freud 1886 als Facharzt für Nervenleiden nieder und sah sich dann auch in der Lage, endlich zu heiraten. Er beschäftigte sich zwar zunächst noch mit cerebral bedingten Lähmungserscheinungen bei Kindern, arbeitete auch über Aphasie, widmete sich dann aber mehr und mehr der Ätiologie und Therapie von Neurosen. Gute Möglichkeiten der Neurosenbehandlung sah er in der Hypnose, die er in Frankreich erlernte, die er in Kooperation mit seinem Wiener Kollegen Breuer bei hysterischen Zuständen erfolgreich einsetzte und die ihn veranlaßte, sich vertieft und weitergehend mit unbewußten Vorgängen zu beschäftigen und ihrer gesunden wie auch pathogenen Wirksamkeit nachzugehen. Für seine Erkenntnisse und theoretischen Vorstellungen fand er den Namen Psychoanalyse, die ihn in den folgenden Jahren so bekanntmachte, daß bereits 1908 ein erster internationaler Kongreß in Salzburg stattfinden konnte. Er fand wichtige, die psychoanalytische Theorie befruchtende Weggefährten wie C. G. Jung und Alfred Adler, die sich jedoch mit der verstärkten naturwissenschaftlichen, mechanistischen, deterministischen und triebmythologischen Theorie Freuds nicht mehr identifizieren konnten und eigene Wege gingen. Adler überwarf sich 1911 mit Freud, Jung trennte sich in einem längeren Ablösungsprozeß zwischen 1911 und 1913 von ihm. Nach seiner Heirat und nachdem sich Kindersegen einzustellen begann, mietete Freud eine große Wohnung in Verbindung mit Praxisräumen in zentraler Lage in der Wiener Berggasse. In dieser Wohnung, in der er die Technik der freien Assoziation fand, in der er die berühmt gewordene Couch aufstellte, von und mit den Patienten viel lernte und über diese Lernprozesse die Psychoanalyse weiterentwickelte, in der er den unbewußten Widerstand kennenlernte, die Bedeutsamkeit der frühkindlichen Sexualität erforschte, Übertragung und Abwehrmechanismen zu spüren bekam usw., lebte er in erstaunlicher wissenschaftlicher und literarischer Produktivität bis ins hohe Alter hinein, bis ihn - nach dem Anschluß Österreichs an das nationalsozialistische Deutschland - das totalitäre, faschistische System vertrieb. Im Juni 1938 mußte er nach London emigrieren. Als er Wien verließ, war er bereits ein todkranker Mann. Im September 1939 starb er im Londoner Exil.

Der Begründer der Individualpsychologie ist *Alfred Adler,* der 1870 als zweiter Sohn eines jüdischen Kaufmanns in Wien geboren wurde. Als kleiner Junge erlebte er die von ihm geschilderte Organminderwertigkeit in verstärktem Maße durch verschiedene Krankheiten, von denen eine schwere Lungenentzündung lebensbedrohlich war. Die Bedeutsamkeit der von ihm später herausgestellten Stellung des Kindes in der Geschwisterreihe erlebte er in den Rivalitätskonflikten mit seinem älteren Bruder. So ist seine Lehre - wie bei vielen Wissenschaftlern - sehr deutlich durch die eigene Biographie geprägt. Seine im Krankheitserleben erlittene Todesfurcht bestimmte wesentlich seine Berufswahl. Er studierte Medizin und praktizierte zunächst als Augenarzt, dann als Psychiater. Schicksalhaft wurde für ihn die Begegnung mit Sigmund Freud, mit dem er ab 1902 in der sogenannten "Mittwochsgesellschaft", zu der Freud in seine Wohnung in der Wiener Berggasse einlud, an der Entwicklung der psychoanalytischen Lehre zusammenarbeitete. Sein Selbständigkeitsstreben, sein Ehrgeiz, vor allem aber seine andere Auffassung von der Bedeutsamkeit der Sexualität für die Genese von Neurosen, seine andere Auffassung von Menschen allgemein und von den Bedingtheiten des Seelenlebens führten ihn zunächst zu scharfen Auseinandersetzungen, später dann - 1911 - zum Bruch mit Freud. In seinen Veröffentlichungen - 1907: Studie über die Minderwertigkeit der Organe, 1912: Über den nervösen Charakter, 1913: Heilen und Bilden - entfaltete er schon vor dem 1. Weltkrieg eine eigene Psychologie, die in Abgrenzung zu Freud den Menschen als soziales Wesen herausstellte, kausal-mechanistische sowie triebmythologische und instanzenhaft- zergliedernde Vorstellungen verwarf, um ein pädagogisch höchst bedeutsames Verständnis zu entwickeln. Seine psychologischen und politischen Überzeugungen brachten ihn dazu, sich verstärkt der Erziehung - insbesondere der Erziehung der Erzieher - zuzuwenden: Ab 1920 richtete er in Wien Erziehungsberatungsstellen ein, von denen es Mitte der dreißiger Jahre mehr als 30 gab. Er wurde 1924 Dozent am Pädagogischen Institut der Stadt Wien und vermittelte auch in Volkshochschulvorträgen seine psychologischen und pädagogischen Überzeugungen. Mit dem Nationalsozialismus erwuchs ihm eine Gegnerschaft, derer er sich nicht erwehren konnte. Als Jude drohte ihm Verfolgung, seine Lehre wurde als "marxistischer Unsinn" verdammt, seine Bücher wurden verbrannt. Erwünscht war er jedoch in den nichtfaschistischen Ländern Europas, besonders auch in den USA, wo seine Vorträge, seine pädagogischen und psychologischen Lehren großen Anklang fanden. Auf einer Vortragsreise starb er im Mai 1937 im schottischen Aberdeen. Seine Urne wird in Edinburg aufbewahrt.

Noch Anfang der siebziger Jahre sah es nicht gut aus für die Zukunft der Individualpsychologie: In einem Standardwerk der Tiefenpsychologie stellte der Psychotherapeut Elhardt fest, Adlers "Schulrichtung" sei "zahlenmäßig wegen des Mangels an einem der komplexeren Wirklichkeit gerechter werdenden, klinisch differenzierteren Grundmodells der Neurose im Schwinden begriffen". Adler ist für ihn "das historische Beispiel einer seinerzeit wohl notwendigen Opposition gegen die Einseitigkeit der frühen Psychoanalyse, einer Opposition, die jedoch durch die Weiterentwicklung der Psychoanalyse selbst eingeholt und überrundet wurde, weil sie ihrerseits durch einen zu eindimensionalen Ansatz in ihrem theoretischen und therapeutischen Modell nicht entwicklungsfähig war" Elhardt 1971,[12]1990, 167). Diese Einschätzung erscheint heute als unzutreffend, ja, kurios. Die Individualpsychologie Alfred Adlers erlebt seit zwei Jahrzehnten eine Renaissance. Aus dem individualpsychologischen Ansatz sind sowohl Erklärungsmodelle für psychische Störungen weiterentwickelt als auch Interventionskonzepte erstellt worden (vgl. z.B. Bleidick 1985, Dreikurs 1968 und 1989, Dinkmeyer / Dreikurs 1970, Vernooij 1991).

Zu den ganz großen Forschern der neueren Wissenschaft gehört der Physiologe *Iwan Petrowitsch Pawlow* (1849-1936). Pawlow war der Sohn eines russisch-orthodoxen Theologen. Auch er wollte zunächst Geistlicher werden, brach dann aber die Ausbildung ab, um in St. Petersburg Medizin zu studieren. Schon als Student interessierte er sich für neurophysiologische Fragen und beschäftigte sich z.B. mit der Innervation der Bauchspeicheldrüse. Diese, mit einer Goldmedaille ausgezeichnete Arbeit, öffnete ihm den Weg in eine wissenschaftliche Laufbahn. Er arbeitete zunächst im Bereich der Pharmakologie, ab 1890 dann als Professor für Physiologie an der militärärztlichen Akademie in St. Petersburg. Für eine weltweit beachtete Arbeit über die Hauptverdauungsdrüsen bekam er 1904 den Nobelpreis für Medizin. Über die Forschungen eines Doktoranden, der über die Speichelsekretion bei Hunden arbeitete, wurde Pawlows Interesse für die Funktionen der höheren Nerventätigkeiten geweckt. Die von seinem Doktoranden als störend empfundene Reaktion der Hunde, nämlich schon Speichel abzusondern, bevor sie etwas zu fressen bekamen, wurde für Pawlow zum Ausgangspunkt weitreichender Forschung. Er nahm an, daß der Reflex der Speichelsekretion, der eigentlich erst durch das Fressen im Maul ausgelöst wird, über andere Reize stimuliert werden mußte. Zur vollständigen Kontrolle der Versuchsbedingungen wurden für die Hunde licht- und schalldichte Boxen gebaut. Vor der Fütterung der Hunde ließ Pawlow Klingelzeichen geben. Nachdem dieser Vorgang einige Male wiederholt worden war, sonderten die Hunde auch schon dann Speichel ab, wenn das Klingelzeichen ertönte, auch wenn sie dann kein Fressen bekamen. Pawlow hatte den bedingten Reflex entdeckt, d.h. einen Lernvorgang, der einen zunächst neutralen Stimulus (Klingelzeichen) mit einem unbedingten Reflex, dem der Speichelabsonderung bei Futtergabe, verband. Die zeitliche Verbindung zwischen einem neutralen Stimulus und einer unbedingten Reaktion über einen Lernprozeß wurde klassisches Konditionieren genannt. Diese Entdeckung machte Pawlow zum "Vater der Lerntheorien". Durch Veränderung der Experimentalbedingungen, d.h. durch Überforderung der Hunde bzw. durch Streß, konnte Pawlow neurotische und hysterische Verhaltensweisen induzieren. Weitreichende Folgen hatte auch seine zufällige Entdeckung des Hemmungszusammenbruchs. Hochwasser der Neva hatte seine Hunde in ihren Käfigen in die Gefahr des Ertrinkens gebracht. Durch die Verängstigung und Erregung wurden bei den Tieren die über klassisches Konditionieren gelernten Verhaltensweisen vollständig gelöscht. Unter Experimentalbedingungen wurden diese Zusammenhänge weiter erforscht und führten dann zu einer angewandten Reflexologie, die Stalin bereits für seine Schauprozesse mißbrauchte und die später im Westen als eine Methode der "Gehirnwäsche" bekannt wurde.

Wenn aufgrund der Forschungen Pawlows davon ausgegangen werden kann, daß bedingte Reflexe auch beim Menschen eine große Rolle spielen und sich an die verschiedenen Körperfunktionen binden lassen, so war es doch auch schon Pawlow selbst, der sich gegen mechanistische Vorstellungen wandte und herausstellte, daß die höhere Nerventätigkeit des Menschen bzw. die Funktionen des Gehirns in ihrem Zusammenspiel gesehen werden müssen: "Die Großhirnhemisphären stellen während ihrer Tätigkeit ein System dar, dessen sämtliche Teile sich untereinander in Wechselwirkung befinden. Die Großhirnrinde ist ein äußerst kompliziertes funktionelles Mosaik aus einzelnen Elementen, von denen jedes einzelne eine bestimmte physiologische Wirkung hat: eine positive oder eine hemmende. Andererseits ist es eben so zweifellos, daß alle diese Elemente in jedem gegebenen Augenblick zu einem System vereinigt sind, in dem jedes derselben sich in Wechselwirkung mit allen übrigen befindet. (...) Jede neue lokale Einwirkung auf dieses System wirkt sich mehr oder weniger auf das Gesamtsystem aus" (zitiert nach Asratjan 1980, 24-25).

Pawlows Lehre von den bedingten Reflexen wurde bereits Ende der zwanziger Jahre in Amerika breit rezipiert. Auf der Basis seiner Forschungen entstand in Verbindung mit der Assoziationstheorie von Thorndike (1874-1949), der das Gesetz des Erfolges formulierte, der Behaviorismus, für den programmatisch das Buch von John Broadus Watson (1878 -1958) mit dem Titel "Psychology as the behaviorist views it" von 1913 steht. In der Nachfolge Watsons sind dann Lerntheoretiker wie Skinner und Bandura zu sehen.

Als "Vater des Operanten Konditionierens" kann *Burrhus Frederic Skinner* bezeichnet werden.

Skinner wurde 1904 als Sohn eines Rechtsanwaltes in Pennsylvania geboren. An der Harvard-Universität in Boston nahm er 1928 das Studium der Psychologie auf. Nach seiner Ernennung zum Professor im Jahre 1948 lehrte und forschte er dort sein ganzes Berufsleben lang bis zu seiner Emeritierung 1974. Seine grundlegenden Forschungen machte er mit Tauben, denen er Ping-pong-spielen und komplizierte Tanzschritte beibringen konnte. In seiner "Skinner-Box" ließ er vielfältige Versuche ablaufen, die ihm das komplexe System der Operanten Konditionierung erschlossen. Sein 1948 publiziertes Buch "Walden II", das in Deutschland unter dem Titel "Futurum II" erschien, wurde ein weltweiter Bestseller. Das Buch stellte die Bedeutung professioneller Verhaltenssteuerung heraus und zeigte die Möglichkeit menschlichen Zusammenlebens ohne Strafe und Zwang auf. Skinners Wirken steht auch in engem Zusammenhang mit der Entwicklung von Lernmaschinen. Skinner starb 1990 als 86jähriger im US-amerikanischen Cambridge.

Carl R. Rogers wurde 1902 in Oak Park in den Vereinigten Staaten geboren. Er studierte zunächst einige Semester Agrarwissenschaften und Theologie, bevor er zur Psychologie fand. Stark beeinflußten ihn die Philosophen Buber und Kierkegaard, der Gestaltpsychologe Kurt Lewin und vor allem der Tiefenpsychologe Otto Rank (1884 - 1939). In der "Gesellschaft zur Verhinderung von Grausamkeiten an Kindern" fand er 1928 eine Anstellung und eine ihn sehr engagierende Tätigkeit, in der er breite Erfahrungen in der Beratung unterprivilegierter Kinder und ihrer Eltern sammeln konnte. Wesentliche Elemente seines Beratungs- bzw. Therapie-Ansatzes finden sich bereits im Werk Otto

Ranks, wie z.B. die Berücksichtigung der Selbstaktualisierungstendenz des Menschen im Sinne von "Wachsen, Reife, Lebensbereicherung" (Rogers 1983, 491), die therapeutische Ausrichtung auf das Gefühlserleben und auf die Verbesserung der Kongruenz zwischen dem Erleben des Organismus und dem Selbstkonzept sowie auf eine Veränderung der Selbstwahrnehmung. Rank kann somit als "Wegbereiter personenzentrierter Psychotherapie" bezeichnet werden (Pfeiffer 1980, 93-101). Auch von Alfred Adler profitierte Rogers stark, unter anderem dadurch, daß er die "Prinzipien individualpsychologischer Gesprächsführung" übernahm (Bleidick 1985, 4). Der der humanistischen Psychologie zuzurechnende Ansatz von Rogers wurde zunächst als nondirektiv, dann als klientenzentriert und später als personenzentriert bezeichnet. Zur Verbreitung des Ansatzes in Deutschland trug wesentlich R. Tausch bei, der seit den sechziger Jahren den Verbalisationsaspekt unter der Bezeichnung "Gesprächspsychotherapie" in den Mittelpunkt stellte (vgl. Tausch 1979). Spätere Darstellungen, die Rogers allgemein zum Lernen in Gruppen und Schulklassen machte, sowie seine Sicht des Lehrers als Facilitator bzw. Lernförderer regten in der Verhaltensgestörtenpädagogik zur Konzipierung schülerzentrierten Unterrichts an (vgl. Goetze / Neukäter 1982). Rogers war als Professor an Universitäten in Ohio, in Chicago und Wisconsin tätig. Weithin bekannt wurde sein Beratungszentrum in Chicago. Rogers starb 1987.

1.3 Kinder und Jugendliche mit Verhaltensstörungen in der Zeit der nationalsozialistischen Diktatur

Den schwerwiegendsten Einschnitt in die gesamte Pädagogik bei Verhaltensstörungen in Deutschland hat es innerhalb der aufgezeigten historiographischen Linien in jüngster Vergangenheit durch den Machtmißbrauch der Nationalsozialisten in den Jahren von 1933 bis 1945 gegeben. (Deshalb - und um die Zusammenhänge deutlicher zu machen - wird nachfolgend auf diese Zeit in einem gesonderten Abschnitt eingegangen.)
Mit der Machtübernahme durch die Nationalsozialisten wurden Ideen von Erziehung und Bildung realisiert, die für Kinder und Jugendliche mit abweichenden, unerwünschten Verhaltensweisen kein Verständnis zuließen, sondern zur Etablierung eines totalen Systems brutaler Anpassung und radikaler Ausmerzung führten. Zu diesem System sind als markante Institutionen die Hitlerjugend (HJ), der Sicherheitsdienst (SD), die Hilfsschulen, die Fürsorgeeinrichtungen, die Arbeits- und Bewahrungshäuser, die Jugendschutzlager und die Kinderfachabteilungen an Nervenkliniken zu rechnen. Die miteinander verzahnten Institutionen in diesem System richteten sich gegen "Abweichler", wie "Arbeitsbummelanten", die "Swing-Jugend", die "Edelweiß-Piraten", Kinder und Jugendliche mit Lern- und Verhaltensschwierigkeiten bzw. Hilfsschüler, gegen "Fürsorgezöglinge", "Psychopathen", "Kriminelle" und "geborene Verbrecher".

Hitlerjugend (HJ) und Sicherheitspolizei / Sicherheitsdienst (SD)

Für die Verbreitung der nationalsozialistischen Weltanschauung hatte konzeptionell und de facto die HJ eine zentrale Bedeutung. Das Gesetz über die HJ vom 01.12.1936 formulierte das Erziehungsziel, das über die herrische und skrupellose Einwirkung durch die HJ in allen Erziehungsinstitutionen realisierte wurde. Darin heißt es: "Die gesamte deutsche Jugend ist außer in Elternhaus und Schule in der Hitlerjugend körperlich, geistig und sittlich im Geiste des Nationalsozialismus zum Dienste am Volk und zur

Volksgemeinschaft zu erziehen". Dieser Paragraph 2 des HJ-Gesetzes wurde als ein "Erziehungs-Grundgesetz" für das deutsche Volk verstanden (Muthesius 1944, 115).

Diese Zielsetzung wurde nach der nationalsozialistischen Machtübernahme umgehend in die Erziehungsinstitutionen, gerade auch in solche für Kinder und Jugendliche mit Verhaltensabweichungen hineingetragen und praktisch umgesetzt. So berichtet z.B. das Berliner Landes-Wohlfahrts- und Jugendamt bereits im Jahresbericht von 1934 über die Arbeit im städtischen Landerziehungsheim Struveshof: "Die Erziehungswege des Führers: Körperliche Ertüchtigung, Disziplin, charakterliche Festigung, produktive Arbeit, soziale und politische Schulung führten auch hier zu sichtbaren Erfolgen. Es herrscht ein frischerer Geist unter den Jugendlichen, sie haben Verständnis für den Sinn der Erziehung und fühlen sich gegenüber der Gemeinschaft mehr verpflichtet, als dies früher der Fall war. Turnen, Sport, besonders aber Geländesport wurden eifrig gepflegt. Die neu eingerichtete Wehrsportgruppe hat sich in jeder Beziehung bewährt und bildet eine ausgezeichnete Vorbereitungsschule für den freiwilligen Arbeitsdienst, für die Hitlerjugend und SA. Die äußere Disziplin unterscheidet sich wesentlich von der früherer Jahre. Parallel mit der äußeren hat naturgemäß auch die innere Disziplinierung Schritt gehalten." (Landesarchiv Berlin, Rep.57/862).

Die HJ wurde zur ersten Interventionsinstanz bei Verhaltensschwierigkeiten bzw. Vorstößen gegen die geforderte Ordnung und Disziplin für alle 10- bis 18jährigen Jugendlichen. Ihr übertrug die "Erste Durchführungsverordnung zum Gesetz über die Hitlerjugend" vom 25.03.1939 weitreichende Kompetenz in allen Angelegenheiten der Jugendpflege. Die Disziplinierungsmaßnahmen der HJ reichten bis zur Verhängung eines "Jugenddienstarrestes" von 3-8 Tagen. Hart wurde gegen Vergehen gegen die Arbeits-disziplin und Arbeitsbummelei vorgegangen. Die als Arbeitsvertragsbrüche verstandenen Vergehen wurden zunächst der Hitlerjugend als Jugendhilfemaßnahmen im Rahmen ihrer Dienststrafgewalt überlassen. Zeigten diese Maßnahmen keine Wirkung, griffen die Gerichte ein durch die Anordnung von Schutzaufsicht, Fürsorgeerziehung, Jugendarrest oder einer bis zu dreimonatigen Arbeitserziehung in einem Arbeitserziehungslager. Träger dieser Arbeitserziehungslager, die in Ostpreußen, der Rheinprovinz, im Moselland, in Hamburg, in Hannover und in Thüringen eingerichtet wurden, waren die Fürsorgeerziehungsbehörden und die Hitlerjugend (vgl. dazu Sieverts 1944, 61-82).

Ihren für das faschistische System so wichtigen Erziehungsauftrag verfolgte die HJ-Führung mit tatkräftiger Unterstützung durch die Sicherheitspolizei und den Sicherheitsdienst (SD). Bei "der nachrichtendienstlichen Beobachtung aller Lebensgebiete" war der SD auch zuständig für "alle Jugendprobleme, die überhaupt auftauchen können" (Kaltenbrunner 1944, 27). Die Geheime Staatspolizei als die eine und die Kriminalpolizei als die andere Säule der Sicherheitspolizei verfolgten alle politischen bzw. asozialen oder kriminellen "Störer der Volks- und Gemeinschaftsordnung" (a.a.O., 26). Diese Dienste hatten sich - auch während des Krieges - mit verhaltensabweichenden Jugendlichen zu beschäftigen, die - wie Kaltenbrunner feststellte - sich "lässig geben, salopp gekleidet sind, durch unmöglichen Haarschnitt auffallen, angelsächsische Schlager lieben und negerhafte Tänze pflegen und v.a.m." (S. 28) und unter dem Namen "Swing-Jugend" zusammengefaßt wurden, sowie mit Jugendlichen, denen "die Ablehnung oder Interessen-losigkeit gegenüber den Pflichten innerhalb der Volksgemeinschaft oder der Hitlerjugend" gemeinsam ist (S. 29) und die als "Cliquen" und später dann als "Edelweiß-Piraten" bezeichnet wurden. Sowohl die zumeist aus Mittelschichtverhältnissen stammenden "Swing-Jugendlichen" als auch die aus den unteren Schichten stammenden "Edelweiß-Piraten" wurden verfolgt, aufgegriffen und brutal diszipliniert. Zur Strafe wurde ihnen das Haupthaar geschoren, sie kamen in den Kerker, in die Fürsorgeerziehung, ins Jugend-KZ, als Kanonenfutter an die Front oder durch den Strang zu Tode, wie jene "Rädelsführer der Edelweiß-Piraten", die noch kurz vor Kriegsende im November 1944 in Köln-Ehrenfeld zur Abschreckung öffentlich aufgehängt wurden. Darunter war auch ein Sechzehnjähriger (vgl. Peukert 1982).

Hilfsschulen

Die pädagogischen Maßnahmen der Weimarer Republik für Kinder und Jugendliche mit Verhaltensstörungen wurden von den Nazis als "kriminelle Torheiten" und "marxistische Gefühlsduselei" verunglimpft. Den Nationalsozialisten ging es um "Volksgesundung", um die "Aufartung der germanischen Rasse" und in Verbindung damit um die "Ausmerzung geschädigter Erbträger". Wer für den Dienst am Volk wenig Effektivität erwarten ließ oder nicht fähig oder bereit war, sich in die Volksgemeinschaft einordnen zu lassen, wurde als "Ballastexistenz" verstanden, die es aus dem Erbgang des deutschen Volkes zu eliminieren galt. Dafür brauchte das Regime Sammelbecken, als die sich die weit verbreiteten Hilfsschulen anboten. Die Sammelbeckenfunktion der Hilfsschule wurde im April 1938 durch die "Allgemeine Anordnung über die Hilfsschulen in Preußen" (AAoPr) und 1942 reichseinheitlich durch die "Richtlinien für die Erziehung und den Unterricht in Hilfsschulen" festgeschrieben. Die Schülerschaft der Hilfsschulen sollte aus solchen Kindern bestehen, "die bildungsfähig sind, die im allgemeinen Bildungsgang der Volksschule aber wegen ihrer Hemmungen in der körperlich-seelischen Entwicklung und ihren Störungen im Erkenntnis-, Gefühls- und Willensleben unterrichtlich und erzieherisch nicht zu folgen vermögen". Somit konnten nicht nur die als schwachsinnig verstandenen Schüler, sondern auch die nach der heutigen Terminologie als verhaltensgestört bezeichneten Kinder und Jugendlichen reichsweit gesondert erfaßt und gegebenenfalls den von den Erbgesundheitsgerichten angeordneten Sterilisationsmaßnahmen zugeführt werden. Im Sinne nationalsozialistischer Vorstellung und Ziele waren die eugenischen Maßnahmen sehr effektiv: Allein zwischen 1934 und 1943 wurden 99.534 Menschen unfruchtbar gemacht (vgl. Bonhoeffer 1949, 2). Insgesamt gesehen, muß damit gerechnet werden, daß 300.000 bis 350.000 Menschen zu Sterilisationsopfern geworden sind (vgl. Rudnick 1980, 93).

Einrichtungen der Jugendhilfe und der Jugendfürsorge

Über die Jugendhilfe, die Jugendfürsorge und die Jugendgerichtsbarkeit schuf sich der totalitäre NS-Staat einen weiteren umfassenden Apparat, um bei unerwünschten Verhaltensweisen von Kindern und Jugendlichen zu intervenieren. Die nach dem Jugendwohlfahrtsgesetz (JWG) von 1922 gegründeten und organisierten Einrichtungen der Jugendhilfe für Erziehungsschwierige, von Verwahrlosung bedrohte und verwahrloste Kinder und Jugendliche wurden nach kurzer Zeit des kooperativen und friedlichen Nebeneinanders der Spitzenverbände der Wohlfahrtspflege sehr bald von der "Nationalsozialistischen Volkswohlfahrt" (NSV) vollständig dominiert, die "alle Bestrebungen wohlfahrtspflegerischer Art innerhalb Deutschlands zusammenfassen und auf das nationalsozialistische Ziel ausrichten sollte" (Althaus 1937, 23).
Für die NSV stand im Sinne nationalsozialistischer Weltanschauung die gesunde deutsche Familie, die Gesundung und Aufartung des deutschen Volkes im Mittelpunkt aller Maßnahmen. So stellte der Reichsamtsleiter Althaus im Hauptamt für Volkswohlfahrt

fest: "Nicht der einzelne Gefährdete wird Objekt individualistischer Fürsorge, vielmehr dient die nationalsozialistische Volkspflege der gesunden Familie als der Zelle und Blutsträgerin des Volkes. Die asoziale Sippe und der asoziale Einzelne werden aus der Betreuung ausgeschlossen, soweit nicht - um der gesunden Umgebung Willen - Maßnahmen überwachender und einschränkender Art eingeleitet werden müssen" (Althaus 1944, 107).

Die Fürsorgeerziehung hatte die Aufgabe, sich dadurch überflüssig zu machen, daß erbbiologisch gesunde und wertvolle Familien stark unterstützt und zur stärkeren Fortpflanzung angeregt wurden, und die als erbbiologisch unwertig erachteten Problemfamilien mit Hilfe verschiedener gesetzlicher Regelungen zum Aussterben gebracht oder ausgemerzt wurden. In diesem Sinne war es von größter Wichtigkeit, die sozial gefährdeten, aber besserungsfähigen, d.h. erziehbaren Kinder und Jugendlichen, von denen zu trennen, die als gemeinschaftsunfähig und gemeinschaftsfremd, d.h. als unerziehbar verstanden wurden.

Die Aufnahmestationen der Fürsorgeerziehungsheime wurden zum Sammelbecken für Kinder und Jugendliche mit den unterschiedlichsten Lern- und Verhaltensschwierigkeiten, sowie zum erbbiologischen Sieb - und das bereits kurz nach der Machtübernahme. So ist schon im Jahresbericht von 1935 des Berliner Landes-Wohlfahrts- und Jugendamtes über ein städtisches Erziehungsheim nachzulesen: "Im Landeserziehungsheim Struveshof, das gleichzeitig Beobachtungs- und Verteilungsstelle für schulentlassene Minderjährige ist, wurden im Berichtsjahr 241 Minderjährige neu aufgenommen. Der monatliche Zugang betrug gleichbleibend etwa 20 Minderjährige. Für 58 von den 241 neu überwiesenen Minderjährigen ist Anzeige aufgrund des Gesetzes zur Verhütung erbkranken Nachwuchses gestellt worden. Die Anzeige erfolgte in allen Fällen wegen festgestellten oder vermuteten Schwachsinns" (Landesarchiv Berlin REP. 57/862).

Im Hinblick auf Sterilisations- oder andere Sondermaßnahmen hatte der Psychiater der Berliner Fürsorgererziehungsbehörde bereits einen Zahlenschlüssel gefunden: "Es zeigen nach wie vor ungefähr 40 % der Zöglinge Regelwidrigkeiten und zwar 25 % in der Richtung des Schwachsinns verschiedenen Grades und 15 % fallen in den Bereich der verschiedenen Formen der Psychopathie" (Landesarchiv Berlin REP. 57/862).

Da in den Fürsorgeerziehungsheimen nur diejenigen Kinder und Jugendlichen betreut und gefördert werden sollten, bei denen gute Erfolgsaussichten bestanden und die als erbbiologisch akzeptabel angesehen wurden, wurden die als unerziehbar eingestuften Zöglinge in Arbeits- und Bewahrungshäuser überführt. In dem differenzierten System der Disziplinierung und Auslese gab es dann neben den Regelformen der Fürsorgeerziehungsheime und den Arbeits- und Bewahrungshäusern noch polizeiliche "Jugendschutzlager" oder - wie sich treffender sagen läßt - Jugend-Konzentrationslager. Die "Jugendschutzlager" wurden auf Anweisung des Reichsführers der SS Heinrich Himmler im Februar 1940 als Ergänzung der Fürsorgeeinrichtungen für anlagemäßig kriminelle Minderjährige eingerichtet - und zwar in Moringen für 800 männliche Jugendliche und in Uckermark für 600 weibliche Minderjährige. Die Einweisung in die Jugend-KZ geschah durch das Reichskriminalpolizeiamt auf Antrag der Kriminalpolizeistellen und betraf "Minderjährige, für die Fürsorgeerziehung wegen Erreichung der Altersgrenze oder wegen Unerziehbarkeit nicht oder nicht mehr angeordnet oder aufrechterhalten werden sollte" (Werner 1944, 97).

War der Alltag in den regulären Heimen im Sinne von Zucht und Ordnung für die Kinder und Jugendlichen schon sehr schwer geworden, so muß er in der Jugend-KZ unerträglich gewesen sein. Die ca. 700 männlichen Jugendlichen im Alter von 16-21 Jahren, die in

Moringen untergebracht waren, wurden durch den Kommandanten, einen SS-Sturmbannführer durch 70 Wachmänner, einen leitenden Erzieher und 12 Erzieher systematisch zur straffen Disziplin, Sauberkeit, Ordnung und zur größtmöglichen Arbeitsleistung gezwungen. Zur Individualisierung der Maßnahmen, die auch harte Strafen einschlossen (straff stehen über 2-6 Stunden, Entziehung des Essens, verschärfter Arrest bei Wasser und Brot), wurden Gruppen gebildet und zu "Blöcken" zusammengefaßt. So gab es u. a. den Block der Untauglichen, den Block der Störer, den Block der Dauerversager, den Block der Gelegenheitsversager, den Block der fraglich Erziehungsfähigen. Der harte Arbeitstag begann um 5.15 Uhr und endete um 18.15 Uhr. Von den über 1000 Jugendlichen, die bis Herbst 1943 Moringen durchlaufen hatten, waren 75,6 % ungelernte, 9,2 % angelernte Arbeiter und 15,2 % ohne Beruf; fast 60 % kamen aus der Fürsorgeerziehung; 23 wurden unfruchtbar gemacht; 24 starben eines natürlichen Todes, 3 starben an Unfallfolgen, 2 begingen Selbstmord, einer wurde auf der Flucht erschossen (Werner 1944, 95-106).

Diese Zahlen über Unfruchtbarmachung, "natürlichen" Tod und Unfalltod, Selbstmord und Erschießung entstammen offiziellen Angaben des Terror-Regimes. Sie können nur ahnen lassen, wie furchtbar die Greuel, die Qualen waren, denen unangepaßte Jugendliche ausgesetzt wurden. So kann es nicht verwundern, daß allein schon die Existenz, der fürchterliche Ruf des Lagers disziplinierende Funktion gewann.

Ab 1939 arbeiteten die Fürsorgeeinrichtungen eng mit den neu installierten Kinderfachabteilungen an Nervenkliniken zusammen. Die Wiener Klinik "Am Steinhof" war eine der ersten mit einer Kinderfachabteilung. "Die Nervenklinik für Kinder wurde am 24.07.1940 in Betrieb genommen und diente zur Beobachtung sogenannter ´psychopathischer und erbkranker´ Kinder, die hier nach ihrer ´wissenschaftlichen´ Begutachtung ermordet wurden. Mit Beimengungen von Morphium, Veronal oder Luminal in das Essen wurden die Kinder getötet. Zwischen Juli 1942 und April 1945 wurden so mehr als 200 Kinder in dieser Klinik getötet" (Romey 1984, 170).

Mit zunehmender Routine der Mordkommissionen brauchten die Kinder nicht einmal mehr "beobachtet" zu werden. Auf Vernichtungsmittel wurde verzichtet: Eingeschränkte Ernährung, eine Hungerkost, führte zum Tode (vgl. Dörner 1967, Ehrhardt 1965, Schmeichel 1982).

Wieweit die rassistischen Wahnideen und Aufartungs-Ansprüche des Staates sowie der Zustand der Rechtlosigkeit und der servilen Eigenmächtigkeit die Menschen - auch Mediziner, auch Psychiater - pervertierten, wird daraus deutlich, "daß medizinische Wissenschaftler die Dienstwilligkeit der Kinderfachabteilungen ausnutzten, um für sie interessante Fürsorgezöglinge töten zu lassen und den Rücktransport der Leichen zu bewerkstelligen" (Schmeichel 1982, 94).

Die harten Sanktions- und Disziplinierungsmaßnahmen des nationalsozialistischen Regimes gegen Kinder und Jugendliche mit abweichenden, unerwünschten Verhaltensweisen stehen zwar in der europäischen Tradition des mittelalterlichen Strafrechts einerseits und der sozialdarwinistischen Bestrebungen des 19. und beginnenden 20. Jahrhunderts andererseits, sie nahmen aber im Hitler-Staat eine teuflische Systematik und eine grauenvolle Perfektion in Dimensionen an, die vorher nicht denk- und vorstellbar waren.

2. Begriffsbestimmung

Kinder und Jugendliche, die ihrer Umwelt Schwierigkeiten machen und mit sich selbst Schwierigkeiten haben, sind in der Vergangenheit mit den unterschiedlichsten Begriffen bezeichnet worden. Beispielhaft sind zu nennen: entwicklungsgehemmt, entwicklungsgestört, erziehungsschwierig, fehlentwickelt, führungsresistent, gemeinschaftsschwierig, integrationsbehindert, neurotisch, psychopathisch, schwererziehbar, schwersterziehbar, verwahrlost, verwildert.

Einige dieser Begriffe sind aus dem Sprachgebrauch verschwunden oder haben den Charakter von Unterbegriffen angenommen, die eine spezifische Sichtweise angeben und sich einem Oberbegriff subsumieren lassen, andere sind aus verschiedenen Gründen abzulehnen.

Einer der ersten Sonderpädagogen, der sich intensiver mit schwierigen Kindern und Jugendlichen befaßte, war der Berliner Schulrat Arno Fuchs. Er lenkte Blick und Interesse der pädagogischen Fachwelt auf die "nicht geringe Zahl der normalen, nur mit leichten und vorübergehenden psychopathischen Wesenszügen behafteten Schwererziehbaren" (Fuchs 1930, 7). Seine Charakterisierung der Kinder und Jugendlichen erfolgte aus pädagogischer Sicht, d.h. die Erschwerung des Erziehungs- und Bildungsprozesses wurde herausgestellt. Bedeutsam ist, daß die Symptome zwar als schwer beeinflußbar, aber dennoch als korrigierbar und somit als vorübergehend gewertet wurden. Aus diesem Grunde hat sich wohl der Begriff Schwererziehbarkeit bis in unsere Zeit als Sammelbegriff erhalten (vgl. Kluge z.B. 2 1972). Allerdings legt er die Deutung nahe, daß die Ursachen nur oder vorwiegend beim Kinde liegen und das Kind schuld hat an den Erschwernissen. Gleiches gilt für Erziehungsschwierigkeit, eine Bezeichnung, die häufig in den fünfziger und beginnenden sechziger Jahren gebraucht wurde (vgl. z.B. Klink 1962, Müller 1962).

Für Hanselmann, den bedeutenden Schweizer Heilpädagogen, waren die in Rede stehenden Kinder und Jugendlichen Schwererziehbare und - von seiner Gesamtsystematik aus gesehen - "ausgabeabwegige Entwicklungsgehemmte" (Hanselmann 1930, 15), wenn Anlagebedingungen im Vordergrund stehen, oder Entwicklungsgestörte, "wenn keine Anlagemängel im Kinde vorliegen, sondern wenn seine Entwicklung in einer erzieherisch und seelisch-gesundheitlich ungünstigen Umwelt sich vollzieht" (Hanselmann 1954, 80). In seinem heilpädagogischen System unterschied er im Hinblick auf körperliche, seelische und geistige Beeinträchtigungen zwischen aufnahmegeschädigten (Mindersinnigen), verarbeitungsschwachen (Geistesschwachen) und ausgabeabwegigen Entwicklungsgehemmten und Entwicklungsgestörten. Der Begriff der Entwicklungshemmung ist zu stark auf konstitutionelle Bedingungen ausgerichtet, impliziert die Fiktion einer norm- bzw. phasengerechten Entwicklung und wird heute auch gern wegen des vieldeutigen Gehalts des Wortes Hemmung vermieden. In der Nachfolge Hanselmanns werden schwierige Kinder und Jugendliche auch in neuerer Zeit als entwicklungsgestört bezeichnet (vgl. von Bracken 1968). In Bremen gibt es eine "Sonderschule für entwicklungsgestörte Kinder". Sehr beliebt bei Fachautoren war eine Zeit lang der Terminus Gemeinschaftsschwierigkeit (vgl. z.B. Mücke 1966), der zu stark die Probleme in der Gemeinschaft betont und nicht deutlich werden läßt, daß die Kinder und Jugendlichen meistens Schwierigkeiten mit sich selbst haben und ihre Ängste und Aggressionen sehr häufig destruktiv auch gegen sich selbst richten.

Kaum Beachtung gefunden hat die Wortprägung "integrationsbehindert" (Lauckert 1962), obwohl sie die besonderen Probleme schwieriger Kinder in zweifacher Hinsicht gut zusammenfaßt und eine terminologische Ebene zu anderen Behinderungen herstellt (vgl.

geistigbehindert, körperbehindert, sehbehindert, sprachbehindert usw.). In dieser Bezeichnung klingt an, daß schwierige Kinder darin behindert sind, personale und soziale Ansprüche harmonisch in ihre Gesamtpersönlichkeit zu integrieren sowie sich in Gruppen einzugliedern und Gruppennormen anzupassen und daß sie bei Integrationsversuchen von der Umwelt nicht nur nicht unterstützt, sondern häufig auch behindert werden (vgl. dazu Kluge / Vosen. 1975). Als unangemessen kann die Parallelisierung mit anderen Behinderungen erscheinen, wenn von einem eng gefaßten, nur irreversible, dauerhafte Schädigungen umfassenden Behinderungsbegriff ausgegangen wird. Es hat sich aber im Hinblick auf Hilfeleistungen nicht nur bei vielen Fachautoren, sondern auch beim Gesetzgeber durchgesetzt, den Behinderungsbegriff weiter zu fassen und ein Kind unter pädagogisch-psychologischem Aspekt als behindert zu bezeichnen, das "in seinen pädagogischen Vollzugsbereitschaften, im Lernprozeß und in der erzieherischen Ansprechbarkeit verändert, defizient und gestört" ist (Bleidick 1972, 202). Insofern sind - auch wenn keine Defekte vorliegen - auch schwierige Kinder und Jugendliche behindert und somit in besonderer Weise hilfsbedürftig.

Gegenwärtig finden zwei Oberbegriffe, die als Synonyme zu verstehen sind, am häufigsten Verwendung: Verhaltensauffälligkeit und Verhaltensstörung. Der Begriff Verhaltensauffälligkeit ist wohl gebräuchlich geworden, weil er als wertneutral gilt. Er erscheint aber aus verschiedenen Gründen als wenig geeignet. Zum einen werden nicht alle Kinder und Jugendliche mit beeinträchtigenden Schwierigkeiten durch ihr Verhalten auffällig, wie z.B. solche mit resignativen, ängstlich-gehemmten oder regressiven Erscheinungsformen; und nicht alle auffälligen Kinder und Jugendliche haben mit sich oder mit der Umwelt tiefgreifende und andauernde Schwierigkeiten wie z.B. besonders talentierte bzw. hochbegabte. Zum anderen ist jeder Mensch hin und wieder in seinem Verhalten auffällig, z.B. wenn er übermüdet, überarbeitet, übermäßig ausgelassen oder auch angetrunken ist. Außerdem müßte zwischen positiver und negativer Verhaltensauffälligkeit unterschieden werden. Der Begriff Verhaltensauffälligkeit ist also zu allgemein, mehrdeutig, wenig prägnant und unscharf und ist deshalb als Oberbegriff für den wissenschaftlichen Sprachgebrauch nicht gut geeignet.

Der Begriff Verhaltensstörung hat im admistrativen wie im wissenschaftlichen Bereich die größte Verbreitung gefunden. In den sechziger Jahren hat seine Verwendung im Vergleich zu Alternativbegriffen hochsignifikant zugenommen (vgl. Schultheis 1974, 1983). Er setzte sich sowohl in der damaligen DDR als auch in der Bundesrepublik Deutschland im amtlichen Sprachgebrauch bildungspolitischer Instanzen und Gremien auf Bundes- und Länderebene sowie in der Diktion vieler Fachautoren durch, wohl weil er das gemeinte relativ deutlich zum Ausdruck bringt, interdisziplinär verständlich ist, in ähnlicher Diktion in anderen Sprachen benutzt wird, z.B. in dem für die westliche Wissenschaft so wichtigen Englischen (behavior disorders), also gut in andere Sprachen zu übersetzen ist und somit der internationalen Kommunikation dient. Geprägt wurde er international 1950 auf dem 1. Weltkongreß für Psychiatrie in Paris als Sammelbegriff für alle "Abwegigkeiten und Handlungen und Haltungen von den einfachsten 'Ungezogenheiten', dem Ungehorsam, dem Jähzorn, den Tics, den Eß- und Schlafstörungen bis zu den schwersten Formen der Verwahrlosung und Kriminalität" (Wiesenhütter 1964, 138). Inzwischen hat es sich als notwendig erwiesen, den Begriff enger zu fassen und nur dann zu verwenden, wenn die Verhaltensschwierigkeiten nicht kurzdauernd, vorübergehend, sondern länger andauernd sind, nicht punktuell unter spezifischen Reizbedingungen, sondern unter unterschiedlichen Bedingungen in verschiedenen Situationen auftreten, nicht vom Betroffenen bewußt und kontrolliert zum Erreichen bestimmter Ziele eingesetzt werden, sondern ihn vehement und vielgestaltig unsteuerbar überfluten. Vorübergehender Ungehorsam oder passagere Ungezogenheiten sind nach diesem Verständnis keine Verhaltensstörungen. Störung meint, daß nicht nur vorübergehend eine Problemkonstellation gegeben ist, daß vielmehr längerfristig individuelles und soziales Leben beeinträchtigt ist, daß für das Kind oder den Jugendlichen die Gefahr besteht, sich das soziokulturelle Erbe nicht adäquat aneignen und Mündigkeit, Unabhängigkeit, Selbstverwirklichung nicht erreichen zu können. Störung meint aber auch, daß Störfaktoren zu eliminieren sind, daß die Beeinträchtigung aufgehoben werden kann, daß durch Hilfeleistung der Weg wieder frei zu machen ist für die weitere adäquate Sozialisation, so wie bei einer Verkehrsstörung die Räumung der Straße von behindernden Unfallautos den Weg auf das Fahrziel wieder freigibt. In diesem Sinne werden Verhaltensstörungen z.Z. allgemein verstanden: als "fixierte seelische Konfliktlage" (Atzesberger / Frey 1979, 12), als "permanente Unbalancen" in der Ich-Identität (Martikke 1979, 10), als "Abweichung vom Regelverhalten", die "derart gravierend ist, daß sie eine besondere erzieherische Hilfe für das Kind oder den Jugendlichen erforderlich macht, um soziale Desintegration abzuwenden und soziale Integration zu ermöglichen" (Speck 1979, 8). Unklarheit besteht darin, ob im Plural von Verhaltensstörungen oder im Singular von Verhaltensstörung gesprochen werden soll. Beide Möglichkeiten kommen in der Fachliteratur vor und haben etwas für sich. Für die Pluralform ist anzuführen, daß die Symptomatik immer multidimensional ist, sich Störungen in den verschiedenen Lebensbereichen des Affektiven, Motorischen, Somatischen, Sozialen, der Arbeit und Leistung zeigen sowie in individuell so unterschiedlichen Kombinationen auftreten, daß von einem spezifischen Syndrom Verhaltensstörung keine Rede sein kann. Die Pluralform findet auch unter dem Gesichtspunkt Sinn, daß Problemverhalten nicht ständig auftritt, daß es Zeiten mit und ohne Störung gibt, Störung aber auf Störung folgt und somit ein Nacheinander vieler Störungen charakteristisch ist.

Andererseits aber ist bei aller Verschiedenheit der Symptomatik die Problematik von den Reaktionen der Umwelt sowohl als auch von den Beeinträchtigungen für den Betroffenen her ziemlich einheitlich, so daß von einem normabweichenden, negativauffälligen Fehlverhalten gesprochen werden kann, das pädagogisch-therapeutische Interventionen notwendig macht und gerade wegen dieser Notwendigkeit das Signalwort Verhaltensstörung braucht. Verhaltensstörung signalisiert dann eine überdauernde Krisenkonstellation, die der Betroffene ohne Hilfe von Außen nicht oder nur unzulänglich oder nur in einem sehr langen Zeitraum überwinden kann. Nach diesem Verständnis hat ein Betroffener nicht viele qualitativ unterschiedliche Verhaltensstörungen, die in ihrer Gesamtheit eigentlich auch eine neue, zusammenfassende Bezeichnung bräuchten, er hat vielmehr zahlreiche, unangemessene, beeinträchtigende Verhaltensweisen, die in ihrer Gesamtheit als Verhaltensstörung bezeichnet werden.

Da Plural- wie Singularform als sinnvoll und in ihrem Sinngehalt einander ergänzend erscheinen, könnte Verständigung darüber angestrebt werden, je nach Kontext und spezieller Akzentuierung die eine wie andere Form nebeneinander zu benutzen. Auf diese Weise wird in den weiteren Ausführungen verfahren.

Der Gebrauch der pauschalisierenden Kurzformel "Verhaltensgestörte" bzw. "verhaltensgestörte Schüler" ist abzulehnen. Mit dieser Formel wird der pädagogische Sachverhalt verkürzt und die persönlichkeitsspezifische Komplexität verwischt, "denn ein Kind mit Verhaltensstörungen ist nicht nur verhaltensgestört". Es könnte nach den Umständen, bei Betonung anderer Merkmale, "auch als 'hochbegabt', als 'sensibel', als 'durchsetzungsstark' positiv etikettiert werden" (Speck 1979, 2). Es besteht die Gefahr einengender Sicht und Beurteilung, was im Hinblick auf den Betroffenen wie auf den Beurteiler negative Konsequenzen haben kann und deshalb unbedingt vermieden werden sollte. Zu bedenken ist in diesem Zusammenhang auch, ob nicht die inzwischen fast allgemein verbreitete Bezeichnung "Verhaltensgestörtenpädagogik" für die sonderpädagogische Fachrichtung an Universitäten und Hochschulen die angesprochene Gefahr heraufbeschwört. Deshalb sind Bemühungen zu forcieren, das Fachgebiet als Pädagogik bei Verhaltensstörungen zu bezeichnen.

Gegen den Begriff Verhaltensstörung gibt es Einwände. Solange der Mensch lebt, verhält er sich. So kann Verhalten nicht eigentlich gestört, sondern nur qualitativ oder quantitativ in Relation zu einer Norm anders oder verändert sein. Störungen liegen in den Bereichen, die Verhalten konstituieren. Insofern ist es richtiger, statt von Verhaltensstörungen von psychophysischen oder auch psychosozialen Störungen zu sprechen. Zudem wird dem Begriff Verhaltensstörung eine diffamierende Wirkung zugeschrieben. Es wird geltend gemacht, mit ihm würden Handlungen, die für das Individuum als sinnhaft verstanden werden können, pathologisiert, da er die Allgemeingültigkeit von Normen impliziere und einen Anklang an Ordnungswidrigkeit habe (vgl. dazu z.B.: Jetter / Schönberger 1979, 9-10). Wie jedoch die Erfahrung lehrt, kann jeder zunächst noch so neutrale Begriff zur Diffamierung mißbraucht und zum Schimpfwort werden, wenn das, worauf er zielt, mißverstanden, abgelehnt, verhöhnt wird. Die Bezeichnungen geisteskrank, Hilfsschüler, Idiot, Krüppel, Spastiker und verrückt sind hier beispielhaft zu nennen. Es muß also darum gehen, Einstellungen, nicht Begriffe zu verändern. Die zweifellos bestehende Notwendigkeit, Normen und Werte nicht als ewig und für alle Menschen als gültig anzusehen, darf in pädagogischer Verantwortung nicht dazu führen, Normabweichungen bei noch so deutlich gegebener individueller Sinnhaftigkeit zu tolerieren, wenn sie die Entwicklung und Erziehung eines Kindes oder Jugendlichen beeinträchtigen, d.h. eine adäquate Entwicklungs- und Leistungsfähigkeit im emotionalen, kognitiven, psychomotorischen und sozialen Bereich stören oder verhindern. Ablehnungen des Begriffs Verhaltensstörung resultieren auch aus Mißverständnissen oder spezifischen theoretischen Positionen (vgl. z.B. Göppel 1989, 288-289, siehe dazu auch weiter unten). Im Gegensatz zu dem vagen Begriff der Verhaltensauffälligkeit, der allerdings auch Verstöße gegen Normen impliziert, zielt der Begriff Verhaltensstörung vom Wortsinn her sehr deutlich auf derartig bedrohliche Normabweichungen und beinhaltet nicht, daß ein Kind z.B. unter Verstoß gegen die Schulordnung während des Unterrichts ißt, was sich jedoch als verhaltensauffällig bezeichnen ließe. Eine mit den weiteren Ausführungen zu erläuternde Definition des Begriffs Verhaltensstörung soll deutlich machen, daß es nicht darum geht, zeit- und kulturbedingte Normen zu stabilisieren und banale Ordnungswidrigkeiten zu pathologisieren, sondern ein normabweichendes, fehlleitendes Verhalten zu kennzeichnen, um vor allem im Interesse des Betroffenen und in mitmenschlicher Verantwortlichkeit helfende Maßnahmen einzuleiten.

Unter Verhalten wird hier die Gesamtheit menschlicher Aktivitäten verstanden, die im Wechselspiel zwischen Organismus und Umwelt generiert werden und von einfachen Reaktionen auf Reize bis zu willentlichen, komplexen, umweltverändernden Handlungen reichen. Verhalten kann in einer Grobdifferenzierung in adaptive und maladaptive Modi unterteilt werden. Adaptives Verhalten ist das Ergebnis adäquater Wahrnehmung, Verarbeitung, Einschätzung und Aktivierung. Es dient situativ und allgemein zur optimalen Umweltbewältigung (vgl. Stott et al. 1975). Maladaptives Verhalten dagegen basiert auf dysfunktionalen Rezeptionen und Kognitionen. Es ist durch unangemessene, unvorteilhafte und sozial unverträgliche Situations- und Lebensbewältigung charakterisiert.

Unter Berücksichtigung dieser Erwägungen wird "Verhaltensstörung" folgendermaßen definiert:

> *Verhaltensstörung ist ein von den zeit- und kulturspezifischen Erwartungsnormen abweichendes maladaptives Verhalten, das organogen und/oder milieureaktiv bedingt ist, wegen der Mehrdimensionalität, der Häufigkeit und des Schweregrades die Entwicklungs-, Lern- und Arbeitsfähigkeit sowie das Interaktionsgeschehen in der Umwelt beeinträchtigt und ohne besondere pädagogisch-therapeutische Hilfe nicht oder nur unzureichend überwunden werden kann.*

Mit dieser Definition soll - was im Hinblick auf Mißverständnisse und spezifische theoretische Positionen anzumerken ist - ein Begriff, der sich eingebürgert hat, der sehr unterschiedliche Phänomene zusammenfaßt (siehe nachfolgende Symptomliste), die mit den unterschiedlichsten Ursachen zusammenhängen können, in einer Weise präzisiert werden, daß er der fachlichen Kommunikation auf hohem Abstraktionsniveau, aber auch einem so wichtigen Bereich wie der Diagnostik dienlich sein kann (siehe Kapitel 5). Abstrahiert wird dabei auf die wesentlichen Merkmalsbereiche, die sich nicht nur auf das Kind/den Jugendlichen, sondern ganz wesentlich auch auf die Umwelt beziehen ("Erwartungsnormen", "milieureaktiv").

Verhaltensstörung ist also ein phänomenologischer Oberbegriff. Ihm lassen sich - wiederum eine Vielzahl von Erscheinungsformen zusammenfassende - Unterbegriffe subsumieren, die in verschiedenen wissenschaftlichen Disziplinen beheimatet sind und aus der Sicht dieser Disziplinen spezielle Probleme akzentuieren. In der nachfolgenden Tabelle wird ein Überblick über dieses Begriffsgefüge gegeben. Auf die angegebenen Unterbegriffe wird an anderer Stelle näher eingegangen.

Tabelle 1:
Verhaltensstörung
(phänomenologischer Oberbegriff)

Subtermini

pädagogisch	medizinisch-psychologisch	juristisch
Erziehungsschwierigkeit Schwererziehbarkeit sog. Unerziehbarkeit	Neurose, Psychose Hyperkinetisches Syndrom Cerebrale Dysfunktion	Verwahrlosung (JWG, bis 31.12.90) Seelische Behinderung (AFG, BBiG, BSHG) Schädliche Neigung/ Kriminalität (JGG)

Der soziologische Begriff des abweichenden Verhaltens hat weder eine Funktion als Alternativbegriff für Verhaltensstörung noch als Subterminus: er ist innerhalb der Definition von Verhaltensstörung *ein* Bestimmungsstück in der Präzisierung als abweichendes

Fehlverhalten, da hier nicht Spleens bzw. Allüren z.B. von Künstlern gemeint sind, sondern im Hinblick auf oberste Erziehungsziele wie Emanzipation / Autonomie, Solidarität, Leistungsfähigkeit und Leistungswilligkeit (siehe Kap. 6.1.7) fehlgeleitete und fehlleitende Verhaltensweisen.

3. Erscheinungsformen und Verbreitung von Verhaltensstörungen

3.1 Erscheinungsformen (Symptome)

Verhaltensstörungen stellen sich mit einer Vielzahl von Erscheinungsformen in individuell außerordentlich unterschiedlichen Erscheinungsbildern dar. Die Erscheinungsformen werden von verschiedenen wissenschaftstheoretischen Standpunkten aus entweder als Symptome verstanden, d.h. als Merkmale für eine ursächlich wirkende intrasomatische oder intrapsychische Krankheit, Schädigung oder Störung, oder sie gelten als die Störung selbst. Nach letzterer Auffassung ist nicht von Symptomen, sondern von unerwünschtem Verhalten in verschiedenen Erscheinungsformen zu sprechen (siehe dazu Kapitel 2.3.2!). Da beide Standpunkte bedeutsam sind, sich nicht ausschließen müssen, vielmehr auch als einander ergänzend angesehen werden können, werden die Bezeichnungen Symptome und Erscheinungsformen als Synonyme benutzt.

Für die Vielzahl der Erscheinungsformen ist sowohl über die Umgangssprache als auch über die Fachsprachen der humanwissenschaftlichen Disziplinen wie Allgemeinmedizin, Pädagogik, Pädiatrie, Psychiatrie, Psychologie, Soziologie u.a. im Laufe der Zeit ein umfangreicher Begriffsapparat geschaffen worden. Im folgenden wird in alphabetischer Reihenfolge eine Zusammenstellung von Symptombezeichnungen gegeben, wobei zusammenfassende Begriffe wie z.B. Erziehungsschwierigkeit und Schwererziehbarkeit aus pädagogischer Sicht, Neurose, Psychose und Psychosyndrome aus medizinischer Sicht sowie die rechtswissenschaftlich relevanten Sammelbegriffe "psychische Behinderung", "Verwahrlosung" und "schädliche Neigung" (bzw. Kriminalität oder Delinquenz) ausgenommen bleiben; auf sie wird gesondert eingegangen. Mit der Zusammenstellung bzw. Auflistung ist nicht in der Nachfolge Ludwig von Strümpells ein Klassifikationssystem vorzustellen (siehe S.19); es soll zunächst ein vorhandener Begriffsapparat wiedergegeben und ein Eindruck von der Vielfalt der Erscheinungsformen vermittelt, des weiteren aber auch auf die Problematik verwiesen werden, die sich daraus ergibt, daß spezielle Verhaltensweisen ganzheitlich und äußerst komplex agierender und reagierender Menschen isoliert gesehen und über Zeichen kommunizierbar gemacht werden und daß dadurch immer die Gefahr einer auf dieses Verhalten reduzierten Sicht besteht.

Für Symptombezeichnungen, die nicht allgemein geläufig sind (wie z.B. Enkopresis und Mutismus) oder die in ihrem fachwissenschaftlichen Inhalt präzisiert werden müssen (wie z.B. Ängstlichkeit und Geschwätzigkeit), sind Kurzerklärungen beigegeben.

Symptomliste der Verhaltensstörungen

Affektlabilität (schneller, unbeherrschter Wechsel der Gefühle)
Affektstauung
Affektüberschwang
Aggressivität (Bereitschaft zur Verletzung und Zerstörung)
Ängstlichkeit (Bereitschaft zur Aktivierung von Bedrohtheitsgefühlen)
Anorexia nervosa (Magersucht)
Antisozialität, Antisoziale Störung (gemeinschaftsschädliches Verhalten)
Antriebshemmung
Apathie (Teilnahmslosigkeit)
Atemfunktionsstörung

Aufdringlichkeit
Auffassungsstörungen
Aufmerksamkeitsstörung

Bewußtseinsstörungen
Bindungsschwäche
Bindungsstörung
Brutalität

Clownerien

Daumenlutschen
Denkstörungen
Depressionen (tiefe
  Mißgestimmtheit, Ge-
  fühle der Angst, der
  Sinn- und Hoffnungs-
  losigkeit)
Distanzlosigkeit
Drogensucht
Durchfall, nervöser

Eifersucht, übersteigerte
Elternfeindlichkeit
Einzelgängertum
Enkopresis (Einkoten)
Enuresis (Einnässen)
Eßstörungen
Eßsucht
Erbrechen, nervöses
Ermüdbarkeit, vor-
  schnelle
Euphorie
  (unangemessenes Ge-
  fühl gesteigerten Wohl-
  befindens)
Exhibitionismus (Drang
  zum öffentlichen Zei-
  gen der Geschlechtstei-
  le)

Faulheit
Fortlaufen
Frustrationstoleranz,
  geringe (eingeschränkte
  Fähigkeit, Mißerfolge
  zu ertragen)

Gedächtnisstörungen
Gefühlskälte
Gefühlsüberschwang
Geltungsdrang
Geschwätzigkeit
  (exzessives Reden)
Grimmassieren

Haarausreißen
Halluzinationen (irreale
  Wahrnehmungen,
  Wahrnehmungstäu-
  schungen)
Haltlosigkeit
Hautausschlag, nervöser
Hyperaktivität
Hperkinetische Störung
Hypochondrie
  (Einbildung von
  Krankheiten)
Hysterie (gesteigerte
  Störungsempfindlich-
  keit)

Impulsivität
Initiativlosigkeit
Initialhemmung
  (Schwierigkeit, Unter-
  nehmungen zu begin-
  nen)
Intoleranz
Interessenlosigkeit

Jaktationen
  (Schaukelbewegungen
  mit Kopf und Oberkör-
  per

Kopfschmerzen, nervöse
Kommunikationsstö-
  rungen
Konzentrationsschwäche
Kontaktschwäche
Kränkeln
Labilität (Bereitschaft zu
  schnellen Zustands-
  schwankungen)

Legasthenie (Lese-
  Rechtschreib-Schwä-
  che, LRS)
Lehrerfeindlichkeit
Leistungsschwäche
Leistungsunfähigkeit
Leistungsverweigerung
Lernstörungen
Lethargie (träges, teil-
  nahmsloses Verhalten)
Lügen, exzessives

Magersucht
Manie (übererregtes,
  dranghaft-
  unkontrolliertes Verhal-
  ten)
Masochismus (lustvolles
  Selbstverletzen)
Minderwertigkeitsge-
  fühle
Motorische Koordinati-
  onsstörungen
Mutismus / elektiver
  Mutismus
  (Sprechhemmung)

Nahrungsverweigerung
Nägelkauen
Negativismus
  (abweisendes, kontakt-
  verweigerndes Verhal-
  ten)
Nervosität (erhöhte Stör-
  und Erregbarkeit)
Neurotizismus (Tendenz
  zu emotionaler und ve-
  getativer Labilität)

Onanie, exzessive
  (übersteigerte sexuelle
  Selbstbefriedigung)
Oppositionelle
  Grundhaltung
Oppositionelles Trotz-
  verhalten
Organ-neurotische Stö-
  rungen (Einwirkung

psychischer Probleme
auf Organfunktionen)

Pavor nocturnus
(nächtliches ängstliches
Aufschrecken)
Perversion
(abschreckend-widerna-
türliches Verhalten)
Phantasien, exzessive
Phobien (unangemessene
Furcht vor Dingen,
Räumen, Tieren, Men-
schen)
Pica (Essen von
Ungenießbarem)
Prostitution
Pyromanie (dranghaftes
Feuerlegen)

Quengelei

Rauschgiftsucht
Rechenschwäche
(Dyskalkulie)
Regressivität (Rückfall
in frühkindliche Ver-
haltensformen)
Reizbarkeit
Renitenz
(widerspenstiges, un-
einsichtig-ablehnendes
Verhalten)
Rigidität (starres, unfle-
xibles Verhalten)

Sadismus (lustvolles
Verletzen anderer)
Schlägereien
Schlafstörungen
Schuldgefühle, unange-
messene
Schulschwänzen
Schwächeanfälle
Schwindelgefühle
Selbstkontrolle, geringe

Selbstwertgefühl, über-
steigertes oder man-
gelndes
Sensibilität, überstei-
gerte
Spielstörung
Spielunfähigkeit
Sprachstörungen
Streitsüchtigkeit
Stehlen
Stereotypien (sinnlose,
immer wiederkehrende
verbale und motorische
Ausdrucksmuster)
Stimmungsschwankun-
gen
Störung des Sozialver-
haltens
Stottern
Suizidneigung
(Selbstmordabsichten)

Ticstörungen (plötzliche
Muskelzuckungen und
sinnlose Lautproduk-
tionen)
Tierquälerei
Transvestismus
(dranghaftes Tragen der
Kleider des anderen
Geschlechts)
Träumereien
Triebhaftigkeit
Trotz

Überangepaßtheit
Überempfindlichkeit
Übererregbarkeit
Übergefügigkeit
Ungehorsam
Unselbständigkeit
Unruhe, motorische

Vagabundieren
(Herumstrolchen)
Vasomotorische Störun-
gen (nervöse Störungen

der Blutgefäßmuskula-
tur)
Verfügungsschwäche
Verlangsamung
Verschüchterung
Verspieltheit

Wahrnehmungsstörun-
gen
Weinerlichkeit
Wutanfälle

Zähneknirschen
Zerstörungssucht
Zwangsgedanken
Zwangshandlungen

Die bei Verhaltensstörungen auffindbaren Symptomkombinationen sind einerseits unterschiedlich, zeigen andererseits aber auch eine geschlechts-, zeit- und gesellschaftsformübergreifende Ähnlichkeit. Die die Erziehung, Bildung und soziale Position eines jungen Menschen beeinträchtigende Symptomatik läßt sich gut anschaulich machen mit vier kurzen Fallbeispielen aus Deutschlands Vergangenheit und Gegenwart.

Das erste Beispiel stammt aus einem der historisch bedeutsamsten Bücher deutscher Schulpädagogik bei Kindern und Jugendlichen mit Verhaltensstörungen. Arno Fuchs, Schulrat in Berlin, beschrieb 1930 in seinen richtungsweisenden Ausführungen über "Erziehungsklassen für schwererziehbare Kinder der Volksschule" in einer kasuistischen Sammlung einen neunjährigen Jungen namens Paul A. folgendermaßen: "begabt, unsauber, beschuldigt sofort andere für die Unsauberkeit seines Platzes, lässig und liederlich in seinen Arbeiten; im Unterricht absichtlich unbeteiligt, starrt vor sich hin, steckt den Finger in den Mund, beschmiert den Tisch, kramt in seinen Sachen, geht vom Platz, ißt mitten in der Stunde, sucht die Nachbarn abzulenken, tritt die Nachbarn, sticht sie mit der Feder, schießt eine Kinderpistole ab, schlägt einen Mitschüler, geht aus der Reihe, sucht die Klasse durch Faxen und andere Mittel auf sich aufmerksam zu machen; allein in der Klasse, z.B. morgens, jagt er unter lautem Spektakel umher, antwortet dem Lehrer frech auf Zurechtweisung, hat immer recht und stets Freude über den Erfolg seiner Ungehörigkeiten, ohne Ehrgefühl, ohne Anschluß in der Klasse, lauert seinen Mitschülern auf der Straße auf, schlägt sie; nur bei Turnspielen in gewissem Maße interessiert und pfiffig dabei; lügt; bedient sich unflätiger Reden in Gegenwart Erwachsenen; steht feindlich zur Schule, stört jede Zusammenarbeit der Klasse, muß allein sitzen und bedarf ständiger Aufsicht, ist nach dem übereinstimmenden Urteil von fünf Lehrern in der Klasse ohne Gefährdung der übrigen Schüler und jedes Unterrichtserfolges nicht zu ertragen, ist Gegenstand häufiger Beschwerden der Eltern anderer Kinder; wurde 3 Monate durch ärztliches Zeugnis wegen Nervosität vom Schulbesuch befreit, trieb sich in dieser Zeit auf der Straße herum und verwahrloste, da die Mutter der Schule abgeneigt und einsichtslos ist, völlig" (Fuchs 1930, 23-24).

Im gleichen Jahr, in dem Fuchs die Problematik des Jungen aus seiner Sicht schilderte, beschäftigte sich Grete Stulz in einer Dissertation ausführlich mit einem schwererziehbaren Mädchen. Über das Verhalten des Mädchens, nachdem es mit sechs Jahren in die Schule gekommen war, schreibt sie: "In dieser Schule fiel G. wieder durch Unsauberkeit in ihren Heften, Büchern, an Kleidern und an ihrem Körper auf. Sie hatte nie eine Freundin, weil sie zu grob mit den Klassenkameradinnen umging; sie schimpfte sie "Kamel", "Kalb" usw., während sie sich aber wohl hütete, solche Ausdrücke vor der Mutter zu gebrauchen. Sie versuchte zu intrigieren und zu klatschen; die Mitschülerinnen wollten nicht mehr mit ihr verkehren; sie zogen sich von ihr zurück. Ihre Schularbeiten machte sie entweder gar nicht oder nur unvollständig; nie aber war sie um eine Ausrede verlegen, wenn sie deshalb vom Lehrer zur Rede gestellt wurde. Ihre Leistungen in der Schule waren dabei gut; sie faßte sehr schnell auf, hatte ein auffallend gutes Gedächtnis und war besonders im Rechnen eine gute Schülerin, wenn es sich nur um Zahlenoperationen handelte. Sobald es aber galt, sie praktisch anzuwenden, versagte sie. Während sie also in der Schule im allgemeinen gut mitkam, häuften sich ihre Eigentumsdelikte und Lügen in Schule und Haus. Sie schlich sich in den Pausen an den Lehrertisch, schloß diesen auf und nahm alles mit, was ihr gefiel: Gummi, Bleistifte, kleine Bildchen, Geld. Zu Hause stahl sie silberne Löffel, Schmuck und Geld aus der Börse der Mutter. Zur Rede gestellt, leugnete sie entweder oder sagte: "Die anderen stehlen auch". Wenn die Mutter versuchte, durch Vorhaltungen auf ihr Ehrgefühl einzuwirken, oder wenn sie sie

dadurch bessern wollte, daß sie ihr sagte, sie bereite ihr nur Kummer und Sorge mit diesem Verhalten, blieb Gertrud gleichgültig und teilnahmslos" (Stulz 1930, 8-9).
Natürlich gab es auch in den sozialistischen Staaten des damaligen Ostblocks Verhaltensstörungen, und zwar nicht nur organisch bedingte, wie im Hinblick auf eine allseits positiv wirkende sozialistische Umwelt aus ideologischer Überzeugung angenommen wurde, sondern auch milieureaktive. Fachwissenschaftler in der ehemaligen Deutschen Demokratischen Republik (DDR) konnten relativ früh pathogene Umweltbedingungen zugeben und sich komplex mit dem Problem der Verhaltensstörung auseinandersetzen.
So konstatierten Großmann und Schmitz 1969 für den achtjährigen Lothar "eine deutliche Minderbegabung" und eine "eindeutige Milieuschädigung". Zu den Verhaltensstörungen des Jungen zitieren sie aus dem Bericht der Schule: "Lothars Leistungen waren im 1. Halbjahr völlig ungenügend. Mit Beginn des 2. Halbjahres wurden ihm besondere Aufgaben gestellt; er nimmt nur an zwei Unterrichtsstunden täglich teil, da er sich höchstens 15-20 Minuten auf die Schularbeit konzentrieren kann. Er arbeitet nur, wenn der Lehrer an seinem Platz steht, dauernd Anleitungen gibt und ständig kontrolliert. Verläßt der Lehrer seinen Platz, hört Lothar auf zu arbeiten, singt, brummt und stört durch Bewegungen seine Mitschüler. Auch rutscht er auf dem Fußboden umher. Lothar beherrscht einige Großbuchstaben, er liest sie auch mit den *Koch*schen Fingerzeichen. Zahlvorstellungen hat Lothar nicht entwickelt, auch die Zahlwortreihe ist noch nicht vorhanden, Zahlwörter werden in ungeordneter Reihenfolge genannt. Lothars Verhalten zu anderen Kindern muß oft getadelt werden. Er ist ständig in Schlägereien verwickelt und zerstört mutwillig, was ihm in die Hände kommt. Seine Mitschüler lehnen ihn ab. Den Anordnungen der Lehrer folgt er nur widerwillig. Sauberkeit und Ordnung sind ungenügend, die Hefte immer zerrissen und unbrauchbar" (Großmann / Schmitz 1969, 249).
Über den neunjährigen Karl-Heinz, der zur Umschulung in eine Sonderschule für Verhaltensgestörte in Hamburg angemeldet worden war, berichtet die Sonderschullehrerin nach einer Hospitation in seiner Grundschulklasse: "Karl-Heinz war dauernd in Bewegung, sprang auf, setzte sich an einen anderen Platz, lief zur Lehrerin, spitzte Buntstifte an, ging in die Garderobe, um dort laut herumzutoben, steckte sich eine Wolljacke als Schwanz hinten in die Hose und kasperte damit vor der Klasse herum. Saß er am Platz, begann er sofort ausdauernd zu schwatzen und störte dadurch sämtliche ihm erreichbare Nachbarn. Einen Klassenkameraden, der auf ihn schimpfte, schlug er. Am Unterricht beteiligte er sich so gut wie gar nicht. Ermahnungen der Lehrerin schien er nicht zu hören - jedenfalls reagierte er in keiner Weise darauf. Nur etwa fünf Minuten lang während der ganzen Stunde schrieb er fast unleserlich in sein Heft. Die Klasse hatte für diese Arbeit etwa 20 Minuten zur Verfügung" (Aktennotiz).
Obwohl die Berichte sich mit Jungen und Mädchen aus unterschiedlichen zeitlichen und gesellschaftlichen Verhältnissen befassen und nur nach formalen Gesichtspunkten ausgewählt wurden, finden sich inhaltlich deutliche Übereinstimmungen. Die Kinder verhalten sich aggressiv und motorisch unruhig, sind impulsiv, leicht ablenkbar, haben eine schlechte Arbeitshaltung, erbringen unbefriedigende Leistungen und sind erzieherischer Beeinflussung nicht oder nur schwer zugänglich. Diese bzw. eine ähnliche Symptomatik findet sich bei vielen Problemkindern.
Bisher können auf der Basis empirischer Forschungen unter Kindern und Jugendlichen mit Verhaltensstörungen mit genügender Sicherheit zwei große gegensätzliche Gruppen unterschieden werden. Die eine zeigt externalisierende Symptome, die sich nach außen, gegen die Umwelt richten. Dazu gehören Phänomene wie Aggressivität, Hyperaktivität,

Konzentrationsmangel, Renitenz, Wutanfälle. Kinder und Jugendliche, die dieser Gruppe zuzuordnen sind, fallen unter begrenzenden Bedingungen - wie sie z.B. in der Schule gegeben sind - besonders schnell und heftig auf. Sie stören die Lehrer und die Klassenkameraden. Weniger auffällig, aber deshalb nicht weniger belastet und gefährdet ist die zweite Gruppe, in der internalisierende Symptome im Mittelpunkt stehen, die wie Ängstlichkeit, Empfindlichkeit, Gehemmheit, psychosomatische Störungen, selbstbeeinträchtigend wirken. Weniger gut belegt sind zwei weitere Gruppen, nämlich Kinder und Jugendliche mit unreifem, altersinadäquatem Verhalten und solche, deren Verhaltensweisen als sozialisierte Delinquenz bezeichnet werden (vgl. Achenbach 1966, Thalmann 1971, Quay 1972, Havers 1978).

Tabelle 2: Klassifikation von Kindern und Jugendlichen
mit Verhaltensstörungen

Gruppierung	Symptomatik
1. Kinder und Jugendliche mit externalisierendem, aggressiv-ausagierenden Verhalten	Aggressiv, überaktiv, impulsiv, exzessiv streitend, aufsässig, tyrannisierend, regelverletzend, Aufmerksamkeitsstörungen
2. Kinder und Jugendliche mit internalisierendem, ängstlich-gehemmten Verhalten	Ängstlich, traurig, interessenlos, zurückgezogen, freudlos, somatische Störungen, kränkelnd, Schlafstörungen, Minderwertigkeitsgefühle
3. Kinder und Jugendliche mit sozial-unreifem Verhalten	Nicht altersentsprechend, leicht ermüdbar, konzentrationsschwach, leistungsschwach, Sprach- und Sprechstörungen
4. Kinder und Jugendliche mit sozialisiert-delinquentem Verhalten	Verantwortungslos, reizbar, aggressiv-gewalttätig, leicht erregt, leicht frustriert, reuelos, Normen mißachtend, risikobereit, niedrige Hemmschwellen, Beziehungsstörungen

Die vier in den Fallberichten vorgestellten Kinder gehören zweifellos zur Gruppe der Ausagierenden, die Schule, Elternhaus und die weitere Umwelt vor besonders große Probleme stellt und deshalb in Literatur und Praxis im Vordergrund steht. Die Benachteiligung der ängstlichen, gehemmten, sensitiven Kinder und Jugendlichen erscheint jedoch sowohl von der qualitativen (Schwere der Störung), als auch von der quantitativen Problematik (Anzahl der Fälle) her als nicht gerechtfertigt. Die internalisierende Symptombelastung hat zwar im Hinblick auf "spontane Remissionen" eine bessere Prognose, ist aber für den aktuellen personalen Werdeprozeß nicht weniger bedrohlich als die externalisierende. Zahlenmäßig überwiegt der Anteil der ausagierenden gegenüber ängstlich-gehemmten Jungen; bei den Mädchen ist eindeutig der Anteil der ängstlich-gehemmten sehr viel größer als der aggressiv-ausagierenden, wie sich aus Ergebnissen empirischer Forschung entnehmen läßt.

Bei einer Untersuchung zur Quantität und Qualität von Verhaltensstörungen bei lernbehinderten Sonderschülern in Hamburg wurden bei den als verhaltensgestört qualifizierten Kindern eine aggressiv-externalisierende Symptomatik einerseits und eine ängstlich-internalisierende Symptomatik andererseits festgestellt, und zwar im Sinne geschlechtsspezifischer Unterschiede dahingehend, daß bei den Jungen für die Symptome "geringe Selbstkontrolle", "motorische Unruhe", "Geltungsdrang" und "Wutanfälle" die Werte signifikant höher lagen als bei den Mädchen, bei denen die Symptome "geringe Frustrationstoleranz" und "Ängstlichkeit" höher besetzt waren (vgl. Myschker 1980). Die qualitative Unterschiedlichkeit von Verhaltensstörungen bei den Geschlechtern erbrachte auch eine Untersuchung von Frederking, der für Jungen einen signifikant höheren Anteil bei allen Aggressionssymptomen, bei den Mädchen einen signifikant höheren Anteil bei allen Angstsymptomen konstatierte (Frederking 1975, 208, vgl. auch: Achenbach 1966, Harnack 1958, Kluge 1975). Neben der qualitativen ist auch eine quantitative Unterschiedlichkeit zwischen den Geschlechtern gegeben: Jungen haben zwei- bis dreimal so häufig Verhaltensstörungen wie Mädchen (vgl. z.B. Harnack 1958, Myschker 1980, Steuber 1973). Die geschlechtsspezifischen Unterschiede können somatogener Natur sein, sie sind im wesentlichen aber wohl auf Sozialisationsbedingungen zurückzuführen. Jungen werden noch häufig von klein auf darin bestärkt, egoistischen Tendenzen zu leben, sich in den Vordergrund zu spielen, Probleme zu externalisieren, Mädchen hingegen darin, altruistisch (mütterlich) zu sein, sich zurückzuhalten, Probleme zu internalisieren. So ist zu sehen, daß Mädchen mehr zu Konformität angehalten und mit ihren Verhaltensstörungen nicht so auffällig werden wie die Jungen, da externalisierendes, ausagierendes Verhalten, wenn es einen gewissen Schwellenwert überschreitet, weit weniger toleriert wird als internalisierendes resignatives Verhalten.

Symptome, die zum Erscheinungsbild einer Verhaltensstörung gehören können, sind qualitativ und quantitativ unterschiedlich bedeutsam. So ist z.B. im allgemeinen das Problem der Tagträumerei nicht so gravierend wie - um auf einer Ebene zu bleiben - das der Schlafstörungen. Es gibt Symptome, die relativ selten zu finden sind, wie z.B. Pavor nocturnus, und andere, die allein für sich oder in Kombination mit anderen sehr häufig auftreten, wie mangelnde Konzentrationsfähigkeit und überstarke psychomotorische Aktivität. Thalmann fand in einer epidemiologischen Untersuchung bei 150 sieben- bis zehnjährigen Reutlinger Jungen mangelnde Konzentrationsfähigkeit als Kernsymptom in sehr signifikanter Korrelation mit den Symptomen: Aggressive Aufdringlichkeit im Kameradenkontakt, Aggressivität, Psychomotorische Aktivität, Vagabundieren, Nägelkauen, Schulschwänzen, Schlafstörungen, Eßstörungen, Negativismus, Lust, mit Feuer zu spielen und Lügen. Überstarke Psychomotorische Aktivität wies sich als Kernsymptom in sehr hoher Korrelation mit folgenden Symptomen aus: Aggressive Aufdringlichkeit im Kameradenkontakt, Aggressivität, Konzentrationschwäche, Aufdringlichkeit, Sadismus, Masochismus, nervöse Magenbeschwerden, Vagabundieren, Stereotypien / Tics und Lügen (Thalmann 1971, 113-114).

Die quantitativ herausragende Bedeutung der von Thalmann in einer Jungenstichprobe vorgefundenen Kernsymptome wird bestätigt durch die empirischen Daten von Frederking, der in einer gemischtgeschlechtlichen Stichprobe bei 419 Jungen und Mädchen (54,5%, 45,5%) in einer sozialmedizinischen Untersuchung problematische Verhaltensweisen festzustellen suchte. Die Symptome Unkonzentriertheit und "Nervosität" (bzw. psychomotorische Unruhe) zeigten sich weit vor allen anderen bei 63% bzw. 61% der Probanden. Ebenfalls bei mehr als der Hälfte der Jungen und Mädchen wurden die Symptome "alle Formen von Schlafstörungen" (54%) und "Empfindlichkeit" (52%) nachgewiesen. Insgesamt kamen 22 Symptome bei 21 und mehr Prozent und 29 Symptome bei 20 und weniger Prozent der Stichprobe vor. Die Daten Frederkings auf diese Weise zu gliedern, erscheint sinnvoll, um eine adäquate Bewertung der Symptome und ihrer Bedeutung für das Erscheinungsbild der Verhaltensstörung zu provozieren und zu erleichtern (siehe Tabelle 3).

Wenn davon auszugehen ist, und eine zusammenfassende Betrachtung der Forschungsergebnisse legt dies nahe, daß 15 - 20 Prozent der Kinder und Jugendlichen während ihrer Entwicklung länger oder kürzer unter starken Verhaltensproblemen im Sinne einer Verhaltensstörung zu leiden haben (vgl. dazu den nächsten Abschnitt!), dann können einzelne Symptome für sich genommen, die bei mehr als ca. 20 Prozent der Population in Erscheinung treten, als "normal" bezeichnet werden: sie sind zu erwartende Phänomene in der Entwicklung eines Kindes. Dies gilt allerdings nur, - um es im Sinne der Definition von Verhaltensstörung mit ausschließenden Kriterien zu präzisieren -, wenn sie einzeln und nicht in Kombination mit anderen Symptomen auftreten, sich nicht übermäßig oft zeigen, nicht gravierend sind bzw. einen kritischen Stärkegrad nicht überschreiten und eine Behandlung nicht notwendig machen. Die als Kernsymptome ausgewiesenen Erscheinungsformen "mangelndes Konzentrationsvermögen" bzw. "Unkonzentriertheit" und "psychomotorische Unruhe" bzw. "Nervosität" sollten jedoch immer verstärkte Beachtung auslösen, da - wie aufgezeigt wurde - Begleitsymptome zu vermuten sind und dem nachzugehen ist, ob eine Verhaltensstörung vorliegt.

Ausgesprochen als Warnsignale sind unter diesem Aspekt Symptome zu sehen, die weniger häufig als bei ca. 20% der Population auftreten, und zwar deshalb, weil sie wegen ihrer relativen Seltenheit zum einen den Betroffenen zu stigmatisieren drohen und zum anderen besonders schwerwiegend sein können. Unter diesem Aspekt bekommen z.B. die Symptome "Enkopresis" (bei 1%), "psychogenes Erbrechen" (bei 2%), "Tic" und "Weglaufen" (bei jeweils 3%) ein besonderes Gewicht.

Problemen, die Kinder und Jugendliche mit Verhaltensstörungen in der Schule während des Unterrichts zeigen, sind Kluge und Kuhlmann über Lehrereinschätzungen in den Grundschulen einer Industrie-Großstadt nachgegangen, wobei sie 9200 Schüler erfaßten. Für die als verhaltensgestört beurteilten Jungen und Mädchen nehmen sie in Auswertung ihrer Untersuchung "weitgehend homogene Devianzstrukturen (an), die unabhängig vom Alter und/oder Geschlecht des Kindes sind" (Kluge 1975, 74). Den verhaltensgestörten Schulkindern werden folgende Symptomkombinationen bzw. "Devianzverbindungen" zugeschrieben: "Sie können sich nicht konzentrieren, sind uninteressiert, träumen, schweifen ab, sind passiv oder beschäftigen sich mit Dingen, die nicht zum Unterrichtsstoff gehören; gegenüber ihren Mitschülern sind sie aggressiv, "vergreifen" sich an ihrem Schulmaterial, sind unehrlich und (als Mädchen) zanken und streiten sich, sie haben

50

Tabelle 3: Symptome der
Verhaltensstörung und deren Häufigkeit bei zehnjährigen Kindern (nach Frederking 1975, 107)

Symptome mit einer Häufigkeit > 20%	N	%	Symptome mit einer Häufigkeit < 20%	N	%
I. Angstsymptome			I. Angstsymptome		
Dunkelangst	139	33	Pavor nocturnus	30	7
Angst vor Fremden	116	28	Angst allgemein	48	11
Angst, allein zu sein	102	24	Angst vor Menschen	64	15
			Angst vor dem Einschlafen	70	17
II. Depressionssymptome			II. Depressionssymptome		
Empfindlichkeit	217	52	still zu Hause	18	4
Weinerlichkeit	159	38			
still in der Schule	123	29			
Verträumtheit	96	23			
III. Aggressionssymptome			III. Aggressionssymptome		
wird leicht wütend	180	43	Wutanfälle und destruktives Verhalten	17	4
häufig Wutanfälle	166	40	ärgert Schwächere	23	5
			gebraucht Schwächeren gegenüber seine Überlegenheit	55	13
			aggressive Umweltbeziehungen	64	15
IV. Schlafstörungen			IV. Schlafstörungen		
alle Formen	229	54	unruhiger Schlaf	70	17
Einschlafstörungen	148	35			
V. Symptome mit motorischer Manifestation			V. Symptome mit motorischer Manifestation		
"Nervosität"	257	61	Tics	13	3
Nägelkauen	95	22	Jaktationen	24	6
			Daumenlutschen	39	9
			Sprachfehler	37	9
			motorische Unruhe	70	17

infolgedessen soziale Kontaktschwierigkeiten, im Unterricht schwatzen sie und rufen dazwischen, springen dauernd von ihren Plätzen auf und (Jungen) bewegen sich in der Klasse; auf Instruktionen ihres Lehrers reagieren sie nicht oder fast nicht, laufen aber andererseits (als Mädchen) häufig zum Lehrer; außerdem sind sie motorisch unruhig und (Jungen) kauen an ihren Nägeln" (Kluge 1975, 59).
In ähnlicher Weise, wie sich externalisierendes ausagierendes und internalisierendes gehemmtes Verhalten unterscheiden läßt, sieht Kluge im Hinblick auf das Leben in der

Schulgruppe zwei große Kategorien unterschiedlichen Verhaltens: Gruppenresistentes Verhalten zeigen Schüler, die sich "gegen ihre Gruppenmitglieder, gegen Gruppennormen, gegen Sachobjekte und/oder gegen sich selbst" richten und mit diesem "Negativverhalten" das "Gruppenlernen in schulpädagogischen Situationen" beeinträchtigen. Gruppenpassives Verhalten ist dadurch gekennzeichnet, "daß Kinder und Jugendliche sich in ihrer Gruppe zurückhalten, verängstigt wirken, Kommunikationsarmut zeigen und sich aus der Gruppe zurückziehen" (Kluge 1976, 139). Unter Akzentuierung dieser beiden Kategorien, die an die in der Vergangenheit häufig verwandte Einteilung nach "gemeinschaftsbedrängendem" und "gemeinschaftsbedrängtem" Verhalten erinnern (Dohrmann 1955), versucht er in Auswertung seiner epidemiologischen Erhebungen und der relevanten Fachliteratur eine "Typologie von abweichendem Schülerverhalten in schulpädagogischen Situationen" zu erstellen. Er unterscheidet sechs Typen störenden und gestörten Verhaltens:

"Typ A: Gruppenresistentes Verhalten in Verbindung mit Mißerfolgsmotivation, Konzentrationsproblemen und durchschnittlicher bis überdurchschnittlicher Intelligenz

Typ B: Gruppenresistentes Verhalten in Verbindung mit Mißerfolgsmotivation, Konzentrationsproblemen und unterdurchschnittlicher Intelligenz

Typ C: Autoaggressives Verhalten in Verbindung mit Mißerfolgsmotivation, Konzentrationsproblemen und durchschnittlicher bis überdurchschnittlicher Intelligenz

Typ D: Autoaggressives Verhalten in Verbindung mit Mißerfolgsmotivation, Konzentrationsproblemen und unterdurchschnittlicher Intelligenz

Typ E: Gruppenpassives Verhalten in Verbindung mit Mißerfolgsmotivation, Konzentrationsproblemen und durchschnittlicher bis überdurchschnittlicher Intelligenz

Typ F: Gruppenpassives Verhalten in Verbindung mit Mißerfolgsmotivation, Konzentrationsproblemen und unterdurchschnittlicher Intelligenz" (Kluge 1976, 139-140).

Wenn sich auch die von Kluge vorgelegte Typologie als so brauchbar erweisen sollte, daß alle Kinder und Jugendlichen mit Verhaltensstörungen einem der sechs Typen zugeordnet werden können, dann impliziert dies jedoch keine Aussagen über die Ursachen der spezifizierten Verhaltensstörung und über die notwendigen pädagogisch-therapeutischen Maßnahmen. Die Typologie erfüllt also zunächst nur eine wissenschaftlichem Bedürfnis entsprechende Ordnungs- bzw. Klassifikationsfunktion, ihre Relevanz für die Praxis bleibt aufzuzeigen.

Für klassifikatorische Maßnahmen (Diagnosen) sowie für die Verständigung unter Fachleuten über psychosoziale Störungen der verschiedenen Erscheinungsformen und Schweregrade haben in den vergangenen Jahren verstärkt zwei Klassifikationssysteme an Bedeutung gewonnen, und zwar das "Diagnostic and Statistical Manual of Mental Disorders", in deutscher Version "Diagnostisches und Statistisches Manual Psychischer Störungen", (neueste Form: DSM -III - R) der "American Psychiatric Association" (APA) sowie die "International Classification of Deseases, Chapter V (F): Mental and Behavioural Disorders - including disorders of psychological development", in deutscher Version "Internationale Klassifikation psychischer Störungen, Kapitel V (F)", (neueste Form: ICD-10) der "World Health Organization" (WHO). Diese Bedeutung erreichten die Klassifikationssysteme nicht nur in medizinischen, sondern auch in psychologischen

Bereichen. Auch in einer sich integrationswissenschaftlich verstehenden Pädagogik bei Verhaltensstörungen - sowohl in der Sozial- wie in der Sonderpädagogik - sowie in der Psychologie sollten sie ihre ordnende und Verständigung ermöglichende Funktion haben. Deshalb wird nachfolgend auf diese Systeme zurückgegriffen.

Sowohl das DSM-III R als auch die ICD-10 sind multiachsial angelegte Systeme, die Symptome auf 5 Achsen darstellen. Mit der ersten Achse werden die klinischen Syndrome und Störungen, mit der zweiten Entwicklungs- und Persönlichkeitsstörungen, mit der dritten körperliche Symptome und Zustände, mit der vierten psychosoziale Belastungen und Gegebenheiten und mit der fünften Achse in globaler Beurteilung das psychosoziale Funktionsniveau erfaßt (vgl. APA 1991, 37-38). Das DSM-III-R hat gegenüber der ICD-10 den Vorteil, daß es diagnosebestimmende Kriterien angibt und auf theoriegebundene und empirisch-nosologisch ungenügend begründete Diagnosen - wie z.B. Neurosen - verzichtet.

Die ICD-10 nennt - neben den auch auf das Erwachsenenalter bezogenen Kategorien Schizophrenie, Affektive Störungen (Manie und/oder Depression), Neurotische / Belastungs- / somatoforme Störungen (Phobien, andere Angststörungen, Zwangsstörungen), Verhaltensauffälligkeiten mit körperlichen Störungen (z.B. Eß- und Schlafstörungen), Persönlichkeits- und Verhaltensstörungen (z.B. paranoide, schizoide, dissoziale, Borderline-Persönlichkeitsstörung, abnorme Gewohnheiten, Störungen der Geschlechtsidentität, der psychosexuellen Entwicklung) - als im Bereich der Verhaltensstörungen bei Kindern und Jugendlichen relevante Erscheinungsformen Entwicklungsstörungen sowie Verhaltens- und emotionale Störungen:

Entwicklungsstörungen,
die im Kleinkindalter und in der Kindheit beginnen. Zu ihnen gehören Störungen des Sprechens und der Sprache, Störungen schulischer Fertigkeiten (z.B. Lese-Rechtschreibstörung, Rechenstörung), Störungen der Motorik (z.B. Dyspraxie) und tiefgreifende Entwicklungsstörungen, wie die Syndrome des frühkindlichen Autismus und der autistischen Psychopathie.

Verhaltens- und emotionale Störungen,
die ihren Beginn in der Kindheit und in der Jugend haben. Zu ihnen gehören hyperkinetische Störungen (z.B. Aktivitäts- und Aufmerksamkeitsstörung, hyperkinetische Störung des Sozialverhaltens), Störungen des Sozialverhaltens (z.B. Störung des Sozialverhaltens in der Familie, Störung des Sozialverhaltens bei fehlenden sozialen Bindungen, Störung des Sozialverhaltens mit oppositionellem, aufsässigem Verhalten), kombinierte Störungen des Sozialverhaltens und der Emotionen (z.B. Störungen des Sozialverhaltens mit depressiver Störung), emotionale Störungen des Kindesalters (z.B. emotionale Störung mit Trennungsangst, phobische emotionale Störung, Störung mit sozialer Überempfindlichkeit, emotionale Störung mit Geschwisterrivalität), Störungen sozialer Funktionen mit Beginn der Kindheit und Jugend (elektiver Mutismus, reaktive Bindungsstörung, Bindungsstörung mit Enthemmung), Ticstörungen und andere Verhaltens- oder emotionale Störungen (Enuresis, Enkopresis, Pica, Stottern, Poltern).

In den letzten Jahren zeigen Kinder und Jugendliche auch in Deutschland verstärkt schwerwiegende Verhaltensprobleme, die in den skandinavischen und angelsächsischen Ländern zusammenfassend als Mobbing oder Bullying bezeichnet werden. In den Familien, auf den Straßen, in den Schulen steigern sich Gewaltakte in einem niemals zuvor beobachteten Ausmaß. Die mutwilligen Gewaltakte gegen Sachen und Menschen lassen sich nur noch mit der extremen Bezeichnung Vandalismus fassen (vgl. Klockhaus / Habermann-Morbey 1986). Hinter den Begriffen Mobbing bzw. Mobverhalten oder Bullying verbergen sich mutwillige Norm- und Wertverletzungen in extremem Ausmaß (vgl. Juul 1991). Diese Verhaltensweisen können eigentlich nicht mehr als Störungen bezeichnet werden. Es stehen also nicht eigentlich psychische Störungen im Hintergrund, es wirkt sich vielmehr eine sozialisationsbedingte Entkoppelung von jenen Normen und Werten aus, die menschliches Zusammenleben möglich machen, die das Humanum ausmachen (vgl. Speck 1991). In diesem Kontext ist auch die Jugendgewalt in den neuen Bundesländern zu diskutieren, in denen der Zusammenbruch einer Gesellschaftsordnung mit Wert- und Autoritätsverlusten bzw. dem Verlust stabilisierender Strukturen sowie mit Perspektivlosigkeit und sich steigernden Zukunftsängsten verbunden ist.

Mobbing, von Juul als "bösartige Form von Verhaltensstörung" bezeichnet, wird in den skandinavischen Ländern bereits seit den siebziger Jahren systematisch untersucht, um diese sowohl für die Täter wie für die Opfer entwicklungsbedrohende Form der Gruppengewalt bzw. des Gruppenterrors zu reduzieren. Mobbing bzw. Bullying reicht von einfachen Formen des Schikanierens, des Bedrohens, Demütigens, Erniedrigens, Beschimpfens und Verspottens bis hin zu Schlägen, Tritten, Ohrfeigen und schwereren Formen der Körperverletzung, in einigen Fällen bis hin zu Selbsttötung und Mord. In den skandinavischen Ländern zeigte sich, daß, mit Unterschieden zwischen den einzelnen Untersuchungen und großen Unterschieden zwischen den untersuchten Schulen - 5%-10% der Schüler Täter und ebenso viele Opfer sind. Eine Untersuchung unter Berücksichtigung biologischer, psychodynamischer und milieubezogener Konzepte sowohl bei Opfern als auch bei Tätern erbrachte einige typische Merkmale. So sind die Opfer als ängstlich, physisch schwach und eher passiv, als vorsichtig, sensibel, scheu zu charakterisieren, die sich als unattraktiv und dumm einschätzten. Die Täter dagegen zeigten hohe Aggressivität, physische Stärke, Impulsivität, starkes Dominanzstreben, hatten Selbstbewußtsein und ein "positives Verhältnis zum Gebrauch von gewalttätigen Mitteln" (Juul 1991, 57).

In den USA hat die Gewalt in den Erziehungs- und Unterrichteinrichtungen inzwischen ein derartiges Ausmaß angenommen, daß es für die Lehrer nicht mehr darum geht, möglichst guten Unterricht zu machen und darauf hinzuarbeiten, daß alle Schüler das Klassenziel erreichen, es geht vielmehr nur noch darum, die Unterrichtszeit unbeschadet zu überstehen und ohne Belästigungen und Verletzungen wieder nach Hause zu kommen. Ein anschauliches, beeindruckendes Beispiel für diese Situation bringt der Film "The Principal " (Regie: Christopher Cain, USA 1987).

Der Film spielt in der Brandel Highschool, die in einem Arme-Leute-Bezirk (Slumgebiet) liegt. In der Schule mit den langen Fluren und den vielen Türen sieht es schmuddelig aus. Schüler handeln ganz offen mit Drogen. Viele tragen Waffen bei sich: stehende Messer, Schlagringe, auch Feuerwaffen. Es herrscht das nackte Faustrecht. Banden bekämpfen sich. Die Lehrer unterrichten nur die einigermaßen willigen Schüler, kümmern sich nicht um die anderen, sind vielmehr froh, daß diese erst gar nicht in ihren Klassen erscheinen. Um die schlimmsten Ausschreitungen der Schüler untereinander und der Schüler gegen die Lehrer zu verhindern, gibt es einen Sicherheitsdienst. Eine Lehrerin kann nur in letzter Minute vor einer Vergewaltigung durch einen Schüler gerettet werden. Sie trägt schwere Verletzungen davon. Ein Schüler, ein Bandenboss, macht dem neuen Schulleiter (Principal) die Rolle streitig: "Die Schule gehört mir". Es kommt zu einem Kampf auf Leben und Tod. Im Film siegt der Principal, weil er kräftig, mutig, rigoros ist, boxen, treten, mit dem Baseball-Schläger umgehen kann, und weil es

eben ein Film ist. Das - nicht ganz ernst gemeinte - Fazit aus diesem Film könnte sein: Lehrer sollten körperlich kräftig sein, Boxen, Karate oder ähnliches beherrschen und mit Waffen umzugehen gelernt haben.
Inzwischen nähern sich die Verhältnisse in Deutschland denen in den USA an. Viele Kinder und Jugendliche kommen bewaffnet in die Schule, insbesondere in den Großstädten, und setzen ihre Waffen auch rigoros und brutal ein (vgl. z.B. Fasel 1991).

Die Symptomatik der Verhaltensstörung hat für Kinder und Jugendliche, auch wenn sie sich überheblich, uneinsichtig, Hilfe ablehnend zeigen, eine ihr Leben beeinträchtigende Wirkung, die häufig genug leidvoll erlebt wird. Die Beeinträchtigungen und Unfähigkeiten sind komplex und manifestieren sich meist in allen Lebensbereichen, d.h. sowohl im Lern- und Leistungsbereich, im sozialen, im emotionalen als auch im psychosomatischen Bereich. Sie belasten gegenwärtiges Sein und künftige Entwicklung. Die Gefährdung adäquater Persönlichkeitsentwicklung ist stets gegeben. Eine differenzierte Betrachtung verdeutlicht, daß verhaltensgestörte Kinder und Jugendliche komplex belastet und gefährdet sind:
1. durch ein beeinträchtigtes Lernvermögen und
2. durch die beeinträchtigte Fähigkeit, zu arbeiten und/oder zu spielen und/oder mit Kindern und Erwachsenen befriedigende menschliche Beziehungen aufzubauen, und/oder
3. durch die Unfähigkeit altersgemäß zu handeln, und/oder
4. durch die Unfähigkeit, sich als Menschen zu erleben, der der Zuwendung und Liebe anderer wert ist und/oder
5. durch die Unfähigkeit, auf Streßsituationen ohne Krankheitssymptome zu reagieren (vgl. Bower / Lambert 1966).
Zu betonen ist insbesondere im Hinblick auf schulische Anforderungen eine kognitive Problematik, die in der Einschränkung metakognitiver Prozesse liegt. Metakognition ist ein bei Kindern und Jugendlichen mit Lern- und Verhaltensstörungen bisher wenig beachteter, aber außerordentlich wichtiger Bereich, wie neuere Forschungen aufzeigen. Unter Metakognition werden die Prozesse verstanden, die mit der Beobachtung und Veränderung der eigenen kognitiven Vorgänge zu tun haben. Im einzelnen geht es um Planungs-, Kontroll- und Regulationsprozesse bei den eigenen kognitiven Abläufen (vgl. Kluwe 1981). In einer Untersuchung wurden metakognitive Fähigkeiten beim Problemlösen sowohl bei 10jährigen Jungen und Mädchen aus Grundschulen als auch aus Schulen für Lernbehinderte und aus Einrichtungen für Verhaltensgestörte verglichen. Zur Datenerhebung dienten der CMM-LB (Intelligenztest) und der Bonner-Aufmerksamkeitstest von Wagner (BAUT). Der BAUT wurde ausgewählt, weil er verdeutlichen kann, inwieweit metakognitive Strategien genutzt worden sind. Als wichtigstes Ergebnis ist herauszustellen, daß im Vergleich zu den Grundschülern die Schüler mit Lernbehinderungen und Verhaltensstörungen "sowohl signifikant weniger richtige Lösungen als auch signifikant kürze Bearbeitungszeiten" aufwiesen. Die Untersucher folgerten, daß "den Sonderschülern das planvolle und genau kontrollierte Vergleichen der dargebotenen Figuren nur sehr beschränkt" gelingt. "Da Planen, Überwachen und Kontrollieren Zeit kosten, Sonderschüler jedoch im Vergleich zu den Grundschülern durchschnittlich 6 Minuten eher fertig sind, stellt das vorliegende Ergebnis einen Hinweis auf mangelhafte Benutzung metakognitiver Prozesse dar" (Neukäter / Schröder 1991, 193). Zu resümieren ist aufgrund dieser Untersuchung und ähnlicher Studien, "daß bei lernbehinderten und verhaltensge-

störten Sonderschülern ein gravierender Mangel in der Aktivierung metakognitiver Funktionen festzustellen ist" (a.a.O., 193).

Die genannten Beeinträchtigungen und Unfähigkeiten behindern die Kinder und Jugendlichen in ihrer kognitiven, sozialen, emotionalen und somatischen Tüchtigkeit und Entwicklung.

Die Prognose fällt bei den verschiedenen Formen der Verhaltensstörung sehr unterschiedlich aus. Während für junge Menschen mit neurotisch-emotionalen Störungen die Aussicht gut ist, daß sich ihre Problematik bis in das Erwachsenenalter verliert, ist sie bei der hyperkinetischen und der dissozialen bzw. antisozialen Störung, d.h. bei aggressivdelinquentem Verhalten, schlecht. Hinweise in dieser Hinsicht gibt z.B. eine Langzeitstudie aus Mannheim zum Verlauf psychogener Störungen. 400 Kinder im Alter von 8 Jahren wurden 1977 erstmals untersucht. Eine Nachuntersuchung erfolgte, als die Jungen 13 Jahre alt waren. 340 dieser inzwischen jugendlichen Probanden wurden dann nochmals mit 18 Jahren untersucht. In der repräsentativen Stichprobe wurden bei 16,2% der Achtjährigen, bei 17,8% der Dreizehnjährigen und bei 16% der Achtzehnjährigen mäßige und ausgeprägte psychische Störungen festgestellt. Bei den Störungen handelt es sich zum einen um neurotisch-emotionale und zum anderen um dissoziale Störungen.

Eine differenzierte Betrachtung ermöglicht nachfolgende Tabelle.

Tabelle 4: Neurotisch-emotionale und dissoziale Störungen bei Kindern und Jugendlichen

	Neurotisch-emotionale Störungen			Dissoziale Störungen		
Alter in Jahren	8	13	18	8	13	18
%	6,0	5,8	7,2	1,8	8,4	6,6

Bei den 7,2% der Achtzehnjährigen mit neurotisch-emtionalen Störungen ist zu berücksichtigen, daß sich nach deutlichen Spontanremissionen einer Gruppe (vom 8. bis zum 13. Lebensjahr) eine Störungsentwicklung bei vorher Unauffälligen zwischen dem 13. und 18. Lebensjahr ergeben hatte.

Im Geschlechtervergleich zeigte sich, daß bei den achtjährigen Jungen und Mädchen emotionale Störungen etwa gleich verteilt waren, bei den dreizehnjährigen waren deutlich stärker die Jungen vertreten, bei den achtzehnjährigen dagegen die Mädchen. Ausgeprägt dissoziale Störungen wurden nur bei den achtjährigen Jungen konstatiert, bei den dreizehnjährigen hatten Jungen und Mädchen etwa gleiche Anteile und bei den achtzehnjährigen überwogen deutlich die Jungen. Die Untersuchung verdeutlichte, daß sich bei emotionalen Störungen eine große Zahl stabiler Spontanremissionen ergab, während die dissozialen Störungen weitestgehend persistierten. Ein relativ großer Teil der Kinder, bei denen mit 8 Jahren eine hyperkinetische Störung diagnostiziert worden war, mußte mit 13 Jahren der Kategorie dissoziale Störung zugeordnet werden (Esser / Schmidt 1987, 183-186, siehe dazu auch Kap. 9).

3.2   Verhaltensstörungen und Lernstörungen

Lern- und Verhaltensstörungen kovariieren häufig miteinander, wobei nicht immer zu erkennen ist, welche Störung am Beginn des Fehlentwicklungs-Prozesses stand, oder ob sich nicht beide Störungen in einem gemeinsamen Prozeß manifestierten. Lernstörungen führen zu Kompensationsversuchen. Diese Kompensationsversuche können für die Umwelt im Bereich des Akzeptablen liegen und nicht als auffällig gelten. Werden sie jedoch nicht akzeptiert, vielmehr abgelehnt, können sie sich bei dem Betroffenen zu Verhaltensstörungen entwickeln.

Wie Verhaltensstörungen lassen sich auch Lernstörungen nur auf dem Hintergrund von Normen kennzeichnen, seien es Erwartungsnormen, unter denen die Umwelt ein Kind sieht oder unter denen das Kind sich selbst sieht, oder objektivierbare Normen im Sinne von Leistungskriterien (z.B. Lernziele). Ebenso wie bei Verhaltensstörungen wird auch von Lernstörungen nur dann gesprochen, wenn eine mindestens durchschnittliche Intelligenz gegeben ist. So versteht denn auch Corell unter Lernstörungen "das Absinken der Lernleistung unter das Niveau, das durch die individuelle psychisch-intellektuelle Begabung und Entwicklung angedeutet wird" (1969, 7). Kindern mit Lernstörungen werden Symptome zugeschrieben wie :

- Leistungsversagen, partieller oder genereller Art,
- Konzentrationsstörungen,
- geringe Lernmotivationen,
- vorzeitiges Ermüden und Abschalten,
- beeinträchtigte Steuerung und Kontrolle
- geringes Selbstvertrauen,
- Aktivitätsreduzierung,
- reduziertes Anspruchsniveau,
- gestörter Realitätsbezug,
  (vgl. z.B. Corell 1969, Tarnopol 1981, Betz / Breuninger 1987).

Unter ätiologischem Aspekt sind neurogene und psychogene Lernstörungen zu unterscheiden. Neurogene Lernstörungen stehen im Zusammenhang mit Entwicklungsverzögerungen, zentralen Funktionsstörungen wie Störungen der sensorischen und kognitiven Aufnahme und Integration sowie mit Stoffwechselstörungen (siehe auch Kap. 9.2). Psychogene Lernstörungen resultieren aus Umweltbedingungen, können mit der Familiensituation (sehr große Familie, Konfliktfamilie, fehlleitende Erziehungspraktiken, Vernachlässigung und Mißhandlung) und mit der schulischen Situation (Schüler-Lehrer-Probleme, Über- oder Unterforderung, zu große Klassen usw.) zusammenhängen. Häufig ist jedoch nicht auszumachen, ob organische oder Umweltbedingungen primäre Faktoren sind, so daß in der Regel von einer Kovarianz dieser beiden Bedingungen auszugehen ist.

Nach dem internationalen Klassifikationssystem psychischer Störungen ICD - 10 werden die vor allem auf biologisch bedingte "Beeinträchtigungen der kognitiven Informationsverarbeitung" zurückzuführenden neurogenen Lernstörungen wie die Lese- und Rechtschreibstörung (Dyslexie), die Rechtschreibstörung, die Störung der Rechenfähigkeit (Dyskalkulie, Entwicklungs-Akalkulie) den "umschriebenen Entwicklungsstörungen schulischer Fertigkeiten" zugerechnet.

Die Diagnose gilt als schwierig, da eine Vielzahl von Bedingungen zu berücksichtigen ist. Erstens soll die Beeinträchtigung eindeutig sein und spezielle schulische Fertigkeiten umfassen. Als Hilfen zur Beurteilung sind gegeben:

"-Die schulischen Bewertungen (d.h. eine bei weniger als 3% der Schulkinder erwartete Bewertung).

- Vorausgegangene Störungen in der Entwicklung (d.h. den Schulschwierigkeiten sind Entwicklungsverzögerungen oder -abweichungen in den Vorschuljahren vorausgegangen - meist in den Bereichen Sprechen oder Sprache).
- Begleitende Probleme (wie Unaufmerksamkeit, Überaktivität, emotionale Störungen und Verhaltensschwierigkeiten).
- Das Störungsmuster (d.h. Vorhandensein qualitativer, in der normalen Entwicklung nicht vorkommender Auffälligkeiten)
- Die Beeinflußbarkeit (d.h. die schulischen Schwierigkeiten gehen nicht rasch und problemlos zurück, wenn zu Hause oder in der Schule vermehrt Hilfen gegeben werden)" (WHO 1991, 255).

Zum zweiten soll die Störung spezifisch, d.h. nicht auf eine Reduzierung der allgemeinen Intelligenz zurückführbar sein. Der Leistungsstand liegt also deutlich unter dem demonstrierten oder erwarteten Intelligenzalter.

Drittens ist die Störung entwicklungsbezogen, sie zeigte sich von Anfang an und nicht erst im Laufe der Schulzeit.

Viertens sind äußere Faktoren auszuschließen, wie beeinträchtigte Lernmöglichkeiten, längere Abwesenheit oder häufiges Fehlen in der Schule sowie schlechter Unterricht durch die Lehrer.

Fünftens muß ausgeschlossen werden, daß optische oder akustische Beeinträchtigungen vorliegen, die nicht korrigiert worden sind (WHO 1991, 255-256).

Lernstörungen sind zur Lernbehinderung durch den Schweregrad, den Umfang und die Dauer der Beeinträchtigungen abzugrenzen, wobei Lernstörungen sich über Generalisierungs- und Habitualisierungsprozesse zur Lernbehinderung ausweiten können (vgl. Kanter 1989, 106). Von Lernbehinderung wird im deutschsprachigen Raum gesprochen, wenn die Lern-Leistungs-Prozesse spezifischen Veränderungen und Einschränkungen unterliegen und in der Regel einen subnormalen Intelligenzquotienten erbringen, so daß von einer leichten Intelligenzminderung gesprochen werden muß. Schüler mit Lernbehinderung werden mehr und mehr integriert zusammen mit allen anderen Kindern und Jugendlichen beschult, können jedoch auch eine Sonderschule für Lernbehinderte besuchen. Letztere Möglichkeit mag angezeigt sein, wenn die Lernbehinderung stark ausgeprägt ist und in Verbindung mit sozial sehr belastenden Verhaltensstörungen auftritt (siehe dazu das folgende Kap. 3.3).

3.3 Mehrfachbehinderung und Verhaltensstörungen

Verhaltensstörungen zeigen sich nicht nur in Verbindung mit verschiedenen Krankheiten (siehe dazu z.B. Lempp 1989), sondern auch in Verbindung mit anderen Behinderungen in dem Erscheinungsbild der sogenannten Mehrfachbehinderung. Mehrfachbehinderung manifestiert sich in vielfältigen Kombinationen, wobei obligate (zwangsläufige) und non-obligate Mehrfachbehinderungen unterschieden werden (vgl. Solarova 1970). Verhaltensstörungen treten in Verbindung mit anderen Behinderungen zumeist non-obligat auf, d.h. sie sind das Ergebnis inadäquater Umweltreaktionen und somit sekundäre Störungen (siehe Abb. 1). Linear-kausale Beziehungen zwischen Behinderungen und Verhaltensstörungen sind auszuschließen. Die vorliegenden Untersuchungen zum Problem der Mehrfachbehinderung unter dem Aspekt der Verhaltensstörung verdeutlichen eher die Gefahren für die sozial-emotionale Entwicklung als eindeutige Konsequenzen, die mit einer gewissen Notwendigkeit eintreten.

Eingegangen wird - der in der Pädagogik bei Behinderten üblichen Einteilung folgend - auf Verhaltensstörungen bei Kindern und Jugendlichen mit Sinnesschäden oder -beeinträchtigungen, die blind oder sehbehindert, gehörlos oder schwerhörend sind, auf Kinder und Jugendliche mit Geistigerbehinderung, mit Körperbehinderung, mit Lernbehinderung und mit Sprachbehinderung.

Bei allen Behinderungen ist die Gefahr inadäquaten Erziehungsverhaltens besonders groß. Überbehütendes Verhalten sowie Ablehnung, Unterforderung wie Überforderung sind häufige Umweltreaktionen, die bei diesen Kindern als besonders pathogen anzusehen sind.

Kinder mit einer Sinnesbehinderung sind im Hinblick auf psychosoziale Störungen besonders gefährdet infolge ihrer eingeschränkten und veränderten Kommunikationsmöglichkeiten. Es hängt jedoch immer von den Verarbeitungsmöglichkeiten der betroffenen Kinder wie von den Reaktionen in der Umwelt ab, ob kommunikative Einschränkungen und Andersartigkeiten zu psychosozialen Störungen führen oder nicht. Es muß jedoch gesehen werden, daß fehlende oder eingeschränkte visuelle oder akustische Stimulation schon von früher Kindheit an z.B. durch Abhängigkeitsgefühle, Selbstwertprobleme und - in den späteren Jahren- durch Zukunftsängste eine adäquate sozial-emotionale Entwicklung gefährden kann. Es liegen Hinweise dafür vor, daß Kindern und Jugendlichen mit Sinnesschädigungen die Bewältigung der ersten fünf Phasen nach dem Entwicklungsmodell von Erikson (Vertrauen gegen Ur-Mißtrauen; Autonomie gegen Scham und Zweifel; Initiative gegen Schuldgefühl; Leistung gegen Minderwertigkeitsgefühl; Identität gegen Rollenkonfusion; vgl. dazu Kap. 4.2.1) nur dann recht gelingt, wenn sehr günstige Umwelt- und Erziehungsbedingungen gegeben sind.

Weniger blinden als vielmehr sehbehinderten Kindern und Jugendlichen wurden in der Vergangenheit sozial unerwünschtes und erziehungsschwieriges Verhalten zugeschrieben. In Unselbständigkeit, Kontaktarmut und Hilflosigkeit einerseits und überkompensierendem Ehrgeiz und Aggravation andererseits werden die Hauptprobleme gesehen. Wie eine zusammenfassende Betrachtung über Zusammenhänge zwischen psychosozialen Störun-

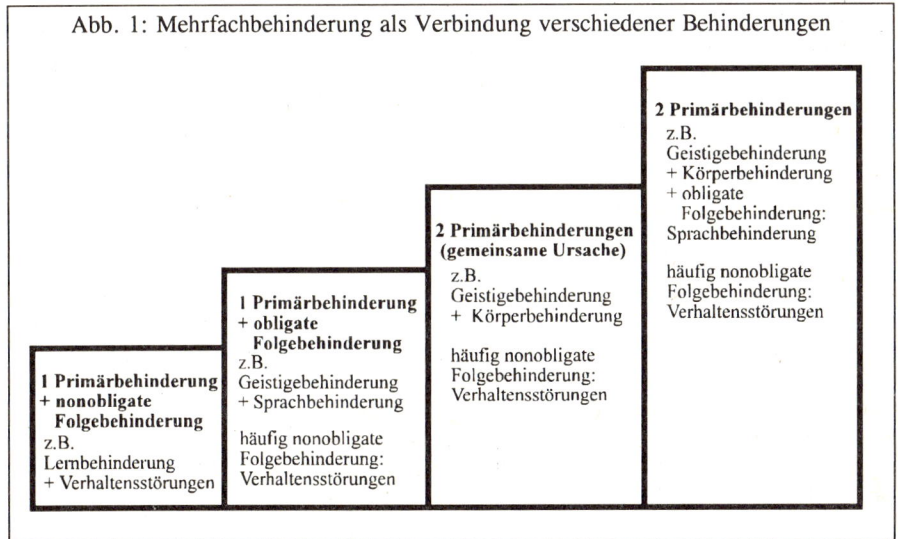

Abb. 1: Mehrfachbehinderung als Verbindung verschiedener Behinderungen

2 Primärbehinderungen
z.B.
Geistigebehinderung
+ Körperbehinderung
+ obligate
    Folgebehinderung:
Sprachbehinderung

häufig nonobligate
Folgebehinderung:
Verhaltensstörungen

**2 Primärbehinderungen
(gemeinsame Ursache)**
z.B.
Geistigebehinderung
+ Körperbehinderung

häufig nonobligate
Folgebehinderung:
Verhaltensstörungen

**1 Primärbehinderung
+ obligate
    Folgebehinderung**
z.B.
Geistigebehinderung
+ Sprachbehinderung

häufig nonobligate
Folgebehinderung:
Verhaltensstörungen

**1 Primärbehinderung
+ nonobligate
    Folgebehinderung**
z.B.
Lernbehinderung
+ Verhaltensstörungen

gen und Sehbehinderung zeigt, ist bei vielen Kindern und Jugendlichen mit einer Sehbehinderung mit der Entwicklung sozial-emotionaler Störungen zu rechnen (vgl. Mersi 1975 und 1985).

Die problematische Situation, in der Kinder und Jugendliche mit Schwerhörigkeit aufwachsen, verdeutlicht anschaulich Claußen. Bei Schwerhörigen ist - wie er aufzeigt - eine "Gefährdung der sozialen Eingliederung, der Entwicklung der eigenen Persönlichkeit sowie der Entfaltung der Lern- und Leistungsfähigkeit" gegeben; "Schwerhörige und Ertaubte werden leicht zur geduldeten Randfigur" (Claußen 1992, 20/21).

Die Gefährdung resultiert aus vielerlei Problemen. Schon die vorsprachliche Kommunikation ist dadurch eingeschränkt, daß das Kind weitgehend auf den optischen Kanal angewiesen ist. Die Verständigung mit den Eltern ist oft schwierig; dadurch wird u.a. die Entwicklung des Urvertrauens bedroht. Schwierig ist die Eingliederung in Sekundärgruppen. Ihr stehen nicht nur Vorurteile entgegen. Die bei Schwerhörigen häufig anzutreffenden Sprechfehler wirken auf manche Menschen abstoßend; eine freundliche Plauderei wird wegen der Wahrnehmungs- und sprachlichen Verstehensschwierigkeiten für den Schwerhörigen, aber auch für den gut Hörenden anstrengend und verfehlt ihr Ziel, soziale Beziehungen anzubahnen und zu erhalten. Zuweilen haben Schwerhörige Schwierigkeiten, eine soziale Situation richtig einzuschätzen und erlernte Rollen flexibel einzusetzen (vgl. Claußen 1992).

Die Prävalenzraten für psychosoziale Störungen bei Kindern und Jugendlichen mit Hörschädigungen liegen zwischen 8% und 30% (Krüger 1987, 56).

Gegenüber schwerhörigen verstärkt sich bei gehörlosen Kindern und Jugendlichen die Problematik noch.

Eine ganze Schulpopulation gehörloser Kinder und Jugendlicher untersuchte Dagmar Kunz in Berlin. Sie erfaßte 81 Schüler/-innen (53,1% Jungen; 46,9% Mädchen). Die Schüler kommen aus allen Bezirken Westberlins. Der Ausländeranteil beträgt 40%. Zusammenfassend kommt sie zu folgendem Ergebnis: "Ein Drittel der untersuchten gehörlosen Schüler zeigen auffälliges Verhalten, sowohl nach den Urteilen von Eltern, Lehrern und Erziehern als auch nach den Urteilen der Schüler selbst. Bei diesem Anteil der untersuchten Probanden sind die Auffälligkeiten durchgehend und werden von allen Beurteilergruppen festgestellt" (a.a.O., 177). Mit einer qualitativen Analyse kann sie verdeutlichen, daß gehörlose Schulkinder in signifikanter Abweichung zu hörenden Schulkindern größere Ängstlichkeit, stärkere vegetative Labilität, häufigere psychosomatische Beschwerden, schlechteres Konzentrationsvermögen und geringere Konzentrationsleistungen und ein dominanteres Verhalten zeigen. Trotz dieser Belastungsmomente ist jedoch ihre Arbeitshaltung besser als die vergleichbarer hörender Schulkinder (a.a.O., 179).

Im Zusammenhang mit spezifischen Bedingungen im Gehörlosenmilieu sieht Gorman, der seine Untersuchung in England durchführte, das Ensemble von Verhaltensweisen, das hörgeschädigte Kinder zeigen können. Über die zu Syndromen zusammengefaßten Verhaltensweisen gibt Löwe die nachfolgende zusammenfassende Übersicht:

- Übermäßige Neugierde = das "Naseweiß-Syndrom"
- übermäßiger Gebrauch körperlicher Vergeltung = das "Auge-um-Auge-Zahn-um-Zahn-Syndrom"
- die übermäßige Abhängigkeit vom Lehrer oder Erzieher bei der Weiterführung oder Vollendung einer Aufgabe = das "Ich-kann-es-nicht-allein-Syndrom"

- die Einstellung, fremdes Eigentum ungefragt benützen zu dürfen und die geringe Bereitschaft, Eigenbesitz mit anderen zu teilen = das "Mir-alles-dir-nichts-Syndrom"
- die geringe Bereitschaft zu einer Mitarbeit bei einer Konfrontation mit einer neuen Situation = das "Niemals-zuvor-Syndrom"
- der Mangel an Führerschaft = das "Ich-nicht-Syndrom"
- die Unfähigkeit als Gruppe zu arbeiten = das "Lieber-allein-Syndrom"
- die Unfähigkeit, wohlüberlegte Entscheidungen zu treffen = das "Unbesonnenheitssyndrom"
- die Unfähigkeit, moralische oder soziale Fragen differenziert zu beurteilen = das "Schwarz-weiß-Syndrom"
- die Starrheit im Stellen und Beantworten von Fragen = das "Tier-Dressur-Syndrom"
- das übermäßige Aufmerksammachen des Lehrers auf Handlungen von Mitschülern = das "Haltet-den-Dieb-Syndrom"
- der stark begrenzte Umfang an Gesprächsstoff und der eng umrissene Interessenbereich = das "Kirchturm-Horizont-Syndrom"
(Löwe 1985, 90).

Eine geistige Behinderung wird den Menschen attestiert, die eine ausgeprägte Intelligenzminderung mit einem Intelligenzquotienten unter 60 in Verbindung mit "sensorischen, motorischen, verbalen, psychischen und emotional-sozialen Beeinträchtigungen" haben (Neise 1987, 118). Zu dem deutlich subnormalen Intelligenzniveau kommt eine Intelligenzstruktur im Sinne geringerer Ausdifferenzierung. Deutliche Andersartigkeiten im Sozialverhalten zeigen in besonders starkem Ausmaß Kinder mit geistiger Behinderung und frühkindlichem Autismus. Aber auch die übrigen Kinder und Jugendlichen mit den verschiedenen Formen geistiger Behinderung tendieren zu unerwünschtem Verhalten aufgrund motorischer, sprachlicher und kognitiver Beeinträchtigungen. Besonders deutlich sind distanzloses und gehemmtes Verhalten. Im Hintergrund stehen aber immer Ängste und Unsicherheiten, deren Minderung oder Verstärkung von Umweltreaktionen abhängig ist.
Nach den Erfahrungen eines Nestors der Pädagogik bei Menschen mit geistiger Behinderung, Otto Speck, wirkt das Verhalten von Kindern und Jugendlichen mit geistiger Behinderung "störend und gestört. Diese Kinder sind schwer zu verstehen, schwierig zu erziehen und manchmal kaum zu ertragen" (1979, 66). Damit soll allerdings nicht gesagt sein, daß es nicht auch geistigbehinderte Kinder gibt, die als brav, lieb, unauffällig zu bezeichnen sind.
Nach Speck sind Verhaltensstörungen bei Kindern und Jugendlichen mit geistiger Behinderung unter vier verschiedenen theoretischen Aspekten zu sehen. Unter dem Aspekt der Defekttheorie, die in Anlehnung an die Sowjetunion in der ehemaligen DDR vertreten wurde, ist bei Geistigbehinderten eine "Abartigkeit des Gesamts" gegeben, was dazu führt, daß alle Geistigbehinderten als "verhaltensdefekt" anzusehen sind. Die Verhaltensdefekte bzw. Charakterauffälligkeiten zeigen sich in acht Bereichen als mattkraftlos, gleichgültig-unbekümmert-faul, schwermütig-unkindlich-ernsthaft, schwerfällig-schleppend-stumpf, gehemmt-verkrampft, nervös-gehetzt-fahrig, verhaltensschwierig-indifferent (Speck 1979, Scholz-Ehrsam 1962). Unter dem Aspekt der Entwicklungstheorien bzw. der Retardierungstheorie ist bei geistigbehinderten Kindern und Jugendlichen eine Verlangsamung bzw. ein Zurückbleiben der Entwicklung gegeben. Verhaltensabweichungen und Minderleistungen resultieren jedoch nicht aus organischen Intelligenzdefekten, sondern stehen im Zusammenhang mit Erfahrungswerten und/oder motivationalen

Faktoren. Lerntheoretischen Ansichten, nach denen auch bei Geistigbehinderten das Verhalten im wesentlichen im Zusammenhang mit Lernprozessen und nicht mit Veranlagung oder Hirnschädigungen zu sehen ist, betrachtet Speck als nicht haltbar. Auch der biologische Rahmen müsse gesehen werden. Die traditionelle Auffassung im Sinne psychoanalytischer Theorien, wonach mentale Insuffizienz und Neurose sich ausschließen, wird als nicht mehr haltbar betrachtet. Auch bei Kindern und Jugendlichen mit geistiger Behinderung muß die familiäre Dynamik als bedeutsamer Faktor bei Verhaltensstörungen gesehen werden.

Zur Verhaltensproblematik körperbehinderter Kinder stellt Schönberger zusammenfassend fest: "In nichts sind sich die in der Förderung körperbehinderter Kinder Tätigen heute einiger als darin, daß ihnen "Perzeptionsstörungen" und "Verhaltensstörungen" das Geschäft mehr erschweren als selbst die schwersten Einschränkungen der Bewegungsfähigkeit" (Schönberger 1979, 67). Dieser Beurteilung entsprechen Untersuchungsergebnisse wie z.B. von Kunert, die bei einem deutlich größeren Teil der körperbehinderten Kinder abweichende Verhaltensformen konstatierte. Sie fand Erscheinungsformen wie verlangsamtes Arbeitstempo, geringe Konzentrationsfähigkeit, Trotz, Aggressivität, Überempfindlichkeit, Übergefügigkeit, vermehrtes Geltungsbedürfnis, geringere Kontaktfähigkeit, vermehrte Bedürfnisspannungen, Retardierung, Entwicklungsrückstände, Regressionen (Kunert 1973). Steinhausen / Wefers, die jeweils 104 Kinder aus Sonderschulen für Körperbehinderte und Volksschulen im Alter von neun bis achtzehn Jahren miteinander verglichen, kamen zu dem Ergebnis, daß Kinder und Jugendliche mit Körperbehinderungen weniger extravertiert und emotional stabil sowie reflektiver, zweifelnder und zögernder sind. Diese Feststellungen führten zu der Zusammenfassung, daß bei den Kindern und Jugendlichen eine konfliktfreie emotionale Integration erschwert ist (Steinhausen / Wefers 1977, 101). Insgesamt gesehen hielten sie jedoch die Persönlichkeitsstruktur körperbehinderter und gesunder Kinder für nahezu identisch. Dazu ist allerdings zu fragen, ob nicht gerade bei den älteren Kindern und Jugendlichen mit Körperbehinderungen - die größte Untersuchungsgruppe stellten die 14jährigen - die relativ geringe Sekundärsymptomatik der Verhaltensstörungen als Effekt der Sonderbeschulung verstanden werden kann. In der Untersuchung von Kunert bestand die Hauptgruppe der Untersuchung aus Sechs- bis Neunjährigen - einer Altersgruppe, die milieubedingte psychosoziale Störungen ggf. noch stärker verdeutlicht als die älteren Sonderschüler.

Die größte Gruppe unter den Behinderten insgesamt bilden nach wie vor die sogenannten Lernbehinderten, die umfassende, schwerwiegende und zeitlich überdauernde Lern-/Leistungsbeeinträchtigungen haben mit deutlichen Manifestationen in Intelligenz- und Schulleistungstests (IQ ca. 60 - 85). Von Kindern und Jugendlichen aus Lernbehindertenschulen ist seit langem bekannt, daß sie zum größten Teil aus den unteren sozialen Schichten kommen und wegen ungünstiger Sozialisationsbedingungen (geringes Einkommen, Wohnraumnot, autoritär-aggressive und punitive Erziehungseinstellung) auch häufig schwererziehbar sind - wie in der Frühzeit der Hilfsschule gesagt wurde - bzw. Verhaltensstörungen zeigen. Nach einer recht umfangreichen Untersuchung, die an Hamburger Lernbehindertenschulen durchgeführt wurde, und 1031 Schüler erfaßte (59% Jungen; 41% Mädchen) haben nach der Beurteilung durch ihre Lehrer 332 Jungen (32%) und 148 (14%), insgesamt also 46% der Stichprobe Verhaltensstörungen. Eine qualitative Analyse erbrachte deutliche Unterschiede zwischen Jungen und Mädchen im Erscheinungsbild der Verhaltensstörungen. Während Jungen vorwiegend die Symptome Affektlabilität, geringe Frustrationstoleranz, geringe Selbstkontrolle, Aggressivität, Reizbarkeit und motorische Unruhe zeigten, waren bei den Mädchen die herausragenden Symptome geringe Frustrationstoleranz, Affektlabilität, Ängstlichkeit, Stimmungsschwankungen, Reizbarkeit und Antriebshemmung. Die Werte der Jungen waren bei den Symptomen "geringe Selbstkontrolle", "motorische Unruhe", "Geltungsdrang" und "Wutanfälle" signifikant höher als bei Mädchen, bei denen die Symptome "geringe Frustrationstoleranz" und "Ängstlichkeit" signifikant höher besetzt waren als bei den Jungen. Der Anteil der als verhaltensgestört bezeichneten Jungen war um das 2,2fache höher als der der Mädchen (vgl. Myschker 1980/81).

Als sprachbehindert gelten Menschen, "die beeinträchtigt sind, ihre Muttersprache in Laut oder Schrift impressiv und/oder expressiv altersgerecht zu gebrauchen und dadurch in ihrer Persönlichkeits- und Sozialentwicklung sowie in der Ausformung und Ausnutzung ihrer Lern- und Leistungsfähigkeit behindert werden" (Knura 1982, 3). Die Sprachbehinderung beeinflußt also die Persönlichkeits- und Sozialentwicklung, andererseits können sich aber auch Sprachbehinderungen aus Störungen der Persönlichkeits- und Sozialentwicklung ergeben oder durch diese verstärkt werden. Störungen der Sprache und des Sprechens führen also leicht über Störungen in den Kommunikationsabläufen mit der Umwelt zu Störungen in den interpersonellen Beziehungen. Bei Kindern und Jugendlichen mit Sprachbehinderungen kann es leicht im Sinne eines Teufelskreis-Prozesses zu Verhaltensstörungen dadurch kommen, daß über die Sprachbeeinträchtigung, inadäquate Umweltreaktionen, Unsicherheit und Mißerfolgserwartung sich Fehlverhaltensweisen generieren, die wiederum sowohl die personale Situation des betroffenen Kindes oder Jugendlichen störend beeinflussen als auch die Interaktion mit der Umwelt, wodurch sich die psychosozialen Störungen weiter verstärken können. Diese Problematik ist besonders in der Schule relevant, in der Sprache nicht nur Bildungsmittel, sondern auch Bildungsinhalt ist. In allen Unterrichtsfächern spielt sie eine große Rolle, so daß durch die Sprachbehinderung der gesamte Lern-Leistungsbereich in einer Weise emotional negativ besetzt werden kann, daß es zu Lernstörungen mit Aufmerksamkeits- und Konzentrationsstörungen, Interessenverlust, reduzierter Leistungsfähigkeit und Ausdauer sowie zu so belastenden Symptomen der Verhaltensstörung wie "Enuresis, Gewalttätigkeit, Daumenlutschen, Nägelbeißen, Erethismus, Torpidität, Triebhaftigkeit, Verführbarkeit, Affektlabilität, Gefühlsarmut, Passivität, Geltungssucht, Verlogenheit" kommen kann (Meixner 1985, 18). Es ist schwierig dahingehend zu differenzieren, welche Erscheinungen ursächlichen und konsekutiven Charakter haben. Auch für das Stottern, das verbreitet als psychoneurotische Störung gilt, ist es schwer auszumachen, ob originäre und spezifische intrapersonale oder interpersonale Bedingungen die Sprachbehinderung erbrachten. Für ein Kind, dessen Eltern ein ängstlich-besorgtes, streng-forderndes oder zwiespältiges Erziehungsverhalten realisieren und "das einerseits ständig zu korrektem Sprechen aufgefordert, andererseits für sein Sprechverhalten durchweg kritisiert wird, entsteht ein "situativer Erlebnisnotstand", aus dem Stottern als "Notlösungsverhalten" resultiert" (Keese 1987, 81).
Bei einer Untersuchung, die Baumgartner in elf Sprachbehindertenschulen und 21 schulvorbereitenden Einrichtungen machte, stellte sich heraus, daß 47% der Schüler als eindeutig und 11% als zweifelhaft verhaltensgestört zu bezeichnen waren und im Vergleich zu Regelschulpopulationen ein instabileres Leistungsverhalten, größeres Angstverhalten, größere Unsicherheit sich selbst und anderen gegenüber sowie Auffälligkeit im Sozialkontakt mit Erwachsenen und Gleichaltrigen zeigten. Im Arbeitsverhalten waren Jungen und Mädchen gleich auffällig, die Jungen unterschieden sich jedoch von den

Mädchen durch größere Aggressivität und motorische Unruhe und die Mädchen von den Jungen durch größere Gehemmtheit und Ängstlichkeit. In den schulvorbereitenden Einrichtungen fielen die Kinder durch Isolationstendenzen, geringe Initiativen, Passivität, Abhängigkeit von Erwachsenen, aggressive Verhaltensweisen, insbesondere auch körperliche Auseinandersetzungen auf.

3.4   Verbreitung von Verhaltensstörungen

Angaben über die Verbreitung von Verhaltensstörungen sind insbesondere aus bildungspolitischen bzw. planungstechnischen Gründen wichtig. Sie dienen als Grundlage für Entscheidungen über die Höhe der Ressourcen, die für prophylaktische und pädagogisch-therapeutische Maßnahmen bereitzustellen sind. Als verhängnisvoll sind daher zu niedrig ansetzende Werte anzusehen, da sie personelle und materielle Engpässe zu Folge haben und die notwendige Hilfe in dem erforderlichen Umfang nicht gewährt werden kann.
Erhebungen über die Verbreitung von Verhaltensstörungen variieren stark. Aus einer Übersicht, die kürzlich Remschmidt / Walter (1990) gaben und die 15 Untersuchungen mit 36.547 Kinder und Jugendliche zwischen fünf und achtzehn Jahren erfaßte, läßt sich entnehmen, daß bei einer Streuung der Prävalenzraten der einzelnen Untersuchungen zwischen 13,0% und 31,0% die durchschnittliche Prävalenzrate bei einem Wert von 20,15% liegt. Die großen Unterschiede in den Ergebnissen empirischer Untersuchungen resultieren aus Definitionsschwierigkeiten, aus der Unterschiedlichkeit der Untersuchungskonzeptionen und aus zeit- wie lokalspezifischen Bedingungen. In anderen westlichen Ländern stellt sich die Problematik der Untersuchungen zur Häufigkeit von Verhaltensstörungen ähnlich dar wie in Deutschland. Der prominente amerikanische Sonderpädagoge Kaufman führt z.B. zu dieser Thematik aus: "Die Wirkung von Unterschieden in den Definitionen zur Erfassung der Verbreitung von Verhaltensstörungen braucht nicht weiter ausgeführt zu werden. Selbst dann aber, wenn dieselbe Definition gebraucht wird, sind Erhebungen unterschiedlich gewesen. Es ist bedenkenswert, daß eine Umfrage der Staatsdirektoren für Sonderpädagogik Unterschiede zur Verbreitung erbrachte, die in den verschiedenen Staaten zwischen 5% und 15% reichten. Die relevanteste Frage für die Diskussion ist hier, was ist eine vernünftige Erhebung in Prozenten von Schulkindern, deren Verhalten so dauerhaft schwierig ist, daß sonderpädagogische Förderung wünschenswert ist, wobei vorausgesetzt ist, daß die Definitionen, auf welchen die Erhebungen beruhen, adäquat sind. Der beste verfügbare Befund zeigt an, daß die Erhebung von 2% zu vorsichtig geschätzt ist, obwohl sie über 2 Jahrzehnte durch das Federal Bureau of Education for the Handicapped benutzt wurde (heute: Büro für sonderpädagogische Programme im Referat für Erziehung)" - Kauffman 1985, 26).
Nach offiziellen Stellungnahmen bildungspolitischer Gremien der Bundesrepublik ist "1% eines schulpflichtigen Jahrgangs ... verhaltensgestört und damit behindert" (Kultusministerkonferenz 1972, Deutscher Bildungsrat 1973). "Weitere 3% bis 4% sind durch andauernde Mißerfolge in der Schule oder negative soziale Bedingungen von Behinderung bedroht" (Deutscher Bildungsrat 1973). Diese Angaben scheinen zu niedrig angesetzt zu sein. Sie sind mehr als Schätzzahlen denn als Ergebnis empirischer Forschung anzusehen.
Der quantitative Aspekt der Verhaltensstörung ist in Deutschland wegen methodischer Schwierigkeiten einerseits und des für eine gegenstandsadäquate Untersuchung zu treffenden zeitlichen, personellen und materiellen Aufwands andererseits nicht so gründlich bearbeitet, wie es seiner Bedeutung entspricht. Es gibt nur wenige Untersuchungen in der

Bundesrepublik, die wissenschaftlichen Kriterien einigermaßen genügen. Bisher ist für Verhaltensstörung keine Definition oder forschungsdienliche Deskription als verbindlich akzeptiert worden. So spiegeln die vorliegenden Untersuchungen die unterschiedlichen Auffassungen der Forscher und/oder der beurteilenden oder schätzenden Experten wieder. In vielen Untersuchungen ist eine Beschränkung auf das Lehrerurteil gegeben, um den Aufwand für die Untersuchung gering zu halten und eine Belastung der Kinder zu vermeiden. Insbesondere im Bereich der Persönlichkeitscharakteristik ist jedoch die Problematik der Beurteilung durch Lehrer nicht gering einzuschätzen (vgl. z.B. Kleber 1978). Ein Teil der Probleme läßt sich durch Vorgaben, die den verschiedenen beurteilenden Lehrern einheitliche Kriterien vermitteln, eliminieren. Von den vielen Untersuchungen mittels der Expertenbefragung soll die von Steuber kurz vorgestellt werden, da sie intensiv auf gemeinsame Kriterien der Lehrer zielte und relativ neu ist. Als methodisch völlig zufriedenstellend kann jedoch nur eine Untersuchung gelten, die sich mit einem den Gütekriterien entsprechenden und die wesentlichen Aspekte der Verhaltensstörung berührenden Instrumentarium nicht nur an nahestehende Bezugspersonen (Eltern, Erzieher, Lehrer usw.), sondern vor allem an die Kinder selbst wendet, und zwar an Jungen und Mädchen. Um kognitive, emotionale, soziale und somatische Daten zu erheben, ist eine interdisziplinäre Kooperation von Pädagogen, Psychologen, Medizinern und Sozialarbeiten vonnöten (vgl. das 5. Kapitel: Diagnostik). Eine solche Untersuchung liegt bis heute in Deutschland nicht vor. Methodisch relativ sorgsam und aufwendig und in ihren Ergebnissen und dem quantitativen Ausmaß des Problems Verhaltensstörung am ehesten entsprechend sind die Untersuchungen des Mediziners von Harnack (1958) und des Psychologen Thalmann (1971) sowie eine Hamburger Untersuchung (Myschker 1974). Auch auf diese Untersuchungen soll deshalb nachfolgend näher eingegangen werden.

Anglo-amerikanische Erhebungen werden nur zum Vergleich herangezogen. Wegen der diversen kulturellen Unterschiede - nicht zuletzt im sprachlichen Bereich - sind sie für deutsche Verhältnisse nur bedingt relevant.

Steuber machte in zwei Göttinger Grundschulen sozial unterschiedlicher Wohngebiete eine Untersuchung "Zur Häufigkeit von Verhaltensstörungen im Grundschulalter" über die Befragung der Klassenlehrer in einer differenzierten und relativ gründlichen Vorgehensweise, wobei ein mehrstündiges, intensives Interview der Lehrer im Mittelpunkt stand. Von den 621 Schülern (299, 322) wurden 103 Jungen (34,4%) und 54 Mädchen (16,7%) als verhaltensauffällig bezeichnet, d.h. 157 bzw. 25,3%.

Eine Zuordnung der negativ auffälligen Verhaltensweisen auf sechs verschiedene Bereiche erbrachte die in Tabelle 5 dargestellte Verteilung.

Im Schichtenvergleich stellt sich die Symptomatik derartig dar, daß im Hinblick auf Leistungsprobleme bei den vorwiegend aus Unterschichtverhältnissen (US) stammenden Kindern allgemeines Leistungsversagen, bei den vorwiegend aus Mittel- und Oberschichtverhältnissen (MS/OS) vorwiegend unrealistisch hohe Leistungsziele im Vordergrund stehen. Im Bereich des gestörten Sozialverhaltens zeigen die US-Kinder signifikant mehr Störungen als die MS/OS-Kinder, die im Bereich der emotionalen Störungen deutlich höhere Werte zeigen.

Die nicht nur in der Datenerhebung, sondern auch in der Datenverarbeitung liegenden Mängel der Untersuchung schränken die Gültigkeit der Ergebnisse ein.

Tabelle 5: Häufigkeit von Verhaltensstörungen in sechs Bereichen

1.	körperliche Symptomatik	22,3%
2.	Sprachstörungen (Stottern, Stammeln, Artikulationsstörungen u.ä.)	14,7%
3.	Ersatzbefriedigungen (Lutschen, Knabbern, Onanieren u.ä.)	19,6%
4.	gestörtes Sozialverhalten (aggressives, egozentrisches, kontaktgestörtes Verhalten, Schwindeln, Weglaufen u.ä.)	63,0%
5.	Störungen im Leistungsverhalten (Konzentrationsstörungen, spezifisches oder allgemeines Leistungsversagen, unrealistisch hohe Leistungsziele u.ä.)	73,8%
6.	Störungen im emotionalen Bereich (Ängstlichkeit, depressive Stimmung, Minderwertigkeitsgefühle, Stimmungslabilität u.ä.)	37,0%

Von Harnack erhob 1956 bei 1335 vorwiegend zehn- bis elfjährigen Schülern (männlich 674, weiblich 661), einer für Hamburg repräsentativen Stichprobe, Daten im Hinblick auf Verhaltensstörungen, indem er die Kinder medizinisch untersuchte, Gespräche mit ihnen führte, die Lehrer anhand eines Untersuchungsbogens befragte und zum Teil Auskünfte bei Schulärzten und Fürsorgerinnen einholte. Für die Kinder und die bei ihnen festgestellten Daten bildete er ein Klassifikationssystem mit drei Kategorien, die durch Beispiele erläutert werden:
"Wir bezeichneten z.B. ein Kind als 'verhaltensgestört in ausgeprägtem Maße', wenn es sich sowohl im Schulunterricht als auch in der Familie durch fahrige Unruhe auszeichnete, nachts unter Pavorzuständen litt und regelmäßig einnäßte; oder ein anderes, das wegen seiner ständigen Nahrungsverweigerung mit Gewalt zum Essen gezwungen werden mußte und noch mit 10 Jahren das Problem Nr. 1 der Familie war, außerdem vom Daumenlutschen nicht abließ.
'Verhaltensstörungen nachweisbar' notierten wir, wenn es sich beispielsweise um ein sehr unruhiges, konzentrationsschwaches Kind handelte, das aber keine weiteren Probleme bot, oder wenn ein Kind immer wenig Appetit hatte, häufig an den Nägeln kaute, abends schwer einschlief, aber sich dabei nicht quälte.
Unberücksichtigt ließen wir Kinder, die z.B. nur am Daumen lutschten oder nur ihre Nägel kauten, nur vorübergehend Tics produzieren oder unruhig schliefen und nur gelegentlich mit den Zähnen knirschten" (von Harnack 1958, 21 f.).
Nach dieser Klassifikation wurden 5,9% der Jungen und 1,5% der Mädchen, durchschnittlich also 3,7%, als "verhaltensgestört im ausgeprägtem Maße" festgestellt. Weitere 4% der Jungen und 0,45% der Mädchen, durchschnittlich 2,2%, wurden als verwahrlost diagnostiziert, wobei "typische" Verwahrlosungssymptome (Stehlen, Schuleschwänzen, Verlogenheit usw.) das Erscheinungsbild charakterisieren. Weniger ausgeprägte, aber nachweisbare und - wie die beiden Beispiele vermitteln - mehrdimensionale Verhaltensstörungen fanden sich bei 19,6% der Jungen und 12,8% der Mädchen, also bei durchschnittlich 16,2%. Für die ausgeprägt Verhaltensgestörten und die Verwahrlosten errechnete von Harnack nach Abzug der Doppelbelastungen einen Anteil von 5,6%.

Diese Kinder wurden als seelisch ernsthaft gefährdet bzw. gestört bezeichnet (a.a.O., 83).

Es läßt sich zusammenfassen, daß von Harnack mit seiner Untersuchung bei 21,9% der Kinder (16,3% + 5,6%) mehr oder weniger ausgeprägte Verhaltensstörungen nachweisen konnte.

Der Schichtenvergleich erbrachte eine etwa gleiche Verteilung der verhaltensgestörten Kinder auf die höheren und die unteren sozialen Schichten. Für die unteren Schichten wurde eine größere Milieubelastung im Sinne pathogener Bedingungen konstatiert.

Auch diese Untersuchung hat Mängel, die z.B. im Fehlen genauer Definitionen, in einem problematischen Schichtenmodell und in der Zuordnung zu den Belastungskategorien allein durch den Forscher liegen.

Thalmann erfaßte 1968 in einer Untersuchung über "Verhaltensstörungen bei Kindern im Grundschulalter" 150 sieben- bis zehnjährige Reutlinger Jungen. Zur Datensammlung benutzte er bei Müttern, Vätern und Lehrern ein halbstandardisiertes Interview.

Nach der durch die Untersuchung erfaßten Gesamtsymptomatik wurde jedes Kind einem von fünf Graden einer Symptombelastungsskala durch ein Psychologenteam zugeordnet. Die Definitionen für die einzelnen Stufen der Skala werden nachfolgend wiedergegeben:

"Grad 1: völlig frei von Symptomen psychischer Störungen. (Dieser Gruppe wurden auch Kinder zugeteilt, die - ohne andere Symptomatik - nach Ansicht der Eltern oder Lehrer ein wenig sensibel oder unkonzentriert waren).

Grad 2: leicht symptombelastet. Dabei können wenige Symptome in leichter Form oder ein Symptom in mittelschwerer Form auftreten. Voraussetzung für die Zuteilung eines Kindes zu dieser Gruppe war, daß es leicht ohne fremde Hilfe seine Symptome bewältigen konnte.

Grad 3: mäßig symptombelastet. Das Kind zeigt eine Reihe leichte oder einige mittelschwere Symptome, aufgrund derer es bereits eine gewisse Sonderstellung in der Familie, unter den Spielkameraden oder in der Klasse einnimmt. Es kann aber seine Probleme mit Mühe gerade noch selbst bewältigen. Dieser Gruppe wurden Kinder zugeteilt, für die psychohygienische Präventivmaßnahmen als notwendig erachtet wurden.

Grad 4: stark symptombelastet (Problemkinder). Einige Symptome treten in schwerer Form oder viele Symptome in leichter bis mäßiger Form auf, so daß das Kind in seinem Verhalten deutlich außerhalb der Norm steht und selbst seine Probleme nicht bewältigen kann, sondern bereits psychotherapeutische Behandlung brauchte.

Grad 5: stark symptombelastet (Anstaltsfälle). Das Kind kann aufgrund der auftretenden Symptome nicht mehr in seiner natürlichen Umwelt gelassen werden. Der Unterschied zu Grad 4 liegt weniger in der Zahl und Schwere der Symptome als vielmehr in ihrer Art. (Hochgradige phobische Angst würde zum Beispiel Grad 4, völlig unkontrollierte und für die Umgebung gefährliche Aggressivität aber Grad 5 zugeteilt werden)" (Thalmann 1971, 68-69).

Die Zuordnung der Kinder nach ihrer Symptombelastung auf die fünfstufige Skala erbrachte, daß die eine Hälfte der Jungen als symptomfrei oder leicht symptombelastet gelten konnte, die andere Hälfte erschien jedoch als mäßig bis stark symptombelastet (vgl. Tabelle 3). Eine schwedische Untersuchung durch Jonsson und Kälvesten, an die sich Thalmann weitgehend anlehnte und die deshalb vergleichbar ist, kam zu ähnlichen Ergebnissen.

Tabelle 6: Verteilung der Kinder nach ihrer Symptombelastung
(nach Thalmann 1971, 74)

Belastungsstufe	N	%	
1. symptomfrei	33	22,0	
2. leicht symptomfrei	43	28,7	
3. mäßig symptombelastet	44	29,3	
4. stark symptombelastet	28	*18,7*	20,0% = Kinder mit
5. stark belastet: Anstaltsfälle	2	*1,3*	Verhaltensstörungen
Summe	150		

Der Anteil der Kinder mit Verhaltensstörungen beträgt also 20,0%.
Mängel der Untersuchung liegen darin, daß bei den Kindern selbst keinerlei Daten erhoben wurden, die Gewichtung der Symptomatik - und damit die Einordnung in die Belastungsskala - subjektiv erfolgte und nicht aus einer Quantifizierung resultierte, Verhaltensstörungen einseitig auf psychoanalytischem Hintergrund als Symptome "psychischer Erkrankungen" verstanden werden (vgl. S.17), wodurch beispielsweise einige nicht unbedeutsame Symptome unberücksichtigt bleiben (z.B. Geschwätzigkeit), andere hingegen hoch bewertet werden (z.B. Mutterfixierung).
Unter Verwendung einer umfangreichen Testbatterie wurde in Hamburg zur Qualität und Quantität von Verhaltensstörungen eine Untersuchung an 123 Kindern und Jugendlichen gemacht. Bei dieser Untersuchung wurden Daten bei den Eltern (Elternurteil), bei den Lehrern (Lehrerurteil) und bei den Kindern und Jugendlichen selbst erfaßt. Aus einer Population von Schülern und Schülerinnen einer sechsten Klasse, die allgemein bildende öffentliche Schulen besuchten und durchschnittlich 12 Jahre alt waren, wurden die Stichproben so zusammengestellt, daß die Geschlechterverteilung, die Verteilung auf die verschiedenen Schularten und die Verteilung im Sinne eines Schichtenmodells - auf die Mittel- und Oberschicht einerseits und die Unterschicht andererseits - den Verhältnissen in der Grundgesamtheit entsprachen. Die Schichtenzuordnung erfolgte nach dem System von Kleining / Moor anhand sozialstatistischer Indikatoren. Zur Datengewinnung bei den Eltern wurden ein Anamnesebogen (erarbeitet vom Psychologischen Institut der Universität Hamburg) und die Hamburger Verhaltens-Liste (HAVEL) verwendet. Zur Datengewinnung über die Lehrer wurde ein Lehrerfragebogen (erarbeitet vom Psychologischen Institut der Universität Hamburg) eingesetzt. Die Daten bei den Kindern wurden über den Kinder-Angst-Test (KAT), die Hamburger Neurotizismus und Extraversionsskala (HANES), einen Aggressionsfragebogen (AGG), den Konzentrationsverlaufstest (KVT), das Leistungsprüfsystem (LPS), einen Rechtschreibtest (RST 4+), den Test Verständiges Lesen (VL 5/6), den Test Zahlenrechnen (ZR 4+) und die Marburger Skalen zur Erfassung des elterlichen Erziehungsstils (MAR) erfaßt. Neben diesen Verfahren wurde als Interviewbogen ein Status-Bogen eingesetzt, der Kinder zur schulischen und familiären Situation befragt. Die Untersuchung wurde in sieben Schulen und 18 Klassen in den Hamburger Stadtteilen Billstedt und Blankenese durchgeführt.
Da Verhaltensschwierigkeiten als relative und in mehreren Bereichen auftretende Problematik zu verstehen sind, wurden diejenigen Schülerinnen und Schüler als problembelastet definiert, die in drei und mehr faktorenanalytisch erfaßten Merkmalsbereichen zu den unteren 25% ihrer Stichprobe gehörten. Die faktorenanalytisch erfaßten Merkmalsbe-

reiche wurden benannt als Leistungsvermögen, elterliche Unterstützung, Sensitivität, aggressives Ausagieren, Alter der Eltern, elterliche Strenge, Konzentrationsfähigkeit und Neurotizismus. Über Faktorenscores wurden die Jungen und Mädchen herausgefunden, die im Sinne der Zugehörigkeit zum unteren Quartiel negativ bewertete Ausprägungen zeigten. Für die symptomatologisch relevanten Faktoren Leistungsvermögen, Sensitivität, aggressives Ausagieren, mangelnde Konzentrationsfähigkeit und Neurotizismus brachten 17 von den 123 Schülerinnen und Schülern Extremdaten in mindestens drei Merkmalbereichen. Diese 17 Kinder, d.h. 13,8% der Gesamtstichprobe, können im Sinne von Verhaltensschwierigkeiten deutlich als symptombelastet bezeichnet werden. Elf Kinder waren der Unterschicht, 16 der Mittel- und Oberschicht zugeordnet worden. Das Geschlechterverhältnis war bei den symptombelasteten Kindern ausgewogen (acht von 62 Jungen = 12,9%; neun von 61 Mädchen = 14,8%). Im Schichtenvergleich zeigten die Kinder aus Unterschichtverhältnissen mit 20% einen größeren Anteil als die Kinder aus der Mittel- und Oberschicht (8,8%). Ein qualitativer Vergleich verdeutlichte stärkere neurotische Störungen (Charakteristikum: sensitiv-neurotizistisch) bei Kindern aus der Mittel- und Oberschicht und stärkere Belastung im Sinne von Verwahrlosungssymptomen (Charakteristikum: aggressiv-ausagierend) bei Kindern aus Unterschichtverhältnissen. Sensitivität / Neurotizismus in Verbindung mit aggressivem Ausagieren verdeutlichte sich als Kernsymptomatik bei Kindern aus der Mittel- und Oberschicht, während bei Kindern aus Unterschichtverhältnissen mangelnde Konzentrationsfähigkeit in Verbindung mit aggressivem Ausagieren stand. Bei zehn der 17 symptombelasteten Schüler (62,5%) trat die Symptombelastung in Verbindung mit unterdurchschnittlichen Leistungen im Lesen, Rechtschreiben und Rechnen auf, wobei diese Verbindung für alle Jungen festzustellen war (vgl. Myschker 1974).

Die zitierten Untersuchungen geben an, daß etwa 15% bis 25% der Kinder im Grundschulalter Verhaltensstörungen zeigen. Unter Berücksichtigung dessen, daß im Altersbereich zwischen dem 6. und dem 12. Lebensjahr Verhaltensstörungen häufiger zu sein scheinen als in den nachfolgenden Jahren (Kluge 1975), wird für das Kindes- und Jugendalter ein reduzierter Wert anzunehmen sein, der zwischen 15% und 20% liegt.
Nach sozialmedizinischen Untersuchungen sind 12,5 bis 31% der Kinder und Jugendlichen als psychisch gestört und behandlungsbedürftig zu bezeichnen. Aus einer Übersicht über 15 Untersuchungen bei Kindern und Jugendlichen zwischen 5 und 18 Jahren, die zwischen 1953 und 1987 gemacht wurden, läßt sich eine durchschnittliche Prävalenzrate von 2o,2% ermitteln (vgl. Frederking 1975, Winkel 1977, Remschmidt / Walter 1990).
Englische Untersuchungen, die zum Teil von sehr großen Stichproben ausgehen (bis 11000 Kinder), kommen für stark verhaltensgestörte Kinder und Jugendliche auf Anteile von 14%-20% bei einem durchschnittlichen Wert von 15,6% (vgl. Shephard et al. 1973, Rutter et al. 1977).
Amerikanische Untersuchungen erbringen einen durchschnittlichen Anteil von 10 % verhaltensgestörter Kinder und Jugendlicher, wobei die Werte zwischen 6% und 30% liegen. Kaufman bringt zur Situation in den USA folgende Zusammenfassung: "Eine angemessenere Schätzung liegt zwischen 6% und 10% (vgl. Achenbach / Edelbrock 1981, Cullinan / Epstein und Kauffman, im Druck, Glidewell / Swallow 1968, Graham 1979, Rutter et al. 1977). Bower, der seine eigene Definition und Daten über Ratings von Lehrern, Gleichaltrigen und den Kindern selbst benutzte, schätzt, daß etwa 10% eines Schülerjahrgangs emotional gestört sind (Bower 1981). Eine der wichtigsten jüngsten Erhebungen zur Verbreitung von emotionalen Störungen ist für das Erziehungspersonal

die Longitudinalstudie von Rubin und Balow (1978). Jedes Jahr fragten sie Lehrer anhand eines Fragebogens, ob die Kinder in ihren Kursen Verhaltensprobleme gezeigt hatten. Die Entscheidung darüber, was als Problem verstanden werden sollte, blieb den einzelnen Lehrern überlassen. Über die Hälfte der Kinder in ihrem Sample (N=1586) war zu irgendeiner Zeit während der Schuljahre von wenigstens einem Lehrer als mit Verhaltensproblemen belastet angesehen worden. Über die Jahre hinweg wurden von wenigstens einem Lehrer etwa 20%-30% der Kinder als Problemfälle bezeichnet. Als besonders wichtig ist anzusehen, daß 7,4% der Kinder (11,3% der Jungen und 3,5% der Mädchen) von allen Lehrern, die sie über einen Zeitraum von 3 Jahren beurteilten, als Problemfälle bezeichnet wurden" (Kauffman 1985, 26).

Angaben zur Verbreitung einzelner Syndrome, die der Verhaltensstörung zuzurechnen sind oder häufig in Verbindung mit Verhaltensstörungen auftreten, macht das DSM-III-R. Nachfolgende Zusammenstellung gibt einen Überblick:

- Angststörungen in der Kindheit oder in der Adoleszens - die Störung ist recht verbreitet
- Antisoziale Persönlichkeitsstörung (ab vollendetem 18. Lebensjahr, wenn vor Vollendung des 15. Lebensjahres eine Störung des Sozialverhaltens festgestellt wurde) - 3% der Amerikaner / weniger als 1% der Amerikanerinnen
- Aufmerksamkeits- und Hyperaktiviätsstörung (AHS) - 3%
- Autistische Störung - 0,05%
- Borderline-Persönlichkeitsstörung - "tritt offensichtlich häufig auf"
- Entwicklungsbezogene Artikulationsstörung - ca. 10% der Kinder unter acht Jahren und ca. 5% der Kinder im Alter von acht Jahren und darüber
- Entwicklungsbezogene Lesestörung - ca. 10% der Kinder unter acht Jahren und ca. 5% der Kinder im Alter von acht Jahren und darüber
- Entwicklungsbezogene Schreibstörung - 2% - 8% der Schulkinder
- Entwicklungsbezogene Störungen der Koordination - 6% der Kinder zwischen fünf und elf Jahren
- Expressive Sprachentwicklungsstörung - ca. 3% - 10% der Schulkinder
- Hyperaktives Verhalten - ca. 4% der Schülerinnen und Schüler (wobei die Häufigkeit bei Jungen achtmal so hoch ist wie bei Mädchen [Psychologie heute 18. (1991), Heft 5, 43-44]).
- Oppositionelles Trotzverhalten - keine Angaben
- Reaktive Bindungsstörung - keine Angaben
- Rezeptive Sprachentwicklungsstörung = 3% - 10% der Schulkinder
- Soziale Phobie - keine Angaben
- Störung der motorischen Fertigkeiten - 6% aller Kinder zwischen fünf und elf Jahren
- Störung des Sozialverhaltens - 11% der Jungen und Mädchen unter 18 Jahren (Jungen 9%; Mädchen 2%)

Angaben über die Verbreitung von Verhaltensstörungen bei Kindern und Jugendlichen lassen sich also in Auswertung epidemiologischer Untersuchungen nur annäherungsweise machen, da viele Untersuchungen Mängel und ihre Daten nur Gültigkeit haben im Rahmen der jeweiligen Definitionen und Gewichtungen. Mit einiger Sicherheit kann jedoch davon ausgegangen werden, daß die Angaben amtlicher bundesdeutscher Stellen (Kultusministerkonferenz, Deutscher Bildungsrat) zu niedrig sind. Ein weit höherer Wert wird im Gegensatz zu Sander für realistisch gehalten, der in einem Gutachten für den Deutschen Bildungsrat die seinerzeit vorliegenden deutschen Untersuchungen zwar als unterschiedlich fundiert und zuverlässig erkannte, dann aber alle - wohl unter Ausschluß der Höchstwerte liefernden Studien - auf einen nicht nachvollziehbaren "privaten" Schätzwert von 2% verhaltensgestörter Kinder und Jugendlicher hin verrechnete (vgl. Sander 1973).

Unter Einbeziehung der unterschiedlichen Verteilung auf jüngere und ältere Jahrgänge, sozialmedizinischer Angaben und der Daten amerikanischer und europäischer Untersuchungen wird für Kinder und Jugendliche ein Anteil angenommen, der ca. 15% beträgt. Dieser Wert dürfte - auch in Anbetracht dessen, daß das Problem der Verhaltensstörungen bei Kindern und Jugendlichen qualitativ und quantitativ größer zu werden scheint - dem Bedarf an prophylaktischer sowie pädagogisch-therapeutischer Hilfe im schulischen und nach- bzw. außerschulischen Raum besser gerecht werden als die - wohl mit Blick auf die finanziellen Konsequenzen sehr zurückhaltenden - amtlichen Schätzungen.

4. Verursachung und Entstehung von Verhaltensstörungen

Bei der Entstehung von Verhaltensstörungen spielen zumeist mehrere Ursachen eine Rolle. Verschiedene pathogene Faktoren wirken in einem längeren Prozeß miteinander: Verhaltensstörungen sind multifaktoriell bedingt.

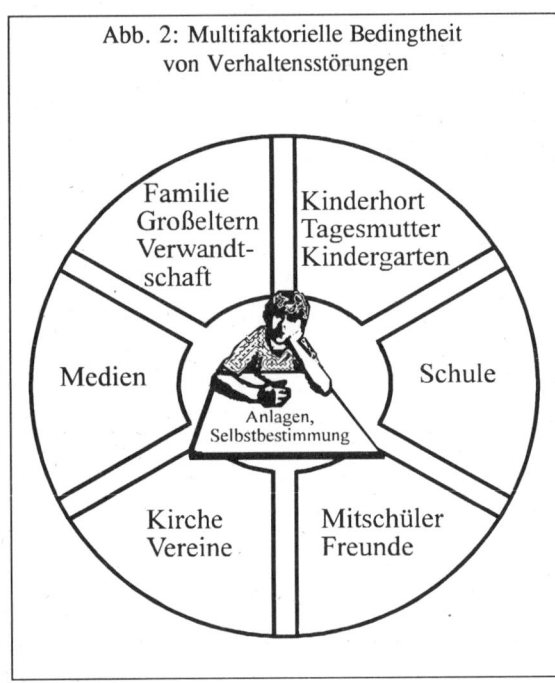

Abb. 2: Multifaktorielle Bedingtheit von Verhaltensstörungen

Diese Faktoren sind einerseits in den Anlagen, in den individuellen Informationsaufnahme und -verarbeitungsmustern, in den verschiedenen lernbiographisch bedingten Eigenheiten, in den schon früh wirksam werdenden Selbstbestimmungs- und Selbstorganisationstendenzen sowie in den übergeordneten soziokulturellen Gegebenheiten zu sehen wie andererseits in den vielfältigen größeren und kleineren sozialen Systemen zu suchen, die - wie Familie, Kindergarten, Schule, peer-group usw. - auf die heranwachsenden jungen Menschen einwirken. Dabei ist, was in der Abbildung nicht zum Ausdruck gebracht werden konnte, die Einwirkung durch die Familie naturgemäß am größten (siehe Abb. 2).

Die Genese von Verhaltensstörungen läßt sich mit einem Drei-Phasen-Modell typisieren, nach dem sich nach einer
- Anfangsphase relativer Plastizität in einer
- zweiten Phase die maladaptiven Verhaltensweisen ausformen und
- in einer Endphase habitualisieren (siehe Abb. 3).

Die Lehre von den Ursachen von Verhaltensstörungen ist pädagogisch von großer Bedeutsamkeit, weil baldmöglichst pathogene Bedingungen erkannt und möglichst schon in der Anfangsphase helfende Maßnahmen einsetzen, also Maßnahmen der Früherkennung und Frühbehandlunmg durchgeführt werden sollten (siehe dazu Brack 1986, zur Prävention Kap. 6).

Dabei steht im Hinblick auf Verhaltensstörungen eine Ätiologie immer in der Problematik, daß sich eine äquifinale Gesetzmäßigkeit nicht aufzeigen läßt. Verschiedene Ursachen können zu gleichen Erscheinungsformen führen, gleiche Ursachen können sehr unterschiedliche Erscheinungsformen erbringen. Allgemeine Aussagen zur Ätiologie von Verhaltensstörungen können deshalb nur Hinweischarakter haben. Für den Einzelfall ist immer von ganz individuellen ätiologischen Konstellationen auszugehen (vgl. z.B. Butollo et al. 1978, Derbolowsky 1983).

Die multifaktorielle Bedingtheit sowie der multifinale Aspekt von Verhaltensstörungen läßt sich am Beispiel des kleinen Sebastian verdeutlichen: Der Junge wird schon im ersten Schuljahr wegen Lern- und Verhaltensschwierigkeiten auffällig. In der Anamnese wird deutlich, daß es bei seiner Geburt Komplikationen gab, kurzzeitig Sauerstoffmangel eingetreten ist, so daß er als "blaues Baby" zur Welt kam. Eine geringfügige Gehirnschädigung kann deshalb nicht ausgeschlossen werden. Die Herstellung eines linearen Zusammenhangs zwischen der möglichen Hirnschädigung und den Lern- und Verhaltensschwierigkeiten des kleinen Sebastian erwies sich aber bei der weiteren Ursachenforschung als unzutreffend. Es stellte sich nämlich heraus, daß der Junge in seiner weiteren Entwicklung

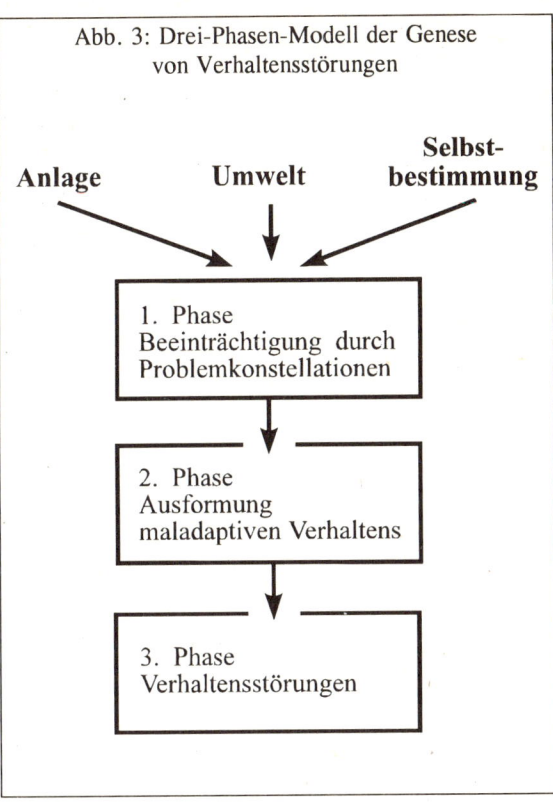

Abb. 3: Drei-Phasen-Modell der Genese von Verhaltensstörungen

Anlage   **Umwelt**   **Selbstbestimmung**

1. Phase
Beeinträchtigung durch Problemkonstellationen

2. Phase
Ausformung maladaptiven Verhaltens

3. Phase
Verhaltensstörungen

von den Eltern übermäßig verzärtelt und verwöhnt wurde. Da das Kind eine so schwierige Geburt hatte, meinten die Eltern, ihm alle Schwierigkeiten abnehmen zu müssen, keine Forderungen an ihn stellen zu können und ihm jeden Wunsch erfüllen zu müssen. Die Änderung des Erziehungsverhaltens nach entsprechender Erziehungsberatung machte deutlich, daß nicht eine leichte Hirnschädigung, sondern die elterliche Überbehütung die Schwierigkeiten erbracht hatte. Eine geringfügige cerebrale Beeinträchtigung, so sie vorgelegen haben sollte, war wahrscheinlich schon im Laufe des ersten Lebensjahres kompensiert worden.

In der Ätiologie von Verhaltensstörungen sind also monokausale Erklärungen nicht möglich; auch mehrfaktorielle Kausalmodelle sind nicht sehr hilfreich, da eindeutige Kausalzusammenhänge nicht herstellbar sind. Vielmehr ist ein "biosozial-interaktionales Erklärungssystem" (Speck 1979, 82) zu entwickeln, das Risikofaktoren, ihr mögliches Zusammenwirken sowie mögliche Symptome bzw. Symptomverbindungen aufzeigt. Das ist jedoch nur zu leisten, wenn die Erkenntnisse der verschiedenen Humanwissenschaften herangezogen werden. Von besonderer Bedeutung für eine interdisziplinär agierende Verhaltensgestörtenpädagogik sind in dieser Hinsicht Forschungsergebnisse und Theorien aus der Medizin und der Humanethologie, der Psychologie, der Soziologie und der Pädagogik / Sonderpädagogik.

Nachfolgend soll deshalb auf mögliche Ursachen von Verhaltensstörungen unter biophysischem, psychologischem, soziologischem und pädagogischem Aspekt eingegangen werden.

4.1 Der biophysische Aspekt

Da sowohl der Medizin als auch der Humanethologie eine biologische und Anlage- bzw. Entwicklungsbedingungen in den Vordergrund rückende Sichtweise eigen ist, werden diese beiden Disziplinen unter der zusammenfassenden Bezeichnung des biophysischen Aspekts behandelt.

4.1.1 Der medizinische Ansatz

Unter medizinischen Aspekt werden Bedingung oder auch Kombinationen von Bedingungen in genetischer, neuraler, biochemischer und entwicklungsmäßiger Hinsicht in den Blick genommen. Verhaltensstörungen z.B. im Zusammenhang mit Hirnschädigungen bzw. zentralen Funktionsstörungen oder Allergien zu sehen, ist ein Aspekt des medizinischen Ansatzes (siehe dazu ausführlich Kap. 9.2).

Der medizinische Aspekt steht aus historischen und systematischen Gründen am Anfang der Betrachtung. Die Beschäftigung mit jenen Syndromen, die wir heute dem Oberbegriff Verhaltensstörung subsumieren, gehörte schon zum Aufgabengebiet der Medizin, als es die Psychologie, die Soziologie und die wissenschaftliche Pädagogik noch nicht gab. Bei Verhaltensstörungen ist zudem eine mögliche Biogenese stets in Betracht zu ziehen. Es muß also frühzeitig der Frage nachgegangen werden, ob Schädigungen, Beeinträchtigungen oder Störungen im medizinischen Sinne eine Rolle spielen.

Da für das Denken, Fühlen und Wollen, für das Erleben und das Verhalten des Menschen das Nervensystem mit dem Gehirn, dem Rückenmark und den einzelnen Nerven biophysisch gesehen bestimmend ist, unter medizinischem Aspekt Verhaltensstörungen häufig mit Schädigungen, Erkrankungen oder Funktionsstörungen dieses Systems in Zusammenhang zu bringen sind und neuroanatomische, neurophysiologische und neuropsychologische Kenntnisse für das Verständnis von Entwicklungs-, Lern- und Sozialisations-Prozessen sowie von zuzuordnenden Beeinträchtigungen und für den Einsatz spezifischer pädagogisch-therapeutischer Maßnahmen verstärkt an Bedeutung gewinnen (vgl. z.B. Ayres 1979, 1984; Gaddes 1991; Grissemann 1986; Pflüger 1991; Radigk 1989, 1991), soll in einem kurzen Überblick auf das Zentralnervensystem (ZNS) sowie wichtige Teilbereiche des übrigen Nervensystems eingegangen werden.

Das Gehirn bildet eine Einheit, in der alle Teile miteinander verbunden sind. Sowohl von der Phylogenese als auch von der Ontogenese und der Funktion des Gehirns her, lassen sich verschiedene Regionen ausmachen.

Als Zentralnervensystem wird die Einheit von Gehirn und Rückenmark bezeichnet. Aufgabe des ZNS ist es, Reize aufzunehmen, zu verarbeiten und ggf. mit adäquaten Reaktionen zu beantworten. Aus der Reizverarbeitung können sich folgende Handlungsarten ergeben:

"1. Unbedingter Reflex: dieser Reflex ist angeboren. Ein präformierter Reflexbogen ist bereits vorhanden.

74

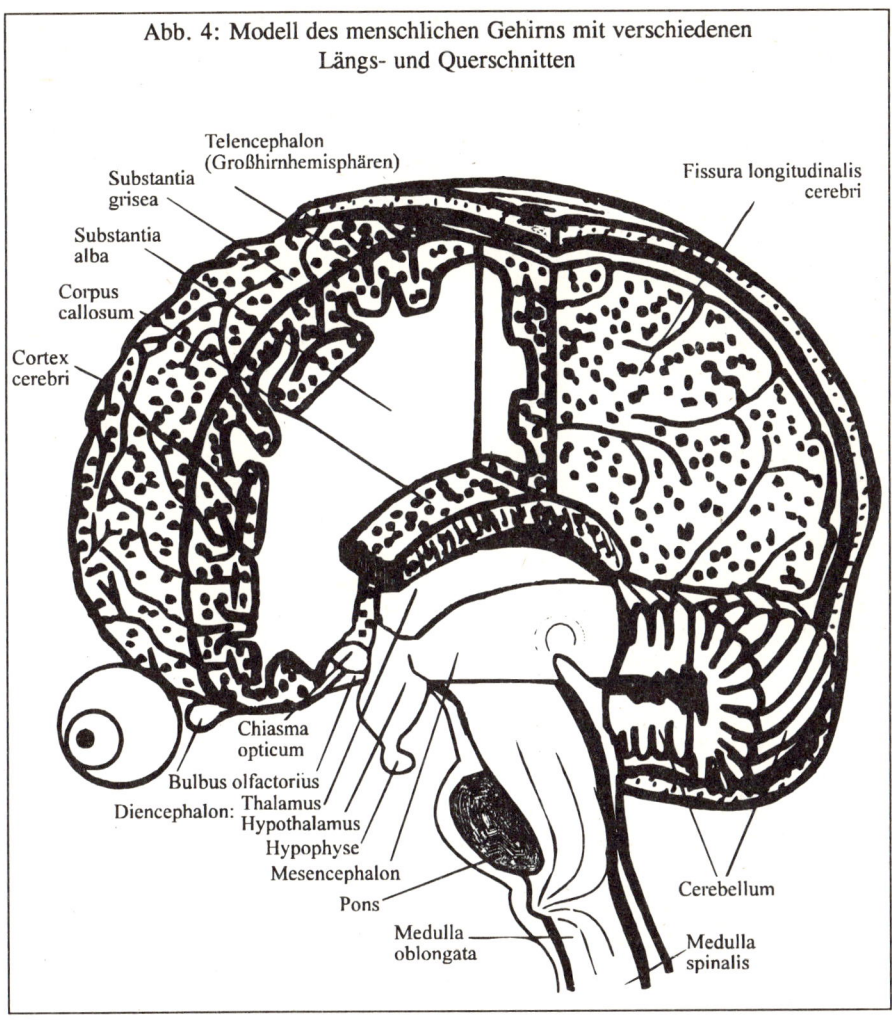

Abb. 4: Modell des menschlichen Gehirns mit verschiedenen
Längs- und Querschnitten

Telencephalon
(Großhirnhemisphären)

Substantia
grisea

Fissura longitudinalis
cerebri

Substantia
alba

Corpus
callosum

Cortex
cerebri

Chiasma
opticum

Bulbus olfactorius
Diencephalon: Thalamus
Hypothalamus
Hypophyse
Mesencephalon
Pons

Cerebellum

Medulla
oblongata

Medulla
spinalis

2. Bedingter Reflex: dieser Reflex wird erst durch Konditionierung ausgebildet
    (klassische Konditionierung nach Pawlow).
3. Instrumentelle Reaktion: Probleme werden aktiv nach dem "Versuch-und-Irrtums-
    Prinzip" (trial and error) gelöst (operante Konditionierung nach Skinner).
4. Primär kognitive Prozesse: stellt die höchste Ebene der neuronalen Verarbeitung
    dar. Bewußte Reaktionen auf wahrgenommene Reize werden eingeleitet: es handelt
    sich um die Auseinandersetzung des Menschen mit seiner Umwelt. Im Gegensatz
    zu (2) und (3) können Reiz und Reaktion zeitlich auseinander liegen" (Weis et al.
    1992, 7). Auch Modell- oder Imitationslernen, die nach Klassischem und
    Operantem Konditionieren dritte Kategorie der Lerngesetze, ist dieser Handlungsart
    zuzuordnen.

Zum Prosencephalon (Vorderhirn) gehören das Telencephalon (Endhirn) und das Diencephalon (Zwischenhirn). Als Hirnstamm werden das Mesencephalon (Mittelhirn), die Pons (Brücke) und die Medulla oblongata (verlängertes Mark) bezeichnet. Der Bereich des Metencephalons (Hinterhirn) mit Pons und Cerebellum (Kleinhirn) sowie Myelencephalon (Nachhirn) mit der Medulla oblongata werden unter der Bezeichnung Rhombencephalon (Rautenhirn) zusammengefaßt. Zum Telencephalon werden die beiden durch eine Furche (Fissura longitudinalis cerebri) getrennten und durch das Corpus callosum (Balken) teilweise verbundenen Großhirnhemisphären mit den Basalganglien (eingelagerte Gruppe von Nervenzellkörpern) gerechnet. Besonders bei den Großhirnhemisphären fallen farblich unterschiedliche Substanzen auf, die sogenannte graue (Substantia grisea) und die weiße Substanz (Substantia alba). Bei Einfärbungen erscheinen die Perikaryen der Neuronen und die Dendriten grau, die Axone weiß. Der Cortex cerebri (Großhirnrinde) bildet die obere, nur zweieinhalb Millimeter dicke Struktur der beiden Hemisphären; er besteht aus dicht gelagerten Nervenzellen. Er hat unterschiedlich spezialisierte Bereiche, die z.B. der Wahrnehmung (Sehzentrum, Gehörzentrum), der motorischen Steuerung (Bewegungszentrum) und der impressiven und der expressiven Sprache (Sprachzentren) dienen. Die Lokalisierung von Hirnfunktionen ist jedoch nicht im Sinne exakter und eingrenzender Kartographie zu verstehen. Es ist vielmehr davon auszugehen, daß mit steigender Komplexität psychischer Funktionen auch die Beteiligung anderer Areale steigt und sich nach dem Prinzip der Plastizität der Hirnorganisation auch Ausweichlokalisationen bilden können.

Die beiden Großhirnhemisphären haben unterschiedliche Schwerpunkte der Informationsaufnahme und -verarbeitung (siehe Abb. 5, nach Remschmidt 1981, 46/47)). Beim Rechtshänder sind die sprachlichen Funktionsbereiche und die analytischen sowie arithmetischen Fähigkeiten in der Regel der linken Hemisphäre zugeordnet. Die rechte Hemisphäre ist dagegen auf musische Fähigkeiten, optische Beziehungserfassung, ganzheitliches, synthetisches Denken ausgerichtet und wohl auch "auf emotionale Bewußtheit und Reaktionen spezialisiert" (Krech et al. 1985, Bd. 5, 117). Es spricht viel für die Annahme, daß in zivilisierten und technisierten Kulturen die Potenzen der linken Hemisphäre sehr viel stärker trainiert und genutzt werden als die der rechten. Grundsätzlich - und auch im Hinblick auf die Hemisphärenorganisation - ist jedoch festzustellen, daß alle cerebralen Funktionen verschachtelt ablaufen, einander in positiver wie negativer Hinsicht beeinflussen, d.h. reduzierend bzw. hemmend oder auch ergänzend bzw. stimulierend wirken können.

Die kindliche Großhirnrinde entwickelt sich mit Schwerpunkten in der Art, daß zunächst um die Zentralfurche herum das motorische Zentrum und das Somästhetische Zentrum (Informationen der Haut, der Muskeln, Gelenke usw.) dann das Sehzentrum und das akustische Zentrum reifen. Mit der quantitativen Hirnreifung verändert sich auch die Qualität der Funktionen hin zu komplexeren Strukturen. Die Entwicklung eines recht differenzierten Verhaltensrepertoirs bereits in den ersten Lebenswochen ist jedoch nicht nur auf Reifungsprozesse im Zentralnervensystem, sondern auch auf Lernprozesse zurückzuführen.

Aus der Vielfalt der Regionen mit ihren lebenswichtigen Prozessen sind einige herauszuheben, die besondere Relevanz für das Verhalten haben. Wenn von diesen Regionen auch kurzgeschlossene Handlungen ausgehen können, so ist doch zu betonen, daß sie sozusagen unter der Aufsicht des Großhirns agieren, in der Regel also kognitiv kontrolliert sind, was jedoch nicht bedeutet, daß sie bewußt ablaufen.

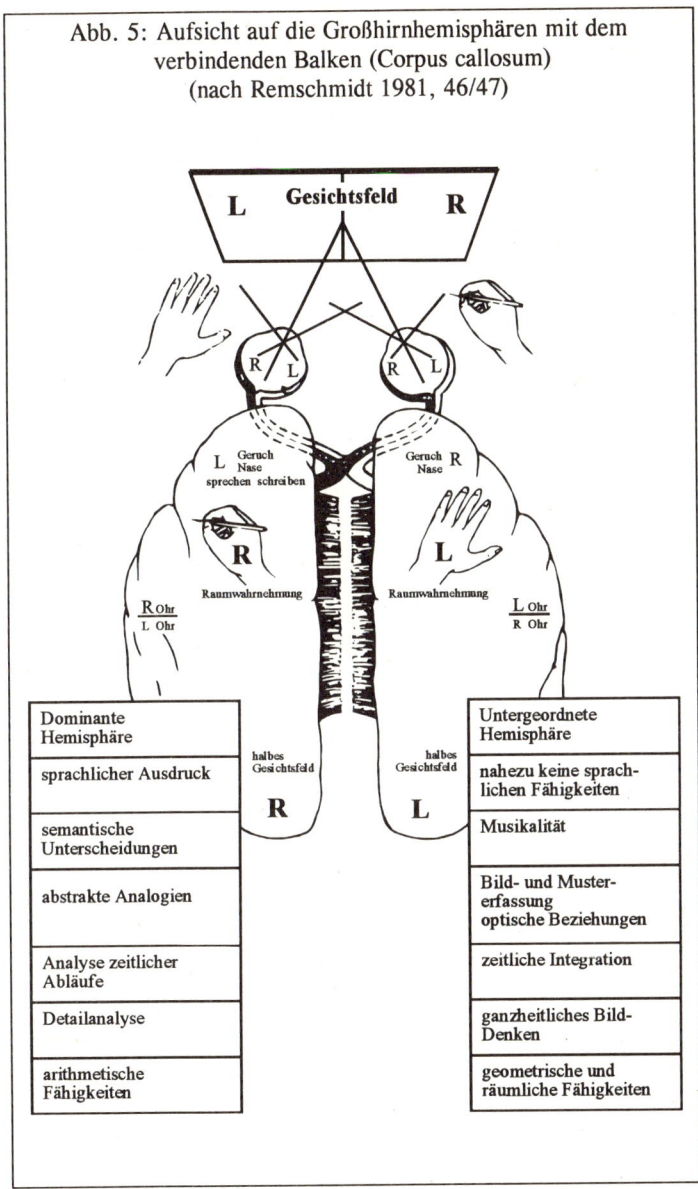

Abb. 5: Aufsicht auf die Großhirnhemisphären mit dem
verbindenden Balken (Corpus callosum)
(nach Remschmidt 1981, 46/47)

Der Thalamus, der den größten Teil des Dienzephalon ausmacht, ist eine Schaltstelle für Informationen, die von der Haut und den Muskeln des Leibes und der Gliedmaßen sowie aus den Basalganglien und dem Cerebellum (Kleinhirn) kommen. Er hat große Bedeutung für die Motorik und ist für das gesamte Verhalten höchst bedeutsam, da er in Verbindung mit dem Hypothalamus, der ebenfalls aus miteinander verbundenen Zellkernen (Nuklei) besteht, wesentlich an der Generierung und Kontrolle von Emotionen und Motivationen mitwirkt.

Das Limbische System, eine zusammenfassende Bezeichnung für verschiedene Bereiche um die Thalamuskerne herum, umgibt ringförmig den Hirnstamm; es hat bedeutende Funktionen für die Homöostase (Aufrechterhaltung notwendiger körperlicher Zustände im Hinblick auf Wärme, Flüssigkeit, Blutkonsistenz usw.), reguliert das Sexualverhalten, steuert und kontrolliert in Kooperation mit dem Hypothalamus die Hypophyse, dient der Steuerung und Kontrolle von Emotionen und Motivationen, hat aber auch Einfluß auf Lernen und Gedächtnis. Die Hypophyse ist sozusagen die "Chef-Drüse", die über Hormone direkt oder über die Anregung anderer Drüsen Körper, Psyche, Verhalten beeinflußt. Wie in anderen Hirnregionen sind jedoch auch diese Funktionen - um das noch einmal zu betonen - in ein Regelkreis-System einbezogen.

Das zum Großteil das Mittelhirn ausmachende Retikularsystem (formatio reticularis) steuert und kontrolliert Erregungsniveau und Aktionsbereitschaft, vermittelt reflektorische Impulse und steuert vegetative Abläufe.

Wie das Cerebrum (Großhirn) besteht auch das Cerebellum (Kleinhirn) aus zwei Hemisphären mit einem Cortex. Es hat vielfältige Verbindungen zu den übrigen Hirnbereichen, kontrolliert den Tonus der Muskeln, reguliert das Gleichgewicht, hat regulierende und koordinierende Funktionen für die Motorik.

Die Pons hat verbindende Funktionen für Groß- und Kleinhirn; steuert den Schlaf- und Wachrhythmus. Die Medulla oblongata (verlängertes Mark), an die sich das Rückenmark anschließt, ist der große Kreuzungsbereich des Nervensystems, wo die Nervenfasern die Seite wechseln, von rechts nach links und umgekehrt.

Seine Fortsetzung findet das ZNS im peripheren Nervensystem, das aus Hirnnerven und Spinalnerven besteht und Reize bzw. Informationen sowohl von der Peripherie als auch vom Inneren des Körpers zum ZNS leitet, das wiederum über dieses System Antwortsignale gibt.

Das Nervensystem besteht aus Bereichen, die willentlich beeinflußbar sind und solchen, die nicht oder nur begrenzt willkürliche Steuerung ermöglichen. Während die Skelettmuskulatur über das cerebrospinale Nervensystem willkürlich zu innervieren ist, ist die der Steuerung der Drüsen, der Gefäße sowie der Eingeweide dienliche glatte Muskulatur sowie der Herzmuskel anlagemäßig autonom gesteuert. Der "autonome" Bereich, in den nur durch gezieltes Training (z.B. Biofeedback) eingegriffen werden kann, wird auch als vegetatives Nervensystem bezeichnet. Das für den inneren Betrieb des Organismus zuständige vegetative Nervensystem steuert die im wesentlichen unbewußt und unwillkürlich ablaufenden Funktionen. Es wird auch Eingeweidenervensystem genannt und setzt sich aus Sympathikus und Parasympathikus zusammen (siehe Abb. 6).

Der Sympathikus wirkt zumeist als Antagonist zum Parasympathikus und wird von einigen Regionen des ZNS, insbesondere vom Hypothalamus, von Bereichen des Mittelhirns und der Medulla oblongata in einem Erregungszustand (Sympathikotonus) gehalten. Seine Wirkung ist in der Regel ergotrop, d.h. leistungssteigernd. Der Sympathikus stellt den Körper auf Bereitschaft und Aktion ein, z.B. auf Flucht oder Kampf durch eine auf Verengung der Blutgefäße zurückzuführende erhöhte Blutzirkulation; er erweitert die Bronchien, steigert die Herztätigkeit, hemmt die Magen-Darm-Aktivitäten, mobilisiert Leberglykogen. Die synaptische Erregungsleitung vollzieht sich durch den Transmitter Noradrenalin.

Das parasympathische System umfaßt den Augenmuskel, den Gesicht-, den Zungen-, den Schlund- und den Eingeweidenerv. Parasympathische Funktionen werden vor allem über das Azetylcholin hervorgerufen. Sie wirken tropotroph, d.h. antagonistisch zum Sym-

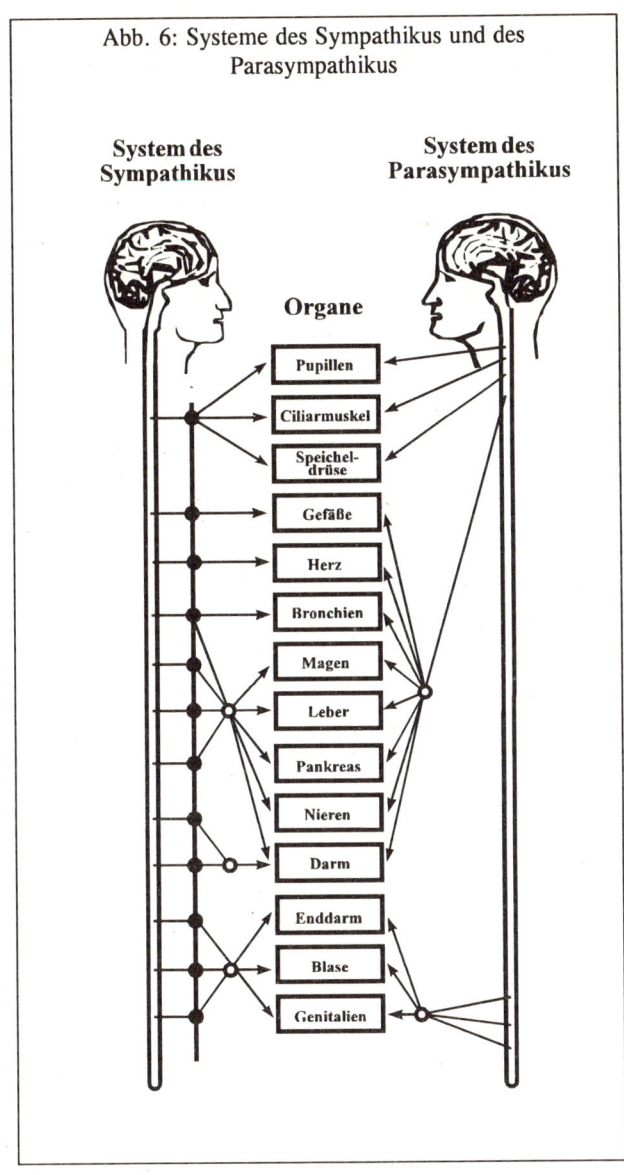

Abb. 6: Systeme des Sympathikus und des
Parasympathikus

**System des
Sympathikus**

**System des
Parasympathikus**

Organe

Pupillen

Ciliarmuskel

Speichel-
drüse

Gefäße

Herz

Bronchien

Magen

Leber

Pankreas

Nieren

Darm

Enddarm

Blase

Genitalien

pathikus mit Verlangsamung der Herztätigkeit, Hemmung der Atmung, Reduzierung des Blutdrucks, Anregung des Verdauungssystems, gesteigerter Durchblutung der Geschlechtsorgane usw. Er stellt also den Körper auf Erholung, Regeneration und reduzierte Leistung ein. Die übersteigerte Funktion eines Teilbereichs des vegetativen Nervensystems - insbesondere des Sympathikus (siehe Stress, Kap. 4.4) gefährdet das Wohlbefinden des Menschen ebenso wie Regulationsstörungen zwischen beiden Teilsystemen.

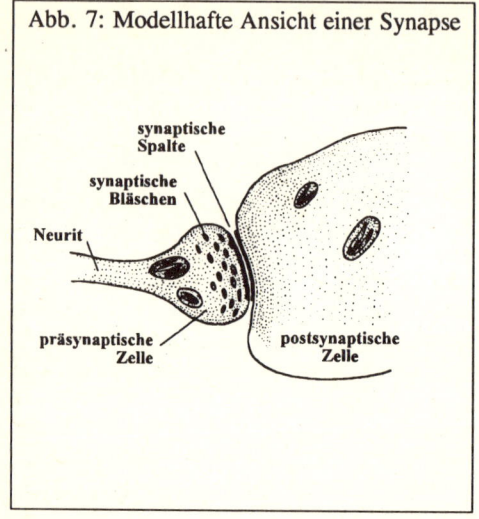

Abb. 7: Modellhafte Ansicht einer Synapse

synaptische Spalte

synaptische Bläschen

Neurit

präsynaptische Zelle

postsynaptische Zelle

Das Nervensystem verfügt über zwei Möglichkeiten der Erregungsleitung. Über die Axone oder Neuriten - lange, schnurartige, mit hellem Fett umgebene Fortsätze der Nervenzellen - verläuft die Impulsleitung elektrisch, über die Synapsen chemisch. Durch Synapsen (griechisch: synapsis = Verbindung) werden Nervenzellen oder Neuronen untereinander und mit Erfolgsorganen (z.B. Drüsen, Muskeln) in einem komplizierten chemischen Prozeß verbunden. Zu einer Synapse gehören mit der Prä-Synapse, dem Ende einer Nervenfaser, und der Post-Synapse, einer zellulären Kontaktstelle, zwei Zellbereiche. In der Synapse wird der Kontakt durch Neurotransmitter (griechisch / lateinisch: Überträgerstoffe) hergestellt. Neurotransmitter sind z.B. Azetylcholin, Adrenalin und Noradrenalin. Die Neurotransmitter werden aus kleinen Bläschen innerhalb der Präsynapse freigesetzt und stellen die Verbindung zur postsynaptischen Zelle über eine Änderung der Membrandurchlässigkeit her (Ionentheorie der Erregung). Gifte, Drogen und Arzneimittel (z.B. Psychopharmaka) beeinflussen die Synapsenfunktion (siehe Abb. 7, nach Krech et al. 1985, 123).

Medizinisch relevante Schädigungs- bzw. Störungsmöglichkeiten sind äußerst vielfältig und treten pränatal, subnatal und postnatal sowie in der weiteren Entwicklung auf. Dabei sind insbesondere genetische, hirnorganische, bio- bzw. neurochemische und allergologische Bedingungen und Bedingungskombinationen zu berücksichtigen.

Als pränatal wirksame genetische Ursachen kommen Gametopathien und Chromosomenaberrationen in Frage. Die Gameten, d.h. die männlichen und weiblichen Geschlechtszellen, können z.B. durch Gifte, Krankheiten und Strahlungen geschädigt werden, was beim Kind intrauterine Entwicklungsstörungen zur Folge hat.

Auf Aberrationen der Geschlechtschromosomen X und Y gehen z.B. das Klinefelter-Syndrom (XO; Häufigkeit 1:5000) zurück. Während die männlichen Kinder mit der Klinefelter-Anomalie häufig sehr groß werden und zu Trägheit, Passivität, gestörtem Realitätsbezug und dissozialen Tendenzen neigen, zeigen die weiblichen Kinder mit dem Turner-Syndrom Minderwuchs und einerseits antriebarmes, andererseits auch distanzloses Verhalten.

Die weiteren Ursachen für pränatale Entwicklungsstörungen sind von unterschiedlicher Bedeutung in Abhängigkeit davon, ob sie in der Embryonalzeit bis zum Ende des dritten Schwangerschaftsmonats oder in der Fetalperiode zwischen dem Anfang des vierten Monats und der Geburt eintreten. Die Gefährdung des werdenden Kindes ist in den ersten drei Monaten während der Entwicklung der Organe größer als in der Folgezeit, wenn die Organbildung beendet ist.

Ursächlich für Embryopathien sind Virusinfektionen der Mutter wie Röteln, Grippe, Masern, Stoffwechselerkrankungen wie Diabetes-Mellitus, Sauerstoffmangel infolge von

Herz- und Lungenkrankheiten, Einwirkungen über Medikamente oder auch Röntgen- und Radiumbestrahlung.

Fetopathien sind zurückzuführen auf mütterliche Virusinfektionen wie Herpes, Poliomyelitis und Windpocken, Bakteriuminfektionen wie Syphilis und Tuberkulose, auch durch Haustiere übertragbare Infektionen wie Milzbrand und Toxoplasmose sowie auf Rhesusfaktorunverträglichkeit.

Groß ist auch die Zahl der perinatalen Schädigungsmöglichkeiten. Die peri- oder subnatale Phase umfaßt mit einer Woche den Zeitraum kurz vor, während und kurz nach der Geburt. Auf Einwirkungen unter der Geburt - aber auch nachgeburtlich auf Unfall, Krankheit und deprivierende Entwicklungsbedingungen - sind Beschädigungen, Beeinträchtigungen und Störungen des Zentralnervensystems zurückzuführen, mit denen die meisten organisch bedingten Verhaltensstörungen zusammenhängen. Zu beachten ist, daß im gesamten Zeitraum der ersten vier Lebensjahre die Vulnerabilität (Verletzbarkeit) besonders groß ist, da in dieser Zeit die Hirnreifung 80% des Endzustandes erreicht.

Psychoorganisch bedingte Verhaltensstörungen zeigen sich bei Kindern und Jugendlichen sehr verschiedenartig und müssen stets im Zusammenhang mit Umweltbedingungen gesehen werden. Als Symptome werden häufig genannt: körperliche Entwicklungsverzögerung (Retardierung), motorische Störungen (Inkoordination), Ablenkbarkeit und Bewegungsunruhe, (sensorische und motorische Hyperaktivität), verringerte Umstellbarkeit (Perseveration), Gestaltgliederungsschwäche (Dissoziation und Reversion), Sprech- und Sprachstörungen, Aufmerksamkeits- und Konzentrationsstörungen sowie in Gedächtnisschwäche, Gefühls- und Wertarmut, Distanz- und Kommunikationsstörungen, abrupten Anpassungs- und Leistungsschwankungen (siehe dazu ausführlich Kap. 6.1.1 und Kap. 9.2).

Verhaltensstörungen können auch organisch bedingt sein durch Drüsenstörungen (endokrine Funktionsstörungen). Von Bedeutung sind insbesondere Störungen der Schilddrüse, der Nebenschilddrüse, der Nebennieren und der Keimdrüsen. Störungen im hormonalen System bzw. Endokrinopathien werden mit dem "Endokrinen Psychosyndrom" (Bleuler) beschrieben, das durch übersteigerte oder reduzierte Stärke einzelner Triebe oder des gesamten Antriebs und durch Stimmungsveränderungen in Erscheinung tritt. Es zeigen sich ähnliche Symptome wie bei hirnorganischen Schädigungen bzw. Störungen.

Verhaltensstörungen sind auch im Zusammenhang zu sehen mit Neurosen, präpsychotischen Tendenzen und Borderline-Störungen, mit Psychosen, frühkindlichem Autismus und mit epileptischen Syndromen. Das diagnostische Konstrukt der Neurose gehört zu den ältesten und langlebigsten psychiatrischen Klassifikationen. Es wurde 1787 von dem Engländer W. Cullen eingeführt und muß heute, da es zu umfassend bzw. "unscharf" ist und differenziertere Kategorien vorliegen, als überholt und veraltet angesehen werden. Dennoch hat das Konstrukt Neurose schon wegen seiner Verwendung insbesondere in den verschiedenen psychologischen "Schulen" seine Bedeutung. Als Neurose wurden und werden milieureaktive psychische Funktionsstörungen bezeichnet, die nicht organisch bedingt sind. Sie manifestieren sich in einer Vielfalt von Fehlverhaltensweisen (von Autoaggressionen bis Zwangshandlungen), aber auch in körperlichen Symptomen (z.B. Herz-, Verdauungs-, Entleerungs-, Schlafstörungen). Sie werden tiefenpsychologisch auf unbewußt wirkende psychodynamische Konflikte infolge traumatisierender (verletzender) Erlebnisse insbesondere in früher Kindheit zurückgeführt, lerntheoretisch aus fehlleitenden Lernvorgängen oder dem Fehlen von Lernprozessen erklärt. Nach der internationalen Klassifikation der Krankheiten ICD-9 sind Neurosen "psychische Störungen ohne jede nachweisbare organische Grundlage, in denen der Patient beträchtliche Einsicht und ungestörte Realitätswahrnehmung haben kann und im allgemeinen seine krankhaften subjektiven Erfahrungen und Phantasien nicht mit der äußeren Realität verwechselt. Das Verhalten kann stark beeinträchtigt sein, obwohl es im allgemeinen innerhalb sozial akzeptierter Grenzen bleibt, aber die Persönlichkeit bleibt erhalten. Die wesentlichen Symptome umfassen: Ausgeprägte Angst, hysterische Symptome, Phobien, Zwangssymptome, Depression" (ICD 9 1980, 49).

Das Konstrukt der Neurose bezieht seinen Eigenwert aus dem Unterschied zum Konstrukt der Psychose. Im neuesten internationalen Klassifikationssystem ICD-10 wird die "traditionelle Unterscheidung zwischen Neurose und Psychose nicht beibehalten" (ICD-10 1991, 17). Psychosen sind nach tradiertem Verständnis psychische Krankheiten, die mit den Symptomkomplexen der Schizophrenie, der Zyklothymie (Manisch-depressives Irresein) und des frühkindlichen Autismus auftreten (siehe dazu ausführlicher Kap. 9.5).

4.1.2   Der humanethologische Aspekt

Seit Mitte der sechziger Jahre entwickelt sich die Human-Ethologie, die biologische Verhaltensforschung am Menschen, als Gegenrichtung gegen kulturellen Relativismus und extreme milieutheoretische Positionen. Sie ist darauf ausgerichtet, stammesgeschichtliche und kulturelle Anpassungen im menschlichen Verhalten, die im Sinne des kritischen Realismus als Abbildungen einer außersubjektiven Wirklichkeit verstanden werden, sowie die Grammatik sozialen Verhaltens zu untersuchen (vgl. Eibl-Eibesfeldt 1984, 13/14). Letztlich besteht unter dem Eindruck bedrohlicher Bevölkerungsexplosion, weltweiter Konflikte und ökologischer Zerstörungen das Ziel darin, "durch Einsicht in die biologischen Abläufe eine Überlebensethik" zu entwickeln (a.a.O., 16).

Die Human-Ethologie hat inzwischen Forschungsergebnisse vorgelegt, die weit verbreitete, ideologisch begründete Wunschvorstellungen und Leitlinien im Hinblick auf den Menschen möglicherweise verändern können. So werden z.B. die romantischen Vorstellungen von Rousseau und Marx, die beide noch nicht auf weltweite Forschungsergebnisse zurückgreifen konnten, vom edlen, glücklichen, guten Urmenschen, den die gesellschaftliche Entwicklung verdorben hat, vom Kinde, das durch das gesellschaftliche Leben verdorben wird, kritisch hinterfragt werden müssen. Das biologische Erbe aus einer hunderttausende Jahre währenden Periode, in der die menschlichen Vorfahren als raubtierartige Jäger, umherschweifende Sammler und aggressive, brutale Kämpfer in kleinen Verbänden lebten, steckt nach humanethologischer Auffassung noch in jedem heutigen Menschen, wirkt unter gegenwärtigen Verhältnissen dysfunktional, unberechenbar und bedrohlich, wenn es negiert und nicht systematisch in der Erziehung berücksichtigt wird (vgl. Eibl-Eibesfeldt 1988). In dieser Periode, "die etwa 98 Prozent unserer Geschichte ausmacht" (a.a.O., 10), entwickelten sich - in Anpassung an die Umwelt und im Hinblick auf ein Überleben der Art wie des einzelnen - Programme, die verhaltenssteuernd wirkten und nach wie vor Einfluß auf das Verhalten haben. Sie erklären die bei allen Menschen dieser Erde feststellbaren starken Nachahmungstendenzen und Nachahmungsfähigkeiten, das Erfassen und Verstehen basaler Emotionen auf den Gesichtern, wie Angst, Wut, Verachtung, Trauer, das anderen Leid zufügende aggressive Durchsetzen, auch Tieren gegenüber, oder auch die Lerndispositionen für spezielle Fähigkeiten. Die Lerndispositionen sind umfassend und reichen von der Flucht zum Ranghöheren, was zum Beispiel mißhandelte Kinder so fest an ihre Eltern bindet - bis hin zum Erwerb der Sprache (a.a.O., 80). Verhaltenssteuernde Programme wie spezielle Lerndispositionen äußern sich auch heute noch "in Rangstreben, Familialität, Bereitschaft zum Gefolgsgehorsam, Neigung zur Bildung geschlossener Gruppen, Gruppenintoleranz und Territorialität", determinieren den Menschen jedoch nicht, sie sind vielmehr veränderbar und somit erzieherisch zu beeinflussen (a.a.O., 87). Will man jedoch ihre Wirkung verhindern, müssen sie als biologische Faktoren erkannt und systematisch durch Erziehung modifiziert werden (vgl. von Cube / Alshuth 1986; von Cube 1991). Unter humanethologischem Aspekt erscheinen einige Verhaltensschwierigkeiten von Kindern und Jugendlichen als Resultat der Nichtbeachtung humanethologischer Einsichten.

Humanethologische Erkenntnisse stehen im Kreuzfeuer der Kritik. Problematisch wird Humanethologie sicher dann, wenn Erkenntnisse, die aus Tierbeobachtungen gewonnen wurden, unreflektiert auf den Menschen übertragen werden. Humanethologie versteht sich als Naturwissenschaft, untersucht das Verhalten unter biologischem Aspekt. Es ist jedoch ungerecht, Humanethologen grundsätzlich vorschnelle und unkritische Übertragung ihrer Erkenntnisse aus Tierbeobachtungen auf den Menschen vorzuwerfen. Auch wird der Mensch nicht als durch biophysische Bedingungen determiniert angesehen. Es wird allerdings betont, daß biophysische Bedingungen "an der Bestimmung der Verhaltensrichtungen einen mehr oder weniger gewichtigen, kaum je ganz zu vernachlässigenden Anteil haben" (Hassenstein 1972, 169) - eine Einsicht, die auch in die Pädagogik Eingang zu finden beginnt (vgl. von Cube / Alshuth 1986; von Cube 1991). Weitgehender Konsens herrscht heute unter Wissenschaftlern darüber, daß das Verhalten des Menschen auch biophysisch und phylogenetisch mitbestimmt ist. Daneben wirken Konditionierungen durch die soziale Umwelt und die kognitive Selbststeuerung bzw. Selbstorganisation.

Seit Mitte der siebziger Jahren wird mit der Disziplin der Soziobiologie der Versuch gemacht, in Überwindung des Denkens in biologisch-determinierenden Kategorien eine Annäherung an die Forschungsergebnisse der Sozial- und Humanwissenschaften zu finden.

4.2 Der psychologische Aspekt

Für die Erklärung der Verursachung und der Genese von Verhaltensstörungen aus psychologischer Sicht sind besonders bedeutsam die Psychoananlyse, die Individualpsychologie und die Lerntheorie.

4.2.1 Der psychoanalytische Ansatz

Die psychodynamische oder psychoanalytische Theorie versteht im Sinne von Sigmund Freud Verhaltensstörungen als das Ergebnis unangepaßter psychologischer Prozesse. Ihre Wurzeln hat die psychoanalytische Theorie im medizinischen Konzept der Geisteskrankheit. Nach dieser theoretischen Position bringt eine Kombination von biologischen Prädeterminanten und Wechselbeziehungen mit der Umwelt die Bedingungen hervor, unter denen gestörte Kinder ein Selbstkonzept entwickeln, das zu internalisierten Gefühlen wie Schuld, Angst, Furcht, Unzulänglichkeit usw. führt. Die Theorie hebt hervor, daß die Störung eine Funktion psychischer Prozesse ist, die zu einer inadäquaten Ich-Entwicklung geführt haben. In der Unfähigkeit, Verhalten in Übereinstimmung mit den Forderungen der Umwelt zu regulieren, zeigt sich das inadäquate, als "schwach" bezeichnete Ich. Die psychoanalytische Theorie Sigmund Freuds kann unter dem Aspekt psychodynamischer Zusammenhänge zum Verständnis der Ätiologie und der Genese von Verhaltensstörungen beitragen.

Von besonderer Wichtigkeit sind in dieser Hinsicht folgende Ergebnisse psychoanalytischer empirischer Forschung und Theoriebildung:
- das Instanzenmodell der Persönlichkeit,
- das Triebmodell und das Phasenmodell der Triebentwicklung,
- das Konzept der psychischen Abwehrmechanismen.

Das Instanzenmodell der Persönlichkeit

Sozial-emotionale Probleme, die - wenig differenziert - unter dem Terminus Neurose zusammengefaßt wurden, machten für Freud die Entwicklung einer psychologischen Persönlichkeitstheorie notwendig. Freud versteht die Psyche als Apparat, der verschiedene Teile mit verschiedenen Aufgaben hat. Die Hauptbereiche des psychischen Apparates nannte er das Es, das Ich und das Über-Ich. Das Es ist der älteste Bereich, der das Ererbte, das Konstitutionelle, d.h. vor allem die gesamte Trieborganisation enthält. Der Bereich des Es ist dem Unbewußten zuzuordnen. Vom Es gehen die Wünsche, Begierden, die Triebansprüche aus und drängen auf Realisation. Im Es herrschen Abläufe nach eigenen Gesetzen, die als Primärvorgang bezeichnet werden.

Aus dem Es entwickelt sich das Ich, das aus der Notwendigkeit heraus entstand, zwischen den drängenden Realisationstendenzen des Es und den Realisationsmöglichkeiten in der Außenwelt zu vermitteln. So sammeln sich im Ich unter anderem die Funktionen der Wahrnehmung, d.h. der Erfassung und Beeinflussung von Reizen, um Unlust zu vermeiden und Lust zu ermöglichen.

Freuds Erkenntnisse über das Ich komplettierte und differenzierte der psychoanalytische Pädagoge Fritz Redl. Redl systematisierte im Laufe seiner theoretischen und praktischen Arbeit zentrale Funktionen, die das Ich hat. Aufgabe des Ich ist es nach Redl, ein Verhältnis zur Umwelt herzustellen ohne allzu ernsthafte Konflikte. Für diese Aufgabe stehen dem Ich verschiedene Funktionen zur Verfügung, die Redl herausarbeitet. Dabei geht er über die bisherige psychoanalytische Konzeption hinaus und kommt zu einer eigentlichen Ich-Psychologie, d.h. er gewinnt eine beschreibbare und in der pädagogischen Arbeit anwendbare Ausdifferenzierung des

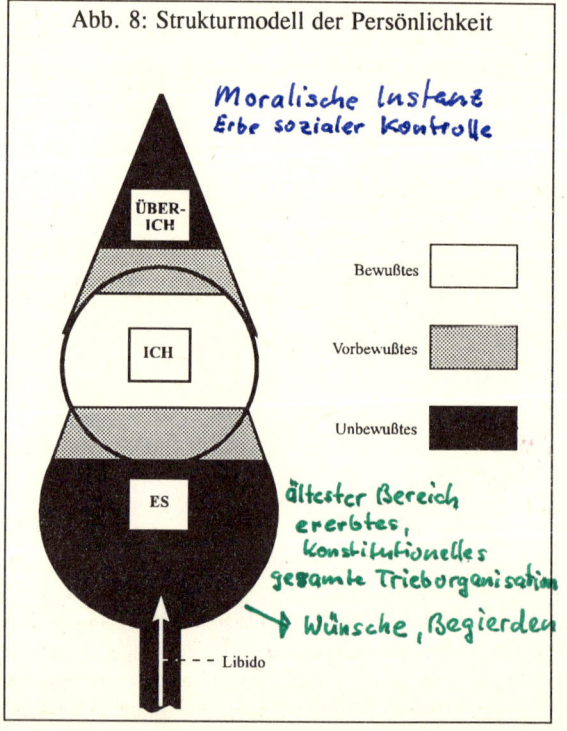

Abb. 8: Strukturmodell der Persönlichkeit

Moralische Instanz
Erbe sozialer Kontrolle

ÜBER-ICH

Bewußtes

ICH

Vorbewußtes

Unbewußtes

ES

ältester Bereich
ererbtes,
Konstitutionelles
gesamte Trieborganisation
→ Wünsche, Begierden

--- Libido

unbestimmten und in der Psychoanalyse formelhaft gebrauchten Begriffs des Ich. Die grundlegenden, allgemeinen Funktionen des Ich sind:
- die kognitive Funktion
- die Steuerungsfunktion
- die selektive Funktion
- die synthetische Funktion.

Funktionen des Ich

Die kognitive Funktion deckt die Aufgaben der Wahrnehmung, der Einschätzung, der Prognose intra- und extrapsychischer Realitäten im Hinblick auf Verhaltensmöglichkeiten ab.
Der Steuerungsfunktion obliegt die Abwehr, Unterdrückung, Aufschiebung oder auch Verschiebung von spontanen Impulsen und Triebtendenzen (siehe "Das Konzept der psychischen Abwehrmechanismen" weiter unten).
Hauptaufgabe des selektiven Funktionsbereichs ist es, Entscheidungen zu treffen.
Die synthetische Funktion des Ichs besteht darin, die Ansprüche aus Es und Über-Ich auszubalancieren und den gesamten psychischen Apparat in einem Zustand des Gleichgewichts (Homöostase) zu halten.
Innerhalb dieser allgemeinen Definition der Funktionsbereiche des Ich gewinnt Redl zahlreiche einzelne Ich-Funktionen dadurch, daß er einzelne Störungen bei Kindern als Störungen eigenständiger Ich-Funktionen erkennt. Diese Funktionen des Ich sind voneinander relativ unabhängig und können in ganz verschiedener Weise einzeln gestört sein. Störungen von einzelnen Ich-Funktionen können neben intakten Funktionen bestehen. So erarbeitet Redl ungefähr dreißig verschiedene Formen von Störungen der Ich-Funktionen. Die wichtigsten Störungen sind:
- Fehlende Frustrationstoleranz
- Verlust der Ich-Kontrolle bei Ansteckung durch die Gruppe (Gruppenerregung)
- Ängste
- Fehlendes eigenes Beschränkungssystem in Versuchungssituationen
- Fehlende Funktion des Ich, die den Situationen und Dingen eigentümlichen Strukturen wahrzunehmen
- Gestörte Schuldgefühle
- Probleme der Zeit (Unfähigkeit, Bedürfnisbefriedigung aufzuschieben), Unfähigkeit, Erfolg, Mißerfolg und Versagen angemessen zu bewerten
- Ausfall der Signalfunktion des Ich (das Ich signalisiert nicht drohende Konsequenzen einer Handlung)
- Unfähigkeit, die Realität richtig zu interpretieren.

Die Kindheit mit ihrer langen Abhängigkeit von den Eltern führt zur Entwicklung und Ausgestaltung des dritten großen Bereichs im psychischen Apparat, den Freud das Über-Ich nannte, weil er als eine moralische Instanz über dem Ich wacht, das Ich leitet und sich ihm auch entgegenstellt. Zwischen den beiden Bereichen, die - wie das Es - die ererbte Vergangenheit, und - wie das Über-Ich -das Erbe sozialer Kontrolle ausmachen, muß das Ich einen Gleichgewichtszustand halten. Es muß also dafür sorgen, daß die Ansprüche aus dem Es, aus dem Über-Ich und aus der Realität in Übereinstimmung gebracht werden. Das Es setzt Bedürfnisse und drängt auf ihre Befriedigung, über die Realitätsprüfung läßt das Ich diese Bedürfnisbefriedigung zu, verschiebt sie oder läßt sie auch nicht zu, wobei auch die befriedigungseinschränkenden Tendenzen des Über-Ich eine gewichtige Rolle spielen. Hilfreich bei diesem homöostatischen Auspendeln,

85

Ausgleichen, Regulieren sind dem Ich spezifische Funktionen, die in der psychoanalytischen Theorie als Abwehrmechanismen bezeichnet werden. Nach der Betrachtung des Triebmodells sowie dem Phänomen und der Bedeutung der Entwicklungsphasen insbesondere in früher Kindheit stehen diese Schutz- und Abwehrfunktionen zur Behandlung an.

Das Triebmodell und das Phasenmodell der Triebentwicklung

Die aus dem Es generierenden Bedürfnisspannungen nennt Freud Triebe. Die vielen unterscheidbaren Triebe versucht er auf zwei Grundtriebe zu reduzieren und kommt so zu Eros und Thanatos. Eros, der Liebestrieb, zielt auf die Herstellung von Einheiten, auf Erhaltung und Bindung. Thanatos, der Destruktions- oder Todestrieb zielt auf Auflösung, Zerstörung, letztlich darauf, "das Lebende in den anorganischen Zustand zu überführen" (Freud 1938; 1953, 11). Aus den Mischungen dieser beiden Grundtriebe ergeben sich die vielen verschiedenen Triebe, die sich im Leben der Menschen zeigen. Essen ist Destruktion und (Selbst-)Erhaltung wie die körperliche Liebe Herstellung von Einheit und Erhaltung, aber auch Aggression ist. Energie, die hinter dem Eros steht, nannte Freud Libido, für die hinter dem Thanatos stehende Energie fand er keine analoge Bezeichnung.

Wenn Freud für die Libido "somatische Quellen" annahm, dann verwies er auf Zusammenhänge, die sich später bestätigen sollten. Moderne Gehirnphysiologie sieht den Generator psychischer Energie als ARAS (Aufsteigendes Retikuläres Aktivations-System) im uralten Stammhirn.

Den Bedürfnissen und Tendenzen des Es zu folgen, nannte Freud, nach dem Lustprinzip zu leben. Das Ich muß das Realitätsprinzip verkörpern.

Die Persönlichkeit entwickelt sich über Phasen bzw. Stadien, von denen die psychosexuellen Entwicklungsphasen der frühen Kindheit die bedeutendsten sind. Wenn es in einer dieser Phasen zur Nichtbewältigung und zur Fixierung kommt, hat dies Auswirkungen für das ganze weitere Leben.

Nach der psychoanalytischen Theorie durchläuft das Kind von der Geburt bis zum 5./6. Lebensjahr die psychosexuellen Entwicklungsphasen. Diese Phasen werden als oral, anal und urethral-phallisch bezeichnet. Drei Bestimmungsstücke charakterisieren sie:
- "Die Prävalenz einer bestimmten Triebqualität"
- das "Überwiegen auch der physiologischen Funktion der zugehörigen Körperöffnung" und
- eine jeweils "völlig andersartige Zentrierung des Weltbildes" (Kemper 1969, 34-36).

In der oralen Phase steht entwicklungsmäßig der Mund, in der analen Phase der After und in der urethral-phallischen Phase das Geschlechtsteil im Mittelpunkt.

Die drei jeweils phasenbestimmenden Komponenten müssen in jeder Phase "zu einer funktionalen Einheit" verschmelzen (a.a.O., 36). Gelingt die Verschmelzung nicht, d.h. werden die phasenspezifischen Entwicklungsaufgaben nicht bewältigt, kommt es zu Entwicklungsbeeinträchtigungen und im weiteren zu Fehlentwicklungen. Fehlentwicklungen in einer Phase verhindern nämlich das normale Durchlaufen der nächsten Phase, und diese Beeinträchtigung in einer Phase bewirkt sich "noch verhängnisvoller auf die Ausformung der nachfolgenden Phase" aus (a.a.O., 37). Störung in der Persönlichkeitsentwicklung sind also um so größer, je früher die Fehlentwicklung eintritt. Eine gesunde Persönlichkeit kann sich also nur entwickeln, wenn alle Phasen adäquat durchlaufen werden, d.h. wenn die Partialtriebe und die ihnen zugehörigen Erlebniskategorien zu "einer harmonischen Verschmelzung" kommen, die als Grundstruktur bzw. als Ordnungsprinzip wirkt und die weitere Entwicklung bestimmt. Bei einer labilen Grundstruktur herrscht zwischen den Instanzen kein Gleichgewicht, was z.B. bedeutet, daß zwischen Trieben und Abwehr ein instabiler, gefährdeter Gleichgewichtszustand besteht.

Den Störungen in den verschiedenen Entwicklungsphasen werden die verschiedensten Fehlentwicklungen zugeordnet - auch mit spezifischen Verbindungen zu einzelnen Phasen. So äußern sich Fehlentwicklungen

"(1) als abwegige Charakterzüge (anal z.B. als Geiz, Pedanterie)

(2) als Neurose in den bekannten verschiedenen Neurosestrukturen
   (anal z.B. als Zwangsneurose)

(3) als Perversion (anal als Sadomasochismus)

(4) als psychosomatische Krankheitsbilder (oral z.B. als Sucht oder Anorexie)

(5) als Kriminalität (oral z.B. als Raub, Kleptomanie)

(6) als Psychose (oral z.B. als manisch-depressives Zustandsbild)" (a.a.O., 37).

Bei einem Menschen mit einer nicht gesund entwickelten, labilen Grundstruktur wirken "Versuchungs- und Versagungssituationen" als auslösende Faktoren für den Symptomausbruch. So können Belastungen, die z.B. die Schule mit sich bringt, zum Symptomausbruch führen oder auch erst Belastungen in der Berufsausübung. Von der Schwere und Dauer der situativen Einwirkung einerseits und von der besonderen Qualität der Strukturlabilität andererseits hängt es ab, ob es "zu einer Neurose, Perversion, Organsymptomatik, Psychose, Kriminalität, Verwahrlosung, Sucht usw. in ihren verschiedenen Spielarten und Kombinationen kommt, und ebenfalls, ob dies nur als flüchtig-passagere Symptomatik sich äußert, oder es schon bald in einer zur Chronifizierung neigenden Dauerform geschieht" (a.a.O., 38).

Besondere Belastungen bringen zum Ende der dritten psychosexuellen Phase der für den Jungen eintretende Ödipuskomplex und der im Mädchen aufkommende Elektrakomplex, die, wie Freud meint, jeder menschliche Neuankömmling zu bewältigen hat. "Wer es nicht zustande bringt, ist der Neurose verfallen" (Freud 1905).

Eine gesunde Entwicklung im Sinne der Bewältigung der phasenspezifischen Aufgaben ist für das Kleinkind nur möglich, wenn sich die maßgebliche Umwelt kindgerecht verhält, wenn die Grundbedürfnisse nach Liebe, Geborgenheit, Sicherheit, Beachtung, Anerkennung und Erfolg befriedigt werden. Maßgebliche Umwelt sind die Eltern oder Dauerbezugspersonen, auf die sich das Kind fixieren kann. Eine längere Trennung von der Dauerbezugsperson im 1. Lebensjahr beeinträchtigt nicht nur die gesunde Entwicklung, sondern bedroht das Leben des Kindes. Es kommt zu schweren seelischen und körperlichen Verfallserscheinungen (Spitz: anaklitische Depression), die - wenn die Trennung länger als 5 Monate dauert - zum Tode führen oder in das Erscheinungsbild des Hospitalismus einmünden kann. Diese Zusammenhänge hat insbesondere René Spitz erforscht (Spitz 1971a, 1971b). Er verglich z.B. Kinder straffälliger Mädchen aus einem Säuglingsheim mit Kindern zumeist sozial gut angepaßter Mütter aus einem Findelhaus und stellte diese unter besonderen Verhältnissen aufwachsenden Kindergruppen Kindern aus Akademikerfamilien und aus einer Dorfbevölkerung gegenüber. Im Säuglingsheim wie im Findelhaus waren die hygienischen Verhältnisse gleichermaßen gut. Ein großer Unterschied bestand jedoch hinsichtlich der Pflegekontakte. Während im Säuglingsheim jedes Kind von der intensiven Fürsorge seiner Mutter oder wenigstens einer Ersatzmutter umgeben war, wurden im Findelhaus die Kinder nach dreimonatiger Stillzeit von den

anaklitische Depression

Müttern getrennt und "zur Einzelhaft in ihren Bettchen verurteilt" (Spitz 1971, 93). Für 7-9 Findelhauskinder stand nur eine Schwester zur Verfügung.

Einen Überblick über den Entwicklungsstand der Kinder aus allen vier Stichproben in den ersten vier Monaten und den letzten vier Monaten des ersten Lebensjahres gibt Tabelle 7. Während der Entwicklungsquotient (EQ) der Kinder aus den Akademikerfamilien, der Dorfbevölkerung und dem Säuglingsheim nahezu gleich blieb, fiel er bei den Findelhauskindern von dem Wert 124 (zweithöchster Wert der vier Populationen) um 52 Punkte auf den Wert 72, womit er noch um 29,5 Punkte unter dem Wert der Säuglingsheimkinder liegt, die nach der Erstmessung mit 101,5 Punkten den niedrigsten Wert der vier Stichproben hatten.

Tabelle 7: Entwicklungsstand von Kindern aus vier Stichproben

Kinder aus:	Durchschnittlicher EQ der ersten 4 Monate des 1. Lebensjahres	Durchschnittlicher EQ der letzten 4 Monate des 1. Lebensjahres
Akademiker-Familien	133,0	131
Dorf-Familien	107,0	108
Säuglingsheim	101,5	105
Findelhaus	124,0	72

Bei einigen Kindern aus dem Säuglingsheim stellte Spitz in der zweiten Hälfte des ersten Lebensjahres Weinerlichkeit, dann Kontaktverweigerung, Gewichtsverlust und Schlaflosigkeit fest. Dieser Zustand wurde nach drei Monaten schlimmer: die Kinder bekamen eine "gefrorene Starre des Gesichtsausdrucks" (Spitz 1967, 281) und verweigerten jede Kontaktaufnahme, wurden lethargisch, ihr Entwicklungsquotient sank. Allen Kindern, die diese Symptome zeigten, war gemeinsam, daß ihnen zwischen dem sechsten und achten Lebensmonat die Mutter entzogen worden war. Spitz nannte das gefundene Syndrom anaklitische Depression. Nach dreimonatiger Trennung von der Mutter beginnt für Kinder mit anaklitischer Depression eine Übergangszeit, in der sich die Symptome verfestigen oder, wenn der Kontakt mit der Mutter wieder hergestellt wird, abbauen. Dauert die Trennung länger als fünf Monate, ergibt sich das Bild des Hospitalismus. Während anaklitische Depression das Ergebnis temporären Entzugs der affektiven Zufuhr ist, ist der Hospitalismus das Ergebnis andauernden Entzugs affektiver Zufuhr. Die Kinder im Findelhaus machten nach der Trennung von der Mutter zunächst eine Entwicklung durch, in der sie Symptome zeigten, wie sie die anaklitische Depression kennzeichnen. Nach Ablauf von drei Monaten wurden sie völlig passiv, lagen nur auf dem Rücken, zeigten einen leeren, oft schwachsinnigen Gesichtsausdruck, konnten die Augen nicht mehr recht koordinieren, machten quasi-athetotische Fingerbewegungen. Bis zum Ende des zweiten Lebensjahres sank der Entwicklungsquotient auf die Stufe des Idioten. Mit vier Jahren konnten die meisten "weder sitzen noch stehen, laufen noch sprechen" (Spitz 1967, 290), d.h. die meisten von denen, die bis dahin überlebt hatten. Der körperliche und psychische Kräfteverfall führte bei mindestens 34 von den 91 im Findelhaus untergebrachten Kindern bis zum Ende des zweiten Lebensjahres zum Tode. Im Säuglingsheim dagegen starben in einem Zeitraum von vier Jahren von 220 Kindern nur 2 Kinder. Die Beobachtungen von Spitz werden prinzipiell z.B. durch Untersuchungen von A. Freud, J. Bowlby, M. Mahler, A. Dührssen und Meierhofer / Keller gestützt.

Meierhofer und Keller untersuchten zwischen 1958 und 1961 im Kanton Zürich 391 Kinder in Säuglings- und Kleinkinderheimen unter der "Bedingung des Heimmilieus und der Mutterentbehrung" (Meierhofer / Keller 1970).

Die wichtigsten Ergebnisse der Untersuchung werden durch folgende Zitate zusammengefaßt:

"Die 376 Kinder im Alter von 15 Tagen bis 33 Monaten und weitere 65 im Alter von 3 bis 7 Jahren ... wiesen im Vergleich mit den gleichaltrigen Familienkindern auf allen Gebieten einen merklichen Rückstand in ihrer Entwicklung auf" (S.151).

"Von 50 Säuglingen im Alter von 1 bis 3 Monaten zeigten die dreimonatigen bereits einen viel tieferen Mittelwert des EQ ... als die 2 Monate alten, und diese wiederum wiesen einen größeren Entwicklungsrückstand auf als die nur einen Monat alten Säuglinge" (S.152). "Die Testresultate... der 326 Säuglinge und Kleinkinder im Alter von 3 bis 30 Monaten... blieben vom Alter von 3 Monaten an dauernd um 10 bis 20 oder mehr Einheiten unter der Testnorm und weit unterhalb der Mittelwerte der EQ, die bei der Vergleichsgruppe der Familienkinder erhoben worden waren" (S.152/153). Es zeigte sich, daß "auch das körperliche Wachstum eine analoge Beeinträchtigung aufwies. Die Durchschnittsgewichte der Heimkinder... auf den Altersstufen 3,6,9 und 12 Monate blieben sowohl bei den Knaben als auch bei den Mädchen unterhalb der 50-Prozentilwerte der Familienkinder, ja, auf gewissen Stufen sogar unterhalb der 23-Prozentilwerte" (S.153).

In Zusammenfassung der Darstellungen zur Hospitalismus-Störung ist festzuhalten, daß die Störung vor dem 5. Lebensjahr beginnt, aber auch schon im 1. Lebensmonat diagnostiziert werden kann. Die Störung zeigt sich in der beeinträchtigten Fähigkeit oder auch Unfähigkeit zu sozialen Interaktionen oder in Distanzlosigkeit. Schwere Formen der Störung können sich in reduzierter Gewichtszunahme und in kognitiven, emotionalen und motorischen Entwicklungsstörungen manifestieren.

Die Störung hängt mit schweren Pflegemängeln zusammen: Die Grundbedürfnisse des Kindes nach Geborgenheit, Anregung und Liebe werden nicht erfüllt; übermäßig strenge Bestrafungen, andauernde Vernachlässigung und andauernder Wechsel der Hauptpflegeperson / Hauptbezugsperson sind die wichtigsten ätiologischen Faktoren.

Wenn die pathogenen Faktoren aufgehoben werden und das Kind liebevolle Zuwendung und Fürsorge erfährt, ist die Störung reversibel, allerdings können Beeinträchtigungen zurückbleiben (vgl. APA 1991, 127-130).

Die Fesseln der triebgebundenen Phasenentwicklung, wie sie Freud konzipierte, überwand Erikson, indem er Phasen einer psychosozialen Entwicklung formulierte. In Abhängigkeit von altersspezifischen Anforderungen muß der Mensch nach Erikson psychosoziale Krisen durchleben, die die Phasen markieren und bestimmen. Den Krisen sind Institutionen zugeordnet, die hilfreiche Funktionen erfüllen. Für das menschliche Leben fand Erikson acht Phasen:

1. Vertrauen gegen Urmißtrauen;
2. Autonomie gegen Scham und Zweifel;
3. Initiative gegen Schuldgefühl;
4. Leistung gegen Minderwertigkeitsgefühl;
5. Identität gegen Rollenkonfusion;
6. Intimität gegen Isolierung;
7. Zeugende Fähigkeit gegen Stagnation;
8. Ich-Integrität gegen Verzweiflung.

Tabelle 8: Psychosoziale Entwicklungsphasen der Kindheit und Jugend
Phasen nach Erikson (1968, 241-270)

Phasen nach Freud	Kernkonflikt		Erfolglose Konfliktlösung/ Fehlentwicklung	Erfolgreiche Konfliktlösung/ gesunde Entwicklung	Bleibende Werte (Grundtugenden)
	entwicklungsfördernde gegen	entwicklungsbeeinträchtigende Ich-Qualität			
I. Oral-sensorisch 1.Lebensjahr	Urvertrauen gegen	Miß trauen	Komplexe Entwicklungsstörungen, schizoide und depressive Persönlichkeit*	Selbstgewißheit, Zuversicht, Wohlsein, Güte	Antrieb und Hoffnung
II. Muskulär-anal 2.-3. Lebensjahr	Autonomie gegen	Scham und Zweifel	Unsicherheit, Trotz, zwanghaftes Verhalten, Machttendenzen, Paranoide Ängste und Zwangsneurosen*	Selbstentfaltung, Selbstkontrolle, Kooperationsfähigkeit, Leistungsstolz, Gerechtigkeitsgefühl	Selbstbeherrschung und Willenskraft
III. Lokomotorischgenital 3.-5. Lebensjahr	Initiative gegen	Schuldgefühl	Resignation, Angst, Selbstbestrafung, Übergehorsam, Argwohn, hysterische Verleugnungen, Großtuerei, psychosomatische Störungen*	Aktivität, Zielstrebigkeit, geistige Beweglichkeit, Entscheidungskraft, Verantwortlichkeit	Richtung und Zweckhaftigkeit
IV. Latenz 6.-12. Lebensjahr	Leistung, Fleiß gegen	Minderwertigkeits-, Unzulänglichkeitsgefühl	Leistungsunwilligkeit, eingeschränkte Aufmerksamkeit, Selbstbeschränkung, Pessimismus	Arbeitshaltung, Leistungswilligkeit, Leistungsfähigkeit	Methode und Können
V. Pubertät und Adoleszenz	Identität gegen	Rollen-Konfusion	Identitätsstörungen, Verfestigung diffuser Ich-Bilder, Intoleranz, kriminelle oder psychotische Tendenzen	Personale und soziale Identität, Emanzipation, Solidarität	Hingebung und Treue

* = im späteren Alter

Vom Kindes- bis zum Jugendalter sind es fünf Phasen bzw. Krisen, die durchlebt und bewältigt werden müssen und die im späteren Jugendalter über Identitätsdiffusionen zu einer Identitätsfindung führen müssen. Was Freud als orale Phase bezeichnet, ist bei Erikson das Stadium mit dem psychosozialen Kernproblem Urvertrauen gegen Mißtrauen, in dem das Kind seine Position zur Welt zu bestimmen lernt und sie als Schutz, Geborgenheit, Sicherheit, Wärme, Akzeptanz, Zuneigung gewährenden und einer optimistischen Perspektive würdigen Raum kennenlernt oder auch nicht. Mit dem Aufbau von Urvertrauen wird eine zweite, soziale Geburt vollzogen. Diese und die weiteren Entwicklungsphasen mit ihren psychosozialen Aufgaben, Gefährdungen und Zielen verdeutlicht Tabelle 8.

Die Entwicklungstheorie von Erikson hat, seit sie vorgelegt wurde, nichts an Bedeutsamkeit eingebüßt, wie Kegan mit einem Spiralmodell der Entwicklung des Selbst im Sinne einer Weiterentwicklung des Erikson-Konzepts verdeutlicht (Kegan 1986). Auf den einzelnen Entwicklungsstufen stellen sich spezifische Entwicklungsaufgaben zwischen den Polen Unabhängigkeit und Zugehörigkeit, wobei zugeordnete Institutionen, Sozialisationsinstanzen bzw. "einbindende Kulturen" Aufgaben im Sinne der Funktionen Loslassen, Festhalten, In-der-Nähe-bleiben zu erfüllen haben. Kegans "Entwicklungsstufen des Selbst" können nicht nur Verständnis für Aufgaben und Probleme im Entwicklungs- und Wachstumsprozeß vermitteln, sie ermöglichen auch die Ableitung adäquater Interventionsmaßnahmen durch Erziehung, Beratung und Therapie, wenn die einbindenden Kulturen ihre Aufgaben nicht angemessen erfüllen und sich Verhaltensstörungen einstellen.

Das Konzept der psychischen Abwehrmechanismen

Zur Bewältigung traumatisierender oder auch nur unangenehmer Gegebenheiten, zur Angst- und Konfliktbewältigung, hat die Psyche Funktionen, die als Abwehrmechanismen bezeichnet werden. Abwehrmechanismen sind unbewußte psychische Funktionen der Verhaltenskontrolle. Sie dienen der Adaption, wobei es zu realitäts- und ich-gerechten, aber auch zu realitätsverzerrenden und ich-beeinträchtigenden Ergebnissen kommen kann.

Als Entdecker der psychischen Funktionen der Abwehr gilt Sigmund Freud, der insbesondere die pathogene Bedeutung der Verdrängung herausstellte.

Abwehrmechanismen werden nicht mehr nur auf dem Hintergrund psychoanalytischer Theoriebildung gesehen und eingeordnet, sie gehören vielmehr inzwischen allgemein in Psychologie und Psychiatrie zum Repertoire des Verständnisses und der Erklärung psychischen Geschehens. Sie lassen sich definieren als "Muster von Gefühlen, Gedanken oder Verhaltensweisen, die relativ unwillkürlich in Abhängigkeit von der Wahrnehmung psychischer Bedrohung auftauchen" (APA 1991, 465). Sie werden eingesetzt, um angstbesetzte oder angstauslösende intra- oder extrapsychische Momente leichter ertragen oder verbergen zu können. Sie sind vielleicht besser als psychische Schutzmechanismen zu bezeichnen, die lebensnotwendig sind und der Identitätsbalance dienen. Sie werden auf der Basis von Anlagen von früher Kindheit an zur Bewältigung von Konflikten und Ängsten gelernt und eingeübt. Erst in ihren Übersteigerungen werden sie krankhaft, engen ein, bedrohen Entwicklung, Selbstwerdung und Lebensgestaltung.

Während Sigmund Freud zunächst nur gleichsetzend von Abwehr oder Verdrängung sprach (vgl. Freud 1926), konnte Anna Freud unter Rückgriff auf die Erkenntnisse ihres Vaters bereits zehn Abwehrmechanismen zusammenstellen (vgl. Freud, A. 1971). Die amerikanische Vereinigung der Psychiater nennt gegenwärtig 18 Abwehrmechanismen, die zumeist unangepaßt (z.B. Ausagieren, Projektion, Spaltung) oder in Abhängigkeit vom Ausprägungsgrad unangepaßt oder auch angepaßt sein können (z.B. Unterdrückung, Verleugnung). Sublimation und Humor sind zumeist angepaßte Abwehrmechanismen. Unter neurosepsychologischem Aspekt sind die meisten Abwehrmechanismen als pathogen zu bezeichnen.

In einer Zusammenschau psychiatrischer und psychologischer Erkenntnisse sind folgende Abwehr-, Bearbeitungs- bzw. Schutzmechanismen zu nennen:

Ausagieren: Handeln ohne nachzudenken, sozusagen "ohne Rücksicht auf Verluste";

Abwertung: Inadäquate negative Selbst- und Fremdeinschätzung;

Autistisches Phantasieren: Vermeidung realitätsgerechter Handlungen zugunsten von Tagträumen;

Dissoziation: Passagere Bewußtseins- oder Identitätsveränderungen werden beibehalten;

Humor: Bewältigung von erregenden Es- wie Über-Ich-Tendenzen durch Scherze, Witze, Lachen mit distanzierender, umdeutender, befreiender, erleichternder Wirkung;

Idealisierung: Übertriebene positive Fremd- oder Selbsteinschätzung;

Identifikation und Introjektion: Konfliktlösung durch verinnerlichte Gleichsetzung mit dem Denken, Fühlen, Wollen anderer Personen, auch mit angstauslösenden äußeren Bedrohungen (z.B. Identifikation mit dem Angreifer);

Intellektualisierung: Vermeidung von unangenehmen Gefühlen zugunsten abstrakten Denkens;

Isolierung: Ausblendung affektiver Anteile, was zur Beeinträchtigung synchronen kognitiven und affektiven Erlebens führt;

Passive Aggression: Aggressionen gegen andere werden indirekt und wenig durchsetzungsstark geäußert;

Projektion: Übertragung nicht akzeptabler Gedanken, Gefühle, Tendenzen auf andere Personen;

Rationalisierung: Logische, aber inadäquate Beurteilung fremden oder eigenen Verhaltens im Sinne persönlicher Zweckmäßigkeit;

Reaktionsbildung: Umbildung nicht akzeptablen Denkens, Fühlens und Handelns in gegensätzliche Ausformungen;

Regression: Rückfall auf eine frühere, nicht altersgemäße Entwicklungsstufe;

Somatisierung und Konversion: Umsetzung von Triebimpulsen oder emotionalen Motiven in körperliche Symptome (z.B. Flucht in die Krankheit);

Spaltung: Extrem positive oder negative Selbst- oder Fremdeinschätzung in Verbindung mit der Unfähigkeit zur Integration der positiven und negativen Anteile zu einer Gesamtsicht;

Sublimierung: Ablenkung von Triebimpulsen, Wünschen, Begehrlichkeiten auf sozial höher bewertete Ziele;

Ungeschehenmachen: Durch quasi symbolische Handlungen wird versucht, vorausgegangenes Fühlen, Denken, Handeln als nicht geschehen zu betrachten;

Unterdrückung: Störende Reflexionen über Fühlen, Wollen, Handeln werden nicht zugelassen;

Verdrängung / Repression: Ausblendung störenden Denkens, Fühlens, Wollens und Handelns aus dem Bewußtsein und der Erinnerung;

Verleugnung: Erkennbare äußere Gegebenheiten werden nicht akzeptiert;

Verschiebung: Triebtendenzen, Gefühle oder Intentionen werden von dem angstbesetzten Objekt auf andere Objekte umgeleitet.

Wendung gegen die eigene Person: Triebimpulse oder negativ bewertete Affekte werden statt gegen andere Personen gegen das eigene Selbst gerichtet (Spezialfall der Verschiebung).

Mit der psychoanalytischen Theorie konnte Freud im Verein mit seinen Anhängern viel zum besseren Verständnis der Verursachung und Genese von Verhaltensstörungen beitragen. Sein Strukturmodell der Persönlichkeit mit dem Ich als steuernder und kontrollierender Instanz und Schutz- bzw. Abwehrfunktionen bei Bedrängnissen von Innen wie von Außen, die auf dem Hintergrund einer Triebdynamik zu verstehenden frühkindlichen Entwicklungsphasen sowie die eruierte Problematik der Deprivation und psychischen Labilisierung in früher Kindheit mit psychischen und physischen Folgen bis ins Erwachsenenalter hinein haben großen Einfluß auf alle Humanwissenschaften ausgeübt und zu weitreichenden praktischen Konsequenzen geführt. Insofern ist die Psychoanalyse nach wie vor bedeutend, wenn sich auch Komponenten der Theorie nicht haben beweisen lassen oder sich empirischer Überprüfung entziehen. Die Hauptproblematik der Freudschen Theorie besteht sicher darin, daß sich immer Erklärungen finden für Verhaltensweisen, Gefühlslagen, Aussagen usw., aber diese können häufig sowohl das eine, aber auch das ganz andere bedeuten.

4.2.2 Der individualpsychologische Ansatz

So wie Adlers Lehre für die Erziehung allgemein bedeutsam ist, ist sie es auch für das Verständnis von Erschwernissen im Erziehungsprozeß bzw. für das Verständnis psychischer Störungen und der "Schwererziehbarkeit" von Kindern und Jugendlichen (vgl. Adler 1974a-b, 1976a-c, 1977a-b; Ansbacher / Ansbacher 1975).
Als soziale Wesen kommen die Menschen mit einer Tendenz zur Gemeinschaft, mit einem "Gemeinschaftsgefühl" auf die Welt. In ihrer Kleinheit, in ihrer Abhängigkeit, mit ihrer geringen Kraft und eingeschränkten Bewegungsfähigkeit erleben sie sich als minderwertig. Das aus der naturgemäßen "Organminderwertigkeit" resultierende "Minderwertigkeitsgefühl" ist belastend und bedrohlich, aber auch stimulierend und optimierend für die weitere Entwicklung. Es ist der Gemeinschaft dienlich und der "nützlichen Seite des Lebens" zuzurechnen, wenn aus der erlebten Minderwertigkeit Kompensationstendenzen, Geltungsstreben, Überlegenheitsstreben in dem Sinne resultieren, daß organische Unfähigkeiten abgebaut, körperliche und psychische Fähigkeiten auch in Überwindung von Hindernissen aus dem Selbst und aus der Umwelt aufgebaut werden, um in der Gesellschaft "jemand" sein zu können, um der Gesellschaft dienliche Anforderungen erfüllen und den sich stellenden Aufgaben "überlegen" sein zu können. Wenn das Gemeinschaftsgefühl intakt ist und das Minderwertigkeitsgefühl nicht übermäßig stark wird, sind die menschlichen Entwicklungs- und Bewältigungstendenzen gemeinschaftsförderlich: sie sind auf der "nützlichen Seite des Lebens". Das Gemeinschaftsgefühl kann jedoch Schaden nehmen und das Minderwertigkeitsgefühl kann sich übermäßig verstärken bis hin zum Minderwertigkeitskomplex. Um seine Tendenzen zur Gemeinschaft hin bewahren zu können, muß das Kind Gemeinschaft positiv erleben können. Diese Aufgabe hat die Mutter bzw. die erste Dauerbezugsperson zu erfüllen, von der aus das Gemeinschaftsgefühl ausgeweitet wird auf andere Bezugspersonen, auf den Vater, die Geschwister, die ganze Familie. Die Erfahrungen in der Familie sind grundlegend für eine positive oder auch negative Gefühlsbesetzung im Hinblick auf die nähere und weitere Umgebung, auf die Gesellschaft, die Menschen allgemein. Versagt in dieser Hinsicht die Mutter, versagen die näheren Bezugspersonen durch Ablehnung, Härte, Verwahrlosung oder auch durch unrealistische Erwartungen setzende und Kompensationstendenzen wie Anstrengungsbereitschaft, Fleiß, Widerstandsfähigkeit reduzierende Verzärtelung, dann kann sich das Gemeinschaftsgefühl nicht weiter ausbilden, es verkümmert und stirbt im Extremfall ganz ab. Das entmutigte Kind wendet sich gegen die Gemeinschaft, entwickelt ein Machtstreben, richtet die Leitlinien seines Handelns, seinen Lebensplan, auf Ziele aus, die auf der "unnützlichen Seite des Lebens" liegen. Es kann Erwachsenen nicht

vertrauen, kann sich nicht führen lassen, wird "schwer erziehbar", entwickelt Symptome wie Aggressivität, Bettnässen, Eßprobleme, auch Schüchternheit, Faulheit, Lügen oder Stehlen, später dann Neurosen, Psychosen oder auch kriminelles Verhalten.

Was der Mensch auch tut oder an Eigenheiten zeigt, ist zielorientiert, unterliegt dem Prinzip der Finalität. Diese finale Ausrichtung wiederum bezieht für das Handeln die quantitativen und qualitativen Dimensionen aus zum Teil unbewußten Leitlinien, die sich als Lebensplan in den ersten 5-6 Lebensjahren in der schöpferischen Auseinandersetzung mit der Umwelt und der eigenen Stellung in dieser Welt herausbilden. Deshalb sind Mutter und Vater, die Geschwister und die frühen Erfahrungen mit Mitmenschen so wichtig. Allerdings determiniert der Lebensplan den Menschen nicht; er ist beeinflußbar und veränderbar.

Das als Lebensplan bezeichnete Element aus Adlers Theorie ist bedeutsamer Bestandteil des humanistisch-psychologischen Ansatzes von Carl Rogers geworden.

Wie Minderwertigkeitsgefühl und Kompensation stehen auch die Begriffe Gemeinschaftsgefühl und Machtstreben in einem vital-dialektischen Verhältnis zueinander. Sozial adäquates, solidarisches, kooperatives Verhalten, das im Begriff des Gemeinschaftsgefühls zusammengefaßt wird, führt den Menschen auf die "nützliche Seite des Lebens", egoistisches, sozial inadäquates Verhalten jedoch bringt ihn - wie Adler meint - auf die "unnützliche Seite des Lebens". Im "Lebensplan" oder "Lebensstil" prägen sich auf dem Hintergrund bereits frühkindlicher Erfahrungen Ganzheit und Finalität und letztlich die charakterliche Entwicklung aus. "Charakter ist eine seelische Stellungnahme, die Art und Weise, wie ein Mensch seiner Umwelt gegenübersteht, eine Leitlinie, auf der sich sein Geltungsstreben in Verbindung mit seinem Gemeinschaftsgefühl durchsetzt" (Adler 1976a, 146). Die Lebensleitlinie ist deshalb so schwer zu verändern, insbesondere dann, wenn das Kind, der Jugendliche einen "nervösen Charakter", d.h. Verhaltensstörungen, entwickelt hat. Durch neurotisches Verhalten wird der Versuch gemacht, Minderwertigkeit zu überwinden, Überlegenheit zu gewinnen und "sich jedem Zwang der Gemeinschaft *durch einen Gegenzwang* zu entziehen" (Adler 1974b, 40). Bei einer pädagogisch-therapeutischen Intervention muß es darum gehen, die "Symptomsprache", den Lebensplan des Kindes/Jugendlichen zu verstehen.

4.2.3 Der humanistisch-psychologische Ansatz

Aus humanistisch-psychologischer Sicht ist der Mensch "ein positives und soziales Lebewesen", und es hängt von den Umweltgegebenheiten ab, ob diese Prädisposition verstärkt oder negativ verändert wird (Rogers 1973, 109-110). Maladaptive Verhaltensweisen resultieren daraus, daß das "innere Gute" beeinträchtigt wird und die humanen Potentiale und Kapazitäten sich nicht entfalten können (vgl. auch Maslow 1973). Zentrales Element in Rogers Theorie vom Menschen ist die angeborene Selbstaktualisierungstendenz, "eine inhärente Tendenz zur Erhaltung aller Kräfte..., die der Erhaltung oder dem Wachstum des Organismus dienen" (Rogers 1977, 35). Durch ungünstige Umweltgegebenheiten kann diese Tendenz gestört werden und es kann zu Beeinträchtigungen bzw. Behinderungen kommen. In seiner Entfaltung und in seinem Handeln richtet sich der Mensch nach seinem Selbstkonzept, das gestaltet und organisiert ist aus "den Wahrnehmungen der Charakteristika und der Fähigkeiten der Person, den Wahrnehmungen und Vorstellungen vom Selbst in Bezug zu anderen und zur Umgebung; den Wertgehalten, die als verbunden mit Erfahrungen und Objekten wahrgenommen werden; und den Zielen und Idealen, die als positiv oder negativ wahrgenommen werden" (Rogers

1972, 135). Zu Verhaltensstörungen kann es durch dem Selbstkonzept widersprechende und in das Selbstkonzept nicht zu integrierende Erlebnisse und Erfahrungen kommen.

Die humanistisch-psychologische Persönlichkeitstheorie ist für die Erklärung der Genese von Verhaltensstörungen nicht sehr ergiebig und bisher durch empirische Untersuchungen nicht verifiziert worden. Wegen unterstellter spekulativer Anteile wird sie insbesondere von lerntheoretisch ausgerichteten Wissenschaftlern abgelehnt.

4.2.4 Der lerntheoretische Ansatz

Nach lerntheoretischen Erkenntnissen ist jedes Verhalten (angepaßtes wie unangepaßtes) auf die gesetzmäßige Realisation der Prinzipien der Verstärkung und Löschung in Verbindung mit Anlagebedingungen und kognitiven Prozessen bzw. Selbstbestimmungstendenzen zurückzuführen. Diese Theorie geht zurück auf die etwa gleichzeitigen Arbeiten des russischen Physiologen Iwan P. Pawlow (1849 - 1936) und des amerikanischen Psychologen Edward. L. Thorndike (1874-1949). Sie wurde insbesondere durch Lerntheoretiker wie John. B. Watson (1878 - 1958), Burrhus F. Skinner (1904-1990), Albert Bandura und Arnold Lazarus weiterentwickelt.

Nach Wolpe ist neurotisches Verhalten eine unangepaßte Verhaltensgewohnheit, die von einem psychologisch normalen Organismus über Lernvorgänge erworben wurde (vgl. Wolpe 1952).

Auf der Basis konstitutioneller Gegebenheiten, deren Bedeutung nicht übersehen wird, führen Lernvorgänge in allen Altersphasen hauptsächlich nach den Prinzipien des klassischen Konditionierens, des operanten Konditionierens und des Imitations- oder ModellLernens zum Aufbau und zur Modifikation von Verhaltensweisen.

Erste Versuche zum klassischen Konditionieren machte um die Jahrhundertwende der russische Physiologe Pawlow. Er konnte nachweisen, daß sich ein neutraler Reiz, wie ein akustisches oder optisches Signal, mit einer autonomen Reiz-Reaktionsfolge so verbinden läßt, daß er unabhängig von dem natürlichen Reiz die Reflexkette auslösen kann. Berühmt wurde sein Hundeexperiment, in dem es gelang, nach mehrmaliger gleichzeitiger Darbietung des natürlichen, unkonditionierten Reizes Futter und des neutralen Stimulus Licht- oder Tonsignal den Reflex Speichelfluß ohne Futter nur durch das Signal auszulösen, d.h. den neutralen zu einem konditionierten Stimulus zu machen. Indem er den konditionierten Stimulus differenzierte und die Futtergabe von der Lösung von Diskriminationsaufgaben abhängig machte, konnte er aggressive und resignative Verhaltensstörungen erzeugen, d.h. die Möglichkeit experimenteller Neurosen aufzeigen. Durch weitere Forschungen stützte er seine These, nach der tierisches und menschliches Verhalten aus dem Zusammenwirken von Hemmungs- und Erregungsprozessen resultiert. Verhaltensstörungen wie Neurosen und Psychosen sind das Resultat starker Konflikte zwischen beiden Prozessen und sind charakterisiert durch die unterschiedliche Gewichtung von Hemmung und Erregung.

Das klassische Konditionieren ist nach Mowrer wesentlich an der Übernahme von Normen bzw. der Gewissensbildung beteiligt. Konditionierte Vermeidungsreaktionen sind als Hemmungen für sozial inadäquates Verhalten für den Sozialisationsprozeß von großer Bedeutung.

Schon das ganz kleine Kind übernimmt in diesem Sinne die Normen der Bezugspersonen, indem sozial inadäquate Verhaltensweisen von den relevanten Bezugspersonen mißmutig oder strafend beantwortet werden, beim Kind Unbehagen oder gar Schmerz auslösen, was dazu führt, daß bei einer engen Verbindung des sozial inadäquaten Verhaltens mit den unangenehmen Reaktionen künftighin bereits das sozial inadäquate Verhalten unangenehme vegetative Reaktionen auslöst. Um diese unangenehmen vegetativen Reaktionen zu vermeiden, verhält sich das Kind sozusagen automatisch, ohne immer eine bewußte Entscheidung zu vollziehen, sozial adäquat: d.h. sein Gewissen steuert es im Sinne sozial adäquaten Verhaltens. Als sozial adäquat muß dabei das Verhalten verstanden werden, das der sozialen Bezugsgruppe entspricht, d.h. von dieser gewünscht wird. Dieses Verhalten kann in Relation zur Gesamtgesellschaft auch als delinquent bzw. kriminell verstanden werden. So können sich denn auch kriminelle Verhaltensbereitschaften von frühester Kindheit an ausbilden.

In Verarbeitung der Erkenntnisse der amerikanischen Behavioristen beschäftigte sich Burrhus F. Skinner mit den Kontingenzen zwischen Verhaltensweisen und den Folgeereignissen. Er erkannte, daß ein Verhalten, daß situativ belohnt wird, in gleichen Situationen eine erhöhte Auftretenswahrscheinlichkeit hat. Positive Konsequenzen wirken also verstärkend, so daß auch von "Verstärkungslernen" gesprochen wird. Auf ein Verhaltenskontingent (unmittelbar) folgende angenehme Konsequenzen werden Verstärker genannt. Zu unterscheiden ist zwischen primären und sekundären Verstärkern sowie zwischen positiver und negativer Verstärkung. Primäre Verstärker sind mit Trieben und Bedürfnissen bzw. Wünschen verbunden, mit Hunger und Durst, mit Sexualität usw. Sekundäre Verstärker resultieren aus sehr frühen Lernprozessen im Bereich sozialer Bedürfnisse zusammen und sind als Zuwendung, Lob, Anerkennung usw. häufig auch personabhängig. So ist für einen deliquenten Jugendlichen das Lob eines Aufsichtsbeamten eher unangenehm und im Kreise von Mitgefangenen auch aversiv und löst Ablehnung aus. Den sekundären Verstärkern zuzurechnen sind auch angenehme Aktivitäten, die mit Interessen verbunden sind wie Musik hören, eine Geschichte lesen, einen Film ansehen usw. Zu unterscheiden sind auch positive und negative Verstärker. Positive Verstärker erhöhen durch angenehme Konsequenzen die Verhaltensrate. Negative Verstärker erhöhen die Verhaltensrate, indem ein unangenehmer Zustand oder Reiz beendet wird. Negative Verstärker können z.B. unangenehme Gerüche sein, die dazu führen, daß man den Ort oder die Person meidet, oder der übermäßige Lärm einer Schulklasse, der die Lehrerin dazu bringt, den Raum zu verlassen. Aber gerade das letzte Beispiel macht deutlich, daß negative Verstärkung häufig auch mit positiver Verstärkung verbunden ist. Die Lehrerin wird negativ verstärkt, sie meidet das unangenehme Ereignis und lernt, künftig in der gleichen Situation ebenfalls die Vermeidungsreaktion zu zeigen; die Schüler jedoch werden positiv verstärkt, sie können nun frei allen gewünschten Aktivitäten nachgehen.

Lernprozesse sind dann besonders wirksam, wenn in der Anfangsphase kontinuierlich verstärkt wird, d.h. wenn auf jede gewünschte Reaktion eine Verstärkung erfolgt.

Indem sich die Lehrerin der für sie unangenehmen Situation entzieht, wird sie negativ verstärkt.

Im weiteren Verlauf von Lernprozessen ist Verstärkung jedoch dann besonders wirksam, wenn sie intermittierend erfolgt, d.h. wenn die Verstärker in unterschiedlichen Zeitabständen wirksam werden. Intermittierend verstärkte Verhaltensweisen sind besonders löschungsresistent. Menschliches Verhalten wird in Alltagssituationen sehr häufig unsystematisch und intermittierend verstärkt. Geht die Mutter mit ihrem kleinen Sohn einkaufen und folgt seinem quälenden Bitten, ihm etwas Süßes zu kaufen, dann wird er, wenn er etwas bekommt, das nächste Mal sein quälendes Bitten verstärken und dieses Verhalten aufrechterhalten und weiter intensivieren, wenn er nur so dann und wann und nicht regelmäßig etwas bekommt, wenn er also unsystematisch intermittierend verstärkt wird. Nicht wenige Lehrer haben in ähnlicher Weise Probleme mit Schülern, denen sie so dann und wann auf ihr lärmendes Melden hin das Wort geben und sie auf diese Weise sehr löschungsresistent verstärken, sich lärmend zu melden. Auf diese Weise verstärken Lehrer häufig ein Störverhalten bei ihren Schülern, das sie eigentlich durch hin und wieder erfolgendes Schimpfen, Zurechtweisen usw. abbauen möchten.

Die meisten Lernpsychologen gehen davon aus, daß - modifiziert durch biologische Determinanten - sowohl aggressives als auch ängstliches Verhalten durch operantes Konditionieren entwickelt und aufrechterhalten wird. So kann sich Aggressivität als sozialinadäquate Verhaltensbereitschaft etablieren, weil Aggressionen, durch die eigene Bedürfnisse befriedigt und die anderer schnell in schädigender Weise eingeschränkt werden können, durch Anerkennungen aus der Umwelt fremdverstärkt und durch eigene starke Erfolgserlebnisse selbstverstärkt werden (siehe dazu Kap. 9.1).

Das dritte bedeutsame Lerngesetz ist das Imitations- oder Modellernen. Wie der Amerikaner Bandura aufzeigen konnte, werden nicht nur einzelne Verhaltensweisen, sondern ganze Verhaltensketten durch Abgucken und anschließendes Imitieren gelernt. Abgeguckt werden insbesondere solche Verhaltensweisen, die beliebte Personen zeigen, die erfolgreich sind und gefallen. Modelle können Personen der Umgebung, insbesondere die Eltern und Geschwister, die Lehrer in der Schule, aber auch Schauspieler in Filmen oder sogar Figuren in Zeichentrickfilmen sein. Allerdings sind Beobachtungen in vivo wirkungsvoller als Filmbetrachtungen. Zur Wirkung der Modelle beim Verhaltensaufbau kommen zumeist noch andere beeinflussende Lernprinzipien wie Klassisches und Operantes Konditionieren hinzu; aber auch intrapsychische Prozesse, wie Wahrnehmungsmodi, Aufmerksamkeitsverhalten und Gedächtnisfunktionen haben große Bedeutung (vgl. Bandura 1976; Bandura / Walters 1970). Modellernen scheint in der Weise altersspezifische Schwerpunkte zu haben, daß Kinder in jüngeren Jahren Bewegungen und Handlungen, in älteren Jahren die die Bewegungs- und Handlungsabläufe bestimmenden Motive und als Jugendliche Einstellungen und Werte übernehmen (vgl. Jacobi / Bastine 1980, 138).

Die englischen Lernpsychologen Eysenck und Rachman unterscheiden zwei Typen neurotischer Störungen: "Dysthymische Störungen", wie Angstzustände, Depressionen, Phobien und Zwänge, und sog. "Störungen zweiter Art", zu denen z.B. Alkoholismus, Enuresis und psychopathische Störungen gehören. Dysthymische Störungen, die den Großteil der Neurosen ausmachen, entstehen durch klassisches Konditionieren, indem es zu einer Verknüpfung eines traumatischen Ereignisses oder mehrerer subtraumatischer Ereignisse mit einem neutralen Reiz kommt, so daß der neutrale Reiz als bedingter Reiz die Funktion des traumatischen Ereignisses, des unbedingten Reizes also, übernimmt und zu einem autonomen Störfaktor wird. Sowohl der bedingte als auch der unbedingte Reiz können nun das "fehlangepaßte emotionale Verhalten bewirken" (Eysenck / Rachman 1970, 15). So kann ein Kind z.B., das bei Dunkelheit einer schrecklichen Angst ausgesetzt wurde und traumatisierende vegetative Reaktionen erlebte, diese unangenehmen Reaktionen künftig auch unabhängig von dem Angstauslöser immer zeigen, wenn es dunkel ist, d.h. eine Dunkelangst entwickeln.

Die zweite Art neurotischer Störungen, die Eysenck und Rachman nennen, sind "fehlangepaßte Gewohnheiten", die auf das Fehlen bestimmter Lernprozesse - wie z.B. häufig bei der Enuresis - oder auf Lernvorgänge durch positives Verstärken im Sinne operanten Konditionierens zurückzuführen sind.

Der Aufbau von Verhaltensmustern für die unterschiedlichsten Situationen geschieht häufig durch ein Zusammenwirken der verschiedenen Lerngesetze.

Nicht denkbar ist jedoch komplexer Verhaltensaufbau ohne die Mechanismen der Stimulus-Generalisierung und der Reaktions-Generalisierung. Stimulus-Generalisierung ermöglicht es, daß das konditionierte Verhalten auch durch Stimuli ausgelöst wird, die dem konditionierten Reiz ähnlich sind. Reaktions-Generalisierung führt dazu, daß ein Stimulus auch der konditionierten Reaktion ähnliche Reaktionen hervorrufen kann. Es werden Transfer-Leistungen erbracht, die spezielles Lernen verallgemeinern. Sie erklären, daß phobische Reaktionen nicht nur auf den konditionierten Reiz "weiße Ratte" hin auftreten, sondern auch durch alles Pelziges, Baumwolle oder einen langen weißen Bart ausgelöst werden, oder daß der Stimulus Frustration neben Wutverhalten, verbaler und materieller Aggression auch motorische Unruhe und Fluchtverhalten erbringen kann. Generalisierungsprozesse müssen durch Diskrimination modifiziert werden. Ein Kind muß also lernen, daß das konditionierte Verhalten nicht in allen Situationen angebracht ist, daß z.B. nicht alle Frauen "Tanten" sind, daß das im Heimatmilieu gelernte aggressive Durchsetzen im Kindergarten oder in der Schule nicht eingesetzt werden darf. "Viele der sogenannten Verhaltensstörungen" mögen "auf ungenügende Diskrimination zurückzuführen" sein (Kuhlen 1973, 30). Bei der Ausformung diskriminativer Verhaltenskontrolle spielen aber auch kognitive Prozesse eine bedeutende Rolle. Informationen über Erwartungen bzw. verbale Belehrungen über erwünschtes und unerwünschtes Verhalten müssen gegeben werden, damit sich ein sozialadäquates Verhaltensrepertoire entwickeln kann. Dafür ist eine affektiv gute Erzieher-Kind-Beziehung notwendig. Auch aus lerntheoretischer Sicht beeinträchtigen Beziehungsstörungen die Verhaltensausformung und können die Basis für die Entwicklung von Verhaltensstörungen sein.

Zu betonen ist jedoch noch einmal, daß das komplexe Verhaltens des Menschen durch ein Zusammenwirken der verschiedenen Arten des Lernens zustande kommt. Neben den dargestellten Lernarten, die Verhaltenstendenzen bzw. Reaktionsbereitschaften oder auch Einstellungen erbringen, sind in weitergehender Differenzierung Lernprozesse auszumachen, bei denen die Aneignung von Leistungsfähigkeiten oder Fertigkeiten im Vordergrund steht. In seinem hierarchisch ausgerichteten System der Lernarten verweist z.B. Gagné auf die Bedeutung des Signallernens, des Reiz-Reaktions-Lernens, der motorischen und sprachlichen Kettenbildung (verhaltensmäßiger Sequenzen, sprachlicher Assoziationen) , des Diskriminationslernens, Begriffslernens, Regellernens und des problemlösenden Lernens bzw. des Lernens im Sinne "kognitiver Strategien" und verdeutlicht, daß die Lernarten in ihrer Verbindung zu sehen sind, da sie aufeinander aufbauen, einander ergänzend wirken, kooperativ funktionieren (Gagné 1980). Von nicht geringer Bedeutung auch im menschlichen Leben ist die Habituation oder Gewöhnung, die als die "primitivste Form des Lernens" bezeichnet wird (Wendt 1989, 189).

4.3 Der soziologische Aspekt

Aus soziologischer Sicht bestimmen vor allem sozio-kulturelle Faktoren die Verhaltensmöglichkeiten eines Menschen. Verhaltensstörungen werden in Abhängigkeit von fixierten und unausgesprochenen Regeln gesehen. Kinder und Jugendliche, die gegen diese Regeln verstoßen, werden als sozial abweichend bezeichnet. Neben Zuschreibungsbzw. Etikettierungsprozessen spielen auch andere soziale Bedingungen eine Rolle, die in soziologischen Theorien und in den nachfolgenden Ausführungen berücksichtigt werden. Zusammenfassend ist festzuhalten, daß aus soziologischer Sicht die Kernproblematik der Verhaltensstörung nicht im Individuum, sondern in sozialen Gegebenheiten und Erwartungen zu suchen ist.

In den Anfängen soziologischer Forschung versuchte der Franzose Durkheim den weiten Bereich abweichenden Verhaltens unter spezifischem Aspekt durch die Theorie der Anomie zu erklären. Nach dieser Theorie, die die Forschung immens stimulierte und auch gegenwärtig ihre Bedeutung nicht verloren hat, resultieren Zustände von Normlosigkeit aus sozialen Bedingungen.

Der Amerikaner Merton elaborierte den Anomie-Ansatz unter dem Aspekt der Wert-Mittel-Diskrepanz und leitete fünf verschiedene Typen abweichenden Verhaltens ab:

1. Konformität als Akzeptierung sowohl der kulturellen Ziele als auch der institutionalisierten Mittel zur Erreichung dieser Ziele ist in einer stabilen Gesellschaft am weitesten verbreitet.

2. Innovation kennzeichnet die Situation der Akzeptierung des Ziels, Ablehnung der üblichen Mittel zur Erreichung dieses Ziels und der Anwendung neuer Mittel zur Zielerreichung (z.B. White-Collar-Crime). Wirtschaftskriminalität als innovative Anpassungsform ist in der Mittel- und Oberschicht relativ häufig, Diebstahl und Raub scheinen in der Unterschicht die bevorzugten Mittel zu sein. Innovative Anpassungsformen werden zumeist als kriminelles Verhalten definiert.

3. Ritualismus ist gekennzeichnet durch Negierung der kulturellen Ziele und Akzeptierung der institutionalisierten Mittel. Gewohnheitsmäßig werden institutionalisierte Mittel realisiert, wobei eine Ausrichtung auf aktuelle kulturelle Ziele fehlt. Angesprochen ist die Situation der Statusunsicherheit, wie sie z.B. in der Wilhelminischen Tradition geschulte Offiziere in der Weimarer Republik verkörperten.

4. Apathie ist die Anpassungsform der Negation: sowohl die kulturellen Ziele als auch die institutionalisierten Mittel werden abgelehnt (z.B. Landstreicher, Süchtige, Ausgeflippte).

5. Rebellion ist die Anpassungsform der Auflehnung bei ambivalenter Akzeptanz der Ziele und der Mittel. Eine neue Sozialstruktur wird angestrebt, wobei neue Ziele und Mittel noch nicht deutlich präsent sind (Merton 1968).

Als "sozio-kulturelle Wert-Mittel-Diskrepanz" läßt sich in Anlehnung an Merton die Situation vieler Schüler bezeichnen, die Generator für abweichendes Verhalten werden kann (Merton 1968, Wurr / Trabandt 1980, 22).

Den durch die Schule gesetzten Zielen, gute Noten in den Klassenarbeiten, Erreichen des Klassenziels, Erreichen eines Schulabschlusses usw., können sich die Schüler nicht entziehen. Sie haben aber nicht die für das Erreichen der gesetzten Ziele notwendigen sozio-kulturellen Mittel. In der Familie wurden ihnen die schulisch bedeutsamen Fähigkeiten und Fertigkeiten, Einstellungen und Handlungsweisen nicht vermittelt, die von der Umwelt im Hinblick auf Sprache, Manieren, Leistungsbereitschaft usw. verlangt werden. Sie haben nicht gelernt, sozial adäquat zu kommunizieren, eigene Verhaltensweisen in Frage zu stellen (Metakommunikation), die Verhaltensweisen in der Schule entsprechen nicht denen im Elternhaus, Streitigkeiten können sie nicht verbal, sondern häufig nur mit körperlichen Mitteln führen.

Im Sinne der Klassifikation Mertons können folgende schulische Anpassungstypen beschrieben werden (vgl. Wurr / Trabandt 1980, 21-27):

- "Konformität" meint die Situation, in der der Schüler versucht seine Defizite durch Hilfe von außen, z.B. Nachhilfeunterricht, auszugleichen oder diese Defizite zu akzeptieren und sich, z.B. durch Überweisung auf eine Sonderschule für Lernbehinderte, auf einen unteren Leistungslevel einzustellen.

- Als "deviante Innovation" läßt es sich bezeichnen, wenn zur Erreichung der vorgeschriebenen Leistungen illegitime Mittel benutzt werden, wenn z.B. beim Klassenkameraden abgeschrieben wird.
- "Ritualismus" oder "Opportunismus" ist eine Form der Scheinanpassung, d.h., der Schüler verhält sich "im Hinblick auf die geltenden Normen konform, ... obwohl er ein indifferentes oder auch ablehnendes Verhältnis zu den entsprechenden Zielen hat" (Wurr / Trabandt 1980, 26).
- "Rebellion" ist das Setzen und Durchsetzen eigener Ziele durch Stören des Unterrichts, um von eigenen Defiziten abzulenken und Zuwendung oder sogar Anerkennung zu erfahren.
- Als "Apathie" lassen sich ein innerer oder auch äußerlicher "Rückzug", wie Schweigen und Sich-Verweigern im Unterricht oder auch Schuleschwänzen bezeichnen.

Zur Erklärung abweichender und störender Verhaltensweisen sind nach dem Ansatz des "labeling approach" Etikettierungs-, Stigmatisierungs- und Selbststigmatisierungsprozesse heranzuziehen (vgl. z.B. Goffman 1975, Krappmann 1978). Im Sinne des Labeling- oder Etikettierungsansatzes gab Quensel anschaulich und eindringlich den Entwicklungsprozeß delinquenten bzw. kriminellen Verhaltens in acht Phasen wider. Damit soll verdeutlicht werden, daß Kriminalität nicht eine spezielle Qualität eines Menschen, sondern das Ergebnis eines Prozesses ist, in dem einseitige Situationsdefinitionen und spezielle Umstände negative Typisierungen und Sanktionen mit entsprechenden Reaktionen erbrachten:

1. Phase: Ein Jugendlicher begeht ein kleines Delikt zur Lösung eines kleinen Problems (Elternkonflikt - Diebstahl).
2. Phase: Der Jugendliche hat kein Glück: Es kommt zu keiner Problemlösung, vielmehr zu einer Bestrafung.
3. Phase: Das Problem wird größer. Die Ablehnung der Umwelt wächst. Der Jugendliche sucht nach Selbstbestätigung bei gleichgesinnten Jugendlichen. Er lehnt die Bestrafung als "Ungerechtigkeit" ab.
4. Phase: Ein weiteres Delikt wird als "Rückfall" interpretiert und erbringt die Gefahr eines Aufschaukelprozesses: Das delinquente Verhalten und die Bestrafungen verstärken sich gegenseitig.
5. Phase: Der Jugendliche wird als Delinquent definiert. Er wird aktenkundig und behandlungsbedürftig (Jugendarrest, Heim). Er übernimmt die Definition "Delinquenter" in sein Selbstbild: Die Schwelle zum Verbotenen wird niedriger, die ungelöste Problematik wird größer.
6. Phase: Der Jugendliche wird zum Außenseiter. Techniken delinquenter Problembewältigung verfestigen sich, werden zur Typisierung im Sinne "schädlicher Neigungen" (der aggressive Schläger, der Wegläufer, der Manipulator, der Rocker, der Süchtige). Mit der Übernahme der delinquenten Rolle zeichnet sich eine delinquente Karriere ab.
7. Phase: Der Jugendliche kommt in die Strafanstalt. Mit der nunmehr eindeutigen Rollenfestlegung ist eine deutliche Problemverstärkung verbunden.
8. Phase: Nach der Entlassung ist der Jugendliche ein Vorbestrafter. Verwiesen auf das Milieu Gleichartiger, ist für den Jugendlichen ein Rückfall naheliegend. Der Rückfall führt zu härterer Bestrafung. Es kommt zu einem Teufelskreis, zu einem "sich wechselseitig hochschaukelnden Interaktionsprozeß zwischen dem Jugendlichen und

seiner sozialen Umwelt unter Einschluß der staatlichen Sanktionsinstanz" (vgl. Quensel 1970, 375 ff.).

Der Etikettierungsansatz kann im Zusammenhang gesehen werden mit der "Sündenbocktheorie", nach der eine Gesellschaft Abweichler braucht, weil deren Bestrafung als Gratifikation für eigenes Wohlverhalten erlebt werden kann und sozialkonformes Verhalten stabilisiert. Eine Sündenbock-Rolle spielen im Schulsystem z. B. Schüler mit Lern- und Verhaltensstörungen. Sie werden selektiert und in Sondereinrichtungen umgeschult. Die für sie eingeleiteten Maßnahmen können für die übrigen Schüler einerseits als Gratifikation für erwartungsgemäßes Lern- und Sozialverhalten, andererseits aber auch als Abschreckung dienen. Auf diesem Hintergrund funktionieren Drohungen von Lehrern und Eltern gegen Schüler, etwa in der Art: "Wenn du dich nicht anstrengst, kommst du auf die Hilfs-, Lernbehinderten-, Doofen-Schule!" Sondereinrichtungen wirken insofern systemstabilisierend, ziehen potentiell Etikettierung, Stigmatisierung und Selbststigmatisierung nach sich und stimulieren durch ihre bloße Existenz Bedrohung und Bedarf (vgl. Hußlein 1983).

Mit dem Ansatz des "labeling approach" kann - wie oben dargestellt - eine sich steigernde negative Entwicklung aufgezeigt werden, für die Verursachung dieser Entwicklung hält er jedoch keine Erklärungen bereit.

Der Ansatz des "labeling approach" geht zurück auf den "Symbolischen Interaktionismus" von G. H. Mead, nach dem "das Individuum im Laufe seiner Erfahrungen mit sozialen Symbolen ein Selbstverständnis (self) erwirbt, das wesentlich durch die Interpretation beeinflußt wird, die dieses Individuum anderen in Bezug auf sich selbst zuschreibt" (Hartmann in Keupp 1972, 162). In sozialen Interaktionen lernen wir über die Umwelt und über uns selbst und befähigen uns, über eine differenzierte Symbolik im verbalen und nonverbalen Bereich, digital und analog zu kommunizieren. Es formen sich die personale und die soziale Identität, mit denen sich Grundqualifikationen für adäquates soziales Handeln etablieren, die sich als Empathie, Rollendistanz, Ambiguitätstoleranz und Fähigkeit zur Metakommunikation bezeichnen lassen (vgl. Krappmann 1978).

Empathie ist die Fähigkeit, sich in den Interaktionspartner einzufühlen und die Rollenerwartungen des Interaktionspartners berücksichtigen zu können. Rollendistanz meint die Fähigkeit, sein Rollenverhalten auf veränderte Situationen hin einstellen und korrigieren zu können. Unter Ambiguitätstoleranz wird die Fähigkeit verstanden, divergierende eigene Bedürfnisse oder Rollenerwartungen auszuhalten und sich im Spannungsverhältnis unterschiedlicher Tendenzen sozial adäquat zu verhalten. Metakommunizieren heißt, über sein eigenes Verhalten und/oder das Verhalten anderer zu reflektieren und zu kommunizieren.

Die Umwelt erwartet, daß ein Mensch diese für Interaktionen bedeutsamen Qualifikationen entwickelt, und sie im Sinne gesellschaftlicher Normen realisiert. Entspricht ein Mensch der einen und/oder anderen Erwartung nicht, kann sein Verhalten als abweichend definiert werden. Im Sinne der "Interaktionstheorie abweichenden Verhaltens" (Becker 1973) ist es so, "daß gesellschaftliche Gruppen abweichendes Verhalten dadurch schaffen, daß sie Regeln aufstellen, deren Verletzung abweichendes Verhalten konstituiert, und daß sie diese Regeln auf bestimmte Menschen anwenden, die sie zu Außenseitern stempeln. Der Mensch mit abweichendem Verhalten ist ein Mensch, auf den diese Bezeichnung erfolgreich angewandt worden ist; abweichendes Verhalten ist Verhalten, das Menschen so bezeichnen" (Becker 1973, 8). Die als Reaktion auf eine "primäre

Devianz" durch die Umwelt erfolgende Typisierung und Stigmatisierung kann im Sinne der "self-fulfilling prophecy" den Erwartungen entsprechende weitere abweichende Verhaltensweisen erbringen (vgl. z.B. Smale 1983), die als sekundäre Devianz bezeichnet werden können. Typisierungen und Stigmatisierungen verändern also die Selbstdefinition durch Identifikation mit dem Fremdbild, was insbesondere bei Kindern und Jugendlichen Leben, Lernen, Arbeiten und Verhalten und selbst das körperliche Wohlbefinden wesentlich beeinflussen kann. "Schüler, die von Lehrern und Mitschülern als leistungsschwach, unbeliebt und delinquent eingestuft werden, halten sich im Vergleich zur jeweils entgegengesetzten Gruppe für fauler, "unaufmerksamer", "unordentlicher", "ungehorsamer", "unfairer", "unbeliebter", "unruhiger", "unfreundlicher", "unaufrichtiger", "eingebildeter", "geltungsbedürftiger", "aggressiver" und "streitsüchtiger" (Brusten / Hurrelmann 1974, 98).

Im Bereich der Interaktionstheorien hat sich in den vergangenen Jahren im Hinblick auf die Erklärung von Interaktions- bzw. Verhaltensstörungen die Kommunikationstheorie der amerikanischen Palo-Alto-Schule als bedeutsam und effizient erwiesen, die in Deutschland vor allem Watzlawick bekannt machte (vgl. Watzlawick et al. 1969, 1985, 1989).

Kommunikation wird als Mitteilung, Interaktion als "ein wechselseitiger Ablauf von Mitteilungen zwischen zwei oder mehreren Personen" (Watzlawick et al. 1969, 50) verstanden. Interaktionen verlaufen in Regelkreisen, sind nach der Systemtheorie "offene Systeme", in denen sich Kommunikanten rückkoppelnd aufeinander einstellen. Zwischenmenschliche Kommunikationssysteme sind also dadurch charakterisiert, daß "das Verhalten jedes einzelnen Individuums das jeder anderen Person bedingt und seinerseits von dem Verhalten aller anderen bedingt wird" (a.a.O., 32).

Kommunikationssysteme sind auch durch "Ganzheit" charakterisiert in der Art, "daß eine Änderung in einem Teil eine Änderung in allen Teilen und damit dem ganzen System verursacht (a.a.O., 118). Für die ätiologische Betrachtung von Verhaltensschwierigkeiten bei Kindern und Jugendlichen ist es somit von höchster Bedeutung, nicht nur das individuelle Verhalten, sondern die Systeme in den Blick zu nehmen, in denen sich als pathologisch oder störend bezeichnete Verhaltensweisen zeigen.

Da sich in einem kommunikativen Zirkel die Interaktionspartner verbal wie nonverbal beeinflussen, ist ein ständiger Kommunikationsfluß gegeben, so daß Watzlawick et al. als erstes Axiom innerhalb ihrer Kommunikationstheorie formulieren: "Man kann nicht nicht kommunizieren!" (a.a.O., 50). Goffman formulierte prägnant: "Ein Mensch kann aufhören zu sprechen, er kann aber nicht aufhören, mit seinem Körper zu kommunizieren" (Goffman 1971, 43). So kann Verhalten unterschiedlich qualifiziert werden als richtig oder falsch, angepaßt oder störend; es kann aber nicht behindert sein. Eine "Verhaltensbehinderung" (Bach 1989, 8) kann es nicht geben.

Auf ein Kommunikationsangebot kann mit vier Verhaltensweisen reagiert werden: Mit Annahme, mit Abweisung, mit Entwertung und mit der Entwicklung eines Symptoms. Die Entwertung, d.h. ein Nicht-ernst-nehmen, Ironie oder Zynismus als Antwort, wird als besonders belastend empfunden und kann ein Schüler-Lehrer-Verhältnis tiefgreifend stören. Psycho-physische Symptome entwickeln insbesondere Rangniedrigere oder Abhängige in einem Kommunikationszusammenhang, wie z.B. Kopfschmerzen, Müdigkeit, Magen-Darm-Störungen oder auch die unterschiedlichsten Krankheiten.

Das zweite kommunikationstheoretische Axiom lautet: "Jede Kommunikation hat einen Inhalts- und einen Beziehungsaspekt, derart, daß letzterer den ersteren bestimmt und daher eine Metakommunikation ist" (a.a.O., 53).

Nach diesem Axiom wird nicht nur auf der Inhaltsebene, sondern stets auch - wenn auch unbewußt - auf der Beziehungsebene kommuniziert. Selbst beim Austausch banaler Informationen geben die Interaktionspartner einander durch Tonfall der Stimme, durch Mimik, durch Gestik, durch die gesamte Körperhaltung Signale über ihre Beziehung. Erfahrungen, Intuition, Empathie befähigen die Partner, Signale auf der Beziehungsebene wahrzunehmen, zu deuten und zu verstehen, wobei bewußtes wie unbewußtes Verarbeiten der Signale als Reflexion über Verhalten (Metakommunikation) Einstellungen, Reaktionsmöglichkeiten, emotionale Verbindungen oder auch Brüche verfügbar macht. Kommunikation auf der Beziehungsebene realisiert das kleine Kind von der Zeit an, da sich die symbiotische Verbindung zur Mutter auslöst, und es sich seiner selbst als Einzelwesen gewahr wird.

Metakommunikation ist zwar bei allen Interaktionen beteiligt, bedarf jedoch zur Weiterentwicklung für eine bewußte Verhaltenssteuerung und -kontrolle differenzierter Lernprozesse, die für alle notwendig sind, die andere Menschen betreuen, fördern, beraten, heilen, erziehen, unterrichten.

Kommunikationsstörungen im Bereich des zweiten Axioms ergeben sich häufig daraus, daß Partnerunstimmigkeiten, die auf der Beziehungsebene liegen, auf der Inhaltsebene ausgetragen werden oder auch umgekehrt. Zur Professionalität in pädagogischen Berufen gehört es, derartige Unstimmigkeiten durch Metakommunikation zu erkennen und aufzulösen. In Familien belasten sie jedoch häufig das Klima und bringen Kinder, die in der Regel ein feines Gefühl für derartige Unstimmigkeiten haben, dazu, harmonisierend zu wirken z.B. durch die Übernahme einer Sündenbockrolle, durch die Entwicklung neurotischer Störungen oder die Flucht in die Krankheit.

Schwerste Störungen können Kinder entwickeln, wenn sie auf der Inhalts- und auf der Beziehungsebene einander widersprechende Informationen bekommen. Sie sind verwirrt, zerrissen, verstört, sind in einer Situation, die als "double bind" oder auch als "Beziehungsfalle" bezeichnet wird. Diese Situation kann, wenn sie andauert, überaus pathogen wirken und psychotische Störungen bis hin zur ausgebildeten Schizophrenie erbringen. Eine singuläre Wiederholung allein kann schizophrene Patienten, die bereits gute Fortschritte im Gesundungsprozeß erfahren haben, wieder in einen tiefen psychotischen Zustand bringen. So berichtet z.B. Bateson: "Ein junger Mann, der sich von einem akuten schizophrenen Schub ziemlich gut erholt hatte, erhielt im Hospital Besuch von seiner Mutter. Er freute sich, sie zu sehen, und legte ihr impulsiv den Arm um die Schulter, worauf sie erstarrte. Er zog seinen Arm zurück, und sie fragte: "Liebst du mich nicht mehr?" Er wurde rot, und sie sagte: "Lieber, du mußt nicht so leicht verlegen werden und Angst vor deinen Gefühlen haben." Der Patient war danach nicht mehr in der Lage, länger als ein paar Minuten mit ihr zu verbringen, und nachdem sie weggegangen war, griff er einen Assistenten an ..."(Bateson et al. 1969, 29, siehe auch 1956 und 1981).

Nach dem dritten Axiom ist "die Natur einer Beziehung ... durch die Interpunktion der Kommunikationsabläufe seitens der Partner bestimmt" (Watzlawick et al. 1969, 61).

Mit diesem Axiom wird der schwierige Bereich der Wahrnehmung und Interpretation von Realität angesprochen. Es ist häufig den Definitionen der Interaktionspartner überlassen, ob sie eigenes Verhalten als Reaktion auf das Verhalten des anderen oder das Verhalten des anderen als Reaktion auf das eigene Verhalten verstehen wollen. Das heißt, es hängt von jedem einzelnen Interaktionspartner ab, wo er im Ablauf der Kommunikationen die Interpunktionen setzt. Bei der Setzung der Interpunktionen wirkt erschwerend und belastend, daß "Interpunktionskonflikte mit der tief im Innern verwurzelten und meist unerschütterlichen Überzeugung zu tun haben, daß es nur eine Wirklichkeit gibt, nämlich die Welt, wie ich sie sehe, und daß jede Wirklichkeitsauffassung, die von der meinen abweicht, einen Beweis für Irrationalität des Betreffenden oder seine böswillige Verdrehung der Tatsachen sein muß" (a.a.O., 93).

Andauernde unterschiedliche Interpunktionen stören die Interaktion und belasten oder zerstören gar eine gute Beziehung: "Diskrepanzen auf dem Gebiet der Interpunktion sind die Wurzel vieler Beziehungskonflikte" (a.a.O., 58). So kommen einzelne Schüler, ja ganze Schulklassen in eine eskalierende Interpunktionsstörung, wenn Schüler nicht gut mitarbeiten, der Lehrer sich nicht gut vorbereitet. Die Schüler setzen die Interpunktion folgendermaßen: Wir arbeiten nicht gut mit, weil der Lehrer sich nicht gut vorbereitet. Der Lehrer setzt die Interpunktion ganz anders: Ich bereite mich nicht gut vor, weil es bei dieser, nicht gut mitarbeitenden, Klasse sowieso keinen Zweck hat.

Für einen einzelnen Schüler kann eine Interpunktionsproblematik folgendermaßen aussehen: Der Lehrer schimpft und tadelt, der Schüler nörgelt, ist passiv und zieht sich zurück. Der Lehrer meint, zu schimpfen und zu tadeln, weil der Schüler nörgelt, passiv ist und sich zurückzieht; der Schüler ist für sich davon überzeugt, daß er passiv ist und sich zurückzieht, weil der Lehrer ihn dauernd tadelt (siehe Abb. 9).

Derartige Diskrepanzen zwischen Selbstdefinition und Fremddefinition können zur "Beziehungsblindheit" (a.a.O., 89) und, im Sinne der self-fulfilling prophecy, zur Veränderung der Identität führen, indem die negative Fremddefinition (passiv, zurückgezogen, faul) in das Selbstkonzept übernommen wird und künftiges Verhalten bestimmt.

Das vierte Axiom bezieht sich auf verbale und nonverbale Kommunikation:

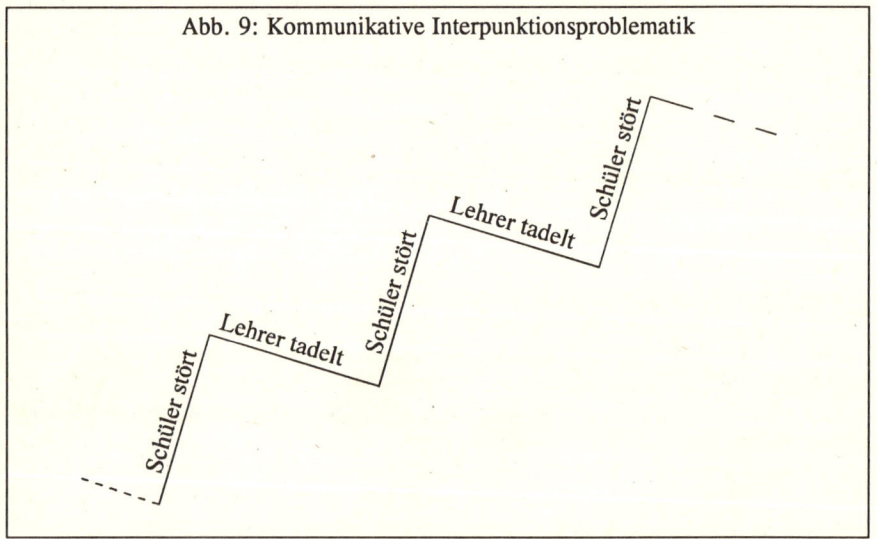

Abb. 9: Kommunikative Interpunktionsproblematik

"Menschliche Kommunikation bedient sich digitaler und analoger Modalitäten. Digitale Kommunikationen haben eine komplexe und vielseitige logische Syntax, aber eine auf dem Gebiet der Beziehung unzulängliche Semantik. Analoge Kommunikationen dagegen besitzen dieses semantische Potential, ermangeln aber der für eine eindeutige Kommunikation erforderlichen logischen Syntax (a.a.O., 68).

Verbale Kommunikation verfügt also über ein eindeutiges, logisch verknüpftes Symbolsystem, das inhaltliche Informationen gut zu transportieren vermag, auf der Beziehungssebene jedoch unzureichend und unzulänglich ist. Kommunikative Signale jedoch, die über den Körper vermittelt werden (Haltung, Gestik, Mimik, Tonfall der Stimme) und häufig unbewußt und unkontrollierbar gegeben werden, können viele, aber nicht eindeutige Hinweise geben. Wahrnehmung und Deutung der analogen Kommunikation ihres Kindes ermöglichen es so Eltern, ein Kind besser zu verstehen als es durch Worte möglich wäre. Andererseits erschwert aber die Uneindeutigkeit analoger Kommunikation häufig eine adäquate Interaktion. So ist es von entscheidender Bedeutung, wie Interaktionspartner für sich etwa folgende Fragen beantworten: Werde ich aus- oder angelacht? Sucht jemand Nähe zu mir, weil er mich mag, oder weil er sich Vorteile erhofft? Weint jemand, weil er psychische oder physische Schmerzen hat oder weil er Mitleid erhaschen will? Fehlinterpretationen analoger Kommunikation führen häufig zu schwerwiegenden Beziehungsproblemen und Interaktionsstörungen.

Mit dem fünften Axiom werden sozial-positionelle Verhältnisse in der Kommunikation angesprochen:
"Zwischenmenschliche Kommunikationsabläufe sind entweder symmetrisch oder komplementär, je nach dem, ob die Beziehung zwischen den Partnern auf Gleichheit oder Unterschiedlichkeit beruht" (a.a.O., 68).
In symmetrischen Beziehungen kommunizieren die Interaktionspartner auf der gleichen Ebene, keiner ist über-, keiner ist untergeordnet. In komplementären Beziehungen dagegen sind Unterschiedlichkeiten derart gegeben, daß ein Partner die primäre bzw. superiore Position einnimmt, während der andere Partner eine sekundäre bzw. inferiore Position hat. Symmetrische Beziehungen sind z.B. gegeben, wenn, sich gegenseitig akzeptierende, Kollegen interagieren oder wenn sich als gleichgestellt empfindende Eheleute eine Partnerschaft realisieren. Die Beziehungen zwischen Mutter und Kind, Arzt und Patient oder Lehrer und Schüler sind dagegen in der Regel komplementär, können aber entwicklungs-, zeit- oder kontextabhängig zu symmetrischen Beziehungen werden. Die pädagogische Aufgabe im Eltern-Kind-Verhältnis sowohl wie im Lehrer-Schüler-Verhältnis besteht geradezu darin, aus der komplementären eine symmetrische Beziehung erwachsen zu lassen.
Interaktionsstörungen ergeben sich daraus, daß die wechselseitigen Beziehungsdefinitionen nicht akzeptiert werden, daß Partner in ihrer symmetrischen Beziehung miteinander wetteifern und es zu einer symmetrischen Eskalation kommt (vgl. Pottlatschen bei den Hopi Indianern) oder daß kein Freiraum gegeben wird für die Entwicklung einer komplementären zu einer symmetrischen Beziehung.
In pädagogischen Beziehungen ergeben sich Störungen häufig dadurch, daß Lehrer nicht die superiore und Schüler nicht die inferiore Rolle realisieren können. Insbesondere unerfahrene oder schwache bzw. instabile Lehrer versuchen, sich bei ihren Schülern anzubiedern, "auf Kumpan zu machen", den Schülern zu vermitteln, alle wären Gleiche unter Gleichen. Schüler empfinden ein solches Verhalten jedoch als unrealistisch, verlogen und heuchlerisch. Zum einen wissen sie, daß der Lehrer sie erziehen und unterrichten, d.h. auch führen soll, sie beurteilen und ihnen Zeugnisse ausstellen muß, zum anderen wollen sie aber auch erfahren, daß der Lehrer ihnen - noch - vieles voraus hat, daß er mehr weiß, daß er eine gereifte, mündige Persönlichkeit ist, die Halt zu vermitteln vermag, daß er ihnen mit Rat und Hilfe zur Seite stehen kann. Aus diesem Dilemma heraus reagieren sie dann wirr, haltlos-undiszipliniert, ablehnend und aggressiv.
In einer schwierigen Lage, wenn es darum geht, eine komplementäre Rolle zu realisieren, sind Schüler, wenn sich ihre Eltern gegen die Schule stellen, die Lehrer schlecht

machen, oder wenn die Schüler z.B. durch übermäßiges Verwöhnen oder auch durch Verwahrlosung echte, weiterführende komplementäre Beziehungen in ihrer primären Sozialisation nicht kennengelernt haben und nicht in der Lage sind, den Lehrer als einen superioren Beziehungspartner zu akzeptieren.

Da Interaktionen Kreisprozesse sind, in denen die wechselseitigen Beziehungsdefinitionen berücksichtigt werden, muß jedes Verhalten in seiner Kontextgebundenheit gesehen werden. Divergierende Beziehungsdefinitionen der Interaktionspartner, unterschiedliche Interpunktionen der Kommunikationsabläufe, Probleme in der Deutung analoger Kommunikation (Mimik, Gestik, Tonfall, Lachen usw.), widersprüchliche und insbesondere paradoxe Handlungsforderungen (Doppelbindungen) können vorübergehende Unstimmigkeiten, aber auch - bei starker und dauerhafter Wirksamkeit - neurotische und sogar psychotische Störungen (z.B. Schizophrenie) erbringen.

4.4 Der pädagogische Aspekt

Unter pädagogischem Aspekt, der hier als integrationswissenschaftlich verstanden wird (Roth 1965), werden Verhaltensstörungen im Sinne eines synthetischen, integrativen Paradigmas gesehen. Alles Verhalten beruht auf der Interaktion zwischen dem Individuum mit seinen Anlagen und Selbstbestimmungs- und Selbstorganisationstendenzen und den verschiedenen Agenturen bzw. Systemen seiner Umwelt. Verhaltensstörungen werden also weder einseitig als Resultante organischer Bedingungen oder Entwicklungsbedingungen eines Individuums noch der Umweltbedingungen, sondern als das Ergebnis eines Interaktionsprozesses (Wechselwirkungsprozesses) zwischen dem genetisch einzigartigen Kind oder Jugendlichen mit seinen individuellen Tendenzen und ganz spezifischen Gegebenheiten in der Umwelt auf ihren verschiedenen Systemebenen aufgefaßt. Somit werden auch Sichtweisen einbezogen, wie sie die ökologische und systemische Forschung herausgestellt hat und wie sie in der Pädagogik - insbesondere in der Sonderpädagogik - eine lange Tradition haben (Lüscher / Bronfenbrenner 1976, Wöhler 1986, Benkmann 1989, siehe dazu Kap. 6.2.5).
Nach dem synthetischen Ansatz sind im Hinblick auf die Verursachung und die Genese von Verhaltensstörungen alle Einsichten und Erkenntnisse zu berücksichtigen, die individuelle wie Umweltfaktoren verdeutlichen und in einen interaktionalen Zusammenhang bringen können. Insofern sind die verschiedenen, den Menschen betreffenden Theorien integrativ in ein Konzept einer Pädagogik bei Verhaltensstörungen zu fassen - eine Aufgabe, die bisher nur ansatzweise und punktuell gelöst ist (vgl. z.B. Rhodes / Tracy 1972, Myschker 1977, Rich 1982). Als grundlegend bzw. richtungsweisend wird dabei eine Auffassung angesehen, wie sie bereits von Lewin entwickelt wurde und von Bronfenbrenner verbreitet wurde, nach der menschliches Verhalten zurückzuführen ist auf die "nichtadditive Wirkung eines Bündels von unabhängigen Variablen, die in nichtlinearer Weise zusammenspielen und ein integriertes System ...bilden" (Lüscher / Bronfenbrenner 1976, 207, Lewin 1963, vgl. auch Martikke 1978).

Unter pädagogischem Aspekt hat das Erziehungsverhalten der Dauerbezugspersonen für die Kinder und Jugendlichen höchste, ja, entscheidende Bedeutung. Ältere Erfahrungen und Untersuchungen faßte Lückert in den erzieherischen Konzepten der inegalen Erziehung, der Zurückweisung, der Liebesüberflutung, der Herrschsucht und der Unterordnung unter das Kind zusammen (vgl. Lückert 1964). Ein inegaler Erziehungsstil mit

wechselnden Erziehungspraktiken kann dazu führen, daß das Kind keine überdauernden Einstellungen findet, sich auf Erwartungen nicht ausrichten kann. Es reagiert mit Unsicherheit, mit Angst, Nervosität, es versucht, übergefügig zu sein und es allen recht zu machen oder mit Raffinesse die Erzieher gegeneinander auszuspielen. Zurückweisung macht es dem Kind unmöglich, Urvertrauen zu entwickeln und die nächste Umwelt als Modell für die Übernahme sozialadäquater Normen zu akzeptieren. Verlassenheits- und Minderwertigkeitsgefühle verbunden mit übersteigertem Selbstbehauptungsstreben und Bindungsschwäche können sich in berechnenden, aggressiv-grausamen, unsozialen und kriminellen Verhaltensweisen äußern. Mit der Liebesüberflutung zeigen sich die unterschiedlichen Varianten der herrschsüchtig-verzärtelnden und nachsichtig-verzärtelnden Erziehung. Während herrschsüchtig-verzärtelndes Erziehungsverhalten die Individuation beeinträchtigt sowie reduzierte Eigeninitiative, Unselbständigkeit und geringes Durchsetzungsvermögen zeigt, führt nachsichtig-verzärtelnde Erziehung zu Egoismus, unrealistischer Selbsteinschätzung, Befehlsgebaren und Renommiersucht. Autoritäre bzw. herrschsüchtige Erziehung kann im Kind starke aggressive und opportunistische Tendenzen wecken, die sich im Radfahrerverhalten zeigen (nach oben buckeln, nach unten treten), sowie die Bereitschaft zu destruktiv-oppostitionellem, aber auch ängstlich-resignativem Verhalten grundlegen. Unterordnung unter das Kind hat häufig soziale Lerndefizite, irreale Wunschtendenzen, Herrschsucht und eine geringe Frustrationstoleranz zur Folge. Neuere Untersuchung zum elterlichen Erziehungsverhalten differenzieren diese Einsichten, bestätigen sie aber im wesentlichen. Eine Untersuchung nach einem zweidimensionalen Bekräftigungsmodell mit den bipolaren, voneinander unabhängigen Dimensionen Strenge und Unterstützung erbrachte, daß streng und vorwiegend negativ verstärkend erzogene Kinder ängstlicher, intoleranter, intelligenz- und schulleistungsschwacher sowie bei Gleichaltrigen unbeliebter als unterstützend und vorwiegend positiv verstärkend erzogene Kinder werden. Große elterliche Strenge in Verbindung mit geringer Unterstützung und geringe Strenge in Verbindung mit geringer Unterstützung müssen als besonders ungünstige, pathogenetisch bedeutsame Erziehungsmodi angesehen werden (vgl. Stapf et al. 1972). Ein Unterschied im Erziehungsverhalten zwischen Eltern aus Unterschichtverhältnissen auf der einen und Mittel- und Oberschichtverhältnissen auf der anderen Seite wurde in einer Hamburger Untersuchung in der Art festgestellt, daß erstere mehr zu einem strengen, dirigistischen, letztere mehr zu einem unterstützenden Erziehungsverhalten neigten, wobei die Eltern der ersten Gruppe ein signifikant niedrigeres Unterstützungsverhalten und ein signifikant höheres Strengeverhalten realisierten (vgl. Myschker 1974). Damit mag teilweise zu erklären sein, daß die relativ größere Anzahl an Kindern mit Verhaltensstörungen aus Unterschichtverhältnissen kommt.
Wie problematisch elterliche Nachgiebigkeit ist, zeigt sich darin, daß schon kleine Kinder die fehlende elterliche Kontrolle übernehmen und sie ihrerseits gegen die Eltern in einer Weise anwenden, daß von den kleinen Tyrannen gesprochen wird (vgl. Prekop 1990, Weber-Nau 1989). Nach Untersuchungen, die Damon zusammengetragen hat, korreliert in hohem Maße elterliche Nachgiebigkeit mit aggressivem Verhalten der Kinder. In starkem Ausmaß entwickelt sich bei Kindern und Jugendlichen Aggressivität, wenn Nachgiebigkeit und strenges Strafen seitens der Eltern kombiniert werden. Übermäßige Kontrolle, zu starke Lenkung und zu strenges Strafen sind ebenso pathogen, wie fehlende oder zu geringe soziale Kontrolle, Nachgiebigkeit bzw. erzieherische Zurückhaltung. Eltern, aber auch Erziehern und Lehrern, die sich Kindern gegenüber übermäßig "liberal" und tolerant, unter Vermeidung von Grenzsetzungen zu verhalten müssen glaubten, ist es passiert, daß sie die sich steigernden aggressiven und impulsiven, lustprinziporientierten

Verhaltensweisen der Kinder und Jugendlichen eines Tages nicht mehr ertragen konnten und nun ihrerseits mit unkontrollierter Gewalt reagierten.

Als extrem pathogen im Hinblick auf die Entwicklung von Verhaltensstörungen müssen Handlungen und unterlassene Handlungen bezeichnet werden, die sich gegen Kinder und Jugendliche richten und als Kindesmißhandlung bezeichnet werden. Gemeint sind körperliche und seelische Verletzungen oder Beeinträchtigungen, die bewußt herbeigeführt werden oder aus Vernachlässigung resultieren. In diesem Sinne ist auch sexueller Mißbrauch von Kindern und Jugendlichen bzw. - besser ausgedrückt - sexuelle *Gewalt* gegen Kinder und Jugendliche Kindesmißhandlung.

Mißhandlungen kommen zumeist in der Familie vor, durch Eltern und andere Erziehungsberechtigte, aber auch durch ältere Geschwister. Auch bei sexuellem Mißbrauch gehören die weitaus meisten Täter der Familie bzw. dem Verwandten- und Bekanntenkreis an vgl. Hurrelmann 1990, 50 ff.). In jüngster Zeit kommen jedoch - wie die "Aktion Jugendschutz" berichtet - vermehrt sexuelle Übergriffe durch "professionelle Betreuungspersonen" vor; d.h. Ärzte, Babysitter, Jugendgruppenleiter und Lehrer werden zu Tätern (Deutsches Allgemeines Sonntagsblatt, Nr.35, 1992).

Mißhandlungen umfassen ein breites Spektrum, sowohl hinsichtlich der Tatwerkzeuge als auch hinsichtlich der Verletzungen.

Mißhandler benutzen nicht nur ihre Hände und Füße zum Schlagen, Stoßen, Würgen, Treten sondern auch Werkzeuge aller Art von Stöcken und verschiedensten Schlaginstrumenten über Schnüre zum Fesseln und Anbinden, glühende Zigaretten und heiße Eisen bis hin zu Stich- und Schußwaffen. Kindesmißhandlungen kommen auch in einer schwer zu erkennenden Form vor, bei der Mütter Störungen und Krankheiten bei ihren Kindern stimulieren, die zu Krankenhausaufenthalten und häufig auch zu unangenehmen Eingriffen bei den Kindern führen (Münchhausen-Stellvertreter-Syndrom, vgl. Steinhausen 1989, 252).

Als Verletzungen wurden lange Zeit nur körperliche Symptome gesehen, die medizinisch als leicht und schwer klassifiziert werden. Zu den leichteren Formen gehören Schürfwunden und kleinere offene Wunden, blaue Flecken und leichte Brüche. Zu den schwereren Formen gehören größere Blutergüsse, gebrochene Gliedmaßen, innere Blutungen und Skelettveränderungen. Die leichteren Verletzungen, die häufig nicht als Mißhandlungseffekte erkannt werden, werden etwa zehnmal häufiger festgestellt als die schwereren Formen (vgl. Steinhausen 1988, 248). Nicht weniger schwerwiegend als die Folgen körperlicher Verletzungen sind die Folgen psychischer Mißhandlung. Zu psychischen Mißhandlungen sind vor allem Ablehnung, Abwertung, Angstmachen, Beschimpfungen, Drohungen, Einschüchterungen, Liebesentzug, Verweigerung von Zuwendung, gezielte Überforderung und ungerechtfertigte Schuldzuweisungen zu rechnen.

In Deutschland halten noch immer ca. 70% der Eltern die Prügelstrafe für ein geeignetes Erziehungsmittel. Unter diesem Erziehungsmittel haben hunderttausende Kinder so sehr zu leiden, daß die Prügel zu körperlichen Schäden führt. Mehr als 100 Kinder werden jährlich gar zu Tode geprügelt. Auch in diesem Bereich ist die Dunkelziffer hoch. Es muß angenommen werden, daß "viele Totenscheine für Kinder falsch ausgestellt" werden, d.h. daß Gewaltanwendung den Tod herbeiführte, ohne daß es zu einer entsprechenden Eintragung in den Totenschein kam (W. Bärsch, Ehrenpräsident des Kinderschutzbundes, in: Braunschweiger Zeitung, Nr. 186, 1992, 3).

Von Kindesmißhandlung sind alle Altersgruppen betroffen, vom frühesten Säuglingsalter bis hinein ins Jugendalter. Am meisten mißhandelt werden jedoch Säuglinge und kleinere Kinder bis zum sechsten Lebensjahr. Gegen Jungen und Mädchen richten sich die

Mißhandlungen in etwa gleicher Zahl . Allerdings übersteigt die Anzahl der Mädchen in der Pubertät die der Jungen.

Die Häufigkeit von Kindesmißhandlungen kann nur sehr vage angegeben werden. Sehr groß ist das Dunkelfeld. Die Dunkelziffer liegt - nach vorsichtigen Schätzungen - allein für die westlichen Bundesländer über 300.000. Insbesondere sexueller Mißbrauch von Kindern und Jugendlichen ist bis in die Gegenwart von der Gesellschaft verdrängt, nicht entsprechend zur Kenntnis genommen oder unterbewertet worden. Ernstzunehmende Schätzungen weisen darauf hin, daß gegenwärtig jedes dritte junge Mädchen und jeder neunte Junge unter 14 Jahren sexuell mißbraucht wird. Nach der - die Realität aus vielerlei Gründen nicht abbildenden - Polizeilichen Kriminalstatistik wurden 1991 im Westen der Bundesrepublik Deutschland einschließlich Gesamt-Berlin 16.627 Kinder zu Mißhandlungsopfern (Opferstatistik). In diese Zahl einbezogen sind 14.987 Jungen (23,3%) und Mädchen (76,7%), die sexuellen Mißbrauch erleben mußten (Presse- und Informationsamt der Bundesregierung 1992, 549).

Die kindlichen Opfer von Mißhandlungen können die gesamte Vielfalt von Symptomen zeigen, die den Verhaltensstörungen zugerechnet werden. Dabei ist eine Abhängigkeit vom Alter insofern gegeben, als Säuglinge Entwicklungsverzögerungen in kognitiver, emotionaler, motorischer und sozialer Hinsicht zeigen (vgl. Kap. 4.2.1: Hospitalismus-Symptomatik), Eßstörungen haben und insgesamt gesehen den Habitus der "frozen watchfulness" (erstarrte Wachsamkeit) aufweisen. Auffällig bei Kleinkindern sind Erscheinungsformen der Spielbeeinträchtigung sowie eine ausgeprägte affektive Labilität mit abrupt wechselnden Verhaltensweisen zwischen Regression und Aggression. In den Schulzeit leiden mißhandelte Kinder häufig unter Lernstörungen und Symptomen, wie sie für das Hyperaktivitätssyndrom beschrieben werden (vgl. Kap. 9.2). Im Jugendalter, das ohnehin für alle Betroffenen eine Zeit der Krise, der leidvollen Auseinandersetzung mit sich und mit der Umwelt ist, wird für junge Menschen, die Mißhandlungen erlebt haben, die Vergangenheit übermäßig belastend und nahezu unerträglich, so daß es häufig zu suizidalen Handlungen oder auch zu delinquenten Verhaltensweisen kommt. Bei Inzest-Opfern stehen Beziehungsstörungen im Vordergrund. Allen mißhandelten Kindern gemeinsam ist eine erhöhte Krankheitsanfälligkeit.

Kindesmißhandler sind zumeist die eigenen Väter und Mütter der Kinder. Es sind unglückliche Menschen, die häufig selbst eine schwere Kindheit hatten, auch selbst mißhandelt worden sind, nicht gelernt haben, Konflikt- und Krisensituationen adäquat zu bewältigen, nicht die richtige Einstellung zu dem Kind finden, es ablehnen, überfordern, es nicht verstehen und seinen Bedürfnissen nicht nachkommen können. Sie stammen aus allen sozialen Schichten, wenn auch in der Statistik der aufgedeckten Kindesmißhandlungen Väter und Mütter aus Unterschichten überrepräsentiert sind, was wohl mit der verstärkten Ausrichtung der Instanzen sozialer Kontrolle auf diese Schichten im Zusammenhang gesehen werden muß.

Für Kindesmißhandlung kann neben anderen Merkmalen für Lehrpersonen in Schulen ein markanter Hinweis sein, wenn ein Kind häufig in der Schule fehlt.

Vernachlässigung zeigt sich in Verwahrlosungserscheinungen. Mit Verwahrlosung ist der psycho-physische Zustand von Kindern und Jugendlichen gemeint, die sozialadäquate Normen und Verhaltensweisen nicht lernen konnten, weil sie nicht Bewahrung fanden in einer Liebe, Schutz und Sicherheit bietenden Umwelt, weil sie nicht "Urvertrauen" aufbauen und nicht durch fordernde Unterstützung kognitive, emotionale und soziale Fähigkeiten sowie sittlich-moralische Ansprüche ausbilden konnten. Es wird eine Situation des Erziehungsnotstandes angesprochen, die durch unzureichende Pflege, Bedürfnisbefriedigung und Erziehung gekennzeichnet ist und dazu führt, daß Kinder und Jugendliche Triebimpulse nicht oder nur schlecht kontrollieren können, die Schule oder die Arbeit schwänzen, vagabundieren, Straftaten begehen und "aus Mangel an innerer Festigkeit ein geordnetes Leben nicht führen können" (Bundessozialhilfegesetz).

Es liegt eine Vielzahl verschiedener Ansätze zur Erklärung kindesmißhandelnden Verhaltens vor, unter denen in der Vergangenheit der psychopathologische und der soziologische im Vordergrund standen. Im Gegensatz zu den in diesen Ansätzen erbrachten Ergebnissen zeigen neuere Analysen jedoch, daß mißhandelnde Eltern weder zumeist psychische Störungen aufweisen noch nur in bestimmten sozialen Schichten zu finden sind. Auch Kindesmißhandlung wird als multifaktoriell bedingt angesehen. Das bedeutet, daß nur ein interaktionaler bzw. systemischer Ansatz der Problematik gerecht werden kann. Aus gegenwärtiger Sicht stehen Elternmerkmale, Kindesmerkmale und Umweltgegebenheiten in einem interdependenten Zusammenhang, der mißhandelndes Verhalten begünstigt. Mißhandelnde Familien sind meist kinderreich, unvollständig, zerrüttet, belastet sowohl in beziehungsdynamischer als auch in sozioökonomischer Hinsicht. Bei den Müttern spielen die Merkmale ungewollte Schwangerschaft, unvollständige Familie, mangelhafte schulische und berufliche Bildung sowie schlechte Bewältigungsmechanismen eine bedeutende Rolle. Besonders problematisch ist in dieser Hinsicht, d.h. nicht grundsätzlich, sondern bei einer Kovarianz ungünstiger Bedingungen, die Situation alleinerziehender Mütter. Wie sich empirisch belegen läßt, steigt bei ihnen die "Wahrscheinlichkeit für Mißhandlungen um das achtzehnfache gegenüber den Müttern an, die in eine Partnerschaft eingebunden sind" (Stöhr 1990, 36).

Unter mißhandelten Säuglingen finden sich drei spezifische Merkmale, nämlich:
1. häufiges und langes Schreien,
2. Unberechenbarkeit hinsichtlich biologischer Bedürfnisse (Nahrungsaufnahme, Verdauen, Schlafen),
3. Aufmerksamkeit ist insbesondere im Sozialkontakt nur schwer zu erregen und aufrechtzuerhalten.

Es läßt sich jedoch bislang nicht eindeutig klären, ob diese Auffälligkeiten Ursache oder Ergebnis ablehnenden, mißhandelnden Verhaltens sind. Schwierige Säuglinge werden nicht generell häufiger mißhandelt. Wenn Eltern die Schwierigkeiten, die ihre Kinder machen, auf organische Belastungen oder Beeinträchtigungen, z.B. nach einer schwierigen Geburt, zurückführen können, sind die Kinder weniger mißhandlungsgefährdet (Laucht, M. 1990, 45-47).

Interventionen bei Kindesmißhandlungen müssen mit größter Vorsicht durchgeführt werden. Das Wohl des Kindes muß im Vordergrund stehen, ggf. auch unter Hintanstellung von Straf- und Rachegedanken. Kindesmißhandlungen müssen aufgedeckt, sollten allerdings nicht publik gemacht werden. Es liegt im Interesse des Kindes, daß die Aufdeckung schnellstmöglich erfolgt, wenn sich charakteristische Merkmale häufen. Je länger die Mißhandlung andauert, desto katastrophaler sind die Folgen. Es ist jedoch dafür Sorge zu tragen, daß die Mißhandlungen zwar sofort, aber unter Erhaltung der für das Kind wichtigen Familienfunktionen beendet werden. Nur in Notfällen, d.h. bei schweren Mißhandlungen und ungünstigen Prognosen für eine Stabilisierung der Familie in sozialadäquatem Sinne, muß das Kind aus der Familie herausgenommen werden. In der Regel ist eine multiprofessionelle Intervention notwendig, um Entwicklungsstörungen, Verhaltensstörungen, Kommunikationsstörungen innerhalb der Familie zu reduzieren und die Erziehungskompetenz der Eltern zu verbessern. Dafür sind, in Abhängigkeit

von der individuellen Problemlage, medizinische, psychologische und pädagogisch-therapeutische Maßnahmen anzusetzen.

Obwohl sich nicht sagen läßt, daß elterliches Versagen zwangsläufig an die nächste Ge-
neration weitergegeben wird, gilt es aber doch als bekannte Tatsache, "daß ungünstige
psychosoziale Umstände sich generationsübergreifend auswirken" (Schmidt 1991, 189).
Prävention ist also dringend notwendig. Wie sich elterliches Erziehungsversagen sozusagen fortschreibt verdeutlichten Quinton and Rutter 1988 in einem Schaubild (siehe
Abb. 10, zitiert nach Schmidt 1991, 189), in dem "Heirat" auch als "eheähnliche Beziehung" gelesen werden kann:

Verhaltensstörungen verhindern und ein sozial adäquates, selbständiges, verantwortliches
Verhalten etablieren, kann am ehesten ein Erziehungsverhalten, das durch emotionale
Wärme, hilfreiche Kontrolle im Sinne notwendiger Grenzsetzungen, kommunikative Offenheit und unterstützendes, positiv verstärkendes Verhalten gekennzeichnet ist (vgl. z.B.
Tausch / Tausch 1991, Schneewind 1979, Kegan 1986, Damon 1989). Eltern müssen
sich Kindern und Jugendlichen gegenüber einschätzbar verhalten, d.h. sie müssen
Konsistenz in ihrem Erziehungsverhalten realisieren. Sie müssen auch die Heranwachsenden dazu anhalten, Pflichten zu übernehmen, sich Ziele zu setzen und diese auch zu
verfolgen. Dabei ist das elterliche Verhalten als Hilfe zur Selbsthilfe in dem Sinne zu
verstehen, daß mit wachsender Selbständigkeit und Verantwortlichkeit Fremdbestimmung
ab- und Selbstbestimmung zunimmt (vgl. Zumkley-Münkel 1984).

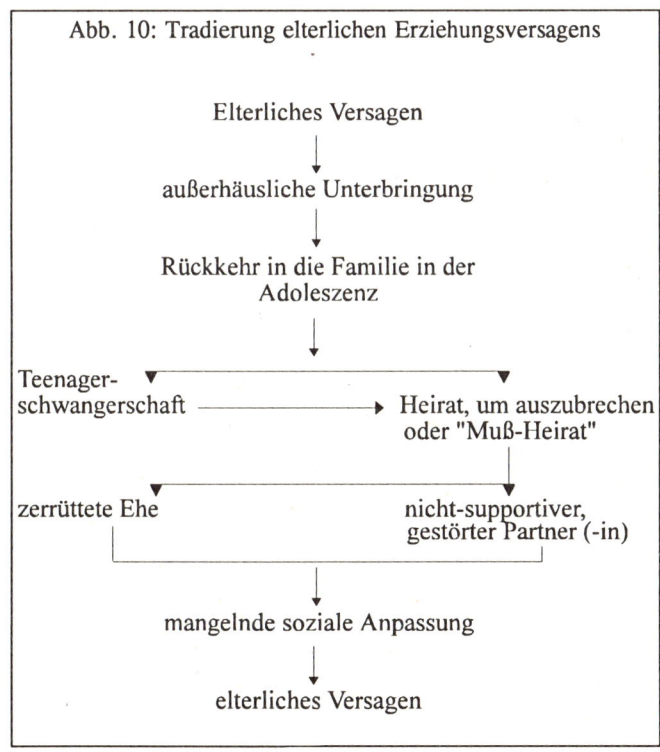

Abb. 10: Tradierung elterlichen Erziehungsversagens

Elterliches Versagen
↓
außerhäusliche Unterbringung
↓
Rückkehr in die Familie in der
Adoleszenz
↓
Teenager-
schwangerschaft ——————→ Heirat, um auszubrechen
oder "Muß-Heirat"

zerrüttete Ehe   nicht-supportiver,
                             gestörter Partner (-in)
↓
mangelnde soziale Anpassung
↓
elterliches Versagen

Im Hinblick auf die Verursachung und die Genese von Verhaltensstörungen spielt neben der Familie auch die Schule eine bedeutende Rolle. Es muß, deutlicher als bisher geschehen, herausgestellt werden, daß Schüler schola- und magistrogene reaktive Verhaltensstörungen entwickeln können oder - wenn sie ihre Schulzeit bereits mit Verhaltensschwierigkeiten beginnen, mehr Chancen haben, diese zu verstärken als sie abbauen zu können. Aus ihren Erfahrungen als Schulpsychologen und Beratungslehrer kamen Redlich / Schley zu einer Auflistung von Attributen für den schulischen Unterricht und das Lehrerverhalten, die diese Zusammenhänge deutlich macht (Redlich / Schley 1981, 9):

"- Unterricht läuft überwiegend in der traditionellen Form lehrerzentrierten Frontalunterrichts ab.
- Lehrer dominieren bereits rein sprachlich im Unterricht, sie reden im allgemeinen genauso häufig bis zweimal soviel wie alle Schüler zusammengenommen.
- Der Unterricht wird kaum differenziert nach unterschiedlichen Lernausgangslagen und Arbeitstempo, er richtet sich in der Regel am Schüler des guten Durchschnitts aus. Es gibt in den Klassen stets überforderte und unterforderte Schüler.
- Kleingruppenarbeit bleibt seltene Episode im schulischen Alltag.
- Außenseiter und auffällige Schüler erfahren vom Lehrer häufig keine Hilfe, eher führen größere psychologische Kenntnisse bei fehlenden Handlungsmöglichkeiten dazu, daß Lehrer über Etikettierungsprozesse die Karriere abweichenden Verhaltens ungewollt fördern.
- Die Lehrerrolle reduziert sich auf die Funktionen, Lehrstoff zu vermitteln und Leistungen zu überprüfen. Der Lehrer als Sozialerzieher bleibt auf der Strecke."

Im heutigen Alltagsleben ganz allgemein, besonders aber im schulischen Bereich sind Kinder und Jugendliche Überforderungs- und pathogenen Streßsituationen ausgesetzt. Im Erziehungs- und Bildungsprozeß besteht immer die Gefahr, daß die Umwelt mehr von dem Heranwachsenden verlangt, als er zu leisten vermag. Übersteigt die Leistungsanforderung die verfügbaren körperlichen und geistig-seelischen Kräfte, ist eine Überforderungssituation gegeben, der das Individuum zunächst durch Anpassung zu begegnen versucht. Sowohl in der pädagogisch-psychologischen Überforderungsforschung als auch in der medizinisch-physiologischen Streßforschung werden 3 Phasen beschrieben. Auf eine Aggressionsphase, in der alle Kräfte zur Bewältigung aktiviert werden, folgt eine Regressionsphase, die durch resignatives Verhalten und Leistungsabfall charakterisiert ist. In der folgenden Restitutionsphase erfolgt eine Neuorientierung, die zur Leistungssteigerung führt. In den beiden ersten Phasen kann es zu Fixierungen kommen, die sich in Verhaltensstörungen manifestieren (vgl. Mierke 1957). In ähnlicher Weise unterscheidet der Streßforscher Selye im Rahmen seines Allgemeinen-Anpassungs-Syndroms drei Phasen, und zwar
- die Alarmphase
- die Widerstandsphase und
- die Erschöpfungsphase (siehe Abb. 11; vgl Selye 1957, Vester 1980).

Die Stadien Alarmreaktion und Widerstand ermöglichen Energiebereitstellung und Situationsbewältigung. Sind die Stressoren zu stark und zu lange wirksam, kommt es in Verbindung mit kürzer bzw. ineffektiver werdenden Erholungspausen zum Endstadium der Erschöpfung. Als Folgen des Syndroms können sich Adaptionskrankheiten mit psychischen und physischen Wirkungen manifestieren, und es kann auch der Tod eintreten (vgl. Selye 1957, siehe auch Vester 1980, Hurrelmann 1990).

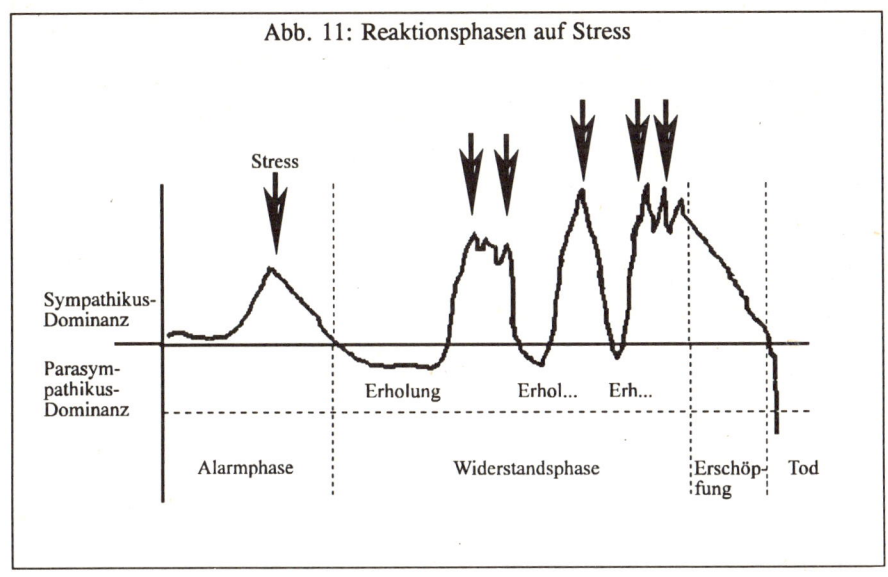

Abb. 11: Reaktionsphasen auf Stress

In differenzierender Betrachtung sind im Hinblick auf Streß Eustreß, als stimulierend und befriedigend erlebte Anforderung, und Disstreß zu unterscheiden. Disstreß ist nach dem neueren kognitiven Ansatz "ein emotionaler Zustand von (vorübergehender) Belastung, der vor allem durch zwei Merkmale gekennzeichnet ist: 1. wird eine Diskrepanz empfunden zwischen Anforderungs- und Bewältigungsmöglichkeiten und 2. werden die Folgen dieser Diskrepanz von der Person als bedrohlich empfunden" (Ulich 1982, 195). Neben der Bedrohung werden beim Streß aber auch Unsicherheit, Ärger, Frustriertheit und Zuversicht erlebt (a.a.O., 192). Daß Streßmomente sich schon bei Kindern außerordentlich negativ auswirkend können, verdeutlicht eine Vielzahl von Untersuchungen. So ist zu belegen, daß durch psychische, soziale und physikalische Stressoren die unterschiedlichsten Leiden wie infektiöse Erkrankungen, Herzbeschwerden, bei Kindern auch Zwergwuchs und Leukämie, akute Schizophrenie und Depressionen ausgelöst werden können (vgl. Miltner 1986, 40/41). Die Problematik negativ wirkender Stressoren erscheint als um so gefährlicher und bedrohlicher, als nachgewiesen wurde, daß diese häufig gar nicht bewußt registriert werden, dennoch aber in das Langzeitgedächtnis eingehen und zu einer pathogenen Langzeitwirkung kommen können. So können sich dann ohne bewußte Kenntnis von Anlässen - z.B. über die Angst vor Mißerfolgen - so deutliche Probleme entwickeln wie Interessenlosigkeit, Mangel an Leistungsmotivation, Mutlosigkeit bis hin zu schweren Beeinträchtigungen des Selbstkonzepts bzw. der Identitätsbalance mit aggressiven oder regressiven Verhaltensweisen im Sinne schwerer Verhaltensstörungen.

Helfer bei psychosozialen Schwierigkeiten im Kindes- und Jugendalter müssen, wie deutlich gemacht wurde, um mögliche Belastungsfaktoren und ihre Bedeutung für Kinder und Jugendliche Bescheid wissen. Nachfolgend wird deshalb im Sinne einer Zusammenfassung bisheriger Ausführungen eine Übersicht gegeben, die die amerikanische psychiatrische Vereinigung (APA) vorlegte (vgl. Tabelle 9, nach: APA 1991, 31):

Tabelle 9: Skala der Schwere der psychosozialen Belastungsfaktoren
bei Kindern und Heranwachsenden
Beispiele für Belastungsfaktoren

Grad der Belastung	Akute Ereignisse	Länger andauernde Lebensumstände
leicht	Auseinanderbrechen der Freundschaft mit Freund oder Freundin; Schulwechsel	beengte Wohnsituation; familiäre Streitigkeiten
mittel	Schulausschluß; Geburt eines Geschwisters	chronisch behindernde Krankheit eines Elternteils; ständiger Streit der Eltern
schwer	Scheidung der Eltern; unerwünschte Schwangerschaft; Gefängnisaufenthalt	strenge oder zurückweisende Eltern; chronische lebensbedrohende Krankheit eines Elternteils; verschiedene Aufenthalte in Pflegeheimen
sehr schwer (extrem)	sexueller Mißbrauch oder körperliche Mißhandlung; Tod eines Elternteils	wiederholter sexueller Mißbrauch oder körperliche Mißhandlung
katastrophal	Tod beider Eltern	chronische lebensbedrohende Krankheit

Neben den in obiger Tabelle genannten Belastungsfaktoren sollten die folgenden weiteren berücksichtigt werden: "Art der Beziehung bzw. Verhaltensweisen gegenüber dem Kind (z.B. kalt, feindselig, das Kind bedrängend, mißbrauchend, konfliktgeladene oder verwirrend inkonsistente Beziehung der Eltern untereinander); körperliche Erkrankungen oder psychische Störungen anderer Familienmitglieder; das Fehlen elterlicher Anleitung oder exzessive, strenge oder inkonsistente elterliche Kontrollen; unzureichende, exzessive oder verwirrende soziale oder kognitive Stimulierung des Kindes; eine anomale Familiensituation, z.B. komplexe und inkonsistente Muster von Beaufsichtigung und Besuchsregelungen; Pflegeeltern; Heimerziehung und Verlust engerer Familienmitglieder" (APA 1991, 43).

5. Diagnostik bei Verhaltensstörungen

Diagnostik von Verhaltensstörungen meint die Lehre von den wissenschaftlichen Verfahren, die zur Beurteilung einer Person im Hinblick auf Verhaltensstörungen und deren Reduzierung gebraucht werden. Diese Feststellung verweist auf einige Grundfragen: Was soll unter Verhaltensstörungen verstanden werden? Ist der Akt der Beurteilung im Hinblick auf Erfassung und Reduzierung von Verhaltensstörungen per se hilfreich oder kann er auch schädigend sein? Wenn es um die Reduzierung von Verhaltensstörungen geht, muß dann Diagnose nicht ein ständiger Prozeß sein, muß nicht regelmäßig überprüft werden, ob sich die diagnostischen Daten ändern und ob ggf. auch die Interventionsformen verändert werden müssen? Es sind auch Fragen des Menschenbildes angesprochen: Wird der Mensch in seinen Potenzen und Möglichkeiten stärker durch Erb- oder durch Umweltfaktoren bestimmt? Werden Verhaltensstörungen im Zusammenhang gesehen mit zielgerichteten, im Lebenskontext sinnvollen Entscheidungen oder eher mit Anlagebedingungen, Krankheiten, organischen oder psychischen Störungen? Steht nur die Person, die irgendwelche sozialen und emotionalen Störungen zeigt, im Mittelpunkt des diagnostischen Interesses oder sind auch extrapersonale Faktoren zu berücksichtigen? Sind nur solche diagnostischen Verfahren als wissenschaftlich zu bezeichnen und deshalb ohne Bedenken zu verwenden, die in mathematischer Überprüfung gesetzten Gütekriterien entsprechen? Und können gerade diese Verfahren der ganz spezifischen Eigenart des Einzelnen gerecht werden, wo doch schon unberücksichtigt bleibende regionale Unterschiede Probleme aufwerfen können? Der Diagnostiker muß sich auch die grundsätzliche Frage stellen, ob Diagnose als separater Vorgang überhaupt notwendig ist und nicht besser als in die Behandlung integrierter Bestandteil realisiert werden kann. In Beantwortung dieser Fragen können unterschiedliche Auffassungen deutlich werden, die sich idealtypisch in verschiedenen diagnostischen Ansätzen verdichten. Unter einem Ansatz wird ein System von Erkenntnissen über Erscheinungsformen, Ursachen und die Genese kindlicher Verhaltensstörungen in Verbindung mit handlungsleitenden Aussagen zur hilfreichen Diagnose und Intervention verstanden.

In der Diagnostik bei Verhaltensstörungen lassen sich fünf bedeutsame Ansätze unterscheiden:

1. Der medizinische Ansatz
2. Der psychodynamische Ansatz
3. Der lerntheoretische Ansatz
4. Der interaktionistische Ansatz
5. Der sonderpädagogische Ansatz

Die ersten vier Ansätze werden nachfolgend in kurzer Typisierung vorgestellt. Auf den sonderpädagogischen Ansatz soll dann im Hinblick auf Verhaltensstörungen ausführlich eingegangen werden.

5.1 Der medizinische Ansatz

Den Mediziner interessiert zuvorderst das Individuum als Träger der Störung. Seine Hypothesen zielen zunächst auf organische oder funktionelle Schädigungen, Beeinträchtigungen und Störungen sowie auf Anlagebedingungen. Entsprechend wird seine diagnostische Vorgehensweise sein und sich vorwiegend auf das betroffene Individuum richten. Der Mediziner sieht auch einen anderen Zusammenhang zwischen Diagnose und Therapie als z.B. der Pädagoge bzw. Psychologe, und zwar insofern, als er ggf. eine medikamentöse Behandlung in Erwägung zieht, die von anderen Helfern nicht verordnet werden darf. Verhaltensstörungen können mit sehr vielen Krankheiten im Zusammenhang stehen (vgl. Lempp 1989). Insofern ist eine medizinische Diagnose unter Umständen breit anzulegen.

5.2   Der psychodynamische Ansatz

Der tiefenpsychologisch ausgerichtete Diagnostiker, der tiefenpsychologisch ausgebildet sein und breite Erfahrung mit psychodynamischen Methoden gesammelt haben muß, wird sich in seiner Hypothesenbildung z.B. auf frühkindliche Traumata, auf Probleme in der psycho-sexuellen Entwicklung, auf Beziehungsstörungen und familiäre Strukturbedingungen ausrichten und dementsprechend seine diagnostischen Verfahrensweisen einsetzen. Dazu können als spezielle Verfahren die projektiven Tests gerechnet werden, wie z.B. der Rorschach-Test, der Sceno-Test von Gerhild von Staabs, der Welttest von Margaret Lowenfeld, der Thematische Apperzeptionstest von Henry A. Murray (Form für Kinder: L. Bellak), der Picture-Frustration-Test von Saul Rosenzweig, der Schwarzfuß-Test von Louis Cormann, die Fabel-Methode von Luisa Düss. Diese diagnostischen Verfahren werden dann auch im Zusammenhang gesehen mit entsprechenden Interventionsmethoden wie der tiefenpsychologischen Spieltherapie, dem Psychodrama, der tiefenpsychologischen Musik- oder Kunsttherapie, der tiefenpsychologischen Familientherapie.

5.3   Der lerntheoretische Ansatz

Nach dem lerntheoretischen Ansatz werden Hypothesen auf dem Hintergrund einer Lerngeschichte gebildet. Es wird also danach gefragt, ob die Verhaltensprobleme auf dem Lernen unerwünschter bzw. auf dem Nicht-Lernen erwünschter Verhaltensweisen beruhen. So geht es darum, das Problemverhalten genau zu definieren, es zu differenzieren und zu operationalisieren, d.h. bestimmte Verhaltensweisen im Zusammenhang mit relevanten Situationen zu sehen, festzustellen, ob das Problemverhalten durch spezifische situative Bedingungen aufrechterhalten wird, zu untersuchen, ob sich das Problemverhalten durch eine Änderung der Bedingungen verändert.
Für den lerntheoretischen Ansatz ist systematische Verhaltensbeobachtung von größter Bedeutung. Dazu liegt eine Vielzahl von Verfahren vor (vgl. z.B. Faßnacht 1979).

5.4   Der interaktionistische Ansatz

Der interaktionistische oder sozialwissenschaftliche Ansatz folgt insbesondere handlungstheoretischen sowie system- und kommunikationstheoretischen Erkenntnissen. Es wird davon ausgegangen, daß auch Verhaltensstörungen als Ergebnis eines Interaktionsprozesses zu sehen sind. Ein Kind, ein Jugendlicher mit Verhaltensstörungen ist wie jeder Mensch in seinem Verhalten im Zusammenhang zu sehen mit den vielfältigen interaktionalen Bedingungen seiner Umwelt. Innerhalb spezifischer Systeme stellen sich die Interaktionspartner in kommunikativen Kreisprozessen aufeinander ein: Alles Verhalten des einen Partners ist mitbedingt durch das Verhalten des anderen Partners. So können Verhaltensstörungen nicht für sich gesehen und auch nicht individuenzentriert diagnostiziert werden. Alle Beteiligten müssen auf ihre Perzeptionen hin sowie auf soziale Wahrnehmung, Selbst- und Fremdwahrnehmung, Selbst- und Fremdbeurteilung, auf Beziehungsdefinitionen und Interpunktionen in Verhaltensabläufen hin in den Blick genommen werden. Dazu sind gute Kenntnisse der Theorie des Symbolischen Interaktionismus, der Kommunikationstheorie und gruppendynamischer Zusammenhänge notwendig. Eine solche Diagnostik verlangt nicht so sehr quantitative als vielmehr qualitative Verfahren, die auch Empathie, soziales Gespür und Einschätzungsvermögen, Menschenkenntnis und Intuition seitens des Diagnostikers, der sich als Interaktionspartner verstehen muß, als erforderlich erscheinen lassen. Unter den qualitativen Verfahren bieten sich die verschiedenen Formen des Interviews, informelle Gespräche, teilnehmende Beobachtung, gruppendynamische Spiele bzw. Interaktionsspiele usw. an. Theorie und Praxis interaktionistischer Diagnostik stehen noch in den Anfängen (vgl. Furch-Krafft 1989).

5.5 Der sonderpädagogische Ansatz

Mit dem sonderpädagogischen Ansatz der Diagnostik wird versucht, bedeutsame Einsichten und Verfahren der anderen Ansätze in einen integrativen Zusammenhang zu bringen. Es sollen sowohl "die Bedingungen im Probanden als Effekte der stattgehabten bzw. versäumten Entwicklung" gesehen werden (Kleber 1978, 17), als auch die Bedingungen Berücksichtigung finden, die sich aus der Lernbiographie und dem Verhaltensumfeld ergeben. Sonderpädagogische Diagnostik folgt somit einem integrativen Ansatz und muß als komplexe Prozeßdiagnostik kooperativ sein, d.h. sie muß von Medizinern, Psychologen, Sozialarbeitern und Pädagogen durchgeführt werden. Die durch den Mediziner erfaßten somatischen Daten und Bedingungen werden zwar als bedeutsam, aber nicht als ausreichend für die pädagogisch-therapeutische Praxis angesehen. Sie werden sowohl in die Beurteilung als auch in die Konzeptionierung der daraus resultierenden Fördermaßnahmen einbezogen, können jedoch nicht als grundlegend gelten. Als überaus wichtig steht auch an, neben den individuellen Entwicklungsbedingungen und Entwicklungsereignissen seit frühester Kindheit soweit wie möglich das interaktionale Umfeld zu erfassen. Sonderpädagogische Diagnostik versteht sich also als multidimensionale und multiprofessionelle Diagnostik. Das von Kleber erstellte und geringfügig modifizierte Strukturmodell gibt einen guten Überblick über Zielbereiche und Struktur sonderpädagogischer Diagnostik bei Verhaltensstörungen (siehe Abb. 12, nach: Kleber 1978, 18).
Die sonderpädagogische Diagnostik bei Verhaltensstörungen wird im folgenden in der notwendigen Breite dargestellt, wobei es gilt, die Problematik und Komplexität von Verhaltensstörungen sowie die Notwendigkeit einer interdisziplinären Kooperation zu verdeutlichen.

5.5.1 Diagnostische Fragestellungen

Da nicht diagnostiziert werden kann, was nicht definiert wird, soll von der eingangs bereits formulierten Definition für Verhaltensstörung ausgegangen werden, die in der Wiederholung in Erinnerung gerufen wird, da sie für den diagnostischen Ansatz wesentliche Kriterien beinhaltet:
Verhaltensstörung ist ein von den zeit- und kulturspezifischen Erwartungsnormen abweichendes maladaptives Verhalten (Fehlverhalten), das organogen und/oder milieureaktiv bedingt ist, wegen der Mehrdimensionalität, der Häufigkeit und des Schweregrades die Entwicklungs-, Lern- und Arbeitsfähigkeit sowie das Interaktionsgeschehen in der Um-

welt beeinträchtigt und ohne besondere pädagogisch-therapeutische Hilfe nicht oder nur unzureichend überwunden werden kann.

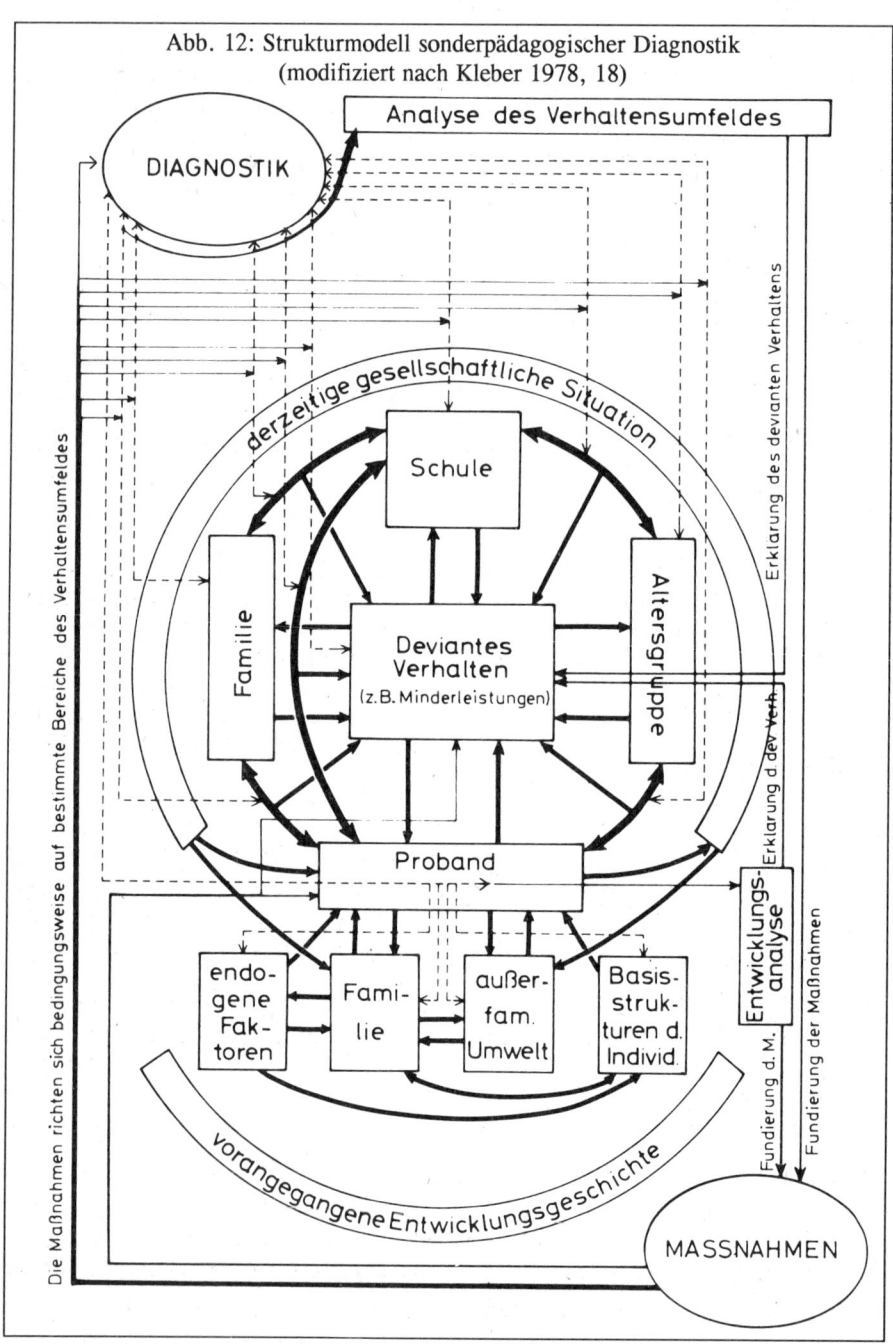

Abb. 12: Strukturmodell sonderpädagogischer Diagnostik
(modifiziert nach Kleber 1978, 18)

Im Sinne dieser Definition werden - um die Komplexität von Verhaltensstörungen und einer verantwortungsbewußten diagnostischen Vorgehensweise zu verdeutlichen - diagnostische Fragen formuliert und - weiter unten - in Verbindung gebracht mit Verfahren, die Antworten zu geben vermögen.

a) Welches Fehlverhalten zeigt sich? Diese Frage nach den Symptomen bzw. den beeinträchtigenden Verhaltensweisen läßt sich in einem ersten Überblick durch Aktenauswertung und über Berichte verschiedener Lehr- und Erziehungspersonen, vor allem aber durch diagnostische Gespräche mit den Kindern und Jugendlichen selbst und mit relevanten Bezugspersonen sowie durch teilnehmende Beobachtung oder systematische Verhaltensbeobachtung beantworten (siehe dazu Kap. 5.5.2: 1. Informelle, offene Verfahren; 2. Verhaltensbeobachtung).

b) Ist Mehrdimensionalität gegeben?

c) Tritt das Fehlverhalten sehr häufig auf?

d) Erreicht das Fehlverhalten eine wesentlich abweichende Intensität?

Den Fragen b), c), und d) nach dem Syndromcharakter bzw. der Kovarianz verschiedener Symptome, nach überdauernden, unerwünschten normabweichenden Verhaltensbereitschaften / -dimensionen und nach der Stärke des unerwünschten, beeinträchtigend wirkenden Verhaltens kann über Verhaltensbeobachtung sowie ein- und mehrdimensionale Persönlichkeitstests nachgegangen werden, in denen sich die Kinder und Jugendlichen selbst über ihre Probleme äußern (siehe Kap. 5.5.2: 2. Verhaltensbeobachtung; 6. Persönlichkeitstests).

e) Beeinträchtigt das Fehlverhalten die Entwicklungsfähigkeit? Mit dieser Frage wird der Entwicklungsstatus, die Altersgemäßheit der kognitiven, emotionalen, psychomotorischen und sozialen Entwicklung angesprochen. Antworten sind schwierig, wie auch bei den Fragen unter 6, 7 und 8, da im Hinblick auf die Auswirkungen Interdependenzen zwischen Möglichkeiten bzw. potentiellen Fähigkeiten und sich manifestierenden Verhaltensweisen bestehen, und nur im Zusammenhang mit anderen Daten möglich. Hinweise sind zu gewinnen über allgemeine und spezielle Entwicklungstests (siehe Kap. 5.5.2: 7. Entwicklungstests; 9. Motodiagnostische Verfahren).

f) Beeinträchtigt das Fehlverhalten Leistungsvermögen und Lernfähigkeit? Diese Frage, die auf Intelligenzleistung, Schulleistung und Lernverhalten zielt, läßt sich über sprachlich orientierte und sprachfreie Intelligenztests sowie über Schulleistungstests und den Vergleich der Ergebnisse beider Instrumente beantworten. Zur Erfassung der Schulleistung sind allgemeine klassenbezogene und auch fachbezogene Tests konstruiert worden, die z.B. auch spezifische Momente des Lernverhaltens zu erfassen suchen (siehe dazu Kap. 5.5.2: 4. Schulleistungstests).

g) Beeinträchtigt das Fehlverhalten die Arbeitsfähigkeit und -willigkeit? Zur Beantwortung dieser Frage stehen spezielle Tests zur Konzentrationsfähigkeit, zur Belastbarkeit sowie zur Anstrengungsbereitschaft und Motivation zur Verfügung. Auf die Erfassung von Ausdauer sind Arbeitskurven ausgerichtet, die für sich oder in Verbindung mit Intelligenztests gegeben werden (siehe Kap. 5.5.2: 5. Intelligenztests und spezielle Leistungstests).

h) Beeinträchtigt das Fehlverhalten die soziale Kompetenz? Diese Frage zielt auf soziale Einstellungen, soziales Verhalten, soziales Einschätzungsvermögen, den sozialen Status in Gruppen. Hier haben Verhaltensbeurteilungslisten, Problemfragebogen und Fragebogen zum Selbstkonzept (Persönlichkeitstests) sowie Verfahren zur Erfassung der sozialen

Einstellung ihren Platz (siehe Kap. 5.5.2: 1. Verhaltensbeobachtung; 6. Persönlichkeitstests; 8. Soziographische Verfahren).

i) Liegen organische Schädigungen, Beeinträchtigungen oder Störungen vor? Diese Fragen, die der Mediziner beantworten muß, zielen bei Ausschluß von Krankheiten auf Chromosomenaberrationen, Hirnschädigungen / Hirnfunktionsstörungen, Drüsenstörungen, Allergien, aus Fehl- oder Mangelernährung resultierende Probleme (siehe Kap. 5.5.2, 11. Medizinische Verfahren).

j) Welche Milieubedingungen bewirken und verstärken das Fehlverhalten oder halten es aufrecht? Dieser sehr komplexe Fragenbereich zielt auf die Erfassung pathogener Bedingungen im Elternhaus, Schule und anderen relevanten Gruppen. Informationen sind im Gespräch mit allen Beteiligten, über Verhaltensbeobachtung, Anamneseerhebung und Exploration zu erhalten (siehe Kap. 5.5.2: 1. Informelle, offene Verfahren; 2. Verhaltensbeobachtung; 3. Anamnese und Exploration).

k) In welchem Maße ist das Kind / der Jugendliche zur Überwindung seiner Verhaltensprobleme auf Hilfe von außen angewiesen? Diese Frage zielt auf Leidensdruck, Veränderungswilligkeit und -fähigkeit bei dem Betroffenen und in seiner Umwelt. In dieser Hinsicht haben neben ausführlichen diagnostischen Gesprächen Persönlichkeitstests eine wesentliche Funktion.

Weitere Fragen zielen auf Interventionsmöglichkeiten und auf eine Prognose:

l) In welcher Institution und durch welche Maßnahmen kann dem Betroffenen am besten geholfen werden? Es geht um Plazierung und um adäquate Methoden, darum also, ob das Kind / der Jugendliche in seinem bisherigen Milieu verbleiben kann, um dort ambulante Förderung zu erfahren, ob ambulante Maßnahmen in speziellen Einrichtungen durchgeführt werden sollen, oder ob sogar ein Milieuwechsel in ein Heim, eine andere Schule usw. angezeigt ist.

m) Wie groß ist der Zeitraum für Interventionen zu bemessen? Damit ist die Frage nach den zeitlichen Grenzen innerhalb eines Erziehungs- und Therapieplanes in der in Aussicht genommenen Institution angesprochen. Von Anfang an sollte eine Intervention zeitlich begrenzt und damit auch im Zusammenhang mit überprüfbaren Veränderungen gesehen werden.

n) Wie werden die Chancen für eine Verhaltensänderung beurteilt? Es geht um Prognose auf dem Hintergrund der diagnostischen Daten im Zusammenhang mit den in Aussicht genommenen Maßnahmen.

Die Fragen l) bis n) sind in der Zusammenschau aller erhobenen Daten in Verbindung mit relevanten Bezugspersonen, möglichen Helfern und ggf. den betroffenen Kindern und Jugendlichen zu beantworten.

Wenn auch die Diagnostik bei Verhaltensstörungen im Zusammenhang steht mit Plazierungsfragen, so zielen alle diagnostischen Erhebungen im Sinne einer Förderdiagnostik letztlich auf "die Indikation, Planung, Durchführung, Kontrolle und Evaluation von Fördermaßnahmen" (Kornmann et al. 1983, 11, siehe auch Bundschuh 1984 und 1985). Die Diagnose dient also primär der individuellen Problemlösung, ist Teil eines Förderkonzepts, wobei die Erhellung und Veränderung der Ursachen für den speziellen Förderbedarf von großer Wichtigkeit ist (vgl. Westmeyer 1972).

Diagnose bei Verhaltensstörungen ist ein Prozeß. Er wird von denjenigen begonnen, die sich von der Problematik betroffen fühlen. Das können Eltern, Erzieher, Lehrer oder auch die betroffenen Kinder und Jugendlichen selbst sein. Sie sprechen bei einer beratenden Institution vor oder reichen auch schriftliche Berichte ein. Diese Gespräche bzw. Berichte führen zwangsläufig bei den beteiligten Diagnostikern zu Hypothesenbildungen, die von Fall zu Fall verschieden sind und verschiedene diagnostische Verfahren erfordern. In einzelnen Fällen wird auf diagnostische Instrumente, insbesondere auf Tests, verzichtet werden können. Es muß jedoch bedacht werden, daß das Problem der Verhaltensstörungen immer in Verbindung zu sehen ist mit der Normenfrage. So ist es bei der Beurteilung von Verhalten hilfreich, gesicherte Vergleichsmöglichkeiten mit der Altersgruppe zu haben. Insofern haben auch Tests, wenn sie nicht bis zum Überdruß eingesetzt werden, ihre Berechtigung. Sie sind nach wie vor unverzichtbar, wenn es um ökonomische Datengewinnung mit geringer Irrtumswahrscheinlichkeit und Objektivierung der Beurteilung geht - vorausgesetzt, sie erfüllen die Gütekriterien Standardisierung, Normierung, Objektivität, Reliabilität (Zuverlässigkeit, ab 0,70 zufriedenstellend) und Validität (Gültigkeit, ab 0,50 zufriedenstellend).

5.5.2 Diagnostische Verfahren

Die vorgestellten Verfahren haben einerseits Beispielcharakter und sich andererseits als praktikabel und hilfreich erwiesen. Sie stellen in ihrer Gesamtheit einen verfügbaren Apparat dar, aus dem nach Bedarf in Abhängigkeit von den individuellen Problemlagen der Kinder und Jugendlichen sowie der Hypothesenbildung des Diagnostikers ausgewählt werden kann. Dabei sollten die Intentionen nicht auf ein Maximum, vielmehr auf ein Minimum an diagnostischen Instrumenten gerichtet sein.

Zu den wichtigen Verfahrensbereichen einer multidimensionalen sonderpädagogischen Diagnostik bei Verhaltensstörungen zählen:

1. Informelle, offene Verfahren
2. Verhaltensbeobachtung
3. Anamnese und Exploration
4. Schulleistungstests
5. Intelligenztests und spezielle Leistungstests
6. Persönlichkeitstests
7. Entwicklungstests
8. Soziographische Verfahren
9. Motodiagnostische Verfahren
10. Neuropsychologische Verfahren
11. Medizinische Verfahren

1. Informelle, offene Verfahren

Offene, informelle Verfahren sind dadurch charakterisiert, daß sie nicht den Testgütekriterien entsprechen, aber doch so ausgerichtet und strukturiert sind, daß sie wertvolle diagnostische Informationen zu geben vermögen. Gemeint sind z.B. Verfahren, die mit Spielmaterialien, mit Techniken aus der Kunst sowie mit verbaler und nonverbaler Kommunikation arbeiten.

Verbale Kommunikation - Das Gespräch

Eine lange Tradition im Hinblick auf diagnostische Vorgehensweisen bei Störungen hat das Gespräch. Für Alfred Adler und seine Nachfolger ist das einfühlsame, verstehende Gespräch die via regia zur Erfassung bedeutsamer diagnostischer Hinweise. Im Sinne der

Individualpsychologie stellt Alfred Adler Fragen nach dem Beginn der Verhaltensproblematik und nach der Situation in relevanten Bereichen, wie Familie, Schule usw. (Adler 1976, 123-126), im einzelnen
- nach möglichen Ursachen für Minderwertigkeitsgefühle, nach entwicklungspsychologischen und schulischen Daten und nach bevorzugten Kontakten;
- nach Krankheiten, psychosomatischen Störungen, Ängsten und Befürchtungen, äußerlichen Eitelkeiten, Eßverhalten;
- nach Kontaktfähigkeit und dem Grad der Entmutigung;
- nach der Einstellung zur Schule und zu schulischen Aufgaben, sein Verhalten in schwierigen Situationen, nach seiner Einstellung zu sich selbst;
- nach Krankheiten in der Familie, nach dem Erziehungsverhalten, familiären Hierarchien;
- nach der Stellung in der Geschwisterreihe, nach seinem Verhalten anderen gegenüber im Sinne von Rivalitäten, Eifersucht oder auch Entwertungstendenzen;
- nach Berufswünschen, Vorstellungen über die Ehe, nach dem Beruf der Familienmitglieder und der Qualität der elterlichen Ehe;
- nach Lieblingsspielen, Geschichten, Figuren aus den Medien, nach Phantasie und Tagträumereien;
- nach den ältesten Erinnerungen und nach herausragenden, sich wiederholenden Träumen;
- nach der Reaktion auf Erziehungsimpulse, nach dem Arbeitsverhalten, Zukunftsvorstellungen, seiner Weltsicht;
- nach Unarten und Clownverhalten, um Aufmerksamkeit zu erregen;
- nach körperlichen Eigenheiten im Sinne von "Organminderwertigkeiten", aber auch nach besonders positiven äußeren Auffälligkeiten;
- nach möglichen Ausdrucksformen von Entmutigung, nach der Bewertung von Erfolg und Mißerfolg, nach möglichen Ersatzbefriedigungen und Selbsttötungstendenzen;
- nach positiven Leistungen des Kindes, nach Interessen und Neigungen, um Möglichkeiten für eine Entwicklung "in einer anderen Richtung als die bisher eingeschlagene" zu finden.

Aus diesen Fragen soll sich ein "Bild der Persönlichkeit" ergeben, das "die Fehlschläge wohl nicht als berechtigt, aber als begreiflich" und verstehbar erscheinen läßt (Adler 1976, 126).
Alle diese Fragen zielen darauf, den Lebensplan des Kindes oder Jugendlichen mit Verhaltensschwierigkeiten zu erkennen. Mit der Kenntnis des Lebensplanes werden die Verhaltensweisen verständlich und ihren Ursachen erklärbar. Eine Veränderung des Lebensplanes führt dann auch zu Änderungen im Verhalten. Das Gespräch hat diagnostische und gleichzeitig therapeutische Funktion. Es verdeutlicht dem Helfer wie dem Kind oder Jugendlichen Merkmale, Einstellungen, Ursachen, Entwicklungen und trägt über Verstehen und Verständnis sowie über die gemeinsame Suche nach Veränderungsmöglichkeiten dazu bei, daß problematische Situationen, unangemessene Reaktionen der Umwelt, defizitäre Bedingungen ihre kanalisierende Kraft auf die "unnützliche Seite des Lebens" hin verlieren.
Die bedeutende diagnostische und therapeutische Valenz des Gesprächs betonte auch Carl R. Rogers, der seine Art der Gesprächsführung zunächst als Beratungs-Interview, später als Gesprächspsychotherapie bezeichnete (siehe dazu Kap. 6.1.7.3 und 6.2.4).

Kinder und Jugendliche mit Verhaltensstörungen können sich häufig nicht so ohne weiteres in ein diagnostisches, verstehendes, hilfreiches Gespräch einlassen. Sehr förderlich kann es sein, wenn ihnen Materialien angeboten werden, mit denen sie handelnd, motivierend und in sie befriedigender Weise umgehen können. Dabei ist an Spiel- sowie Zeichen-, Malmaterialien und die vielen Stoffe zu denken, die insbesondere in Techniken aus der Kunst Anwendung finden. Im Umgang mit diesen Materialien bieten Kinder und Jugendliche eine Vielzahl diagnostisch relevanter Hinweise, von Bedeutung ist aber das verstehend geführte Gespräch über die Auswahl der Materialien, den Gestaltungsvorgang, das Gestaltungsergebnis. Materialien und Möglichkeiten, die sich in dieser Hinsicht anbieten, finden sich beispielsweise im Sceno-Test sowie mit dem Test "Familie in Tieren" und dem Mensch-Zeichen-Test.

Der Sceno-Test

Autorin: von Staabs, Gerhild
Zielgruppe: Kinder ab 3 Jahre

Theoretischer Hintergrund des Sceno-Tests ist die Psychoanalyse. Der Proband soll die Möglichkeit haben, bewußte wie unbewußte psychische Tendenzen, Gefühle, Einstellungen, Wünsche auf Materialien zu projizieren, die nach psychoanalytischen Gesichtspunkten ausgewählt worden sind. Diagnostische und therapeutische Absichten gehen ineinander über. "In die Therapie eingesetzt, mobilisiert der Sceno-Test durch ansprechende Affekte verdrängte Antriebe und verhilft, sie in der Distanz der Miniaturwelt auszuspielen, sie realitätsgerecht zu verarbeiten und dadurch eine gesunde Lebenshaltung zu gewinnen" (von Staabs 1964, 9).

Form und Inhalt:
Materialien sind in einem Kasten untergebracht, auf dessen Deckel (52 cm x 36 cm) mit den Spielmaterialien agiert werden soll. Zum Standardmaterial gehören 16 biegsame Puppenfiguren, die mit Großeltern, Eltern, größeren und kleineren Kindern zur Darstellung der drei Generationen und mit Arzt, Prinzessin, einer Hausgehilfin umfangreiche Projektionsmöglichkeiten bieten. Zum Standardmaterial gehören weiterhin Tiere, Bäume, Blumen, bunte Klötze, Kleinspielzeug, Fahrzeuge, Gebrauchsgegenstände des täglichen Lebens, Gegenstände mit Symbolcharakter.

Durchführung:
Das Kind wird aufgefordert, Materialien herauszusuchen, mit denen es spielen möchte. Die Darstellung der Szenerie soll auf dem Deckel des Kastens erfolgen. Jede Stellungnahme oder gar Beeinflussung soll vermieden werden.

Auswertung:
Beim Einsatz des Sceno-Tests in der sonderpädagogischen Diagnostik geht es nicht, um das noch einmal zu unterstreichen, um Deutungen, um eine "Tiefenhermeneutik". Dennoch wird davon ausgegangen, daß das Kind etwas darstellt, was in irgendeiner Weise für es bedeutsam ist. Erklärungen geben die Kinder häufig schon beim Spielvorgang. Nachfragen können auf die Auswahl der Materialien, auf die Bedeutung der Materialien für das Kind, auf Beziehungen zwischen den Menschen, Tieren, Gegenständen der in szenischen Darstellung sein. Speziellere Fragen können sein: Wer von all den Menschen, Tieren usw. in der Darstellung hat es deiner Meinung nach am besten? Wer hat es am

schlechtesten? Welche Rolle als Mensch oder auch als Tier würdest du übernehmen wollen, wenn die Szene in natürlicher Größe dargestellt werden sollte und du mitspielen könntest? (vgl. dazu Knehr 1961, 20). Für die sonderpädagogische Diagnostik ist der Sceno-Test ein Vehikel, um mit dem Kind über sich, seine Wünsche und Befürchtungen sowie seine Einstellungen zu sich und seiner Umwelt in ein diagnostisches Gespräch zu kommen.

Familie in Tieren

Autor: Brem-Gräser, L.
Zielgruppe: Kinder und Jugendliche (ca. 7 -16 Jahre)

Form und Inhalt:

Abb. 13: Zeichnung der Familie in Tieren eines achtjährigen Mädchens

Mit dem Test "Familie in Tieren" soll die Familiendynamik eines Kindes oder Jugendlichen erfaßt werden. Der Test geht davon aus, daß Tiere im Leben von Kindern wie von Völkern allgemein eine große Rolle spielen und häufig zur symbolischen Darstellung benutzt werden. So verwundert es nicht, daß in einer Untersuchung von 2000 Kindern im Alter von 10 Jahren die Tiere am häufigsten gezeichnet wurden, die in der Menschheitsgeschichte besondere symbolische Bedeutung gewannen und spezielle Eigenschaften zum Ausdruck bringen. Die 5 am häufigsten gezeichneten Tiere waren: Schlange, Hase, Fisch, Vogel, Pferd (vgl. Brem-Gräser 1980, 30). Der Test entstand aus der Erziehungs- und Schulberatung. Er dient der Erfassung der Familiengeschichte und -situation.

Durchführung:
Als Materialien werden Bleistifte, ggf. auch Buntstifte oder Wachsstifte und ein mindestens Din-A-4 großer Papierbogen benötigt. Das Verfahren kann bei Kindern und Jugendlichen zwischen 7 und 16 Jahren eingesetzt werden. Der Proband bekommt folgende Anweisung: „Du kennst doch Märchen, da werden oft Menschen in Tiere verwandelt und umgekehrt. Stelle dir einmal vor, deine Familie wäre eine Tierfamilie und zeichne euch alle, natürlich auch dich selbst, als Tiere. Numeriere bitte die Reihenfolge, nach der du zeichnest, und schreibe unter jedes Tier, wen es darstellen und was für ein Tier es sein soll. Es kommt nicht darauf an, daß du besonders schön zeichnest, sondern nur darauf, was du darstellen willst" (a.a.O., 29). Abbildung 13 zeigt 1. den "Papa", 2. das Mäd-

chen selbst, 3. die "Mama", 4. die "Tante", 5. die "Oma", 6. den Onkel und 7. den "Opa" (ein Walfisch).

Auswertung:
Auch der Test "Familie in Tieren" dient als Vehikel für ein diagnostisches Gespräch. Naheliegende Fragen sind zunächst zu beantworten, die mit der Reihenfolge der Darstellungen, der Größe, der Bedeutung, der Beziehung der Einzeldarstellungen zueinander zu tun haben. Die Erfahrung zeigt, daß sich Kinder und Jugendliche zu diesen Fragen gern äußern, daß sie über sich und ihre nähere Umwelt anhand der Zeichnung gern ins Gespräch kommen, daß sie über Dinge sprechen, über die sie sonst nicht sprechen würden und Gegebenheiten und Zusammenhänge mitteilen, die ihnen sonst nicht so deutlich bewußt sind oder über die sie noch gar nicht gesprochen haben.

Der Mensch-Zeichen-Test

Autoren: Goodenough, F. 1926, Machover, K. 1941, Abraham, A. 1978, Ziler, H.
             1950
Zielgruppe: Kinder (ca. 3 - 17)

Form und Inhalt:
Verschiedene Formen des Mensch-Zeichen-Tests wurden im Laufe der vergangenen Jahrzehnte von verschiedenen Autoren vorgelegt aus der Erkenntnis heraus zum einen, daß Kinder, wenn ihnen Freiheit zur zeichnerischen Darstellung gegeben ist, gern Menschen zeichnen und zum anderen, daß in den Zeichnungen mit fortschreitendem Alter eine entwicklungsbedingte Differenzierung von sehr einfachen Formen (Kopffüßler) bis hin zu detaillierten, realitätsgerechten Menschendarstellungen deutlich wird. Autoren, die sich mit der Menschendarstellung zu diagnostischen Zwecken beschäftigten, sind z.B. Goodenough 1926, Machover 1941, Ziler 1950, Abraham 1978. Goodenough's Methode wird als formalistisch- additiv bezeichnet. Machover und Abraham zielen darauf, mit der Menschendarstellung auf psychoanalytischem Hintergrund Projektionen zu erfassen. Ziler, der auf den Erfahrungen von Goodenough aufbaut, begrenzte den Darstellungauftrag auf das männliche Geschlecht. Nach Ziler ist folgende Anweisung zu geben: "Male einen Mann, so gut du kannst!" Eine derartige Einschränkung erscheint als nicht angemessen. Besser ist die Formulierung: "Zeichne einen Menschen (Junge oder Mädchen, Mann oder Frau), so gut du kannst!" Ziler sah den von ihm konzipierten Mann-Zeichen-Test (MZT) als "Ergänzungstest zum Binet-Simon-Intelligenztest beim Aufnahmeverfahren in die Hilfsschule" (Ziler [6]1977, 2) an. Im Ansatz wird das Verfahren Zilers dem Praxisbedarf gerecht, eine Möglichkeit an die Hand zu geben, mit der verdeutlicht werden kann, ob die Darstellung altersgemäß ist oder nicht. Die "detailstatistische Auswertung", die Ziler anhand von 52 Merkmalen durchführt sind jedoch nicht eindeutig und vollständig. So kann der errechnete Mann-Zeichen-Quotient wohl ungefähre Hinweise auf Altersgemäßheit oder Retardierungen im Hinblick auf die Wahrnehmung und geistige Durchdringung der Umwelt am Beispiel einer markanten Erscheinung geben, er kann jedoch nicht exakt sein, nicht "Auskunft über die geistige Entwicklung des Kindes" schlechthin geben (a.a.O., 18), erst recht nicht "einer ersten Beurteilung und Rangeinteilung" im Hinblick auf Intelligenz dienen (a.a.O., 32). Da jedoch die zeichnerische Darstellung des Menschen durch das Kind seine Bedeutung hat, vielfältige Hinweise zu geben vermag, Anlaß sein kann für ergiebige diagnostische Gespräche, ist es für den Beurteiler schon wichtig, ungefähr einschätzen zu können, inwieweit die Darstellung den Fähigkeiten Gleichaltri-

ger entspricht. Eine verbesserte Erarbeitung einer detailstatistischen Auswertung scheint deshalb wünschenswert zu sein. Bis diese vorliegt, kann das Auswertungskonzept Zilers als Notbehelf dienen.

Durchführung:
Das Kind bekommt den Auftrag, auf einem Din-A-5 Blatt mit einem Bleistift - ggf. auch unter Verwendung von Buntstiften - einen Menschen so gut wie möglich zu zeichnen. Dieser Auftrag kann von Kindern vom 4. Lebensjahr ab erfüllt werden.

Auswertung:
Eine vage Antwort auf die Frage, ob die Darstellung altersgemäß ist, kann eine detailstatistische Auswertung nach Ziler geben, wenn man sich die Mühe machen will, die als bedeutsam angesehenen Details anhand einer Liste von 52 Merkmalen zu überprüfen. Die erfaßte Punktzahl wird durch 4 geteilt, da 4 Punkte für 1 Jahr des zu errechnenden Mann-Zeichen-Alters (MZA) stehen. Dem Ergebnis der Devisionsaufgabe werden 3 Punkte hinzugefügt, weil ein dreijähriges Kind noch keinen Punkt erreichen kann. Das erreichte MZA wird durch das Lebensalter (LA) geteilt, so daß sich ein Quotient ergibt, der mit "1" Altersgemäßheit angibt und analog zum Intelligenzquotienten nach den Verfahren von Binet und Nachfolgern mit 100 multipliziert wird (MZQ).

Abb. 14: Mensch-Zeichnungen zweier 13 Jahre alter Mädchen mit einem MZQ von 70 bzw. von 100

Für die sonderpädagogische Diagnostik hat die zeichnerische Menschen-Darstellung ihren Wert darin, daß sich eine für das Kind entlastend und freudvoll empfundene Situation nonverbaler Kommunikation ergibt, die erste Kontakte schafft und über die Darstellung zu einem ergiebigen diagnostischen Gespräch führen kann. Anlaß zum Gespräch können Fragen nach der Person der Darstellung, nach der Wahl des Geschlechts, der Größe, zum Aussehen oder zu den verschiedenen Details sein. So mag es für das Kind seine besondere Bedeutung haben, wenn es eine Person ohne Mund, mit einem Stock in der Hand oder einem Messer im Bauch darstellt.

126

2. Verhaltensbeobachtung

Verhaltensbeobachtung liefert Informationen über Interaktionspartner in ihrer natürlichen Umgebung oder auch in einer Labor-Situation. So können Kinder und Jugendliche mit Verhaltensstörungen im Kindergarten, in der Vorschule, in der Schule, während des Unterrichts, während der Pausen oder auch in der diagnostischen Situation der Erhebung von Daten beobachtet werden. Neben der Beobachtung in natürlichen Situationen des Spiels, der Arbeit, des Gesprächs usw. ist auch eine Beobachtung in künstlichen Situationen durch den Einwegspiegel oder auch indirekt über eine Videoanlage möglich. Durch Video-Anlagen aufgezeichnete Verhaltenssequenzen können nachträglich analysiert werden. Bei der direkten Beobachtung ist nach dem Verfahren der teilnehmenden Beobachtung eine Datenfixierung meist nur nach längeren Zeiteinheiten und verdeckt möglich. Systematische Verhaltensbeobachtung arbeitet mit Beobachtungssystemen und Zeiteinheiten und im Hinblick auf das Beobachtungsfeld und den Kodierungsvorgang mit streng einzuhaltenden Verfahrensvorschriften. Zu unterscheiden sind zwei verschiedene Systeme der Verhaltensregistrierung: Kategoriensysteme und Zeichensysteme. Kategoriensysteme sind auf einen bestimmten Verhaltensaspekt, z.B. aggressives Verhalten mit entsprechenden Operationalisierungen, ausgerichtet. Zeichensysteme beinhalten dagegen verschiedene Merkmale, die nach einer bestimmten Problem- oder Fragestellung zusammengestellt worden sind. Mit welchem System auch immer gearbeitet wird, bei Kindern und Jugendlichen mit Verhaltensstörungen sollten immer auch die unmittelbaren Interaktionspartner mit in den Blick genommen werden. Allerdings ist zu beachten, daß niemals die gesamte Wirklichkeit erfaßt werden kann, notwendig sind Einschränkungen, um Beobachter nicht zu sehr zu belasten oder die Beobachtung gar unmöglich zu machen. Zu berücksichtigen ist ohnehin, daß bei der Beobachtung und Beurteilung Fehler unterlaufen: Erwartungsfehler resultieren aus der bewußten oder unbewußten Beeinflussung des/der Observanden durch die Erwartungen des Beobachters. Einstellungs- oder Projektionsfehler meinen, daß der Beobachter Wünsche, Gefühle usw. auf den zu Beobachtenden projiziert. Mit dem Halo- oder Hofeffekt ist gemeint, daß sich ein Gesamteindruck im Sinne von Sympathie oder Antipathie auf die Beobachtung einzelner Merkmale auswirkt. Zu beachten sind weiterhin Fehler bei der Registrierung der Daten infolge falscher Einschätzungen oder Eintragungen. Diese Fehlermöglichkeiten lassen sich durch Beobachterschulung und auch dadurch reduzieren, daß in der Beobachtungssituation nicht nur ein Beobachter Aufzeichnungen macht, sondern mehrerer Beobachter zur Verfügung stehen. Bei der späteren Interpretation und Beurteilung sind auch mögliche Fehler zu beobachten wie Generalisierungstendenzen, logische Fehler, indem vermeidliche Zusammenhänge gesehen werden, Fehler durch Schlußfolgerungen und Wertungen. Verhaltensbeobachtung kann gut einen ersten Überblick über Problemverhalten vermitteln, Zusammenhänge im sozialen Kontext aufzeigen und zur diagnostischen Hypothesenbildung beitragen. Interaktionalen Zusammenhängen kann vertiefend mit den Verfahren der Interaktionsanalyse nachgegangen werden (vgl. z.B. Innerhofer 1977).
Erste Hinweise auf Problemverhalten vermögen auch Verfahren der Verhaltenseinschätzung zu liefern, die Beobachtung von Eltern oder Erziehern innerhalb eines bestimmten Zeitraums abfragen. Gut geeignet ist in dieser Hinsicht der Beobachtungsbogen für Kinder im Vorschulalter (BKV 4-6), der sich an Pädagogen in Kindergarten und Vorschule wendet, und die Marburger Verhaltensliste, die auf 6-12jährige Schulkinder ausgerichtet ist und sich an die Eltern wendet. Beide Verfahren werden nachfolgend im kurzen Überblick vorgestellt.

Beobachtungsbogen für Kinder im Vorschulalter (BBK)

Autorin: Althaus, Dagmar / Duhm, Erna (Hrsg.)
Zielgruppe: Kinder (ca. 4 - 6 Jahre)

Form und Inhalt:
Der BKV ist eine Verhaltensliste mit 78 Items. Die Items sind nach 5 Bereichen gegliedert:
1. Ankunft des Kindes
2. Soziales und emotionales Verhalten
3. Spielverhalten
4. Sprachverhalten
5. Arbeitsverhalten

Durchführung:
Der Bogen geht von teilnehmender Beobachtung aus und kann aufgrund der Beobachtungen mehrerer Beobachter ausgefüllt werden. Jede Verhaltensfeststellung kann mit 1 (sehr selten) bis 5 (immer) bewertet werden. Die Verhaltenseinschätzung sollte sich jeweils auf einen der 5 Abschnitte beziehen.

Auswertung:
Interpretationen, die auf Verhaltensstörungen verweisen können, beziehen sich auf folgende Bereiche: "Die praktische und emotionale Selbständigkeit bei Ankunft des Kindes im Kindergarten; die soziale Aktivität-Passivität und die Einordnung des Kindes in die Gruppe; die emotionale und soziale Selbständigkeit gegenüber der Erzieherin; aggressives Verhalten gegenüber anderen Kindern und der Erzieherin; Spielintensität und -produktivität; Sprechverhalten und Sprachfähigkeit; das Arbeitsverhalten, d.h. auf eine gut entwickelte Arbeitshaltung bzw. auf Arbeitsstörungen (Duhm / Althaus 1979, 12). Interpretationen anhand von Normen sind nicht möglich, als Orientierungshilfen stehen jedoch Prozentangaben zur Verfügung, die an 500 Kindern gewonnen wurden und sich auf die einzelnen Items beziehen.

Marburger Verhaltensliste (MVL)

Autoren: Ehlers, B. / Ehlers, Th. / Makus, H.
Zielgruppe: Schulkinder (ca. 6 - 12 Jahre)

Form und Inhalt:
Die Marburger Verhaltensliste ist ein Befragungsbogen, mit dem über 80 Items das Verhalten von 6-12jährigen Schulkindern in den vergangenen 2 Wochen von den Eltern erfragt wird.
Die 80 Items werden in 5 Subskalen zusammengefaßt: Emotionale Labilität, Kontaktangst, unrealistisches Selbstkonzept, unangepaßtes Sozialverhalten, instabiles Leistungsverhalten.

Durchführung:
Für die konkret formulierten Feststellungen zum Verhalten ist anzugeben, an wieviel Tagen in den letzten 2 Wochen das beschriebene Verhalten beobachtet wurde. Beispiele sind: "Wirft sich auf den Boden und schreit, wenn es etwas nicht bekommt oder tun darf

(Item 6). Kann nicht still sitzen, rutscht auf dem Stuhl hin und her (Item 23). Wird bei geringem Anlaß jähzornig (Item 45).

Auswertung:
Über Schablonen werden die einzelnen Items zu Subskalen zusammengefaßt. Die für die einzelnen Subskalen erhaltenen Werte werden in ein Schema mit Prozentrangnormierung eingetragen, das eine zusammenfassende Beurteilung als "unauffällig", "zweifelhaft" oder "Problemkind" zuläßt. Die Gefahr des Übersehens von Problemkindern liegt unter 4 %, die Gefahr negativer Fehlklassifikation unter 7 %. Die einzelnen Items können für eine differenzierte Exploration genutzt werden.

3.   Anamnese und Exploration

Bei Anamnese und Exploration geht es darum, Genese und Status quo des Problemverhaltens aus der Sicht relevanter Bezugspersonen und aus der Sicht des Kindes/Jugendlichen zu erfassen. Dabei ist die Anamnese mehr darauf ausgerichtet, Daten aus der Erinnerung der relevanten Bezugspersonen zu erfassen, die von der Zeit vor der Geburt, bei der Geburt bis zum gegenwärtigen Zeitpunkt Auskunft geben können über Ursachen und Ausbildung des Problemverhaltens. Die Exploration wendet sich vorwiegend an die betroffenen Kinder und Jugendlichen selbst und erfragt die gegenwärtige Situation.
Bei der Anamnese geht es darum, die wichtigsten Bereiche zu erfassen, und zwar systematisch und ökonomisch. Hilfen zur Anamneseerhebung haben deshalb Fragebogencharakter im Sinne standardisierter Interviews, lassen jedoch Vergleiche mit einer Bezugsgruppe anhand von Normierungen nicht zu. Es liegen einige gute Hilfen für die Anamneseerhebung vor (vgl. Kemmler 1972, Degener 1984). Beispielhaft soll der Diagnostische Elternfragebogen (DEF) vorgestellt werden. Als Beispiel und Möglichkeit für die Exploration bei Jugendlichen wird dann auf den Problemfragebogen für Jugendliche eingegangen.

Diagnostischer Elternfragebogen (DEF)

Autoren: Dehmelt, P. / Kuhnert, W. / Zinn, A.
Zielgruppe: Eltern mit Kindern im Kindergarten-, Vorschul- und Schulalter

Form und Inhalt:
Der DEF ist gut geeignet für eine systematische und ökonomische Anamneseerhebung. Die insgesamt 71 Fragenbereiche sind gegliedert in 7 Kategorien:

Tabelle 10: Kategorien für die Anamneseerhebung

Kategorie	Intention
I Familienverhältnisse	ungünstige Umweltverhältnisse
II Körperliche und geistige Entwicklung	Auffälligkeiten in der Entwicklung
III Erziehung	Erziehungsstil, Verhältnis der Eltern zueinander, zum Kind
IV Interessen und Fähigkeiten	Freizeitgestaltung, Interessen
V Beziehungen zu anderen Personen	Sozialverhalten
VI Schule	Schulschwierigkeiten, Lernstörungen
VII Entwicklung des Problemverhaltens	Zusammenhänge Problemverhalten - Umweltgegebenheiten

Durchführung:
Der DEF wendet sich an die Eltern und wird im Sinne eines standardisierten Interviews durchgegangen, wobei Zusatzfragen möglich sind.

Auswertung:
Eine standardisierte Auswertung ist nicht gegeben. In der Handanweisung finden sich Interpretationshinweise.

Problemfragebogen für Jugendliche (PfJ)

Autoren: Süllwold, F. / Berg, M. / Roth, H., 1967
Zielgruppe: Jugendliche (ca. 14 - 19)

Form und Inhalt:
Der PfJ ist für Jugendliche mit getrennten Formen für Jungen und Mädchen konstruiert worden. Er kann als Fragebogen zur Exploration bzw. zum besseren Verständnis der Probleme, Sorgen und Nöte von Jugendlichen verstanden werden. Er geht auf Gegebenheiten und Probleme ein, die für die Entwicklung von Jugendlichen charakteristisch sind.
Der Fragebogen hat 306 Items, die nach 8 Problembereichen gegliedert sind: 1. Meine Schule, 2. Nach der Schulzeit (bzw. Lehre), 3. Über mich selbst, 4. Ich und die anderen, 5. Zu Hause, 6. Jungen und Mädchen, 7. Gesundheit, 8. Allgemeines.
Der PfJ ist die deutsche Fassung des SRA Youth Inventory (Remmers, H.H. / Shimberg, B. / Purdue 1960).

Durchführung:
Jedes Item kann über 4 Stufen (großes, mittleres, gelegentliches, kein Problem) beantwortet werden. Eine Zeitbegrenzung ist nicht vorgesehen. Es ist jedoch etwa mit 45 - 60 Minuten zu rechnen.

Auswertung:
Je nach Beantwortung werden für jedes Item null bis drei Punkte gegeben, die für die einzelnen Problembereiche zu Rohwerten summiert werden. Über die Rohwerte der einzelnen Problembereiche sowie die Rohwertsumme aller Problembereiche können - ge-

trennt für Alter und Geschlecht - Prozentränge ermittelt werden. Bedeutsam erscheint jedoch die qualitative Auswertung, d.h. die Analyse auf Itemebene. Im Hinblick auf die einzelnen Items vermittelt eine Tabelle zur Häufigkeitsverteilung eine Einschätzung darüber, ob das Problem entwicklungsspezifisch oder als ungewöhlich anzusehen ist. So ist ein Einblick in ungünstige, beeinträchtigende Lebens- und Lernsituationen möglich.

4.   Schulleistungstests

Schulleistungstests liegen in allgemeiner Form zur Erfassung schulischer Leistung in verschiedenen Unterrichtsfächern sowie in spezieller Ausrichtung auf einzelne Unterrichtsfächer bzw. einzelne Kulturtechniken vor. Allgemeine Schulleistungstests wurden z.B. für die Klassen 2, 3 und 4 konstruiert. Spezielle Verfahren zur Erfassung der Leistung z.B. im Lesen, im Rechtschreiben und im Rechnen haben besonderen Wert, wenn sie "diagnostisch", d.h. auf das Aufspüren individualtypischer Fehler, Schwächen und Fördermöglichkeiten ausgerichtet sind. Für jeden der genannten Bereiche wird beispielhaft ein bewährtes Verfahren vorgestellt.

Allgemeiner Schulleistungstest für zweite Klassen (AST 2)

Autor: Rieder, O., 1991
Zielgruppe: Schüler am Ende der 2. Klasse

Form und Inhalt:
Der AST 2 erfaßt spezifische Leistungen in den Fächern Deutsch, Rechnen und Sachwissen. In ähnlicher Form liegt er auch für weitere Schuljahre vor. Er besteht aus 6 Untertests mit insgesamt 124 Items. Im Fach Deutsch wird auf den Wortschatz, das Leseverständnis und die Rechtschreibung eingegangen. Im Fach Rechnen werden Zahlenrechnen und Textaufgaben angeboten. Im Bereich Sachwissen werden allgemeine Kenntnisse aus den Bereichen Natur und Technik abgefragt.

Durchführung:
Der Test soll in der 2. Hälfte bzw. in den letzten drei Monaten der 2. Klasse angeboten werden. Er kann als Gruppen- und Individualtest durchgeführt werden. Jeder Schüler erhält ein Testheft, der Testleiter liest die Anweisungen aus einem Beiheft vor. Benötigt werden 2 Unterrichtsstunden.

Auswertung:
Die Auswertung geschieht mit Hilfe eines Auswertungsschlüssels. Die ausgezählten Rohpunkte werden für die einzelnen Fächer zu Gesamtrohpunkten zusammengefaßt und in Prozentränge sowie T-Werte umgerechnet. Eine Normentabelle läßt Vergleiche mit der Standardisierungsstichprobe zu. Der Test liegt in zwei parallelen Formen (A und B) vor.

Diagnostischer Lesetest für 2. und 3. Klassen

Autor: Geuß, H. / Schlehvoigt, G.
Zielgruppe: Schüler zu Beginn der 2. und 3.Klasse

Form und Inhalt:
Der DLT 2/3 erfaßt die Lese- und Rechtschreibleistungen zu Beginn des 2. bzw. 3. Schuljahres. Mit zwei unterschiedlich schwierigen Wortreihen von je 25 Wörtern wird das Leistungsvermögen differenziert erfaßt.

Durchführung:
Über einen Overheadprojektor wird jedes Wort kurz gezeigt, um dann von den Schülern aufgeschrieben zu werden. Mit der zweimaligen Darbietung der Wortreihen sollen fehleranalytische Vergleiche ermöglicht werden, um individuelle Trainings anbieten zu können.

Auswertung:
Richtig geschriebene Wörter werden mit Punkten bewertet. Die Fehlerzahlen für "fehlende Wiedergabe" und "fehlendes Ende" werden festgestellt. Die erfaßten Rohwerte können in Prozentwerte umgewandelt und anhand einer Prozenttabelle mit Normwerten verglichen werden. Die Auswertung kann auch qualitativ über 8 Fehlerkategorien erfolgen und zur Erstellung eines Fehlerprofils führen, das wiederum Hinweise für individuelle Fördernotwendigkeiten und -möglichkeiten gibt.

Diagnostischer Rechtschreibtest für 3. Klassen (DRT 3)

Autor: Müller, R., 1983
Zielgruppe: Schüler am Ende der 3. Klasse

Form und Inhalt:
Der DRT 3 ist ein gut konstruierter, standardisierter und bewährter Schulleistungstest im Bereich der Rechtschreibung. Der Test besteht aus 44 Sätzen, in denen jeweils ein Wort fehlt. Die fehlenden Wörter stellen die Leistungsanforderung an die Schüler dar.

Durchführung:
Der Test kann in den letzten vier Monaten des 3. Schuljahres und den ersten drei Monaten des 4. Schuljahres sowie in der 5. und 6. Klasse der Sonderschule für Lernbehinderte durchgeführt werden. Die Schüler tragen in Testhefte mit Lückensätzen die vom Testleiter diktierten Wörter ein.

Auswertung:
Es besteht die Möglichkeit zur quantitativen wie zur qualitativen Auswertung. Die quantitative Auswertung erfolgt über Rohpunkte und Prozentränge. Die qualitative Auswertung führt über eine Fehleranalyse zum Vergleich mit einer Fehlertypologie.

Diagnostischer Rechentest für 3. Klassen (DRE 3)

Autor: Samstag, K. / Sander, A. / Schmidt, R.
Zielgruppe: Schüler am Ende der 3. und zu Beginn der 4. Klasse.

Form und Inhalt:
Der DRT 3 ermöglicht die Feststellung und Beurteilung der Rechenfertigkeit und des Rechenverständnisses. Er macht typische Fehler feststellbar, zeigt Schwierigkeiten sowie Schwächen der Schüler auf. Er ist ein systematisches, gut überprüftes zeitökonomisches Verfahren.
Der Test existiert in zwei Parallelformen. Er stellt 40 Zahlen- und 4 Textaufgaben. Die Aufgaben haben einen ansteigenden Schwierigkeitsgrad. Er ist für das letzte Drittel der 3. Klasse und den Beginn der 4. Klasse konstruiert.

Durchführung:
Der Test kann als Einzel- oder auch als Gruppentest gegeben werden, wobei er im Einzelverfahren auch nach der Methode des "lauten Denkens" eingesetzt werden kann, um das mathematische Denken des Probanden nachvollziehen und erfassen zu können. Die Aufgabenstellungen erfolgen über einen Testbogen.

Auswertung:
Mit einem Lösungsschlüssel werden die richtig gelösten Aufgaben ermittelt. Über Prozentränge und T-Werte werden Vergleichsmöglichkeiten gegeben. Tabellen vermitteln die häufigsten Fehler nach abnehmender Häufigkeit. Mit Hilfe dieser Tabellen können Fehlerprofile erstellt werden.

5. Intelligenztests und spezielle Leistungstests

Leistungsprüfsystem (LPS)

Autor: Horn, W., 1983
Zielgruppe: Kinder (ab 9 Jahren), Jugendliche und Erwachsene

Form und Inhalt:
Das LPS ist ein differenzierter Intelligenztest, d.h. er erfaßt einzelne Faktoren der Intelligenz. Es handelt sich um ein schwieriges, zeitaufwendiges Verfahren, das den Untersuchenden zwar belastet, dafür aber detaillierte Einsichten in die Intelligenzstruktur zuläßt.
Das LPS liegt in den Parallelformen A und B vor. Es besteht aus 14 Untertests mit jeweils 40 Items und einer Arbeitskurve. Die einzelnen Untertests beginnen einfach und steigern dann die Anforderungen. Zum LPS gehört eine Arbeitskurve, mit der Konzentrationsfähigkeit und Belastbarkeit erfaßt werden können. Das System ist für Kinder ab dem 9. Lebensjahr und für Erwachsene in allen Altersbereichen einsetzbar. Es handelt sich um einen gut standardisierten Test, der den Testgütekriterien gut entspricht und umfangreich erprobt worden ist.

Durchführung:
Das LPS ist ein sogenannter Bleistifttest, es wird mit Testbögen gearbeitet. Die Arbeitsanweisungen müssen wörtlich vorgetragen werden, können auch über Tonband wiedergegeben werden, wobei mit dem Gerät dann auch die Zeitmarken gesetzt werden können.

Auswertung:
Die Auswertung erfolgt über Schablonen. Für jeden Untertest werden die richtigen Angaben summiert und als Rohpunkte erfaßt. Eintragungen in ein Schema machen für die einzelnen Intelligenzbereiche/-faktoren die relative Leistungsfähigkeit deutlich. Ein Gesamt-IQ kann ausgerechnet werden, ist aber nicht das eigentliche Ziel des Tests.
Das LPS besteht aus 14 Untertests mit insgesamt 560 Aufgaben. Die hohe Zahl der Aufgaben resultiert daraus, "daß ein Leistungsprofil nur dann für Einzeldiagnosen brauchbar ist, wenn die dahinterstehenden Testreihen aus genügend Items bestehen" (a.a.O., 6).
Insgesamt werden 6 Intelligenzfaktoren erfaßt: Allgemeinbildung, Denkfähigkeit, Worteinfall, technische Begabung, Ratefähigkeit, Wahrnehmungstempo.
Der Test kann auch in drei verkürzten Formen mit 90 Minuten, 40 Minuten und 15 Minuten gegeben werden, wobei er auch in der Kurzform von 15 Minuten mit drei Untertests noch eine sehr hohe Korrelation mit ermittelten Intelligenzquotienten anderer Tests hat.

Snijders-Oomen nicht verbale Intelligenzreihe (SON)

Autoren: Snijders, J.Th. / Snijders-Oomen, N.
Zielgruppe: Kinder und Jugendliche (13 - 16 Jahre)

Form und Inhalt:
Die SON ist ein sprachfreier Intelligenztest. Er ist zunächst für Gehörlose konstruiert worden und kann nach wie vor bei diesen erfolgreich eingesetzt werden. Er ist der Test der Wahl bei Probanden, die bei an Schulleistungsanforderungen erinnernde Aufgaben blockieren. Mit seinem vielfältigen Testmaterial ist er motivierend und durch die differenzierten Aufgabenstellungen auch sehr informativ.
Die SON besteht aus 8 Untertests, von denen jeweils 2 in den Gruppen Form (Wahrnehmung, räumliche Gebilde; Zeichnen), anschaulicher Zusammenhang (Kombinationen, Zusammensetzen von Bildern / Bilderreihen), Abstraktion (Analogien, Sortieren) und unmittelbares Gedächtnis (für Bilder / Tippreihen) zusammengefaßt sind. Die ersten Tests jeder Zweiergruppe kön-

Abb. 15: Vorlage zum "Figurenergänzen" in der SON

nen insgesamt als Kurzform durchgeführt werden.

Abbildung 15 gibt ein Beispiel: Unvollständige Figuren sollen symmetrisch vervollständigt werden (Figurergänzung, nach Snijders-Oomen [2]1964).

Durchführung:
Die Durchführung erfolgt als Einzeltest. Zur Überwindung von eventuell gegebenen Ängsten und Hemmungen kann ein spielerischer Vortest eingesetzt werden. Die Probanden brauchen auf die Testaufgaben nur nonverbal zu reagieren. Der Testleiter füllt den Testbogen aus. Um nicht eine Unterforderungssituation herbeizuführen, können auch Aufgaben übersprungen werden.

Auswertung:
Die ermittelten Rohwerte der Subtests werden in Standardwerte umgesetzt, wobei nach dem Alter geordnete Tabellen - getrennt für Hörende und Gehörlose - verwendet werden. Mit der Summe der Standardwerte und der Anzahl der durchgeführten Subtests kann anhand einer Tabelle der Intelligenz-Quotient (IQ) abgelesen werden. Es kann aber auch für jeden Subtest einzeln ein Subtestalter errechnet werden, so daß in Relation zum chronologischen Alter der spezifische Entwicklungs- bzw. Leistungsstatus festgestellt werden kann.

Standard Progressive Matrices / Raven-Matritzen-Test (SPM)

Autor: Raven, J.C. - Deutsche Bearbeitung: Kratzmeier, H., 1988
Zielgruppe: Kinder (ab 5 Jahren), Jugendliche und Erwachsene

Form und Inhalt:
Der SPM ist ein nonverbaler Intelligenztest, der die Allgemeinbefähigung (b-Faktor) erfaßt. "Der Test soll die gesamte kognitive Entwicklung erfassen, vom Kind, das begreift, daß es das fehlende Stück einer Figur finden soll, bis zur maximalen Fähigkeit eines Menschen, Vergleiche zu bilden und in Analogien zu denken" (SPM-Manual 1979, 7).
Der SPM hat insgesamt 60 Aufgaben, die nach 5 Serien geordnet sind, wobei sich sowohl bei den Serien (A-E) als auch bei den jeweils 12 Aufgaben pro Serie der Schwierigkeitsgrad progressiv (deshalb: progressive Matrizen) steigert. Die Matrizen sind Folgen abstrakter Muster und Zeichen, von denen das letzte im Multiple Choice Verfahren aus 6 bis 8 Antwortmöglichkeiten auszuwählen ist.

Durchführung:
Die Sequenzen der Muster und Figuren haben einen hohen Aufforderungscharakter dahingehend, die richtige Lösung zu finden und die Lücke auszufüllen. Verbale Hinweise erübrigen sich eigentlich, werden jedoch, gerade auch im Hinblick auf jüngere und psychisch behinderte Kinder nach Vorschrift gegeben. Die ersten beiden Aufgaben der ersten Serie werden sogar mit dem/den Probanden durchgegangen. Es stehen Durchschreibeantwortbögen zur Verfügung, auf denen die 60 Matrizen mit den jeweils 6 bzw. 8 Antwortmöglichkeiten aufgedruckt sind. Für jede Serie ist mit dem Bleistift die richtige Antwortmöglichkeit anzukreuzen. Jeder Proband bekommt ein Testheft mit den 60 Matrizen und einen Durchschreibeantwortbogen sowie einen Bleistift bzw. Kugelschreiber. Es gibt auch eine sprachfreie Instruktion für Gehörlose und andersprachige Testpersonen.

Auswertung:
Die Durchschrift des Antwortbogens ermöglicht eine schnelle und übersichtliche Auswertung. Für den weltweit an ca. 20.000 Personen geeichten Test liegen deutsche Prozentrangnormen auch für Kinder und Jugendliche zwischen 10 und 15 Jahren vor, die zu IQ-Werten transformiert werden können.

Für die Durchführung besteht keine Zeitbegrenzung; es sind ca. 45 Minuten anzusetzen.

Der Test ist völlig objektiv und erreicht hinsichtlich Reliabilität und Validität gute Werte. Grenzen hat er hinsichtlich der Differenzierung zwischen kleinen Kindern und sehr intelligenten Erwachsenen. Ergänzende Formen des SPM, die Coloured Progressive Matrices (CPM) für 5 bis 11jährige Kinder und alte Menschen über 65 Jahre sowie die Advanced Progressive Matrices (APM) für hochintelligente Erwachsene, können bei diesen speziellen Zielgruppen hilfreich sein.

Differentieller Leistungstest KE (DL-KE)

Autoren: Kleber, E.W. / Kleber, G. / Hans, O., 1975
Zielgruppe: Kinder im Vorschulalter (5 Jahre; 7 Monate - 6;6 Jahre)

Form und Inhalt:
Der DL-KE mißt mit Konzentrationsfähigkeit und Belastbarkeit bedeutsame Bedingungen für effektive Mitarbeit in der Schule. Konzentrationsfähigkeit meint das Vermögen, über einen längeren Zeitraum aufmerksam zu sein. Mit Belastbarkeit ist gemeint, daß über einen längeren Zeitraum ohne Leistungsabbau ein den individuellen Möglichkeiten entsprechendes Leistungsniveau erhalten werden kann. Sind in diesem Bereich Beeinträchtigungen gegeben, dann kann ein Kind die erwarteten Leistungen nicht erbringen; es wird entmutigt und kann mit der Zeit Verhaltensstörungen entwickeln. Der Test kann also Hinweise geben für Überlastung und Überforderung, auch Konzentrationsstörungen und Konzentrationsschwäche und somit dem Lehrer/Erzieher Hilfen geben für adäquate Förderungen und ggf. den Einsatz spezieller Trainings- bzw. Förderprogramme.

Der Test ist für die Eingangsstufe der Grundschule konzipiert. Er ist zwar ein Durchstreichtest wie viele ähnliche Tests, arbeitet jedoch mit kindgemäßen Abbildungen von Gegenständen, die den Kindern bekannt sind, die die zunächst einmal notwendige Aufmerksamkeit zur Bearbeitung des Tests auch hervorrufen können. "K" steht für konzentrierte Tätigkeit, "E" steht für Eingangsstufe der Grundschule.

Das achtseitige Testheft besteht aus in Reihen angeordneten skizzenhaften kleinen Bildern von Baum, Mond, Blume, Gabel, Zahnbürste, Schere, Auto, Ei, Maus, Vogel, Ball usw. Jedes Testblatt hat 14 Zeilen, von denen jede 10 Bilder enthält. Der Test hat zwei parallele Formen A und B. Auf den Vorlagen zu A und B wird jeweils angegeben, welche beiden Bilder mit einem Strich markiert werden sollen, die anderen Bilder bekommen einen Punkt. Empfohlen wird die Arbeit mit einem weichen Filzschreiber.

Durchführung:
Da die Gruppensituation eine Stimulation im Hinblick auf gute Leistungsfähigkeit bedeutet, soll der DL-KE in Kleingruppen mit 4 - 6 Probanden durchgeführt werden. Für die Einführung und Instruktion werden ca. 10 Minuten benötigt; die Testdurchführung dauert dann 15 Minuten. Um die Kinder verstärkt zu motivieren und die Testdurchführung zu erläutern, wird einleitend die Geschichte eines Zauberers erzählt. Auf einer Seite des Tests wird zunächst Durchstreichen, Punkte machen und einen Kringel zeichnen geübt. Ein Kringel wird an der Stelle gezeichnet, wo sich das Kind befindet, wenn der Ton für

das Ende einer Zeiteinheit ertönt. Insgesamt wird mit 10 Intervallen von je 1,5 Minuten gearbeitet. Besonders schnell arbeitende Kinder kommen mit einem Testheft nicht aus; sie bekommen ein weiteres.

Auswertung:
Die pro Zeiteinheit bearbeiteten Zeichen werden ausgezählt, mit einer Schablone können Fehler erfaßt werden. Über Normtabellen kann das Leistungsverhalten klassifiziert werden. Auf den Auswertungsblättern kann die Verlaufskurve der Leistung bei konzentrierter Tätigkeit graphisch dargestellt und mit der mittleren Gruppenverlaufskurve verglichen werden. So ergeben sich schon optisch Verweise auf Konzentrationsstörungen und Konzentrationsschwäche. Auf weitere pädagogisch-therapeutisch relevante Merkmale wird in Interpretationshinweisen aufmerksam gemacht.

Anstrengungsvermeidungstest (AVT)

Autoren: Rollett, D. / Bartram, M., 1981
Zielgruppe: Kinder und Jugendliche (ca. 11 - 15 Jahre)

Form und Inhalt:
Der AVT ist auf den schulischen Bereich bezogen. Er versucht, "die Neigung von Schülern, schulischen Anstrengungen aus dem Wege zu gehen, zu erfassen. Er ist für Schüler des 5. - 9. Schuljahres konzipiert.
71 Items sind auf Anstrengungsvermeidung ausgerichtet, d.h. es wird eine Verhaltenssituation vorgegeben, auf die mit Anstrengungsvermeidung reagiert werden kann. 41 Items messen mit zwei Antwortalternativen die Tendenz zur Anstrengungsvermeidung und den sogenannten Pflichteifer. Zusätzliche Informationen für pädagogisch-therapeutische Maßnahmen sind über 30 Items zu erhalten.

Durchführung:
Der AVT kann als Einzel- oder Gruppentest durchgeführt werden. Eine Zeitbegrenzung ist nicht vorgesehen. Zu rechnen ist mit ca. 15 Minuten. Der Test sollte in der 2. oder 3. Schulstunde durchgeführt werden, damit die Schüler noch frisch sind und nicht wegen ihrer Abgespanntheit Anstrengungsvermeidungsverhalten zeigen. Nach wörtlicher Instruktion anhand des Manuals entnehmen die Schüler die Items einem Fragebogen und tragen die Antworten mit Bleistift in ein Testheft ein.

Auswertung:
Die Auswertung erfolgt mit einer Schablone zur Trennung der Anstrengungsvermeidungs- und Pflichteiferitems. Die Rohpunkte werden für die beiden Skalen addiert, die erhaltenen Rohwerte ermöglichen Vergleiche mit der Altersgruppe über Prozent- und Standardwerte. Der Test entspricht den Testgütekriterien. Der Test kann nach Klassenstufe (5 und 6/7 - 10), nach Schulart (Hauptschule / weiterführende Schulen) und nach Geschlecht differenziert ausgewertet werden. Mit dem Test werden zwei Typen von Anstrengungsvermeidern erfaßt: 1. "Störenfriede", die einen desorganisierten Arbeitsstil haben, nur kurze Zeit arbeiten können, abgelenkt, labil und vergeßlich sind; die Eltern sind häufig materiell verwöhnend, aber emotional vernachläßigend, oft sind sie überlastet. 2. "Desinteressierte" mit einem apathischen Arbeitsstil, die extrem langsam, frühzeitig überfordert sind. Für diese beiden Typen werden Hinweise für pädagogisch-therapeutische Hilfen gegeben.

6. Persönlichkeitstests

Unter Persönlichkeit soll die Summe der charakteristischen Verhaltensmuster verstanden
werden, die aus den Einstellungen und Wertungen, Gefühlen und Beziehungen einer Person zu sich selbst, zur Umwelt und zu seiner Stellung im Kosmos resultieren.

Mit Persönlichkeitstests wird versucht, Einblick zu bekommen in Persönlichkeitsdimensionen / Verhaltensbereitschaften von Personen wie z.B. Aggressivität, Ängstlichkeit,
Depressivität, Introversion, Extraversion, Neurotizismus usw. Allgemeine Persönlichkeitstests sind auf möglichst viele dieser Dimensionen ausgerichtet, spezielle Verfahren
widmen sich einzelnen Dimensionen z.B. nur der Angst oder der Aggressivität. Die Verfahren sind auf offene Mitarbeit der Probanden angewiesen, einige Verfahren beinhalten
Lügenitems, um das Ausmaß der Offenheit zu erfassen. Bei zu geringer Offenheit verliert
das Verfahren seine Aussagekraft. Beispielhaft für multidimensionale Tests sollen zwei
Verfahren vorgestellt werden, die sich bei Kindern (HAPEF-K) bzw. bei Jugendlichen
und Erwachsenen (FPI) seit langem bewährt haben und gut standardisiert sind. Als Bei-

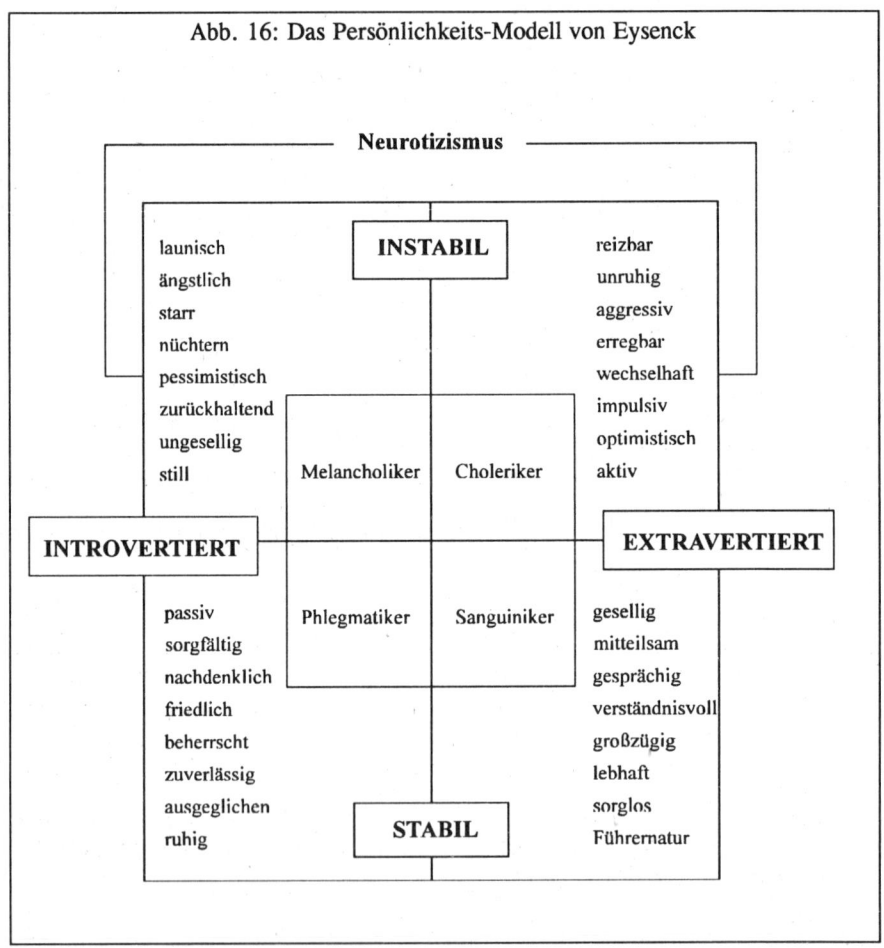

Abb. 16: Das Persönlichkeits-Modell von Eysenck

spiel für ein spezielles, auf eine Dimension - die Aggressivität - bezogenes und besonders kindgemäßes Instrument wird auf den Erfassungsbogen für aggressives Verhalten in konkreten Situationen (EAS) eingegangen. Der persönlichkeitstheoretische Hintergrund für HAPEF-K und FPI wird weitgehend durch das Persönlichkeitsmodell von Eysenck abgedeckt (siehe Abb. 16, nach: Eysenck 1978, 134).

Hamburger Persönlichkeitsfragen für Kinder (HAPEF-K)

Autoren: Wagner, H. / Baumgärtel, F.
Zielgruppe: Kinder (9-13 Jahre)

Form und Inhalt:
Der Test besteht aus 2 Fragebögen, die auch einzeln angeboten werden können. Die Gesamtform mit den Teilen 1 und 2 hat 129 Items, die sich zu 6 Faktoren bzw. Skalen zusammenfassen lassen (vgl. Tabelle 11).

Tabelle 11: Faktoren des HAPEF-K

Faktoren/Skalen	Interpretation
Emotional bedingte Leistungs-störungen (EL)	Unsicherheit, Unzulänglichkeit, Minderwertigkeitsgefühle, mangelnde Konzentrationsfähigkeit bei Leistungsanforderungen
Initiale Angst/somatische Beschwerden (AS)	ängstliche Erwartungshaltung, somatische Symptome
Aggression (AG)	aggressives und dominantes Verhalten gegenüber Erwachsenen
Neurotizismus (NE)	übermäßige Empfindsamkeit, Schlaf- und Einschlafstörungen, Verlegenheit, Teilnahmslosigkeit
Reaktion auf Mißerfolg (RM) Extraversion (EX)	Leistungsmotivation Aktivität, Kontaktbereitschaft, Selbständigkeit, sozial wünschenswerte Verhaltensweisen

Durchführung:
Der HAPEF-K kann als Einzel- oder Gruppentest durchgeführt werden. Bei jüngeren Kindern werden ca. 40 Minuten, bei älteren Kindern ca. 20 - 30 Minuten benötigt. Nach genauer Anweisung können die Probanden die Fragen über 6 Antwortstufen von "immer oder fast immer" bis "nie oder fast nie" beantworten.

Auswertung:
Die Auswertung geschieht mit Hilfe von Schablonen. Nach Bewertung der Antworten von 1 - 6 werden die Rohwerte in Normwerte umgewandelt. Normierungen sind nach Alter und Geschlecht gegeben.

Freiburger Persönlichkeitsinventar (FPI)

Autoren: Fahrenberg, J. / Selg, H. / Hampel, R., 1970, [5]1989 (FPI-R)
Zielgruppe: Jugendliche (ab 15 Jahre) und Erwachsene

Form und Inhalt:
Das FPI besteht in der älteren Version aus 212 Items, die in 9 Hauptskalen und 3 Zusatzskalen zusammenzufassen sind. Die Hauptskalen haben die Bezeichnungen Nervosität,
spontane Aggressivität, Depressivität, Erregbarkeit, Geselligkeit, Gelassenheit, reaktive
Aggressivität und Dominanzstreben, Gehemmtheit, Offenheit. Die 3 Zusatzskalen beziehen sich auf Extraversion, Neurotizismus und Maskulinität. In der neuesten Version besteht das FPI aus 138 Items, die in 10 Hauptskalen und 2 Zusatzskalen zusammenzufassen sind. Die Hauptskalen haben die Bezeichnungen Lebenszufriedenheit, Soziale Orientierung, Leistungsorientierung, Gehemmtheit, Erregbarkeit, Aggressivität, Beanspru-
chung, Körperliche Beschwerden, Gesundheitssorgen und Offenheit. Die beiden Zusatzskalen beziehen sich auf Extraversion und Emotionalität.
Der Test gilt für das Jugendalter ab dem 15. Lebensjahr und für das Erwachsenenalter.

Durchführung:
Das FPI kann als Einzel- oder Gruppentest durchgeführt werden. Er liegt in vier Formen
vor, als Gesamtform, als Halbform A, Halbform B und als Kurzform. Die Items werden
mit "stimmt" oder "stimmt nicht" beantwortet.

Auswertung:
Die Auswertung erfolgt mit Hilfe von Schablonen. Die Rohwerte werden für die einzelnen Skalen summiert. Nach Umwandlung der Rohwerte in Standardwerte können die Ergebnisse für die einzelnen Skalen mit Normwerten verglichen und in ein Profilschema
eingetragen werden.

Erfassungsbogen für aggressives Verhalten in konkreten Situationen (EAS)

Autoren: Petermann, F. und U.
Zielgruppe: Kinder (9 - 13 Jahre)

Form und Inhalt:
Der Test besteht aus zwei Formen, eine richtet sich an Jungen, die andere an Mädchen.
Er besteht aus 22 Items bzw. Bilddarstellungen mit einem erläuternden Text zum Situati-
onsverständnis. Die durch Bild und Text dargestellten Geschichten haben drei Lösungsmöglichkeiten, von denen eine gewählt werden soll. Die Geschichten beziehen sich auf
Interaktionskonflikte, Aggressionen gegen andere Personen wie gegen Gegenstände sowie
auf Autoaggressionen. Beispielsweise werden folgende Situationen dargestellt: Hausaufgaben abschreiben, fremdes Fahrrad fahren wollen, Schultaschen vertauschen, ins Wasser
gestoßen werden, Platzansprüche am See haben, Steine werfen usw. Von jeweils drei
Wahlmöglichkeiten ist eine sozial erwünscht, zwei sind sozial unerwünscht. Der Test
kann als Grundlage dienen für adäquate Hilfen, wie sie die Autoren 1978 in dem Buch
"Training mit aggressiven Kindern" aufgezeigt haben. Mit seinen ansprechenden Bildern
gehört der Test zu den noch wenigen Verfahren, mit denen sich auseinanderzusetzen
Kindern Freude machen kann, die nicht nur abfragen, sondern in Situationen einbeziehen
und aus diesem Miterleben heraus die Gefahr der verfälschten Antworten reduzieren.

Durchführung:
An Jungen wird der Bogen EAS-J, an Mädchen der Bogen EAS-M verteilt, die Bögen enthalten genaue Anweisungen für die Durchführung. Unter anderem wird folgender Hinweis gegeben: Es gibt "Lügengeschichten", an denen erkannt werden kann, ob du ehrlich geantwortet hast oder nicht. Auf diese Weise soll der Aufforderung, ehrlich anzukreuzen, Nachdruck verliehen werden.

Auswertung:
Für die Auswertung steht ein Auswertungsbogen zur Verfügung. Es kann eine Gesamtpunktzahl errechnet werden, die über Normierungstabellen, getrennt für Jungen und Mädchen über Prozentränge und T-Werte einen Vergleich mit der Altersgruppe möglich machen. Bedeutsamer als die Gesamtauswertung ist jedoch die Verwertung des Informationsgehalts, der aus reaktionsbezogenen Tylermatrizen für anschließende gezielte pädagogisch-therapeutische Hilfen entnommen werden kann. Es läßt sich ein kindspezifisches Reaktionsprofil erstellen, das aggressive Tendenzen und Verhaltensdefizite in verschiedenen Bereichen verdeutlicht. Die Situationsdarstellungen des EAS lassen sich auch als Arbeitsmaterial für soziales Lernen im Unterricht einsetzen.

Fragebogen zum Selbstkonzept für 4. - 6. Klassen (FSK 4-6)

Autoren: Wagner, J.W.L. / Ingenkamp, K.H.

Form und Inhalt:
Der FSK 4-6 soll erfassen, wie sich Schüler selbst sehen und beurteilen. Mit dem Wissen über das Selbstkonzept eines Kindes kann der Lehrer/Erzieher ein besseres Verständnis für die kindlichen Verhaltensweisen aufbauen und ggf. Ansatzpunkte für Interventionsmaßnahmen finden, z.B. wenn sich ein Kind entmutigt fühlt und sich fast gar nichts mehr zutraut.
Der Test hat insgesamt 52 Items, mit denen 6 Bereiche erfaßt werden: Selbstwertgefühl, Kontaktbedürfnis, Betragen gegenüber anderen, Einschätzung eigener Fähigkeiten, Selbsteinschätzung des Äußeren, Beliebtheit und Einfluß.

Durchführung:
Es besteht die Möglichkeit des Einzel- wie auch des Gruppentests. Durch Ankreuzen auf einer sechsstufigen Skala von "stimmt genau" bis "stimmt überhaupt nicht" nehmen die Schüler zu den einzelnen Aussagen Stellung. Eine Zeitbegrenzung ist nicht vorgegeben. Es ist mit einer Testdauer von 25 Minuten zu rechnen.

Auswertung:
Die Rohpunkte werden mit einer Auswertungsschablone ermittelt. Sowohl für die 6 Einzelskalen als auch für den gesamten Test lassen sich die Rohpunkte in Prozent-T-Werte transponieren, um Vergleiche mit der Altersgruppe zu ermöglichen. Differenzierungsmöglichkeiten sind für Grund-, Haupt-, Gesamtschule und das Gymnasium gegeben. Vielfältige Interpretationshinweise erleichtern die Einordnung der erhaltenen Daten.

7.   Entwicklungstests

Entwicklungstests haben in der Pädagogik und in der Psychologie eine lange Tradition. Weithin bekannt geworden sind die Entwicklungstests von Charlotte Bühler und Hildegard Hetzer, die jedoch heutigen Ansprüchen an Validität und Reliabilität nicht genügen. Zu unterscheiden sind Screening-Verfahren, die einen groben Überblick vermitteln und erste Hinweise auf Entwicklungsstörungen geben können, und ausführliche differenzierte Entwicklungstests, die den Entwicklungsstand genauer angeben. Zur ersten Kategorie gehören die Denver-Entwicklungsskalen, der zweiten Kategorie sind der Entwicklungstest für das Schulalter (Schenk-Danzinger) sowie die Griffith-Entwicklungsskalen zuzuordnen. Vorgestellt werden der Entwicklungstest für das Schulalter und die Griffith-Entwicklungsskalen, ersterer als Beispiel für ein älteres, einen großen Altersbereich abdeckendes, aber weniger präzises Verfahren, die zweitgenannten Skalen als Beispiel für ein modernes, einen kleinen Altersbereich mit großer Präzision erfassendes Instrument.

Entwicklungstest für das Schulalter

Autorin: Schenk-Danzinger, Lotte
Zielgruppe: Kinder im Alter von 5; 0 - 10; 11 Jahren

Form und Inhalt:
Der Entwicklungstest für das Schulalter wurde auf der Basis der von Charlotte Bühler entwickelten Testmaterialien für das Kleinkindalter bereits in den dreißiger- und vierziger Jahren am Pädagogischen Institut der Wiener Universität insbesondere für die Beratungsarbeit einsatzfähig gemacht. Es handelt sich um einen mehrdimensionalen Test, der schulleistungsrelevant ist und Schulschwierigkeiten verdeutlichen soll. Die Testbatterie soll auch entwicklungsrelevant sein, soll also in weitestgehender Unabhängigkeit von Milieufaktoren eine Differenzierung nach Altersstufen erlauben.
Das Testinstrument verwendet ansprechende motivierende Verfahren, ist somit kindgemäß und einsetzbar. Es entspricht jedoch nicht mehr gegenwärtigen testtheoretischen Ansprüchen, kann aber dennoch im Sinne teilnehmender Beobachtung, situationsbezogener diagnostischer Gespräche sowie allgemeiner Hinweise auf Entwicklungsvariablen verwendet werden.
Für jede Altersstufe stehen jeweils 10 Untertests zur Verfügung, und zwar ein Test zur sozialen Reife, zwei Lerntests, drei Tests zur Materialbeherrschung und vier Tests zur Erfassung von Beziehungen.

Durchführung:
Den Kindern werden zunächst die Testreihen angeboten, die ihrer Altersstufe entsprechen. Wenn die altersentsprechenden Testreihen nicht gelöst werden können, werden die Tests der darunterliegenden Stufe durchgeführt. Die Lösungen der Kinder werden mit Plus oder Minus bewertet.

Auswertung:
Aus der Bewertung der gelösten Aufgaben ergibt sich das Entwicklungsalter. Das in Monaten umgerechnete Entwicklungsalter wird durch das in Monaten angegebene Lebensalter dividiert; der so entstandene Quotient erbringt über die Multiplikation mit 100 den Entwicklungsquotienten.

Griffith Entwicklungsskalen (GES)

Autoren: Griffith, Ruth
            Deutsche Bearbeitung: Brandt, Ingeborg
Zielgruppe: Kinder im ersten und zweiten Lebensjahr

Form und Inhalt:
Der Test hat fünf Subskalen, die folgendermaßen benannt sind:
a) Motorik
b) Persönlich-sozial
c) Hören und Sprechen
d) Auge und Hand
e) Leistungen
Für jede der fünf Subskalen sind für den Altersbereich von 24 Monaten Aufgaben benannt und zum Teil Materialien bereitgestellt, die dem Bedürfniss der kleinen Kinder nach spielerischem Umgang entgegenkommen, motivierend sind und Freude bereiten.
Die Testdurchführung beginnt mit besonders aussagefähigen Aufgaben, die als "Meilensteine der Entwicklung" angesehen werden. Diese Einstiegsaufgaben sind einem Altersbereich entnommen, der ca. drei Monate vor dem des zu testenden Kindes liegt. Auf diese Weise sollen Erfolgserlebnisse vermittelt und positive Motivationen geschaffen werden. Die weitere Bearbeitung erfolgt in flexibler Weise nach der dem Alter des Kindes zuzuordnenden Tabelle. Einzelne im Test vorgesehene Leistungen können auch während der Vorgespräche mit der Dauerbezugsperson (z.B. der Mutter) oder während der Beschäftigung mit anderen Aufgaben beobachtbar und somit als erfüllt betrachtet werden.
Für jede Aufgabe sind zwei Versuche vorgesehen. Wenn das Kind bei sechs Aufgaben einer Skala nicht das gewünschte Ergebnis erreicht, wird der Test für diesen Bereich beendet.
In Abhängigkeit vom Alter und von der Leistungsfähigkeit des Kindes beträgt die Testdauer 30 bis 60 Minuten.
Der Testleiter muß bei entsprechender Vorbildung als Arzt, Psychologe oder Sonderpädagoge einen mindestens einwöchigen Kurs zur Einführung in die Griffith-Skalen absolviert haben.

Auswertung:
Die Auswertung erfolgt einfach durch Summierung der in jeder Subskala für gelöste Aufgaben vergebenen Punkte unter Einbeziehung der als gelöst zu betrachtenden Aufgaben der früheren Monate. Das Entwicklungsalter ergibt sich aus der Division der Gesamtpunktzahl durch 10, der Entwicklungsquotient aus der Division von Entwicklungsalter und Lebensalter sowie der Multiplikation mit 100. Für besondere Gruppen (Frühgeborene, < 3 Monate) können Korrekturberechnungen vorgenommen werden. Vergleiche mit der Altersgruppe sind auch über Normwerte und Entwicklungsprofile möglich.
Bei der Interpretation ist zu berücksichtigen, daß die Testergebnisse in starker Abhängigkeit von situativen Bedingungen und der momentanen Befindlichkeit des Kindes stehen.

8.   Soziographische Verfahren

Das Soziogramm ist ein bewährtes Verfahren, um Beziehungen in einer Gruppe zu verdeutlichen. Es geht darum, die Bindungen, die Ablehnungen, die Spannungen zwischen den einzelnen Gruppenmitgliedern zu erfassen, Rangordnungen aufzuzeigen und insbesondere auch herauszufinden, welche Kinder eine Abseitsstellung einnehmen, d.h. von vielen Gruppenmitgliedern abgelehnt werden. Es ist unmittelbar evident, daß für den Pädagogen das Wissen um soziale Isolation einzelner Kinder, um Cliquenbildung, um soziale Stars in der Gruppe, um Freundschaften und Feindschaften, um die Rangordnung insgesamt für den Pädagogen von größter Bedeutung ist. Durch wiederholte soziographische Erhebungen sind gruppendynamische Prozesse zu erfassen und dem Pädagogen verdeutlicht sich gegebenenfalls, ob sich seine Maßnahmen zur Reduzierung von Isolation, von Cliquenbildung und Rangordnungskämpfen erfolgreich waren. Die soziographische Methode besteht in einer indirekten Befragung zu Sympathien und Antipathien in verschiedenen sozialen Kontexten, in der Erstellung einer Tabelle, die Befragungsergebnisse festhält sowie in einer graphischen Darstellung, mit der der gruppendynamische Status quo sichtbar gemacht wird (siehe Abb. 17, nach: Höhn / Schick 1954, 32).

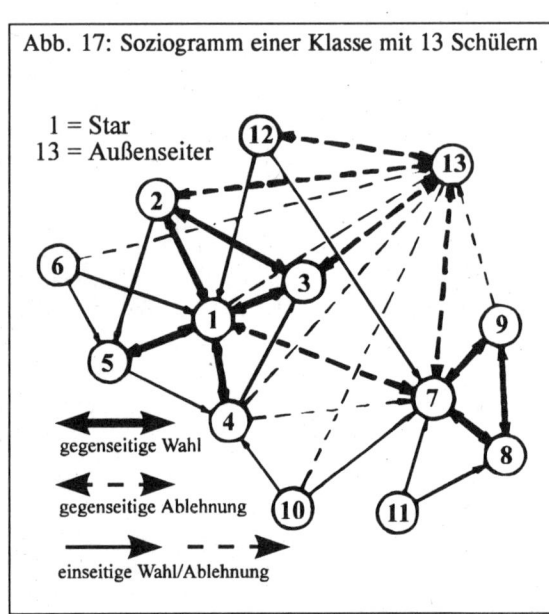

Abb. 17: Soziogramm einer Klasse mit 13 Schülern

1 = Star
13 = Außenseiter

gegenseitige Wahl
gegenseitige Ablehnung
einseitige Wahl/Ablehnung

Den Schülern können z.B. folgende Fragen gestellt werden:
"Neben wem möchtest du sitzen? "
"Mit wem möchtest du zusammenarbeiten?"
"Wen würdest du zu deinem Geburtstag einladen?"
"Wer soll Klassen- oder Gruppensprecher sein?" (vgl. Höhn / Schick 1954, 10 ff.).
Weitere Fragen könnten sein:
"Mit wem würdest du bei einer Klassenfahrt gern ein Zimmer teilen? "
"Wen würdest du auf eine einsame Insel mitnehmen?"

Die Anzahl der Nennungen läßt sich zur Erleichterung der Auswertung beschränken. Möglich sind auch negative Fragestellungen (z.B.: "Neben wem möchtest du nicht sitzen?"), die allerdings problematisch sind und entsprechender Voraussetzungen sowie bearbeitender Gespräche bedürfen.
Ein differenziertes Verfahren zur Erfassung sozialer Strukturen liegt mit dem Diagnostischen Soziogramm vor.

Diagnostisches Soziogramm (DSO)

Autor: Müller, R.
Zielgruppe: Kinder und Jugendliche (ca. 6 - 15 Jahre)

Form und Inhalt:
Mit dem DSO soll eine Beurteilung von Gruppen und einzelnen Mitgliedern von Gruppen ermöglicht werden. Es sollen Gruppenstrukturen, soziale Beziehungen zwischen einzelnen Kindern, der Status einzelner Gruppenmitglieder sowie die soziale Urteils- und Orientierungsfähigkeit der einzelnen Gruppenmitglieder erfaßt werden.
Das DSO will als Grundlage dienen für eine zielgerichtete soziale Erziehung.
Den Schülern wird ein Fragebogen vorgelegt, der 3 Fragegruppen mit jeweils 2 Fragen beinhaltet:
Aktive Wahlen
"Mit welchen Mädchen oder Jungen deiner Klasse möchtest du am liebsten zusammensitzen? Warum?"
"Mit welchen Mädchen oder Jungen deiner Klasse möchtest du auf keinen Fall zusammensitzen? Warum?"
Individualvermutungen
"Was meinst du: Wer möchte wohl am liebsten mit dir zusammensitzen?"
"Was meinst du: Wer möchte wohl auf keinen Fall mit dir zusammensitzen?"
Sozialvermutungen
"Welche Jungen oder Mädchen sind wohl am beliebtesten in der Klasse?"
"Welche Mädchen oder Jungen sind wohl am unbeliebtesten in der Klasse?"
Diese Fragen zielen auf positive und negative Optionen, auf Selbst- und Fremdeinschätzung, auf das Image von Schülern bzw. die Einschätzungsfähigkeit einzelner Schüler im Hinblick auf das Gruppengeschehen. Jede Frage kann mit mehreren Nennungen oder auch gar nicht beantwortet werden.

Durchführung:
Das DSO kann in den Klassen 1 bis 9 durchgeführt werden, wobei mit mit einem Zeitaufwand von ca. 30 Minuten zu rechnen ist.

Auswertung:
Die Nennungen werden nach verschiedenen Gesichtspunkten aufgeschlüsselt und in vorgedruckte Matrizen übertragen. Eine Weiterverarbeitung ist über Einzel- und Gruppenauswertungsbögen möglich. Die Auswertung ist relativ zeitaufwendig.

9.   Motodiagnostische Verfahren

Es lassen sich 3 Gruppen motodiagnostischer Verfahren unterscheiden: Motoskopische, motometrische und motographische Verfahren. Mit motoskopischen Verfahren werden Bewegungs- und Haltungsmerkmale beobachtet und protokolliert. Motometrie zielt auf die Messung motorischer Merkmale, wobei in Relation zu spezifischen Anforderungen Fehler, Genauigkeit, Zeiteinheiten erfaßt werden. Bei motographischen Verfahren werden die motorischen Merkmale nicht gemessen, sondern - für eine spätere Auswertung - aufgezeichnet.

Es liegen einige gute motometrische Tests vor, mit denen differenziert motorische Fähigkeiten erfaßt und in Relation zur Altersgruppe beurteilt werden können.
Standardisierte motorische Tests sind z.B. der Körperkoordinationstest für Kinder und die deutsche Adaption der Lincoln Oseretzky Motor Development Scale.

Körperkoordinationstest für Kinder (KTK)

Autoren: Kiphard, E.J. / Schilling, F.
Zielgruppe: Kinder (5 - 14 Jahre)

Form und Inhalt:
"Die Aufgaben des KTK fordern vom Probanden Bewegungsleistungen, die in der Alltagsmotorik relativ selten zu finden sind. Das hat den Vorteil, daß die geforderten Bewegungsaufgaben nicht geübt sind. Sie messen somit keine Fertigkeit, sondern eine motorische Fähigkeit, die mit dem Alter (bis etwa 12 Jahre) ständig zunimmt. Der KTK wird damit zu einem wichtigen Entwicklungsindikator (Kiphard 1978, 103).
Objektivität bei der Durchführung wie bei der Auswertung sind weitgehend gegeben. Der Test kann gut zur Feststellung von Fördereffekten dienen.
Der KTK ist auf 4 Aufgabenbereiche ausgerichtet:
1. Balancieren rückwärts
2. Monopedales Überhüpfen
3. seitliches Hin- und Herspringen
4. seitliches Umsetzen
Dafür werden mit dem Test gelieferte Balancierbalken, rechteckige Schaumstoffplatten, rutschfeste Sperrholzplatten sowie Holzleisten benötigt.

Durchführung:
Um zu gewährleisten, daß die Kinder die Aufgabenstellungen gut verstanden haben, werden Vorübungen gemacht. Rückwärts balancieren erfolgt über schmaler werdende Balken mit Breiten von 6,o cm, 4,5 und 3cm. Beim monopedalen Überhüpfen müssen Schaumstoffteile nur mit dem rechten oder nur mit dem linken Fuß übersprungen werden, wobei sich die Höhe steigert. Seitliches Hin- und Herspringen erfolgt über Holzleisten innerhalb einer Zeiteinheit von 15 Sekunden. Beim seitlichen Umsetzen sind 2 Sperrholzplatten weiterzubewegen, wobei das Kind auf einer Platte steht, eine Platte in Zielrichtung versetzt, sich dann auf diese Platte stellt und die nächste versetzt usw.

Auswertung:
Für die einzelnen Aufgabenbereiche werden die Rohwerte summiert und zu Moto-Quotienten (MQ) zusammengefaßt. Die Summe der Moto-Quotienten läßt sich in einem Gesamt-MQ zusammenfassen. "Kinder mit einem MQ-Wert $< = 85$ sind als auffällig in der Körperbeherrschung anzusehen, Kinder mit einem MQ-Wert $< = 70$ müssen als gestört in der Körperbeherrschung eingestuft werden" (KTK-Manual 1974, 36).

Lincoln Oseretzky Motor Development Scale - Kurzform 18 (LOS-KF 18)

Autor: Eggert, D.
Zielgruppe: Kinder (5 - 13 Jahre)

Form und Inhalt:
Die LOS-KF-18 ist ein motorischer Entwicklungstest. Er stellt eine deutsche Adaption der Lincoln Oseretzky Motor Development Scale in einer Kurzform dar und ist eine Weiterentwicklung des Motoriktests innerhalb der Testbatterie für geistigbehinderte Kinder (TBGB), der aus 36 Items besteht. Die Reduktion auf die Kurzform von 18 Items gilt als "noch befriedigender und zeitökonomischer, ohne daß damit allzuviel an Präzision verloren geht" (Eggert 1976, 178). Die LOS-KF 18 soll Aussagen zulassen über den motorischen Entwicklungsstand allgemein sowie über die Entwicklung einzelner Teilbereiche der Motorik.
Die LOS-KF 18 erfaßt mit insgesamt 18 Items sowohl die Fein- als auch die Grobmotorik. Aufgabenstellungen sind z.B., mit dem Bleistift ein Labyrinth zu durchfahren und einen Kreis auszuschneiden, ohne die Linien zu berühren, 10 Sekunden mit geschlossenen Augen auf einem Bein zu stehen, hochzuspringen und dabei dreimal in die Hände zu klatschen usw.

Durchführung:
Wichtig ist, daß die Kinder genau verstehen, was sie tun sollen. Deshalb werden die Instruktionen nicht nur vorgelesen, sondern auch vorgemacht. Auf einem Protokollbogen wird für jede gelöste Aufgabe ein Punkt vermerkt. Der Test dauert etwa 20 - 25 Minuten.

Auswertung:
Die Summe der Punkte für die gelösten Aufgaben stellt den Rohwert dar, Normentabellen für geistigbehinderte, lernbehinderte und "normale" Kinder ermöglichen Vergleiche mit den Altersgruppen. Der Test genügt den Testgütekriterien. Er hat sich in der motometrischen Praxis bewährt.

10.   Neuropsychologische Verfahren

Diagnosticum für Cerebralschädigung (DCS)

Autoren: Weidlich, / Lamberti, (nach F. Hillers):
Zielgruppe: Kinder ab 5. Lebensjahr bis ins Erwachsenenalter.

Form und Inhalt:
Das DCS dient der Feststellung von hirnorganischen Funktionsstörungen. Überprüft werden folgende Hauptfunktionen:
1. Selektive Aufmerksamkeitszuwendung
2. Gestaltwahrnehmung
3. Gestaltspeicherung
4. Gestaltreproduktion.
Der Test besteht aus 9 Karten, auf denen verschiedene "sinnfreie, aber assoziationsfähige Zeichen" (a.a.O., 12) abgebildet sind, und 5 Holzstäbchen.

Mit einer deutlichen Steigerung der Fehlerquote ist bei Kindern unter 7 Jahren und bei Erwachsenen über 60 Jahren zu rechnen.

Durchführung:
Die Karten werden nacheinander ohne Zeitbegrenzung vorgelegt. Sie werden über einander gelegt, so daß immer nur eine Figur sichtbar ist. Aufgabe der Versuchsperson ist es, die Figuren mit den 5 Holzstäbchen aus dem Gedächtnis nachzulegen. Auch dabei gibt es keine Zeitbegrenzung. Wenn möglich soll auch die richtige Reihenfolge angegeben werden.
Der gesamte Vorgang wird solange wiederholt, bis alle 9 Figuren in einem Durchgang richtig reproduziert werden. Abgebrochen wird der Test, wenn nach 6 Durchgängen die Reproduktion der 9 Figuren innerhalb eines Durchgangs nicht erfolgt ist.

Auswertung:
Die Auswertung erfolgt nach vorgegebenen Fehlervariablen. Diese lauten: formgerechte Reproduktion mit und ohne zusätzlicher Plazierungsangabe, Perseveration (Wiederkehr eines Zeichens), Drehung eines Zeichens um 90 Grad im zweidimensionalen Raum, Klappung (180 Grad-Drehung), Erfindung neuer Zeichen. Die Anzahl der einzelnen Fehler werden in einer Formel verrechnet und ergeben den Diskriminanzwert. Bei einem Unterschreiten des Drikiminanzwertes 2.0 wird eine hirnorganische Störung angenommen.

Hand-Dominanz-Test (HDT)

Autoren: Steingrüber, H. / Lienert, G. A. (Hrsg.):
Zielgruppe: Kinder zwischen 6 und 10 Jahren

Form und Inhalt:
Der HDT erfaßt den Ausprägungsgrad der Links- bzw. Rechtshändigkeit. Der Händigkeit wird über die drei Untertests
1. Spuren nachzeichnen (SN)
2. Kreis punktieren (KP) und
3. Qaudrate punktieren (QP)
nachgegangen.
Die Untertests bestehen aus je zwei Aufgaben mit einem Beispiel für die rechte und die linke Hand.

Durchführung:
In einem Testheft werden nach vorgegebenen Anweisungen sowohl mit der rechten wie mit der linken Hand Spuren nachgezeichnet und Quadrate punktiert. Dabei sind festgesetzte Zeiten einzuhalten. Die Durchführung erfordert ca. 10 Minuten.

Auswertung:
Für die Auswertung des Spurennachzeichnens liegt eine Schablone vor, die es ermöglicht, einen Rohwert abzulesen. Für die Untertests Kreis punktieren und Quadrate punktieren werden für beide Hände die Treffer gezählt. Die sich aus den Unterschieden der Leistungen beider Hände für den Untertest ergebenden Differenzwerte werden zu einem Gesamtrohwert addiert. Über Standardwerte und Prozentränge ist ein Vergleich mit der Altersgruppe möglich. Der HDT entspricht den Testgütekriterien.

Southern California Sensory Integration Test (SCSIT) (Ayres 1979, 74-75)

Autorin: Ayres, Jean
Zielgruppe: Kinder

Die Test-Batterie entspricht nicht den Testgütekriterien, gibt aber eine Fülle von praxisrelevanten Informationen und wird deshalb sehr von Pädagogen präferiert, die mit Kindern mit Aufmerksamkeits- und Hyperaktivitätsstörung bzw. mit Lern- und/oder Integrationsstörungen arbeiten (vgl. z.B. Brand et al.1985)
Die Testbatterie hat 17 Subtests, die in nachfolgender Übersicht der Autorin beschrieben werden.
Raumvorstellung: Formtafeln werden benutzt, um die visuelle Wahrnehmung von Form und Raum sowie die mentale Manipulation von Objekten im Raum zu fördern.
Figur-Grund-Wahrnehmung: Reizfiguren werden übereinandergelegt bzw. eingebettet, die die Auswahl einer Vordergrundfigur vor einem ähnlichen Hintergrund erfordern.
Position im Raum: Einfache geometrische Formen werden zur Wiedererkennung in verschiedenen Anordnungen und Sequenzen dargeboten.
Muster-Nachzeichnen: Die visuell-motorische Aufgabe erfordert die Duplikation eines Musters auf einem gepunkteten Gitter.
Motorische Exaktheit: Die visuell-motorische Aufgabe erfordert, daß das Kind eine Linie über einer vorgedruckten Linie zeichnet. Die motorische Koordinationskomponente stellt größere Anforderungen als die visuelle.
Kinästhesie: Das Kind versucht, mit geschlossenen Augen seinen Finger auf einen Punkt zu legen, auf den er zuvor vom Versuchsleiter gelegt worden war.
Manuelle Formwahrnehmung: Der Test erfordert den Vergleich des visuellen Gegenstücks einer geometrischen Form, die in der Hand gehalten wird.
Fingeridentifikation: Das Kind zeigt auf den Finger an seiner Hand, der zuvor vom Versuchsleiter berührt wurde, ohne daß das Kind es beobachten konnte.
Graphästhesie: Das Kind zeichnet ein einfaches Muster auf seinen Handrücken, indem es versucht, das Muster zu kopieren, das der Versuchsleiter zuvor an die gleiche Stelle gezeichnet hat.
Lokalisation taktiler Reize: Das Kind soll seinen Finger auf einen Fleck auf seiner Hand oder seinen Arm legen, den der Versuchsleiter zuvor berührt hat.
Wahrnehmung doppelter taktiler Reize: Zwei taktile Reize werden gleichzeitig sowohl auf die Wange und die Hand appliziert, und das Kind soll dann identifizieren, wo es berührt wurde.
Imitation von Stellungen: Das Kind soll eine Reihe von Positionen und Haltungen einnehmen, die der Versuchsleiter ihm zeigt; ein Prozeß, der motorische Planung erfordert.
Kreuzen der Körpermittellinie: Das Kind imitiert den Versuchsleiter, wie er auf eines seiner Ohren oder Augen zeigt.
Bilaterale motorische Koordination: Die Durchführung dieses Tests erfordert weich ausgeübte Bewegungen und die Interaktion der beiden oberen Extremitäten.
Rechts-Links-Diskrimination: Das Kind soll rechts von links an ihm selbst, am Versuchsleiter und bezüglich der Lokalisation eines Gegenstandes unterscheiden. Die einzigen verbalen Reaktionen, die der gesamte SCSIT erfordert, beziehen sich auf diese beiden Items dieses Tests.
Stehbalance mit geöffneten Augen: Der Test mißt die Fähigkeit des Kindes zu balancieren, wenn es mit geöffneten Augen auf einem Fuß steht.

149

Stehbalance mit geschlossenen Augen: Es wird die Stehbalance mit geschlossenen Augen gemessen.

11. Medizinische Verfahren

Um bei Ausschluß von prozeßhaften somatischen Erkrankungen die bedeutsamen organogenen Bedingungen für Verhaltensstörungen zu erfassen, stehen hauptsächlich folgende Verfahren zur Verfügung:

a) Klinisch-neurologische Verfahren
Funktion des VII., IX. und XII. Hirnnerven durch Inspektion des Mundbereichs; Geruchs- und Geschmacksprüfung; Prüfung der Reflexe, des Muskeltonus und des motorischen Verhaltens; Überprüfung der Koordinationsfähigkeit (z. B. Finger-Nasen- und Knie-Hacken-Versuch);

b) Elekro-Enzephalo-Graphie (EEG)
Ableitung und Aufzeichnung der elektrischen Hirnaktivität; Auswertung z. B. nach Form der Wellen, Amplitude, Frequenz;

c) Computer-Tomographie (CT)
Das Gehirn wird bei minimaler Strahlenbelastung in verschiedenen Ebenen geröntgt. Die Daten der Schichtebenen werden verstärkt, vom Computer gespeichert und als Querschnittsbilder detailreich sichtbar gemacht;

d) Kern-Magnet-Resonanz-Tomographie
Gehirnstrukturen können ohne Strahlenbelastung erfaßt und mit feiner Differenzierung dreidimensional wiedergegeben werden, indem insbesondere Wasserstoffatomkerne zur Abgabe elektromagnetischer Strahlung angeregt werden, die verstärkt und vom Computer verarbeitet wird;

e) Angiographie
Erfassung von Gefäßstrukturen durch Messung und Sichtbarmachung intravenös injizierter radioaktiver Isotope (z. B. Hirnszintigraphie);

f) Blutuntersuchungen;

g) Liquoruntersuchungen
In der Regel Lumbalpunktion bei örtlicher Betäubung und Entnahme einiger Tropfen Liquor (Hirnflüssigkeit), Untersuchung des Liquors auf Zellgehalt (z. B. ist bei Hirnhautentzündung der Liquor eitrig) auf Eiweißgehalt, Eiweißkonsistenz, Glukosegehalt usw.;

h) Chromosomenuntersuchungen / genetische Untersuchungen;

i) Allergietests;

k) Untersuchungen mit Ultraschall

(siehe dazu z.B. Strunk 1989, Steinhausen 1988, Tieber 1987, Weis et al. 1992).

6. Erziehung, Unterricht, Therapie und Beratung

Der Mensch läßt sich nach biologischen, philosophischen, psychologischen und soziologischen Erkenntnissen im Sinne strukturmodellhafter Typisierung als Mängelwesen, Triebwesen, Geistwesen und Sozialwesen bezeichnen (vgl. Dienelt 1970, Vernooij 1989). Er kommt für den Lebenskampf sehr mangelhaft ausgestattet, instink*tung*ebunden und völlig hilflos, aber "weltoffen" auf die Welt (Gehlen), ist "polymorph-pervers" seinen Trieben völlig ausgeliefert (Freud, Lorenz). Er muß erst lernen, seine Mängel auszugleichen, seine Triebe zu beherrschen und zu steuern, seine spezifischen Fähigkeiten wie Sprachvermögen, konstruktives Denken, seine Vernunftbegabung allgemein zu entfalten und als ens rationale, als Geistwesen, zu agieren. Als ens sociabilis ist er zwar auf die Gemeinschaft hin angelegt, hat "Gemeinschaftsgefühl" (Adler), muß aber, um "menschliche Eigenschaften" entwickeln und eine soziale Rolle übernehmen zu können (Claessens 1967, 24), nach der physischen Geburt aus dem Mutterleib in der Gemeinschaft mit einer Dauerbezugsperson eine "zweite, soziokulturelle Geburt" (René König) erleben. Als "physiologische Frühgeburt", als "Nestflüchter" und "sekundärer Nesthocker" (Portmann 1951) ist er ein ens adiuvandum et educandum, ein hilfs- und erziehungsbedürftiges Wesen. Seine dispositionell gegebenen vielfältigen Potenzen kann er nur entwickeln und ausschöpfen, wenn er dauerhafte liebevolle Zuwendung und Pflege sowie vielfältige Hilfen für den Umgang mit sich und mit anderen, wenn er Erziehung und Bildung erfährt. Diese Erkenntnis ist konstituierend für die Pädagogik. Sie kommt ebenso zum Ausdruck in der Feststellung von Comenius in der "Didactica magna" (1657): "Wenn der Mensch zum Menschen werden soll, so hat er Bildung nötig" (Comenius 1913, 96) wie in der - ebenfalls überspitzten und im Zeitkontext zu verstehenden - Formulierung von Immanuel Kant "Der Mensch kann nur Mensch werden durch Erziehung. Er ist nichts, als was die Erziehung aus ihm macht" (Kant 1902-1941, 443, vgl. dazu Malson et al. 1979).

Erziehung ist ein Vorgang sozialer Interaktion mit den Aufgaben der Sozialisation, der Personalisation und der Enkulturation. In diesem Vorgang ist der junge Mensch sowohl passives als auch aktives Wesen, das sich auf die Gemeinschaft ausrichtet, Normen und Werte der umgebenden Gruppe und der umgebenden Kultur übernimmt und somit eine soziale Identität gewinnt, das aber auch seinen Selbstbestimmungstendenzen folgt, d.h. in Distanz zur Umwelt ein Individuum wird mit einer einzigartigen personalen Identität.

Wenn Kinder und Jugendliche in diesem Erziehungs- und Identitätsfindungsprozeß beeinträchtigt werden und Entwicklungs- oder Verhaltensstörungen drohen oder sich zeigen, sind spezielle Hilfen notwendig, die sich mit den Begriffen Prävention und Rehabilitation bzw. präventive und rehabilitative oder kurative Intervention zusammenfassen lassen.

Prävention hat bei differenzierender Betrachtung eine dreifache Ausrichtung (vgl. Caplan 1961). Unter primärer Prävention wird die Verhinderung von psychosozialen Schwierigkeiten und Störungen verstanden. Sekundäre Prävention meint die Erfassung und reduzierende Beeinflussung psychosozialer Störungen schon "in statu nascendi", d.h. schon dann, wenn sich erste Anzeichen zeigen. Diese beiden Präventionsaspekte müssen auch in vor- und nebenschulischen Einrichtungen sowie im Regelschulbereich breite Berücksichtigung finden. Lehrer vor allem an den Grundschulen wie auch Erzieher in den Heimen der Jugendpflege müssen deshalb ätiologische Zusammenhänge kennen und über hilfreiche Maßnahmen verfügen. Tertiäre Prävention zielt auf die Verhinderung negativer Folgen einer psychischen Störung ab.

Der Begriff Rehabilitation (Wiederherstellung, [Wieder-]Eingliederung) wird mit medizinischer, beruflicher, schulischer und sozialer Akzentuierung gebraucht, wobei schulische

Maßnahmen als Teil sozialer Rehabilitation zu verstehen sind. Soziale einschließlich schulischer Rehabilitation, die im vorliegenden Kontext relevant ist, meint gezielte und umfassende kurative (umsorgende, fürsorgliche) Intervention bei habitualisierten, verfestigten psychischen Störungen (Beratung, unterrichtliche Förderung, Um- und Nacherziehung, soziales Training, pädagogisch-therapeutische Hilfen, psychosoziale Therapie) mit dem Ziel verbesserter Identitätsbildung, angemessener Ich-Stärke, altersgemäßer Lebenstüchtigkeit, sozialer Integration. Der junge Mensch soll letztlich dazu befähigt werden, künftig, auch als Erwachsener, ein Leben in psychischer Gesundheit zu führen, das nach Jahoda zu charakterisieren ist durch

"- Selbstannahme,
- Integration der Persönlichkeit,
- die Fähigkeit, Streß auszuhalten,
- Autonomie und Unabhängigkeit gegenüber gesellschaftlichen Einflüssen,
- die Wahrnehmung der Realität ohne Verzerrung und
- positive Lebensbewältigung" (Jahoda 1958, 68).

Schulische und soziale Rehabilitation gehören zum Aufgabenbereich speziell ausgebildeter Fachleute (siehe Kap. 8).

6.1 Erziehung, Unterricht und Therapie

Hilfreiche oder kurative bzw. fürsorgliche Interventionen bei Kindern und Jugendlichen mit Verhaltensstörungen als spezielle erzieherische, unterrichtliche und therapeutische Maßnahmen haben eine kurze Geschichte und kommen erst in der Gegenwart umfassend zum Tragen (vgl. Kap. 1). Wenn hier und im weiteren von Intervention gesprochen wird, dann soll mit dem Begriff im wörtlichen Verständnis ein "Dazwischentreten" zugunsten junger Menschen gegen Störfaktoren und Beeinträchtigungen, ein Eintreten für ihre Bedürfnisse und Belange, ein Sicheinsetzen zu ihrem Wohle gemeint sein. Das Attribut "kurativ", das nicht immer vorangestellt, aber immer mitbedacht werden muß, verdeutlicht die Intentionen.

Kurative Interventionskonzepte entstanden in Umsetzung zeitspezifischer humanwissenschaftlicher Erkenntnisse und erfuhren Modifizierungen in Entsprechung zu neueren Erkenntnissen. Leitend sind wissenschaftliche Ansätze, die zu bezeichnen sind als

1. der biophysische Ansatz,
2. der psychoanalytische Ansatz,
3. der individualpsychologische Ansatz,
4. der entwicklungspsychologische Ansatz,
5. der humanistisch-psychologische Ansatz,
6. der lerntheoretische Ansatz und
7. der pädagogisch-therapeutische oder integrative Ansatz.

Den frühesten Begründungshintergrund bildeten medizinische Einsichten, die schon im 19. Jahrhundert Bedeutung bekamen, aber erst auf der Basis neurophysiologischer Erkenntnisse zu schlüssigen, differenzierten Konzeptbildungen führten. Anzuführen sind in dieser Hinsicht originär medizinische Maßnahmen - wie pharmakologische und diätetische - sowie pädagogische Anwendungen, die insbesondere von dem Konstrukt der leichten frühkindlichen Hirnschädigung ausgingen. Für die Pädagogik bei Verhaltensstörungen bedeutsam wurde unter diesem Ansatz das Konzept von Cruickshank, das vielfältige Auswirkungen auf die Praxis hatte, heute jedoch in seiner Gesamtheit als problematisch, in Teilbereichen aber nach wie vor als angemessen und hilfreich anzusehen ist. Das Konzept von Cruickshank führte zur Elaborierung von Gegenkonzepten, die auf der Basis gleicher Daten zu völlig anderen Schlußfolgerungen kommen, wie z.B. das Konzept von Zentall. Viele neuere Interventionskonzepte, die von medizinischen, insbesondere neurophysiologischen Erkenntnissen ausgehen, haben sich zu umfassenden Modellen entwickelt, die - wie das Konzept von Kephart oder das von Brand et al. in Deutschland die sonderpädagogische Praxis ebenso stark beeinflussen wie die spezifisch auf die Förderung der Wahrnehmung, der Motorik und der Sprache ausgerichteten Verfahren von Affolter, Ayres, Frostig und Kiphard. Die zunächst ebenfalls auf dem Konstrukt der leichten frühkindlichen Hirnschädigung basierende Psychomotorische Übungsbehandlung von Kiphard und Hünnekens, die inzwischen zu einer auf ganzheitliche Wirkung zielende Theorie und Methodik weiterentwickelt wurde, wird den pädagogisch-therapeutischen Verfahren zugeordnet und hat deshalb in den Ausführungen zur "Pädagogische Mototherapie" im Kapitel 6.1.7 ihren bedeutsamen Platz. Dem biophysischen Ansatz zuzurechnen ist auch die für die Intervention bei Verhaltensstörungen insbesondere im schulischen Bereich gut anwendbare, aber noch wenig einbezogene Suggestopädie sowie die ebenfalls Lernprozesse stützende und optimierende Methodik von Radigk.

Von größter Bedeutung für die Intervention bei Verhaltensstörungen von Kindern und Jugendlichen wurden die Erkenntnisse von Sigmund Freud, die insbesondere von August Aichhorn, Fritz Redl und Bruno Bettelheim zu pädagogisch-therapeutischen Konzepten mit weltweiter Ausstrahlung verdichtet wurden.

Nach einer Zeit, in der in den fünfziger und sechziger Jahren das Individualpsychologie-Konzept von Adler weniger Bedeutung hatte und hinter andere Ansätze zurücktreten mußte, kann heute von einer Renaissance des individualpsychologischen Gedankengutes gesprochen werden, das für die Pädagogik allgemein und für die Verhaltenspädagogik im besonderen unkomplizierte, plausible, griffige Erklärungen und Handlungsanweisungen liefert.

Der lerntheoretische Ansatz hatte im Bereich der Pädagogik bei Verhaltensstörungen in den sechziger- und siebziger Jahren einen Bedeutungshöhepunkt. Weiterentwicklungen begegnen den vielfältigen kritischen Stimmen und ermöglichen handlungsleitende Konzeptbildungen, die zwar etwas aus dem Mittelpunkt wissenschaftlicher Untersuchungen und praktischer pädagogisch-therapeutischer Intervention geraten sind, sich jedoch wegen ihrer guten wissenschaftlichen Fundierung wie auch der praktischen Handhabung halten konnten und nach wie vor ihre Bedeutung haben.

Entwicklungspsychologisch orientierte Interventionskonzepte basieren zumeist auf den Erkenntnissen von Piaget (siehe z.B. Piaget 1954, 1969, 1972). Sie sind noch wenig elaboriert und wenig bekannt.

Im Mittelpunkt der Darstellungen dieses Kapitels steht das pädagogisch-therapeutische Konzept, das mit einem holistischen Anspruch verschiedene Ansätze zu integrieren sucht.

6.1.1 Der biophysische Ansatz

Unter den biophysischen Ansatz werden Konzepte subsumiert, die konkret auf diagnostisch erfaßte psychophysische Symptome bezogen und an Defiziten orientiert sind.

In sozusagen reiner Form folgen dem biophysischen Ansatz die pharmakologische Therapie, die sich in der Stimulanzientherapie zu einem multimodalen Verfahren ausweitet, und die diätetische Therapie - Interventionsformen, die aus unterschiedlichen Gründen als umstritten bezeichnet werden müssen.

Für die medikamentöse Behandlung werden bei Verhaltensstörungen die verschiedensten Substanzen herangezogen, wie die als Psychopharmaka bezeichneten Psychostimulanzien (z.B. Ritalin®), Neuroleptika (z.B. Atosil®, Truxal®, Melleril®), Antidepressiva und Tranquilizer (z.B. Tofranil®, Librium®) oder auch Antihistamine und Vitamine (vgl. Arnold 1976, Voss 1983). Stimulanzien erbringen insbesondere bei Kindern mit hyperaktiven Verhaltensstörungen einen sog. "paradoxen Effekt", d.h. statt zu stimulieren, wirken sie beruhigend.

Die Behandlung mit den genannten Psychopharmaka gilt als problematisch. Die Nebenwirkungen sind groß. Die Gefahr der Sucht bzw. der psychischen oder physischen Abhängigkeit ist gegeben. Ein eindeutiger Bezug zwischen der Ursache der Störung und der Medikamentenwirkung ist kaum zu belegen. Warnend ist im Hinblick auf die Nebenwirkungen zu sagen: "Stimulanzien können insbesondere Wachstumsstörungen sowie als paradoxe Wirkung Steigerungen der Hypermotorik hervorrufen. Neuroleptika können zu Späthyperkinesen, zu Interaktionen mit blutdrucksenkenden Substanzen und gelegentlich zu epileptischen Anfällen führen. Von trizyklischen Antidepressiva sind Interaktionen mit blutdrucksenkenden Substanzen sowie mit Schilddrüsenhormonpräparaten bekannt, ferner paradoxe aggressive Reaktionen. Bei Tranquilizern wurden als paradoxe Wirkungen Angst und Agitation sowie die sogenannte paradoxe Wutreaktion beobachtet" (Remschmidt 1980, 636).

Auch verantwortungsbewußte Pädagogen und Psychologen schließen zu Beginn der Intervention bei besonders schwierigen Kindern mit hyperkinetischen Verhaltensstörungen eine begleitende Behandlung z.B. mit Methylphenidat (z.B. Ritalin®) nicht aus, da sich bei ca. 80% der Kinder doch sehr deutliche Besserungen zeigen wie:
- Besserung des allgemeinen Verhaltens,
- statt Unruhe und planlose Betriebsamkeit gezielte Aktivitäten,
- Abnahme der Aggressivität,
- Verlängerung der Konzentrationsphasen,
- Abnahme der Impulsiviät zugunsten planmäßigen Handels,
- Verbesserung der Feinmotorik,
- Verbesserung des Gedächtnisses,
- Verbesserung der Motivation,
- Verbesserung des Selbstkonzepts (vgl. Hechtmann / Weiss 1977, 21).

Eisert / Eisert kommen nach gründlicher Abwägung des Für und Wider zu dem Ergebnis, daß z.B. Methylphenidat in Verbindung mit Verhaltensmodifikation eine sehr wirksame und auch pädagogisch-psychologisch verantwortbare multimodale Interventionsform darstellt (vgl. Eisert / Eisert 1982). Insgesamt gesehen ist mit Kephart festzustellen: "Das Medikament lehrt nichts und löst kein Verhaltensproblem. Es kann dem Kind aber ermöglichen, an einer kontrollierten Lernsituation teilzunehmen, die ihm Struktur vermittelt und auf diese Weise das Verhaltensproblem angeht" (Kephart 1977, 172).

Eine Behandlung nach der Hypothese von der pathogenen Wirkung bestimmter Nahrungsbestandteile im Sinne Feingolds oder Hafers besteht darin, durch einen Diätplan die als toxisch vermuteten Substanzen völlig auszuschalten (vgl. Feingold 1975, Hafer 1978). Insbesondere Herta Hafer, die sich als Apothekerin und Mutter eines Kindes mit Verhaltensstörungen berufen fühlte, jede nur mögliche Störungsquelle zu finden und - wenn möglich - auszuschalten, fand in Deutschland großes Publikumsinteresse für ihre aus eigener Erfahrung belegte These von einem Zusammenhang zwischen der Aufnahme von Phosphaten über Nahrungsmittel und hyperaktivem, unaufmerksamem, aggressivem Verhalten. Geradezu begeistert berichtete sie über ihre Erfolge mit dieser Vorgehensweise. Nach ihrer Darstellung veränderte sich das Verhalten ihres Sohnes geradezu dramatisch im Sinne sozialadäquaten Verhaltens, wenn Phosphate in Nahrungsmitteln vermieden wurden, und in äußerst unangenehmer Weise im Sinne hyperaktiven und aggressiven Verhaltens, wenn er Phosphate über Nahrungsmittel zu sich nahm. Ähnliche Erfahrungen machten, wie sie berichtet, auch andere Mütter mit ihren Problemkindern. Es entwickelte sich eine regelrechte Bewegung mit Arbeitskreisen und Selbsthilfegruppen, wie z.B. der "Phosphat-Liga" (vgl. Hafer 1978, Hartmann 1987)

Ein Zusammenhang zwischen Nahrungsmittelzusätzen wie Phophaten, Geschmacksverstärkern, Konservierungsstoffen und Verhaltensstörungen hat sich bisher jedoch trotz differenzierter Forschung nicht umfassend und schlüssig beweisen lassen. Mehrere empirische Untersuchungen verweisen darauf, daß es sich bei diätetischen Therapien um Placebo-Effekte handelt (vgl. z.B. Neukäter 1988, Steinhausen 1982). Es ist allerdings nicht auszuschließen, daß bei einigen Kindern mit Verhaltensstörungen Nahrungsmittelallergene eine Rolle spielen. Diesen Kindern, bei denen allergische Reaktionen auf Nahrungsbestandteile nachgewiesen wurden, konnte durch eine Hyposensibilisierung mit Antiallergenen geholfen werden, wie kürzlich in einer Doppelblindstudie nachgewiesen wurde (Egger / Stolla 1992).

Ein pädagogisches Konzept im Sinne des medizinischen Ansatzes für Kinder mit Verhaltensstörungen, denen eine Minimale Hirnschädigung (Minimal Brain Damage - MBD) attestiert worden war, wurde seit Ende der fünfziger Jahre in den USA von Cruickshank und wenig später auch in der damaligen DDR von Großmann / Schmitz entwickelt.

Ausgangspunkt der Konzeptbildung von Cruickshank waren die folgenden Symptome, die als Characteristika minimal hirngeschädigter Kinder angesehen wurden:

- motorische Hyperaktivität,
- Ablenkbarkeit
- Dissoziation
- Figur-Grund-Reversion,
- Perseveration,
- motorische Inkoordination,
- gestörtes Selbstkonzept (Cruickshank 1973).

Infolge der Beeinträchtigungen des Kindes und der Schwierigkeiten, die es erlebt, kann es über vielerlei Mißerfolgserlebnisse zu einem negativen Selbstkonzept kommen, wodurch die weitere Entwicklung beeinträchtigt wird. Da sich die Störungen besonders deutlich erst mit Schuleintritt zeigen und nicht zu erwarten ist, daß das leicht hirngeschädigte Kind den Anforderungen in der allgemeinen Schule entsprechen kann, hält Cruickshank eine sonderpädagogische Förderung mit begleitender psychologischer Betreuung für notwendig.

Kennzeichnend für das Interventionskonzept Cruickshanks sind zwei Leitideen:
• die allgemeine Reizreduzierung und
• die spezifische Reizerhöhung in punktuellen Bereichen.

Die allgemeine Reizreduzierung bezieht sich im schulischen Bereich auf die gesamte Lernumwelt, auf eine Reduzierung der räumlichen Gegebenheiten und auf eine Reduzierung der Lernprogramme.

So haben die Fenster Milchglasscheiben, alle Lehrmaterialien werden verdeckt aufbewahrt, Wände, Fußböden und Möbel werden gleichfarbig gestaltet. Durch Teppichböden und schalldämpfende Maßnahmen an den Decken sollen die akustischen Reize minimiert werden.

Der Raum soll klein und übersichtlich sein. Alle Aktivitäten des Kindes sollen sich in dem einen, speziell gestalteten Raum, vollziehen. An den Wänden des Raumes sind für die Kinder an drei Seiten geschlossene Lernkabinen eingerichtet, in denen ihnen, nur mit Wänden vor Augen, auf die Lerninhalte bezogenes Aufmerksamkeitsverhalten erleichtert werden soll. Auch die Kabinen sind einfarbig gestrichen und haben keinerlei Dekorationen, und der Schüler nimmt nur die Materialien mit hinein, die er unbedingt braucht (vgl. Cruickshank / Johnson 1958, 273 ff.). Da es den Kindern schwerfällt, Entscheidungen zu treffen und sie sich in Entscheidungssituationen bedroht fühlen, sind Tagesablauf und Lehrprogramme detailliert geregelt. Erst mit der Verbesserung des Aufmerksamkeits- und Anpassungsverhaltens vergrößern sich Wahlmöglichkeiten und Entscheidungsspielräume.

Für die im Mittelpunkt der Lernprozesse stehenden Materialien soll der Reizwert erhöht werden. Die Reizanreicherung geschieht durch die Größe, die Form und durch Farben. Diese spezifische Reizanreicherung soll mit zunehmender Leistungsfähigkeit verringert werden. Der Unterricht in seiner Gesamtheit geht stets vom Konkreten zum Abstrakten, ist charakterisiert durch kleine Einheiten und durch weitestgehende Fremdsteuerung sowohl durch den Lehrer als auch durch bereitgestellten Materialien.

Cruickshank hält es für notwendig, daß das in der Schule realisierte Konzept auch vom Elternhaus übernommen wird und auch die heimische Umgebung reizarm gestaltet und zeitliche Planung wie Tätigkeiten strukturiert werden. Cruickshank hat mit seinem nach medizinischen Daten ausgerichteten bzw. symptomorientierten und die Defekte der Kinder in den Mittelpunkt stellenden Interventionskonzept eine medizinisch-pädagogische Extremvariante in erzieherischer wie didaktisch-methodischer und organisatorischer Hinsicht realisiert, das auch Einfluß gewann auf die deutsche Pädagogik bei Verhaltensstörungen. So wurden z.B. in einer der wenigen speziell für Schüler mit Verhaltensstörungen gebauten Sonderschulen in Deutschland, und zwar in Bremen, Lernkabinen eingerichtet, die allerdings niemals konsequent im Sinne Cruickshanks genutzt wurden. Einige Elemente seiner Pädagogik wirkten befruchtend, wie z.B. die zeitliche Strukturierung und die didaktisch-methodischen Hilfen. Die Starrheit seines Konzepts, die Überbetonung der Führung durch den Lehrer/Erzieher sowie die konsequente Reizreduzierung wurden jedoch abgelehnt und haben gegenwärtig keine Relevanz mehr, auch wenn Cruickshank sein Konzept in leicht veränderter Form und in Ausrichtung nunmehr auf "lern- und wahrnehmungsgestörte Kinder" in Amerika 1977, Deutschland 1981, noch einmal vorlegte. Als besonders negativ ist zu bewerten, daß Möglichkeiten für soziales Lernen nicht nur nicht einbezogen, sondern geradezu verhindert werden. Das Konzept muß heute in seiner Gesamtheit als veraltet gelten, wenn auch einige Elemente moderner Pädagogik bei Verhaltensstörungen dienlich sein können und für die Praxis genutzt werden sollten.

Ein Gegenkonzept zu dem von Cruickshank ist das von Zentall (1979). Während im Gefolge von Strauss / Lehtinen (1947) und Cruickshank zumeist davon ausgegangen wird, daß die zentrale Problematik hyperaktiver Kinder auf eine Situation der Überstimulation zurückgeht (siehe dazu auch Kap. 9.2), verwies Zentall darauf, daß bei diesen Kindern eine Unterstimulierung gegeben sei. Infolge der Unterstimulation seien die Kinder permanent auf Reizsuche und stimulierten sich selbst. Beruhigung werde nur erreichbar über die Befriedigung des Reizhungers.

Das Interventionskonzept von Zentall sieht deshalb für die Kinder eine reizreiche Umgebung vor. Der Klassenraum ist nach Zentalls Vorstellungen nicht nur in Lernzentren gegliedert, diese sind auch farbig gestaltet und mit vielfältigen beweglichen Reizen für das Auge - wie Mobiles, Aquarien und Terrarien mit verschiedenen Tieren - ausgestattet. Durch permanente Umstaltung der Zentren sind immer wieder neue Stimuli zu setzen. Frontalunterricht wird vermieden, Instruktionen werden nur in kleinen Gruppen gegeben. Im Hinblick auf die Lernmaterialien und den Lernstoff sollen die Schüler möglichst selbstbestimmt arbeiten können, wobei die Aufgabenstellungen motivierend sein und einen den Bedürfnissen entsprechenden Wechsel, auch im Hinblick auf Bewegungsmöglichkeiten, vorsehen. Methoden der Verhaltensmodifikation werden als hilfreich angesehen, wobei Selbstinstruktionstechniken besondere Bedeutung zugesprochen wird (vgl. Zentall 1979). Zentalls Konzept harrt bisher noch der Erprobung; Evaluationsstudien sind nicht bekannt.

Auch Kephart hat Kinder mit Lern- und Verhaltensstörungen, insbesondere solche mit hyperkinetischen Störungen (HKS) bzw. Aufmerksamkeits- und Hyperaktivitätsstörungen (AHS) und mit Lernstörungen im Auge, wenn er unter Heranziehung neurophysiologischer und neuropsychologischer sowie entwicklungspsychologischer und sonderpädagogischer Erkenntnisse bei weitgehender Nichtberücksichtigung sozio-kultureller Faktoren ein Interventionskonzept entwirft. Das Zentralnervensystem (ZNS) des AHS-Kindes "verarbeitet Information ein wenig anders als die Gehirne anderer Kinder. Die Beziehungen zwischen den Bestandteilen einer Information sind gestört, es sieht nicht das, was wir ihm zu zeigen glauben. Es sieht etwas anderes. Es hört nicht, was wir ihm zu sagen glauben. Es stellt zwischen den Informationsbestandteilen, die wir ihm in einer vermeintlich so gut strukturierten Form darbieten, nicht dieselben Verbindungen her wie wir. Sein Zentralnervensystem behandelt diese Teilinformationen anders" (Kephart 1977, 16). So hilft es dem Kind nicht, wenn ihm der Unterrichtsstoff in kleineren Schritten und langsamer sowie mit vielen Übungsmöglichkeiten angeboten wird. Das Kind braucht vielmehr "eine andere Art der Darbietung, bei der die abweichenden Verarbeitungsprozesse das Verstehen des Lernstoffes nicht stören"; und der Lehrer braucht ein Repertoire von Darbietungsweisen und Techniken, um den Lernmöglichkeiten des Kindes gerecht zu werden und seine Lernchancen zu verbessern (a.a.O., 16).

Besondere Bedeutung für das Verständnis der Lernstörungen haben für Kephart die Erkenntnisse über den stufenförmigen Verlauf der Entwicklung. Fortschritte auf einer Stufe bestimmen quantitativ und qualitativ die Fortschritte auf der nächsten Stufe (vgl. z.B. Erikson, Piaget), sowie über den Funktionskomplex der Generalisierung, worunter dynamische Muster umfassender Informationsverarbeitung mit den Funktionen der Sammlung und Integration von Daten und situationsübergreifender, flexibler Datenverwertung zu verstehen sind.

Nach Kepharts konzeptionellen Vorstellungen sind bei Kindern mit sehr großen Schwierigkeiten prothetische Hilfen zu geben. Differenziert wird nach
- Lern-Prothesen (Fingerhilfe beim Lesen und Rechnen, Betonung von Elementen durch Farbe und Form usw.),
- sozialen Prothesen (kleine Lerngruppe, Vermeidung von Situationen, die Selbstkontrolle erschweren, Entwicklung von Unterrichtsroutinen, Vermeiden plötzlicher Situationsänderungen usw.) und
- Verhaltensprothesen (Lernkabinen, medikamentöse Therapie usw.).

Für die meisten Kinder wird ein unterrichtsbezogenes Lernkonzept für hinreichend erachtet, das an den Erkenntnissen über kindliche Entwicklung und Generalisierung orientiert ist und Übungsmöglichkeiten für perzeptiv-motorisches Verhalten und Zuordnen, für Augenkontrolle (Fixierung und Verfolgung), grobmotorische Bewegungsformen, Orientierung und Richtungssinn (Übung an der Wandtafel) sowie für die Formwahrnehmung vorsieht.

Das Interventionsprogramm basiert auf einer komplexen Diagnose, die sich "auf den ganzen Entwicklungsverlauf erstreckt" und "die Natur der Störung und die Art der daraus entstandenen Kompensationsmechanismen und Verzerrungen des Lernprozesses herausfinden" soll (a.a.O., 156). Aufgabe des Pädagogen ist es, auf die diagnostischen Daten aufbauend ein Lernprogramm so zu gestalten, "daß die Lernstörung in dieser frühesten Phase beseitigt wird und auf der Basis dieses neuen Prozesse das Lernen der späteren Stadien nachgeholt werden kann" (a.a.O.).

Die Schwierigkeiten des Kindes werden also auf ein spezifisches Problem hin eingeengt. Um beim Training in diesem spezifischen Lernbereich keine "Splitterfertigkeiten" zu entwickeln, sollen die isolierten und künstlichen Aktivitäten möglichst schnell in einen natürlichen Aufgabenkontext eingebunden werden. In diesem Sinne werden spezielle Trainingsphasen mit dem üblichen Unterricht verbunden. Dabei sollen die Aufgaben möglichst alle dem Prinzip der Veridikalität entsprechen. Eine veridikale Leistung entspricht fundamentalen Naturgesetzen und bezieht über diese ihre Erfolgskontrolle. Balancieren auf einem auf dem Boden liegenden Balken stimuliert nicht zu intensiver Auseinandersetzung mit Gleichgewichtsproblemen. Eine derartige Übung wird aber dann veridikal - wie Kephart aufzeigt -, wenn der Balken einen halben Meter Abstand zum Boden hat und sich das Kind deshalb intensiv bemühen muß, Gleichgewicht zu halten, um nicht herunterzufallen.

Valide Leistungen sind dagegen durch Übereinkünfte definiert und beziehen ihre Erfolgskontrolle aus sozialer Zustimmung. Als günstiger ist es somit anzusehen, Lernen und Einüben von Fähigkeiten und Fertigkeiten in ein Projekt einzubetten, statt isolierte Aufgaben anzugehen, da die Erfolgskontrolle im Rahmen von Projekten durch den Gesamtzusammenhang gegeben wird.

Das Konzept von Kephart ist deutlich biophysisch orientiert und hat von daher systemimmanente Schwachstellen. Es ist jedoch konsistent und systematisch aufgebaut, vermittelt eine Fülle von Anregungen, ist praxisdienlich und hat die sonderpädagogische Praxis in Amerika wie in Deutschland beeinflußt, wie z.B. das nachfolgend dargestellte Konzept der Maria-Stern-Schule zeigt.

Das Konzept der Maria-Stern-Schule in Würzburg für Kinder mit Lernstörungen oder -schwächen, mit Teilleistungsstörungen oder mit Verhaltensstörungen, insbesondere mit Aufmerksamkeits- und Hyperaktivitätsstörungen, ist aus dem sonderpädagogischen Praxisbedarf erwachsen. Es wurde aus den unterrichtlichen Erfahrungen mit den Kindern vor dem Hintergrung neurophysiologischer und neuropsychologischer sowie pädagogischer Erkenntnisse entwickelt (vgl. Brand et al. 1985). Die Grundproblematik dieser Kinder wird in cerebralen Funktionsstörungen gesehen, die sich als Integrationsstörungen bzw. als mangelnde Integrationsfähigkeit darstellen. Die Integrationsstörungen zeigen sich in funktionellen Störungen

"- des taktil-kinästhetisch-vestibulären Bereichs,
- der Tiefenwahrnehmung,
- der Lateralität,
- der Figur-Grund-Wahrnehmung und der Speicherfähigkeit" (a.a.O., 1).

Diese einzelnen Störungsbereiche werden nicht als unabhängig voneinander angesehen, es wird vielmehr herausgestellt, daß "das Gehirn vor allem bei höheren Funktionen wie Lesen und Schreiben immer als Ganzes" arbeitet, d.h. die einzelnen Funktionen koordiniert und integriert. "Integration wird so zu einem zentralen Funktionsprinzip innerhalb des ZNS", eine Feststellung, mit der die Würzburger Autoren an Ayres anknüpfen, die von einer sensorisch-integrativen Dysfunktion spricht. Hauptaufgabe sonderpädagogischer Intervention ist somit "die Förderung der Integrationsfähigkeit des ZNS" (a.a.O., 33).

Mit einer umfassenden Diagnose ist zunächst festzustellen, welche Störungen gegeben sind und wie sie sich im Lern- und Sozialverhalten zeigen. Neben Testverfahren zur Wahrnehmung, Lateralität, Motorik und kognitiven Leistungsfähigkeit haben auch Anamnese und Verhaltensbeobachtungen eine zentrale Bedeutung.

Da sich die Problematik der Kinder mit Lernstörungen spätestens mit Schulbeginn in aller Deutlichkeit zeigt, müssen spätestens im Anfangs- oder Erstunterricht Diagnose- und Interventionsmaßnahmen einsetzen. Das Würzburger Interventionskonzept ist deshalb auch umfassend und detailliert auf den Unterricht im ersten Schuljahr ausgerichtet. Zwei Prinzipien sind interventionsleitend:
- Ausrichtung nach den Funktionsweisen des ZNS
- Ausrichtung nach den Möglichkeiten und Bedürfnissen der Kinder (Bewegungsdrang, Neugierverhalten, Phantasie und Kreativität, Freude am Lernen).

Eine Systematik hat die Intervention insofern, als sie in Orientierung an die hierarchische Struktur des ZNS und die phylo- wie ontogenetische Entwicklung des Menschen
- zunächst auf Hirnstamm-Funktionen und später dann auf
- Kortex-Funktionen ausgerichtet ist.

Für alle integrations- bzw. lerngestörten Kinder wird zunächst eine durch die diagnostisch erfaßten Syptome bestimmte "Basistherapie" durchgeführt, die auf den Hirnstamm einwirken und alle Sinnesmodalitäten anregen soll und sich als spielerische, den Kindern Freude bereitende "taktil-kinästhetisch-vestibuläre Stimulation" darstellt.
Die "Basistherapie" hat drei Phasen:
1. Phase: Körperkontakt (vor allem Bewegungsspiele)
2. Phase: Körperstimulation (Hände, Füße, Gesicht, Mund, "Wasch- Reib-Berührungs-spiele", mit und ohne visuelle Kontrolle, kleine Gruppen mit 4-9 Kindern)
3. Phase: Diskriminieren (taktile Lokalisationsübungen): Fingerunterscheidung, gleichzeitige Wahrnehmung mehrerer Tastreize, mit den Händen Formen ertasten, Zeichnungen auf der Haut erkennen.

Für die vestibuläre Stimulation, die hauptsächlich aus Schaukel- und Drehbewegungen besteht, wird eine Phaseneinteilung nicht für möglich gehalten, da in diesem Bereich alle Kinder sehr unterschiedliche Fähigkeiten haben.
Die proprizeptive Stimulation zielt auf Tiefenwahrnehmung des Körpers (Druck und Zug an den Gelenken, Vibratoren).
Nach der für alle Kinder angesetzten "Basistherapie" wird eine aus den diagnostischen Daten ableitbare "Individualtherapie" durchgeführt, durch die gezielt individuelle Entwicklungsrückstände und cerebrale Funktionsstörungen angegangen werden.
Die "Individualtherapie" ist sehr umfassend angelegt und folgt einem Stufenschema, beginnend mit der Integration der primitiven Stell- und Haltereflexe, der Normalisierung des Muskeltonus, der Aktivation der Aufrichte- und Gleichgewichtsreaktionen und der extraokularen Muskelkontrolle, um dann auf einer zweiten Stufe die Förderung des Körperschemas und der Bilateralintegration sowie das Überkreuzen der Körpermittellinie zu üben. Auf der dritten Stufe werden Sprach- und Sprechstörungen ("Sprachbenutzung"),

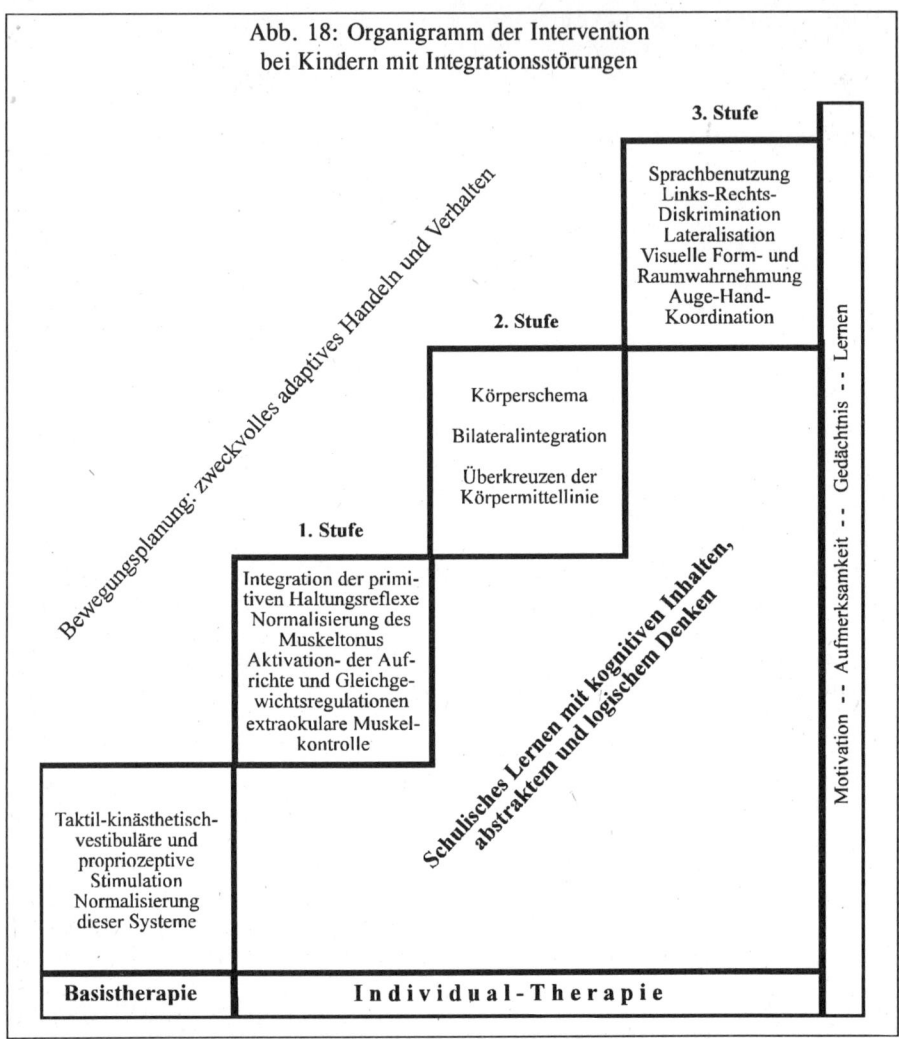

Abb. 18: Organigramm der Intervention
bei Kindern mit Integrationsstörungen

Lateralisation (Orientierung auf beide Körperhälften hin und bevorzugte Ausrichtung auf eine Körperseite), visuelle Form- und Raumwahrnehmung und Auge-Hand-Koordination in den Mittelpunkt der heilpädagogischen Intervention gestellt.

Abbildung 18 gibt einen Überblick über die organisatorische Struktur des Interventionskonzepts (nach Brand et al. 1985, 151).

Ziele und Maßnahmen der Intervention sind mit denen des Unterrichts in der Weise verbunden, daß erst Lesen, Schreiben und Mathematikunterricht Schwerpunkte bilden, während Kunst, Werken, Sport, Musik / Bewegung als Unterrichtsprinzipien wirken, d.h. aus situativen Bedingungen heraus akzentuiert werden.

Der Unterricht in seiner Gesamtheit ist charakterisiert durch
"- die geplante therapeutische Zielsetzung,

- das genaue Einhalten der Abfolge der sich aufbauenden Therapiestufen und -ziele (nach einer eingehenden Diagnose und Therapieplanung),
- das Überprüfen des Lernfortschrittes bei jedem einzelnen integrationsgestörten Kind" (a.a.O., 171).

Für das gesamte 1. Schuljahr wird eine gut durchdachte, systematische Planung sowohl bezogen auf die Basistherapie als auch auf die Individualtherapie an die Hand gegeben, die sich auf die verschiedenen Stimulationsbereiche (taktil-kinästhetisch, vestibulär, propriozeptiv) und auf die drei individualtherapeutischen Stufen bezieht. Für beide Bereiche wird eine Fülle von Möglichkeiten spielerischen Lernens systematisch und anschaulich-praktisch mit Verbindung zu unterrichtlich-kognitiven Zielen vorgestellt. Damit liegt für Kinder mit hyperaktiven Verhaltensstörungen auf neurophysiologischer und entwicklungspsychologischer Grundlage ein Interventionskonzept vor, das zwar auf Problemkinder zugeschnitten ist, aber auch in einem integrativen Unterricht mit allen Kindern zu realisieren ist, da es auch für Kinder ohne Störungen förderliche Anregungen zu geben und Freude am Lernen zu ermöglichen vermag.

Für ihr Konzept haben die Autoren viel gelernt bei Affolter, Ayres, Frostig, Kephart Kiphard. Es gelingt ihnen zu demonstrieren, wie im Erstunterricht therapeutische mit unterrichtlichen Zielen und Maßnahmen sinnvoll und effektiv verbunden werden können.

Dieses Kapitel abschließend wird kurz auf zwei an neurophysiologischen und -psychologischen Erkenntnissen orientierte Lernkonzepte eingegangen, die gerade bei Kindern und Jugendlichen mit Lern- und/oder Verhaltensstörungen verstärkt eingesetzt werden sollten. Das eine, spezieller ausgerichtet, ist als Suggestopädie oder Superlearning weltweit bekannt geworden. Das andere, breiter angelegt, aber noch wenig bekannt, stellt auf der Basis einer Theorie kognitiver Entwicklung (Informationsstufentheorie) Hilfen zur Optimierung cerebraler funktioneller Systeme bereit (Radigk [2]1990).

Zu den neuophysiologischen und -psychologischen Forschungsergebnissen gehört die Erkenntnis einer funktionellen Asymmetrie des Gehirns (Remschmidt 1981, 46). Beide Hirnhemisphären haben also unterschiedliche Funktionen und Aufgaben (vgl. Kap. 4.1.1). Aus den erbrachten Forschungsergebnissen kann abgeleitet werden, daß insbesondere bei Kindern und Jugendlichen mit Lern- und Verhaltensstörungen, weil diese es besonders nötig haben, die beiden spezialisierten Hemisphären des Gehirns am Lernprozeß beteiligt werden sollten, um das Lernen zu erleichtern und zu verbessern. In Verbindung mit verbaler Information sind also musikalische Inhalte, bildhafte Darstellungen, nonverbale Markierungen über Mimik und Gestik sowie raumerfassende Aktivitäten systematisch anzubieten, da durch diese Verbindungen beide Hemisphären gleichzeitig angesprochen werden und in kooperativer Ergänzung Daten aufnehmen und verarbeiten können. Den Anforderungen auf systematische Einbeziehung beider Hirnhemisphären in den Lernprozeß entspricht weitestgehend der didaktisch-methodische Ansatz von Georgi Lozanov, der auch als ganzheitliches Lernen, Superlearning oder Suggestopädie bekannt geworden ist. Der Bulgare Georgi Lozanov, Psychiater in Sofia, entwickelt und überprüft seit den sechziger Jahren seinen Lernansatz, der durch die Involvierung beider Hemisphären die Codierung und Speicherung von Daten wesentlich verbessert. Aus naheliegenden Gründen wurden weltweit insbesondere Untersuchungen in der Fremdsprachendidaktik gemacht. Auch Untersuchungsergebnisse zur Methode der Suggestopädie, die unter streng wissenschaftlichen Bedingungen erbracht wurden, weisen gute Effizienz aus (vgl. Schiffler 1986, 46/47). Es kann zusammenfassend davon ausgegangen werden, daß dieser Ansatz durch eine Verbesserung der Motivation, der Konzentration und der Gedächtnisleistung der Schüler das Lernen wesentlich erleichtert -

auch bei schwierigen Schülern (vgl. Imhof / Stockwell / Weiss 1986, 101-130, siehe dazu auch Bochow / Wagner 1986).

Das suggestopädische Konzept soll kurz in der Version von Losanov und Philipov - Elisabeth Philipov ist eine Schülerin von Losanov - vorgestellt werden. Das Konzept beinhaltet drei Phasen: Eine kognitive, eine rezeptive und eine aktive Phase. In der ersten, kognitiven Phase wird vorwiegend links-hemisphärisch gearbeitet. In der zweiten, rezeptiven Phase wird die rechte Hemisphäre über Entspannung und Musik angesprochen (bei Linkshändern ist die Hemisphärenspezialisierung in der Regel umgekehrt). Das Lernmaterial wird assimiliert, gespeichert und konsolidiert. Vermittlung und Rezeption von Lernmaterialien werden durch Rhythmus sowie durch Ton und Klang unterstützt. "Durch die Anwendung der kognitiven und rezeptiven Phase kommt es zu einer Wechselwirkung zwischen den beiden Bewußtseinszuständen und Funktionen der Hirnhemisphären. Dieses führt zu einer Aktivierung und optimierten Nutzung des geistigen Potentials beim Lernen" (Philipov 1986, 21). In der dritten Phase wird der "homo ludens" durch Rollenspiele und gruppendynamische Interaktionsspiele angesprochen.

Neuropsychologische Forschungen vermögen auch Hinweise für eine differenzierte, individualisierende Didaktik und Methodik zu geben, wie Radigk im Rahmen einer Informationsstufentheorie aufzeigt. Beispielsweise sind Hirnfunktionen über die Darstellung des cerebralen Blutflusses genau zu lokalisieren, und es kann angegeben werden, welche Hirnbereiche an welchen Leistungen beteiligt sind. Somit ist auch zu erfassen, welche individuellen Abweichungen, Störungen oder Ausfälle bestimmte Leistungen beeinträchtigen, so daß Aufgaben qualitativ und quantitativ gezielt gestellt werden können. Verdeutlichen läßt sich dies durch Forschungen zum inneren Sprechen bzw. zum Denken. So wird von einem 16jährigen Jungen berichtet, dem es nicht gelang, Wörter verbo-sensorisch zu durchgliedern und akustisch zu analysieren. Lese- und Schreibübungen halfen nicht. Die Problematik ließ sich erst dann erhellen, als Blutflußuntersuchungen zeigten, daß das Brocasche Zentrum beim stillen Lesen stärkere Aktivitäten aufweist als beim lauten Lesen, obwohl es doch nach dem bisherigen Wissensstand nur für die Expressivsprache, die Produktion von Lautsprache, zuständig sein sollte. Nach diesen und anderen Untersuchungen wird das Brocasche Zentrum als ein "Zeichengenerator" verstanden, "der in der Lage ist, die jeweiligen akustischen, visuellen, kinästhetischen und motorischen (verbosensorischen) Speicherungen und Programmierungen durch entsprechende Operationen in verschiedenen Zeichensystemen zu codieren" (Radigk 1985, 247/248). Es ergab sich somit bei dem Jungen die Aufgabe, die Funktionen inneren Sprechens zu trainieren, die konstruktiv bei der Schriftsprache mitwirken. Das gelang über Tonbandprogramme, mit denen inneres Sprechen nachgeahmt und mit Handlungen in Verbindung gebracht wurde, so daß sich deutliche Fortschritte im Rechtschreiben ergaben (a.a.O., 243-249).

6.1.2 Der psychoanalytische Ansatz

Psychische Störungen sind nach Freud in der Regel auf die frühe Kindheit zurückzuführen. "Es scheint, daß Neurosen nur in der ersten Kindheit (bis zum 6.Jahr) erworben werden, wenn auch ihre Symptome erst viel später zum Vorschein kommen mögen" (Freud 1953, 57).

Freud bezeichnete fünf Quellen für die psychoanalytische Arbeit, und zwar
1. Mitteilungen, 2. freie Assoziationen, 3. Übertragungen, 4. Träume, 5. Fehlleistungen.

Als erster Pädagoge setzte der Schweizer Hans Zulliger auf diese Quellen in seiner Arbeit mit schwierigen Schülern. Er ließ die Kinder Aufsätze über frei gewählte Themen oder auch zu Reizworten schreiben. Über freies Spielen der Kinder und mit den Kindern gewann er weitere Hinweise (1967). Aus seiner Sicht arbeitet der psychoanalytische Pädagoge "bewußt mit den Phänomenen der Massenübertragung, Gegenübertragung, Versagung, Verzicht, Identifikationswunsch der Kinder; er tut es, ohne zu analysieren, sondern durch entsprechende Reaktion und Gegenreaktion, durch sein Verhalten" (zitiert nach Rehm 1968, 145). Freies Spielen führte mit großem Erfolg Melanie Klein in die Intervention bei Kindern ein. Freies Zeichen, Tagträume und Nachtträume nutzte Anna Freud in ihrer Kinderanalyse und hielt sie für ebenso bedeutsam wie in der Erwachsenenanalyse (Freud, A.1973, 35).

Die Psychoanalyse hat seit ihren Anfängen auf die Pädagogik einen starken Einfluß ausgeübt, der sich auch gegenwärtig noch deutlich zeigt (vgl. z.B. Bittner / Ertle 1985).

Psychoanalytisch orientierten pädagogischen Interventionskonzepten ist ein Drei-Phasen-Ablauf gemeinsam:

1. Der Lehrer/Erzieher realisiert "Liebe auf Vorschuß" (Denk 1967) und macht sich zum Übertragungs- wie zum Identifikationsobjekt. In der Übertragung projiziert das Kind / der Jugendliche seine Probleme, pathogenen Erlebnisse, emotionalen Schwierigkeiten mit relevanten Bezugspersonen auf den Lehrer/Erzieher und macht sie so bearbeitbar.

2. Der junge Mensch erbringt kognitive, emotionale, soziale Leistungen um der Liebe des Lehrers/Erziehers wegen und übernimmt im Internalisierungsprozeß dessen Normen und Werte. Über psychische Umstrukturierung / Stabilisierung und verbesserte Fähigkeiten zur Konfliktbewältigung entwickelt sich Ich-Stärke.

3. Mit Normen- und Werte-Internalisierung und Ich-Stärke erreicht das Kind / der Jugendliche Selbständigkeit, Unabhängigkeit, soziale Verantwortlichkeit und somit einen Status, der einen Ablösungsprozeß von dem Lehrer/Erzieher ermöglicht.

Unter den psychoanalytisch orientierten Konzepten sind besonders bekannt geworden die Konzepte von August Aichhorn, Bruno Bettelheim und Fritz Redl, auf die nachfolgend in der gebotenen Kürze eingegangen wird.

August Aichhorn (1887 - 1949) gilt als der Begründer psychoanalytischer Pädagogik. Der gebürtige Wiener war zunächst Volksschullehrer. 1918 bekam er den Auftrag, im Österreichischen Oberhollabrumm ein Erziehungsheim für verwahrloste Kinder einzurichten. Das 1919 in einem ehemaligen Flüchtlingslager eröffnete Heim war in verschiedenen Baracken auf einem Grüngelände untergebracht. Über die Arbeit in diesem Heim, das später nach St. Andrä verlegt wurde, publizierte er nach der Auflösung der Anstalt im Jahre 1922 sein weltberühmt gewordenes Buch "Verwahrloste Jugend". Seit 1923 gründete er als Beamter des Städtischen Jugendamtes Wien Erziehungsberatungsstellen, die weltweit Vorbildcharakter bekamen.

Die Pädagogik August Aichhorns läßt sich durch folgende Prinzipien charakterisieren:
- Realisierung grenzenloser Milde und Güte
- befreiendes Verstehen
- Stimulierung und Bearbeitung von Übertragungen.

Das Buch "Verwahrloste Jugend - Die Psychoanalyse in der Erziehung" wurde 1925 veröffentlicht und hat seitdem mehrere Auflagen erlebt. Unter dem Begriff "Verwahrloste Jugend" faßt Aichhorn "nicht nur alle Typen von kriminellen und dissozialen Jugendlichen, sondern auch schwer erziehbare und neurotische Kinder und Jugendliche verschiedener Art" (9) zusammen.

Aichhorn unterscheidet zwei Zustandsformen der Verwahrlosung: "Die Verwahrlosungserscheinungen oder -äußerungen sind nur die Symptome eines nicht mehr sozial gerichteten Kräfteablaufes im Individuum. Ehe es zu den Verwahrlosungserscheinungen kam, war schon ein Zustand vorgebildet, den wir latente Verwahrlosung genannt haben. In diesem sind die Verwahrlosungsmechanismen bereits ausgebildet, das Individuum hat nun die Neigung zu Verwahrlosungsäußerungen. Es bedarf nur mehr eines entsprechenden Anlasses, um die Mechanismen so zum Ablauf zu bringen, daß das bisher verborgen gebliebene, scheinbar nicht Vorhandene, nun deutlich sichtbar in Erscheinung tritt. Die latente Verwahrlosung wird zur manifesten, zu dem Zustand, den man gewöhnlich als Verwahrlosung bezeichnet" (a.a.O., 43). Als Ursachen für Verwahrlosung sieht Aichhorn Erbanlagen bzw. Konstitution und "erste Kindheits- und sonstige Erlebnisse, die ähnlich denen sein müssen, die für die Ätiologie (Ursache) der Neurose und Psychose von Bedeutung sind" (a.a.O., 43). In Zusammenfassung seiner Erfahrungen kann Aichhorn "fast ausnahmslos feststellen, daß die Dissozialen zerstörtem, zerrüttetem oder unharmonischem Familienmilieu entstammten". Es hat den Anschein, als ob die Stöße, die das soziale Leben dem Einzelnen gibt, nur dann zu ertragen seien, wenn diese einen Ruhepunkt finden, der für unsere Gesellschaftsordnung normalerweise in der Familie liegt. Ist dieser vorhanden, so bewegen sich die Äußerungen des Trieblebens innerhalb sozial erträglicher Grenzen; fehlt er, so wird der ohnehin nicht sehr stabile Gleichgewichtszustand noch leichter gestört. Diese Gleichgewichtsstörungen rufen Dauerwirkungen hervor, die, wenn sie als Verwahrlosung in Erscheinung treten, die Fürsorgeerziehung zu beheben hat. Die Art ihrer Einflußnahme auf den Zögling muß sich daher, namentlich anfangs, wesentlich von der Erziehung des normalen Kindes unterscheiden" (a.a.O., 135).

Aichhorn übernahm im Dezember 1918 die Leitung des Erziehungsheims für verwahrloste Kinder und Jugendliche in Oberhollabrunn. Da ihm die Gruppierung der Zöglinge nach Geschlecht sowie nach Schulkindern und Schulentlassenen wegen der enormen Führungsschwierigkeiten als ungünstig erschien, wurden folgende Gruppierungen gebildet:

"1. Intellektuelle Defekte;
2. Soziale Mängel, die unter dem Einfluß der neuen Umgebung ohne besondere Schwierigkeiten zu überwinden sind;
3. Soziale Mängel, die tiefer gegriffen haben und fester verankert sind; neben dem Einfluß der neuen Umgebung ist aktive Erziehung notwendig;
4. Charakterologische Fehler neben den sozialen Mängeln bei höherer Intelligenz;
5. Gleichgewichtsstörungen mit gelegentlicher, motivierter Aggression neben charakterologischen Fehlern und sozialen Mängeln;
6. Aggression verschiedenster Form, die unmotiviert zum Ausbruch kommt, neben den früher genannten Fehlern und Mängeln" (a.a.O., 126).

Der Gruppierungsgedanke erwies sich als ökonomisch und wurde auch als Heilungsprinzip verstanden.

12 Schuljungen, "die in Folge ihrer argen Unverträglichkeit in keiner Gruppe geduldet wurden" (a.a.O., 146), bildeten die Gruppe der "Aggressiven". Sie waren die schwierigsten Fälle: "Nicht selten sah man sie mit Tischmessern aufeinander losgehen, sich die Suppenteller gegenseitig an den Kopf schleudern. Auch der Ofen wurde umgeworfen, um einen Feuerbrand als Angriffswaffe zu erhalten" (a.a.O., 146).

Gegen den Rat des Anstaltspsychiaters und anderer Erzieher vertrat Aichhorn auch diesen Jungen gegenüber das Prinzip der "absoluten Milde und Güte", ausgehend von folgender Überzeugung: "Typisch für jeden Verwahrlosten ist die geringe Fähigkeit, Triebregungen unterdrücken und von primitiven Zielen ablenken zu können, sowie die ziemliche Wirkungslosigkeit der für die Gesellschaft geltenden sittlichen Normen; dazu kommt für den weitaus größten Prozentsatz der Fürsorgeerziehungszöglinge ein offener Konflikt mit der Gesellschaft als Folge eines in der Kindheit unbefriedigt gebliebenen Zärtlichkeitsbedürfnisses. In Erscheinung tritt sehr gesteigerter Lusthunger, primitive Form der Triebbefriedigung, Hemmungslosigkeit und verdecktes, aber desto größeres Verlangen nach Zuneigung" (a.a.O., 130).

"Absolute Milde und Güte" haben also die Funktion, Zuneigung zu vermitteln und Zuneigung zu erreichen. So kann das Liebesdefizit nach und nach ausgeglichen werden. Die Qualität der sich abreagierenden, destruktiven Affekte veränderte sich über Scheinaggressionen, Wutweinen und eine Phase der Labilität so weitgehend, daß die verdrängte normale, zärtliche Libido sich durchsetzen und als geeignetes Objekt die Erzieherin bzw. Erzieher besetzen konnte. Über die so hergestellte positive Übertragung wurden Identifikationsprozesse möglich. "Wir hatten so das Schauspiel vor uns, wie ein bisher alleinstehender Dissozialer sich allmählich affektiv einer sozialen Gesellschaft (Masse) einzuordnen beginnt. Der explosionsartig weiterschreitende Auflockerungsprozeß läßt fortgesetzt bisher dissozial verwendete Libido freiwerden, normalen Zielen zuwenden, und den Zögling so für das Leben in der Gruppe sozial werden" (a.a.O., 154).

"Absolute Milde und Güte" sind pädagogische Faktoren und so zu verstehen, "daß Erzieherinnen und Erzieher den Zöglingen keinerlei Widerstand entgegenstellen durften, und wenn sich solche aus der Natur der Sache nicht vermeiden ließen, diese milderten. Wollte beispielsweise einer etwas tun, das aus dem Rahmen der jeweiligen Beschäftigung herausfiel, so war das zu erlauben, ohne zu fragen, warum er sich von den anderen absonderte. Behagte einem zweiten das Sitzen beim Mittagstische nicht, so durfte er sich mit seinem Teller auch in irgendeine Ecke des Tagraumes begeben. War einem dritten das Spielen unangenehm, so konnte er es abbrechen. Es gab wohl festgesetzte Zeiten: für das Aufstehen, das Essen, das Spiel, Schlafengehen usw. Diese waren aber für den einzelnen dieser Gruppe nicht bindend. Die Devise war: soweit nur immer möglich, gewähren lassen. Erzieherinnen und Erzieher hatten sich zu bemühen, durch noch so arge Überschreitungen nicht aus der Fassung zu kommen. Bei Streit-, Rauf- und Wutszenen war nur zu trachten, Unglück zu verhüten, dabei aber jedwede Parteinahme für einen der streitenden Teile zu unterlassen" (a.a.O.).

Aichhorn konnte zwar mit dem psychoanalytisch-pädagogischen Modellversuch seine theoretischen Leitideen bestätigen, allerdings zu Lasten von Menschen und Sachen. Zwei Erzieherinnen erlitten schwere Zusammenbrüche. Die Unterkunft der Jungen wurde zu einer Ruine.

Bruno Bettelheim bezog sich in seiner praktischen Arbeit und seiner Konzeptionsbildung ausdrücklich auf August Aichhorn. Auch ihm ging es darum, den Kindern und Jugendlichen zu ermöglichen, in der Kindheit fehlgelaufene oder auch fehlende Entwicklungen und Erfahrungen nachzuholen, um auf dieser Basis die Persönlichkeit neu organisieren zu können. Seine Erkenntnisse und Erfahrungen sammelte er an der "University of Chicago Sonia Shankman Orthogenic School", die er als Professor an der Chicagoer Universität gründete und leitete. Die Schule war eigentlich eine Internatsschule für 34 Kinder, die durchschnittlich oder überdurchschnittlich intelligent waren, keine körperlichen Krankheiten hatten, aber an schweren psychischen Störungen litten.

Nach Bettelheims Aussagen umfaßten die Störungen "den gesamten Symptomkreis von Verwahrlosung oder funktioneller Leseunfähigkeit (Legasthenie) bis zur Schizophrenie der Kindheit (Hebephrenie)" (1970, 25). Die Kinder waren zum größten Teil bereits in verschiedenen psychiatrischen und psychotherapeutischen Einrichtungen behandelt worden. Um den Kindern eine sozial adäquate Organisation ihrer Persönlichkeit zu ermöglichen, wurde die gesamte Einrichtung im Sinne eines therapeutischen Milieus strukturiert. Er sah es für die Internatsschule als charakteristisch an, "daß wir versuchen, ein Gesamtmilieu zu schaffen, das alle wichtigen Tätigkeiten der Kinder umfaßt und ihnen erlaubt, sich darauf zu konzentrieren, aus ihrem Leben ein geschlossenes Ganzes zu machen" (a.a.O, 39). Zu spezifischen Aspekten dieses als Milieutherapie zusammenfassend bezeichneten Konzepts gehören die Organisation der Bedürfnisbefriedigung und des Unterrichts. Vorbedingung für alle weitere Arbeit war es für Bettelheim, "daß vor allem anderen ein Kind zutiefst davon überzeugt sein muß, daß - im Gegensatz zu seinen früheren Erfahrungen - diese Welt angenehm sein kann, bevor es irgendeinen Antrieb verspüren kann, in ihr weiterzukommen" (a.a.0.36). Über die Befriedigung der kindlichen Bedürfnisse sollte sich eine positive Beziehung zu den Erwachsenen aufbauen. So bekam die Befriedigung der kindlichen Nahrungsbedürfnisse einen hohen Stellenwert, das Essen sollte den Kindern zum Vergnügen werden. Für die Kinder standen nicht nur rund um die Uhr Nahrungsmittel zur Verfügung, sie konnten die Zeit für die Befriedigung ihrer Nahungsbedürfnisse selbst bestimmen und sie hatten jederzeit einen wohlgefüllten Schrank mit Süßigkeiten aller Art zur Verfügung: "Dieser Schrank mit seinem Vorrat von vielerlei Keksen, Süßigkeiten, Scholokade usw. ist für viele Kinder ... eine Quelle des Geborgenheitsgefühls" (a.a.O 176). Die Erzieher stoppten die Kinder in ihrer z.T. exzessiven Bedürfnisbefriedigung nicht, sie ermöglichten ihnen, positive Erfahrungen im Sinne von Vertrauen und Zuverlässigkeit zu machen und zu den Betreuern positive Bindungen aufzubauen. "Wenn diese Beziehung stark genug wird, können wir sie benützen, um das Kind weiter zu zähmen" (a.a.O.174). Wie alle Mitarbeiter waren auch die Lehrer in die Organisation des therapeutischen Milieus einbezogen, d.h. sie nahmen an den regelmäßigen Mitarbeiterbesprechungen teil, erfuhren von den Beobachtungen der anderen Mitarbeiter und gewannen so, wie Bettelheim betont, zusätzliche Sicherheit im Umgang mit einem schwierigen Kind. Die Lerngruppen waren mit 5-8 Schülern angemessen klein, die Lehrer brauchten auf schulische Leistungen nicht zu drängen, konnten vielmehr jedem Kind Zeit lassen in seinem Lernvorschritten und ließen ihm auch Freiheit in der Wahl der Lerninhalte. Von höchster Bedeutung war es aber auch für die Lehrer, eine positive Beziehung zu den Kindern herzustellen: "Wie immer hängen auch hier von der persönlichen Beziehung mehr als von den technischen Verfahrensweisen Erfolg oder Mißerfolg unserer Bemühungen ab" (a.a.O.139).

Bettelheims orthogenische Schule und Anstalt wurde weltweit zu einem Vorbild als Lebens- und Lernraum für Kinder mit sozialen und emotionalen Schwierigkeiten. Den Erfolg seiner und seiner Mitarbeiter Arbeit sah er mit Recht darin dokumentiert, "daß mehr als 80% unserer früheren Schüler in den Jahren seit ihrer Entlassung ihre Sache gut gemacht haben, manchmal viel besser, als wir angesichts der Schwere ihrer ursprünglichen Störungen zu hoffen gewagt hatten" (a.a.O., 364). Allerdings mußten sich die Mitarbeiter dafür viel abverlangen, praktisch rund um die Uhr im Einsatz sein, und auf vieles verzichten, z.B. das Privatleben als nachrangig bewerten (vgl. Jurgensen 1976).

Fritz Redl stammt ebenfalls aus Wien. In den zwanziger- und dreißiger Jahren arbeitete er dort als Pädagoge, Psychoanalytiker und Schulpsychologe. 1936 emigrierte er in die USA. Dort beschäftigte er sich in verschiedenen Projekten mit sozial-emotional gestörten

Kindern und Jugendlichen. Seine Erfahrungen im Pioneer House, einem Erziehungsheim in Detroit, und mit dem Bethesta-Modell, einem Projekt an einer kinderpsychiatrischen Klinik in Washington, verdichtete er zu pädagogisch-psychologischen Konzepten, die der Pädagogik bei Kindern und Jugendlichen mit Verhaltensstörungen bedeutsame Einsichten vermittelten und die Praxis befruchteten (vgl. Redl 1970, 1971, 1978).

Auf die bedeutsamen Erkenntnisse zur Ich-Psychologie wurde bereits eingegangen (vgl. Kap. 4.1.2). Zum Erzieher-/Lehrerverhalten bei Kindern und Jugendlichen mit Verhaltenstörungen gibt Redl aus seinen Erfahrungen und Erkenntnissen mit 17 Interventionstechniken ganz praxisbezogene Hinweise, die nicht nur psychoanalytisch orientiert sind, vielmehr über diesen Theorieansatz hinausgehen und sich teilweise anderen Ansätzen - z.B. dem lerntheoretischen - weitgehend annähern (Redl 1971, 206-207, Redl / Wineman 1976). Die 17 Interventionstechniken zur Verhaltenssteuerung bzw. "psychohygienische(n) Techniken des Eingreifens" dienen der Unterbindung eines unerwünschten und dem Hervorrufen eines erwünschten Verhaltens (Redl / Wineman 1976, 19). Sie müssen hinsichtlich ihrer Nebenwirkungen für das pädagogisch-therapeutische Ziel unschädlich sein und können "vom therapeutisch orientierten Praktiker in der Gruppenarbeit und, mit Abwandlungen, auch von Eltern und Erziehern angewandt werden" (a.a.O., 20). Zu nennen sind:

1. Bewußtes Ignorieren
2. Eingriff durch Signale (Lehrer/ Erzieher als externes Ego)
3. Kontrolle durch körperliche Nähe und Berührung
4. Engagement in einer "Interessengemeinschaft":
    Das Interesse des Erwachsenen am Tun des Kindes fördert seine Aktivität. Kinder erfahren eine "Wiederbelebung der Vitalität ihrer Interessensgebiete durch die unmittelbare Anteilnahme der Erwachsenen (a.a.O., 32).
5. Affektive Zuwendung
6. Spannungsentschärfung durch Humor
7. Hilfestellung zur Überwindung von Hindernissen ("Hürden-Hilfe"):
    Manche Kinder haben ihre heftigsten oder gefährlichsten Wutausbrüche nicht aus heiterem Himmel, sondern dann, wenn ihnen der Weg zu einem anvisierten Ziel versperrt ist. Gibt man dem Kind kurz vor dem sich ankündigenden Ausbruch eine Hilfestellung, die Situation zu meistern, so treten keine pathologischen Komplikationen auf.
8. Deutung als Eingriff:
    Diese Technik meint nicht die Bearbeitung unbewußen Materials, sondern die Berücksichtigung der sozialen Einschätzungsschwäche des Kindes bzw. "den Versuch, einem Kind zu helfen, die Bedeutung einer Situation, die es falsch interpretiert hat, richtig zu verstehen, oder ihm dabei zu helfen, seine eigene Motivationslage in konkreten Problemsituationen in den Griff zu bekommen" (a.a.O., 44).
9. Umgruppierung (Ausschluß aus der Institution, Klassenwechsel, Arrangements innerhalb einer Gruppe):
    Sie ist dann vorzunehmen, wenn ein Problemverhalten in Zusammenhang mit "gruppenpsychologischen Konstellationen" steht, bzw. wenn sich eine "Wechselwirkung zwischen der Pathologie des Einzelnen, der Gruppenatmosphäre und anderer gruppenpsychologischer Faktoren" aufbaut (a.a.O., 47).
10. Umstrukturierung (Planung verändern):
    Sie ist dann vorzunehmen, wenn ein gut geplantes, an den Bedürfnissen der Kinder orientiertes Programm plötzlich außer Kontrolle gerät.

11. Direkter Appell:
Der direkte Appell ist nur dann möglich, wenn im Kind eine Art Kontrollinstanz besteht; d.h., daß das Ich und Über-Ich des Kindes bereits erstarkt sein müssen.

12. Einschränkung der räumlichen Bewegungsfreiheit und der Verfügbarkeit von Gegenständen:
Diese Methode teilt sich auf in zwei Ebenen:
a) Ebene des Vermeidens: Beispielsweise darf kein Geld herumliegen, wenn damit kleptomanische Kinder in Versuchung geführt werden könnten.
b) Räumlich-dingliche Begrenzung: Einem Kind werden Werkzeuge oder Räumlichkeiten bei mißbräuchlicher Benutzung verwehrt. Benutzt z.B. ein Kind ein Schnitzmesser in der Gruppe oder im Unterricht so, daß es gefährlich wird, so muß ihm das Messer weggenommen werden. Das Wegnehmen eines Gegenstandes ist eine Maßnahme, aber keine Bestrafung. Der Eingriff wird als "vorübergehende Kontrollmaßnahme" verstanden (a.a.O., 67)

13. Antiseptischer Hinauswurf (oder situative Entfernung):
Antisepsis meint, daß die Technik zur Steuerung eines Verhaltens hinsichtlich ihrer Nebenwirkungen den eigentlichen Therapieverlauf nicht beeinträchtigt. In gewissen Fällen stellt die Entfernung eines Kindes aus einer Konfliktszene die einzige Möglichkeit dar, die mit dieser Situation verbundenen Verhaltensweisen bei dem einzelnen Kind oder bei der Gruppe zu beeinflussen. Sie stellt keine Strafe dar.

14. Physisches Eingreifen:
Das physische Eingreifen ist dann notwendig, wenn dem Kind durch Übererregtheit alle Kommunikationskanäle zu seinem Ich blockiert werden. Es verhält sich hemmungslos und destruktiv und das an den Tag gelegte Verhalten kann im Interesse des Kindes und der Gruppe nicht geduldet werden. Das physische Eingreifen hat keinerlei strafende Funktion.

15. Erlaubnis und autoritatives Verbot:
Das Erlauben teilt sich auf in drei Kategorien:
a) Erlauben zum Einleiten einer gewünschten Verhaltensweise
b) Erlauben zum Unterbinden einer Verhaltensweise
c) Erlauben als Kontrolltechnik, um einem unerwünschten Verhalten (z.B. Beschimpfen) den "negativistischen Anstrich" zu nehmen (a.a.O., 93). Das autoritative Verbot bedeutet schlichtweg "Nein!". "Dieses "Nein" wird nicht aufgeweicht durch irgendwelche Erklärungen oder Argumente" (a.a.O.95). Es ist frei von Angst, Zorn oder Feindseligkeit.

16. Versprechen und Belohnung:
Hiermit wird das Lustprinzip angesprochen. Ein Vertrag mit Erwartungen und Konsequenzen kann geschlossen werden. Bei Kindern mit schweren Störungen haben Versprechungen und Belohnungen häufig nicht die erwünschte Wirkung.

17. Bestrafungen und Drohungen:
Bestrafungen und Drohungen setzen komplexe und intakte kognitive Strukturen und ein Kontrollsystem voraus, über das Kinder mit schweren Störungen häufig nicht verfügen, so daß die Maßnahmen "verheerende Folgen haben" können. Sie dürfen nur dann angewendet werden, wenn die Ich-Funktionen des Kindes wiederhergestellt und stabilisiert sind, sonst sind sie kontraindiziert (vgl. a.a.O., 106-123).

6.1.3 Der individualpsychologische Ansatz

Die zentralen Begriffe der Individualpsychologie wie Minderwertigkeitsgefühl, Geltungsstreben, Kompensation und Überkompensation, Lebensplan bzw. Lebensstil und Gemeinschaftsgefühl sind heute so weitgehend in den allgemeinen Sprachgebrauch eingegangen,
daß sie gar nicht mehr als Teil einer speziellen psychologischen Lehre empfunden werden. In der Pädagogik bei Verhaltensstörungen gehören sie in ihrem theoretischen Kontext zum Allgemeingut, wirken prägend auf das Denken der Lehrer und Erzieher und beeinflussen - ohne daß spezielle, elaborierte individualpsychologische Konzepte vorliegen
müssen - die pädagogisch-therapeutische Arbeit. Die individualpsychologische Intervention bei Lern- und Verhaltensstörungen, die Adler in den zwanziger Jahren in von ihm
eingerichteten Erziehungsberatungsstellen ausgiebig erproben konnte, bilden mit den drei
Phasen "- Verstehen des Lebensplans - Aufklärung des Probanden über seinen Lebensstil - Stärkung des Gemeinschaftsgefühls", ein einfaches, eingängiges Grundmuster
(Bleidick 1985, 63). Da das Konzept pädagogischer Theorie und Praxis sehr nahe steht,
findet es bei dem gegenwärtigen Bedürfnis in Schule, Heim und Erziehungsberatung nach
praktikablen Modellen verstärkt Beachtung und Verbreitung. Die von Elhardt zu Beginn
der siebziger Jahre vertretene Auffassung, die Individualpsychologie habe sich überlebt,
hat sich durch die neuere Entwicklung als unrichtig erwiesen (vgl. Elhardt 1971, 1990).

Auf der Individualpsychologie Alfred Adlers basiert das Konzept der "Integralen Komplettierung" von Monika Vernooij, das biophysische bzw. neurophysiologische Erkenntnisse weitestgehend unberücksichtigt und nur psychologische und pädagogische Aspekte
gelten läßt.
Das Konzept ist für Kinder mit Verhaltensstörungen insofern integral, als es ganzheitlich
sein soll, d.h. auf die Gesamtpersönlichkeit des Kindes ausgerichtet ist. Komplettierung
meint, daß die fehlentwickelte oder auch noch nicht voll entwickelte Persönlichkeitsstruktur des Kindes "vervollständigt, abgerundet, vervollkommnet, eben komplettiert werden
soll" durch die Ermöglichung einer "Weiterentwicklung im körperlichen, im geistigen
und im seelischen Bereich" mit dem Ziel einer "Verbesserung sozialer, kognitiver und
pragmatischer Kompetenzen" (Vernooij 1992, 124). Individualpsychologisch fundiert ist
für Vernooij ihr Konzept insofern, als "das natürliche Streben des Menschen immer von
Nichtkönnen zum Können, von der Minderwertigkeit zur Höherwertigkeit" geht, "Eltern,
Pädagogen und Therapeuten zuversichtlich auf diese strebungsvollen Eigenkräfte des
Menschen Bezug nehmen" können, wobei diese bei Kindern mit Verhaltensstörungen
zeitweilig verschüttet und nicht nutzbar sind, also "erst behutsam freigelegt und gestärkt
werden (müssen), damit eine Entwicklungs-Eigendynamik in Gang kommen kann"
(a.a.O., 125). Methode und Ziel ihres Komplettierungs-Konzeptes ist es demnach, die
"Entwicklungs-Eigendynamik anzustoßen und den neu beginnenden Prozeß anerkennend,
fördernd und stützend zu begleiten" (a.a.O.). Ihr Erziehungs- und Unterrichtskonzept hat
fünf Phasen:
1. Die Beziehungsphase
2. Die Leistungsphase
3. Die Sozialisierungsphase
4. Die Individualisierungsphase und
5. Die Nachbetreuungsphase.

In der Beziehungsphase geht es zunächst darum, die Ängste und Verunsicherungen des
Kindes zu reduzieren, eine positive Beziehung aufzubauen, Minimalregeln für den sozia-

len Umgang konsequent zu beachten und von Leistungsdruck zu entlasten. Über das konsequente Zuwendungsverhalten des Lehrers/Erziehers kann sich beim Kind Vertrauen und zum Erwachsenen eine tragfähige Beziehung entwickeln, die Voraussetzung sind für die nächste Phase.

In der Leistungsphase wachsen Vertrautheit und Leistungsmotivation des Kindes, es wird konsequent ermutigt, kann neben Aufgaben, die es gut beherrscht, bereits auch schon solche übernehmen, in denen sich noch Schwächen zeigen, bei sozialen Problemen wird es konsequent unterstützt. Auf diese Weise sollen sich Lernblockaden aufheben, Minderwertigkeitsgefühle reduzieren und das Selbstwertgefühl sowie das schulische Leistungsvermögen verbessern.

In der Sozialisierungsphase geht es wesentlich um soziale Lernprozesse und Aktivitäten. Das Kind ist nun emotional stabiler, leistungswilliger und leistungsfähiger, kann selbständiger arbeiten und insgesamt entspannter sein und eine positive Grundstimmung haben. Die positive Beeinflussung der psychischen Fehlentwicklung ist daran zu erkennen, daß sich das Selbstwertgefühl stabilisiert hat, im Wahrnehmen und Erleben nur noch "minimale, lebensstilbedingte Realitätsverschobenheit" und des weiteren ein hoher Grad an Gemeinschaftsfähigkeit gegeben sind (a.a.O., 129).

In der Individualisierungsphase zeigen sich bereits eine erhöhte Leistungsbereitschaft, vermehrte sozialadäquate Aktivitäten, eine weiter zunehmende Selbständigkeit sowie erste intrinsich motivierte Lernaktivitäten. Die Beziehung zum Lehrer/Erzieher soll sich nun etwas lockern, um eine Ablösung anzubahnen. Wenn das Kind eine Sonderklasse besuchte, soll nun die Rückschulung in eine Regelklasse vorbereitet werden.

Nach der vierten Phase ist die "integrale Komplettierung" im Grunde vollzogen, das Kind ist jedoch noch im Hinblick auf neue Situationen verunsichert und ängstlich und sollte deshalb in einer Phase der Nachbetreuung gestützt werden und Gelegenheit bekommen, auftretende Probleme zu bearbeiten.

Für das Kind mit Verhaltensstörungen muß der Lehrer/Erzieher ein Verhalten realisieren, daß von der individualpsychologischen Erkenntnis ausgeht, daß der Mensch eine "zielgerichtete Ganzheit" ist, alles Verhalten einem in der Regel unbewußten, aber bewußtseinsfähigen Lebensplan bzw. Lebensstil folgt, der in der frühen Kindheit entwickelt wurde. Für die Erziehung leitet Vernooij vier wichtige Maximen ab:

1. "Jedes kindliche Verhalten kann unter einer Zielperspektive betrachtet werden (was erreicht es mit seinem Verhalten?).

2. Die Ziele des Stör- oder Fehlverhaltens entsprechen kindlichen Bedürfnissen, denen Rechnung getragen werden muß.

3. Jedes Eingehen auf dieses Verhalten, im Sinne des angestrebten Ziels, erhellt das Symptom.

4. Konsequentes Lehrerverhalten bezogen auf die Verhinderung der Zielerreichung, bei gleichzeitiger Befriedigung des kindlichen Bedürfnisses in neutralen Situationen, führt zur Verhaltensänderung" (a.a.O., 133). Nachdrücklich betont die Autorin, daß das Lehrer-/Erzieherverhalten nicht nur konsequent sein muß bezogen auf die Ziele des Kindes, sondern auch bezogen auf die Anbahnung von Verhaltensweisen, die Wertschätzung und Zuwendung, die Ermutigung, das Selbstwertgefühl des Kindes und die Beachtung von Regeln und Abmachungen, damit es für das Kind zuverlässig einschätzbar wird (a.a.O.).

Eine Einbeziehung der Eltern in die Erziehungs- und Unterrichtsarbeit wird als unabdingbar notwendig angesehen. Eine Umsetzung des Konzepts der integralen Komplettierung in einer Regelschulklasse wird für schwer durchführbar gehalten. Für eine erfolgreiche Anwendung gilt die Situation einer Sonder- bzw. Kleinklasse als Voraussetzung, in der nicht mehr als 10 Kinder sein sollten.

Das konsequent individualpsychologisch ausgerichtete Konzept, das auf Erfahrungen z.B. in der Beroschim-Schule im israelischen Tel Aviv und in der Versuchsschule Oskar Spiels in Wien zurückgreifen kann, harrt nunmehr breiterer Realisierung.

6.1.4 Der entwicklungspsychologische Ansatz

Entwicklungspsychologische Konzepte orientieren sich an den vielfältigen, zum Teil auch widersprüchlichen Erkenntnissen, die über kindliche Entwicklung gewonnen wurden. Einige dieser Erkenntnisse, die für pädagogisch-therapeutische Interventionen bedeutsam sind, haben allgemeine Akzeptanz gefunden. Weitgehende Übereinstimmung scheint darin zu bestehen,

- daß sich Entwicklung in physischer, emotionaler wie sozialer Hinsicht in Phasen vollzieht,
- daß inadäquate Entwicklung in einer Phase sich nachteilig auf die Entwicklung in den folgenden Phasen auswirkt,
- daß es in den Entwicklungsprozessen sensible Perioden bzw. besonders günstige Voraussetzungen für Lernprozesse bzw. für die Aneignung von Fähigkeiten, Fertigkeiten und Handlungsweisen gibt,
- daß die Entwicklungsphasen nicht einem starren Schema folgen, sondern von den Kindern auf ganz individuelle Art und Weise durchlebt werden,
- daß sich Entwicklung in Auseinandersetzung mit der Umwelt vollzieht, wobei zwischen Reifungsprozessen und Umweltgegebenheiten wechselseitige Anpassungsprozesse ablaufen (Piaget: Assimilation und Akkomodation),
- daß psychische Störungen und Beeinträchtigungen, die sich in der kindlichen Entwicklung durch inadäquate Umweltfaktoren ergeben haben, durch ein adäquates Umweltarrangement mit pädagogisch-therapeutischen Hilfen positiv zu beeinflussen sind (vgl. Juul 1979, 71).

Ein vielbeachtetes, auf entwicklungspsychologischen Erkenntnissen beruhendes und auf entwicklungsgerechte Erziehung und Bildung ausgerichtetes Konzept elaborierte und evaluierte seit Mitte der siebziger Jahre in den USA Mary Wood (Wood 1975a, 1975b, Juul 1979, Wegler 1979, Neukäter / Goetze 1989).

Fünf Grundüberzeugungen bestimmen das Konzept von Mary Wood:

"(1) Bei Kindern sind Verhaltensstörungen eng mit normalen, unauffälligen Verhaltensweisen verwoben und daher schwer voneinander abzuheben.

Die gesunden normalen Aspekte bei einem gestörten Kind werden oftmals übersehen oder als nicht typisch fehlinterpretiert.

(2) Die normalen Prozesse körperlicher und psychischer Entwicklung erfolgen in einer Hierarchie von Stufen und Sequenzen, die in der psychologischen Forschung und Literatur dokumentiert sind. Diese Entwicklungsprozesse führen bei normalen und gestörten Kindern in verhältnismäßig kurzen Zeiträumen spontan zu völlig neuen Verhaltensweisen und einem erweiterten Verhaltensrepertoire.

(3) Der normale Entwicklungsprozeß ist einerseits einzigartig und individuell, andererseits aber auch vorhersagbar, da er in Beziehung steht zu den bestehenden Umweltbedingungen, den biologischen Faktoren und den Erfahrungen aus der früheren Lerngeschichte.

(4) Das Wissen des Kindes von sich selbst, sein Selbstvertrauen und seine Bereitschaft, in neue Situationen einzutreten, erwächst aus bedeutsamen, freudvollen und befriedigenden Erfahrungen.

(5) Das Kind lernt und entwickelt sich durch eigene Erfahrungen und handelnden Umgang" (Wood 1975, 3-4, zitiert nach: Wegler 1979, 102-103).

Als integrale Bestandteile gehören zum entwicklungstherapeutischen Konzept: ein handlungsleitendes Curriculum für Diagnose und Therapie, förderliche Aktivitäten und Materialien, spezifische pädagogisch-therapeutische Interventionstechniken, eine spezifische Organisation, in der Gruppenlehrer, Assistenzlehrer und Beobachtungslehrer kooperieren, und ständige Kooperation mit den Eltern.

Das Entwicklungscurriculum ist fixiert in einem detaillierten Lernzielkatalog, der 144 Items umfaßt. Die Zielsetzungen verlaufen über fünf Stufen, die nach der sozial-emotionalen Entwicklung ausgerichtet sind. Sie beziehen sich auf die Lernbereiche Verhalten, Kommunikation, Sozialisation und schulische Fähigkeiten und Fertigkeiten. Die im Sinne eines Entwicklungsgittern zusammengefaßten Ziele bzw. Beobachtungsitems dienen sowohl der Diagnose als auch entwicklungsorientierten Interventionsplanung. Die Operationalisierungen im Hinblick auch Denken, Fühlen und Handeln zwingen nicht nur zu genauer Beobachtung, sondern vor allem nicht nur zur Erfassung defizitärer Gegebenheiten, sondern auch positiver Möglichkeiten, an denen Fördermaßnahmen ansetzen können. Über die detaillierte Itemliste kommt ein operationalisierter Erziehungsplan zustande, der auf eine möglichst wirksame Intervention ausgerichtet ist, Fortschritte deutlich macht und den beteiligten Lehrern wechselseitige Verständigung, Kooperation und Planung erleichtert sowie den Eltern zur detaillierten Information zu dienen vermag. Das Entwicklungscurriculum ist für Kinder zwischen drei und vierzehn Jahren entwickelt und überprüft worden.

Der Einsatz der Aktivitäten und Materialien ist stufenspezifisch. Der Unterricht ist auf selbständiges Handeln mit starker Akzentuierung musischer Aktivitäten sowie Wahrnehmungs-, Motorik- und Sprachtrainings ausgerichtet. Den entwicklungsbedingten Möglichkeiten der Kinder entsprechend werden auf den unteren Stufen mehr Aktivitäten in einem schnelleren Wechsel angeboten als für die oberen Stufen. Die vielfältigen Materialien sind auf die einzelnen Lernziele bezogen und können individualisierend eingesetzt werden.

Auch der Verhaltens- und Lehrstil der Lehrerinnen und Lehrer ist konkret auf die einzelnen Entwicklungsstufen bezogen. So sind z.B. Körperkontakt und körperliches Eingreifen auf der ersten Stufe sehr häufig eingesetzte Techniken, die jedoch auf der Stufe drei nur noch selten und auf der Stufe vier gar nicht mehr eingesetzt werden. Andererseits werden Interpretationen, Konfrontationen oder auch das Life Space Interview mit den jüngeren Schülern auf der Stufe eins gar nicht, auf den höheren Stufen dagegen sehr oft bzw. vorwiegend realisiert. Insgesamt gesehen folgt das Lehrer-Erzieher-Verhalten einem synthetischen Ansatz, d.h. es werden sowohl tiefenpsychologische als auch lernpsychologische und humanistisch-psychologische Verfahren einbezogen.

Die organisatorischen Bedingungen werden den Bedürfnissen und Notwendigkeiten bei der Unterrichtung und Erziehung von Kindern mit Verhaltensstörungen weitestgehend gerecht. Die Kinder werden in kleinen Klassen von fünf bis acht Schülern zusammengefaßt. Jeder Kleinklasse ist ein Lehrerteam zugeordnet mit einem Klassenlehrer, einem Assistenzlehrer und einem Beobachtungs- bzw. Koordinationslehrer. Der Klassenlehrer, der eine sonderpädagogische Ausbildung hat, ist für die Realisation der individuellen Erziehungspläne sowie für ein förderliches Zusammenleben der Gruppe verantwortlich. Der Assistenzlehrer, der häufig Student der Sonderpädagogik ist, arbeitet ständig mit dem Klassenlehrer zusammen und unterstützt ihn bei allen Aktivitäten. Er hat ähnliche Funktionen wie sie in Deutschland für den Assistenzlehrer vorgesehen sind (vgl. Kap. 8.7). Als Beobachtungslehrer kann nur tätig sein, wer als Klassenlehrer tätig war und sich weitergebildet hat. Der Beobachtungslehrer organisiert die Aufnahme- wie die Nachbetreuungsmaßnahmen, er koordiniert alle Aktivitäten, ist primär für die Elternarbeit zuständig, macht sich ein genaues Bild von Schülern und Lehrern (auch über einen in jeder Klasse vorhandenen Einwegspiegel) und setzt seine Beobachtungen in Vorschläge um oder bringt sie in die von ihm durchgeführte Supervision ein.

Die entwicklungstherapeutisch geförderten Kinder bleiben Schüler ihrer Stammklasse in einer allgemeinen Schule und besuchen den Förderunterricht in Abhängigkeit von der zugeordneten Entwicklungsstufe täglich für zwei Stunden, an vier Tagen für zwei Stunden oder an drei Tagen für eineinhalb Stunden.

Sehr intensiv ist die Elternarbeit. Über fünf Organisationsformen wird versucht, die Eltern durch ständige Information bis hin zu Maßnahmen zur Verbesserung der Erziehungskompetenz in das Förderprogramm einzubinden. Angeboten werden wöchentliche Elternkonferenzen, Hausbesuche durch den Beobachtungslehrer, Elterngespräche nach der Beobachtung der Förderklasse durch die Einwegscheibe, monatliche Treffen der Eltern zum Kennenlernen und zum Erfahrungsaustausch, Elterntrainings zur Verbesserung der Erziehungskompetenz, die auch in eine Assistenzlehrertätigkeit mit einmünden können. Ähnlich intensiv ist auch die Zusammenarbeit mit der Stammschule. Das entwicklungstherapeutische Team besucht die Stammschule, Klassenlehrer der Stammschule besuchen die Förderklassen, Förderklassenlehrer arbeiten mit im Aufnahmeverfahren sowie bei Konferenzen zur Entlassung eines Kindes und stehen mit Rat und Tat bei Schwierigkeiten in der Stammklasse und bei der Planung und Durchführung von Förderprogrammen zur Seite. Der hohe Personalaufwand hat sich als notwendig und sehr nützlich erwiesen. Die Valuationsstudien erbrachten, daß in durchschnittlich einem halben Jahr die angestrebten entwicklungstherapeutischen Ziele erreicht werden konnten, wobei die Streuung zwischen 2,5 und 15 Monaten lag. Als positive Komponenten des entwicklungstherapeutischen Konzepts sind hervorzuheben

- die Ermöglichung von Arbeitsteilung und Kooperation zwischen drei Lehrkräften
- die konsequente Berücksichtigung entwicklungspsychologischer Einsichten
- die Ermöglichung einer integrativen Förderung mit dem Verbleib der Kinder in einer Stammklasse
- die Verfügbarkeit eines detaillierten Erziehungsplans auf der Grundlage eines operationalisierten förderdiagnostischen Instruments
- die intensive Kooperation mit den Eltern und der Stammschule
- der sich nach relativ kurzer Zeit einstellende Interventionserfolg.

Kritisieren lassen sich Inkonsistenzen in der Verarbeitung verschiedener Erkenntnisse und Konzepte, wie sie u.a. von Bandura, Erikson, Kohlberg, Lowenfeld und Piaget vorgelegt wurden. Auch die Konzipierung der Lernbereiche und der Lehrziele ist nicht unproblematisch. Kritisieren lassen sich weiterhin "das hohe Ausmaß an ständiger Fremdkontrolle durch Leistungsmessung und die Entpersonalisierung der Förderung in Lehrerteams, die von Stufe zu Stufe wechseln" (Goetze / Neukäter 1989, 537). Zu bedenken ist dabei allerdings, daß im Sinne einer förderdiagnostischen wie einer entwicklungspsychologisch orientierten Vorgehensweise in möglichst kurzen Abständen Veränderungen festgestellt werden müssen, um das Programm um- bzw. neu einzustellen, und daß das Programm sich bei dem einzelnen Kind in der Regel nur auf eine Stufe bezieht, so daß es einen Wechsel des Lehrerteams gar nicht erlebt. Insgesamt gesehen läßt sich das Konzept "trotz einiger theoretischer Ungereimtheiten und mangelhafter empirischer Absicherung" als ein praxiserprobtes und praxisdienliches Modell bezeichnen, das Kindern mit Schwierigkeiten eine möglichst kurzzeitige erfolgreiche Förderung und den Lehrkräften deutliche Orientierung im Hinblick auf ihr Tun sowie die Verhinderung übermäßiger Inanspruchnahme verspricht.

6.1.5 Der humanistisch-psychologische Ansatz

Unter den humanistischen Psychologen nimmt Rogers eine zentrale Stellung für die pädagogische Theorie und Praxis ein. In seiner Theorie vom Menschen ist die angeborene Selbstaktualisierungstendenz von großer Bedeutung, nach der es in jedem Menschen eine kräfteerhaltende, wachstumsfördernde, konstruktive Tendenz gibt (Rogers 1977, 35). Ungünstige Umweltgegebenheiten können diese Tendenz sowie das individuelle Selbstkonzept insofern stören, als dem Selbstkonzept widersprechende Erlebnisse und Erfahrungen nicht zu integrierenden sind, so daß sich Verhaltensstörungen entwickeln können. Im Beratungs- oder Therapieprozeß muß sich das Selbstkonzept so verändern, das es zu einer Umorganisation bzw. Neustrukturierung kommt - ein Ziel, das sozusagen dem Menschen immanent ist, da er "eher zur Reorganisation als zur Desintegration" neigt (Rogers 1972, 185). Der intervenierende Helfer muß im Sinne des Selbstkonzeptes des Klienten agieren und reagieren. Er muß versuchen "das innere Bezugssystem des Klienten zu übernehmen, die Welt so zu sehen, wie der Klient sie sieht, den Klienten zu sehen, wie er sich selbst sieht" (a.a.O., 42).
Möglichkeiten pädagogischer Intervention bei Verhaltensstörungen unter Berücksichtigung der Prinzipien von Rogers verdeutlichen sich in dem strukturiert-schülerzentrierten Unterrichtskonzept von Neukäter / Goetze (1978, 1980, 1982).
Bei der Entwicklung ihres Konzepts gingen die beiden sonderpädagogischen Wissenschaftler von der Beschäftigung mit dem Syndrom der Hirnschädigung bzw. der Hyperaktivität aus. Sie bezogen in ihr Konzept die Ergebnisse einer Auswertung vorliegender Konzepte und die Möglichkeiten und Notwendigkeiten einer spezifische Schülergruppe ein. Die Schülergruppe bestand aus 15 Jungen im Alter zwischen 12 und 15 Jahren, die hyperaktiv waren und auch andere Verhaltensstörungen zeigten. Bei allen war ein neurologischer Befund festgestellt worden, und sie besuchten deshalb eine Schule für Erziehungshilfe an einer Einrichtung der Kinder- und Jugenspsychiatirie.
Da schulpädagogische Maßnahmen bei diesen Kindern und Jugendlichen ganz auf die individuelle Problematik bezogen sein müssen (schülerzentriert), erhoben Neukäter / Goetze umfangreiches Datenmaterial, das ihnen in der Zusammenfassung auch für allgemeinere Aussagen zur Hirnorganizität diente.
Bei der Entwicklung ihres Interventionskonzepts ließen sie sich von zwei Theorieansätzen leiten:
1. "Im Sinne lerntheoretischer Erklärungsansätze wird von einer anfänglich stärker fremdstrukturierten Lernsituation ausgegangen, die allmählich zugunsten eines stärker schülerkontrollierten Unterrichts aufgegeben wird, damit der Schüler auf den drei Lernebenen des kognitiven, des sozial-emotionalen und handlungsgebundenen sich selbst zu steuern lernt".

2. "Im Rahmen einer Selbsttheorie müssen zunächst Bedingungen hergestellt werden, die ganz auf die Schwierigkeiten des Kindes abgestimmt sind. Erst dann kann eine Reorganisation des kindlichen Selbst mit dem Ziel der vermehrten Selbstkongruenz durch den Lehrer als Facilitator in die Wege geleitet werden. Am Ende steht ein Schüler, der in selbstdirektiver Weise eigene Lernziele aufsucht und auch aufgrund der bereitgestellten Mittel erreicht" (Neukäter / Goetze 1978, 52).

Im Sinne dieser theoretischen Vorgaben wurde Unterricht so organisiert, daß ein systematisches Verstärkungsprogramm eingerichtet, Reizstrukturierung durch halbprogrammierte Lernmaterialien vorgenommen und Lernzentren eingerichtet wurden. Die Überprüfung dieses settings, die als Eigenkontrollgruppendesign durchgeführt wurde, erbrachte folgende Ergebnisse:
- Störverhaltensraten nahmen ab,
- unterrichtsbezogene Verhaltensweisen stiegen an,
- eine Raumstrukturierung in Lernzentren erleichtert den Schülern die soziale Orientierung,
- Reizreduktion (vgl. Cuickshank), d.h. z.B. nur jeweils ein Aufgabenblatt, und
- strukturierte Reizanreicherung (vgl. Zentall), z.B. bei der Gestaltung eines Arbeitsblattes, lassen sich miteinander verbinden,
- Aktivitätsverstärker erwiesen sich als wirkungsvoll.
Aus ihren Erfahrungen mit diesem Unterrichtsversuch leiten Neukäter und Goetze ein Dreiphasenkonzept ab:
1. Phase:
Herstellung einer "Kontingenz für sozial-emotionale Aktivitäten zwischen Spielphasen und Unterrichtsaktivitäten" mit dem Ziel der Ermöglichung einer persönlichen und sozialen Orientierung.
2. Phase:
Auflösung der Kontingenz zugunsten der Trennung von unterrichtlichen Arbeitsphasen und sozial-emotionalen Aktivitäten mit dem Ziel gesteigerter Selbstfindung.
3. Phase:
Sozial-integrativer Unterricht: Unterrichtsstrukturierung und sozial-emotionale Aktivitäten sind integriert (a.a.O., 78-79).
In ihrem Unterrichtsversuch konnten Neukäter und Goetze nur die erste Phase zufriedenstellend abschließen, die zweite Phase setzten sie zu kurz an, und sie vermuten wohl sehr zu Recht, daß die dritte Phase "erst nach längerer Zeit realisiert werden kann" (a.a.O., 80). Untersuchungsergebnisse wie weitere Erfahrungen überzeugten die Autoren davon, daß ihr strukturiert-schülerzentrierter Ansatz den Bedürfnissen der hyperaktiven Kinder entspricht, so daß sie ihn weiter verfolgten und im Sinne humanistisch-psychologischer Vorstellungen elaborierten.
In das strukturiert-schülerzentrierte Unterrichtskonzept gehen personenzentrierte und -strukturierte Anteile ein, die aus klientenzentrierten und verhaltenstheoretischen Änderungsmodellen abgeleitet werden. Als schülerzentriert ist Unterricht für Neukäter und Goetze dann zu bezeichnen, "wenn die Basisvariablen
- offenes Auseinandersetzen mit dem eigenen Erleben,
- Achtung, Wärme, Rücksichtnahme,
- einfühlendes, nicht wertendes Verstehen,
- Echtheit und Selbstkongruenz,
- fördernde, nicht-dirigierende Einzeltätigkeiten

175

verwirklicht werden" (Neukäter / Goetze 1982, 97).

Strukturiert ist das Konzept insofern, als unter direktem Anknüpfen an das Lernverhalten des einzelnen Schülers gezielte Interventionen durchgeführt werden, wie Strukturierung des Raumes, Strukturierung der Materialien, Stimuluskontrolle, systematisches Verstärken, Vertrag schließen.
Das Konzept hat drei Phasen, ähnlich den bereits genannten, die präzisiert werden:
1. Phase: Charakterisiert durch verstärkte Fremdsteuerung;
2. Phase: Charakterisiert durch teilweise Selbststeuerung;
3. Phase: Charakterisiert durch weitgehende Selbststeuerung.

In der 1. Phase sollen die Schüler lernen zuzuhören, Aufgaben zu erledigen, am Platz zu bleiben, sich nach Gruppenregeln zu richten, helfendes Verhalten zu realisieren usw. Der Unterricht verläuft mit einem Wechsel von Arbeits- und Spielsequenzen, wobei die Spielsequenzen nach der Aufgabenerledigung als positive Verstärker eingesetzt werden. Die Spielsequenzen werden als Aktivitätsverstärker eingesetzt, weil die Schüler gerne spielen, weil den Spielen soziale Lernprozesse immanent sind und weil die Spielaktivitäten die zweite Phase vorbereiten.
Während die Spielaktivitäten in der ersten Phase weitgehend durch den Lehrer / Spielleiter bestimmt werden, wird in der zweiten Phase die kontingente Verbindung von Arbeiten und Spielen aufgelöst, wobei aber auf verhaltensmodifikatorische Veränderungshilfen wie Selbstbeobachtung, Selbstüberwachung, Selbstbekräftigung und Selbstbewertung nicht verzichtet wird. "Im Gegensatz zum Beginn des strukturiert-schülerzentrierten Unterrichts, bei dem die sozial-emotionalen Aktivitäten vor allem vom Lehrer angeregt werden, werden die Spielphasen zunehmend von den Schülern gestaltet. Die Spielphasen ähneln zu diesem Zeitpunkt eher einem nicht direktiven, kindzentrierten Spieltherapiesetting. Der Lehrer bringt weniger eigene Spielangebote ein, versucht dagegen mehr auf die Gefühlswelt der Kinder einzugehen, um von diesem personenzentrierten Ansatz bei den Schüler Selbstkongruenz zu fördern" (Neukäter / Goetze 1980, 176).
In der 3. Phase sind Arbeiten und Spielen in den Unterricht integriert. "Die Schüler schließen mit sich Arbeitsverträge, definieren selbständig Verhaltens- und Lernziele, greifen sozial-emotionale Konflikte und persönliche Schwierigkeiten auf und lösen die Probleme in personenzentrierter Weise. Der Lehrer versteht sich im Sinne von Rogers als Lernhelfer, der für die kognitive Arbeit alle erforderlichen Lernhilfen bereitstellt und sich im affektiven Bereich als Person einbringt. Damit ist er nicht mehr Manager des Lernens, sondern Mitlernender und Partner der Kinder" (a.a.O.).
Neukäter und Goetze meinen, daß sich ihr Modell erfolgreich im Unterricht mit Kindern mit Verhaltensstörungen realisieren läßt. Sie stellen heraus, "daß es als pädagogisches Handlungsmodell direkt an den Stärken und Schwächen des Kindes ansetzt" und "pädagogische und therapeutische Elemente verknüpft" (1982, 100). Sie räumen aber auch ein, daß eine Integration der verschiedenen theoretischen Ansätze nicht hinreichend gelöst ist und daß das Konzept als Rehabilitationsmodell zu verstehen ist, d.h. davon ausgeht, daß die Schüler separiert erzogen und unterrichtet werden.

6.1.6 Der lerntheoretische Ansatz

Die auf Lerntheorien basierende Verhaltensmodifikation, die mit systematischer Verstärkung des erwünschten und mit Löschung des unerwünschten Verhaltens als Verhaltensformung, Verhaltensverkettung, Token-System, Selbstinstruktion, kooperatives Verfahren usw. zum Rüstzeug der Lehrer und Erzieher in der Pädagogik bei Verhaltensstörungen gehört, hat sehr frühe Vorläufer. Schon die Griechen und Römer bedienten sich systematischer Verhaltensbeeinflussung. Als sich in Deutschland im 18. Jahrhundert das Anstalts- und Schulwesen ausweitete, setzten - um den Fleiß zu steigern und die üblichen körperlichen Züchtigungen zu reduzieren - Pädagogen eine Art Token-System ein - wie z.B. in Speners Frankfurter Armen-, Waisen- und Arbeitshaus oder in den Schulen des Münsterlandes. Der Münsterländer Pädagoge Bernhard Overberg vermittelte in der Lehrerausbildung die Führung von "Sittentafeln", auf denen sowohl für Verhalten als auch für Leistungen "gute" und "schlechte" Striche vermerkt wurden, auf die nach der Verrechnung "bym Verteilen der Prämien Rücksicht genommen" wurde (Overberg 1793, 771). Zum Aufbau erwünschten Verhaltens benutzten in Frankreich Anfang des 19. Jahrhunderts die ideenreicher Erfinder heilpädagogischer Methodik, Itard und Seguin, Verstärkungsverfahren. Von einer systematischen Erforschung der Lerngesetze und ihrem gezielten, kontrollierten Einsatz kann allerdings erst seit Anfang des 20. Jahrhunderts die Rede sein. Noch vor 1900 entdeckte Ivan P. Pawlow in St. Petersburg den "bedingten Reflex", der die Grundlage für das klassische Konditionieren darstellt. Der Amerikaner Edward L. Thorndike machte Lernexperimente mit Tieren, die 1911 zur Formulierung des "Law of effect" führten. Die als Behaviorismus bezeichnete Forschungsrichtung begründete 1913 John B. Watson, die mit spektakulären experimentellen Neurosen und gezielten lerntheoretisch begründeten Therapieversuchen bei Menschen das Wissen um die Genese und die Reduktion psychischer Störungen mehren und einige Verfahren der klinischen Verhaltenstherapie begründeten. Neben Watson, Mary C. Jones und Gilbert V. Hamilton gehört Burrhus F. Skinner zu den ertragreichsten behavioristischen Forschern. Skinner entwickelte in den fünfziger Jahren mit Verhaltensformung und unterschiedlichen Verstärkerplänen das operante Konditionieren, das die Basistechnik darstellt für die in natürlichen Umwelten praktizierte Verhaltensmodifikation (siehe Holland / Skinner 1971). Mit dem Konzept des Modellernens stellte Bandura in den sechziger Jahren im Anschluß an Watsons "soziale Imitation" "die Grundlagen für die kognitive Wende in der Verhaltensmodifikation" bereit (Benkmann / Neukäter 1984, 21, vgl. Schorr, Kriz 1985, Myschker 1986).

An lerntheoretischen Erkenntnissen orientierte Modifikationsprogramme für Kinder und Jugendliche mit Verhaltensstörungen wurden vor allem in den sechziger- und siebziger Jahren entwickelt und evaluiert und haben nach wie vor ihre Bedeutung (vgl. z.B. Belschner / Dross 1980, Kern 1974, Kraiker 1974, Ross / Petermann 1987). Sehr bekannt geworden ist das Konzept von Hewett für das "emotional gestörte Kind" (emotionally disturbed child), das auch in Deutschland seine Anhängerschaft fand (vgl. Schumacher 1979).

Beispielhaft für die systematische Umsetzung lerntheoretischer Erkenntnisse im schulischen Bereich steht nachfolgend das Hewett-Konzept. Für eine Umsetzung im Sinne einer kooperativen Verhaltensmodifikation werden exemplarisch das Unterrichtskonzept von Grabski / Kissing / Neukäter / Benkmann sowie das Konzept von Redlich / Schley vorgestellt.

Hewett geht bei der Ausgestaltung seines Handlungskonzepts von seinen Erkenntnissen über Lernen und Lernerfolg aus, die er in einem siebenstufigen Entwicklungsmodell zusammenfaßt (vgl. Abb. 19, nach Hewett 1968).

Dieses Modell, dessen Stufen eine fortschreitende Entwicklung von den einfachsten bis zu den komplexesten und nicht von allen Menschen erreichbaren Fähigkeiten markieren,

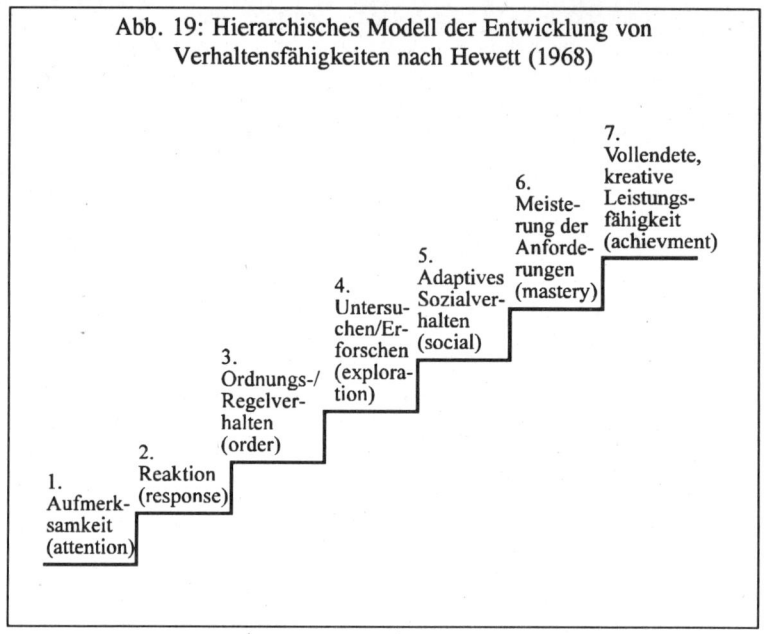

Abb. 19: Hierarchisches Modell der Entwicklung von Verhaltensfähigkeiten nach Hewett (1968)

ist die Folie für die Erfassung des Förderbedarfs wie für die Ausarbeitung des Förderprogramms. Für jedes Kind ist also individuell festzustellen, auf welcher Lernstufe es zur Zeit steht, um dann die zugeordneten didaktischen und methodischen Möglichkeiten einzusetzen. Das Kind muß zunächst einmal Aufmerksamkeit realisieren können, um dann adäquat reagieren zu können, womit die Voraussetzungen für die dritte Stufe gegeben sind, nämlich Verhalten so zu organisieren, daß Aufträge ordnungsgemäß ausgeführt werden können. Auf der vierten Stufe ist es dem Kind möglich, die Umwelt adäquat und unabhängig in Ausrichtung auf eigene Interessen zielgerichtet zu erfassen. Auf der fünften Stufe gelingt eine Anpassung an die soziale Umwelt im Sinne sozialkonformen Verhaltens und der Gewinnung einer angemessenen sozialen Position. Auf der siebten Stufe ist die Fähigkeit zur Meisterung der umweltbezogenen Möglichkeiten und Notwendigkeiten gegeben durch umfassende Orientierungs- und Strukturierungsfähigkeiten. Auf der siebten Stufe ist völlige Unabhängigkeit erreicht; intrinsische Motivationen und kreative, innovative Fähigkeiten bestimmen die Lern- und Lebensprozesse. Diese Stufe wird nicht von allen Menschen erreicht (vgl. Hewett 1968, 49-54). Hewett kam später zu der Überzeugung, daß zwischen den Niveaustufen starke Überschneidungen gegeben sind, so daß eine diagnostische Zuweisung der Schüler zu den einzelnen Stufen mit einer gewissen Vorsicht vorzunehmen ist (vgl. 1974, 225).

Nach Hewett liegt die Schuld beim Lehrer, wenn ein Kind nichts lernt. Es ist Aufgabe des Lehrers festzustellen, auf welcher Entwicklungsstufe sich das Kind befindet, um entsprechende Lernangebote zu machen, Lernfördermöglichkeiten bereitzustellen und äußere Stützen zu geben durch Maßnahmen äußerer Organisation wie die Raumgestaltung und ein Verstärkerprogramm (token economy). Auch die Raumgestaltung orientiert sich an dem hierarchischen Modell der Fähigkeiten und Fertigkeiten. Ein großer Teil der Klasse ist mit Einzelplätzen und auch Lernbüros nach Cruickshank auf die Stufen der Meisterung und der Leistung ausgerichtet. Ein etwas kleinerer Bereich mit Funktionseinheiten für wissenschaftliche Tätigkeiten, für Kommunikation und für künstlerische Tätigkeiten zielt auf Inhalte der Stufen vier und fünf. Ein kleiner Bereich ist speziell für die ersten drei Stufen organisiert. Alle Arbeitsbereiche sollen "so kindgerecht-eindrucksvoll und akzeptable wie möglich" ausgestaltet sein (Hewett 1968, 242). Abbildung 20 zeigt den speziell eingerichteten "engineered classroom" in einer deutschen Adaption (nach Schumacher 1975, 242).

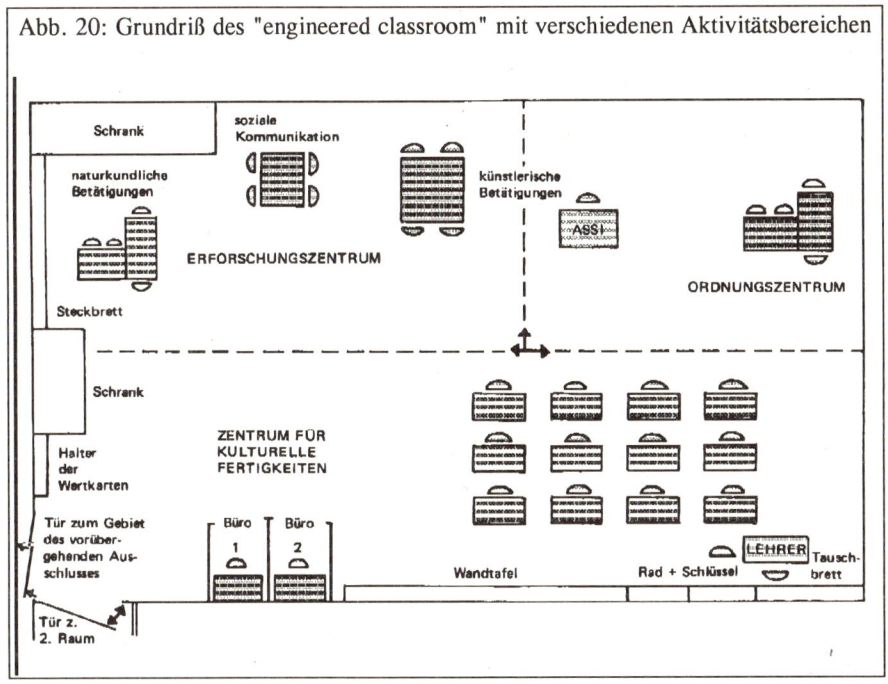

Abb. 20: Grundriß des "engineered classroom" mit verschiedenen Aktivitätsbereichen

Das Verstärkerprogramm ist so organisiert, daß für Kind auf einer Karte Tokeneingetragen werden für die Aufnahme der Arbeit (2 Token), für die Weiterarbeit über einen Zeitraum von mindestens 5 Minuten 3 Token und für angemessenes Schülerverhalten weitere 5 Token. Die erreichten Token können am Ende der Woche in viele unterschiedliche materielle Verstärker eingetauscht werden, die über ein Verstärkermenü ausgewiesen werden. Mit fortschreitender Entwicklung des Schülers können die zeitlichen Anforderungen verlängert, die Aufgabenstellungen erschwert und letztlich auch ausgeblendet werden (vgl. Hewett 1968, 248 ff). Aufgabe des Lehrers ist es dafür zu sorgen, daß der Schüler weder über- noch unterfordert wird, d.h. immer Aufgaben bekommt, die seinen Möglichkeiten entsprechen und für die verstärkt werden kann. So sollte es nur in Ausnahmefällen nötig sein, spezielle Maßnahmen im Sinne eines Konfliktmanagements einzusetzen, die allerdings auch nicht Strafcharakter haben, sondern in besonderen Arrangements bestehen, wie z.B. in der Ermöglichung motorischer Abreaktion, im Auftrag, besondere Aufgaben zu erledigen, in der Lernkabine zu arbeiten, die Klasse für einige Minuten oder auch für längere Zeit zu verlassen (time-out-of-reinforcement). Nach Ausschluß vom Unterricht für einen ganzen Tag muß sich der Schüler den Weg zurück in die Klasse "verdienen" (1968, 264).

Hewett hat die Effizienz seines Konzeptes zu überprüfen versucht. Er konnte ein verbessertes Aufmerksamkeitsverhalten der Schüler und Leistungsverbesserungen in unterrichtlichen Teilbereichen sowie die Wirksamkeit des Verstärkersystems nachweisen. Die unterrichtstechnologische Überbetonung bei Hintansetzung sozialer und emotionaler Aspekte und Fördermöglichkeiten macht es jedoch schwierig, das Konzept insgesamt als empfehlenswert zu bezeichnen (vgl. dazu Goetze / Neukäter 1982).

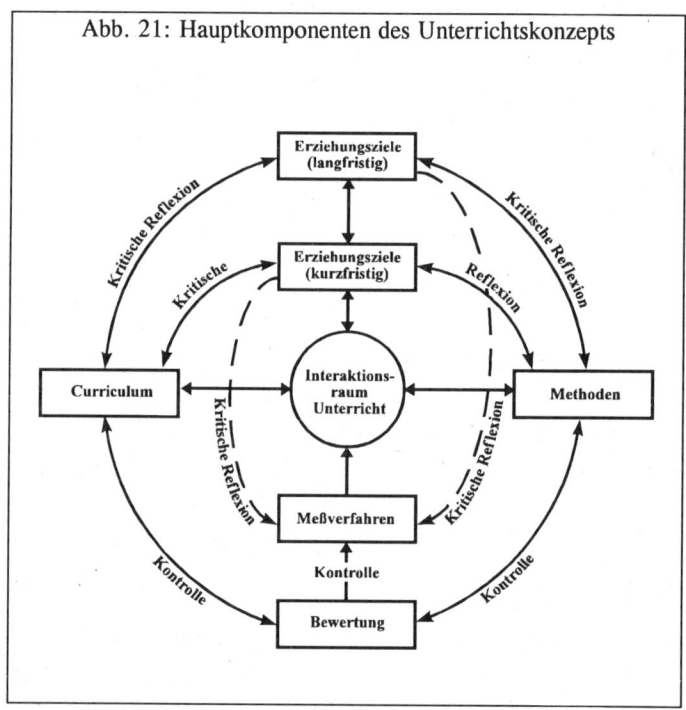

Abb. 21: Hauptkomponenten des Unterrichtskonzepts

Ein Modell systematisch-strukturierten Unterrichts, also ein ganz spezifisch auf Unterrichtet ausgerichtetes Konzept, legten Grabski, Kissing, Neukäter und Benkmann vor. Grundlage ihres Konzepts ist die Verhaltenstheorie, wobei neben der Fremdsteuerung insbesondere der Selbststeuerung Gewicht zugemessen wird. Es geht ihnen im Unterricht darum, "durch motivationsfördernden Umgang mit strukturierten Unterrichtsstoffen und Lernmaterialien intensive Steuerreize zu setzen, die es dem Schüler erleichtern, unterrichtsbezogenes Verhalten zeigen zu können" (Grabski et al. 1978, 30).

Kennzeichnend für das strukturierte Unterrichtskonzept von Grabski et al. sind die fünf Komponenten Erziehungsziel, Methoden, Curriculum, Bewertung und Meßverfahren. Es gilt also, langfristige Erziehungsziele zu formulieren, aus diesen mittel- und kurzfristige Erziehungsziele abzuleiten und im konkreten Unterricht zu verdeutlichen (siehe Abb. 21, modifiziert nach Grabski et al. 1978, 32).

180

Der Unterricht muß zum "erziehenden Unterricht" werden, was die Autoren auch mit ihrer Überzeugung zum Ausdruck bringen, daß Schüler mit Verhaltensstörungen nicht in der Lage sind, "das in der Interaktionssituation Unterricht erforderliche Sozialverhalten zu zeigen, sondern im Gegenteil ..., daß im und durch Unterricht Lernprozesse zur Einübung dieser Verhaltensweisen erst angeregt, unterstützt und bekräftigt werden müssen" (a.a.O., 39). Sowohl Sozialkontakte, als auch die Verfolgung der Erziehungsziele sollen sich vor allem an durchaus traditionellen Lehrinhalten vollziehen, die allerdings von den Schülern mitbestimmt und variabel sequenziert werden. Unterstützend wirken verhaltensmodifikatorische Techniken wie soziale Verstärkung, Vertrag schließen und Selbstkontrolle. Mit einem Unterrichtsversuch strebten sie an, ihr Konzept zu legitimieren. Sie kamen zu dem Ergebnis, daß "erziehungsschwierige Schüler durch stuktrurierten Unterricht im Sinne einer an den Interessen der Schüler orientierten Konstellation von Steuerreizen in Verbindung mit gezielten und kontrollierten Einsatz sozialer Bekräftigung zur verstärkten Äußerung unterrichtsbezogenen Verhaltens motiviert werden können" (a.a.O., 42).

Ähnlich dem Konzept von Grabski et al. basiert das als "Kooperative Verhaltensmodifikation" bezeichnete Interventionskonzept von Redlich / Schley auf lerntheoretischen Erkenntnissen mit deutlicher Akzentuierung von Strukturierung und Selbststeuerung. Ein Unterschied besteht jedoch insofern, als auf Fremdverstärkung verzichtet werden soll, was u.a. daraus resultieren mag, daß das kooperative Konzept nicht so deutlich auf Kinder und Jugendliche mit Verhaltensstörungen ausgerichtet ist.
Die Kooperative Verhaltensmodifikation ist charakterisiert durch vier große Bereiche:
- Die klassische Verhaltensmodifikation, die "als sprachliche Grundlage für die Verständigung im Kooperationsprozeß" angesehen wird.
- Das Konzept kognitiver Selbstbewertung.
- Das Kooperationsmodell zur Strukturierung der Zusammenarbeit und zur Verbesserung der Kommunikation.
- Die Handlungsstrategie, die "Orientierungshilfe und flexible Steuerung im Problemlösungsprozeß" ermöglicht (a.a.O., 12).
Die klassische Verhaltensmodifikation erweitern sie um die Prinzipien "Selbstbewertung statt Fremdverstärkung", "Kooperation statt Weisung" und "Strategie statt Schema". Redlich und Schley vertreten die Auffassung, daß das Verhalten des Menschen sehr viel stärker durch Selbstbewertungsprozesse als durch Fremdverstärkung gesteuert wird. Es muß deshalb gezielt trainiert werden, "das Ergebnis der eigenen Verhaltensweisen im Hinblick auf ein Ziel auszuwerten" (a.a.O., 23). Da die Verhaltenssteuerungen über Selbstbewertungsprozesse mit den Elementen Zielsetzung, Verhaltensbeschreibung, Verhaltensbeobachtung und Selbstbewertung meistens automatisiert und unbewußt sowie "blitzschnell und unsichtbar" ablaufen, müssen sie systematisch eingeübt werden, und zwar individuen- wie gruppenbezogen. Die genannten fünf Elemente beschreiben den Kern der Kooperativen Verhaltensmodifikation.
Eine Gruppe, eine Schulklasse wird als ein System menschlicher Beziehungen verstanden. Das bedeutet, daß Problembedingungen nur zu verstehen und zu verändern sind, wenn alle Beteiligten miteinander kommunizieren und kooperieren. Ergeben sich Schwierigkeiten im Problemlösungsprozeß, kann - was sich als hilfreich erwiesen hat - ein Berater hinzugezogen werden. Als ideal ist es anzusehen, "wenn zwei Lehrer ihre Funktion als Berater und Lehrer austauschen" können (a.a.O., 33). In einer Gruppe, einer Schulklasse ist nie ein einzelner, sondern stets die Gemeinschaft mit allen ihren Mitgliedern

"Problemträger". Gegenstand der Kooperation sind nicht nur Sachinhalte, sondern auch Gefühle wie Ärger, Enttäuschungen, Ängste, die aufgearbeitet werden müssen. Der Kooperationsprozeß kann nur dann voll gelingen, wenn die Beteiligten einige Bedingungen erfüllen, nämlich
- unvoreingenommen zuhören können (Verständnis-Komponente),
- deutlich Stellung nehmen zu den Botschaften des anderen (Stellungnahme-Komponente),
- Sachinhalte und Gefühlen vermitteln, wobei die Gefühlsäußerungen Ich-Botschaften sind (Informations-Komponente).

Die der Problemlösung dienende Handlungsstrategie hat drei Hauptphasen:
- Die kooperative Diagnose sozialen Verhaltens im Sinne der Erfassung der Lehrer- wie der Schülersicht mit der Erstellung eines gemeinsamen Bedingungsmodells.
- Die kooperative Planung der Intervention durch gemeinsame Zielbestimmung, Methodenplanung sowie Zeit- und Kontrollplanung.
- Die kooperative Intervention durch Methodeneinsatz über Verträge, Rollenspiel, Selbstbeobachtung und Motivationshilfen usw., Stabilisierung und Abschlußbewertung.
Zwischen den einzelnen Phasen sind laufend Korrekturen möglich.
Mit vielen Projektbeispielen können die Autoren verdeutlichen, daß sich ihr Konzept mit gutem Erfolg in der Schulpraxis realisieren läßt.

6.1.7 Der pädagogisch-therapeutische Ansatz

Da Pädagogik bei Verhaltensstörungen als integrationswissenschaftlich auszurichten verstanden wird, integriert das pädagogisch-therapeutische Konzept pädagogisch wie therapeutisch relevante Erkenntnisse, Intentionen und Verfahren, und zwar im Rahmen eines holistischen Verständnisses. Ausgangspunkt für diesen Ansatz ist die Tatsache, daß die einzelnen humanwissenschaftlichen Disziplinen und erst recht die verschiedenen "Schulen" innerhalb einzelner Disziplinen das Verhalten des Menschen nur sektoral erfassen und erst eine Zusammenschau ein umfassendes Bild gibt.
Es wird somit ein synthetisches bzw. intergatives Konzept für angemessen und notwendig erachtet, das Erkenntnisse und Verfahren verschiedener humanwissenschaftlicher Disziplinen mit ihren unterschiedlichen theoretischen Ansätzen und "Schulen" auswählt und verknüpft, um den Menschen in seiner Ganzheit sehen und helfend beeinflussen zu können. Für Auswahl und Verknüpfung werden die Kriterien
- wissenschaftliche Verifikation und/oder erfolgreiche Praxiserprobung,
- Angemessenheit im Sinne eines Menschenbildes und
- Praktikabilität in pädagogischen Feldern
angelegt.
Es gehen also nur solche Elemente ein, deren Gültigkeit erfahrungswissenschaftlich oder durch empirische Untersuchungen belegt ist und/oder die sich in der Praxis als bedeutungsvoll erwiesen haben. Des weiteren entsprechen die Komponenten einem Menschenbild, das als Zielvorstellung weitgehend dem von Rogers entspricht, mit dem aber berücksichtigt wird, daß ein Mensch, dessen Selbstaktualisierungstendenzen beeinträchtigt, gestört, fehlleitend sind, bei seiner Entwicklung ganz allgemein und bei Planungen, Entscheidungen oder Aktionen - sollen sie situations- und sozialadäquat sein - Hilfen braucht. Kinder und Jugendliche mit Verhaltensstörungen müssen also erst Selbst-

bewußtheit im Sinne eines angemessenen Selbstverständnisses, unabhängige und sozialadäquate Entscheidungsfähigkeit und erfolgreiche Kommunikationsfähigkeit lernen, um selbständig und frei zu ihrer und der Gemeinschaft Nutzen agieren zu können (vgl. Rogers 1985, 37, siehe dazu auch Kap. 6.2.4). Mit dem Kriterium der Praktibilität ist die verantwortungsbewußte Realisierbarkeit in pädagogischen Feldern gemeint. So werden Erkenntnisse nicht als verantwortungsbewußt realisierbar angesehen, die für Menschen schädigend sein können, auch wenn ihr Erfolg empirisch belegbar ist. Ein Konzept des Gewährenlassens z.B., das für Kinder und Jugendliche zwar letztlich hilfreich sein mag, wird aber abgelehnt, weil es Lehrer/Erzieher überfordert und bei Ihnen zu psychophysischen Schädigungen führen kann (vgl. Aichhorn 1971).

Das Konzept ist darauf ausgerichtet, daß es dem Lehrer/Erzieher wichtige Elemente innerer und äußerer Organisation zur Verfügung stellt, die nach persönlichen Möglichkeiten und im Hinblick auf die jeweils spezifischen Möglichkeiten und Notwendigkeiten der Kinder und Jugendlichen eingesetzt werden müssen. Insofern ist es nicht festlegend und starr, sondern höchstmöglich flexibel: es soll zeitlichen, räumlichen, persönlichen Gegebenheiten anpaßbar sein. Eine theoretische Begründung für die spezifische Ausprägung des Konzepts im Hinblick auf Personen, Zeit und Raum ist also von dem Lehrer/Erzieher zu leisten. Aus seiner Kompetenz als wissenschaftlich geschulter und praktisch erfahrener Pädagoge ist er in der Lage, konsistent und begründet Lernumgebungen und Lerninhalte jeweils anforderungsgerecht zu planen und zu realisieren. Insofern wird ein Rahmen gegeben, aus dem heraus und in den hinein sich viele spezifische konzeptionelle Modifikationen entwickeln lassen, für die dann Evaluationsstudien angesetzt werden können. In diesem Sinne läßt sich z.B. ein Setting aus verhaltensmodifikatorischen und pädagogisch-kunsttherapeutischen oder pädagogisch-mototherapeutischen Aktivitäten herstellen, so wie z.B. Neukäter / Goetze ein Setting aus Verhaltensmodifikation und Spielaktivitäten konzipierten (vgl. Neukäter / Goetze 1978). Allerdings ist die empirische Überprüfbarkeit von komplexen Erziehungs- und Unterrichtskonzepten problematisch und häufig nur für Teilbereiche realisierbar. So wie sich z.B. im Hinblick auf Kinder und Jugendliche zur Untersuchung von Interventionseffekten niemals auch nur annähernd gleiche Experimental- und Kontrollgruppen bilden lassen, so lassen sich auch niemals völlig gleiche Interventionskonzepte und Methoden realisieren (siehe zur Forschungsproblematik in der Pädagogik bei Verhaltensstörungen: Berbalk / Mutzeck 1989).

Wie bei Untersuchungen immer wieder deutlich wurde, ist häufig nicht die Methode der entscheidende Faktor, sondern der Mensch mit seinen vielen und unterschiedlichen Variablen, durch die Konzepte oder Methoden ihre spezifische Ausprägung bekommen.

Spezifisch für die Organisation und für den Verlauf des pädagogisch-therapeutischen Konzepts ist ein Fünf-Phasen-Modell, in dem zwischen den Phasen fließende Übergänge bestehen und - nach individuellen Bedingungen - Rückgriffe und auch Vorgriffe auf einzelne Komponenten möglich sind:

1. Phase: Phase der Leistungsentlastung

Bedingungloses Akzeptieren des Kindes/Jugendlichen, nicht der Verhaltensstörungen, liebevolle Zuwendung: Aufbau eines pädagogischen Bezugs;
begrenztes Angebot nach dem schulischen Fächerkanon; Einführung pädagogisch-therapeutischer Verfahren nach individuellen und gruppenbezogenen Bedürfnissen und Möglichkeiten, insbesondere Verhaltensmodifikation und Wahrnehmungstraining, strukturiertes Spielen, Rollenspiel; permanente Ermutigung; zeitliche, räumliche, inhaltliche Struk-

turierung ("äußerer Halt"): Verbesserung der Selbststeuerung und -kontrolle, Reduzierung der Leistungsunlust / Schulunlust und der Mißerfolgserwartungen.

2. Phase: Phase der Leistungsmotivation

Aufbau eines Vertrauensverhältnisses, Vertiefung des pädagogischen Bezugs; Bearbeitung von Übertragungen;
Ausweitung des Angebots nach dem schulischen Fächerkanon, Ausweitung des Angebots pädagogisch-therapeutischer Verfahren, insbesondere Metakognitions-Training;
nachholendes Lernen, Anfänge selbstgesteuerten Lernens; Etablierung positiver Gewohnheiten;
beginnende Übernahme und Internalisierung adäquater individueller ichbezogener Normen wie sozialer / gruppenbezogener Normen.

3. Phase: Phase der Leistungsbereitschaft

Identifikation des Kindes/Jugendlichen mit dem Lehrer/Erzieher, Übernahme und Internalisierung höherer Werte und Normen;
Selbstbeobachtung, Selbstverstärkung, Selbstmodifikation;
systematische Reduzierung schulischer Leistungsdefizite;
Phasen offenen Unterrichts, Projekte.

4. Phase: Phase der Selbständigkeit

Partnerschaftliches Verhältnis zwischen Lehrer/Erzieher und Kind/Jugendlichem;
adäquate kognitive Selbstorganisation des Kindes/Jugendlichen;
Ausblendung pädagogisch-therapeutischer Intervention;
freie Aktivitäten, Offener Unterricht;
Ablösung, ggf. Vorbereitung eines Wechsels der Institution.

5. Phase: Phase der Bewährung

Nachbetreuung, kontinuierliche helfende Kontakte, Intervention bei Krisen.

Organisatorisch wird für notwendig gehalten, daß bei separierender Förderung in entsprechenden Einrichtungen (z.B. Heim, Schule, vgl. Kapitel 7) nicht mehr als 6 - 8 Kinder/Jugendliche mit Verhaltensstörungen zu einer Gruppe gehören und bei integrativer Förderung - in Abhängigkeit vom Alter und von dem Schweregrad der Verhaltensstörung - nicht mehr als 3 Kinder/Jugendliche mit Verhaltensstörungen auf eine Gruppe von 15 - 18 Kindern/Jugendlichen kommen (vgl. Kapitel 7.1). Wie in Sonderschulen für Kinder/Jugendliche mit Geistigerbehinderung müssen auch in sonderschulischen Einrichtungen für Kinder/Jugendliche mit Verhaltensstörungen für jede Gruppe zwei Lehrkräfte (Sonderpädagoge und Schulassistent) zur Verfügung stehen.
Dem pädagogisch-therapeutischen Konzept ist immanent die Verbindung der Elemente Unterricht bzw. Gruppen- und Einzelaktivitäten sowie Erziehung und Therapie.
Für das Konzept sind die in Tabelle 12 differenzierten Erziehungsziele leitend.
In diese Zielsetzungen sind einbezogen: Reduzierung von Schul- bzw. Leistungsunlust, von Ängsten, von Mißtrauen, von Aufmerksamkeitsstörungen, von Mißerfolgserwartungen, von negativer Selbsteinschätzung; die Verbesserung des Verhältnisses zwischen Erzieher/Lehrer und Kindern/Jugendlichen und der Kinder und Jugendlichen untereinander.

Tabelle 12: Oberste Erziehungsziele

EMANZIPATION / AUTONOMIE	SOLIDARITÄT	LEISTUNGSFÄHIGKEIT U. LEISTUNGSWILLIGKEIT
Selbstkontrolle	Gemeinschaftssinn	Kognitive Aktivität
Selbstvertrauen	Zusammengehörigkeits-	Lernen wollen
Selbständigkeit	gefühl	neugierig sein
Ich-Stärke	Kooperationsfähigkeit	Interesse haben
	Teamgeist	
		Kognitive Belastbarkeit
Verantwortungsbewußt-	Mitgefühl	Konzentrationsfähigkeit
sein	Hilfsbereitschaft	Durchhaltevermögen
Selbstbestimmung		Ausdauer
Pflichtgefühl	Rücksichtnahme	
		Soziale Aktivität
Durchsetzungs-	Betroffenheit	Konflikte erkennen
vermögen	Gerechtigkeit	und lösen können
		Kontaktfähigkeit
Urteilskraft	Vertrauen	
Kritikfähigkeit	Fairneß	Soziale Belastbarkeit
Besonnenheit		Konflikte und
Entscheidungsfähigkeit		Unstimmigkeiten
Bescheidenheit		ertragen können
		Kompromißbereitschaft
		Emotionale Aktivität
		Freundschaft
		Zärtlichkeit
		Begeisterungsfähigkeit
		Emotionale Belastbarkeit
		Ambiguitätstoleranz
		Angst ertragen können
		Frustrationstoleranz
		Somatische Belastbarkeit

Diese notwendigen Zielsetzungen werden bei Kindern und Jugendlichen mit Verhaltensstörungen realisiert:
1. durch ein pädagogisch-therapeutisches Erzieher-/ Lehrerverhalten;
2. in einem spezifisch strukturierten Lebens- und Lernfeld;
3. über pädagogisch-therapeutische Verfahren.

6.1.7.1 Das pädagogisch-therapeutische Erzieher-/ Lehrerverhalten

Basis aller pädagogisch-therapeutischen Bemühungen bei Kindern und Jugendlichen mit Verhaltensstörungen ist als eine *conditio sine qua non* ein pädagogischer Bezug (Nohl), d.h. ein enges Vertrauensverhältnis, das "Urmißtrauen" (Erikson) aufzuheben vermag, ein dialogisches Verhältnis (Buber), das ermutigend wirkt und das Selbstvertrauen stärkt, eine enge persönliche Beziehung, die Halt gibt (Moor), wenn Haltlosigkeit beeinträchtigt und gefährdet.

Ein solches Verhältnis läßt sich nur herstellen, wenn sich der Lehrer/Erzieher auf die aktuellen Möglichkeiten der Kinder und Jugendlichen einzustellen vermag, die auch von situativen Bedingungen abhängen. Die Rolle des Lehrers/Erziehers muß sich sowohl pädagogisch als auch therapeutisch und somit in einer ausgeprägten Doppelfunktion darstellen. Erziehung und psychosoziale Therapie werden dabei als unterschiedliche Aspekte der Beeinflussung des Menschen angesehen, die sich zwar bipolar typisieren lassen, aber auf einem Kontinuum liegen und ein gemeinsames Grobziel haben. Die bipolare Typisierung

Tabelle 13: Erziehung und Therapie in bipolarer Typisierung
(vgl. Kobi 1978, Kleber 1980, Speck 1979).

Erziehung	Therapie
- konstituiert den Menschen,	- restituiert als Zusatzmaß- nahme den Menschen,
- ist immer notwendig - auch bei Therapiebedürftigkeit,	- ist zeitlich und örtlich nur punktuell notwendig,
- sieht den Menschen in einem dialogischen, interaktio- nalen Bezug,	- sieht den Menschen in einem Behandlungsverhältnis, in einer grundsätzlich komple- mentären Beziehung,
- zielt über den gegenwärti- gen Zustand altersgemäßer Selbstverwirklichung hinaus.	- versucht, Leid zu eliminie- ren bzw. eine alters- und situationsgemäße Konflikt- verarbeitung und -bewälti- gung zu erreichen.

verdeutlicht die tabellarische Übersicht (siehe Tabelle 13), das verbindende Kontinuum die folgende Graphik (siehe Abb. 22).

Wenn auch Erziehung und psychosoziale Therapie als auf einem Kontinuum liegend verstanden werden und auch ein gemeinsames Grobziel darin haben, daß organische und/oder psychische Veränderungen angestrebt werden, so ist doch der Ausgangspunkt für Erziehungsmaßnahmen die Erwartungsentsprechung im Hinblick auf Altersgemäßheit, Gesundheit, Aktions- und Reaktionsmöglichkeiten usw. mit der Konsequenz der Leistungsforderung in kognitiver, emotionaler, psychomotorischer Hinsicht, um über den altersgemäßen Zustand hinauszukommen. Psychosoziale Therapie dagegen hat zum Ausgangspunkt Erwartungsabweichungen, d.h. Störungen, Schädigungen, Defizite, muß von Leistungsanforderungen entlasten, Leid und Unfähigkeiten eliminieren und alters- und situationsgemäße Fähigkeiten erst einmal etablieren helfen.

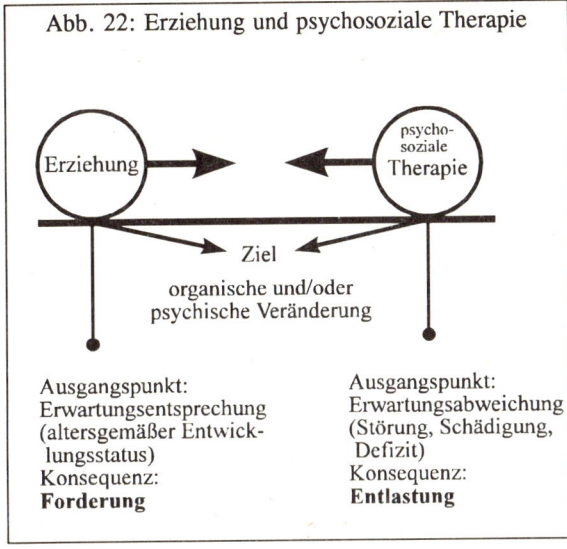

Abb. 22: Erziehung und psychosoziale Therapie

Erziehung → ← psychosoziale Therapie

Ziel

organische und/oder
psychische Veränderung

Ausgangspunkt:
Erwartungsentsprechung
(altersgemäßer Entwick-
lungsstatus)
Konsequenz:
Forderung

Ausgangspunkt:
Erwartungsabweichung
(Störung, Schädigung,
Defizit)
Konsequenz:
Entlastung

Im Sinne dieser bipolaren Typisierung von Erziehung und Therapie muß der Lehrer/Erzieher eine pädagogische Rolle einerseits und eine therapeutische Rolle andererseits sowohl bezogen auf den einzelnen Schüler als auch auf die gesamte Lerngruppe realisieren. Dabei stehen - wie nachfolgende Abbildung veranschaulichen kann - die beiden Rollenanteile in Abhängigkeit vom aktuellen Schwierigkeits- bzw. Störungsgrad der einzelnen Kinder/Jugendlichen wie auch der Gruppe in einem stets wechselnden Verhältnis zueinander.

Über sein Verhalten im Sinne der pädagogischen und der therapeutischen Rolle versucht der Lehrer ständig, den Bedürfnissen und Möglichkeiten der Kinder und Jugendlichen optimal gerecht zu werden.

Das Lehrerverhalten muß aber auch insofern unterstützend sein, als es im Sinne von Kounin Engagement, Situationsübersicht, ständige Hilfsbereitschaft kommuniziert (vgl. Kounin 1976) was sich als responsiv im Sinne neuerer niederländischer Forschungsergebnisse darstellt. Responsives Lehrerverhalten ist eine "Abstimmungsstrategie", die - wie die Untersuchungsergebnisse belegen - Lernmotivation, Lernkontrolle und Lerneffizienz der Schüler steigert, indem der Lehrer sich intensiv auf die Erkundung der Überlegungen wie auf die Gestimmtheit des Schülers ausrichtet. Dabei versucht er, "sich in die Erwartun-

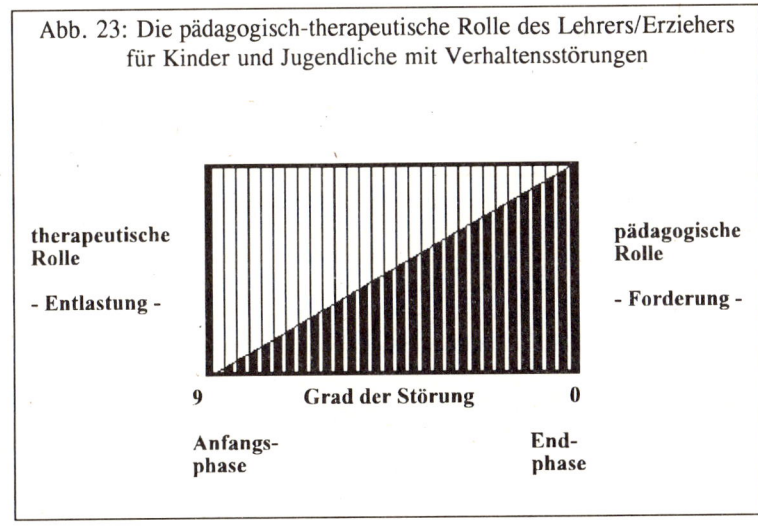

Abb. 23: Die pädagogisch-therapeutische Rolle des Lehrers/Erziehers
für Kinder und Jugendliche mit Verhaltensstörungen

**therapeutische
Rolle**

- Entlastung -

**pädagogische
Rolle**

- Forderung -

9   **Grad der Störung**   **0**

**Anfangs-
phase**

**End-
phase**

gen, Machbarkeitsschätzung und Beurteilungskriterien des Schülers zu versetzen. In diesem Fall paßt sich der Lehrer an die Perspektive des Schülers an. Es findet ein Dialog statt, um gemeinsam Ziele, Lösungswege, Erwartungen, Machbarkeit und Beurteilungskriterien zu formulieren" (Werkhoven o.J., 4, Castelijns et al. 1992).

Wer erziehen will - insbesondere als professioneller Lehrer/Erzieher -, muß sich mit seinem gesamten Verhalten bewußt und ständig auf Ziele ausrichten, hinter denen er stehen, mit denen er sich identifizieren kann. Im Rahmen eines pädagogisch-therapeutischen Konzepts werden die oben genannten Erziehungsziele als weitere bestimmende Maxime für das Lehrer-/Erzieherverhalten angesehen (siehe zum Lehrerverhalten auch Kapitel 8.3.).

6.1.7.2 Das spezifisch strukturierte Lebens- und Lernfeld

Das Lebens- und Lernfeld in der Schule wie im Heim ist in der äußeren wie der inneren Organisation im Hinblick auf die beeinträchtigte Lern-, Arbeits- und Interaktionsfähigkeit der Kinder und Jugendlichen spezifisch strukturiert.

Die Strukturierung zeigt sich in personeller, didaktischer, methodischer, zeitlicher und räumlicher Hinsicht.

- Zum personellen Aspekt: personelle Konstanz sowohl im Hinblick auf die Kinder/Jugendlichen wie auf die Lehrer/Erzieher, kleine Gruppen (6 - 10 Kinder/Jugendliche), ein Lehrer/Erzieher für einen längeren Zeitraum von mehreren Jahren, wenige Fachlehrer usw.;
- Zum didaktischen Aspekt: lebensbedeutsame Inhalte, Angebot pädagogisch-therapeutischer Verfahren, Märchen, Sagen, Mythen, bedeutsame Geschichten (z.B. auch Dilemma-Geschichten zur moralischen Erziehung), erlebnispädagogische Ausrichtung usw.;
- Zum methodischen Aspekt: learning by doing, wechselnde Aktivitäten, angepaßte Einheiten, individualisiertes Lernen, selbstbestimmtes Lernen, Projektunterricht, offener Unterricht usw.;
- Zum Zeitaspekt: angepaßte Zeiteinheiten, Regelmäßigkeit, Kontinuität, aber auch zeitliche Flexibilität usw.;
- Zum Raumaspekt: Möglichkeiten für Einzel-, Kleinstgruppen- und Gesamtgruppenlernen, Einheiten für unterschiedliche Aktivitäten usw.

Wie sich die spezifische Strukturierung im Sinne der oben genannten Erziehungsziele und Strukturelemente in dem Lebens- und Lernfeld Heim darstellen kann, gibt die tabellarische Übersicht wieder (siehe Tabelle 14).

In unterrichtlicher Hinsicht im Rahmen schulischer Einrichtungen kann eine spezifische Strukturierung weitgehend nach den von der Konferenz der Kultusminister der Länder in der Bundesrepublik Deutschland (KMK) 1977 beschlossenen "Empfehlungen für den Unterricht in der Schule für Verhaltensgestörte (Sonderschule)" erfolgen. Nach diesen Empfehlungen, die wesentlich die Rahmenpläne der einzelnen Bundesländer für sonderschulische Einrichtungen für Schüler mit Verhaltensstörungen beeinflußten, soll den Schülern "ein soziales Lernfeld angeboten werden" (1978, 10), da sich ihre Problematik "in gestörten sozialen Beziehungen" äußert (a.a.O., 7). Malen, Werken, Musizieren, Rhythmik, Sport, Regelspiele, Rollenspiele, Puppenspiele, Theaterspiele u.a. bieten Anknüpfungspunkte für Kontakte und Gefühlsbindungen zwischen den Gruppenmitgliedern untereinander und dem Gruppenleiter. So kann z.B. im Spiel der einzelne im Schutz ei-

Tabelle 14: Erziehungsziele und äußere / innere Organisation in einem Heim für Kinder und Jugendliche mit Verhaltensstörungen

Emanzipation / Autonomie = **E**
Solidarität = **S**   Leistungsfähigkeit und Leistungswilligkeit = **L**

Erziehungsziele	äußere Organisation	innere Organisation
Vertrauen S Selbstvertrauen E Gemeinschaftssinn S	Kleinheim/Wohngruppe/ Pflegefamilie/Kinderdorf	Dauerbezugsperson, stabile menschliche Beziehungen, kein Schichtdienst, Akzep- tanz und Ermutigung
Selbstbestimmung/ Selbständigkeit E	Selbstorganisation des Lebens, z.B. keine Putzfrau, freie Gestaltung der Räume	Selbständiges Wirtschaften, Selbstverversorgung
Selbstkontrolle (Ich-Stärke) E Durchsetzungsvermögen E Kritikfähigkeit E	Planung des Tages, der Woche, des Monats, ... des Lebens	Gruppendynamik, Inter- aktionsspiele und andere Aktivitäten für soziales Lernen
Kooperationsfähigkeit S Teamgeist S Fairneß S Rücksichtnahme S Hilfsbereitschaft S	Busfahrt ins Ausland Hüttenaufenthalt "Jugendheim auf See"	Erlebnis-/Abenteuerpäd- agogik, Reisen, Fe- ste, Sport und Spiel, Kunst- u. musikthera- peutische Förderung
Kognitive Aktivität und Belastbarkeit L	Räume für Hobbys und Interessengruppen, Leseecke	Bücher, Zeitschriften, ausge- wählte Fernsehprogramme und Videos, Lernspiele, Meditation
Soziale Aktivität und Belastbarkeit L	Mitgliedschaften in Vereinen, Gruppen- projekte, Auslands- kontakte	Konflikttraining, Rollenspiel, Gruppenpädagogische/-thera- peutische Aktivitäten (z.B. Musik, Tanz, Theater)
Emotionale Aktivität und Belastbarkeit L	Tierhaltung, Gartenpflege, Diskothek, Altenhilfe, Kon- takte zu Geistig-/Körperbehin- derten u. Sinnesgeschädigten	Freundschaften, Angst- und Aggressionsbewältigung, Sexualpädagogik
Somatische Aktivität und Belastbarkeit L	Turn-, Gymnastik-, Fitnessraum, Sport- Spielplatz	Sport, Wanderungen, Pädago- gische Mototherapie, Erste-Hilfe-Kurs, adäquater Wach-/Schlafrhythmus, Auto- genes Training, Meditation

ner Verkleidung aus seiner Rolle heraustreten, Gefühle äußern, Konflikte in befriedigender Weise lösen lernen, neue Beziehungen erproben und sich freiwillig an Spielregeln halten. Wirksam sind bei diesen Lernerfahrungen vor allem die Gruppenprozesse selbst, weniger die steuernden Eingriffe des Gruppenleiters (a.a.O., 11).
Für das Erziehungsfeld wird eine stützende Strukturierung für notwendig geachtet: "Sinnvolle Ordnungen und ein verläßlicher Rhythmus für alltägliche Vorgänge im Schulbereich sind Schutzmaßnahmen für den einzelnen wie für die Gruppe und stabilisieren den Schüler gegenüber Enttäuschung, Angst und Versagen". Das Erziehungs- und Lernfeld muß aber auch so organisiert sein, "daß Selbständigkeit, Selbstregulierung und Spontaneität unterstützt werden, Ordnungen im Spiel der Gruppenkräfte entstehen, Rollen ge-

lernt, persönliche Interessen gefördert, Aufgaben übernommen und verantwortet werden"
können (a.a.O., 7). Die schulische Arbeit zielt einerseits auf eine Verbesserung der
Lern-/ Leistungsmotivation und des Lern-/ Leistungsverhaltens, andererseits aber auch
auf "Verhaltensänderungen durch neue Erfahrungen und durch eine Umstrukturierung der
Motive" (a.a.O., 7). Große Bedeutung hat bei diesen Prozessen der Lehrer: "Er kann
Stimmungen und Verhaltensweisen wie z.B. Aggressionen, Ängste, Unlustgefühle und
Unsicherheit auslösen, provozieren, verhärten; er kann sie abschwächen, sie neu-
tralisieren und sie konstruktiv verändern" (a.a.O., 8).
Immer wieder wird die Bedeutung des Gesprächs herausgehoben: "Konfliktsituationen
können in Einzel- und Gruppengesprächen aufgegriffen werden, in denen jeweils nur die
aktuellen, bewußtseinsfähigen Situationsanteile zum Inhalte werden. Diese Gespräche
bieten Halt bei emotionalen Verwirrungen der Schüler, führen zu einer aktuellen Klärung
und zu einem vorläufigen Verständnis der Ausgangssituation" (a.a.O., 8); "Erfahrungen
... bilden sich ... in den Formen des Dialogs, des Gruppengesprächs" (a.a.O., 7);
"Gesprächsgruppen sind vorzusehen" (a.a.O., 7). Der pädagogisch-therapeutische Ansatz
wird auch an anderer Stelle akzentuiert: "Spiel-, Projekt-, Erkundungs- und Gesprächsgruppen sind vorzusehen. Diese Gruppen können sich bildnerischer, musikalischer, körperlicher, spielerischer, dramatischer und allgemein sprachlicher Medien zur Ausdrucks-
gestaltung der Schüler bedienen. Durch Aufgreifen dieser Gestaltungen kann den Lehrer
den Erfahrungshorizont der Schüler erweitern und differenzieren. Dabei bieten sich für
die Schüler verstärkt die Möglichkeiten, sich mit dem Lehrer als Bezugsperson zu identifizieren, zu anderen Gruppenmitgliedern in dem geschaffenen Gruppenrahmen Beziehungen aufzunehmen, Erfolg durch gemeinsam bewältigte Aufgaben zu erleben und Kon-
fliktlösungen im sozialen Bereich zu finden" (a.a.O., 7).

Wenn als eines der beiden wichtigsten Ziele schulischer Förderung in den Empfehlungen
der KMK "Verhaltensänderung durch neue Erfahrungen" genannt wird - was auch in
außerschulischen Einrichtungen gilt -, dann besteht auch die Aufgabe, Problemlagen und
Veränderungskonzepte zu berücksichtigen, die sich auf Normen und Werte bzw. auf Moral und Moralerziehung beziehen.

Zusammenfassend sind einige wesentliche Anforderungen zu nennen, denen der Unterricht für Kinder und Jugendlichen mit Verhaltensstörungen neben den üblichen Anforderungen (vgl. z.B. Meyer 1980) in didaktisch-methodischer Hinsicht in besonderer Weise
genügen sollte.
Es sollten
• intensiv pädagogisch-therapeutische Verfahren eingesetzt bzw. verfügbar werden,
• *lebens*bedeutsame Kenntnisse sowie Fähigkeiten, Fertigkeiten und Handlungsmöglichkeiten vermittelt werden,
• die Erfahrungen der Schüler Ausgangspunkt für Lernprozesse sein,
• Lernen durch handelndes Tun (learning by doing) ermöglicht werden,
• weitgehend selbständige Aneignungsprozesse ablaufen,
• möglichst alle Wahrnehmungskanäle einbezogen werden,
• motivierende Medien eingesetzt werden bzw. verfügbar sein,
• Überstimulationen vermieden werden,
• ständig Orientierungshilfen angeboten werden und kontextbezogene Lern- und Verhal-
  tenshilfen zur Verfügung stehen,
• Spaß und Freude ihren Platz haben.

Es sollte weiterhin

- häufiger Methodenwechsel stattfinden,
- ein angepaßtes Lerntempo eingehalten bzw. ermöglicht werden,
- dem Bewegungsdrang Rechnung getragen werden.

Im Rahmen eines pädagogisch-therapeutischen Konzeptes muß sich Unterricht von einer durch die Lehrerpersönlichkeit bestimmten Organisationsform zu einer die Freiheit und Selbstbestimmung der Schülerpersönlichkeit in den Mittelpunkt rückenden Organisationsform entwickeln. Es handelt sich also um einen Prozeß, der von einem gewissen Ausmaß an Fremdbestimmung systematisch und zielgerichtet zur Selbstbestimmung führt. In der Anfangsphase ist der Unterricht also strukturiert und vermittelt äußeren Halt durch inhaltliche, zeitliche Vorgaben. In längeren Zwischenphasen wird Fremdbestimmung im Sinne der Salami-Taktik mehr und mehr reduziert. Die vorgegebene Strukturierung verändert sich zugunsten offener, schülerzentrierter Formen, um letztlich zum offenen Unterricht mit weitestgehender Selbstbestimmung zu werden (vgl. weiter oben das Fünf-Phasen-Modell).

Offener Unterricht

Die Bedingungen der allgemeinen Schule mit einer Klassifizierung der Schüler nach Jahrgängen, mit weitgehend gleichen Anforderungen an alle Schüler eines Jahrgangs, mit auf die gesamte Klasse ausgerichteten Lernangeboten in einem zumeist darbietenden Unterricht durch den Lehrer, mit auf einen "Durchschnittsschüler" hin konzipierten Lernprozessen und Leistungskontrollen, mit konstanter Sitzordnung für die Schüler und einem 45 Minuten Unterrichtstakt, mit Zeitdruck, Leistungsdruck, Konkurrenzdruck und bedrückenden Disziplinierungsmaßnahmen stellen für viele Schüler eine Überforderung dar und führen zu Protest- und Vermeidungsverhalten sowie zu sozialen und emotionalen Störungen .
Dieser scholagenen Verhaltensproblematik wird in europäischen Ländern seit der Reformpädagogik durch flexiblere, schülerbezogene, individualisierende Unterrichtskonzepte zu begegnen versucht. Während jedoch in Deutschland durch die nationalsozialistische Ideologie, durch Krieg und Zusammenbruch sowie - nach dem 2. Weltkrieg - durch eine lernökonomisch und lerntechnologisch ausgerichtete Bildungspolitik kindgemäßes reformpädagogisches Gedankengut verschüttet wurde, verlorenging oder als weniger bedeutsam angesehen wurde, wurden z.B. in England Konzepte etabliert, die - wie der berühmte Jena-Plan von Peter Petersen - entdeckendes, individualisiertes Lernen in altersheterogenen Gruppen innerhalb einer offenen Unterrichtsorganisation ermöglichen. Seit einigen Jahren gewinnt jedoch offenes Unterrichten bzw. selbstbestimmtes Lernen der Schüler an Bedeutung und Verbreitung auch in Deutschland, deren Förderlichkeit durch vielfältige Forschungen belegt werden konnte (vgl. z.B. Tausch / Tausch 1991, 243-331).
Sehr viel mehr noch als andere brauchen Kinder und Jugendliche mit Verhaltensstörungen Erziehungs- und Unterrichtskonzepte, mit denen auf ihre individuellen Fördermöglichkeiten und -notwendigkeiten eingegangen werden kann. Bei entsprechender Vorbereitung bieten in dieser Hinsicht Formen des offenen Unterrichts gute Möglichkeiten.
Was offener Unterricht ist, erhellt sich in einer Gegenüberstellung zum geschlossenen Unterricht und läßt sich in der Erfüllung von Kriterien verdeutlichen (vgl. Mitzkat / Klewitz 1977, Ramseger 1977). Konventioneller, in der Regel lehrerzentrierter und ge-

schlossener Unterricht, will ökonomisch und rationell sein, will durch möglichst exakte Planung im Hinblick auf einen Durchschnittsschüler, durch möglichst angepaßte Lernschritte in möglichst kurzer Zeit möglichst viel erreichen. Beim offenen Unterricht wird dagegen davon ausgegangen, daß komplexe Lernprozesse nur begrenzt zu antizipieren und somit nicht adäquat planbar sind, daß vielmehr individuelle Lernstrategien, Spontaneität und Kreativität berücksichtigt werden müssen (vgl. Klewitz / Mitzkat 1977). Die Kinder sollen ihrem Entwicklungs- und Interessenstand, ihren Lebens- und situativen Lernbedingungen sowie ihren sozial-emotionalen Möglichkeiten entsprechend lernen können. Das Konzept läßt sich, wie Goetze aufzeigt, durch die humanistische Psychologie von Carl Rogers theoretisch begründen (vgl. Goetze 1989).

Da offener Unterricht ein idealtypisches Konzept ist, ist er immer nur annäherungsweise zu realisieren (Ramseger 1977, 26). Anhand von Kriterien muß überprüft werden, inwieweit Offenheit gegeben ist. Klassifizierend können eine inhaltliche, eine methodische und eine institutionelle Offenheit differenziert werden (Ramseger 1977). Für diese drei Kategorien werden nachfolgend in Anlehnung an Ramseger bedeutsam erscheinende Indikatoren angegeben.

Im Sinne inhaltlicher Offenheit ist Unterricht offener als anderer Unterricht, wenn
- die Schüler selbst Ideen entwickeln, in den Unterricht einbringen und realisieren können,
- die Schüler die Möglichkeit haben, Planungen des Lehrers zu verändern oder abzulehnen,
- die Schüler unter mehreren Themenangeboten frei wählen können,
- ein Unterrichtsinhalt von verschiedenen Aspekten aus gesehen werden kann und unterschiedliche Meinungen zugelassen werden,
- Fächergrenzen ihre Bedeutung verlieren,
- Lernziele aufhebbar, veränderbar oder auch ersetzbar sind,
- erfolgreiches Handeln ein Maß für den Unterrichtserfolg ist und nicht Klassenarbeiten und Tests die Lerneffizienz angeben sollen,
- nicht nur auf kognitives, sondern auch auf soziales und emotionales Lernen Wert gelegt wird.

Methodische Offenheit ist gegeben, wenn
- die Schüler an der Planung des Unterrichts mitwirken können,
- die Schüler die Möglichkeit haben, Unterrichtsvorhaben des Lehrers zu verändern oder abzulehnen,
- der Unterricht die Lebenswelten der einzelnen Schüler berücksichtigt und nicht alle Schüler an ein gleiches Curriculum bindet,
- ein reichhaltiges Material- und Medienangebot vorhanden ist, das allen Schülern frei zugänglich ist,
- der Lehrer seine Entscheidungen und Ziele den Schülern gegenüber transparent macht, so daß die Schüler sie nachvollziehen können,
- vor allem Fragestellungen der Schüler für den Unterricht bestimmend sind, die vielfältig überprüft werden können,
- nicht alle Schüler in einer Zeiteinheit das gleiche machen müssen, sondern jeder nach einem individuellen Arbeitsplan arbeiten kann,
- die Schüler die zeitliche Planung bestimmen und nach eigenem Lerntempo lernen können,

- Freiräume gegeben sind für Ideen und Initiativen der Schüler,
- Unterricht vor allem auf Selbsttätigkeit beruht und vielfältiges Probehandeln zuläßt,
- die Schüler zwischen den verschiedenen Arbeits- und Sozialformen, Arbeitsbereichen und Lernwegen frei wählen können.

Institutionelle Offenheit liegt vor, wenn
- Schüler und Lehrer nicht einem allgemein verbindlichen Lehrplan folgen müssen,
- Unterricht auf außerschulisches Handeln zielt und die Beeinflussung außerschulicher Realitäten ermöglicht,
- Unterricht nicht nur auf den Klassenraum bezogen bleiben muß, sondern sich auf Flur, Schulgebäude, außerschulisches Gebiet ausdehnen kann und so auch außerschulisches Lernen ermöglicht,
- Vorgaben jedweder Art jederzeit im Sinne der Lernoptimierung veränderbar sind.

Offener Unterricht drückt sich also in der äußeren wie in der inneren Organisation aus.
Zur äußeren Organisation gehört, daß der Klassenraum in verschiedene Lernbereiche gegliedert ist, denen in Schränken, Kisten und Kästen spezifische Materialien zugeordnet sind. Die verschiedenen Lernbereiche und Materialien sind für alle Schüler jederzeit zugänglich. Der Tagesablauf ist durch Offenheit charakterisiert, auch wenn strukturierende Phasen deutlich werden.
In einer Anfangsphase erscheinen die Schüler innerhalb eines verabredeten Zeitraums zum Unterricht und haben, gegebenenfalls auch während eines gemeinsamen Frühstücks, Gelegenheit, sich auf den Schulvormittag einzustellen. Im sogenannten Morgenkreis sitzen Schüler und Lehrer beisammen, reflektieren den vergangenen Tag, bringen ihre Wünsche und Befürchtungen zum Ausdruck und planen die weitere schulische Arbeit. Diese Planungsgespräche münden hinein in konkrete, verbindliche Absprachen, die in Tages- und Wochenpläne Eingang finden und eingehalten werden müssen.
Phasen verstärkt gelenkter und eher freier Arbeit können miteinander abwechseln. In mehr gelenkter Form können Lehrer oder auch Schüler neue Themen oder Techniken vorstellen, die dann mit entsprechenden Materialien weiter bearbeitet werden können. In der Phase freier Arbeit wählen die Schüler die sie interessierenden Gegenstände selbst aus, suchen sich entsprechende Informationen und Materialien, arbeiten spielerisch-forschend oder auch systematisch lernend - je nach situativen Möglichkeiten und Fähigkeiten. Von großer Bedeutung ist die Reflexionsphase, in der die Schüler berichten, besprechen, fragen und Schlüsse ziehen usw. Sie verdeutlichen, was sie gelernt haben, wie weit sie ihr Vorhaben erfüllt haben und welche Aufgaben sich anschließen.
Es besteht auch die Möglichkeit projektbezogenen Arbeitens, wozu sich mehrere Schüler zusammenfinden, um in einer größeren oder kleineren Gruppe über einen kurzen oder längeren Zeitraum zusammen an einem Projekt zu arbeiten, um die Ergebnisse dann der gesamten Klasse vorzustellen (siehe dazu weiter unten).
Im offenen Unterricht ist der Lehrer nicht der alleinige Planer und Wissensvermittler, er ist vielmehr ein Moderator und Helfer, der für die Schüler jederzeit ansprechbar ist und ihnen beratend und stützend zur Seite steht. So hat er auch häufig Gelegenheit, sich länger und intensiver einzelnen Schülern zuzuwenden, mit ihnen in näheren Kontakt zu kommen und so einen intensiven pädagogischen Bezug aufzubauen.
Untersuchungen belegen, daß gerade Kinder mit Verhaltensschwierigkeiten in sozial-emotionaler Hinsicht im offenen Unterricht effektiver lernen als im konventionellen Unterricht und in kognitiver Hinsicht durchaus nicht weniger effektiv lernen (vgl. Goetze 1989, 1991). So stellt Goetze z.B. nach einer Experimentalphase mit offenem Unterricht

fest, daß sich die Schüler seltener aggressiv verhielten, seltener die Schule schwänzten, häufiger in eine positive Kommunikation untereinander eintraten" und "weit häufiger aufgabenbezogen gearbeitet als gespielt haben" (Goetze 1991, 35-36).

Offener Unterricht hat auch seine Probleme. Er muß sukzessive eingeführt werden. Schüler und Lehrer müssen ihre neue Rollen lernen. Das bedeutet für die Schüler, daß sie selbständiger, verantwortungsbewußter, rücksichtsvoller, hilfsbereiter werden. Das bedeutet für den Lehrer, daß er sich im Sinne der Therapeutenvariablen von Rogers einzubringen vermag, daß er das Geschehen der Gruppe wie auch Entwicklung und Fortschritte des einzelnen Schülers durchschaut, notwendige Anregungen und Hilfen gibt, einen Überblick über den gesamten Lernprozeß hat, wobei ihm systematische Tagebuchaufzeichnungen hilfreich sind. Schwierigkeiten können sich mit der Aufsichtspflicht ergeben, wenn die Schüler an verschiedenen Lernorten arbeiten. Schwierigkeiten resultieren daraus, daß der Lehrer pflichtgemäß auch Beurteiler sein muß, d.h. in der gegenwärtigen Situation auch Zensuren geben muß. Dem Konzept des offenen Unterrichts angemessener sind jedoch die Schüler ermutigende Beschreibungen ihrer Fortschritte in kognitiver, sozial-emotionaler und psychomotorischer Hinsicht. Schwierigkeiten resultieren für die Schüler daraus, daß sie neue Freiräume nicht sinnvoll nutzen können, ein anderes Lehrerverhalten erwarten, als ihnen im offenen Unterricht begegnet, häufig nicht gelernt haben, selbständig, selbstmotiviert und in eigener Verantwortung zu arbeiten sowie Materialien und Räumlichkeiten in Ordnung zu halten. Die offene Organisation, der Umgang mit den vielen Materialien verleitet gerade dazu, ein chaotisches Durcheinander zu schaffen. Von Anfang an muß das Verantwortungsbewußtsein der Schüler gerade auch auf diesen Bereich gelenkt werden. Es kann nicht angehen, daß Aufräumarbeiten Sache des Lehrers sind und bleiben. Offenheit ist Chance und Gefahr. Beide Möglichkeiten können einer Erziehung zu sozial verantwortlichem Handeln dienlich sein.

Sowohl präventiv als auch rehabilitativ hat sich das Konzept des offenen Unterrichts im Hinblick auf Verhaltensstörungen als bedeutsam und wirkungsvoll erwiesen (vgl. z.B. Goetze 1989, Goetze / Jäger 1991). Dabei sind von den einzelnen Lehrern/Lehrerinnen frei konzipierte Formen oder auch solche möglich, die z.B. der Pädagogik von Freinet oder Maria Montessori folgen. Wegen ihrer besonderen Bedeutung für die Pädagogik bei Verhaltensstörungen soll auf diese beiden Konzepte wenigstens in einer Kurzdarstellung eingegangen werden.

Die Freinet-Pädagogik ist nach entsprechender Hinführung gerade für Kinder und Jugendliche mit Verhaltensstörungen infolge der vielfältigen Arbeitsmittel, des Lernens durch Suchen und Experimentieren und der individuenbezogenen Arbeitsorganisation eine gute Möglichkeit des Lebens und Lernens in schulischen Gruppen. Nicht nur die Druckerei in Verbindung mit der freien Textgestaltung, der Herstellung einer Klassenzeitung und der Korrespondenz mit anderen Schulen, sondern auch die Klassenbibliothek, die Sammlung von Dokumenten, Erkundungsvorhaben und Expertenbefragungen sowie die freien Formen musischen Gestaltens haben sich als motivierend und lern-leistungssteigernd erwiesen, weil mit ihnen weitestgehend eine Orientierung an den Bedürfnissen, Gefühlen und Wünschen der Kinder erfolgen kann (vgl. z.B. Baillet 1989). Freinets Pädagogik ermöglicht den Kindern ein ihnen gemäßes, natürliches Lernen, ohne daß sie sich selbst überlassen bleiben und einer Offenheit ausgeliefert sind, die sie nicht ertragen und produktiv gestalten können: "Unsere Aufgabe ist es, die unleugbare Erhabenheit der menschlichen Persönlichkeit soweit als möglich mit den Notwendigkeiten des Gemeinschaftslebens in Einklang zu bringen, selbst wenn uns diese Notwendigkeiten manchmal unlogisch und unvernünftig erscheinen. Sie sind gegeben, und diese Tatsache kann für unser pädagogisches Verhalten nicht gleichgültig sein. Wir werden uns nicht damit begnügen, die Kinder dem Zufall der Umstände selbst zu überlassen, damit sie je nach ihrer Kraft oder Geschicklichkeit ihre Ellbogen gebrauchen. Wir müssen sorgfältig das Schulleben ordnen, damit als Folge dieser Ordnung ganz natürlich Ausgeglichenheit und Harmonie entstehen, die alle Disziplinschwierigkeiten auf wohltuende Weise lösen" (Freinet 1979, 81).

Das Lehr- und Lernkonzept von Maria Montessori folgt den beiden Maximen, die zusammenfassend mit der "Freiheit des Kindes" und der "Organisation der Arbeit" zu bezeichnen sind. Ihr Anliegen, das in vielen Schulen und Klassen auch bei Kindern und Jugendlichen mit Verhaltensstörungen realisiert ist (vgl. Hellbrügge 1984), war es, "dem Kind eine Umgebung zu schaffen, die seiner Aktivität angepaßt ist, damit es - Herr in dieser Umgebung - sich frei entwickeln kann" (Montessori 1965, 7). In dieser Umgebung "bedarf das Kind einer Ordnung, die einen Teil seines Lebens ausmacht, und die es verteidigt, wo es nur kann. Es liebt die Dinge seiner Umgebung immer auf dem gleichen Platz zu sehen und ist selbst bemüht, diese Ordnung, wenn sie einmal gestört ist, wiederherzustellen" (a.a.O. 10). Die Umgebung muß aber auch "einfach sein, mit den Maßen des kindlichen Körpers übereinstimmen und dadurch in allem seiner Aktivität angepaßt sein. Wenn eine Umgebung für das Kind ungeeignet ist, so geht die Aktivität des Kindes zwar nicht verloren, aber sie wird in falsche Bahnen geleitet" (a.a.O., 11). Den Tendenzen des Kindes nach Aktivität, Ordnung, vielfältigen Sinneseindrücken, Selbsttätigkeit und Lernen und Arbeiten zu genügen, schuf sie vielfältige Materialien. "Wir lehren das Kind, indem wir ihm einen Führer geben, der mit seinen instinktiven Bedürfnissen übereinstimmt, der ihm ein Gefühl der Freude gibt, weil er ihm zu befriedigender Arbeit verhilft. Wir bieten dem Kind mit dem Material geordnete Reize an und lehren also nicht direkt, wie man es sonst mit Kleinkindern zu tun pflegt, sondern vielmehr durch eine Ordnung, die im Material liegt und die das Kind sich selbständig erarbeiten kann. Wir müssen alles in der Umgebung, also auch alle Gegenstände soweit für das Kind vorbereiten, daß es jede Tätigkeit selbst ausführen kann" (a.a.O. 13). Neben der Gestaltung der Umgebung ist auch die Vorbereitung des Lehrers für sie fundamental. "Immer muß die Haltung des Lehrers die der Liebe bleiben. Dem Kind gehört der erste Platz, und der Lehrer folgt ihm und unterstützt es. Er muß auf seine eigene Aktivität zugunsten des Kindes verzichten. Er muß passiv werden, damit das Kind aktiv werden kann" (a.a.O., 21). Der Lehrer ist ein Facilitator im Sinne Rogers. Einer der hilft, wenn es nötig ist, und der völlig zurücktritt, wenn sich das Kind in die vorbereitete Umgebung eingelebt hat und selbständig in ihr leben und lernen kann (siehe auch Montessori 1966 und 1967).

Projektunterricht

Zu den Methoden offenen Unterrichtens gehört auch der Projektunterricht. Projekte sind in wörtlicher Übersetzung aus dem Lateinischen "Vorhaben" oder "Pläne" und bezeichneten um die Jahrhundertwende im pädagogischen Bereich eine spezifische Form der Unterrichtsarbeit zunächst im Werkunterricht und in landwirtschaftlichen Berufsschulkursen, dann auch in verschiedenen Zweigen der amerikanischen Berufsausbildung. Der Projektansatz wurde von deutschen Reformpädagogen aufgegriffen um - nach einer Phase des Vergessens in der Kriegs- und ersten Nachkriegszeit in den sechziger Jahren wiederbelebt zu werden. Der Projektgedanke ist von Anfang an nicht nur als Gegenbewegung gegen tradierte und verkrustete Schulmethodik, sondern auch als spezifische Form des Unterrichts und der Erziehung in einer demokratischen Gesellschaft zu Selbständigkeit, Selbsttätigkeit, zielgerichtetes Planen und Handeln auf der Grundlage von realen Bedürfnissen und im Hinblick auf reale Zielsetzungen zu sehen. Dewey und Kilpatrick formulierten in dieser Hinsicht die sozialisations- und lerntheroretischen basalen Gedanken . In der Projektmethode können sich die Gesetze des Lernens, wie sie Thorndike erkannte, in einer Weise realisieren,

- daß das Lernen durch Handeln geschieht,
- daß das Handeln bedürfnisorientiert "von ganzem Herzen" vollzogen wird,
- daß ein "Zweckfaktor" zum Tragen kommt, Handeln also zielorientiert ist,
- daß das Handeln auf die soziale Umgebung bzw. auf reale Gegebenheiten bezogen ist,
- daß aus dem konkreten Handeln Effekte ablesbar werden (vgl. Dewey / Kilpatrick 1935, 161-179).

Gegenwärtig werden für den Projektunterricht zehn bestimmende Merkmale gesehen (vgl. Gudjons 1984):
1. Situationsbezug, d.h. "Einbettung in eine Lebenssituation" (a.a.O., 262),
2. Interessenbezug, d.h. Ausrichtung an den Interessen von Schülern und Lehrern,
3. Selbstorganisation, d.h. Lehrer und Schüler planen gemeinsam,
4. Selbstverantwortung, d.h. in regelmäßigen "Reflexions- und Koordinationspausen" vergewissern sich die Teilnehmer über Fortgang, Probleme, Zweckentsprechung des Handeln (a.a.O., 263),
5. Gesellschaftliche Praxisrelevanz, d.h. das Handeln hat Ernstfallcharakter und zielt auf einen konkreten Gebrauchswert,
6. Projektarbeit ist zielgerichtet und stellt eine sinnvolle, wichtige, nützliche Tätigkeit dar,
7. Viele Sinne werden einbezogen, Kopf und Hand werden angesprochen,
8. Soziales Lernen ist methodenimmanent ständig gegeben durch Kooperations- und Konfliktlösungszwänge,
9. Interdiziplinäres Arbeiten führt zum Überschreiten der Fächergrenzen,
10. Offenheit zum Lehrgang ist gegeben, d.h. auch systematisch geordnetes und methodisch geplantes Sammeln, Informieren, Vergleichen erscheint notwendig (Gudjons 1984, 260-266).

Der Verlauf eines Unterrichtsprojekts läßt sich in vier Phasen einteilen:
• Aufgabenfindung, Aufgabenformulierung, Zielbestimmung
• Planung, Projektvertrag
• Bearbeitung, Durchführung
• Reflexion, öffentliche Ergebnisrepräsentation.

Schley machte zum Projektunterricht von Lehrern fünf Alltagstheorien aus:
"- Motivationsthese: Projekte als Vitaminspritze
Projektunterricht motiviere Schüler so, daß auch resignierte, leistungsschwache und verzagte Schüler zu Erfolgserlebnissen kommen.
- Kompensationsthese: Projekte als Gegengewichte
Projektunterricht fördere die Eigentätigkeit der Schüler - hier finde produktives, selbstbestimmtes Lernen statt, der im Gegensatz stehe zum reproduktiven, fremdbestimmten Lernen im üblichen Unterricht.
- Stimulierungsthese: Projekte sind High-Lights

Projektunterricht sei besonderer Unterricht, rage wie ein Fels aus der Ebene aus der alltäglichen Unterrichtslandschaft heraus und müsse auch besondere Effekte hervorbringen: "Feuerwerk", Aktivierung, Begeisterung, Faszination.

- Transferthese: Projekte als Vehikel

Im Projektunterricht werde anders gelernt, an komplexen Themen mit greifbaren und sichtbaren Ergebnissen, die die Schüler ansprechen. Von dort aus ergeben sich Fragen und Zusammenhänge, die auch in den fächerbezogenen Unterricht hineinragten.

- Entlastungsthese: Projekte als Befreiung

Lernen ohne Druck von Zensuren, Zeitfakten und Richtlinien. Schule mache Spaß, wenn sie Projektwochen durchführe und Projektunterricht ermögliche" (Schley 1988, 109-110).

Empirische Untersuchungen zum Projektunterricht bei Kindern und Jugendlichen mit Verhaltensstörungen scheinen in diesem Sinne alltagstheoretisch ausgerichteten Lehrern in einigen bedeutsamen Punkten rechtzugeben. In einem Unterrichtsprojekt, in dem sich Schüler der zweiten Klasse einer Schule für Erziehungshilfe mit der Planung, der Gestaltung, dem Druck einer Klassenzeitung beschäftigten, zeigten die Schüler signifikant mehr unterrichtsbezogenes Verhalten und weniger störendes Verhalten "als im Leseunterricht, der als Kontrollphase herangezogen wurde". Aus dem Unterrichtsversuch wurden folgende Schlüsse gezogen:

"(1) Durch projektorientiertes Lernen läßt sich das Ausmaß an unterrichtsbezogenem Verhalten im Vergleich zu konventionellem Unterricht steigern.

(2) Das vermehrte unterrichtsbezogene Verhalten im projektorientierten Unterricht ist weitgehend durch vermehrte positive Bekräftigung und Hilfestellung des Lehrers in Verbindung damit durch eine Veränderung der sozialen Organisationsform des Unterrichts zu erklären" (Neukäter 1980, 156-157). Nahezu begeistert wird die Feststellung getroffen: "Der hohe Ausprägungsgrad unterrichtsbezogenen Verhaltens deutet darauf hin, daß die Schüler durch die neue Art des Lernens besonders gefesselt werden. Durch die Verknüpfung von praktischen und kognitiven Tätigkeiten wird offensichtlich der Lerneifer gesteigert. Die bei verhaltensgestörten Schülern oft beobachteten kurzen Motivationsspannen haben sich in Befunden nicht niedergeschlagen. Auch nach sieben Tagen projektorientierten Lernens sind die Schüler mit gleich hohem Eifer bei der Sache" (a.a.O., 157).

Moralerziehung

Die schwierige Situation, in der sich Erziehungsagenturen wie Familie, Schule, Heim usw., aber auch viele junge Menschen befinden, hängt - wie einige Analysen erbringen - bedeutsam mit einer Überbetonung egoistisch-hedonistischer Werte und Normen zusammen, die sich im Sinne mißverstandener emanzipatorischer Erziehung seit den siebziger Jahren etablierte.

Weitestgehende Liberalisierung und Individualisierung haben demnach zu großer Verunsicherung und zu unerwünschten, ja, bedrohlichen Entwicklungen geführt, die noch nicht zu Ende sind (vgl. z.B. Brezinka 1986, von Cube 1986, Speck 1991). Otto Speck zeigte kürzlich auf, daß die Erziehungskrise eine moralische Krise ist (Speck 1991, 13). Aus dieser Krisensituation gehen "zunehmend orientierungslose und sozial normativ entkoppelte Kinder und Jugendliche" hervor (a.a.O., 14). Alte, aber bewährte Einsichten wurden und werden aufgegeben oder sind gar nicht mehr bekannt: Da der Mensch ein weltoffenes, in die Entscheidung gestelltes Wesen ist, weder instinkt- noch triebgebunden ist, muß er handlungsleitende Überzeugungen und Einstellungen aufbauen. Er muß Normen und Werte lernen und als verbindlich übernehmen, die ein selbständiges, aber auch sozial verantwortliches Leben in der Gemeinschaft der Mitmenschen ermöglichen. Diese Normen und Werte "entwickeln" sich nicht naturgegeben, sie müssen vorgelebt und gezielt vermittelt werden.

Aus den USA kommen gegensteuernde Konzepte, mit denen versucht wird, das Problem effektvoll anzugehen und orientierungslosen, haltlosen, ihren egoistischen Impulsen und Neigungen ausgelieferten Kindern und Jugendlichen wieder Orientierung und Halt in einer stabilisierenden Umwelt zu geben.

Eine solche Umgebung kann die von Kohlberg vorgeschlagene "just community" sein (vgl. Kohlberg 1981, 1987, Lind , 1987, Ott 1988).

Das Konzept der moralischen Erziehung von Kohlberg geht aus von der Entwicklungspsychologie Piagets sowie der Philosophie Deweys und verarbeitet auch Einsichten der Psychoanalyse.

Das Modell der moralischen Entwicklung von Kindern und Jugendlichen hat sechs Stufen, von denen immer zwei als zusammenfassende Kategorie bzw. als Abschnitt dargestellt werden.

Erstes/erster Entwicklungs-Niveau/-Abschnitt
1.   Furcht vor körperlicher Bestrafung, Vermeidungsverhalten - fremdbestimmte Moral
2.   Hedonistische Strebungen - Individualismus

Zweites/zweiter Entwicklungs-Niveau/-Abschnitt
3.   Moralische Beurteilungen analog zu denen naher Bezugspersonen und Freunde - erwartungsentsprechende Konformität
4.   Gesetze und Vorschriften werden als tradiertes Erbe zur Verpflichtung

Drittes/dritter Entwicklungs-Niveau/-Abschnitt
5.   Gesellschaftsvertrag (utilitaristische Ethik): moralische Grundsätze dienen dem Allgemeinwohl
6.   Gerechtigkeit als menschenadäquate (humane) Konstante: internalisierte Postulate, die auf die Freiheit und die Würde aller Menschen gerichtet sind.

Die moralische Entwicklung erfolgt nach Kohlberg stets in der angegebenen Reihenfolge von sechs Stufen, eine Umkehr ist nicht, eine Beendigung auf jeder Stufe möglich. Nach von Ott zusammengetragenen amerikanischen Untersuchungen befinden sich Kinder und Jugendliche mit Verhaltensstörungen häufig auf den zwei untersten Entwicklungsstufen oder auf der dritten Stufe des Kohlberg-Modells. Als psychopathisch diagnostizierte Personen zeigen eine besonders starke moralische Unterentwicklung und sind zumeist auf der ersten Stufe des Kohlberg-Modells einzuordnen.

Es kann also davon ausgegangen werden, daß viele Kinder und Jugendliche mit Verhaltensstörungen in ihrer moralischen Entwicklung zurückgeblieben sind. Sie brauchen besondere Hilfen, für die das Moralerziehungskonzept von Kohlberg geeignet erscheint (vgl. z.B. Aufenager et al. 1981). Hauptbestandteil dieses Erziehungs-Konzeptes sind die sogenannten Dilemmata-Diskussionen. Ausgehend davon, daß sich die Weiterentwicklung in moralischer Hinsicht über persönliche Krisen (Notwendigkeit moralischer Beurteilungs- und Bewertungsschwierigkeiten) vollzieht, werden Kindern Geschichten angeboten, die moralische Problemsituationen wiedergeben. Die verschiedenen Lösungsmöglichkeiten werden herausgearbeitet, diskutiert und bewertet. Diese Bewertungen erfolgen nach Kohlbergs Erfahrungen zumeist auf einer höheren Stufe als der zur Zeit eingenommenen. Allerdings können moralische Bewertungen, die höher als eine Stufe über der eigenen Stufe liegen, im allgemeinen nicht nachvollzogen werden. So ist es also

nötig, moralisch-diagnostisch zu diskutieren, um die Kinder dann entsprechend anzusprechen bzw. zu gruppieren. In diesem Sinne wie auch für moralerziehende Dilemmadiskussionen kann folgende Geschichte mit den anschließenden Lösungsmöglichkeiten als Beispiel für Kohlbergs Konzept gelten. "Ein Mann namens Heinz hatte eine Frau, die sehr schwer an Krebs erkrankt war. Verschiedene Heilungsversuche hatten bisher keinen Erfolg. Als Heinz erfuhr, daß ein Apotheker ein neues Medikament gegen diese Krankheit entwickelt hatte, versuchte er, es zu kaufen. Leider kostete das Mittel 2000 Dollar, eine Summe, die Heinz auf keinen Fall aufzubringen vermochte. Der Apotheker weigert sich, sein Produkt zu einem niedrigeren Preis abzugeben, da seine Kosten für die Entwicklung dieses Präparates sehr hoch gewesen wären. Heinz verzweifelte und entschloß sich, in die Apotheke einzubrechen, um das Präparat zu stehlen.
Die Frage ist nun folgende: War der Diebstahl moralisch richtig oder nicht?" Die mit dieser Geschichte angeregte Dilemma-Diskussion erbringt eine Vielzahl verschiedener Antworten, die bewertet und in das Kohlbergsche Entwicklungskonzept eingebaut werden können.

1. Heinz soll stehlen, weil er seine Frau liebt.
2. Heinz soll nicht stehlen, weil es gegen das Gesetz ist.
3. Heinz soll nicht stehlen, weil Gesetze für das Wohl aller und nicht nur für den einzelnen gemacht wurden. Wenn jeder stehle, würde die Gesellschaftsordnung zusammenbrechen.
4. Heinz soll nicht stehlen, weil er ins Gefängnis käme.
5. Heinz soll nicht stehlen, weil seine Freunde schlecht über ihn denken würden.
6. Heinz soll stehlen, um seiner Einstellung zu Ehrlichkeit und Gewissen gerecht zu werden. Menschliches Leben steht höher als materiellen Betrachtungen.
7. Heinz soll stehlen, weil es gesellschaftlich annehmbar und moralisch recht ist.
8. Heinz soll stehlen, weil er wahrscheinlich sowieso nicht ertappt wird.
9. Heinz soll stehlen, weil niemand seine Mahlzeiten bereiten würde, wenn seine Frau stürbe.
10. Heinz soll stehlen, denn es ist seine Pflicht als Ehemann alles für seine Frau zu tun, um sie zu retten" (zitiert nach: Ott / Watts 1989, 344).

Durch vielfache Versuche konnte belegt werden, daß sich mit der Methode Kohlbergs die moralische Entwicklung von Kindern und Jugendlichen positiv beeinflussen läßt. So konnten mit Dilemma-Diskussionen über 36 Wochen, die wöchentlich mit 1 1/2 Stunden stattfanden, deutliche Verbesserungen erzielt werden. In einem Versuch mit Kindern und Jugendlichen mit Verhaltensstörungen aus desolaten Familienverhältnissen wurde in der Art gearbeitet, daß eine Gruppe Dilemmata auf der nächst höheren Stufe besprach, eine zweite Gruppe auf der bei ihnen vorgefundenen Stufe diskutierte und eine dritte Gruppe keine Förderung erhielt. Die fördernden Diskussionen hatten deutliche Auswirkungen auf das moralische Denken der Jugendlichen. In einem weiteren moralischen Training mit Jugendlichen mit Verhaltensstörungen wurde nicht nur eine deutliche Verbesserung innerhalb der Entwicklungsstufen erzielt, Schüler brauchten nicht mehr zum Schulleiter geschickt zu werden, die Schüler kamen pünktlicher zum Unterricht, verbesserten ihre Leistungen in Sozialkunde, und polizei- sowie gerichtsrelevante Vorfälle nahmen bedeutsam ab (vgl. Ott 1988, 120).
Als eines der beiden wichtigsten Ziele gibt die KMK-Empfehlung von 1977 schulischen Einrichtungen für Kinder und Jugendliche mit Verhaltensstörungen auf, den Schülern zu ermöglichen, "Verhaltensänderungen durch neue Erfahrungen und durch eine Umstruktu-

rierung der Motive" zu realisieren (KMK 1977, 7). Dieser nicht nur für schulische, sondern auch für außerschulische Einrichtungen gültige Auftrag, macht es notwendig, auch Konzepte moralischer Erziehung zu reflektieren und zu erproben (vgl. dazu auch Oser et al. 1986, Lickona 1989).

6.1.7.3 Die pädagogisch-therapeutischen Verfahren

Die pädagogisch-therapeutischen Verfahren gehen von den hilfreichen Einwirkungsmöglichkeiten aus, die der Mensch auf andere Menschen bzw. auf sich selbst hat. Einwirkungsmöglichkeiten bestehen:
- durch Gespräch und verbale Zuwendung mit den Verfahren der tiefenpsychologischen Therapien, der Gesprächspsychotherapie und der pädagogisch-therapeutischen Gesprächsführung,
- durch spielerisches und schöpferisch-gestaltendes Tun mit den Verfahren der Pädagogischen Spieltherapie, der Pädagogischen Kunsttherapie und der Pädagogischen Musiktherapie,
- durch "Abschalten", durch Entspannung und Ruhe mit den Verfahren der Hypnose, der Selbstentspannung und der Meditation,
- durch Lernen über klassisches und operantes Konditionieren sowie über Modell-Lernen mit den Verfahren der Verhaltenstherapie und der Pädagogischen Verhaltensmodifikation,
- durch Körperstimulation und körperliche Aktionen mit den Verfahren der Pädagogischen Mototherapie.

Nicht alle diese Verfahren sind durch Lehrer/Erzieher in Einrichtungen für Kinder und Jugendliche mit Verhaltensstörungen einsetzbar. Für die Verfahren jedoch, denen ein "Pädagogisch" vorangesetzt ist, liegen den spezifischen pädagogisch-therapeutischen Intentionen und den organisatorischen Gegebenheiten entsprechende Adaptionen vor. Diese werden durch entsprechend geschulte Pädagogen systematisch und in Abhängigkeit von situativen Bedingungen eingesetzt.
Die Pädagogische Verhaltensmodifikation hat insofern eine herausgehobene Funktion, als sie den Rahmen bildet für unterrichtliche und weitere pädagogisch-therapeutische Maßnahmen. In der Anfangsphase der Intervention strukturiert sie die Handlungen, im weiteren Verlauf wird sie systematisch ausgeblendet und führt in einer Endphase zur Selbststeuerung, d.h. sie wird überflüssig. In das Modifikationsprogramm sind neben individual- und gruppenbezogenen Verstärkerarrangements auch Selbstbeobachtungs-, Selbstbewertungs- und Selbstinstruktionskonzepte einbezogen (vgl. z.B. Myschker 1976, Redlich / Schley 1978, Grabski et al. 1978).

1. Pädagogisch-therapeutische Gesprächsführung / Hilfreiche Gesprächsführung

Grundlegend für alle Interventionsmaßnahmen bei Verhaltensstörungen ist die Fähigkeit des Arztes, Pädagogen, Psychologen usw., Gespräche hilfreich zu führen. Bei der hilfreichen Gesprächsführung muß es darum gehen, ein Gespräch zu gestalten,
- ohne Ablehnung oder gar Aversionen aufkommen zu lassen,
- ohne Schuldgefühle zu initiieren,
- ohne Erregungen auszulösen oder eine aggressive Auseinandersetzung zu stimulieren.

200

Mit der Gesprächsgestaltung sind vielmehr Absicht und Vermögen zu realisieren,
- eine angenehme Atmosphäre aufzubauen,
- Ängste zu reduzieren,
- Entlastung zu ermöglichen
- Entspannung zu vermitteln,
- Probleme zu erkennen,
- Einsicht zu gewinnen und
- Problemlösungen partnerschaftlich zu finden.

Gesprächsführung mit hilfreichen Intentionen stellt sich in den verschiedenen Ansätzen sehr unterschiedlich dar. In den tiefenpsychologischen Therapiegesprächen z.B. ist der Hilfesuchende der untergeordnete Gesprächspartner, der sich mitteilt, der seine Träume erzählt, freie Assoziationen von sich gibt, über seine Wünsche und Begierden spricht. Der analytische Therapeut ist derjenige, der eine übergeordnete Stellung einnimmt, der die Zusammenhänge erkennt und das "Material" fachmännisch interpretiert. Eine ganz andere Auffassung von Gespräch ist diejenige, in der sich die Partner als gleiche verstehen, in der sogar der Hilfesuchende die Führung übernehmen kann, in der der Berater / Therapeut / Helfer nur die Funktion hat, ein Ambiente bzw. eine Atmosphäre zu schaffen, in der sich der Hilfesuchende angenommen fühlt und frei und offen über sich und seine Probleme reden kann, um dann - mit der notwendigen Hilfestellung - selbst eine Problemlösung zu finden. Letzteren Ansatz elaborierte Carl Rogers, auf den eine pädagogisch-therapeutische Gesprächsführung aufbauen kann. Die "hilfreiche Gesprächsführung" im Sinne eines pädagogisch-therapeutischen Verfahrens nach dem Konzept der personenzentrierten Therapie von Rogers auszurichten, resultiert vor allem daraus, daß Bedingungen gesetzt und als effizient nachgewiesen werden können, die in allen Interventionen bei Verhaltensstörungen - wie aufgezeigt wurde - notwendig sind. Zu verweisen ist auf die Herstellung einer angenehmen Atmosphäre, einer positiven Beziehung, eines dialogischen Verhältnisses, auf die Betonung der Bedeutung von Emotionalität, Offenheit, Ehrlichkeit und Selbständigkeit mit der Intention der Gewährleistung personaler und sozialer Identität.
Professionelle Helfer bei Verhaltensstörungen müssen in der Lage sein, Gespräche nach bestimmten Kriterien so zu führen, daß sie in dem oben dargestellten Sinne für den Gesprächspartner nutzbringend bzw. hilfreich sein können. Für ein hilfreiches, d.h. für den Klienten effektives Gespräch nennt Rogers drei Grundhaltungen, die der Berater / Therapeut / Helfer einbringen muß. Diese drei Grundhaltungen sind:
- Echtheit / Selbstkongruenz (Übereinstimmung mit sich selbst)
- emotionale Wärme und Wertschätzung / positive Zuwendung,
- Empathie / einfühlendes Verstehen (vgl. Rogers 1977, 19 ff.).
Die wichtigste und grundlegende Einstellung bzw. Grundhaltung ist Echtheit / Selbstkongruenz. Damit es zu einer personalen Begegnung kommen kann, darf der Helfer sich nicht hinter einer Maske verbergen, er "lebt offen die Gefühle und Einstellungen, die ihn im jeweiligen Augenblick durchströmen". Er kann diese Empfindungen in die Situation einbringen. Er kann offen er selbst sein, er muß sich nicht verleugnen (a.a.O., 26). Gemeint ist allerdings nicht ein hemmungsloses gefühlsmäßiges Sichausleben. Eingebracht werden die Gefühle, die Gedanken und Vorstellungen, die für die Situation bedeutsam sind, sich als subjektiv darstellen und dem Klienten verdeutlichen, woran er ist. Kommuniziert wird ihm auch, wodurch Offenheit ausgelöst und Vertrauen vertieft werden kann (vgl. Tausch 1970, 126-133).

Nach Rogers´ Überzeugung treten Wachstum und Veränderung beim Klienten um so eher ein, je stärker der Helfer in der Lage ist, eine warme, positive akzeptierende Haltung zu realisieren. Der Gesprächspartner wird so akzeptiert wie er ist und ihm werden deutlich Interesse, Zuwendung, emotionale Beteiligung vermittelt. Auch durch unerwünschtes Verhalten oder emotionale "Ausfälle" des Gegenübers wird diese Grundhaltung nicht verändert, so daß der andere ganz er selbst sein kann, sich in seinem *So*-Sein anerkannt fühlen kann. Positive Wertschätzung hat, wie Tausch fand, Effekte der "Gegenkonditionierung von Gefühlen der Angst, Spannung, Unglücklichsein und Unbefriedigtsein". Positive Wertschätzung befriedigt das Bedürfnis nach Anerkennung und führt zu verstärkter "Selbstachtung und Akzeptierung der eigenen Person" (Tausch 1970, 119-121). Das Individuum "hat nicht mehr das Bedürfnis, seine negativen Gefühle zu verteidigen. Es hat keine Gelegenheit, seine positiven Gefühle überzubewerten. Und in dieser Situation treten Einsicht und Selbstverstehen spontan zutage" (Rogers 1985, 46).

Einfühlendes Verstehen / Empathie verdeutlicht sich im geduldigen, wachen, sensiblen Zuhören, in dem kommunizierten Bemühen, das Fühlen, Erleben, Wollen des Gesprächspartners verstanden zu haben und nachvollziehen zu können. Empathie bedeutet, "daß der Therapeut genau die Gefühle und persönlichen Bedeutungen, die der Klient erlebt, spürt und daß er dieses Verstehen dem Klienten mitteilt. Wenn dies in größtmöglicher Weise gelingt, ist der Therapeut so sehr innerhalb der privaten Welt des anderen, daß er nicht nur die Bedeutungen klären kann, deren sich der Klient bewußt ist, sondern sogar jene, die sich gerade eben unter dem Bewußtseinsniveau befinden" (Rogers 1982, 76). Ohne Distanzierungs- und kritisches Analysevermögen kann allerdings die Vermittlung der empathisch erfaßten Fakten nicht gelingen.

Die Verkürzung der als Grundhaltung verstandenen Einfühlung / Empathie auf eine als "Verbalisierung emotionaler Erlebnisinhalte" verkürzte Technik (Tausch 1970, 79) bzw. auf eine "Technik des Widerspiegelns der Gefühle" (Rogers 1976, 34) hat Rogers zutiefst erschreckt und er empfand sie als üble Karikatur. "Ich war so schockiert über diese vollständig verzerrte Darstellung unserer Methode, daß ich ein paar Jahre lang fast gar nichts über einfühlendes Zuhören sagte, und wenn doch, um eine empathische Haltung hervorzuheben, und ich äußerte mich kaum dazu, wie diese in Beziehung zum Klienten eingebracht werden konnte (a.a.O.).

Ziel des einfühlenden Verstehens ist es also, dem Gesprächspartner zur Klarheit darüber zu verhelfen, was und wie er fühlt, das zu verstehen, was er selbst noch nicht so recht ausdrücken kann, Einstellungen zu erfassen, die noch in der Entwicklung sind, Hinweise zu bekommen, mit denen er sich identifizieren kann. Es kann also nicht darum gehen, die letzten Worte des Gesprächspartners papageienhaft zu wiederholen, sondern Inhalte und Gefühle sowie "gefühlsmäßige Bewertung von Ereignissen, Wünschen, Interessen, Erleben der eigenen Person und Erleben der Wirkung der eigenen Person auf andere Menschen" so widerzuspiegeln, daß der Gesprächspartner die Problematik besser erkennt und zu Lösungen finden kann (Tausch 1970, 81).

Inzwischen erscheint es als fraglich, ob die Grundprinzipien Kongruenz, Akzeptanz und Empathie hinreichend für die Erzielung therapeutischer Effekte bei der Gesprächsführung sind, ob nicht weitere Prinzipien hinzukommen müssen. Mit der Verbalisierung hatte bereits Tausch vor längerer Zeit einen erweiternden, allerdings sehr technisierenden Vorschlag gemacht. Als bedeutsam werden "Aktives Bemühen", "Konkretheit" und "Konfrontation" herausgestellt (Lasogga 1986, 47).

Unter Berücksichtigung dieser Erkenntnisse sowie der speziellen Notwendigkeiten und Möglichkeiten in pädagogischen Feldern ist pädagogisch-therapeutische Gesprächsführung zu realisieren.

Pädagogisch-therapeutische Gesprächsführung hat ihre Anwendungsbereiche
- bei allgemeinen Lebensproblemen,
- bei spezifischen Lernproblemen,
- bei schul- bzw. jugendrechtlichen Fragen,
- bei Konflikten und psychosozialen Problemen,
- bei Fragen der Schullaufbahn,
- bei Fragen der beruflichen Ausbildung.

Als Gesprächsteilnehmer kommen vor allem in Frage
- Kinder und Jugendliche,
- Eltern,
- Lehrer- bzw. Erzieherkollegen.

In der Praxis erweisen sich Einzel- und Gruppengespräche als notwendig.

Einzelgespräche sind notwendig, wenn intime individuelle Probleme anstehen, wenn zunächst die Sichtweise eines Betroffenen innerhalb einer sozialen Problemkonstellation abgeklärt werden muß, wenn Wünsche oder Selbstschutzintentionen des Betroffenen diese erfordern.

Gruppengespräche haben gerade auch im Hinblick auf Verhaltensstörungen, die ja wesentlich im Zusammenhang zu sehen sind mit Problemkonstellationen in sozialen Kontexten, eine große Bedeutung, weil sich jene Grundhaltungen einüben lassen, die bei Rogers als Therapeutenvariablen bezeichnet werden. Um Akzeptanz realisieren zu können, muß Beziehungsfähigkeit gegeben sein, eine zentrale psychische Leistung, "denn Lernschwierigkeiten, Konflikt in Freundschaft und Liebe, Drogenmißbrauch und viele andere Probleme, in die sich Jugendliche in ihrer Not verstricken, sind mit Defiziten im Beziehungsbereich untrennbar verbunden" (Troch 1984, 90). Im Gruppengespräch können sich Einfühlungsvermögen, Zuhörenkönnen, offenes, aufrichtiges, echtes Verhalten sowie - und dies nicht zuletzt - "eine natürliche und spontane Fähigkeit, in einer hilfreichen, fördernden und therapeutischen Art mit den Schmerzen und Leiden anderer umzugehen" entwickeln (Rogers 1974, 29). Offenheit / Echtheit realisiert sich im Gespräch sehr deutlich durch Ich-Botschaften. Gruppengespräche haben sich in der Pädagogik bei Verhaltensstörungen von unterschiedlichen Ansätzen her als sehr effektiv erwiesen. Sowohl das Life-space Interview von Redl als auch die Konfliktlösungsmethode von Gordon sind in diesem Zusammenhang zu nennen. In komplexen problemlösenden Gruppengesprächen hat sich das von Gordon vorgeschlagene Sechsphasenkonzept als wirkungsvoll erwiesen:

1. Phase - Definition des Problems:
Einfühlsames Zuhören ermöglicht es, das Problem herauszufinden und zu bestimmen.

2. Phase - Sammlung möglicher Lösungen:
Eingebrachte Lösungsvorschläge werden schriftlich fixiert.

3. Phase - Wertung der Lösungsvorschläge:
Der Lehrer/Erzieher kommuniziert sein Verständnis für vorgeschlagene Lösungen, bringt seine eigenen Ansichten, Bedürfnisse und Gefühle im Sinne von Ich-Botschaften ein, vermeidet also Du-Botschaften, und wendet sich gegen unrealistische bzw. inakzeptable Vorschläge.

4. Phase - Entscheidung für die beste Lösung:

Die von *allen* Gruppenmitgliedern akzeptierte Lösung wird schriftlich fixiert und von der gesamten Gruppe unterschriftlich bestätigt.

5. Phase - Realisierung der Entscheidung:
Alle Gruppenmitglieder bemühen sich, den gefundenen Lösungsvorschlag umzusetzen.

6. Phase - Bewertung der Effektivität der Lösung:
In der Realität muß sich die geplante Problem- bzw. Konfliktlösung als wirkungsvoll erweisen. Evaluierende Gespräche führen ggf. zu neuen Lösungsversuchen (vgl. Gordon 1977).

In Gruppengesprächen muß nicht permanent der Lehrer/Erzieher die Gesprächsleitung übernehmen, er kann sie nach einer gewissen Einübungsphase durchaus an ein Kind bzw. einen Jugendlichen übergeben, um um so besser durch sein Modell die Grundprinzipien hilfreicher Gesprächsführung zu verdeutlichen.

Hilfreiche Gesprächsführung spricht dem Helfer eine gewisse Führungsrolle insofern zu, als er strukturieren und zielverfolgend gestalten können muß. Anders als in spezifisch therapeutischen Situationen wird er also nicht eine völlige non-direktive Haltung realisieren können, er muß vielmehr durch Fragen, Denkanstöße, Stellungnahmen, Akzentuierung von Kernpunkten, Zusammenfassungen und Vorschläge das Gespräch vorwärtsführen, strukturieren und zu einem Ergebnis bringen können.

Pädagogisch-therapeutische Gesprächsführung besteht zwar nicht darin, Ratschläge zu erteilen, als hilfreich - und in manchen Fällen sogar als notwendig - kann es jedoch erscheinen, daß der Berater Vorschläge macht, die aus der Lebens- und Gesprächssituation resultieren, die Anknüpfungspunkte geben und anregend wirken, die die Diskussion des Möglichen in Gang bringen, bereichern, vertiefen können (vgl. Pallasch 1990, 187). Für Kinder und Jugendliche, die noch nicht über genügend Lebenserfahrung verfügen, deren Mit- und Weiterdenken durch Konfliktsituationen und Problemlagen blockiert sein mag, können Hinweise und Vorschläge als Orientierungshilfen nahezu unentbehrlich sein. Allerdings ist immer mitzubedenken, daß Ratschläge wie Vorschläge leicht zu Schlägen werden können.

Das hilfreiche Gespräch hat idealtypisch vier Phasen:
1. Kontaktaufnahme (Schaffung eines angenehmen Gesprächsklimas)
2. Problemerfassung
3. Problemanalyse
4. Problemlösung(-en).

Für die sozialpädagogische und pädagogisch-therapeutische Praxis sind auf der Basis der Erkenntnisse von Rogers und unter Einbeziehung weiterer Ansätze Konzepte vorgelegt worden, deren Vermittlung der Kompetenz für eine hilfreiche Gesprächsführung dienlich sein kann. Sie lassen sich nach Anleitungen einüben, wie sie z.B. von Minsell 1974, Egan 1975, Weber 1975, Weinberger 1980, Hoffmann / Gerbis 1981, Jaeggi et al. 1983, Crisand 1990 und Pallasch 1990 vorgelegt wurden.

2. Spielen als pädagogisch-therapeutisches Verfahren

Das Spiel in seinen verschiedenen Formen muß in der Pädagogik bei Verhaltensstörungen einen bedeutsamen Platz haben. Es ist für den helfenden Pädagogen wie für das psychophysisch belastete Kind eine "via regia" der offenen, informellen Diagnostik wie der hilfreichen Intervention, und zwar insofern, als es in diagnostischer Hinsicht die notwendigen Hinweise zu geben und in pädagogisch-therapeutischer Hinsicht vielfältige Möglichkeiten zur Bewältigung der Schwierigkeiten und zur Reduzierung der psychophysischen Störungen zu bieten vermag.

Zur Historie

Über die Bedeutung des Spiels im menschlichen Entwicklungs- und Sozialisationsprozeß ist seit den Anfängen unserer Kultur nachgedacht worden (vgl. dazu Scheuerl 1954, 1977, Hering 1979, Flitner 1986).
Platon (427 - 347 a. Chr. n.) betonte die Bedeutung des Spiels für die Bildung, Aristoteles (384 - 322 a. Chr. n.) setzt bereits Spielzeug als Lern- und Beschäftigungsmittel ein. Aus der Römischen Antike ist bekannt, daß Quintilian (35 - 95 p. Chr. n.) unter dem Aspekt des spielenden Lernens Lesen und Schreiben vermittelte. Mit der Entwicklung einer systematischen Pädagogik in der Zeit der Aufklärung wurde auch in deutschen Landen die Bedeutung des kindlichen Spiels herausgestellt, nachdem bereits John Locke (1632 - 1704) in England, Jean-Jacques Rousseau (1712 - 1778) in der Schweiz bzw. in Frankreich entwicklungsbedeutsame Funktionen wie Einübung und Erholung herausgestellt hatten. Friedrich Schiller (1759 - 1805) leitete dann im Anschluß an Immanuel Kant (1724 - 1804) dazu über, das Spiel unter ästhetischen Gesichtspunkten zu sehen, indem er beispielsweise den vielzitierten Satz prägte: "Der Mensch spielt nur, wo er in voller Bedeutung des Wortes Mensch ist, und er ist nur da ganz Mensch, wo er spielt." Seit den Erkenntnissen Friedrich Fröbels (1782 - 1852) über die persönlichkeitsformenden Qualitäten des Spiels und seit seiner Propagierung und Bereitstellung vielfältigen und lernfördernden Spielmaterials hat das Spiel in der Theorie wie in der Praxis immer mehr an Interesse und Bedeutung gewonnen.

Wesen und Funktion des Spiels

Was Spiel eigentlich ist, läßt sich nur sehr schwer fassen und wird deshalb zumeist nur in Teilaspekten berücksichtigt. Definitionsversuche bewegen sich auf deskriptivem Niveau. Wesentliche Merkmale zeigt Hildegard Hetzer, mit Charlotte Bühler eine der ersten spielpsychologischen Forscherinnen, auf: "Das Spiel ist eine Grundform der spontanen Aktivität des Lebendigen bei der Auseinandersetzung mit der Welt. Es entspringt ausschließlich dem aktuellen Bedürfnis, tätig zu sein, ist frei von jeder außerhalb dieser Tätigkeit liegenden Zwecksetzung, wird daher um seiner selbst willen im Bewußtsein der Spielfreiheit betrieben. Fehlen jeglichen spielfremden Zweckes und freie Wahl des Betätigungsfeldes sind ebenso Voraussetzung der Spielfreiheit wie die in keiner Weise durch Berechnung des Verhältnisses von Aufwand und Effekt eingeschränkte Verfügung über den Einsatz der eigenen physischen und psychischen Kräfte, die aufzuwendende Zeit und des in das Spiel einbezogenen Stückes Welt"(Hetzer 1969, 3286).
Als Gegensatz sieht sie das "Handeln aus Sorge" im Sinne von Arbeit, Pflichterfüllung und Erfüllung der Forderung, sich anzupassen.
Aus philosophisch-pädagogischer Sicht ist Spiel nicht "Tätigkeitsform", "nicht Verhaltensweise oder Grundhaltung", sondern "eine Bewegungsform, von besonderer Ablaufgestalt, auf die man durch Tätigkeiten verschiedener Art zwar Einfluß nimmt, die aber als ganze niemals in diesen Tätigkeiten aufgeht, sondern erst geglückt ist, wenn sie sich ihnen gegenüber verselbständigt" (Scheuerl 1975, 202). Spiel ist für Scheuerl gekennzeichnet durch die Merkmale:
- Freiheit (Freiwilligkeit, Zweckfreiheit),
- innere Unendlichkeit (zeitliche Ausdehnung, Wiederholungstendenzen),

- Scheinhaftigkeit (Als-ob-Charakter, Quasi-Realität),
- Ambivalenz (Spannungsverhältnisse z.B. Freiheit: Realität, Unendlichkeit: Begrenzungen),
- Geschlossenheit und
- Gegenwärtigkeit (Scheuerl 1977, 68-115).

Ähnlich, aber in Nuancen anders und erweitert um den "Aktivierungszirkel" sieht Heckhausen das Spiel aus psychologischer Sicht. Für ihn sind als Merkmale bedeutsam:

"1. die Zweckfreiheit,
2. der 'Aktivierungszirkel', d.h. das Aufsuchen eines Wechsels von Spannung und Lösung, der in vielen Wiederholungen abrollt,
3. die *handelnde* Auseinandersetzung mit einem Stück real begegnender Welt,
4. die undifferenzierte Zielstruktur und die unmittelbare Zeitperspektive,
5. die Quasi-Realität" (Heckhausen 1978, 155 - 174).

Es wurden sehr verschiedene Theorien zur Funktion des Spiels entwickelt, die in den Anfängen spieltheoretischen Denkens zunächst monodimensional ausgerichtet waren, wie z.B. die Kraftüberschußtheorie, die Erholungstheorie, die Vorübungstheorie oder die Rekapitulationstheorie.

Nach der Kraftüberschußtheorie von Herbert Spencer (1820 - 1903) produziert der Organismus dauernd Energie, die der Erwachsene bei der Arbeit, das Kind im Spiel auf unterschiedlichste Weise abreagieren kann (Spencer 1855). Mit seiner Erholungstheorie verweist Lazarus 1883 darauf, daß das Spiel der Erholung und dem Kraftgewinn nach den Mühen der Arbeit und den Forderungen des Alltags dient. Für Karl Groos hat das Spiel die Funktion der Einübung und Selbstausbildung in Form spielenden Experimentierens. Das Kind nimmt im Spiel die Alltagswelt der Erwachsenen vorweg und bereitet sich auf sie vor (Groos 1901, 1922). Stanley Hall explizierte in seinen spieltheoretischen Überlegungen, daß das Kind im Spiel bedeutsame Aspekte der Phylogenese (der Mensch als Jäger, Sammler usw.) rekapituliert (Hall 1906).

Neuere spieltheoretische Explikationen verweisen auf die Multidimensionalität bzw. Multifunktionalität des Spiels (vgl. z.B. Scheuerl 1954, 1977, Flitner 1986) und beziehen auch insbesondere die Ergebnisse der Forschungen der verschiedenen psychologischen (tiefen-, entwicklungs-, motivationspsychologischen) wie der sozialisationstheoretischen Schulen ein (vgl. Kluge 1981).

Sigmund Freud entdeckte den Wiederholungszwang im Seelenleben, der sich in Träumen und auch als "Antrieb zum Spiel des Kindes" findet (1920, 232). Er zeigt auf, "daß die Kinder alles im Spiel wiederholen, was ihnen im Leben großen Eindruck gemacht hat, daß sie dabei die Stärke des Eindruckes abreagieren und sich sozusagen zu Herren der Situation machen" (a.a.O., 226). Im Spiel findet sich aber auch, wie er betont, "direkte lustvolle Triebbefriedigung" (Jenseits des Lustprinzips 1929, 232). Freuds Schüler/innen, wie seine Tochter Anna, wie Melanie Klein und Hans Zulliger, arbeiteten die Bedeutung des Spiels für eine gesunde Ich-Entwicklung, für Angst- und Konfliktbewältigung, für Diagnostik und Therapie heraus. Unter entwicklungspsychologischem Aspekt haben sich z.B. Karl und Charlotte Bühler, Hildegard Hetzer, Lotte Schenk-Danzinger und Jean Piaget mit dem Spiel beschäftigt. In der Entwicklungspsychologie von Piaget nimmt der Aspekt der Anpassung eine bedeutende Stellung ein. So lassen sich auch seine Erkenntnisse zum Spiel mit dem Terminus Anpassungstheorie zusammenfassen. Für Piaget realisiert das Kind im Spiel die Anpassung von Umweltgegebenheiten an seine Möglichkeiten und Bedürfnisse (Assimilation). "Das Spiel ist so fast reine Assimilation, d.h. es ist Denken, das ausgerichtet ist durch das vorherrschende Bedürfnis nach individueller Bedürfnisbefriedigung" (Piaget 1969, 117). Wie schon Schiller stellt er heraus, daß der Mensch im Spiel ganz er selbst sein, ganz seine Ich-Tendenzen ausleben kann: "Das Spiel ist eine Assimilation der Wirklichkeit an das Ich im Gegensatz zum "ernsthaften" Denken, das den Assimilationsprozeß mit einer Akkommodation an die anderen Menschen und an die Dinge äquilibriert" (a.a.O., 191).

Auf einige spieltheoretische Erwägungen soll noch verwiesen werden, die Sutton-Smith einbrachte und die dem Spiel sozialisierende und innovierende Zielgerichtetheit zuschreiben. Danach sind Spiele "Sozialisationssysteme in bezug auf Konflikt und Macht" (Sutton-Smith 1978, 107). Sutton-Smith geht in seiner Theorie davon aus, "daß die Motivation für die Beteiligung an Spielen in den Ängsten und Konflikten liegt, die im Spieler durch vorhergehende Kindererziehungspraktiken hervorgerufen werden. Der Spieler findet Gefallen an Spielen, weil sie eine symbolische Darstellung dieser Konflikte enthalten und er im Laufe des durch das Spiel ermöglichten gepufferten Lernens die Zuversicht und Fähigkeit entwickelt, mit den Situationen der Wirklichkeit, auf die die ursprünglichen Ängste gerichtet sind, fertig zu werden" (a.a.O., 120).

Spielerisches Lernen

Unter sonderpädagogischem und integrationswissenschaftlichem Aspekt, d.h. im Hinblick auf Erleichterungen und Verbesserungen im Erziehungs- und Bildungsprozeß unter erschwerten Bedingungen, sollen die verschiedenen, im Laufe der Jahrzehnte erarbeiteten Erkenntnisse zum Wesen und zur Funktion des Spiels unter Betonung von Multidimensionalität und Multifunktionalität zusammengefaßt werden. Im groben Überblick ist deshalb festzuhalten: Spiel ist Aktivität, handelndes Tun und Reflexion und somit Aneignung (vgl. Leontjew, Galparin). Spiel erbringt Veränderungen, ist Verhaltensänderung, ist Lernen in fast allen Bereichen menschlichen Lebens. Spiel macht Spaß, spricht Menschen in ihrer Ganzheit an. Detaillierter gesehen ist Spiel:
- intrinsisch-motivierend und läßt auf externe Stimuli verzichten,
- aktives Handeln, das das Lernen erleichtert und erfolgreicher macht,
- individuell angepaßte Aktivität, über die sich Spannungen abbauen lassen,
- affektiv getöntes, ernsthaftes und lustvolles Tun, das zu Generalisierungen führen kann,
- Probehandeln in einer Quasi-Realität, in der trotz intensiver Beteiligung Distanzierung und Reflexion möglich sind,
- vereinfachte, den individuellen Fähigkeiten und Fertigkeiten anpaßbare Wirklichkeit,
- eine Möglichkeit, zeitlich unüberschaubare Abläufe zu verdichten, und in ihren Zusammenhängen erkennbar zu machen,
- eine Abbildung sozialer Situationen, in denen sozialadäquates Verhalten ausprobiert und eingeübt werden kann,
- eine Möglichkeit, mit Regeln umzugehen, sie als situationsbezogen und situationsabhängig zu erkennen und so Flexibilität, Kreativität, Toleranz und Konfliktlösungsmuster zu lernen,
- eine Möglichkeit, das persönliche Ich im Sinne von Selbstbestimmung und Selbstbehauptung, aber auch das soziale Ich im Sinne von Rücksichtnahme, Hilfsbereitschaft, Verantwortung zu entfalten und zu stärken (vgl. Preiser 1980, 366 ff.).

Spiel hat deshalb in allen Erziehungs- und Bildungseinrichtungen einen bedeutsamen Stellenwert, muß aber bei Kindern und Jugendlichen mit Lern- und Verhaltensstörungen höchste Priorität haben.

Spiel-Klassifikation

Unter entwicklungspsychologischem Aspekt läßt sich das kindliche Spiel in drei große Phasen aufteilen, denen, entwicklungsbedingt, spezifische Spiele zuzuordnen sind.

Nach den ersten beiden Monaten ungesteuerten, unkoordinierten Herumzappelns beginnt der Säugling etwa vom dritten Monat an in der ersten Phase der Spielentwicklung mit den Bewegungs- oder Funktionsspielen. Er verfolgt die spontanen Bewegungen seiner Gliedmaßen und versucht sie zu steuern, greift nach verschiedenen Dingen, die er - um mit Piaget zu sprechen - assimiliert, d.h. seinen Möglichkeiten anpaßt und umfunktioniert. Er befühlt, betastet, begreift Gegenstände und freut sich, wenn sie - die Rassel oder Klapper - optisch und akustisch reizvoll sind. Mit dem beginnenden zweiten Lebensjahr werden diese explorativen Spiele ausgeweitet. Das Kind fängt an zu laufen, die Funktionsspiele werden im Hinblick auf Körperbeherrschung differenzierter, Materialien werden im wahrsten Sinne des Wortes ausprobiert.

Etwa mit der Mitte des zweiten Lebensjahres beginnt die zweite Phase der Spielentwicklung. Gegenstände gewinnen Symbolgestalt: Ein Klotz kann ein Auto, mehrere Klötze können eine Eisenbahn sein. Gegenstände werden anthropomorphisiert: Eine Puppe ist die Mutter, eine andere das Kind. Derartige Symbolspiele entwickeln sich weiter zu Erkundungs- und Konstruktionsspielen sowie zu Rezeptions- und Rollenspielen. Das Kind erkundet spielend seine Umwelt, übt mit Bauklötzen und Bausteinen sowie mit entsprechend großen Konstruktionselementen und -werkzeugen planvolles Vorgehen, konstruktives Agieren, versenkt sich spielerisch in bildhafte Darstellungen und in Erzählungen (Märchen), schlüpft in andere Rollen, versucht sie nachzuahmen und nachzuempfinden. Rollen- oder Fiktionsspiele haben für Kinder nach Charlotte Bühler insbesondere zwischen zweieinhalb und fünf Jahren einen besonderen Stellenwert.

Alle diese Spiele haben bis zum Schulalter eine immense Bedeutung für eine gesunde Entwicklung und dürfen nicht durch das Fernsehen reduziert oder gar verdrängt werden, das Phantasie, Kreativität, symbolische Bewältigung der Realität einschränken und Aufnahme- wie Verarbeitungsstörungen induzieren kann. Das gilt natürlich auch für Rollenspiele, mit denen das Kind nicht nur verschiedene soziale Rollen ausprobiert und sich in andere Personen hineinzufühlen übt, sondern auch und insbesondere Ängste, Erregungen, Spannungen zu ertragen und abzureagieren imstande ist.

Die dritte Phase der Spielentwicklung beginnt mit dem siebenten bis achten Lebensjahr. Zu den Bewegungs- und Konstruktionsspielen, die ja nicht abgelöst, vielmehr differenziert, komplexer, realitätsbezogener werden, kommen nun die Regelspiele. Auf dem Hintergrund von Abmachungen lernt das Kind prosoziales Verhalten, sich in eine Gruppe mit ihren Normen und Werten einzuordnen, gemeinsam mit anderen ein Ziel anzustreben und zu erreichen, sich in Teamspielen mit anderen zu messen. Es lernt, Mißerfolge zu ertragen, aber auch auf Erfolge und Gewinnen angemessen zu reagieren (vgl. dazu Bühler 1962, Hetzer 1972, Schenk-Danzinger 1984).

Zur beeinträchtigten Spielfähigkeit von Kindern und Jugendlichen mit Lern- und Verhaltensstörungen

Wenn Spiel auch als anthropologische Kategorie gesehen werden kann ("Homo ludens", Huizinga 1938/1956), so ist doch Spielfähigkeit nicht eine allezeit und allerseits gegebene, unabhängige Konstante. So wie Spielen und Spielfähigkeit durch eine anregungsreiche, motivierende und verstärkende Umwelt förderbar ist, sind auch Einschränkungen, Be- und Verhinderungen durch intra- und extraindividuelle Faktoren möglich. Das gilt für Anlagebedingungen wie - vor allem - für ökonomische, politische und pädagogische Bedingungen. So kann bei Kindern mit Lern- und/oder Verhaltensstörungen nicht davon ausgegangen werden, daß sie auf Spielangebote adäquat einzugehen vermögen, daß sie mit Spielmaterialien oder auch untereinander adäquat spielen können. Hemmungen oder auch passives Verhalten im Spiel können mit organischen und psychischen Störungen und Erkrankungen zusammenhängen. Spielgehemmte Kinder verhalten sich abwartend, beobachtend, sind insbesondere im Gruppenspiel zurückhaltend, können aber im Einzelspiel durchaus aktiv und kreativ sein. Die Spielhemmungen hängen häufig mit pathogenen Strukturen im Elternhaus zusammen, mit übermäßig kontrollierendem, oder auch überprotektivem Erziehungsverhalten.

Schwere Spielstörungen und -hemmungen können "die Folge einer versteckten Depression sein" (Wurst 1984, 227), sind überhaupt häufig mit psychotischen Tendenzen oder auch schweren psychotischen Syndromen, wie zum Beispiel dem frühkindlichen Autismus, in Verbindung zu bringen. Als Spielstörung ist auch übermäßig aggressives Verhalten im Spiel zu verstehen, daß häufig bei Kindern mit hirnorganischen Schädigungen oder Funktionsstörungen zu finden ist und diesen Kindern auf dem Hintergrund ihres Erethismus (übermäßige Erregbarkeit) nur dranghafte Destruktivität zuläßt (vgl. a.a.O., 229). Spielstörungen zeigen sich auch als Retardierungen (nicht altersgemäßes Spielen), Perseverationen (stereotypes Verhalten, "Kleben" an einer Sache), mangelndes produktives, kreatives Verhalten sowie als hyperkinetisches Spielverhalten (sprunghaftes, unruhiges, affektiv-ungesteuertes, ideenflüchtiges Spielen, vgl. dazu a.a.O., 225-238). Zusammenhänge zwischen Krankheitsbildern und Spielstörungen bzw. -hemmungen hat ausführlich Ginott dargestellt (vgl. Ginott 1971, 52 ff.).

Probleme beim Spielen haben Kinder jedoch zumeist auf dem Hintergrund milieureaktiver Störungen. So berichtet Murphy, daß soziokulturell deprivierte, verwahrloste Kinder "im allgemeinen nicht von selbst auf die Idee (kommen), eine Garage oder eine Feuerwehrstation zu bauen; noch viel weniger versuchen sie Spielzeug und andere Kinder in ein vielfältiges Spielmuster einzubeziehen. Auf einem einfacheren Niveau spielen sie essen oder sich-jagen oder andere Ereignisse, aber sie entwickeln keine Spielfolgen, die erfordern, daß man einen Plan macht und ihn dann ausführt" (Murphy 1974, 197). Ähnliches berichtet Hebenstreit über das Spielverhalten soziokulturell benachteiligter Kinder. Aus dem Materialangebot eines Kindergartens nehmen sie sich "ein unbekanntes Spiel, schütten es aus und stehen hilflos davor. Da sie mit dem Spiel nichts anfangen können, holen sie sich das nächste und der gleiche Prozeß beginnt von vorne. Nach einer halben Stunde sieht der Raum chaotisch aus" (Hebenstreit 1979, 109).

Zusammenfassend ist für Kinder mit Lern- und Verhaltensstörungen festzustellen:
- daß ihr Spiel häufig ideenlos und ideenflüchtig ist,
- daß sie im Spiel nicht planend agieren können,
- daß Funktionsspiele überwiegen,
- daß ihr Spiel undifferenziert und wenig kreativ ist,
- daß sie mit Spielzeug nicht angemessen umgehen können,
- daß Spielzeug für sie nicht den erwarteten Aufforderungscharakter hat,
- daß sie sich an und mit dem Spielzeug häufig destruktiv ausagieren,
- daß sich Ritualisierungen und Stereotypien in ihrem Spiel finden,

- daß sie nicht oder nicht adäquat durchlebte Spielphasen scheinen nachholen zu müssen (vgl. Hetzer 1956,1972, Millar 1973, Sander 1984).

Spielzeug

Spielzeug ist in verschiedenster Form schon aus vorgeschichtlicher Zeit bekannt. So wurden zum Beispiel verschiedene Tiere aus Ton und Rasseln aus Bronze oder auch aus Ton gefunden. Aus der Antike sind Puppen aus verschiedenen Materialien, Spielpferde auf Rädern, Wagen, Reifen, Bälle, ja sogar Puppenstuben und Puppenmöbel überliefert. Seit dem ausgehenden Mittelalter gibt es eine Spielfabrikation und einen ausgedehnten Spielzeughandel mit Zentren in Nürnberg, Frankfurt/Main und Ulm. Vom 18. Jahrhundert an waren Zinnfiguren - d.h. insbesondere Soldaten, aber auch Tiere - beliebt, die in feiner Ausarbeitung gegossen und bemalt wurden. Mit der Technisierung und Industrialisierung im 19. Jahrhundert ist das mechanische Spielzeug in Massenfabrikation und für Kinderhand aufgekommen, das seine vorläufigen Entwicklungshöhepunkte in ferngesteuerten Spielzeugautos und -flugzeugen erreicht hat. Die seit alters her bekannten Brett- und Würfelspiele haben ihre moderne Gestalt in den vielfältigen Computer-Spielen.
Spielzeug soll altersgerecht und entwicklungsgemäß sowie funktionsgerecht zum Bewegen, zum Gestalten und zum Liebhaben ausgewählt werden. Für Kinder bis zum Schulalter muß das Spielzeug der Phantasie Freiraum gewähren, vielfältige alternative Möglichkeiten bieten, lebensweltbezogen und verständlich sein, vom Material her angenehm und griffig, von der Farbe her reizvoll sein, einfach in der Form und gut haltbar, von der Mechanik her einsichtig und in der Konstruktion verständlich sein, ein vernünftiges Preis-Leistungsverhältnis haben und im Hinblick auf Größe und Menge altersgerecht sein. So kann das Kind z.B. eine große Menge Bauklötze oder Lego-Steine haben, sollte sich aber auf nur wenige Schmusetiere fixieren können. Als besonders entwicklungsfördernd und somit nahezu unentbehrlich sind verschiedene Bauklötze, kleinere und größere Fahrzeuge, Puppen, Schmusetiere, Sandspielzeug, Malmaterialien, Werkzeuge und Handarbeitsmaterialien, Bälle, Dreirad und Fahrrad, die verschiedensten Gesellschaftsspiele - auch solche mit didaktischen Intentionen - anzusehen. Dabei sollte Spielzeug nicht geschlechtsspezifisch ausgewählt werden. Seit längerem ist bekannt, daß Mädchen "eine größere Zuneigung zu Jungenspielen (aufweisen) als ehedem, was als Indikator für ihre höhere Leistungsmotivation verstanden werden kann", daß Jungen allerdings Mädchenspiele nicht in gleicher Weise bevorzugen. "Man könnte dies als Abwehrerscheinung interpretieren; denn mit dem Abbau von Unterschieden zwischen Männern und Frauen mag es für einen Jungen schwerer werden, sich seiner wesensbestimmenden Männlichkeit gewiß zu sein" (Sutton-Smith 1978, 117). Unter dem Aspekt gleichberechtigten Zusammenlebens scheint es heutzutage sinnvoll zu sein, derartigen Abwehrerscheinungen entgegenzuwirken.

Spiel als pädagogisch-therapeutisches Verfahren bei Kindern mit Verhaltensstörungen

Es ist eine alte Erfahrung, daß Kinder, wenn sie allein oder mit anderen spielen, in verbaler und nonverbaler Kommunikation viele Hinweise geben, die diagnostisch bedeutsam sind. So verdeutlichen sie altersgemäßes Spielen, Phantasie und Kreativität, aber auch Spielstörungen, Spielhemmungen, neurotische Tendenzen, Konfliktlagen, erfahrenes Leid, sehnliche Wünsche, Sympathien und Antipathien. Unter diagnostischen Aspekten ausgewählte und arrangierte Spielsachen und der Umgang mit ihnen können, wie auch Beobachtungen bei Interaktions- oder Gesellschaftsspielen usw., sowohl entwicklungspsychologisch als auch begabungs- und persönlichkeits- bzw. konfliktpsychologisch relevante Daten vermitteln.

In den standardisierten Spielzeugsammlungen, die seit den dreißiger Jahren konzipiert worden sind, manifestiert sich ein Ideal diagnostischer und therapeutischer Interventionen insofern, als sich im Handeln und Tun und den begleitenden bzw. reflektierenden Gesprächen Diagnose und Therapie miteinander verbinden. Zu diesem Verfahren gehören die bereits Ende der zwanziger Jahre von Margaret Lowenfeld entwickelte und herausgegebene Welt-Technik und der Sceno-Test von Gerdhild von Staabs (vgl. Kap. 5.5).

Spieltherapien als Verfahren der Kinderpsychotherapie sind bestimmten psychologischen Konzepten verpflichtet. Wohl am meisten verbreitet sind die psychoanalytische Spieltherapie und die nicht-direktive Spieltherapie bzw. - in einer Weiterentwicklung - die klienten-zentrierte Spieltherapie.

Die psychoanalytische Spieltherapie wurde als Pendant zur Methode der freien Assoziation bei Erwachsenen von Melanie Klein entwickelt, für die das Kind im Spiel in gleicher Weise unbewußte, der Deutung und der Bewußtmachung bedürftige Tendenzen verdeutlicht wie der Erwachsene auf der Couch. Daß psychoanalytisch orientierte Spieltherapie auch ohne Tiefenhermeneutik auskommen kann, zeigt Hans Zulliger in seinem Buch mit dem für sich sprechenden Titel "Heilende Kräfte im kindlichen Spiel" auf. Es geht also nicht um Deutungen, sondern darum, dem Kind Spielangebote zu machen, damit sich die heilenden Kräfte entfalten können. Im Sinne dieses Verständnisses kann auch der psychoanalytisch geschulte Sonderpädagoge spieltherapeutisch fördern, Übertragungen ermöglichen, Konflikte bearbeiten lassen, das Ich stärken.

Die nicht-direktive Spieltherapie entwickelte Axline auf der Grundlage des humanistisch-psychologischen Ansatzes von Carl Rogers. Im Spiel soll das Kind "angesammelte Gefühle von Spannungen, Frustration, Unsicherheit, Angst, Aggression und Verwirrung 'ausspielen' " (Axline 1972, 20), um selbst zu erfahren und zu erkennen, daß es sie bewältigen und für ein reiferes Leben überwinden kann. Dafür braucht das Kind eine spezifische Umgebung, die nach acht Grundprinzipien zu gestalten ist:

Der Therapeut

- ..."muß eine warme, freundliche Beziehung zum Kind aufnehmen, die sobald wie möglich zu einem guten Kontakt führt."
- ..."nimmt das Kind ganz so an, wie es ist."
- ..."gründet seine Beziehung zum Kind auf eine Atmosphäre des Gewährenlassens, so daß das Kind all seine Gefühle frei und ungehemmt ausdrücken kann."
- ..."ist wachsam, um die Gefühle, die das Kind ausdrücken möchte, zu erkennen, und reflektiert sie auf eine Weise auf das Kind zurück, daß es Einsicht in sein eigenes Verhalten gewinnt."
- ..."achtet die Fähigkeit des Kindes, mit seinen Schwierigkeiten selbst fertig zu werden, wenn man ihm die Gelegenheit dazu gibt, eine Wahl im Hinblick auf sein Verhalten zu treffen. Der Entschluß zu einer Wandlung und das In-gang-setzen einer Veränderung sind Angelegenheit des Kindes."
- ..."versucht nicht, die Handlungen oder Gespräche des Kindes zu beeinflussen. Das Kind weist den Weg, der Therapeut folgt ihm."
- ..."versucht nicht, den Gang der Therapie zu beschleunigen. Es ist ein Weg, der Schritt für Schritt gegangen werden muß, und der Therapeut weiß das."
- ..."setzt nur dort Grenzen, wo diese notwendig sind, um die Therapie in der Welt der Wirklichkeit zu verankern und dem Kind seine Mitverantwortung an der Beziehung zwischen sich und dem Kind klarzumachen" (a.a.O., 73).

Jahrzehntelange Erfahrungen mit der non-direktiven Spieltherapie führten zur Weiterentwicklung im Sinne eines synthetischen bzw. integrativen Ansatzes, in den tiefenpsychologische, denk- und intelligenzpsychologische sowie lerntheoretische Einsichten eingingen. Leitlinien wurden die Therapeutenvariablen nach Rogers.

Nicht-direktive Spieltherapie ist gekennzeichnet durch vom Therapeuten zu schaffende hilfreiche Bedingungen, die ihn selbst und die Verlaufsgestalt jeder spieltherapeutischen Sitzung wie des gesamten spieltherapeutischen Prozesses betreffen. Ausgehend von Rogers´ Überzeugung, "daß das Individuum in sich selbst ein ungeheures Potential zur Selbsterkenntnis und zur Veränderung seines Selbstkonzeptes, seiner Einstellungen und seiner selbstbestimmten Verhaltensfrage - und daß dieses Potential freigesetzt werden könne, wenn es nur gelingt, ein definierbares Klima förderlicher Einstellung zu schaffen" (Rogers 1978, 18), nennt Goetze folgende hilfreichen Bedingungen:
- "Einfühlendes Verstehen
- Echtheit, Offenheit, Fassadenlosigkeit
- emotionale Wärme
- zum Ausdruck gebrachte Wertschätzung und Akzeptierung
- ein auf das Kind/den Jugendlichen abgestimmtes Spiel- und/oder Gesprächsangebot
- auf das Kind, den Jugendlichen zugeschnittene weitere konstruktive Hilfen (Lernhilfen, Hilfen zur Verhaltensstabilisierung etc." (Goetze 1980, 198).

Ein derartiges personen- bzw. kindzentriertes spieltherapeutisches Förderkonzept ist auch im schulischen Bereich durch entsprechend vorbereitete und eingeübte Pädagogen zu realisieren. Allerdings müssen diese Spieleinheiten innerhalb des Bezugsrahmens eines übergreifenden Konzepts, wie es z.B. das pädagogisch-therapeutische Konzept bei Kindern und Jugendlichen mit Verhaltensstörungen darstellt, eingebettet sein (vgl. Goetze 1980, 198-199).

Dem als Lehrer- bzw. Erzieher-Facilitator im Sinne spieltherapeutischer Förderung tätigen Pädagogen bieten sich neben dem personenzentrierten Ansatz weitere Konzepte an, wie z.B. die sog. Mehrfaktorentherapie (Schulze 1968) und die sog. heilpädagogische Spieltherapie (Just 1973).

Schulze bietet eine Spielserie an, die mit freiem Spiel beginnt und mit Regelspielen endet, zunächst durch ein Therapeutenverhalten im Sinne der Basismerkmale von Rogers gekennzeichnet ist, dann aber mehr eine "Richtung auf Führung und Erziehung" einnimmt, d.h. "eine liebevoll-konsequente und immer fester werdende heilpädagogische Führung" wird (Schulze 1968, 485). In der Endphase stehen Rollenspiele im Vordergrund, über die kooperatives Verhalten eingeübt wird.

Just nennt ihr spieltherapeutisches Förderkonzept "heilpädagogische Spieltherapie" (Just, 1973). Das Verhalten des Lehrer-/Erzieher-/Facilitators ist durch ein "zurückhaltendes indirektes Lenken" gekennzeichnet, das, in Abhängigkeit von situativen Bedingungen, "einmal sehr passiv, nicht-direktiv, zum anderen mehr aktiv-direktiv" sein kann (a.a.O., 113).Die Spielmittel sollten so ausgewählt werden, daß sie
"1. Kontaktaufnahme mit dem Kind erleichtern,
2. Katharsis hervorrufen,
3. Einsichtsfähigkeit fördern,
4. Sublimierungen ermöglichen,
5. Chancen zur Erprobung der Realität geben" (a.a.O., 113).
Wie Erfahrungen zeigen, werden in Kinderspieltherapien vier Phasen durchlaufen.
In der ersten Phase werden Kontakte hergestellt, Hemmungen und Ängste aufgelöst. Dem Kind wird eine entspannte Atmosphäre geboten, es kann sich auch mit Grenzüber-

schreitungen ausagieren, ohne Schuldgefühle haben oder Ablehnung befürchten zu müssen.

In der zweiten Phase wird ein Vertrauensverhältnis aufgebaut, Aggressionen und Aktivitäten können über Bewegungsspiele ausagiert werden.

Die dritte Phase dient der "Bindung und Identifikation", Rollenspiele bekommen einen bedeutenden Stellenwert, Grenzen können vorsichtig gesetzt werden, Konflikte systematisch bearbeitet werden.

Die vierte Phase ist die Endphase, in der es zur Ablösung kommt, Konstruktions- und Regelspiele sind realisierbar, Selbständigkeit entwickelt sich, der Lebensplan wird deutlich (Wendt et al. 1981, 12-13).

Am Rogers-Konzept orientierte Facilitatoren geben für den spieltherapeutischen Ablauf in seiner Gesamtheit folgende vier Phasen an:
- Die non-personale Phase, in der sich die Beteiligten noch fremd sind, in der Wärme, Nähe, Offenheit noch fehlen;
- Die non-direktive Phase, in der nach den Prinzipien Axlines vorgegangen wird, in der aber noch eine gewisse Distanz gegeben ist, insbesondere von seiten des Facilitators;
- Die klientenzentrierte Phase, die durch ein gutes Beziehungsverhältnis gekennzeichnet ist, in der nicht nur Gefühle reflektiert, in der auch Erlebnisvorgänge intensiviert werden und der Facilitator mitspielt;
- Die personenzentrierte Phase, in der der Facilitator zum Partner des Kindes wird, in der die Beziehung bereits belastungsfähig ist, in der sich Erwachsener und Kind mit ihren Bedürfnissen, Vorstellungen und Gefühlen in gleichberechtigter Weise begegnen können, in der auch andere Verfahren wie kunst- und musiktherapeutische Techniken, Entspannungstechniken, gemeinsames Kochen usw. ihren Platz haben (vgl. Goetze 1980).

Ähnliche Phasenangaben macht auch Just für die "heilpädagogische Spieltherapie" (Just 1973, 114).

Spieltherapeutische Förderung, insbesondere im Sinne des kindzentrierten Konzeptes, läßt im Hinblick auf Kinder/Jugendliche mit Lern- und Verhaltensstörungen bedeutsame Effekte erwarten, wie durch verschiedene Untersuchungen aufgezeigt werden konnte. So konnten angepaßteres Sozialverhalten, Reduzierung auffälligen, symptomatischen Verhaltens, Verbesserungen der Flexibilität im Denken und der psychischen Stabilität, verminderte Ängste und Trauertendenzen und vermehrte emotionale Dominanz und Freude sowie gesteigerte Selbständigkeit und Unabhängigkeit festgestellt werden (vgl. zusammenfassend Goetze 1980, 202-203).

Eine spezielle Form des Spiels, die in der Pädagogik bei Verhaltensstörungen große Bedeutung hat bzw. haben sollte, ist das Rollenspiel, das deshalb nachfolgend in einer gesonderten Darstellung noch etwas eingehender behandelt werden soll.

Das Rollenspiel als Methode der Verhaltensänderung

Die Schwierigkeiten, die Kinder und Jugendliche mit sich und der Umwelt haben, resultieren häufig aus Lerndefiziten und/oder aus Lernprozessen, die sozial inadäquate Gewohnheiten und Verhaltensweisen etablierten. Das Rollenspiel bietet sowohl bei diesen Heranwachsenden als auch für die jungen Menschen gute Hilfen, die unter traumatischen Erlebnissen leiden oder in für sie nicht zu bewältigenden Konflikten leben. Das Rollenspiel kann also sowohl als Methode des sozialen Lernens zur Erweiterung oder Verbesserung des Verhaltensrepertoirs als auch zur Konfliktdarstellung und -bewältigung dienen.

Die Kinder und Jugendlichen werden an das Rollenspiel herangeführt durch einfache pantomimische Darstellungen, die sich in der Gruppe gut als Ratespiele organisieren lassen: Berufe, Sprichwörter oder Redewendungen werden pantomimisch dargestellt und müssen von den Gruppenmitgliedern geraten werden. Auch Spiele, wie das synchrone spiegelbildliche Agieren von zwei Teilnehmern oder das Nachstellen einer, von einer Person vorgegebenen, Haltung bei verbundenen Augen mit einer zweiten Person (blinder Bildhauer) sind in dieser Hinsicht typisch und werden mit großer Freude durchgeführt.

Auch das Puppenspiel, das auch einen großen Wert für sich genommen hat, kann eine gute Vorbereitung für das Rollenspiel sein, da die Kinder lernen, versteckt hinter einer Puppe, frei zu sprechen, frei zu agieren, spontanen Tendenzen Ausdruck zu geben.

Rollenspiel läßt sich hinsichtlich der Intentionen und des Ablaufs in vier unterschiedliche Verfahrensweisen unterteilen, von denen jedoch nur die ersten drei für den Pädagogen relevant sind.

1. Das didaktische Rollenspiel
2. Das soziale Rollenspiel
3. Das pädagogisch-therapeutische Rollenspiel
4. Das klinisch-therapeutische Rollenspiel

1. Das didaktische Rollenspiel
Gerade bei Kindern mit Verhaltensschwierigkeiten, die jede nur mögliche Lernunterstützung brauchen, hat das didaktische Rollenspiel einen wesentlichen Platz. Im Mathematikunterricht lassen sich Zahlenoperationen, im Geschichtsunterricht historische Ereignisse durchspielen oder im Fremdsprachenunterricht Redewendungen einüben usw. In nahezu allen Unterrichtsfächern kann das Rollenspiel eine motivierende, veranschaulichende, lerneffektsteigernde Funktion haben.

2. Das soziale Rollenspiel
Das soziale Rollenspiel ist "eine Art von Einübung in die Wirklichkeit" (Shaftel / Shaftel 1977, 52). Unterschiedliche soziale Situationen können durchgespielt, sozialadäquate Verhaltensweisen eingeübt werden. Probehandeln ohne Situationsdruck und ohne Sanktionsbefürchtungen ermöglicht das Ausprobieren unterschiedlicher Verhaltensweisen, kann zu einer Erweiterung des Verhaltensrepertoirs führen. "Rollenspiel als Simulationsverfahren ist in einem bestimmten curricularen Zusammenhang den verbalen und audiovisuellen Belehrungen und den Realbegegnungen überlegen (Kochan 1981, 28).

3. Das pädagogisch-therapeutische Rollenspiel
Im pädagogisch-therapeutischen Rollenspiel geht es darum, aktuelle und zukünftig mögliche Problemlagen und Konflikte sowie belastende Erlebnisse, Ängste, Aufgabenstellungen darzustellen und zu bewältigen. Über fiktive und reale Ereignisse werden sukzessive Emotionen stimuliert, und ihre Beherrschung wird eingeübt. Mit der Meisterung von Situationen und Gefühlen können gruppendynamische Strukturen verbessert, Minderwertigkeitsgefühle reduziert und Selbstwertgefühle verbessert werden (vgl. Kluge 1982, Wendlandt 1977).

Besondere Bedeutung im pädagogisch-therapeutischen Rollenspiel haben die Mitwirkung des Pädagogen und der Rollenwechsel.

Alle Formen des pädagogisch relevanten Rollenspiels sollten in drei Phasen ablaufen: An eine Warming-up-Phase mit der Themenfixierung und der Rollenverteilung schließt sich die Aktionsphase, die Spielhandlung an, auf die unverzichtbar eine Reflexionsphase mit der Diskussion des Spielverlaufs und der Herausstellung der Ergebnisse folgt. In der Reflexionsphase werden jedoch Aktionen nicht bewertet, sondern im Hinblick auf Aussagen, emotionale Aspekte, Schlußfolgerungen usw. besprochen.

Rollenspiel hat für den aufmerksamen Pädagogen auch immer eine diagnostische Funktion. Spontan und unbewußt, manchmal auch gezielt und bewußt geben die Kinder und Jugendlichen Hinweise auf ihr Selbstkonzept, auf ihre Ängste, Wünsche, Bedürfnisse, auf belastende Erlebnisse oder Konflikte.

4. Das klinisch-therapeutische Rollenspiel

Das klinisch-therapeutische Rollenspiel sollte dem klinischen Psychologen und dem psychotherapeutisch tätigen Arzt vorbehalten sein. Geht es doch darum, schwere neurotische oder psychotische Störungen z.B. über tiefenhermeneutische oder verhaltenstherapeutische Konzepte anzugehen. Die bekannteste Form des therapeutischen Rollenspiels ist das Psycho-Drama nach Moreno, für dessen Anleitung eine psychoanalytische Ausbildung als notwendig erscheint (vgl. Moreno 1954).

3. Pädagogische Kunsttherapie

Kunsttherapie allgemein gehört zu den uralten hilfreichen Verfahren bei seelischen Schwierigkeiten und Krankheiten.

Schon in altägyptischer Zeit und in der griechisch-römischen Antike wurden Verfahren aus dem Bereich darstellender Kunst von Priestern und Ärzten eingesetzt, um psychisches Leid zu lindern (vgl. Schmidbauer 1975). Kunsttherapie in ihrer speziellen Ausprägung als pädagogisch-therapeutisches Verfahren hat ihre Vorläufer gegen Ende des 19. Jahrhunderts in dem Kreis um den Italiener C. Ricci, der die Bedeutung der freien Kinderzeichnung herausstellte, und in der deutschen Kunsterziehungsbewegung (vgl. Myschker 1984). Während sich eine psychologische Kunsttherapie für Kinder und Jugendliche vor allem auf der Basis der Erkenntnisse von S. Freud und C. G. Jung für die spezifischen Belange insbesondere der tiefenpsychologischen Kinderpsychotherapie entwickelte, formte sich eine Pädagogische Kunsttherapie auf der Basis vor allem heilpädagogischer und hilfsschulpädagogischer Erfahrungen und Erkenntnisse für die speziellen Bedürfnisse und Erfordernisse lern- und verhaltensgestörter Kinder und Jugendlicher in Sondereinrichtungen der Schule und der Jugendpflege (vgl. z.B. Myschker 1973 und 1989, Richter 1977 und 1984).

Pädagogische Kunsttherapie versteht sich dezidiert als ganzheitliches Konzept für präventive wie rehabilitative Maßnahmen. Ganzheitlich ist das Konzept insofern, als es einerseits kognitive und emotionale, psychomotorische und soziale Bedürfnisse der Kinder und Jugendlichen und Intentionen der Helfer berücksichtigt und andererseits die sektoralen Erkenntnisse verschiedener humanwissenschaftlicher Disziplinen wie psychiatrischer, verhaltensmedizinischer, neurophysiologischer und neuropsychologischer, tiefen-, lern- und humanistisch-psychologischer wie auch allgemein- und sonderpädagogischer Schulen zu einer auf das Individuum in seiner Ganzheit ausgerichteten Betrachtungs- und Interventionsform zusammenzuführen sucht.

Wie Empirie belegt, hat pädagogische Kunsttherapie hilfreiche Funktion sowohl in der primären wie auch in der sekundären und tertiären Prävention und führt auch in der Rehabilitation bei psychosozialen Problemstellungen zu guten Erfolgen (vgl. z.B. Myschker 1973, zusammenfassend: Aissen-Crewett 1986).

Das methodische Konzept

Zielsetzungen

Über allgemeine pädagogische Zielsetzungen hinaus geht es in der Pädagogischen Kunsttherapie darum, von Streß- und Belastungsgefühlen zu entlasten, übermäßige Angst und Erregbarkeit zu reduzieren, Leistungsblockierungen und Schulunlust abzubauen. Die soziale Situation im Hinblick auf das Schüler-Schüler-Verhältnis wie auch auf das Schüler-Lehrer-Verhältnis soll positiver gestaltet werden. Das Selbstwertgefühl, die psychophysische Belastbarkeit, die Lern- / Leistungsmotivation, die Kooperationsfähigkeit und die Interaktionsfähigkeit - mit den zugeordneten Fähigkeiten der Empathie, der Antizipation, der Rollendistanz, der Ambiguitätstoleranz und der Metakommunikation - sollen wie die Steuerungs- und Kontrollfähigkeit verbessert werden. Diese Zielsetzungen müssen in einer Zeit, da sich Lern- und Verhaltensstörungen mehren, von allen pädagogischen Einrichtungen verfolgt werden. Erzieher und Lehrer brauchen demnach Methoden, um den sich stellenden Aufgaben gerecht zu werden. Zu diesen Methoden gehört insbesondere die Pädagogische Kunsttherapie, in der, als einer ganzheitlichen Interventionsform, erkennende, kontaktbringende, Freude machende, verschiedene Fähigkeiten fördernde Verfahren aufeinander bezogen sind und einander ergänzen (siehe folgende Übersicht!).

Methodisches Konzept	Wirkkomplexe
Kunsttherapeutisch-diagnostische Verfahren	Dialogisches Verhältnis/Therapeutisches Milieu
Kunsttherapeutische Spiele	Entlastung
Interaktionsspiele	Entspannung
Kunsttherapeutische Techniken	Ermutigung/positive Verstärkung
Wahrnehmungsförderung	Nonverbale Kommunikation
Musikrezeption	Probehandeln
	Motorisches Agieren
	Magische Bewältigung
	Wiederholungszwang
	Katharsis
	Hemisphären-Integration
	Selbstheilungstendenz

(Mittig: Pädagogische Kunsttherapie als Pädagogisch-therapeutische Methode)

Kunsttherapeutisch-diagnostische Verfahren

Verfahren aus der Kunst können auch zu diagnostischen Zwecken verwandt werden, sei es, daß bildhafte Darstellungen wie im Rorschach-Test oder im Thematischen-Apperzeptions-Test (TAT) zu Assoziationen, d.h. zur Stimulation und Verbalisation vor- und unbewußter Inhalte genutzt werden, sei es, daß vom Klienten zeichnerische, malerische, plastizierende oder auch szenisch darstellende Objektivationen verlangt werden, die zu Deutungen oder zu interpretierenden bzw. erklärenden Gesprächen mit großem, diagnostisch wertvollem Ausdrucksreichtum Anlaß geben können. Zur letzteren Kategorie gehören Verfahren wie der weltweit verbreitete Draw-A-Man-Test, der Baum-Test, der Wartegg-Zeichen-Test oder auch der Familie-in-Tieren-Test. In der Hand des Lehrers / Erziehers sind diese Verfahren eine gute Möglichkeit, um Kontakt herzustellen, ins Gespräch und in eine engere Beziehung zu kommen. Die Kinder und Jugendlichen werden angeregt, über ihre Darstellungen zu sprechen, Einzelheiten zu erklären, Zusammenhänge aufzuzeigen. Häufig werden ihnen dabei die hinter den Darstellungen stehenden vor- oder unbewußten Inhalte, die verborgenen Traumata und Konflikte, die Ängste und Aggressionen deutlich, ohne daß von seiten des Helfers Tiefenhermeneutik betrieben werden muß, deren Wert selbst bei Anwendung durch speziell ausgebildete Tiefenpsychologen fragwürdig ist. Auch szenische Darstellungen mit Mensch- und Tierfiguren, mit modellhaften Darstellungen aus der Natur, der heimischen Umwelt oder anderen relevanten Umwelten bieten gute Möglichkeiten für von Kindern und Jugendlichen als angenehm, freudvoll, interessant erlebte Erstkontakte und bieten dem Pädagogen vielfältige Hinweise auf die Lebenswelt und insbesondere die pathogenen Bedingungen, die für die psychosozialen Schwierigkeiten und Störungen ätiologisch bedeutsam sind.

Kunsttherapeutische Spiele

Kunsttherapeutische Spiele sind kleine, mit wenig Material- und Zeitaufwand zu realisierende Tätigkeiten mit Mitteln der Kunst, die immer wieder einmal zur Auflockerung, zur Entspannung, zur angenehmen Kommunikation in der Gruppe eingesetzt werden können. Da ist z.B. die Aufgabe, auf einem etwas festeren Blatt Papier vor dem Gesicht und mit zwei Kordelenden festgebunden in Verfolgung der Linien der Augenbrauen, der Nase, des Mundes, der Wangen, der Kinnpartie ein "blindes Selbstbild" zu malen, dessen Urheber in der Gruppe erraten wird. Da wird auf einem ziehharmonikaartig gefalteten Papierstreifen von dem einen Teilnehmer etwas gezeichnet, was von einem anderen beschrieben wird, die Beschreibung wiederum dient als Vorlage für eine weitere Zeichnung usw. Oder da ist das Monogramm, das jeder Teilnehmer auf ein DIN A4-Blatt zeichnet, das in der Gruppe herumgeht und das mit zeichnerischen Anmerkungen zu dem Betroffenen versehen wird (zeichnerisches Feedback).

Interaktionsspiele

Interaktionsspiele haben innerhalb der pädagogischen Kunsttherapie einen mehrfachen Zweck. Einerseits geht es darum, den häufig hyperaktiven Kindern und Jugendlichen innerhalb der Sitzungen, die bis zu 90 Minuten dauern können, Gelegenheit zu geben, ihrem Bewegungsdrang zu folgen und die motorischen Impulse abzureagieren. Andererseits geht es darum, soziale Kontakte - auch Körperkontakte - sowie ein auf verbesserte Selbst- und Fremderfahrung zielendes freudvolles Agieren zu ermöglichen, das für eine angenehme, entspannte, angstfreie Atmosphäre innerhalb der pädagogisch-kunsttherapeutischen Sitzungen von außerordentlich großer Bedeutung ist. Im weiteren geht es auch

Abb. 24: "Kritzeln und Projizieren"
eines Jugendlichen (Ausschnitt)

darum, und das nicht zuletzt, Kreativität im spielerischen Umgang miteinander zu aktivieren, z.B. durch die Spiele "Spiegeln", "blinder Bildhauer", "Dirigentenspiel", durch pantomimische Darstellungen von Berufen, Redensarten (sich aufs hohe Roß setzen, ein Auge auf jemanden werfen) oder Sprichwörter (man soll den Tag nicht vor dem Abend loben).

Kunsttherapeutische Techniken

Die kunsttherapeutischen Techniken verlangen zum Teil einen recht großen Material- und Zeitaufwand. Sie sollen aber weitestgehend voraussetzungslos sein und kein künstlerisches Talent verlangen, d.h. jedes Kind, jeder Jugendliche soll jederzeit mit den Materialien umgehen und zu ihn befriedigenden, ermutigenden Ergebnissen kommen können. Allerdings ist das Ergebnis nicht das wichtigste, es geht vor allem um den Weg. Der Weg ist schon das Ziel: Das angenehme, freudvolle, interessante Tun soll im Sinne der Zielsetzungen wirken. Das gestaltete Werk hat allerdings auch seine Effekte, z.B. im Sinne von Ermutigung, Motivation und Steigerung des Selbstwertgefühls.

Die kunsttherapeutischen Techniken werden in einer phasenhaften Steigerung vom Leichteren zum Schwereren eingesetzt. In der ersten Phase, in der es zunächst gilt, Selbstvertrauen und Vertrauen zu den anderen auf- und auszubauen durch Ermutigung, positives Feedback, eine angenehme Atmosphäre in der Gruppe, werden einfache technisch anspruchslose, aber sehr ergiebige Verfahren wie "Partner-Malen", "Kritzeln und Projizieren", "Beidhandzeichnen und -malen", "Farbenpusten", "Fingermalen", "Progressives Klecksographieren", "Musik-Malen" usw. eingesetzt (vgl. Abb. 24 u. 25).

Neben diesen Techniken werden in der zweiten Phase die verschiedenen Drucktechniken, vielfältiges Plastizieren, Materialaktionen oder auch die Gestaltung von Szenerien angeboten. Erst in einer dritten Phase werden jene Methoden realisiert, die auf die Auseinandersetzung mit Befindlichkeiten und Gefühlen, auf Konfliktdarstellung und Konfliktbewältigung zielen, wie Phantasiereisen (z.B. Katathymes Bilderleben), die Darstellung der momentanen Gefühlslage über Farbwahl und Farbkomposititon, die bildhafte Erzählung über ängstigende und belastende Erlebnisse, über bestimmte Träume oder gar Alpträume, über Zukunftserwartungen und Vergangenheitsbewältigung. Auch gruppendynamische Stimulationen, die über die Methoden des "kommunikativen Malens" oder der "Farb-Interaktionen" zu positiven wie negativen Auseinandersetzungen der Gruppenmitglieder führen können, haben in dieser dritten Phase ihren Platz.

In allen Phasen der Realisation kunsttherapeutischer Techniken schließt sich an die Aktionsphase eine Reflexionsphase an, in der Gruppenleiter und Teilnehmer gemeinsam die einzelnen Darstellungen besprechen. Dabei geht es nicht um schön oder häßlich, gut oder schlecht, sondern nur um das, was die Darstellungen aus der Sicht des Darstellenden oder der Gruppenmitglieder ausdrücken sollen oder können. Zumeist sind jedoch die kreativen Gestaltungen so ein- und ausdrucksvoll, so interessant und farb- wie formschön, daß sie freudig begrüßt und als gelungene Werke akzeptiert werden.

Wahrnehmungsförderung

Wer darstellen, gestalten will, muß lernen, mit allen Sinnen viel, detailliert, genau aufzunehmen, sich das Wahrgenommene bewußt zu machen, es zu strukturieren und zu integrieren. Deshalb gehören zur Pädagogischen Kunsttherapie kleinere Spiele und anspruchsvollere Übungen zur Wahrnehmungsförderung. In diesem Sinne sind das "Bonbon-Spiel", das "Veränderungs-Spiel" Beispiele für optische Übungen, "Wo tickt der Wecker?", "Welche Geräusche sind auf dem Tonband zu hören?" Beispiele für akustische Übungen, "Welche Gegenstände sind im Sack?" oder "Gruppenmitglieder blind nach der Größe ordnen" Beispiele für haptische Übungen und das Erriechen von Blättern, Blüten und Gewürzen mit verbundenen Augen Beispiele für Geruchsübungen.

Musikrezeption

Während der pädagogisch-kunsttherapeutischen Aktivitäten wird die Rezeption von Musik angeboten, die sich die Kinder und Jugendlichen selbst ausgesucht haben oder die von dem Leiter unter Berücksichtigung der besonderen Bedürfnisse bzw. Möglichkeiten der Teilnehmer nach musiktherapeutischen Gesichtspunkten ausgewählt worden ist. Die Musik trägt einerseits zur Schaffung einer angenehmen Atmosphäre bzw. eines emotional positiv besetzten Milieus bei, dient auch der direkten Umsetzung z.B. beim "Malen nach Musik" und beim "Musikmalen", hat andererseits aber auch die ganz wesentliche Aufgabe, die Funktionen der untergeordneten, in der Regel rechten Hirn-Hemisphäre zu aktivieren bzw. mit dem Ziel der Verstärkung und Ausweitung zu stimulieren.

Wirkkomplexe

Mit Hilfe der komplexen Methodik werden im Sinne eines ganzheitlichen Ansatzes bedeutsame Wirkkomplexe etabliert bzw. aktiviert. Zu nennen sind vor allem:
- Ein dialogisches Verhältnis bzw. ein persönlicher Bezug zwischen Lehrer/ Erzieher und Sozialisanden - die Basis für jede pädagogisch-therapeutische Maßnahme,
- Entlastung von Leistungsforderungen und emotionalen Erschwernissen, vor allem von Ängsten,
- Entspannung durch eine angenehme Gruppenatmo-

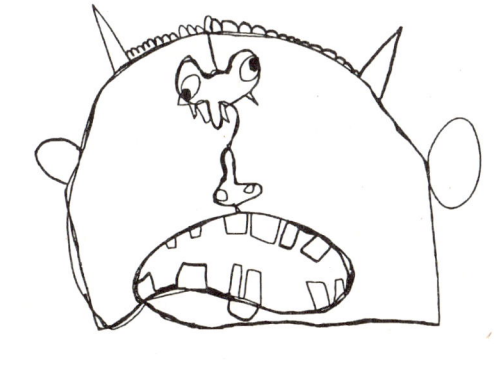

Abb. 25: Beim "Partnermalen" in enger Form von zwei Schülern gestaltetes Bild, das die verfügbare Fläche mit einer Bildidee ausfüllt. Der zweite Partner setzt jeweils dort fort, wo die Linie des ersten Partners endet.

sphäre und auch -gezielt- durch Entspannungsverfahren,
- Ermutigung, systematisch eingesetzt durch den Gruppenleiter wie durch die Gruppe, wirksam auch durch die gestalteten Werke und eine erfahrbare Weiterentwicklung bzw. durch deutliche Fortschritte im Sinne der Zielsetzung,
- nonverbale Kommunikation im gemeinsamen Arbeitsvorhaben oder auch nur durch die gemeinsame Erfahrung einer positiv gestalteten Atmosphäre über gemeinsames Agieren, Erleben, Lachen, Traurigsein usw.,
- Probehandeln, durch das über imaginierte Experimente, über dargestellte Phantasien Realisierbarkeit und Realitätsadäquanz überprüft, Gefühle im Hinblick auf wirkliches Geschehen sozusagen probeweise durchlebt werden können,
- grob- und feinmotorische Agieren, durch das - z. B. beim Fingermalen, Musikmalen, Papierfalten, Plastizieren - psycho- und sensomotorische Defizite und Entwicklungsrückstände kompensiert und weiterentwickelt werden können,
- Magische Bewältigung, d.h. im kreativen Prozeß werden belastende Inhalte gestaltet und durch die Auseinandersetzung auf einer phantasierten, realitätsnahen Ebene, auf der Symbolebene oder auch durch tatsächliche Aggressionen (z.B. Durchstreichen, Zerknüllen, Zerreißen, Zerstechen, Verbrennen) überwunden,
- Berücksichtigung des Wiederholungszwanges (Freud), der wiederholtes Bearbeiten von Defiziten oder von traumatischen, pathogenen Inhalten im Hinblick auf Lernzuwachs, Konfliktbewältigung und gesunde Weiterentwicklung ermöglicht,
- Katharsis, die durch die gefühlsgeladene, gestaltende Auseinandersetzung mit der Umwelt-Realität oder mit der Innen-Welt von Spannungen befreien und Blockierungen lösen kann.
- Aktivierung der untergeordneten, musischen, kreativen, bildhaft erfassenden und verarbeitenden - in der Regel rechten - Hirn-Hemisphäre durch Musikrezeption, Verbindung von Musik und Malen, von Musik, systematischer Entspannung, Imaginieren und Gestalten (vgl. Superlearning / Suggestopädie),
- Aktivierung der psychischen Selbstheilungstendenzen (vis medicatrix naturae mentis), die - ähnlich wie im körperlichen Bereich - bei Ruhe und Unterstützung (Bearbeitung, Einstellungsänderung usw.) die "Wunden" abheilen bzw. die pathogenen Faktoren unwirksam werden lassen.

Organisatorische Hinweise

Die meisten Verfahren und Techniken der pädagogischen Kunsttherapie lassen sich sowohl mit einzelnen Kindern und Jugendlichen als auch mit Gruppen durchführen. Der zu setzende Zeitrahmen ist abhängig von der Situation der Kinder und Jugendlichen und von der Auswahl der Verfahren und reicht von ca. 15 bis zu ca. 90 Minuten. Für jeden Teilnehmer sind Tisch und Stuhl (z.B. Schultisch) vorzusehen. Die Tische können für größere Gruppenarbeiten (z.B. Partner-Malen in der Gruppe, Musikmalen, Verfahren des kommunikativen Malens) zusammengestellt werden. Mit den Stühlen können Gesprächskreise gebildet werden. Die Gruppe sollte nicht mehr als 12 Teilnehmer umfassen. Der Materialaufwand kann anfangs klein gehalten werden. Neben Malblättern in den Formaten DIN-A4 (z.B. für "Kritzeln und Projezieren"), DIN-A3 (z.B. für "Partner-Malen"), DIN-A1 und größer (z.B. für "Kommunikatives Malen", "Farbinteraktionen") sind Wachsstifte in verschiedenen Farben, große Pinsel, Farbkästen, Abtön- / Pulver-Farben, Kleister vorzusehen. Später kommen dann Materialien für Drucktechniken, für die Techniken des Plastizierens, des Farbspritzens, des Marmorierens, der szenischen Darstellungen, der Materialaktionen usw. hinzu.

Der Lehrer / Erzieher sollte kein Verfahren einsetzen, das er nicht selbst vorher gut ausprobiert hat. Die Frage des Aufräumens nach den pädagogisch-kunsttherapeutischen Fördereinheiten ist nach den Fähigkeiten und den Möglichkeiten der Kinder und Jugendlichen zu entscheiden. Es kann durchaus sinnvoll und akzeptabel sein, wenn in der Anfangsphase der Leiter die Ordnung wiederherstellt; mit der Zeit sollten jedoch die Kinder und Jugendlichen dazu angeleitet werden, die Aufräumarbeiten selbständig durchzuführen.

Mit dem Konzept der Pädagogischen Kunsttherapie liegen bereits vielfältige positive Erfahrungen vor. Systematische Evaluationsstudien in unterschiedlichen Altersgruppen und Einrichtungen stehen an.

4. Pädagogische Musiktherapie

Über die heilende Kraft der Musik liegen Jahrtausende alte Erfahrungen vor. Im alten Ägypten setzten Priester Musik mit therapeutischen Intentionen ein. Die Bibel berichtet, daß der junge Schafhirte und Musiker David die psychischen Störungen von König Saul mit Harfenspiel heilen konnte. Der Gelehrte Heropalios aus Alexandria erforschte den Zusammenhang zwischen metrisch-musikalischen Gesetzmäßigkeiten und dem menschlichen Pulsschlag und entwickelte eine Pulslehre, die bis in die Neuzeit hinein ihre Auswirkungen hatte (vgl. Kümmel 1974). In der Gegenwart gelingt es, durch Musik stimulierte körperliche Veränderungen nachzuweisen. So ließen sich Veränderungen im Bereich der Atmungsfrequenz, von Pulsschlag, Blutdruck und endokrinem System, im Bereich sensorischer Informationsverarbeitung, im Hinblick auf Muskelenergie, Muskelreflexe, Ermüdungserscheinungen und Arbeitswille sowie beim Stoffwechsel und im elektrischen Feld des Organismus empirisch belegen (Benenzon 1983, 22, Destunis / Seebandt 1958). Aus psychologischer Sicht werden bei der Erklärung musiktherapeutischer Wirkungen die großen individuellen Reaktionsunterschiede miteinbezogen, wobei auch die Bedeutung individueller Hörerfahrungen und Hörerwartungen gesehen wird. Komplexe Wirkzusammenhänge werden herausgestellt und lineare Erklärungsmodi abgelehnt. Erklärungsmodelle werden aus tiefenpsychologischer, lerntheoretischer und kommunikationstheoretischer Sicht vorgelegt. Aber für die Musiktherapie gilt: "Für einen solchen therapeutischen Prozeß ist die menschliche Beziehung entscheidend" (Priestley 1982, 1).

Verschieden wie die theoretischen Ansätze der Musiktherapie sind auch die Verfahrensweisen, die häufig Kombinationsverfahren mit anderen psychotherapeutischen Methoden sind. Die musiktherapeutischen Verfahren lassen sich in einer groben Klassifikation als aktiv und rezeptiv bezeichnen. Verfahren der aktiven Musiktherapie stellen sich dar als ein Agieren mit Instrumenten oder mit der Stimme und/oder als ein Darstellen mit pantomimischen und tänzerischen Mitteln. Die nachfolgende graphische Darstellung gibt einen systematisierenden Überblick über die verschiedenen musiktherapeutischen Verfahren (siehe Abb. 26, nach Myschker 1989, vgl. Schwabe 1979).

Im pädagogisch-therapeutischen Bereich wurde von den drei Hauptelementen der Musik, dem Rhythmus, der Melodie und der Harmonie, zunächst der archaische, ausdrucksstarke, mitreißende Rhythmus zum Ausgangspunkt spezifischer Methodenbildung. Emile Jaques-Dalcroze brachten die engen Verbindungen zwischen Musik und Bewegung zur Konzipierung der rhythmisch-musikalischen Erziehung. Durch Elfriede Feudel und Mimi Scheiblauer, die die rhythmisch-musikalischen Übungen in Ordnungsübungen, soziale Übungen, Konzentrationsübungen, Begriffsbildungsübungen und Phantasieübungen differenzierten und ausweiteten, wurde die Methodik weiterentwickelt und auch einbezogen in die "psychomotorische Übungsbehandlung", die vor allem Kiphard konzipierte. Rhythmisch-musikalische Erziehung als Verbindung von Musik bzw. Rhythmus und Bewegung hat in der Pädagogik allgemein und in der Heilpädagogik im besonderen und dort wieder insbesondere im Bereich der Pädagogik bei Kindern und Jugendlichen mit Verhaltensstörungen bis in die Gegenwart hinein verstärkt an Bedeutung gewonnen.

Bahnbrechend für die Entwicklung einer komplexen pädagogischen Musiktherapie waren die Arbeiten von Rudolf Steiner und Carl Orff. Im Gefolge Rudolf Steiners, der als Begründer einer anthroposophischen Musiktherapie gelten kann, elaborierte Carl König diesen Ansatz. König zeigte aus seiner Erfahrung heraus die Wirkungen der Hauptelemente der Musik - Rhythmus, Melodie, Harmonie - im Bereich der menschlichen Physis und Psyche auf. Danach soll der Rhythmus als Ton-Eurythmie insbesondere Auswirkungen auf die Stoffwechsel- und Gliedmaßenorganisation und auf das Wollen, die Melodie als

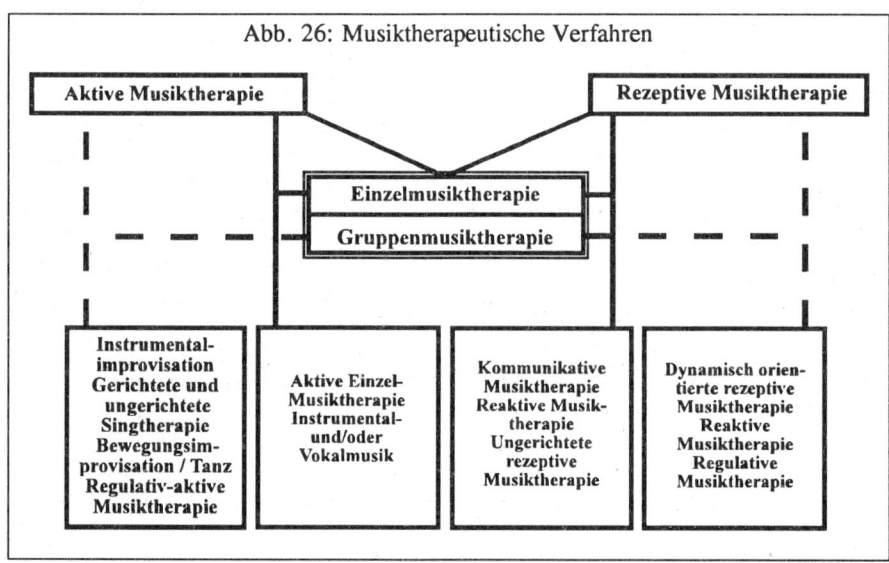

Abb. 26: Musiktherapeutische Verfahren

Gesang auf die Sinne-Nerven-Organisation und auf das Denken und die Harmonie als Instrumentalmusik auf die Atmungs- und Zirkulations-Organisation und auf das Fühlen haben. Nach diesem Konzept werden z.B. Kinder mit Verhaltensstörungen in schizophrentorpider Ausprägung in einem schwach rot erhellten Raum dazu veranlaßt, nach der musikalischen Begleitung durch Laier und Triangel erst langsam, dann schneller zu gehen und zu laufen sowie eurhythmische Übungen mit stark sozialem Charakter zu machen. Durch diese Übungen sollten die Atmung vertieft und Gefühle belebt werden. Kinder mit Verhaltensstörungen in erethisch-postenzephalitischen Erscheinungsformen wurden dagegen in einem dämmerhaft blau erleuchteten Raum dazu veranlaßt, ausgeprägt zu atmen, zu summen und zu singen, um dann - nach der Konfrontation mit dem hellerleuchteten Bild einer Madonna Raphaels - in umgekehrter Reihenfolge Sing-, Summ- und Atemübungen zu machen. Derartige musiktherapeutische Übungen haben sich, wie König herausstellt, als "hilfreich bei diesen Typen von Kindern erwiesen" (König 1958, 84).

Weite Verbreitung in musikpädagogischen Bereichen wie auch bei musiktherapeutischen Interventionen fand das Instrumentarium, das Carl Orff in den dreißiger Jahren mit dem Klavierbauer Carl Maendler entwickelte. Die Stabspiele und das Schlagwerk bieten vielfältige Möglichkeiten musikalischen Ausdrucks auch ohne Vorkenntnisse und werden nach kurzer Einübung auch gerne von Kindern und Jugendlichen mit Verhaltensstörungen angenommen (vgl. z.B. Orff 1974).

Pädagogische Musiktherapie versteht sich in Abgrenzung gegen Musiktherapie in der Medizin oder in Anlehnung an psychologische Schulen praktizierte Musiktherapie als eine eigenständige Interventionsform, die im Rahmen sonderpädagogischer Förderung auf Kinder und Jugendliche mit Behinderungen oder Störungen ausgerichtet ist mit dem Ziel, die Beeinträchtigungen, insbesondere auch Verhaltensstörungen, durch einen mit der Fakultas für Musik ausgewiesenen Sonderpädagogen zu reduzieren (vgl. Probst 1972, Moog 1979). Darstellungen zur Erprobung und Effizienz musiktherapeutischer Förderung im Bereich der Pädagogik bei Verhaltensstörungen liegen seit vielen Jahrzehnten vor. In den fünfziger Jahren beschäftigte sich Josef erfolgreich mit der "Gemütspflege bei schwer erziehbaren Kindern durch einfaches Musizieren", der in den sechziger Jahren die Auswirkungen "selbsttätiger Musik" auf Gruppenbedingungen in einer Sonderschulklasse untersuchte und feststellte, "daß die Musik die Gemeinschaftsfähigkeit steigert", "daß sie die positiven Zuwendungen erhöht und die Abwendungen verringert" und daß der Lehrer durch Musik "die Sozialität seiner Zöglinge zu steigern vermag" (Josef 1958, 1964, 39-40). Erfahrungsberichte und Effektivitätsuntersuchungen liegen inzwischen nicht nur aus der öffentlichen Sonderschule, sondern aus den verschiedensten Einrichtungen vor, wie z.B. aus der Heimschule, dem Gymnasium, der musiktherapeutischen Ambulanz, der Einrichtung zur beruflichen Rehabilitation psychisch Behinderter und dem Jugendstrafvollzug. In der Schule für Erziehungshilfe gelingt es, durch musiktherapeutische Einwirkung die Konzentrationsfähigkeit zu steigern, motorische Unruhe positiv zu beeinflussen, durch Rezeption klassischer Musik Entspannung und Beruhigung herbeizuführen (vgl. Palmowski 1979, 1982).

Daß auch in der Heimerziehung bei verhaltensauffälligen Jugendlichen und Heranwachsenden musiktherapeutische Aktivitäten förderlich sein können, ist für Praktiker ein altbekanntes Faktum. Berichte zeigen auf, daß Musikrezeption in Verbindung mit aktiver Umsetzung des Musikerlebens durch Trommeln, Dirigieren mit geschlossenen Augen, ganzkörperlichen Bewegungen, Partnerübungen im paarweisen Dirigieren in Verbindung mit reflektierenden Gesprächen "positive Änderungen der Schüler z.B. in ihrem Sozial- und Arbeitsverhalten" erbringen können (Liebetrau et al. 1977, 40) und daß es für sozial geschädigte Jugendliche, die Schwierigkeiten im Verbalisieren haben, wichtig und förderlich ist, mit Tönen und Rhythmen nonverbal zu kommunizieren, oder zu Bildern und Filmen Klangbilder zu produzieren und auf diese Weise Empathie, Antizipation, Rücksichtnahme und Bedürfniskontrolle spielerisch einzuüben (a.a.O., 60-64).

Anspruchsvollere musiktherapeutische Aktivitäten lassen sich, wie Tischler aufzeigt, mit gutem Gewinn für emotional labile Jugendliche durchführen. Durch elementar reproduktives Musizieren sowie durch instrumentale Gruppenimprovisationen wurde eine signifikante Reduzierung der emotionalen Labilität sowie der Depressivität und Gehemmtheit erzielt. Die Stimmungslage insgesamt verbesserte sich und ließ sich durch größere Fröhlichkeit, Vergnügtheit und Konzentriertheit charakterisieren. Das Vorhaben erbrachte für den pädagogisch-therapeutischen Helfer das Ergebnis, "daß eine nicht-aufdeckende, allein mit musikalischen Mitteln arbeitende instrumentale Gruppenmusiktherapie auch im außerklinischen schulpädagogischen Raum bei neurosegefährdeten Schülern mit positiven Effekten einsetzbar ist" (Tischler 1983, 231).

Die Verbindung musiktherapeutischer Verfahren mit mal-, bewegungs- und gesprächstherapeutischen Methoden kann den Bedürfnissen und Möglichkeiten von Kindern und Jugendlichen mit Verhaltensstörungen gut gerecht werden, wie sich in der Arbeit der musiktherapeutischen Ambulanz zeigte. Auf diese Weise konnte "die Öffnung verdeckter emotionaler Anteile bewirkt" werden und es gelang, "einen schnellen therapeutischen Zugang zu den Grundsymptomen" zu bekommen (vgl. Birkenbihl 1983, 334).

Der psychoanalytische Ansatz hat in der Theorie wie in der Praxis der Musiktherapie einen bedeutsamen Stellenwert, wie z.B. in Deutschland Harm Willms und Juliette Alvin und Mary Priestley in England mit ihren Publikationen verdeutlichen. Im Rückgriff auf das Strukturmodell der Persönlichkeit von Freud erklärt Alvin die Wirkungen der Musik folgendermaßen: "Musik wirkt auf das Es, das Ich und das Über-Ich des Menschen. Sie kann primitive Instinkte aufrühren, zum Ausdruck bringen, gar helfen, sie freizusetzen - sie kann das Ich stärken helfen, Gefühle gleichzeitig freisetzen und beherrschen, dem Zuhörer und dem Ausführenden ein Selbstwertgefühl geben, sie kann bestimmte Gefühle veredeln und den Wunsch nach Vollkommenheit durch hohe ästhetische und geistige Erfahrungen erfüllen. Die Musik kann die ganze Skala menschlicher Erfahrungen zum Ausdruck bringen, da sie mit allen drei Ebenen seiner Persönlichkeit in Beziehung steht" (Alvin 1984, 69). Auch in der pädagogischen Musiktherapie hat die Psychoanalyse Einfluß und handlungsleitende Auswirkungen. Einblicke in psychoanalytisch orientierte pädagogische Musiktherapie vermittelt z.B. Magdalene Schäfer. Die Sonderpädagogin entwickelte musikalische Spiele mit Vorschulkindern und Kindern im frühen Schulalter, die aus einer Notunterkunft stammten und mit Ängsten, Beziehungsstörungen, Minderwertigkeitsgefühlen und Lernstörungen deutliche psychische Störungen zeigten. Mit dem begeistert angenommenen Orff-Instrumentarium gestalteten sie ein "Wolfspiel" und ein "Gewitterspiel" und konnten in der Verfremdung durch das Spiel ihre Probleme und Konflikte verdeutlichen und verarbeiten und lernen, "mit diesen umzugehen und sie zu bewältigen" (Schäfer 1976, 102). In den musikalischen Dialogen fanden sie "Ruhe, Geborgenheit und Sicherheit", konnten "differenziertere zwischenmenschliche Beziehungen" aufnehmen, in der Bewegung nach der Musik ihre Bewegungskontrolle verbessern und insgesamt "Sicherheit und Stärkung des Selbstgefühls" entwickeln (a.a.O., 103).

In der psychologisch orientierten Musiktherapie wird auch ein lerntheoretischer Ansatz vertreten, der vor allem auf die Berücksichtigung der Lernprinzipien des klassischen Konditionierens, des operanten Konditionierens, des Lernens am Modell, des Lernens durch Versuch und Irrtum sowie der Löschung und Generalisierung ausgerichtet ist. In diesem Sinne realisierte Curic im Berufsbildungswerk mit psychisch behinderten männlichen und weiblichen Rehabilitanden musiktherapeutische Förderung, wobei genau definierte Lernziele verfolgt wurden. Sowohl in Einzel- als auch in Gruppen- und Großgruppenveranstaltungen wurden Übungen mit dem Instrument, im Gruppenspiel, in gemeinsamer Musikrezeption, in Einzel- und Gruppengesprächen, in Konzertbesuchen, in selbstorganisierten Musikveranstaltungen und letztlich in der Produktion einer Schallplatte realisiert. Im Vergleich mit einer Kontrollgruppe konnte in Prä- und Posttests nachgewiesen werden, daß die musiktherapeutisch geförderten Heranwachsenden signifikante Verbesserungen im Arbeitstempo, im "Umgang mit Werkzeug und Material", in der "sozialen Verbundenheit" und der "Festigkeit der gegenseitigen Beziehungen" sowie in der Integration erreicht hatten (Curic 1981, 91-107).

Sowohl Maßnahmen aktiver wie rezeptiver Musiktherapie haben im Jugendstrafvollzug ihren bedeutsamen Platz, sind vielfach erfolgreich durchgeführt worden, werden aber von den zuständigen Behörden nur zögerlich eingesetzt und häufig auch nur dann, wenn engagierte Einzelne als treibende Kraft wirken. Über musiktherapeutische Verfahren kann, wie Kleiber ausführt, die "Willensbildung von innen, von der Empfindung her angesprochen" werden und sie trägt dazu bei, daß es zu "freiwilliger Einfügung und Anpassung" kommt (Kleiber 1975, 238). Im Berliner Strafvollzug z.B. konnte verdeutlicht werden, daß die jugendlichen Inhaftierten, die in der Mehrzahl als psychisch gestört und emotional labil bezeichnet werden müssen (vgl. Myschker / Hoffmann 1984), ihrer Einschätzung nach durch Maßnahmen aktiver Musiktherapie leistungs- und lernbereiter werden, sich in ihrer Konzentrationsfähigkeit verbessern, die Freizeit sinnvoll gestalten, Freude haben, aktiver sind und sich wohler fühlen, sich mit ihren Problemen intensiver auseinandersetzen und Anerkennung finden (vgl. Rabe 1990, 69).

5. Pädagogische Verhaltensmodifikation

Zur Pädagogischen Verhaltensmodifikation kann eine große Zahl verschiedener Verfahren gerechnet werden (siehe Kap. 6.1.6). Am Beispiel der pädagogisch-therapeutischen Organisation von Erziehung und Unterricht im Jugendstrafvollzug sowie der pädagogisch-therapeutischen Intervention bei Aufmerksamkeits- und Hyperaktivitätsstörung sollen einige wichtige Aspekte verdeutlicht werden.
Im Mittelpunkt der pädagogischen Arbeit mit Jungtätern muß die Reduzierung der kriminellen Verhaltensbereitschaft stehen. Die Hauptaufgabe besteht somit darin, Lernprozesse einzuleiten, die Verhaltensdefizite aufheben und Fehlanpassungen (z.B. an ein kriminelles Milieu) korrigieren. In einer Vielzahl von Programmen, die überwiegend in den USA durchgeführt wurden, hat sich bei delinquenten Jugendlichen und Heranwachsenden in dieser Hinsicht der systematische Einsatz erprobter Lernprinzipien in spezifisch strukturierten Feldern als erfolgreich erwiesen.
Wie unter den Bedingungen einer deutschen Jugendstrafanstalt in einer schulischen Einrichtung Unterricht mit dem Ziel organisiert werden kann, schulische Leistungen zu verbessern, unerwünschtes Verhalten zu reduzieren und erwünschtes Verhalten zu etablieren ("therapeutischer Unterricht"), soll nachfolgend dargestellt werden (vgl. Myschker 1976, 145 - 153). Das Programm wurde mit sechs Sonderpädagogik-Studenten, die auf ihre Aufgaben gründlich vorbereitet worden waren, über sechs Wochen in einem Lehrgang für den Hauptschulabschluß der Schule in der Hamburger Jugendanstalt Hahnöfersand durchgeführt. Mit den zehn Schülern, die durchschnittlich 19,0 Jahre alt waren, wurde das Programm ausführlich diskutiert und dann in seinem Ablauf festgelegt. Auf der Basis der bei den Schülern erhobenen Daten in der Verhaltensbeobachtung sowie in Leistungs- und Persönlichkeitstests wurden die Lernanforderungen in kognitiver und sozial-emotionaler Hinsicht fixiert. In Auswertung der Erfahrungen in Erziehung und Unterricht verhaltensgestörter Schüler im allgemeinen und delinquenter Jugendlicher im besonderen wurden in Verbindung mit den Jugendlichen für das Programm folgende Prinzipien festgelegt:
- Das Programm ist nicht auf die Verstärkung einzelner Verhaltensweisen, (wie z.B. "sich vor dem Reden melden"), sondern ganzer Verhaltenssequenzen gerichtet, da anders als in einer Therapiesitzung der Lehrer nicht ständig alle Schüler einer Klasse im Auge haben und punktuell für erwünschtes Verhalten verstärken kann.

- Das Programm ist nicht nur individuenzentriert, sondern auch gruppenzentriert, da einerseits der einzelne Schüler nicht nur seine eigenen Interessen (individualistischer Aspekt), sondern auch die der gesamten Gruppe (sozialer Aspekt) im Auge haben soll, andererseits neben den egoistischen Tendenzen auch die Einwirkungsmöglichkeiten der gesamten Gruppe auf den einzelnen (Verstärkung durch die Gruppe) genutzt werden sollen.
- Das Programm arbeitet mit einer Vielzahl sich ergänzender und einander überlagernder Verstärker, d.h. neben materiellen mit sozialen Verstärkern, Privilegien und angenehmen Aktivitäten, da dadurch die notwendige Ablösung der materiellen Verstärker leichter, eine Sättigung vermieden und der Weg von der Fremdverstärkung zur eigenverantwortlichen Selbstverstärkung erleichtert wird.
- Das Programm wird mit Hilfe einer token-economy (Verteilung von Werteinheiten / generalisierte Verstärkung) so durchgeführt, daß dem Schüler schnell und problemlos der Verhaltens- und der Leistungsaspekt verdeutlicht und symbolhaft und quantifizierbar dokumentiert werden können, da Verzögerungen und Undeutlichkeiten in der Verstärkungsphase den Schüler frustrieren, den Lehrer überfordern und den Effekt gefährden können.
- Die Verstärker werden nach den Bedürfnissen der Schüler zusammengestellt und ihrer Funktion entsprechend den Schülern gegenüber als "Lernhilfen" bezeichnet, da sie helfen sollen, kognitive, emotionale und soziale Lernprozesse einzugehen und durchzustehen, d.h. Wissenskomplexe und in Verbindung damit gesteuertes, kontrolliertes, sozialadäquates Verhalten zu lernen.

Im Sinne dieser Prinzipien wurden im Bereich individueller Verstärker für zwei Wochen materielle Verstärker wie Zigaretten, Süßigkeiten, alkoholfreie Getränke, Tee, Kaffee und für die gesamte Schulzeit angenehme Aktivitäten für Zeiteinheiten von 15 Minuten nach erfolgreicher Arbeit über 45 Minuten wie das Lesen von Illustrierten, Comics, Western-Heften, Kriminal-Romanen, das Hören von Schallplatten und Tonbändern, das Anschauen von Kurzfilmen und Videoaufnahmen vorgesehen.

Im Bereich der Gruppenverstärker, die eingesetzt werden sollten, wenn die Schüler 80 % der in einer Woche durch die Gruppe erreichbaren Punktzahl für erbrachte Leistungen erzielten, wurden Kino-, Museums- und Industriebesuche außerhalb der Anstalt sowie Kinofilme und Veranstaltungen mit Hamburger Musikgruppen innerhalb der Anstalt geplant.

Die Konzeptionierung des Programms mit den Schülern mündete in einen Kontrakt, der von allen Beteiligten unterschrieben, unter der Überschrift "Vereinbarung" vervielfältigt und jedem Schüler ausgehändigt wurde.

Um das Programm im Sinne der dargestellten Prinzipien durchführen zu können, mußte das Lernfeld in spezifischer Weise organisiert werden. Die Unterrichtszeit, die von 7.30 Uhr bis 11.45 Uhr angesetzt war, wurde so eingeteilt, daß drei einstündige Einheiten, eine 45-Minuten-Einheit und zwei Kurzeinheiten von je 15 Minuten für eine frei gestaltbare Pause und ein abschließendes standardisiertes Interview sowie ein freies Gespräch zum Verlauf des Vormittags zur Verfügung standen. Jede Unterrichtsstunde wurde in drei Phasen unterteilt: auf die Bearbeitungsphase (3 x 35 und 1 x 20 Minuten) folgte eine quantifizierbare Lernkontrolle (ca. 10 Minuten) und auf diese ein Zeitraum von 15 Minuten zur möglichen Einlösung materieller Verstärker und für die angenehmen Aktivitäten. In der Bearbeitungsphase wurde das verlangte unterrichtsadäquate Verhalten gefördert und unterstützt durch motivierenden, abwechslungsreichen Unterricht. Für diese Phase waren unter der Bezeichnung "Mitarbeit" zehn Punkte zu erreichen. Für eine erfolgreiche Lernkontrolle konnten dann weitere fünf Punkte erzielt werden, so daß in jeder Unterrichtsstunde eine Höchstpunktzahl von fünfzehn zur Verfügung stand.

Die Schüler wurden also nicht für einzelne Verhaltensweisen, sondern für Leistungen verstärkt, deren Erbringung die erwünschten Verhaltensweisen notwendig machte. Je fünf weitere Punkte wurden für gut ausgeführte Hausaufgaben und das Ausfüllen eines Interviewbogens vergeben. Somit konnte der Schüler maximal 70 Punkte je Tag bekommen, was nach der Vereinbarung für die Zeit der materiellen Verstärkung dem Gegenwert von sieben Zigaretten entsprach. Die erzielten Punkte wurden durch Stempelaufdruck auf einer Wertkarte testiert, die jeder Schüler täglich zu Beginn des Unterrichts ausgehändigt bekam.

Die Wertkarte war die Grundlage für die Einlösung der materiellen Verstärker während der ersten zwei Wochen, der angenehmen Aktivitäten für einzelne Schüler nach jeder Stunde und der Gruppenaktivitäten am Ende der Schulwoche, wenn anhand der Wertkarten ermittelt wurde, ob die Schüler 80 Prozent der möglichen Punkte erreicht hatten. Die materiellen Verstärker während der ersten beiden Unterrichtswochen wurden anfangs nach jeder Stunde, später dann jedoch nur am Ende des Schultages eingelöst. Das Ansparen von Punkten über einen Tag hinaus wurde nicht erlaubt, da in möglichst kurzen Zeitabständen die erbrachten Leistungen materiell belohnt und Neideffekte vermieden werden sollten, die sich einstellen können, wenn nach mehreren Tagen einzelne Schüler größere materielle Verstärker präsentieren. Zudem können größere Gegenstände zu Sättigungseffekten führen.

Die Zeit von 15 Minuten für die angenehmen Aktivitäten wurde penibel eingehalten. Sie gewann für die Schüler mehr und mehr an Bedeutung, da sie zum freudig erwarteten Zielpunkt wurde, der die anstrengende Arbeit leichter ertragen ließ, der in der Mühsal eine erfreuliche Perspektive bot. Die erfreuliche Perspektive macht Mut, aktiviert die Kräfte, läßt durchhalten, wie bei den Schülern deutlich zu merken war. Wie sollen labile, lerngestörte Jugendliche ohne erfreuliche Perspektive in einem überschaubaren Zeitraum sich aber auch Anstrengungen abverlangen können, wenn ohne sie selbst der trainierte Geistesarbeiter nicht auskommt. So wurde der Zeitraum angenehmer Aktivitäten sehnlich erwartet und voll ausgekostet, und er konnte deshalb auch ein starker Stimulus sein, aufmerksam mitzuarbeiten, um die Lernkontrollen in der vorgesehenen Zeit schaffen zu können. Folgerichtig wurden die fünf Punkte, die wegen mangelnder Mitarbeit nicht gegeben wurden, leichter verschmerzt als die Minuten, die von der Zeit für die angenehmen Aktivitäten abgingen, weil infolge mangelnder Mitarbeit die Lernkontrolle nicht in der angesetzten Zeit zu bewältigen war.

Sehr beliebt unter den angenehmen Aktivitäten wurde das Autofahren. Zwei Hamburger Autogeschäfte hatten Gebrauchtwagen zur Verfügung gestellt. Nach langwierigen Verhandlungen mit der Anstaltsleitung war es möglich, einen Wagen auf das Anstaltsgelände zu bringen und für Versuchsfahrten der Schüler auf einem speziellen Terrain zu benutzen.

Schwierig gestaltete sich die Organisation der Gruppenaktivitäten am Ende der Woche. Ein Kinobesuch außerhalb der Anstalt konnte nur mit drei Schülern durchgeführt werden, da die Anstaltsleitung den übrigen unter Hinweis auf Sicherheitsrisiken den Ausgang verweigerte. Trotzdem wirkte sich dieser Kinobesuch der Kleingruppe sehr positiv aus, da er als Fortschritt gewertet wurde und eine Perspektive bot für eine weitere Entwicklung. Eine Musikgruppe, die kostenlos in der Anstalt spielen wollte, wurde von der Anstaltsleitung abgelehnt.

Autofahren über den ganzen Nachmittag mit der gesamten Schülergruppe und die Vorführung besonderer Kinofilme waren dann aber auch Gruppenaktivitäten, die von allen freudig begrüßt wurden und auf die weitere Arbeit motivierend wirkten. Gruppenaktivitäten konnten am Ende jeder Woche stehen, da die Gruppe die in der Vereinbarung getroffene Anforderung erwartungsgemäß erfüllte. Die Anforderung hätte bei Fortführung des Programms sogar von 80 auf 90 Prozent erhöht werden können, ohne die Schüler einem nur schwer zu bewältigenden Druck auszusetzen.

Zu den Ergebnissen des Programms sollen hier nur Schüler und Lehreräußerungen herangezogen werden. Im Mittelpunkt des gesamten Vorhabens stand die Frage, ob sich ein solches Programm mit jugendlichen Delinquenten realisieren läßt, d.h. ob es akzeptiert wird und auf die schulische Arbeit der Schüler und der Lehrer positive Auswirkungen hat. Es wurde nicht erwartet, daß das Programm in der relativ kurzen Zeit von vier Unterrichtswochen nachweisbare Effekte im Sinne einer Verhaltensänderung erbringen würde.

Die Einstellung der Jugendlichen zum Unterricht insgesamt, zur Wirkung der Verstärker und zum Lehrerverhalten wurde mit einem Interviewbogen von zehn Items täglich nach dem Unterricht abgefragt. Es zeigt sich, daß im Durchschnitt neun der zehn Jungen (93 Prozent) der Unterricht gefallen hat (70 Prozent ja, 23 Prozent eher ja). Nur sechs Prozent der Nennungen lauten "eher nein"; "Nein"-Angaben fehlen völlig. Die Items zu den Verstärkern wurden nicht allgemein darauf gerichtet, ob die Verstärker gut ankamen; sie zielten darauf, ob die Verstärker den Schülern die unterrichtliche Arbeit erleichterten. Diese spezielle Fragestellung, bei der sozusagen extrinsische Motivation eingestanden werden mußte, erschwerte eine positive Stellungnahme. Trotzdem äußerten sich zwei Drittel der Jungen positiv, eine eindeutige Verneinung macht nur drei Prozent der Antworten über vier Wochen aus.

Der Klassenlehrer stellt in seiner abschließenden Stellungnahme fest, "daß die Lerngruppe eine sehr positive und erfreuliche Lernbereitschaft zeigte, die sich auch auf die Arbeitshaltung und das Engagement der Projektbegleiter (Lehrer) in einer Art Rückkopplung übertrug" . Es konnte sich also eine produktive Kommunikation entwickeln, weil sich Lehrer und Schüler in einer angenehmen Lernatmosphäre gegenseitig verstärkten.

Zwei Monate nach Beendigung des Projekts charakterisierte der Klassenlehrer die Situation seiner Klasse folgendermaßen: "Die Lerngruppe zeigt nach wie vor ein stabiles Lernverhalten; das Bestreben zur Eigenarbeit und das sinnvolle Auswählen und Planen von Gruppenverstärkern (Fernsehfilme, Spielstunden usw.) verläuft reibungslos. Die Arbeit mit den kleineren Verstärkern (Lesen von Heftchen, Musik hören usw.) wird beibehalten und von allen als angenehme und die Leistung steigernde Möglichkeit genutzt. Die Konzentration auf die in einigen Wochen stattfindende Abschlußprüfung fällt keinem Schüler schwer."

Innerhalb der Verhaltensmodifikationsansätze hat in den vergangenen Jahren insbesondere die kognitive Verhaltensmodifikation an Bedeutung gewonnen. Kognitive Verhaltensmodifikation arbeitet bei Kindern mit den Methoden des kognitiven Modellierens und des Selbstinstruktionstrainings. Bei Kindern mit Verhaltensstörungen sind diese Methoden erfolgreich erprobt worden, und sie sind effizient sowohl in Therapiesitzungen als auch im Klassenunterricht.

Kognitives Modellieren baut auf den Erkenntnissen auf, die vor allem Bandura zum Modellernen sammeln konnte (Bandura 1969). Die Methode ist dadurch charakterisiert, daß real - in vivo - durch Personen, aber auch durch Filme Verhaltenssequenzen gezeigt und kommentiert werden, d.h. die Modelle verdeutlichen, warum was getan wird. Kognitive Modelle können nicht nur reale Personen oder gefilmtes Verhalten von Personen sein, sondern auch Figuren in Zeichentrickfilmen, Bilder und Bilderfolgen sowie Beschreibungen (vgl. Jaeggi 1979, Meichenbaum 1979). Kognitives Modellieren ist besonders wirkungsvoll in Verbindung mit Selbstinstruierung. Die Kinder instruieren sich nach den Beispiel des Modells selbst über die nötigen Handlungsabläufe, wobei Signalkarten eine beliebte Hilfe sind. Im Training lernen sie, die zunächst laut gesprochenen Selbstanweisungen über leises Sprechen in ein Denken der Anweisungen zu überführen.

Ein Beispiel für kognitives Modellieren und Selbstinstruktionstrainung mit einem Kind mit Aufmerksamkeits- und Hyperaktivitätsstörungen findet sich bei Lauth (1983):

Ralf ist 10 Jahre alt und Schüler der 3. Klasse. Über Verhaltensbeobachtung und -analyse wird festgestellt, daß er vorschnell zu Aufgabenlösungen kommt, nicht systematisch arbeitet, sich impulsiv nicht nur bei schulischen Aufgabenstellungen, sondern auch beim Spielen verhält, sich leicht ablenken läßt, Frustrationen nur schlecht verarbeitet und sich in Ärgerverhalten oder Clownerien flüchtete, deutliche Mißerfolgsorientierung zeigte. Für das Training wurde eine zielbezogene Spiele- und Aufgabensammlung zusammengestellt, die Instruktionskarten "langsam machen", "Halt-nachdenken" und "genau gucken" bereitgestellt (siehe Abb. 27, modifiziert nach: Meichenbaum 1977, 38).

Eine token-economy wurde derart eingeplant, daß token nach einer Selbstbeurteilung und Korrektur durch den Trainer für fehlerfreies bzw. fehlerkorrigierendes Arbeiten vergeben wurden und gegen materielle Verstärker eingetauscht werden konnten.

Zur Spielesammlung gehörten "Differix" und "Schau genau" (Bilder sind zu vergleichen), Labyrinthaufgaben, Suchbilder, Fragespiele, Puzzles, die Aufgaben Mosaiktests und Bilderordnen nach dem HAWIK (Hamburg-Wechsler-Intelligenz-Test für Kinder), Bastelaktivitä-

Abb. 27: Instruktionskarten (modifiziert nach Meichenbaum 1977, 38)

ten sowie Aufgaben zur sozialen Konfliktlösung.

Der Trainer diente zunächst als kognitives Modell, wobei sich z.B. bei den Bildervergleichsaufgaben in der ersten von insgesamt 12 Sitzungen folgende Selbstinstruktionen ergaben:

Abb. 28: Bildervergleich (modifiziert nach Meichenbaum 1977, 26)

"*Problemdefinition*: Was soll ich tun? Ich soll dasselbe Bild wie auf den Kärtchen auf der Tafel finden.

Problemannäherung: Wie mache ich das aber nun?

Reaktionsverzögerung: Ich gehe ganz langsam vor!

Vorausplanung: Zuerst schaue ich mir das Kärtchen an.

Strategie: Ganz genau! Dann vergleiche ich es mit den Bildern auf der Tafel. Ich gehe dabei der Reihe nach vor. Ich fange in der ersten Reihe beim ersten Bild an.

Erste Bildkarte: Dort sehe ich: Der Kopf der Katze ist nach rechts geneigt. Der Kopf der Katze auf der Tafel zeigt nach links. Das ist nicht dasselbe Bild.

Strategie: Ich gehe weiter. Ich sehe mir das nächste Bild in der ersten Reihe an. Ich fange wieder an zu vergleichen.

Reaktionsverzögerung: Ich mache ganz langsam.

Strategie: Ich muß genau hinschauen ... (weitere inhaltsspezifische Selbstverbalisierungen).

Vorläufige Entscheidung: Das muß das gleiche Bild sein.

Prüfprozeß: Ich schaue noch einmal genau, damit ich nichts übersehe. Es ist dasselbe Bild. Ich lege das Kärtchen auf das Bild.

Kompetenzzuschreibung: Das habe ich gut gemacht" (Lauth 1983, 95).

Eine deutliche Leistungsverbesserung konnte im Vergleich von Vor-, Zwischen- und Nachtests insofern nachgewiesen werden, als sich die Bearbeitungszeiten deutlich verlängerten und sich gegenläufig die Fehlerquote deutlich verringerte, so daß sich die aufsteigende Linie für die Bearbeitungszeit und die fallende Linie für die Fehlerquote noch bereits während der Trainingszeit schnitten und ihre Ausrichtungen auch in den Langzeitnachtests beibehielten (vgl. Lauth 1983, 100).

Derartige Aufmerksamkeitstrainings brauchen nur bei sehr schwierigen Kindern eine 1 zu 1 Situation, die aber auch im weiteren Trainingsverlauf auf 1 zu 3 ausgedehnt werden kann. Mehr als drei Kinder mit Aufmerksamkeits- und Hyperaktivitätsstörungen sollten jedoch nicht zu einer Trainingsgruppe gehören. Die wöchentlichen Trainingseinheiten werden zunächst auf 30 Minuten geplant und können im weiteren Trainingsverlauf ausgedehnt werden.

Die Eltern sollten in das Training in der Weise einbezogen werden, daß sie Informationen über die Störungen ihrer Kinder bekommen und daß ihnen Trainingsabsichten und -verlauf erläutert werden.

230

Abb. 29: Hilfen zur Entwicklung der Fähigkeit zur
Metakognition
(modifiziert nach Meichenbaum 1977, 43)

1 Was soll ich tun ?

2 Wie kann ich vorgehen ?

3 Folge ich meinem Plan ?

4 Wie habe ich es gemacht ?

Verhaltensmodifikation ist über viele verschiedene Verfahren zu realisieren. Als erfolgreich hat sich auch die Einbeziehung der Eltern in ein Modifikationsprogramm erwiesen. Kinder im Grundschulalter, für die die angestrebten Ziele täglich festgelegt wurden und die für die Zielerreichung systematisch sozial verstärkt wurden, wurden die Eltern täglich über die Lernfortschritte informiert und konnten die Kinder, wenn die formulierten Ziele erreicht waren, entsprechend positiv verstärken. Im Vergleich mit einer Kontrollgruppe führte diese Form der Verhaltensmodifikation bei hyperaktiven Kindern zu einer deutlichen Reduzierung unerwünschter Verhaltensweisen (vgl. O'Leary et al. 1979).

6. Entspannung und Meditation als pädagogisch-therapeutische Verfahren

Durch belastende Bedingungen in Familie und/oder Schule und/oder in anderen Institutionen / Gruppierungen kommen auch immer mehr Kinder und Jugendliche in einen Teufelskreis, in dem sich Anspannung, Verspannung und Verkrampfung mehr und mehr steigern (s. Abb. 30).
Hilfreich können in solchen Fällen Entspannungsverfahren sein, die auch in Verbindung mit anderen psychotherapeutischen und pädagogisch-therapeutischen Verfahren eingesetzt werden (z.B. bei der Systematischen Desensibilisierung, beim Katathymen Bilderleben, bei Traumreisen).
Zu den bekanntesten Entspannungsverfahren gehören das "Autogene Training" nach J.H. Schultz und die "Progressive Muskelentspannung" nach Jacobson.
 Entspannung hat Bedeutung als präventive Maßnahme, als Teil oder Ergänzung anderer Therapien und als eigenständige Therapie.
Das Autogene Training entwickelte als konzentrative Selbstentspannung in den zwanziger und dreißiger Jahren der Berliner Mediziner J.H. Schulz. Seine Methode ist in Deutsch-

land am weitesten verbreitet und wird deshalb und wegen vieler Nachweise positiver Effekte näher betrachtet.

Die verschiedenen Übungen lassen sich in eine sogenannte Unterstufe und in eine Oberstufe einteilen. Für die pädagogische Praxis relevant ist nur die Unterstufe, in der den ganzen Körper erfassende Schwereübungen (Muskelentspannung) und Wärmeübungen (Gefäßentspannung) gemacht sowie die Herzregulierung, die Atemeinstellung, die Regulierung der Bauchorgane und die Einstellung des Kopfgebietes vorgenommen werden. Die Oberstufe des Autogenen Trainings ist über speziellere Techniken (z.B. Konvergenzstellung der Augen, Farbenerlebnisse) auf den Zugang zu unbewußtem Material ausgerichtet (vgl. z.B. Rosa 1983). Im Rahmen der in Frage kommenden Unterstufe wird also suggestiver Einfluß genommen auf Muskeln, Blutgefäße, Herz, Atmung, Leiborgane ("Sonnengeflecht") und den Kopf (vgl.

Schultz 1967, 14). In der ersten Phase wird eine Ruhigstellung realisiert, indem sich der Übende in bequemer Kleidung und in bequemer Haltung - am besten in der sog. "Kutscherhaltung" - hinsetzt oder so auf eine Decke am Boden legt, daß die Arme leicht angewinkelt sind. Mit geschlossenen Augen vermittelt er sich, beginnend mit dem bevorrechtigten Arm, durch inneres Sprechen den Vorsatz "Mein rechter (linker) Arm ist schwer, ganz schwer!". Wichtig ist, daß ein gegenwärtiger Zustand durch die Formulierung "ist schwer" suggeriert wird und nicht ein künftiger Zustand durch "wird schwer" gedacht wird.

An diese Übungsphase schließt sich der Beruhigungvorsatz "Ich bin ruhig, ganz ruhig!" an, der jeweils nach sechsmaligem Denken der Übungsformel für Schwere wiederholt wird. In gleicher

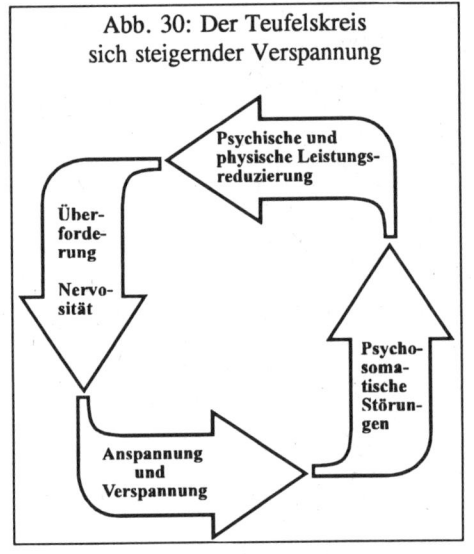

Abb. 30: Der Teufelskreis sich steigernder Verspannung

Psychische und physische Leistungsreduzierung

Überforderung

Nervosität

Psychosomatische Störungen

Anspannung und Verspannung

Weise werden auch die Formeln angewandt, die sich auf die übrigen Extremitäten beziehen. Schwere bzw. ein tranceähnlicher Zustand stellt sich nicht gleich ein; ihn zu erreichen bedarf es des Trainings. Wenn die Schwereübung gut beherrscht wird, werden auch die übrigen Bereiche in die Autosuggestion einbezogen. Bei Kindern treten die gewünschten Effekte häufig schneller ein als bei Erwachsenen, insbesondere wenn verstärkt heterosuggestive Momente zum Tragen kommen. Da ein tranceähnlicher Zustand erreicht wird, muß dieser durch eine gedachte Formel in Verbindung mit Körperreaktionen beendet werden: "Arme fest!"(kräftiges Beugen und Strecken) - "Tief atmen!" - "Augen auf!"

Sollen nach den Gliedmaßen auch die Organe Herz, Lunge, Solarplexus bzw. Sonnengeflecht und damit die Bauchorgane in das Training einbezogen werden, dann sollten, wenn ein mit Autogenem Training gut vertrauter Lehrer/Erzieher die Übungen anleitet, Kinder und Jugendliche vorher den Arzt konsultieren, damit Durchblutungsstörungen oder Organschwächen ausgeschlossen und Risikofaktoren vermieden werden. Wenn alle Übungen erfolgreich durchgeführt werden, können sie miteinander verbunden werden. Ist nach etwa drei Monaten eine tiefe Entspannung bzw. ein autogener Trancezustand erreichbar, dann lassen sich positive Vorsätze formulieren, die der psychischen Situation und dem sprachlichen Verständnis des Übenden angepaßt sein müssen (posthypnotischer Auftrag). Die Formel bringt den Vorsatz in positiver und feststellender Formulierung zum Ausdruck, wie z.B. "Ich bin konzentriert. Ich mache meine Arbeit gerne und gut" oder "Ich setze mich gern an den Schreibtisch, ich schaffe es, den Aufsatz zu schreiben". Lehrer und Erzieher, die mit Trainingsmethoden arbeiten wollen, müssen in der Lage sein, in der Gruppe der Kinder bzw. Jugendlichen eine entsprechende Atmosphäre zu schaffen und auch selbst Modell zu sein für diese Verfahrensweisen.

Kleineren Kindern kann die Entspannung erleichtert werden, indem die Formeln in Märchen oder Geschichten eingebettet werden. Allerdings müssen diese Formeln sehr neutral und allgemein formuliert werden, von allen Kindern verstanden werden können und wirklich das erreichen, worauf die Intentionen sich richten. Zu bedenken ist, daß schon ein falsches Wort, eine unpassende Assoziation Blockierungen oder unerwünschte Nebeneffekte erbringen kann. Wenn also dem Lehrer/Erzieher die Kinder und Jugendlichen mit ihren Ängsten und Schwächen, ihrem Lebenshintergrund und eventuell belastenden Erlebnissen bekannt sind, dann lassen sich auch Entspannungsgeschichten erzählen, wie z.B. Eberlein vorschlägt: Kinder gehen mit einem Zauberschiff auf die Reise. "Sie liegen auf dem Rücken, haben die Augen geschlossen, summen und singen mit der Silbe OM das Zauberschiff, das babebi herbei. Sie sind vollkommen ruhig, gelöst, entspannt. Das Schiff gleitet ruhig über einen silbrig schimmernden See, leise plätschern die Wellen an den Schiffsboden. Das Schiff wiegt auf und ab. Im schwingenden Rhythmus atmen sie aus und ein, hin und her - vollkommen ruhig, gelöst, entspannt. Die Sonne scheint, es ist warm. Ruhig, schwer, warm, entspannt, gelöst. Und nun landet das Schiff am Strand einer Insel, der Wunschinsel, auf der ein Traumbaum steht. Sie schweben ans Land, geradewegs auf den Baum zu, den Traum- und Wunschbaum. Sie hören den Baum singen und klingen. Es ist ein Baum besonderer Art, was sie denken, was sie sich wünschen, kommt ihnen entgegen" (Eberlein 1984, 93). Das Schiff kann über und unter Wasser fahren, es bringt die Kinder in die verschiedenen Länder. An Land und auf dem Wasser erleben sie Abenteuer, und dabei werden "die Übungen des Autogenen Trainings über das Schwere- und Wärmeerlebnis, über das Empfinden des Herzens und der Atmung durchgeführt und im Sonnengeflecht vertieft" (a.a.O., 101). Als angemessene Gruppengröße für das Autogene Training hat sich eine Zahl von 10 Kindern erwiesen (Langenkamp et al. 1982).

Für die Anwendung des Autogenen Trainings bei Kindern und Jugendlichen mit psychischen bzw. Verhaltensstörungen spricht eine Vielzahl von Untersuchungen, die zum Teil in Verbindung mit anderen Verfahren - eine nicht unwichtige Variable - durchgeführt wurden und positive Ergebnisse erbrachten (vgl. Atzesberger / Frey 1978, Biermann 1975, Leuner 1985, Leuner et al. 1990). Nach Biermann bestehen bei Kindern und Jugendlichen im Vergleich zu Erwachsenen "bessere Reifungs- und Entwicklungschancen, die in vielen Fällen allein mit dem AT eine endgültige Ausheilung einer Verhaltensstörung, aber auch eines psychosomatischen Leidens erhoffen lassen" (Biermann 1975, 111) Im schulischen Kontext konnte z.B. erreicht werden, daß die Schüler einer "extrem unruhige(n) 4. Klasse einer Schule für Erziehungshilfe" "zunehmend ruhiger, ansprechbarer und aufgeschlossener" wurden; "auch die Gespräche fanden auf einer emotionalen Ebene mit zunehmendem gegenseitigen Verständnis und sich entwickelnder Bereitschaft des Sich-Verstehen-Wollens statt" (Anders 1985, 65).

Meditation (lateinisch meditari: nachdenken, sinnen, betrachten; meditatio: Besinnung, besinnliche Betrachtung, religiöse Versenkung) führt als mentale Technik in einen Zustand geistig-seelischer Sammlung, der durch verschiedene Verfahren herbeigeführt werden kann. Die verschiedenen Verfahren stammen aus unterschiedlichen Kulturräumen und sind von ihren Ursprüngen her der Theologie und der Philosophie zuzuordnen. In grober Klassifikation lassen sich zwei Hauptgruppen meditativer Verfahren benennen:

a)   konzentrative Verfahren
b)   kontemplative Verfahren

Yoga-Verfahren

Zu den im wesentlichen konzentrativen Techniken gehört das im 2. Jahrtausend vor Christi entwickelte Yoga mit den als Hatha-Yoga bezeichneten diffizilen Körperübungen des Inders Patandschali. Weit verbreitet ist die zu den kontemplativen, öffnenden Verfahren zu rechnende Mantra-Technik. In der Praxis mit Kindern und Jugendlichen setzen sich mehr und mehr Kombinationsverfahren als Mischformen von konzentrativen und kontemplativen Techniken durch (siehe dazu Rozman 1977). Es soll in gebotener Kürze auf das sogenannte Hatha-Yoga als Kombinationstechnik wie als "reines" Verfahren sowie - und das umfassender - auf Mantra-Meditation eingegangen und zu verdeutlichen versucht werden, wie und mit welchem Erfolg diese Verfahren in der Pädagogik bei Verhaltensstörungen einzusetzen sind.

Hatha-Yoga wie Mantra-Verfahren werden seit Mitte der siebziger Jahre in der Bundesrepublik von einem kleinen Kreis Interessierter sonderpädagogisch eingesetzt im Gegensatz zu den USA z.B., wo die Tradition älter und die Verbreitung größer ist (siehe z.B. Rozman 1977).

Yoga bei Kindern mit Verhaltensstörungen

Über Erfahrungen mit Hatha-Yoga bei Kindern mit Verhaltensstörungen und bei drogenabhängigen Jugendlichen berichtet Kiphard. Für Kiphard ist Yoga eine "komplexe Methode der körperlichen und geistigen Straffung und Selbstdisziplinierung" (Kiphard 1980, 7). Mit übermäßig ängstlichen, aggressiven, antriebsgehemmten oder -enthemmten verhaltensgestörten zehn- bis zwölfjährigen Kindern hat Kiphard kursmäßige Yoga-Stunden durchgeführt. Vor den Yoga-Übungen gab er den Kindern Gelegenheit, sich körperlich abzureagieren. Bewährt hat sich seiner Darstellung nach der Aufbau einer Stunde derart, daß 1/4 Stunde die psychomotorischen Bedürfnisse an Geräten freier Wahl befriedigt werden, daß die zweite Viertelstunde den Yoga-Übungen als Körper-Yoga, die dritte Viertelstunde wieder der freien motorischen Entfaltung dient und die letzte Viertelstunde zur Tiefenentspannung (Geistes-Yoga) genutzt wird. Die Unterscheidung zwischen Körper- und Geistes-Yoga wird aus methodischen Gründen vorgenommen. Zum Körper-Yoga gehören Gleichgewichtsübungen (z.B. Storchenhaltung), Wirbelsäulenbeugung (z.B. Bogenhaltung) und Umkehr-Übungen (z.B. Kerze, Kopfstand für ältere Kinder). Zum Geistes-Yoga rechnet Kiphard Tiefenentspannung in Rückenlage verbunden mit Phantasieübungen im Sinne des "Katathymen Bilderlebens" von Leuner und die autosuggestive Formulierung von Leit- bzw. Vorsätzen im Sinne von J.H. Schultz. So ist Yoga bei Kiphard im Grunde ein Kombinationsverfahren, das Körperübungen, "Autogenes Training" und Katathymes Bilderleben verbindet. Diese Yoga-Therapie, wie Kiphard sich ausdrückt, zielt auf

"- körperliche Straffung und Disziplinierung bei gleichzeitiger Fähigkeit zur Entspannung,

- geistige Konzentration und Selbstbeherrschung verbunden mit einer Verhaltensänderung in Richtung auf Ruhe, Gelassenheit und Konflikttoleranz." (Kiphard 1980, 9).
Im Sinne dieser Zielsetzung hat sich Yoga, so betont Kiphard, bei der Rehabilitation verhaltensgestörter Kinder und drogenabhängiger Jugendlicher bewährt.
Sehr positive Erfahrungen mit Hatha-Yoga sind auch bei mehrfachbehinderten Jugendlichen gemacht worden. Hatha-Yoga wurde dabei verstanden als "ein System körperlicher
Techniken zur Beeinflussung des psychophysischen Geschehens", zielt auf "Freiwerdung
der Persönlichkeit" und die "Heilung seelischer Störungen", kann also für sich stehen
und bedarf keiner Zusatztechniken, um zu wirken (Mück 1979, 105). So wurde denn
auch - im Gegensatz zu Kiphard, der, wie dargestellt, die Körperübungen im Rahmen eines Kombinationsverfahrens einsetzt - Hatha-Yoga als "reines Verfahren" durchgeführt.
Aus der Vielzahl von Übungen hat sie - didaktisch-methodisch begründet - die fünf
Übungen Toter Mann, Kobra, Halbschildkröte, Kaninchen und Berghaltung ausgewählt
und jede einzeln für sich oder auch in einer Sequenz zusammengefaßt geübt. Bei den täglichen Übungen wurden ein fester Ordnungsrahmen sowie "Ruhe und Abgeschlossenheit"
für unbedingt notwendig erachtet. Eine ruhige und entspannte Atmosphäre ließ sich für
die Jugendlichen "durch leichte Verdunklung des Raumes und Kerzenlicht" fördern
(a.a.O., 109).
Über Verhaltensbeobachtung wurden als Effekte festgestellt:
- Ansprechbarkeit für Yoga
- Bedürfnis und Bereitschaft für Entspannung
- Freude an den Übungen, positive Einstellung zum Yoga, freiwillige Teilnahme
- Ausdehnung von Schweigephasen, weniger Ablenkung durch äußere Störungen
- Nach den Yoga-Übungen ruhiges Verhalten, Bedürfnis allein zu sein, Wahl ruhiger
  Beschäftigungen, auffällige Verträglichkeit auch bei sonst aggressiven Schülern.

Mantra-Meditation

Mantra-Meditation hat eine jahrtausendealte Tradition, die sich von den indischen Veden
herleitet. Mantra ist ein altes Sanskrit-Wort. Es bedeutet: "Spruch, dessen Wirkung bekannt ist".
Für die Meditation werden drei- oder meistens zweisilbige Wörter benutzt. Diese Wörter
werden gegenwärtig von einer Art "Bewegung" unter Leitung eines indischen Gurus
teuer verkauft, in einem mystischen Ritual übergeben und mit einer speziellen Weltanschauung verknüpft. Mantra-Meditation ist mythologisiert und kommerzialisiert worden.
Deshalb ist es mir besonders wichtig, herauszustellen, daß es sich um eine einfach zu er-
lernende sowie leicht und natürlich durchzuführende Technik handelt, die - ähnlich wie
autogenes Training - für sich steht und nicht einer weltanschaulichen Einbettung oder eines Gurus bedarf, um frappierende Wirkungen, die weit über die des autogenen Trainings hinausgehen, zu erzielen.
In der Mantra-Meditation wird schnell und leicht der Zustand einer umfassenden körperlichen Entspannung und einer tiefen psychischen Beruhigung bei voller Wachheit der
Sinne erreicht. Einleitung und Durchführung der Mantra-Meditiation sind so einfach, daß
schon beim ersten Versuch viele meditationswillige Probanden den status meditationis -
wie dieser besondere Zustand in der Meditation bezeichnet werden könnte - erreichen.
Der Proband wählt sich aus einer Liste von Mantras ein ihn ansprechendes Mantra aus
oder er erfindet selbst ein zu ihm passendes Mantra. Das bekannteste Mantra ist wohl der
Dreisilber OM-AH-HUM. Dreisilbige Mantras werden so benutzt, daß die erste Silbe
beim Einatmen, die zweite beim Ausatmen und die dritte in einer Atempause gedacht

werden (vgl. dazu Schwäbisch / Siems 1976). Bei den zweisilbigen Mantras zieht sich nach dem Einatmen über die erste Silbe das Denken der zweiten Silbe über das Ausatmen in die Atempause hinein. Zweisilbige Mantras sind z.B.: EI-MA, SCHE-RIM und SCHI-RAM aus dem indischen Kulturbereich oder auch A-MEN und JAH-VE aus der christlichen Theologie.

Der Proband setzt sich - zur Beruhigung und Entspannung - in einen leicht abgedunkelten Raum. Er zieht die Schuhe aus, um sich nicht eingeengt zu fühlen. Vorher hat er möglichst Blase und Darm geleert, um auch in der Hinsicht nicht belastet zu sein. Im Rhythmus von Ein- und Ausatmen denkt er mit geschlossenen Augen das Mantra, wobei hier mit Denken ein inneres Sprechen gemeint ist. Die Meditation dauert 15 - 20 Minuten. Sie wird zweimal täglich, morgens und abends, durchgeführt. Der im Hinblick auf ruhiges Stillsitzen lange Zeitraum von 15 - 20 Minuten erscheint den Meditierenden häufig sehr kurz, oft zu kurz, so daß er sich aus dem meditativen Zustand noch nicht lösen möchte. Andererseits gewinnt er ein Gefühl für den Zeitraum und beendet die Meditation quasi automatisch.

In der Meditation treten recht schnell, unmittelbar nach Beginn oder nach wenigen Minuten, Beruhigung und Entspannung ein, verbunden mit Wohlbefinden und auch Glücksgefühlen. Wie bei sich vertiefender körperlicher Ruhe können motorische Aktivitäten entstehen, die den "Einschlafzuckungen" vergleichbar sind. Diese werden, wie die sich ebenfalls zeigenden mentalen Aktivitäten, Wahrnehmungsbeeinträchtigungen und Schlaftendenzen, als Übermüdungserscheinungen oder auch Spannungslösen gedeutet (vgl. Wachsmuth 1978, 6-7). Die mentalen Aktivitäten manifestieren sich in spontanen Gedanken sowie in optischen und akustischen Erinnerungen. Die Wahrnehmungsbeeinträchtigungen gehen bis zum Wahrnehmungsverlust ("black out"). Auch Schlaf kann eintreten. Die Meditation mündet in der Regel in einen Zustand tiefer Ruhe und Tiefenentspannung (status meditationis). Dieser Zustand, der in seiner optimalen Form mit einem Vergessen von Raum und Zeit sowie der eigenen Körperlichkeit bei klarer Bewußtheit ("ruhevolle Wachheit") verbunden ist, hat deutliche physiologische Korrelate, die dazu führen, ihn neben Wachen, Schlafen und Träumen als vierten Bewußtseinszustand zu verstehen (Wallace 1970, Bloomfield 1977, Wachsmuth 1978). Charakteristisch für den "status meditationis" sind folgende physiologische Korrelate (vgl. dazu zusammenfassend: Wachsmuth 1978):

a) Abnahme des Sauerstoffverbrauchs, der aufschlußreiche Hinweise auf den Stoffwechselprozeß gibt, um 15 % - 35 % gegenüber dem Ruheumsatz. Entsprechend sinkt die Kohledioxyd-Ausscheidung, so daß der respiratorische Quotient in Ordnung bleibt und sich keine abnorme Atemveränderung ergibt.

b) Die Atemfrequenz reduziert sich um 3 - 5 pro Minute.

c) Das Herzminutenvolumen sinkt um 25 %, d.h. das Herz hat deutlich weniger Blut zu pumpen.

d) Die Serumlaktatkonzentration, die mit hohen Werten auf Streßreaktionen zu verweisen mag, sinkt dreimal schneller als im Schlaf von 14 auf 7 mg%.

e) Der spontane galvanische Hautwiderstand ist erhöht, "was auf eine größere Stabilität des autonomen Nervensystems hindeutet".

"Die autonome Stabilität des Meditierenden, wie es die niedrigen spontanen galvanischen Hautreflexe angezeigt haben, korreliert signifikant mit größerer Widerstandskraft gegen milieubedingten Streß, psychosomatische Erkrankungen und Verhaltensstabilität, sowie mit größerem Wirkungsgrad des Nervensystems, wodurch mehr Energie frei wird für verschärftes Wahrnehmungsvermögen, klares Denken und zielbewußte Aktivität" (Bloomfield 1977).

f) Die EEG-Muster unterscheiden sich von denen im Wachen, Schlafen, Träumen. Sie haben "eine charakteristische Verteilung und Verlaufsform". Während der Meditation bleibt "klare Bewußtheit erhalten, auch wenn die EEG-Muster Formen annehmen, die sonst in Schlafmuster übergehen. Im Gegensatz zum Dösen oder Schlummern fühlen sich die Versuchspersonen ... frisch, aktiv, wohlgelaunt usw." (Wachsmuth 1978, 119).

Wie der Amerikaner Wallace meint auch der Deutsche Wachsmuth aufgrund seiner EEG-Forschungen an Meditierenden annehmen zu können, daß der "status meditationis" ein vierter Bewußtseinszustand ist.

Mit den besonderen physiologischen Parametern, die sich im "status meditationis" zeigen, sollen sich die sehr positiven, deutlichen und unterschiedlichen psycho-physischen oder auch sozial-emotionalen Effekte erklären lassen, über die die Meditierenden selbst und ihre Umwelt berichten. Anzumerken ist allerdings, daß die Bedeutung der erfaßten physiologischen Parameter noch nicht ganz klar ist.

Die Tiefenentspannung der Meditation kann "als Basisprophylaxe der meisten Krankheiten gelten" (Wachsmuth 1978, 151).

Da die physiologischen Parameter denen, die als Streßreaktionen festzustellen sind, genau entgegengesetzt sind, können übermäßige Belastungen besser überwunden werden und neue Kräfte besser aktiviert werden. Darüber hinaus kommen in der Phase der psycho-physischen Ruhe und Entspannung die körpereigenen Selbstheilungskräfte zur Wirkung, so daß - und dies ist gerade im Hinblick auf die immer zahlreicher auftretenden psychosomatischen Erkrankungen zu sagen - körperliche wie seelische Harmonisierung, Normalisierung und Regenerierung eintreten können.

Das Erleben tiefer Ruhe bei gleichzeitiger sensibler Wachheit kann die geistige Flexibilität fördern, womit u.a. die verbesserten schulischen und intellektuellen Leistungen Meditierender zu erklären sind.

Bedeutsam ist auch, daß der "status meditationis" ein Zustand "schöpferischer Stille" ist, in dem sich kreative Tendenzen entwickeln und ausbreiten können. Last not least ist darauf zu verweisen, daß die Erfahrungen des Sich-selbst-beeinflussen-könnens, des Sich-beruhigen-könnens, der selbst induzierten tiefen Entspannung stabilisierend und Ich-stärkend wirken. Zudem erlebt der Mensch, daß er zu seinen Problemen, ja, zu sich selbst in Distanz zu treten und aus dieser Distanz sich und seine Umwelt besser zu erkennen, zu verstehen und zu meistern vermag.

Mantra-Meditation führt, wie empirische Untersuchungen belegen, zu positiven Ergebnissen in kognitiver wie sozial-emotionaler Hinsicht bei psychosomatischen Erkrankungen bei Kindern wie bei Erwachsenen (vgl. zusammenfassend: Wachsmuth 1978, 8, Overbeck 1980). Über Mantra-Meditation mit lernbehinderten Sonderschülern äußerte sich die Hamburger Sonderschullehrerin H. Schmalfeldt folgendermaßen:

"Im Januar 1975 habe ich einen Schulversuch gemacht mit Meditation. Ich übte damals die Meditation schon zwei Jahre aus. Nach Abschluß dieses Versuches zeigte sich bei den Kindern eine sehr wesentliche Veränderung in ihrem persönlichen und sozialen Verhalten. Die Kinder waren vorher ausgesprochen lernunwillig gewesen und in ihrem Verhalten sehr gestört. Nun zeigte sich eine allgemeine Beruhigung ihres gesamten Verhaltens. Sie wurden untereinander toleranter, im Umgang mit dem Lehrer gelassener. Sie gingen gerne zur Schule" (Tonbandprotokoll).

Empirische Untersuchungen bestätigen die Aussage von H. Schmalfeldt.

Motorische Teilbereiche	Neuro- motorik	Senso- motorik	Psycho- motorik	Sozio- motorik
Funktionen	Reflexe Koordination	Wahrnehmen Reagieren	Gefühlsebenen Kognition	Sozialwahr- nehmung Kommunikation
Alters- bereich	Säuglingsalter	Kleinkindalter	Vorschulalter	Grundschulalter
Störungen	Insuffiziente Bewegungs- muster	Insuffiziente Wahrneh- mungsmuster	Insuffizientes Bewegungs- verhalten	Insuffizientes Sozial- verhalten
Intervention	Kranken- gymnastik (vorwiegend Ein- zelbehandlung)	Sensomotorische Übungen (vorwiegend Ein- zelbehandlung)	Psycho-motorische Übungen (vorwiegend Gruppen- behandlung)	

Overbeck und Tönnies verglichen 10 lernbehinderte Schüler des 6./7. Schuljahres, die sechs Wochen meditierten, mit einer parallelisierten Kontrollgruppe, die nicht meditierte. Im Vergleich der Prä- und Post-Tests einer Testbatterie zeigte sich für die meditierenden Sonderschüler
- eine starke Verminderung von Prüfungsangst und Schulunlust,
- eine Verminderung von allgemeiner Angst und manifester Angst,
- eine tendenzmäßige Verringerung von Neurotizismus und eine tendenzmäßige Zu- nahme sozialer Erwünschtheit.

Durch weitere Untersuchungen konnten derartige positive Auswirkungen von Mantra- Meditation bei lernbehinderten Sonderschülern gesichert werden (Overbeck 1980).

7. Pädagogische Mototherapie

Entsprechend den motorischen Entwicklungsphasen und den motorischen Störungsberei- chen sind verschiedene Förderkonzepte entwickelt worden (siehe Abb. 31, nach Kiphard 1979, 18-20).
Zu den neuromotorischen bzw. physiotherapeutischen oder krankengymnastischen Ver- fahren gehören die funktionellen Konzepte von Vojta, Bobath, Doman und Delacato, die möglichst schon im Säuglingsalter angewendet werden, um die weitere motorische Ent- wicklung zu normalisieren und präventiv im Hinblick auf Verhaltensprobleme zu wirken. Zu den sensomotorischen Verfahren sind insbesondere diejenigen von Affolter, Ayres und Frostig zu rechnen. Für Störungen im psychomotorischen und soziomotorischen Be- reich, d.h. im Vorschul- und Grundschulalter, sind im In- wie im Ausland verschiedene

Konzepte entwickelt worden (z.B. Frankreich: psychomotorische Reedukation (Guilmain 1926), Holland: spezielle Bewegungs-Agogik, DDR: Rhythmische Bewegungstherapie, Schweiz: Psychomotorik-Therapie, in mehreren Ländern: rhythmisch-musikalische Erziehung / Therapie).

In Deutschland ist am bekanntesten geworden die Psychomotorische Übungsbehandlung, die seit Mitte der fünfziger Jahre kooperativ der Sportlehrer Kiphard und der Mediziner Hünnekens im pädagogisch-therapeutischen Umgang mit Kindern mit Lern- und Verhaltensstörungen an der Westfälischen Klinik für Psychiatrie in Gütersloh entwickelten. Der aus den Anfangszeiten der "psychomotorischen Bewegung" stammende Begriff der Psychomotorische Übungsbehandlung beinhaltet zum einen, daß das Verfahren auf Bewegungsübungen im psychomotorischen Bereich ausgerichtet und zum anderen eine Form medizinisch überwachter und angeordneter Behandlung ist. In heutiger Zeit, da sich eine Motologie entwickelt hat und zwischen Motopädagogik und Mototherapie derart unterschieden wird, daß für Mototherapie "eine klare Indikation" und eine zeitliche Begrenzung gegeben sein müssen (Kiphard 1989a, 17) und in die Psychomotorische Übungsbehandlung die verschiedenen motorischen Teilbereiche einbezogen werden, ist die Bezeichnung nicht mehr recht zutreffend und wirkt auch antiquiert. Es wurde bereits - sicher fälschlicherweise und unter Nichtbeachtung des Anspruchs auf Ganzheitlichkeit - die Auffassung vertreten, die Übungsbehandlung werde genauer mit dem Attribut "sensomotorisch" charakterisiert, da dieses "sowohl die sensorische Kontrolle der Bewegung, als auch die der im Laufe der Bewegungen hervorgerufenen Eigenreize und schließlich die im Bewegungsverhalten zu beobachtende Koordination unterschiedlicher sensorischer Systeme erfaßt" (Wieland 1975, 74).

Psychomotorisches Training oder - wie wohl, um den komplexeren Ansatz zu verdeutlichen, besser zu sagen ist - Mototherapeutische Förderung für Kinder oder Pädagogische Mototherapie läßt sich bestimmen "als bewegungsorientierte Methode zur Behandlung von Auffälligkeiten, Retardierungen und Störungen im psychomotorischen Verhaltens- und Leistungsbereich" (Schilling 1986, 64). Sie versteht sich als "eine ganzheitlich-humanistische, entwicklungs- und kindgemäße Art der Bewegungserziehung" und Rehabilitation (Kiphard 1989a, 11/12) und ist - im Gegensatz zu anderen bewegungsorientierten Verfahren - dadurch gekennzeichnet, daß es bei ihr "nicht allein um Leistungsverbesserung im Motorischen geht, sondern in erster Linie um Persönlichkeitsentwicklung und Handlungskompetenz" (a.a.O., 13). Im Rahmen der Schule steht z.B. im Vordergrund, daß das "Selbstwertgefühl auf dem Wege über lustbetonte und für den einzelnen Schüler erfolgreiche Bewegungserfahrungen erhöht und stabilisiert wird" (Kiphard 1989b, 697). Materialien und Übungen sind so ausgewählt, daß sie stark intrinsisch motivierend sind und eher als Spiel angesehen werden (siehe dazu Abb. 32). Zielvorstellung ist dabei unter neurophysiologischem Aspekt, durch systematische motorische Stimulation das Nervensystem sowohl quantitativ durch differenziertere Vernetzungen als auch funktional durch eine Optimierung der chemischen und physikalischen Abläufe sowie komplex-qualitativ durch eine Verbesserung der reizaufnehmenden, -verarbeitenden und -integrierenden Fähigkeiten optimal zu strukturieren.

Pädagogische Mototherapie ist in der Praxis als "Ermutigungsprogramm" zu realisieren, das auf
- Körper-Ich-Kompetenz (z.B. eigene Körperlichkeit entdecken, Gefühle körperlich ausdrücken, Gleichgewichtserfahrungen),

- materiale Handlungskompetenz (z.B. Hindernisse einschätzen und überwinden, Werfen, Fangen, Klettern, Schwingen, Schaukeln) und
- soziale Handlungskompetenz (z.B. Körpersprache, Wahrnehmen und Verstehen, Regeln einhalten, eine soziale Rolle realisieren, Konflikte gewaltfrei lösen)
ausgerichtet ist (vgl. Kiphard 1989b, 693-694).

Mototherapeutische Verfahren sind indiziert, wenn bei Kindern und Jugendlichen rezeptiv-motorische Störungen feststellbar sind, d.h. insbesondere Körperkoordinationsstörungen, Auge-Hand-Koordinationsstörungen, augenmotorische Störungen, schreibmotorische Störungen, Lateralitätsstörungen, motorische Unruhe, Sprachstörungen und Lese-Rechtschreib-Störungen auf motorischer Grundlage, vestibuläre Funktionsstörungen, Wahrnehmungsstörungen, Körperschemastörungen, Dyspraxie, Lese-Rechtschreib-Störungen auf perzeptiver Grundlage (vgl. Kiphard 1989a, 26). Diese Störungen können zur Genese von Verhaltensstörungen beitragen, was - wie Kiphard aus seiner Erfahrung feststellt - häufig der Fall ist: "Wir wagen aufgrund unserer langjährigen Erfahrung zu behaupten, daß das kindliche Bewegungsungeschick, verbunden mit einer langsamen, ungenauen optischen und/oder akustischen Aufmerksamkeits- und Wahrnehmungsfähigkeit, eine häufige Ursache für Verhaltens- und Leistungsstörungen aller Schattierungen darstellt" (Kiphard 1989b, 696). Motorische Störungen können sich aber auch auf der Basis einer Verhaltensproblematik entwickeln. Sie treten also häufig deutlich in Erscheinung, auch in Verbindung mit Auffälligkeiten in kognitiver, emotionaler und sozialer Hinsicht und können somatisch und/oder psychisch bedingt sein (vgl. Kiphard 1989a). Körperliche Übungen sind insbesondere für Kinder mit Verhaltensstörungen deshalb bedeutsam "weil das Kind in erster Linie leibhaft reagiert und weil sich durch Übungen im leiblichen Bereich ein besonders guter kindgemäßer Zugang zum Psychischen eröffnet, stellt Kiphard fest und fährt fort: "Bewegungsverbesserung im Sinne einer psychomotorischen Integration bewirkt, namentlich bei jüngeren Kindern, mit der Zeit eine tiefgreifende Verhaltensstabilisierung. Das hat im affektiven wie im Leistungsbereich eine gleichermaßen beruhigende und ausgleichende Wirkung" (Kiphard 1970, 15).

Abb. 32: Gerätekombination aus Rollbrett und Pedalo

Unter motologischem Aspekt sind unter Kindern zwei Extremgruppen zu unterscheiden, und zwar die psychomotorisch gehemmten und psychomotorisch enthemmten Kinder. Psychomotorisch gehemmte Kinder verdrängen ihre natürlichen Bedürfnisse nach motorischer Expression und Expansion. Sie erscheinen als ängstlich, regressiv und leistungsschwach mit neurotischen Tendenzen. Mototherapeutische Förderung muß den Kindern helfen, ihre Angst zu verlieren, das Selbstwertgefühl zu verbessern und die soziale Isolierung aufzuheben. Die psy-

240

chomotorisch enthemmten oder auch "steuerlosen" Kinder können sich nicht bremsen, haben eine fluktuierende Aufmerksamkeit, können nicht planen, haben einen übermäßigen Antrieb, sind auch häufig aggressiv. Da bei diesen Kindern das Aktivierungsniveau herabgesetzt ist und die Hyperaktivität als sinnvolle Eigenstimulation verstanden werden kann, ist es zunächst notwendig, sie gewähren zu lassen und ihnen Hüpfen, Wippen und Schaukeln zu ermöglichen. Sie führen damit, wie Kiphard meint, "ihrem unzureichend funktionierenden und reagierenden vestibulären System entsprechend starke Reize zu" (Kiphard 1989a, 157).

Psychomotorisches Training geht von einer motorischen Baseline aus, für die motodiagnostische Verfahren die Daten liefern (vgl. Kap. 4). Es stehen verschiedene Trainingsmanuale zur Verfügung (siehe z.B. Eggert (Hrsg.) 1975, Hünnekens / Kiphard 1960 und 1985, Kiphard 1979 und 1983/1986). Die Übungen zielen nicht nur auf die unterschiedlichsten Bewegungsformen wie Kriechen, Hüpfen, Balancieren, Beschleunigen und Abbremsen, auf das Hantieren mit Bällen, mit Keulen, mit Ringen, sondern auch auf die unterschiedlichsten Sinneserfahrungen mit dem Tastsinn, den Augen, dem Gehör bis hin zu Konzentrationsübungen, Problemlösungsaufgaben und kreativen Gestaltungen. Dabei wird jeweils an den Bedürfnissen und Möglichkeiten der Kinder angeknüpft.

Mototherapeutische Förderung läßt sich - im Gesamtverlauf und für Fortgeschrittene auch in einzelnen Übungsstunden - in fünf Phasen gliedern:

- In der an die Neuromotorik und die archaische Psychomotorik anknüpfende *Enthemmungsphase* steht ein primitiv-motorisches Sichabreagieren und Sichausleben im Vordergrund. Hyperaktive wie regressive Bewegungsmuster können sich ausleben. Regressiven Bewegungstendenzen kommen Krabbeln, Kriechen und Strampeln entgegen. Gute Möglichkeiten bietet in dieser Phase das Trampolin, das beim Springen Enthemmung wie Steuerung ermöglicht.
- Die anschließende *Experimentierphase*, in der an die Senso- und Psychomotorik angeknüpft wird, stimuliert spielerische Ich- und Umwelterfahrungen. Intentionen, Initiativen werden geweckt und umgesetzt.
- Die dritte *kathartische Phase* hat die Psychomotrik im Vordergrund und ist auf affektiv-expressive Konfliktverarbeitung ausgerichtet.
- Die folgende *Strukturierungsphase* zielt von der Bewegungs- auf die Selbstbeherrschung. Durch gelenkte Entspannungs-, Brems- und Steuerungsübungen werden über spieltherapeutische Verfahren, über Pantomime und Tanz, Judo, Yoga sowie leichtathletische Übungen Steuerung und Kontrolle verbessert.
- In der abschließenden *sozialen Integrationsphase* wird die Eingliederung in die Gemeinschaft angestrebt. Soziomotorische Übungen sollen zur Anpassung an die Gemeinschaft, zu Kooperations- und Kommunikationsfähigkeit führen (vgl. Kiphard 1990, 289-313).

Bei hyperaktiven Kindern bedeutet das z.B., daß zunächst in einer Entlastungs- und Gewährungsphase vielfältige vestibulär stimulierende Aktivitäten angeboten werden, um dem "vestibulären Reizhunger" (Kiphard / Fröhlich 1981) zu genügen. Dazu dienen Geräte wie Rutschen und Wippen, der Sportkreisel, Hängegeräte, die schaukeln, schwingen, sich drehen können, sowie mit einer großen Anzahl von Übungsmöglichkeiten auch das Trampolin (vgl. dazu auch Ayres 1979 1984, Kap. 9.). Nach dieser Übungsphase treten zur Kanalisierung und Strukurierung motorische Abbrems- und Steuerungsübungen in den Mittelpunkt. Die Kinder sind z.B. mit einem Tennisring in der Hand Autofahrer, fahren langsam an, werden langsam schneller, bremsen ab, kommen langsam zum Stehen oder machen auch eine Vollbremsung aus voller Fahrt. Oder sie sind Indianer, die auf ihren Mustangs in wildem Galopp auf ein Seil zureiten, hinter dem eine Schlucht beginnt, so daß sie sich dort kräftig zügeln müssen. Auch Übungen wie Slalomlaufen um Keulen herum, das Bewältigungen von Bewegungs- und Hindernisbahnen, spezifische Übungen auf dem Trampolin sowie akrobatische Partnerroutinen, Jonglieren oder auch Yoga-Haltungen haben hier ihren Platz. Bei den folgenden Übungen wird die visuelle Kontrolle ausgeschaltet, damit die Kinder sich auf taktile und akustische Orientierung ausrichten und ihr Konzentrationsvermögen schulen können. Raum und Hindernisse werden taktil erkundet, Gegenstände, Personen, Körperhaltung taktil identifiziert, die Kinder üben, Geräuschquellen zu orten, unterschiedliche Geräusche zu erkennen, in entspannter Rückenlage werden mit geschlossenen Augen mehrmals vorkommende Wörter in einer vorgelesenen Geschichte gezählt. "Dadurch erreichen auch hyperaktive Kinder eine bisher nie gekannte Konzentrationsfähigkeit. Denn gerade über die Augen fallen die meisten ablenkenden und die Kinder beunruhigenden Reize ein. Wird diese Hauptreizquelle aus freiem Entschluß ausgeschaltet, merken die Übenden mit einem Mal, daß sie andere tragfähige und verläßliche Orientierungssinne haben." "Sie werden sichtlich ruhiger und aufmerksamer" (Kiphard 1989a, 159). Auf vielfältige Weise können kurze Entspannungsphasen realisiert werden mit akustisch-verbalen Aufmerksamkeitsübungen. Im Mittelpunkt des nächsten Übungsschrittes stehen optische Aufmerksamkeits- und Orientierungsübungen. Mit einem Tuch verdeckte Gegenstände werden kurzzeitig den Blicken freigegeben und dann benannt, ein Kind nimmt unsichtbar für die anderen Kinder Veränderungen an seiner Kleidung vor, die festgestellt werden müssen, Übungen werden pantomimisch gefordert usw. Nach diesen Schritten werden Bewegungsübungen mit gezielten Aufmerksamkeitsübungen im Sinne Meichenbaums verbunden, mit Wortkarten, die Halt! / Schau! / Höre! / Denke! signalisieren und auch durch unterschiedlich farbige Lichtsignale sowie durch Bilder vermittelt werden können (vgl. Kap. 6.1.6). Die abschließende Phase der "psychomotorischen Verhaltensmodifikation" dient dem zunächst retrospektiven, dann auch dem prospektiven Verbalisieren von Handlungsstrategien für das Lösen motorischer Aufgaben. Die Kinder berichten z.B. genau, wie sie das Problem gelöst haben, einen Gegenstand ohne Benutzung der Hände zu transportieren oder sie stellen dar, welchen Handlungsplan sie haben, um z.B. einen möglichst hohen Turm aus Papierstreifen zu bauen. Ein wichtiges Prinzip bei allen Übungen ist, daß neben Einzelübungen auch sozial-integrative Übungen durchgeführt werden, in denen Partner miteinander oder alle Gruppenmitglieder gemeinsam Übungen machen, Probleme lösen, kreativ Gestaltungen realisieren (vgl. Kiphard 1989a, 158-160).

Pädagogische Mototherapie verbessert, wie Untersuchungen belegen, nicht nur die motorischen Fähigkeiten, sondern erzielt auch deutliche Fördereffekte in kognitiver, sprachlicher und sozialer Hinsicht sowie im Hinblick auf die schulische Leistungsfähigkeit (vgl. z.B. Hünnekens / Kiphard 1960, Eggert 1975, Kiphard 1989a). In einer Untersuchung, in der mit Grundschulkindern, die Lernbeeinträchtigungen im Sinne einer Lese-Rechtschreib-Schwäche zeigten, ein psychomotorisches Trainingsprogramm durchgeführt wurde, kam es mit überraschender Deutlichkeit "zu einer Verbesserung der emotionalen Befindlichkeit, zu einer Stärkung des Selbstwertgefühls und zu einer Verbesserung der sozialen Integration und zu einer Verbesserung der Kontakte des Kindes mit Eltern und Lehrern" (Eggert 1975, 11). In der Untersuchung von Eggert wurde auch deutlich, daß bei Kindern mit Lern- und Verhaltensstörungen insofern in zwei Phasen vorgegangen werden muß, als zunächst eine Stabilisierung der Gesamtpersönlichkeit mit einer Erhöhung des Selbstwertgefühls und später erst die schulischen Leistungsrückstände im Mittelpunkt stehen (a.a.O., 13).

Mototherapeutische Verfahren haben inzwischen ihren festen Platz im Bereich der Intervention nicht nur bei Verhaltensstörungen, sondern bei den verschiedensten Behinderungen. Auch für Mediziner gilt, daß bei unterschiedlichen Störungen motorische Trainings sehr hilfreich sein können, denn: "Über die Motorik sind ganz verschiedene Funktionsbereiche anzusprechen, da Bewegungsentwicklung, Wahrnehmung und Persönlichkeitsbildung eng verflochten sind" (Neuhäuser 1983, 81).

Mit der Pädagogische Mototherapie liegt eine Methode vor, die sich wirkungsvoll durch entsprechend ausgebildete Helfer einsetzen läßt und die auch Eltern zur unterstützenden Mitarbeit vermittelt werden kann.

Dem mototherapeutischen Bereich sind auch Interventionen nach dem neurophysiologischen / neuropsychologischen Ansatz zuzurechnen, zu denen vor allem die Sensorisch-integrative Behandlung nach Jean Ayres, das Wahrnehmungstraining nach Marianne Frostig und die Förderung der Perzeptionsprozesse nach Félicie Affolter gehören. Im Mittelpunkt dieser Funktionstrainings stehen pädagogisch-therapeutische Maßnahmen, die durch eine medizinische Behandlung ergänzt werden können.

8. Intervention nach Jean Ayres, Marianne Frostig und Félicie Affolter

Jean Ayres hat ein weltweit bekannt gewordenes Konzept zur Erklärung und Behandlung von cerebralen Funktionsstörungen auf neurophysiologischer Grundlage entwickelt. Nach ihrer Auffassung können viele Kinder mit Entwicklungs- und Lernstörungen sensorische Informationen nicht adäquat filtern, organisieren und integrieren. Infolge der cerebralen Funktionsstörungen gelingt es ihnen nicht in der notwendigen Weise, die einzelnen Sinnesfunktionen zu einer funktionalen Einheit zu verbinden bzw. in ein Gesamtsystem zu integrieren. Gestört ist die sensorische Integration. "Sensorische Integration ist der Prozeß des Ordnens und Verarbeitens sinnlicher Eindrücke (sensorischen Inputs), so daß das Gehirn eine brauchbare Körperreaktion und ebenso sinnvolle Wahrnehmungen, Gefühlsreaktionen und Gedanken erzeugen kann. Die sensorische Integration sortiert, ordnet und vereint alle sinnlichen Eindrücke des Individuums zu einer vollständigen und umfassenden Hirnfunktion" (Ayres 1984, 37). Ayres verweist auf fünf Faktoren, die sie "als funktional verbundene Aspekte menschlichen Verhaltens" ansieht und die "die Neuralsysteme widerspiegeln, in denen die Störung bei Kindern mit Lernproblemen gefunden wurde", womit Störungsarten oder Syndrome benannt werden, die einzeln oder - zumeist - in Kombination auftreten:

1. Störungen in der okularen, posturalen und bilateralen Integration;
2. die Apraxie;
3. Störungen in der Form- oder Raumwahrnehmung;
4. Hör-Sprachprobleme und
5. taktile Abwehr (Ayres 1979, 72).

Die Störung liegt bei den meisten Kindern in den phylogenetisch älteren Hirnbereichen, die auch - nach dem generellen Prinzip, "daß höhere Niveaus ohne adäquate niedere Funktion nicht optimal funktionieren" (a.a.O., 29) - die höheren kortikalen Hirnfunktionen beeinträchtigen. Fördermaßnahmen müssen deshalb bei den phylogenetisch frühen Funktionen beginnen, um komplexere Entwicklungen zu ermöglichen. Es geht also darum, auf die sensorisch-integrativen Mechanismen einzuwirken, wobei das Ziel gelegen ist "in einer progressiven Hirnorganisation nach einer Methode, die dem normalen Entwicklungsprozeß so nahe wie möglich kommt (a.a.O., 86). Die Behandlungsmaßnahmen sollen möglichst frühzeitig einsetzen, solange das ZNS noch nicht ausgereift und noch sehr plastisch ist und sich vielfältige neurale Vernetzungen entwickeln können. "Obwohl das Gehirn in allen Altersstufen irgendwie modifizierbar ist, ist seine funktionale Kapazität fast vollständig im Alter von zehn Jahren entwickelt, und die Periode der größten sensorisch-integrativen Entwicklung ist bereits einige Jahre früher abgeschlossen" (a.a.O., 98).

Um das Förderkonzept von Jean Ayres adäquat realisieren zu können, ist eine komplexe Diagnose der sensomotorischen Funktionen notwendig, für die die Amerikanerin eine Testbatterie mit der Bezeichnung "Southern California Sensory Integration Test (SCSIT)" vorgelegt hat (siehe dazu Kap. 5.5). Das Förderkonzept von Ayres ist schwerpunktmäßig zunächst auf die taktile Stimulation ausgerichtet, dann auf die vestibuläre Stimulation, um letztlich adaptive Reaktionen zu erreichen.

Die taktile Reizung an Händen, Füßen, im Gesicht geschieht durch Reiben und Bürsten mit unterschiedlichen Materialien und Gegenständen, wobei das Kind zunächst passiv bleibt, aber Spaß haben soll. "Als generelle Regel gilt: das, was Spaß macht, kann als integrierend betrachtet werden" (a.a.O., 88). Die vestibuläre Stimulation, die als eine der wirkungsvollsten Methoden angesehen wird, wird insbesondere durch Drehen und Schaukeln in einem Schaukelnetz sowie durch Rollen und Drehen eines Balles, auf dem das Kind liegt, realisiert. Weitere propriozeptive Stimuli lassen sich z.B. gut mit dem Rollbrett ("Roller") setzen (siehe Abb. 33, Ayres 1979, 120-122).

Durch systematischen sensorischen Input sollen adaptive Reaktionsmöglichkeiten geschaffen werden.

Die Verbesserung adaptiver Reaktionen zeigt sich darin, daß das Kind Reize adäquat zu interpretieren und mit einer adäquaten bzw. adaptiven Reaktion in Verbindung zu bringen vermag. Das Halten des Gleichgewichts stellt in dieser Hinsicht typische Anforderungen, die das Kind auf einem Therapieball liegend lernen, üben und weiterentwickeln kann. Mit wachsenden Fähigkeiten werden die Aufgabenstellungen in dieser Hinsicht schwieriger (vgl. Ayres 1977, 111 ff).

Die sensorisch-integrative Behandlungsmethode ist nach neueren Untersuchungen effizient im Hinblick auf motorische Leistungen und "bei sogenannten Risikofällen für die Entwicklung von spezifischen Lernstörungen", wobei eine abschließende Bewertung schwierig ist, da auch bei spezifischen Lernstörungen auf Ineffizienz verweisende Untersuchungen vorliegen (Steinhausen 1989, 309).

Intervention nach Marianne Frostig

Das Wahrnehmungs- und Bewegungstraining nach Marianne Frostig folgt den entwicklungspsychologischen Erkenntnissen Piagets, nach denen die kognitive wie die perzeptive Entwicklung des Kindes sich stufenartig in einer Weise vollziehen, daß die Fähigkeiten, die auf jeder Entwicklungsstufe erworben werden, in die der nächsten integriert werden, "und jede spätere Phase modifiziert und ändert das, was in früheren Phasen erworben wurde" (Frostig 1981, 10). Dabei hat die visuelle Wahrnehmung eine besondere Bedeutung: "Störungen und Mängel der visuellen Perzeption beeinträchtigen die Anpassung auf vielfache Weise, weil die Wahrnehmung als eine der grundlegendsten Funktionen des Organismus - wenn nicht tatsächlich als die zentralste überhaupt - angesehen werden kann" (a.a.O., 36). Die visuelle Perzeptionsfähigkeit wirkt sich nicht nur auf die sozial-emotionale, sondern auch auf die kognitive Entwicklung aus. So ist es nicht verwunderlich, daß Störungen und Mängel im Bereich visueller Perzeption häufig mit "Störungen im sprachlichen und sensomotorischen Bereich sowie mit Störungen in den höheren kognitiven Funktionen einschließlich des Gedächtnisses" einhergehen (a.a.O., 33). Versagenserlebnisse aufgrund dieser Störungen verunsichern, entmutigen und führen zu einer Mißerfolgsorientierung. Deshalb ist gezieltes Wahrnehmungstraining notwendig, für das Frostig diagnostisches Material und viele und interessante Übungsaufgaben bereitstellt. Die Übungen dienen der visuomotorischen Koordination, der Figur-Grund-Wahrnehmung, der Förderung der Wahrnehmungskonstanz, der Wahrnehmung der Raumlage und räumlicher Beziehungen (Frostig 1974). Umfassend wird das Förderkonzept nach Frostig erst, wenn Fördermöglichkeiten im Hinblick auf Teilleistungsstörungen und sensomotorische Schwierigkeiten Berücksichtigung finden. Auch in dieser Hinsicht stellt Frostig vielfältiges Trainingsmaterial zur Verfügung (Frostig 1973, 1981).

Obwohl der Förderansatz von Frostig kritisch zu sehen ist, die Tests nicht den Testgütekriterien entsprechen und die Übungsverfahren bei Evaluationsstudien nicht gut abschnitten, sind die Materialien weit verbreitet, werden vielfach eingesetzt und erfreuen sich großer Beliebtheit.

Abb. 33: Übungsgeräte für die Integrationsbehandlung

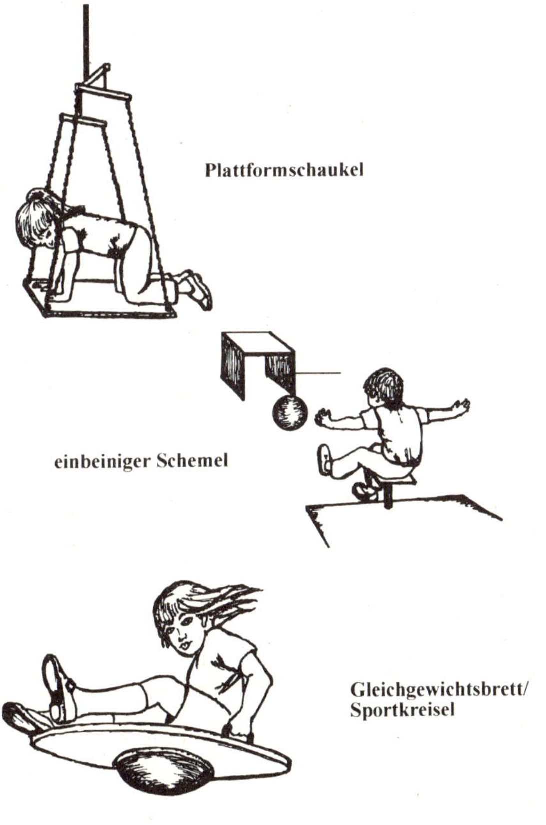

Plattformschaukel

einbeiniger Schemel

Gleichgewichtsbrett/ Sportkreisel

Intervention nach Félicie Affolter

Wie M. Frostig mißt auch F. Affolter einer adäquaten Wahrnehmungsentwicklung größte Bedeutung für die Gesamtentwicklung des Kindes bei. Für die Entwicklung der Wahrnehmung gibt sie drei Stufen an, die in der Weise aufeinander bezogen sind, daß Störungen auf einer unteren Stufe auch die Entwicklung auf den weiteren Stufen beeinträchtigen.

Auf der ersten Stufe ist die Wahrnehmung modalitätsspezifisch, d.h. sie verläuft nach den Sinnesbereichen getrennt taktilästhetisch, akustisch und visuell ab. Auf der zweiten Stufe ist intermodale Wahrnehmung möglich, d.h. ein Inbeziehungsetzen der verschiedenen Sinnesbereiche im Sinne einer Integration.

Auf der dritten Stufe vollendet sich die Integration im Sinne einer Verknüpfung aller Sinnesreize. Je früher eine Störung einsetzt, desto folgenschwerer ist sie. Die sensomotorische Entwicklung mit der grundlegenden Erfassung taktil-kinästhetischer Informationen ist von besonderer Bedeutung: "Spüren bildet die Grundlage, mit der Umwelt vertraut zu werden" (Affolter 1982, 17). Es geht also um Förderung der taktilen Entwicklung in früher Kindheit im Bereich der modalen, der intermodalen und serealen Integration. Das Förderkonzept hat 6 Phasen, in denen dem Kind mit Hilfe des pädagogisch-therapeutischen Förderers Umgang mit konkreten Objekten, selbständige Handlungsausführungen, in fortschreitend selbständiger und schöpferischer Weise ermöglicht werden (vgl. Affolter 1982).

Nach Affolter ist bei Schulkindern mit Teilleistungsschwächen bzw. cerebralen Funktionsstörungen mit folgenden Symptomen zu rechnen: Verminderung der Leistung auf der Serealstufe, Einschränkung der Kanalkapazität, Leistungseinschränkung durch hohe Aufgabenkomplexität, "Leistungsgrenzensymptom" (Zusammenbruch der Leistungsfähigkeit im Leistungsgrenzbereich). Für pädagogische Maßnahmen sind deshalb geringe Aufgabenkomplexität, vielfache Redundanz zur Berücksichtigung der eingeschränkten Kanalkapazität sowie vorsichtiges Abstandhalten von der Leistungsgrenze wichtig.

6.2 Beratung

Beratung spielt sich auf den verschiedensten Ebenen menschlicher Kommunikation und im Hinblick auf verschiedenste inhaltliche Bereiche ab. Jeder Mensch kann zum Ratsuchenden, jeder aber auch zum Berater werden. Waren es in früheren Zeiten der Menschheitsgeschichte die Alten und die Weisen, die aufgrund ihrer Lebenserfahrung als Berater akzeptiert und herangezogen wurden, so wurden es in späteren Zeiten mit der Entwicklung der Wissenschaften die Experten, für die insbesondere in den Bereichen der Theologie, der Medizin, der Jurisprudenz und später dann in den Bereichen der Psychologie und der Pädagogik Beratung zu einem Anliegen, einer Aufgabe, zu einer Interventionsform wurde. Zur Ausweitung von Beratungsnotwendigkeiten und Beratungsangeboten in den unterschiedlichen Lebensbereichen hat ganz wesentlich die wachsende Komplexität einer industrialisierten Zivilisation beigetragen. So gibt es inzwischen neben der althergebrachten Konsultation des Arztes, der Rechts-, Erziehungs- und Eheberatung auch Drogenberatung, Verbraucherberatung, Mieterberatung, Anlagenberatung, Reiseberatung usw.

Psychosoziale Beratung, die hier das Anliegen ist, und Therapie liegen auf einem Kontinuum. Sie sind nicht strikt voneinander zu trennen und können wechselseitig ineinander übergehen. Allerdings steht Beratung bei leichteren Problemfällen, bei vorübergehenden Schwierigkeiten an, während Therapie bei pathogenen Bedingungen und bei verfestigten psychischen Störungen indiziert ist.

In der psychosozialen Beratung hat sich die tradierte einkanalige Sender-Empfängerberatung zu einer kooperativen Beratung im Sinne eines Kommunikationszirkels weiterentwickelt. Beratungskonzepte haben sich von eindimensionalen zu multidimensionalen Modellen verändert.

Lehrer und Erzieher müssen in einer Zeit komplexer und nur schwer durchschaubarer schulischer Bedingungen sowie abnehmender familialer Erziehungskompetenz umfassende Beratungsaufgaben wahrnehmen. Sie müssen sich deshalb mit Beratungskonzepten befassen und sich in sie einüben.

Im Bereich psychosozialer Beratung lassen sich verschiedene Konzepte unterscheiden, die an relevanten psychologischen Schulen orientiert sind, wobei der systemische und der pädagogische Ansatz eine Sonderrolle einnehmen:

    1. der psychodynamische Ansatz

2. der individualpsychologische Ansatz
3. der lerntheoretische Ansatz
4. der klientenzentrierte Ansatz
5. der systemische Ansatz
6. der pädagogische Ansatz

Wie in den Bereichen Ätiologie, Erziehung, Unterricht und Therapie bei Verhaltensstörungen sind diese Ansätze auch im Bereich der Beratung in nur mehr oder weniger reiner Form auffindbar und beschreibbar. Die letzten beiden der genannten Ansätze, der systemische und der pädagogische, nehmen insofern eine Sonderstellung ein, als sie - zwar mit unterschiedlichen Schwerpunktsetzungen und Modalitäten - integrierenden Prinzipien folgen und als eklektisch oder synthetisch zu typisieren sind.

6.2.1 Der psychodynamische Ansatz

Beratung im Sinne des psychodynamischen Ansatzes basiert auf der psychoanalytischen Theorie. Da nach dieser Theorie psychosoziale Störungen im Zusammenhang zu sehen sind mit der frühkindlichen Entwicklung, mit relevanten Bezugspersonen und der Dynamik der Interaktionen innerhalb des engeren Lebenskreises, muß der Berater danach trachten, Einblick zu gewinnen in vergangene und gegenwärtige Interaktionsmuster und Erlebnisqualitäten, um von diesen Erkenntnissen her Rat geben zu können. Dabei können auch Deutungen im Sinne einer Tiefenhermeneutik eine Rolle spielen. Über projektive Verfahren (siehe Kapitel 5.2) geben Kinder und Jugendliche und gegebenenfalls auch ihre Eltern Einblicke in Entwicklungsverläufe, Beziehungskonstellationen, traumatische Erlebnisse, die Anlaß gewesen sein können für die Genese und die Aufrechterhaltung von Problemkonstellationen. Der erste, der die psychoanalytische Theorie umfassend und systematisch für die Erziehungsberatung nutzte, war August Aichhorn in Wien. Der österreichische Lehrer und Erzieher verstand es meisterhaft, auf die zumeist unbewußten pathogenen Kerne in der Entwicklungs- und Lebensgeschichte zu kommen, die dann zum Ausgangspunkt für die Beratung werden konnten.

Beratung nach psychodynamischen Modell macht sich zunutze, daß Kinder ihre Probleme auf Personen, Tiere oder auch in ganze Szenerien hinein projizieren, wozu z.B. der Sceno-Test stimuliert. Ein Beispiel für eine Beratung auf dieser Basis bringt August Aichhorn in seinem Buch "Psychoanalyse und Erziehungsberatung" (1970). Er schildert den Fall eines sechsjährigen Mädchens, das von zu Hause weglief, stundenlang wegblieb und von der Polizei oder auch von Nachbarn zurückgebracht wurde. Nach dem Umzug in ein Siedlungshaus begann das Mädchen nicht nur, von zu Hause wegzulaufen, es wurde auch verschlossen und trotzig und gab keinerlei Gründe für das Weglaufen an. Die Mutter suchte mit dem Kind, das am Kopf eine dunkelrote "Masche" (Schleife) trug, die Beratungsstelle auf, in der sich folgender Dialog abspielte:
"Von wem hast du die schöne Masche? - Von der Mutter.
Hast du noch mehrere solcher Maschen? - Ja, noch eine blaue und eine weiße.
Welche ist dir die liebste? - Die rote.
Hast du rote Sachen gerne? - Ja.
Gibt es bei euch zu Hause noch andere rote Sachen? - Ja, wir haben im Garten rote Rosen und rote Nelken.
Bist du viel im Garten? - Ja.
Was machst du dort? - Ich spiele.
Womit spielst du? - Mit meinen Puppen.

Wieviel Puppen hast du? - Drei.
Wie heißen die Puppen? - Hansi, Fritzi, Toni.
Welche ist die kleinste? - Die Toni.
Welche ist denn die größte? - Die Fritzi.
Welche hast du am liebsten? - Die Fritzi.
Welche ist denn die schlimmste? - Die Fritzi.
Was machst du, wenn sie schlimm ist? - Ich hau sie durch.
Was stellt sie denn an? - Sie läuft immer davon.
Warum läuft sie davon? - Weil es so langweilig ist. " (Aichhorn 1977, 112).
Der Berater konfrontierte das Kind mit seinen Spielsachen. Unter den drei Puppen identi-
fizierte sich das Mädchen mit Fritzi. Durch Fritzi konnte sie kund tun, daß sie immer
wegläuft, weil es ihr so langweilig ist. Der Berater gibt der Mutter den Rat, sich nach
Spielfreunden für das Kind umzuschauen, damit es im neuen Siedlungsgebiet für sie in-
teressanter wird. "Die Mutter folgt dem Rat, und im Abstand von einer Woche, einem
Monat, drei Monaten und einem halben Jahr in die Erziehungsberatung bestellt, teilt sie
mit, daß das Kind nicht mehr davongelaufen ist." (a.a.O., 112).
Sicher kann auch psychoanalytisch orientierte Beratung nicht immer so schnell und so erfolgreich ablaufen, das Beispiel zeigt aber in zu verallgemeinernder Weise, wie Beratung
nach der psychoanalytischen Theorie ablaufen kann.

6.2.2 Der individualpsychologische Ansatz

Die individualpsychologische Beratung folgt der von Alfred Adler erarbeiteten Theorie.
Im individualpsychologischen Beratungsgespräch geht es - kurz gefaßt - darum, den Lebensplan zu erkennen und die psychischen Funktionen zu verdeutlichen, die das Leben
auf der "unnützlichen Seite des Lebens" manifestieren, sowie die psychologischen Funktionen zu stärken, die der Restituierung des Gemeinschaftsgefühls dienlich sind. Der Berater hat eine erkennende, ermutigende, das Selbstgefühl stärkende und lebensverbes-
sernde Ratschläge erteilende Funktion.
Da insbesondere Bedingungen von Interesse sind, die für die Entwicklung und für die
gegenwärtige Ausprägung des Lebensplanes bedeutsam sind, gilt das Interesse somatischen Gegebenheiten, gegebenenfalls "Organminderwertigkeiten", und Umweltgegebenheiten, die zu einer Reduzierung des Gemeinschaftsgefühls und zu verstärktem Geltungsstreben oder auch zu Machtstreben führen konnten. Auch den Kompensations- bzw.
Überkompensationstendenzen und ihren Ausprägungen ist nachzugehen. Konstitutionellen
Bedingungen wird für die Ich- wie für die Umweltfindung besonders große Bedeutung
beigemessen: "Es ist schwierig, vielleicht ausgeschlossen, daß ein Kind von schwächli-
cher Konstitution seelisch zu jener Harmonie gelangt, die wir von gesunden Kindern erwarten. Stellen Sie sich ein Kind vor, das mit schwachen Verdauungsorganen zur Welt
gekommen ist. Die Behütung wird von den ersten Tagen an eine sehr vorsichtige und
ängstliche sein. Solche Kinder werden also in einer ungeheuer warmen Atmosphäre her-
anwachsen. Sie werden sich immer bevormundet und geleitet sehen, und ihr Lebensweg
durch eine ungeheure Zahl von Verordnungen und Verboten eingeengt erscheinen. Die
Bedeutung des Essens wird riesenhaft anwachsen, so daß sie selbst die Bedeutung der
Nahrungsaufnahme und auch die Frage der Ernährung und Verdauung außerordentlich zu
schätzen und zu überschätzen beginnen werden. Gerade die Magen-Darm-schwachen
Kinder stellen ein großes Kontingent zu den schwer erziehbaren Kindern, was schon den
alten Ärzten immer bekannt war" (Adler 1977, 306). In diesem Sinne sind alle Faktoren

bedeutungsvoll, die den Körper beeinträchtigen, denn sie beeinträchtigen auch die psychosoziale Entwicklung. Ein Kind mit organischen Problemen "wird z.B. einen außerordentlichen Hang zur Verzärtelung erwerben. Es wird sich von frühester Kindheit an gewöhnen, daß andere ihm alle Schwierigkeiten des Lebens aus dem Weg räumen. Es wird viel schwerer zu einer Selbständigkeit gelangen, wird gewohnheitsmäßig in allen riskanteren Situationen des Lebens größeren Anspannungen ausweichen. Sein Mut, sein Selbstvertrauen wird sich maßlos erschüttert zeigen" (a.a.O., 306-307). Kinder mit psychosozialen Störungen lassen sich im Sinne der Individualpsychologie Alfred Adlers kurz zusammengefaßt als entmutigte Kinder bezeichnen. Für die Beratung müssen also die genauen Gründe für die Entmutigung gefunden werden. Hilfreich kann die Beratung letztlich nur dann sein, wenn Ermutigung realisiert werden kann. Entmutigung stellt eine tiefgreifende Problematik dar und ist deshalb so schwer aufzuheben, weil sie im Sinne neurotischer Arrangements für die Betroffenen sowohl als auch für die Umwelt Gewinn bringt und deshalb stabilisierend wirkt, und zwar insofern

- als für den Entmutigten ein Primärsymptom gegeben ist durch die Befriedigung seiner Bedürfnisse,
- als ein sekundärer Gewinn insofern gegeben ist, daß durch die Umweltreaktionen die Bedürfnisse und Strategien des Entmutigten akzeptiert, verstärkt und aufrechterhalten werden,
- als ein tertiärer Gewinn dadurch entsteht, daß Bezugspersonen über die Symptome des Entmutigten eigenen Bedürfnissen nach Helfen-Wollen, Ablenkung, Dankbarkeit usw. nachkommen können (vgl. Adler, 1977).

Auf der Basis individualpsychologischer Erkenntnisse legte kürzlich Sieland ein Konzept für die Beratung vor, daß das Erkennen und die Überwindung von *Ent*mutigung ermöglichen soll (Sieland 1990, 55-67). Für das Entmutigungssyndrom hat er vier Indikatoren gefunden, und zwar
- kognitive Indikatoren,
- motivationale Indikatoren,
- Indikatoren für defizitäre Planungs- und Handlungskompetenz sowie
- Indikatoren für defizitäres Sozialverhalten.

Die detaillierten Auflistungen zu den einzelnen Indikatoren dienen der Erfassung der Ausgangssituation wie der im Laufe der Beratung erzielten Fortschritte:

"a) Kognitive Indikatoren
Entmutigte neigen zu defizitären Selbstdiagnosen.
- Sie vernachlässigen mindestens eine Lebensaufgabe.
- Sie denken in unrealistischen Schwarz-weiß-Gegensätzen: Personen, Ziele und Handlungsmittel erscheinen ihnen unverzichtbar wichtig oder völlig unerreichbar, ungeeignet bzw. sehr gefährlich.
- Sie ignorieren Ambivalenzen und kognitive Alternativen.
- Sie reflektieren ichfern über "die Jugend / das Schulsystem von Heute".
- Sie reflektieren handlungsfern und beschränken sich auf Verstehen.
- Sie neigen zu Kontrollillusionen oder Hilflosigkeitserwartungen.
- Sie meiden Verantwortung durch externe Ursachenzuschreibung.

b) Motivationale Indikatoren
Entmutigte neigen zu defizitären Wertreflexionen.
- Sie fürchten Niederlagen mehr als sie Erfolg wünschen.
- Sie bewerten Lebensaufgaben und sich selbst unrealistisch.
- Sie extremisieren Bedürfnisse, z.B.: um jeden Preis beliebt sein.
- Sie leugnen vorhandene Kompetenzen oder bestehende Grenzen.
- Sie gleichen ihre Entwicklungsideale der Lebenspraxis, sozialen Durchschnittswerten oder vermuteten Erwartungen anderer an (passive Konformität ohne Anpassungsdruck).
- Sie benutzen ihre Wertvorstellungen, um zu illusionieren, zu legitimieren, aufzubauschen bzw. um zu bagatellisieren;
- Sie neigen zu Gefühlen der Unterlegenheit bzw. Unzulänglichkeit.
c) Indikatoren für defizitäre Planungs- und Handlungskompetenz
- Entmutigte verlieren Kompetenz und Selbstwirksamkeitserfahrungen auf wichtigen Gebieten.
- Ihre Vorsätze stabilisieren ihre Praxis statt sie zu gestalten.
- Sie vermeiden Probehandeln im Zweifelsfall sondern verlassen sich auf Kontrollillusionen bzw. Hilflosigkeitsannahmen.
  (Das kann ich sowieso! Das kann ich nie!)
- Sie begnügen sich mit gewohnten Lösungen und fragen nicht nach alternativen Zielen und Mitteln.
- Sie verdecken ihren Verlust an Handlungsinitiative durch gesteigerte Selbstaufmerksamkeit bzw. Überreflexion.

d) Indikatoren für defizitäres Sozialverhalten
Entmutigte neigen zu
- sozialer Isolation oder Flucht in soziale Kontakte,
- Bagatellisierung von Erfolgen anderer,
- Verurteilung Erfolgreicher als Streber,
- Aufbauschen oder Amüsieren über fremde Fehler,
- Beschäftigung mit anderen als Selbstablenkung,
- unnötiger Hilfe für andere, die deren Selbsthilfe verhindert,
- Zustimmung, wenn andere ihre Verantwortung leugnen,
- Unfähigkeit, Wünsche zu vertreten bzw. abzulehnen..."
(Sieland, 1990, 60-61)
Die Beratung ist dadurch charakterisiert, daß - ausgehend von einem Beratungsvertrag - die vier Syndrombereiche bzw. Indikatoren für Entmutigung durch vier zugeordnete Ermutigungsverfahren verarbeitet werden können, und zwar durch Selbstdiagnosen, durch Wert- und ihre Leitreflexionen, durch Planen und Handeln sowie durch soziale Interaktion. Bei den Selbstdiagnosen geht es ganz wesentlich darum, "neue Möglichkeiten zu finden, neue Ziele und Methoden zu erproben, Altes neu zu bewerten", um nicht zu sehr die defizitären Aspekte der eigenen Persönlichkeit, als vielmehr auch die positiven zu sehen und herauszustellen bzw. sogar herauszustreichen (a.a.O., 63).
Bei der Ermutigung durch Wert- und Leitreflexion geht es darum, zu einem Perspektivenwechsel zu kommen, Abstandsvariationen durchzuspielen, d.h. das eigene Verhalten rückblickend in seinen Veränderungen zu erfassen bzw. zu versuchen, gegenwärtige Probleme aus dem Abstand kommender Jahre zu sehen, in einer biographischen Selbstreflexion die das eigene Leben bestimmenden Prinzipien aufzuspüren bzw. den eigenen Le-

bensstil, den Lebensplan zu entdecken, über eine Umstrukturierung, um ein Gegensatz-denken zu überwinden, von rigiden Bewertungen abzukommen und das Ambivalenzbe-wußtsein zu erhöhen, über eine Kosten-Nutzen-Analyse von zu starken Prioritätssetzun-gen im Hinblick auf das Verhalten abzukommen, d.h. frei zu werden für Lernprozesse in alternativen Möglichkeiten.

Ermutigung durch Planen und Handeln zielt auf die Erprobung neuer Verhaltensmöglich-keiten sowie auf eine Vorsatzoptimierung in dem Sinne, daß unrealistische Tendenzen und Widerstände reduziert und Motivationen sowie Handlungssituationen verdeutlicht werden. Ermutigung durch soziale Interaktion meint, daß primärer wie sekundärer und tertiärer Symptomgewinn analysiert werden, daß über Partner- Supervision im Sinne ge-genseitiger Hilfe unter Schülern oder auch zwischen Lehrer und Schülern Ermutigungen erbeten und gewährt werden und hineinmünden in Selbstermutigung. Dafür ist ein sozia-les Stützsystem notwendig, das sieben wichtige Funktionen zu erfüllen hat: selfdisclosu-re, empathisches Verstehen, emotionale Anerkennung, emotionale Herausforderung, sachliche Anerkennung, sachliche Herausforderung, Überprüfung gemeinsamer Realitäts-erfahrung. Die Beratung hat im Hinblick auf Schüler wie auf Lehrer bzw. allgemeiner auf Erwachsene und auf Kinder zu leisten, ob und wie diese Funktionen genutzt werden und ob und wie sie effektiver genutzt werden können (a.a.O., 65).

6.2.3 Der lerntheoretische Ansatz

Aus lerntheoretischer Sicht beruhen - wie bereits aufgezeigt wurde - die meisten Verhal-tensweisen, die sozial adäquaten und adaptiven wie die sozial inadäquaten bzw. maladap-tiven, auf Lernprozessen bzw. auch auf fehlenden Lernprozessen bzw. Lerndefiziten. Lerntheoretische Beratung zielt darauf, den Beratungsempfängern, z.B. Schülern und Lehrern, zu verdeutlichen, daß Verhalten im Zusammenhang zu sehen ist mit situativen Reizbedingungen, die auslösend, hemmend oder fördernd wirken können: "Das Verhal-ten ist eine Funktion seiner vorausgehenden und nachfolgenden situativen Bedingungen" (Lorenz et al. 1976, 47). Berater müssen lernen, Verhalten in diesem Sinne zu analysie-ren, um auf der Basis der erfolgten Verhaltensanalyse verhaltensmodifizierende oder auch verhaltenstherapeutische Verfahren vermitteln zu können, die Verhaltensprobleme redu-zieren bzw. aufheben können. Die Beratungsempfänger sollen befähigt werden, die Ver-haltensprobleme in den natürlichen Situationen selbständig anzugehen und in Verbindung mit den relevanten Interaktionspartnern zu lösen.

Nachfolgende Problemsituation ist Ausgangspunkt für eine mögliche lerntheoretische Be-ratung, wie sie Lorenz et al. zur Verdeutlichung ihres auf langjährige Erfahrung beruhenden Konzepts darstellten.

Ein Lehrer, eine Lehrerin möchte zu folgender Problemlage beraten werden: "Seit drei Monaten ist in meiner 4. Klasse ein neuer Schüler, der mir außerordentlich ängstlich und zurückgezogen scheint: Im mündlichen Unterricht beteiligt er sich fast gar nicht, er hat kaum Kontakt zu den anderen Mitschülern gefunden, in den Pausen ist er meist für sich allein. Wenn ich ihn aufrufe, wirkt er ganz konfus und kann keine Antwort formulieren. Gutes Zureden und Ermunterung helfen dabei kaum. Er hat jedoch eine normale Intelli-genz, und seine schriftlichen Leistungen sind ganz gut. Seine Mutter sieht kein Problem in seinem Verhalten, sie achtet jedoch sehr darauf, daß er die Hausaufgaben gut erledigt. Ich würde ihm gern helfen, weil mir ganz deutlich ist, daß er sich in der Klasse nicht wohlfühlt. Ich weiß nur nicht, wie ich dabei vorgehen kann!

Lorenz / Molzahn /Teegen schlagen dazu folgendes Beratungskonzept vor:

"a) Wir würden dem Kollegen ganz kurz das Vorgehen der Verhaltensmodifikation erläutern und dabei betonen, daß es wichtig ist, sich Klarheit über Art und Häufigkeit des störenden Verhaltens zu verschaffen, herauszufinden, durch welche Bedingungen es gesteuert und aufrecht erhalten wird.

b) Wir würden ihm vorschlagen, zunächst das störende Verhalten und die steuernden Bedingungen sowie das erwünschte Verhalten genauer zu beschreiben und durch eine kurze Beobachtung des Verhaltens diese Beschreibung abzusichern und sich einen Überblick über die Häufigkeit von störendem und erwünschtem Verhalten zu verschaffen.

c) Wir würden - eventuell in einem weiteren Gespräch - mit ihm besprechen, wie er mit dem Schüler ein Gespräch über dessen Problem führen kann und ihn - sowie unter Umständen andere Klassenkameraden und die Eltern - bei einer Veränderung beraten kann.

d) Wir würden dem Kollegen kurz erläutern, mit Hilfe welcher Interventionsverfahren ein vermutetes Zielverhalten (selbstsicherer werden: sich am Unterricht mehr beteiligen, mehr Kontakt zu Klassenkameraden aufnehmen ...) erreicht werden kann: Signalreize für erwünschtes Verhalten, Arrangieren, systematisches Einsetzen von Verstärkung, Rollenspiel, Selbstsicherheitsübungen ...

e) Wenn der Kollege etwas mehr Zeit investieren kann, würden wir ihn über die grundlegenden Lernprinzipien informieren und ihn anregen, den Effekt seiner Bemühungen mit Hilfe spezifischer Beobachtungskategorien zu prüfen.

f) Insgesamt würden wir darauf achten, daß der Kollege in dem/den Gespräch(en) die Möglichkeit hat, seine persönliche Sichtweise einzubringen und zu diskutieren. Wir würden ihn durch Fragen, Informationen nur so weit unterstützen, bis er selbst Ideen, Vorschläge, Vorgehensweisen entwickelt. Wir würden darauf achten, daß er sich durch uns nicht kritisiert oder bevormundet fühlt" (a.a.O., 236-237).

6.2.4 Der klientenzentrierte Ansatz

Der klientenzentrierte Ansatz der Beratung wurde von dem Amerikaner Carl Rogers erarbeitet. Rogers war als Professor an Universitäten in Ohio, in Chicago und Wisconsin tätig (siehe Kap. 1.2). Weithin bekannt wurde sein Beratungszentrum in Chicago. Mit einem - seinen neuen Ansatz definierenden - Buch über "Counseling and Psychotherapy" (deutsch: Die Nicht-direktive Beratung) machte er 1942 weltweit auf sich aufmerksam. Mit diesem Buch zielt Rogers - wie Leonhart Carmichael im Vorwort feststellt - darauf ab, eine Methode zu konstituieren, "die das Individuum lehren kann, den geistigen und emotionellen Habitus anzunehmen, der es befähigt, seine eigenen Probleme selbst zu lösen" (Carmichael im Vorwort zu Rogers 1985). Aus seiner Praxis in ungezählt vielen und sehr unterschiedlichen Beratungsgesprächen - insbesondere auch mit Kindern und Jugendlichen - zeigte Carl Rogers 1942 vier Merkmale auf, "die eine in höchstem Maße hilfreiche beratende Atmosphäre kennzeichnen" (Rogers 1985, 84). Er nannte:

1. "Wärme und Empfänglichkeit", "die eine Verbindung möglich macht und die sich nach und nach in eine tiefere emotionelle Beziehung verwandelt" (a.a.O.). Diese Gefühlsbeziehung drückt sich in Akzeptanz und echtem Interesse aus.

2. "Gewährenlassen oder Gestatten in Bezug auf den Ausdruck von Gefühlen" (a.a.O., 85). Moralisierungen und Beurteilungen fehlen vollständig, alle das Leben belastenden und erschwerenden Umstände und Bedingungen können angesprochen werden.

3. "Definitive Grenzen" sind dadurch gesetzt, daß zeitliche Begrenzungen verabredet werden und daß - z.B. im spieltherapeutischen Umgang - andere schädigende Handlun-

gen nicht erlaubt sind. Grenzsetzung ist "eines der vitalen Elemente, die die therapeutische Situation zu einem Mikrokosmos machen, in dem der Klient allen grundsätzlichen Aspekten begegnen kann, die das Leben als Ganzes kennzeichnen" (a.a.O., 86).

4. Das "Fehlen jeder Art von Druck oder Zwang", d.h. auf Beeinflussung, auf Ratschläge, auf jedwede repressive oder auch nur dirigistische Maßnahme wird verzichtet, um "bewußtes Wählen", "das Wachsen und die Entwicklung der Persönlichkeit", "selbstgelenkte Integration" zu ermöglichen (a.a.O., 87). Der Gesprächspartner kann ganz und gar er selbst sein. Er erlebt, daß er sich nicht vor Angriffen zu schützen braucht und auch sicher ist "vor einer allzu selbstgefälligen Abhängigkeit" (a.a.O.).

Diese grundlegenden Einsichten verdichtete Rogers später, als er die Konzeption des "beratenden Interviews" zur "Gesprächspsychotherapie" weiterentwickelte. "Das eigentlich Ziel des Beraters ist die Entwicklung einer neuen Einstellung bei dem Individuum, das er berät. Diese Einstellung sollte dem Klienten selbst wachsende Einsicht in seine Probleme geben und ihm helfen, eine zunehmende Integration seiner eigenen Persönlichkeit zu erreichen. Dann wird er in späteren Perioden seines Lebens imstande sein, neu auftauchende Probleme zu lösen" (Carmichael im Vorwort zu Rogers 1985, 11). Der Beratungsansatz von Rogers "zielt direkt auf die größere Unabhängigkeit und Integration des Individuums ab, statt zu hoffen, daß sich diese Resultate ergeben, wenn der Berater bei der Lösung des Problems hilft. Das Individuum steht im Mittelpunkt der Betrachtung und nicht das Problem. Das Ziel ist es nicht, ein bestimmtes Problem zu lösen, sondern dem Individuum zu helfen, sich zu entwickeln, so daß es mit dem gegenwärtigen Problem und mit späteren Problemen auf besser integrierte Weise fertig wird. Wenn es genügend Integration gewinnt, um ein Problem unabhängiger, verantwortlicher, weniger gestört und weniger organisiert zu bewältigen, dann wird es auch neue Probleme auf diese Weise bewältigen" (Rogers 1985, 36).

Der Kontakt, die Interaktion in Beratung oder Therapie ist "selbst eine Entwicklungserfahrung. In ihr lernt das Individuum, sich selbst zu verstehen, unabhängig zu entscheiden und sich erfolgreich und auf erwachsenere Weise in Beziehung zu einer anderen Person zu bringen" (a.a.O., 37).

Die grundlegende Hypothese, die Rogers im Hinblick auf Beratung formuliert hat, lautet: "Wirksame Beratung besteht aus einer eindeutig strukturierten, gewährenden Beziehung, die es dem Klienten ermöglicht, zu einem Verständnis seiner Selbst in einem Ausmaß zu gelangen, das ihn befähigt, aufgrund dieser neuen Orientierung positive Schritte zu unternehmen" (a.a.O., 28). Alle Interaktionen, alle Techniken zielen also ab auf

1. eine freie gewährende Beziehung,
2. ein besseres Verständnis des eigenen Selbst,
3. ein positives, selbstinitiiertes Handeln.

Das nachfolgende Beispiel kann die Vorgehensweise bei nicht-direktiver Beratung gut veranschaulichen. Zur Beratung ist eine Mutter gekommen, die einen dreizehnjährigen, geistigbehinderten Sohn hat. Sie will die Situation ihres Sohnes wie auch ihre Situation nicht akzeptieren und konsultierte bereits verschiedene Fachleute, um zu einer Situationsänderung zu kommen.

"B (Berater): Sie haben das Gefühl, daß sie für alles dasein müssen, nicht wahr? Sie müssen sich darum kümmern, daß er ißt, sie müssen dafür sorgen, daß er lernt, sie müssen aufpassen, daß er die Bandage (*wegen eines gebrochenen Schlüsselbeines*) trägt und so weiter und so fort.

K (Klientin): Ich weiß nicht, heute, morgen, aber was dann? Sie wissen, die Zeit vergeht, ohne daß man es merkt. Dann ist er erwachsen, und was kann er? Nichts, absolut nichts. Er sagt zu mir, er könne - wenn ich zu ihm sage: "Was soll denn werden? Du wirst weder lesen noch schreiben können", dann sagt er: "Ich werde einen Lastwagen fahren, ich kann ein Flugzeug fliegen; ich kann Fußböden legen, ich kann Fensterläden aufhängen." Er hat auf alles eine Antwort. Ich sage: "Wenn du nicht lesen und nicht schreiben kannst, dann kannst du kein Flugzeug fliegen, weil du keine Zahlen lesen kannst", und dann weiß ich nicht weiter, weil ich nichts über Flugzeuge weiß.

B: Sie meinen, er könnte vielleicht nichts von den Dingen lernen, die er nach ihrem Wunsch lernen sollte.

K: Ich glaube nicht, daß er es nicht *kann*. Es kann natürlich sein, daß ich als Mutter blind bin; verstehen Sie, es ist möglich, daß ich blind bin; aber ich glaube es nicht. Ich glaube, daß Isaak ein wenig eigensinnig ist. Wenn ich dieser Halsstarrigkeit auf den Grund käme, glaube ich, daß er *könnte*, aber ich weiß es nicht.

B: Sie versuchen aber schon seit einigen Jahren, ihn zum Lernen zu bewegen, nicht wahr?

K: Vielleicht habe ich es nicht intensiv genug versucht.

B: Vielleicht haben sie es zu intensiv versucht.

K: Ich weiß nicht, ich weiß nicht. Ich war bei diesem Kinderspezialisten, und der stellte mir zwei Fragen und dann sagte er: "Nehmen Sie ihn mit nach Hause und lassen Sie ihn in Ruhe." Ich sagte: "Wenn etwas mit ihm nicht in Ordnung, warum sagen Sie mir dann nicht die Wahrheit? (*Ihre Stimme wird schrill*) Ich würde gerne die Wahrheit wissen, dann wüßte ich auch, was ich tun müßte und könnte ihn zu einem Schreiner in die Lehre geben oder so ähnlich! *Sagen* Sie mir die *Wahrheit*!

B: (*mitfühlend*) Kennen Sie sie nicht schon?

K: (*sehr leise - die Stimme ganz verändert*) Ich will sie nicht wissen. Ich will es nicht glauben. Ich will es einfach nicht wahrhaben. (*Tränen treten in ihre Augen*)" (Rogers 1985, 160-161).

Im Gespräch konnte die Mutter einen wesentlichen Grund für die Problematik in sich selbst finden: Nicht die Unfähigkeit der Spezialisten, nicht die Halsstarrigkeit ihres Sohnes machten die Problemlage aus, sondern ihre Unfähigkeit, sich auf die Situation als Mutter mit einem geistigbehinderten Sohn einzustellen und diese Situation zu akzeptieren. Diese Einsicht konnten ihr nicht die Umstände, nicht die Hinweise der Fachleute vermitteln, sie mußte sie selbst finden, um eine neue Einstellung entwickeln zu können.

6.2.5 Der systemische Ansatz

Der systemische oder ökologische Ansatz der Beratung orientiert sich an der Systemtheorie. Jedes Individuum ist in Systeme und Subsysteme, in Makro- und Mikro-Systeme eingebettet, die auf ihn einwirken und auf die er einwirkt. Systemische Beratung ist deshalb auf das Erkennen und ggf. Verändern von Systemen bzw. Systemvariablen ausgerichtet. Charakteristisch für Systemische Beratung ist zirkuläres Denken, d.h. die Auffassung, daß menschliche Gruppierungen - wie die Familie oder die Schulklasse - offene Systeme sind, in denen die Interaktionen kreisförmig bzw. rückgekoppelt ablaufen (siehe Abb. 34).

Das offene System ist mehr als die Summe seiner Teile, der Familienmitglieder oder Schüler und hat eine selbstregulierende immanente Tendenz zu Stabilität und Gleichgewicht (Homöostase). Veränderungen im System haben somit Auswirkungen auf das gesamte System, d.h. bei intendierten Systemveränderungen ist mit Systemwiderstand zu rechnen. Dieser Widerstand kann z.B. daraus resultieren, daß Erscheinungen, die von der Außenwelt als Störung wahrgenommen werden und verändert werden sollen, innerhalb eines Systems eine sinnvolle, stabilisierende, das Gleichgewicht erhaltende Funktion haben (vgl. z.B. Richter 1972, Schley 1989, 233). Da sich alle Mitglieder eines sozialen Systems gegenseitig beeinflussen, trägt jeder Mitverantwortung, gibt es keine Schuldigen. Von diesem Grundverständnis ausgehend sind Schuldzuweisungen unmöglich.

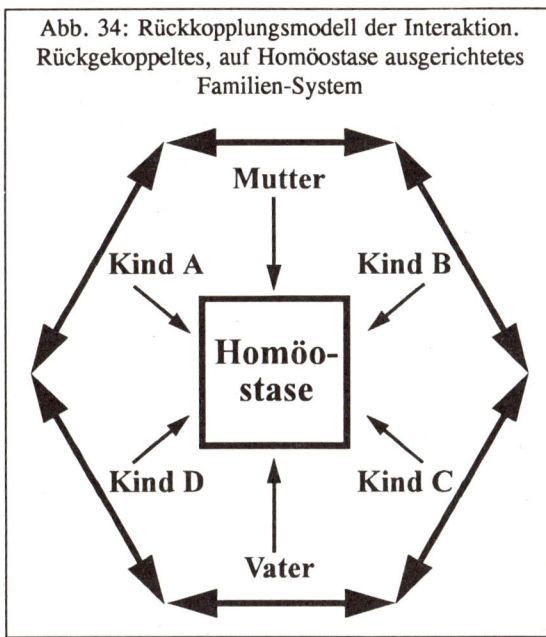

Abb. 34: Rückkopplungsmodell der Interaktion. Rückgekoppeltes, auf Homöostase ausgerichtetes Familien-System

Systemtheoretisch ist also zirkulär und in größeren Zusammenhängen, in Strukturen und Wirkgefügen zu denken. Das kleine System Familie ist eingebettet in größere Systeme, die beeinflussend wirken, wie die Verwandtschaft, den Freundeskreis, die Dorfgemeinschaft oder das Stadtviertel. Vielfältige Einflüsse üben die Gesellschaft mit ihren regionalen Charakteristika, die Gesamtgesellschaft des Volkes, die spezifischen Wert- und Normsysteme einer Kultur (z.B. die westliche, die europäische, die amerikanische Kultur) und letztlich das Makrosystem Erde aus, das z.B. mit Gefährnissen, Bedrohungen, Katastrophen direkt oder über die Medien auf alle sozialen Systeme einwirkt. Nur eine systemische Sicht kann letztlich die Problemkonstellationen verdeutlichen, die den einzelnen prägen, unter denen er leidet, die er mit seinen Reaktionen wiederum rückwirkend beeinflußt. Systemisches Problemlösen bedeutet danach, die Umgebung, die Umwelt, letztlich die ganze Welt in den Blick zu nehmen. Die Vernetzung hat globale Ausmaße angenommen. Nicht nur die Funktionszusammenhänge in der Familie sind zu berücksichtigen. Die Genese von Angst z.B. läßt sich nicht mehr am Subsystem Familie allein festmachen, die Bedrohungen durch Atomkraftwerke, durch ökologische Bedingungen, durch den Abbau der Ozonschicht usw. sind mitzubedenken.

Systemische Beratungskonzepte können in der pädagogisch-therapeutischen Praxis nicht global ausgerichtet sein, sie müssen sich beschränken. Sie zielen auf größere soziale Systeme wie Schulen und Heime sowie auf kleinere Systeme wie Familien in ihren verschiedenen Größen und können auch dann nur mit Beschränkungen realisiert werden.

Als beispielhaft für ein auf Problemschüler und Problemfamilien gerichtetes systemisches Beratungs- bzw. Therapie-Konzept das von Hennig / Knödler (1985) gelten.
Das Verhalten eines Individuums ist - was noch einmal zu betonen ist - unter dem Aspekt der Systembedingungen als logisch und sinnvoll anzusehen. So formulieren denn auch Hennig / Knödler für ihr systemisches Beratungskonzept als erste These:
"Es gibt kein sinnloses abweichendes Schülerverhalten, es sei denn, der betreffende Schüler ist permanent kognitiv überfordert (bzw. stark unterfordert), d.h. aufgrund frühkindlich erworbener oder angeborener Einschränkungen in Begabungshöhe und Begabungsstruktur" (1985, 26).
Aus 270 Einzelfallanalysen entnehmen sie jedoch, daß nur bei 20% der Problemschüler die Verhaltensschwierigkeiten mit Überforderung bzw. Unterforderung, jedoch bei 80% mit emotionalen Faktoren in Verbindung stehen. In ihrer Beratungspraxis haben sie erfahren, daß das Familiensystem als wichtiger und einflußreicher einzuschätzen ist als die Schulklasse, die "eher das `Schlachtfeld` ist, die öffentliche Bühne, auf der der Schüler das ausagiert, was sich im privaten System Familie an emotionalem Streß (z.B. offener oder verdeckter Ehekonflikt der Eltern) angestaut hat. So formulieren sie als zweite These:
"Wenn wir ausgeschlossen haben, daß ein Schüler kognitiv überfordert ist, wird uns sein Leistungsversagen oder seine Verhaltensauffälligkeit in erster Linie vor dem Hintergrund seines familiären Bezugssystems, in zweiter Linie im Kontext des Systems Schulklasse verständlich" (a.a.O., 27).
Es wird also gesehen, daß auf der personalen Ebene relevante Bedingungsfaktoren wie Begabung und Begabungsstruktur eine Rolle spielen. Als bedeutsam herausgestellt werden aber auch Prozesse und Beziehungsmuster zwischen zwei Personen, d.h. auf der interpersonalen Ebene. Letztlich wird der Blick gerichtet auf das gesamte Familiensystem bzw. auf die Systemebene (siehe Abb. 35, nach Hennig / Knödler 1985, 29).
Nur die Systemebene, auf der alle relevanten Bezugspersonen einbezogen werden, läßt eine systemische Aussage im Hinblick auf Logik und Sinn des unerwünschten Verhaltens zu. So wird der Schüler Hans auf der personalen Ebene (im ersten Stock) als unkonzentriert, aggressiv, dumm usw. beschrieben, auf der interpersonalen Ebene (im zweiten Stock) werden dyadische Bedingungen deutlich, aber erst auf der Systemebene (im dritten Stock) kann erklärt werden, warum Hans seine Mutter tyrannisiert und sie ihn verwöhnt. Hans versucht nämlich unbewußt, durch sein Problemverhalten die Eltern aneinander zu binden. Die Mutter dagegen verwöhnt ihn, um ihn als Bündnispartner gegen den Vater zu haben.
Innerhalb der gesamten Beratung ist für Hennig / Knödler das Erstgespräch besonders wichtig und bedeutsam, da von Beginn an die andere Sichtweise einen positiven Kontakt herstellen und einen positiven Verlauf grundlegen kann. Das Erstgespräch läuft in fünf Phasen ab: Anwärmen und Kontakt herstellen, Problemdefinition, Interaktion (vor allem unter allen Familienmitgliedern), Problemsichtveränderung und Kontraktformulierung (inhaltlich: Ziele und Methoden; formal: Rahmenbedingungen). Der möglichst mit der gesamten Familie abgeschlossene Kontrakt kann auch schriftlich formuliert und der Familie mitgegeben werden. Bei besonders schwierigen, d.h. veränderungsresistenten Familien werden von den - in der Regel insgesamt nur zehn - Sitzungen drei bis vier für die Kontrakterstellung gebraucht. Der Interventionsverlauf erreicht mit der siebten / ach-

ten Sitzung eine Mittelphase, in der sich Symptomatik und Familiensituation deutlich gebessert haben.

Systemische Beratung ist eine direktive, gezielt steuernde Beratungsform. Es werden Anweisungen, Aufgaben, auch Hausaufgaben gegeben. Der Berater übernimmt eine Führungsposition aufgrund seiner menschlichen und fachlichen Qualifikation. Er ist vergleichbar "einem Steuermann, der mit der Familie im gleichen Boot sitzt" (a.a.O., 78). Mit Beispielen verdeutlichen Hennig / Knödler ihr Systemisches Beratungskonzept. Da

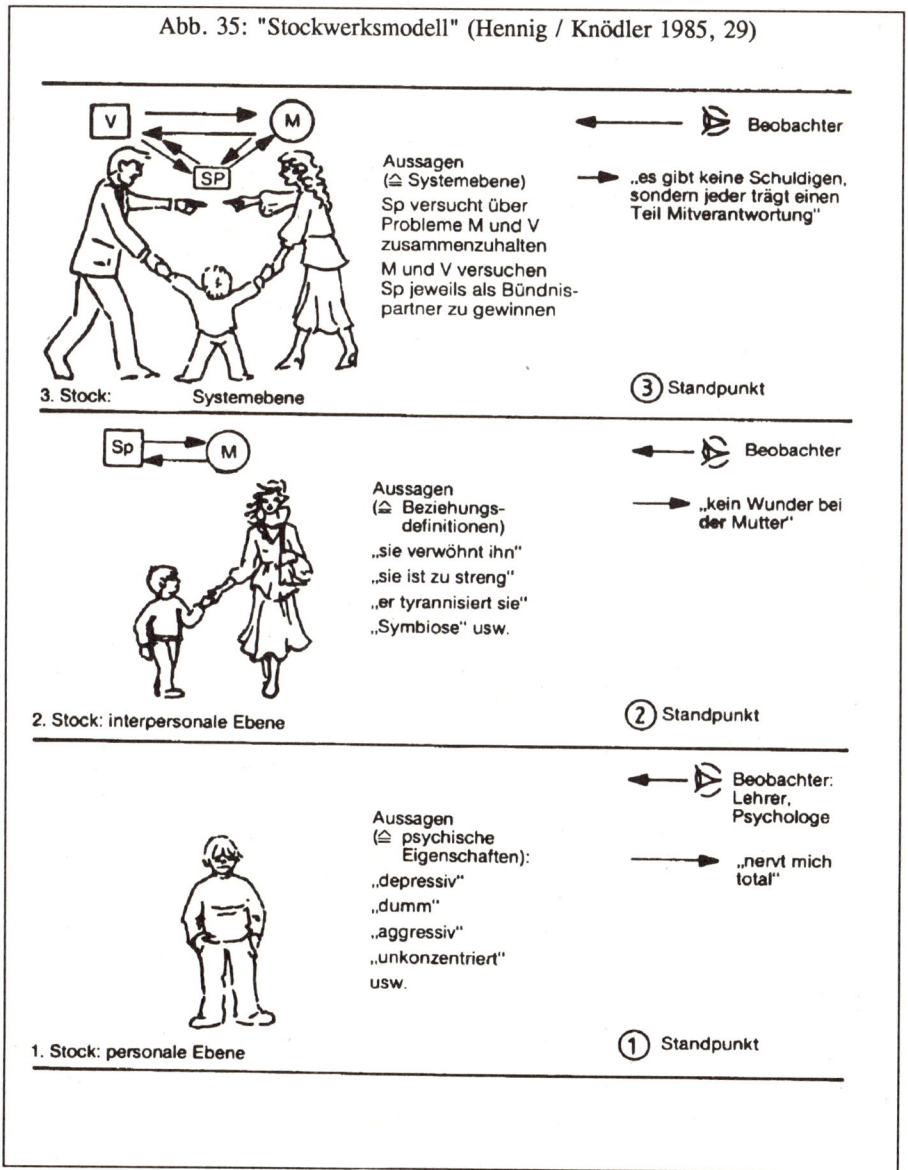

Abb. 35: "Stockwerksmodell" (Hennig / Knödler 1985, 29)

ist z.B. als einer der vier typischen Fälle die "Familie H. oder `Wenn der Partner fehlt...'" Die siebenjährige Dagmar H. besucht die erste Grundschulklasse. Sie hat Lernschwierigkeiten, arbeitet langsam und unkonzentriert. Die Mutter von Dagmar ist 25 Jahre alt, hat aus ihrer geschiedenen Ehe Dagmar und aus einer folgenden Verbindung einen neun Monate alten Sohn. Als der Vater des Sohnes sie verließ, mußte sie wegen schwerer Depressionen in einer Klinik behandelt werden. Von den Vätern ihrer Kinder erfährt sie keine Unterstützung (vgl. a.a.O., 44-45).

Die systemische Beratung bzw. Behandlung vollzieht sich in drei Schritten.
Mit dem ersten Schritt wird mit Hilfe eines Intelligenztests ausgeschlossen, daß das Leistungsversagen Dagmars auf eingeschränkte intellektuelle Fähigkeiten zurückzuführen ist.
Der zweite Schritt richtet sich auf die Mutter-Kind-Beziehung. "Es gibt keine klare Eltern-Kind-Grenze zwischen Mutter und Tochter. Dagmar steht als emotionaler Partnerersatz auf der Elternebene. Frau H. muß wieder lernen, ihre elterlichen Funktionen gegenüber Dagmar wahrzunehmen und durchzusetzen.
Mit dem dritten Schritt wird die Intervention bei der Mutter intensiviert. "Im Laufe der Behandlung zeigt sich, daß durch die Stabilisierung des psychischen Zustandes der Mutter (positiveres Selbstbild, weniger Selbstanklagen und depressive Gedanken, größere Selbstsicherheit), die Eltern-Kind-Generationsgrenze wieder deutlich gezogen werden kann, indem die Mutter an Dagmar klare Forderungen stellt und lernt, sich in der Erziehungspraxis durchzusetzen und ihrer Autorität als verantwortliche Elternperson. Dies wirkt sich direkt auf Dagmars schulische Leistungen aus, da ihre Mutter jetzt mit der Schule an einem Strang zieht und von ihr das verlangt, was sie leisten kann. Da Lehrerin und Mutter jetzt mehr von ihr verlangen und erwarten, verstärkt sich auch ihre Leistungsmotivation" (a.a.O., 45).
Die schulische Problematik des Kindes resultierte also aus einer Verwischung der Eltern-Kind-Generationsgrenze mit einer emotionalen Überforderung des Kindes durch die Mutter.
Systemische Beratung / Therapie bezieht - unter permanenter Berücksichtigung gesamtsystemischer Verhältnisse - je nach Notwendigkeit neben der personalen die interpersonale und/oder die System-Ebene mit ein.

6.2.6 Der pädagogische Ansatz

Beratung muß im pädagogischen Bereich als ein Lebenszusammenhänge kooperativ behandelnder und Ratschläge bzw. Vorschläge entwickelnder Vorgang verstanden werden. Als Form pädagogisch-therapeutischer Intervention sollte auch pädagogische Beratung ganzheitlich ausgerichtet sein, d.h. die Erkenntnisse verschiedener Beratungsansätze zu integrieren versuchen (vgl. Kap. 6.1).
Lehrer/Erzieher werden bei abnehmender Erziehungskompetenz der primären Agenturen, wachsender Komplexität der Lebensumstände und erhöhter Inanspruchnahme der Menschen im Alltag wie im Beruf verstärkt für Beratungsaufgaben zur Verfügung stehen müssen. Wenn Eltern z.B. bei schulischen Problem ihrer Kinder über Beratungsmöglichkeiten nachdenken, fallen den meisten zunächst die Lehrer ein (88%), sehr viel weniger nennen Schulpsychologen (29 %) und nur ganz wenige Ärzte oder Jugendamt (7 bzw. 6% , Brückner et al. 1990, 213).
Der Rat von Lehrern kann gefragt sein bei:
 - allgemeinen Lebensproblemen,

- spezifischen Lernproblemen,
- bei schul- bzw. jugendrechtlichen Fragen,
- bei Konflikten und psychosozialen Problemen,
- bei Fragen der Schullaufbahn,
- bei Fragen der beruflichen Ausbildung.

Als Beratungsadressaten stehen an :
- Kinder und Jugendliche
- Eltern
- Lehrer- bzw. Erzieherkollegen

Beratung in der Pädagogik begründet sich nach Kleber aus drei Bedürfnissen heraus:
- aus dem individuellen Bedürfnis
- aus dem Organisationsbedürfnis
- als pädagogische Förderung (Kleber 1989, 391).

Individuelles Beratungsbedürfnis resultiert - wie Kleber aufzeigt - in Abhängigkeit von gesellschaftlichen und bildungsorganisatorischen Gegebenheiten aus fünf komplexen Problemladen, die er nicht nur als konstituierend für sonderpädagogische Beratung, sondern für die Heil- und Sonderpädagogik allgemein ansieht:
- Menschen werden hilfs- und beratungsbedürftig infolge einer Überforderung in ihrer allgemeinen Lebenssituation;
- Menschen entsprechen nicht den Erwartungsnormen der anderen, Zielsetzungen können nicht realisiert, soziale Situationen nur mit Schwierigkeiten bewältigt werden, der Betroffene selbst wie seine Umwelt entwickeln Beratungsbedürftigkeit;
- Beeinträchtigte Entwicklung beeinträchtigt die Interaktionsfähigkeit, relevante Bezugspersonen des Betroffenen möchten beraten werden;
- Eltern sind in der Erziehung überfordert, ihr Erziehungsverhalten wird problematisch, sie werden mit dem Kind nicht mehr fertig, durch Beratung oder auch Erziehungsbeistandschaft erwarten sie Besserung der Verhältnisse;
- Lehrer und Lehrerinnen werden durch ihren Unterrichts- und Erziehungsauftrag überfordert, sie brauchen Rat für den oder die Schüler oder auch für sich selbst.

Beratungsbedürfnisse resultieren aus Systemnotwendigkeiten insofern, als gesellschaftliche und organisatorische Zusammenhänge wie in allen Bereichen so auch im Bildungs- und Erziehungsbereich immer undurchschaubarer werden. Die daraus resultierenden Beratungsbedürfnisse beziehen sich u. a. auf Bildungs- und Berufsmöglichkeiten, aber auch auf Optimierungsmöglichkeiten für das System. Für Erziehungs- und Bildungsinstitutionen bedeutet dies, daß einerseits für die Adressaten intensive Laufbahnberatung erfolgen muß, andererseits aber auch, daß die in den Institutionen professionell Tätigen mit ihrer Erstausbildung ihre Berufsqualifizierung nicht abgeschlossen haben, sondern sich neuen Verhältnissen immer wieder anpassen und Weiterentwicklung über Beratung und Weiterbildung ermöglichen können müssen.

Als pädagogische Förderung gewinnt Beratung verstärkt an Bedeutung, seit sich das Verständnis der Schule infolge von Demokratisierung und der Etablierung einer Bildung und Erziehung vom Kinde aus, verändert hat. Allen Beteiligten, Eltern, Schülern und Lehrern, fällt es nicht leicht, sich den veränderten Verhältnissen anzupassen und den neuen Forderungen wie Pflichten gerecht zu werden. Gelingt es den Lehrerinnen und Lehrern nicht, sich als "Facilitatoren" bzw. als "Lernberater" zu verstehen und Erziehung und Unterricht in diesem Sinne zu organisieren, dann entwickeln sich Problemkonstellationen, die bei den Schülerinnen und Schülern zu Lern- und Verhaltensstörungen, bei den Lehrerinnen und Lehrern zu vielfältigen psychosozialen Störungen führen können (vgl. dazu Kleber 1989, 391-393).

Neben inhaltlicher Kompetenz müssen Lehrer/Erzieher zur Erfüllung ihrer Beratungsaufgaben auch über methodische Kompetenz im Sinne hilfreicher Gesprächsführung verfügen. Auf die Möglichkeiten und Bedürfnisse pädagogischer Berater ist Gesprächsführung ausgerichtet, wie sie in Kapitel 6.1.7 dargestellt wird.

In acht Bundesländern stehen für Beratungsaufgaben in schulischen Einrichtungen ca. 8000 speziell ausgebildete Beratungslehrer zur Verfügung, in zwei weiteren Ländern gibt es ähnliche Funktionsträger (vgl. Grewe 1990, IX). Ihre Arbeit ist nicht nur für Schüler und Eltern von großer Wichtigkeit, sondern erweist sich auch wegen der erschwerten Bedingungen des Erziehens und Unterrichtens für Kolleginnen und Kollegen als notwendig oder gar unverzichtbar. Auch unter Lehrern/Erziehern verbreitet sich die Erkenntnis, daß sie sich mit ihren privaten und beruflichen Problem öffnen müssen, wollen sie sich nicht vorzeitig auszehren und Symptome entwickeln, die unter dem Begriff "Burn-out-Syndrom" zusammengefaßt werden (vgl. z.B. Barth 1990, Enzmann 1989, Holtz 1991). In dieser Hinsicht erweist sich die kollegiale Praxisberatung bzw. Supervision als hilfreich (vgl. z.B. Fatzer / Eck 1990, Spiess 1991, Wittrock 1991). In einigen Kollegien ist regelmäßige wöchentliche oder vierzehntägliche Supervision bereits zur breit akzeptierten Institution geworden ist (vgl. z.B. Köppel 1987, Kreische et al. 1991).

Supervision kann in der Einzel- wie in der Gruppenberatung stattfinden. Kollegiale Supervision versteht sich als "gruppenunterstützte Selbstreflexion" mit den zentralen Bearbeitungsbereichen:

"- Der Bericht des Supervisanden (Bewußtmachung und Verbalisierung).
- Das Einfühlen, Mitdenken, Feedback, Hypothesenbildung der Gruppe.
- Der systematische Erfahrungsaustausch (Gesprächsregeln, strukturierte Kooperation), Perspektivenwechsel, Formulierung (und Erprobung) von Handlungsalternativen.
- Das sozial-kognitive Lernen: Sowohl Supervisand als auch andere Gruppenmitglieder können (quasi stellvertretend) für die eigene Berufspraxis voneinander profitieren."
(Rotering-Steinberg 1990, 346).

7. Pädagogische Institutionen für Kinder und Jugendliche mit Verhaltensstörungen

In allen Bundesländern gibt es pädagogische Einrichtungen für Kinder und/oder Jugendliche mit Verhaltensstörungen, die - mit Ausnahme der kriminalpädagogischen Institutionen - sowohl vom Staat als auch von privaten Trägern geführt werden. Die pädagogischen Einrichtungen lassen sich in vier großen Gruppen zusammenfassen:
1. schulpädagogische Institutionen,
2. sozialpädagogische Institutionen,
3. kriminalpädagogische Institutionen,
4. pädagogisch-psychiatrische Institutionen und
5. berufspädagogische Institutionen.

Diese Institutionen, auf die nachfolgend in separaten Abschnitten eingegangen wird, waren in der Vergangenheit vor allem auf Intervention in Verbindung mit Separation ausgerichtet. Modernem pädagogischen Denken entspricht es jedoch mehr, Hilfen in integrativer Form zu realisieren. Insgesamt gesehen, geht in der Bundesrepublik Deutschland im Sinne abolitionistischer Tendenzen die Entwicklung dahin, separierende und segregierende Organisationsformen so weit wie möglich abzuschaffen und ein gestuftes System aufzubauen, das der primären wie der sekundären und tertiären Prävention zu dienen vermag. Diese Tendenzen sind in allen Bereichen der Institutionenorganisation spürbar.

Für ein gestuftes System, das Prävention und Integration realisiert, ist mit allgemeiner Akzeptanz zu rechnen. Sowohl von Wissenschaftlern als auch von Praktikern wird jedoch davor gewarnt, alle separierenden Einrichtungen abzuschaffen. Kinder und Jugendliche, die durch ihre Umwelt oder durch sich selbst in ihrer Entwicklung bedroht sind, müssen

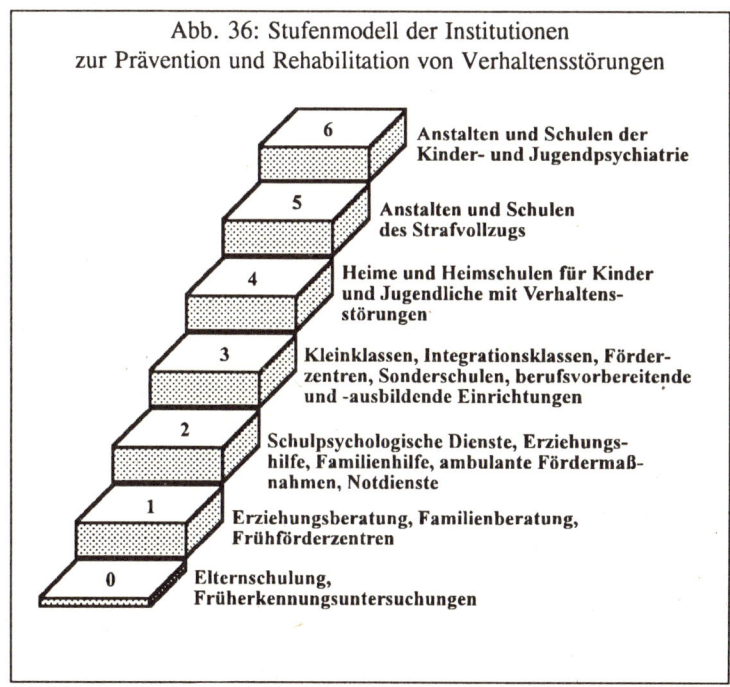

Abb. 36: Stufenmodell der Institutionen zur Prävention und Rehabilitation von Verhaltensstörungen

6 — Anstalten und Schulen der Kinder- und Jugendpsychiatrie
5 — Anstalten und Schulen des Strafvollzugs
4 — Heime und Heimschulen für Kinder und Jugendliche mit Verhaltensstörungen
3 — Kleinklassen, Integrationsklassen, Förderzentren, Sonderschulen, berufsvorbereitende und -ausbildende Einrichtungen
2 — Schulpsychologische Dienste, Erziehungshilfe, Familienhilfe, ambulante Fördermaßnahmen, Notdienste
1 — Erziehungsberatung, Familienberatung, Frühförderzentren
0 — Elternschulung, Früherkennungsuntersuchungen

- auch damit adäquate Hilfe geleistet werden kann - im Sinne einer ultima ratio auch separiert und in kleinen Gruppen zusammengefaßt werden können. Unter Berücksichtigung präventiver und rehabilitativer wie integrativer Absichten und Notwendigkeiten sowie der unterschiedlichen Schweregrade der Verhaltensstörungen bzw. der individuellen Hilfsbedürftigkeit muß ein differenziertes Institutionenprogramm verfügbar sein, das zwar in wesentlichen Teilen heute bereits realisiert ist, das aber Ergänzungen und der allgemeinen Verbreitung bedarf. Die Übersicht zeigt in Entsprechung zu den genannten Absichten und Notwendigkeiten ein gestuftes System von Einrichtungen der primären Intervention (z.B. Elternschulung, Frühförderung) über Einrichtungen sekundärer Intervention (z.B. Erziehungs- und Familienberatung, Schulpsychologischer Dienst) bis hin zu rehabilitativen bzw. pädagogisch-kurativen Einrichtungen (z.B. Heime, Sonderschulen, Anstalten und Schulen des Strafvollzugs, Anstalten und Schulen der Kinder- und Jugendpsychiatrie (siehe Abb. 36).

7.1 Schulpädagogische Institutionen

Sondereinrichtungen innerhalb des öffentlichen Schulwesens wurden in Deutschland ab 1928 in großen Städten als Kleinklassen gegründet und erfolgreich betrieben. Unter dem Terrorregime der Nationalsozialisten wurden sie aufgelöst, nach dem 2. Weltkrieg fanden Neugründungen statt, die - wie in Berlin - als Kleinklassensystem mit der Bezeichnung Beobachtungs- bzw. Beo-Klassen beibehalten wurden. Die in der Nachkriegszeit an vielen Orten in Westdeutschland gegründeten Sonderklassen entwickelten sich in kurzer Zeit zu voll ausgebauten Sonderschulen (siehe Kap. 1.1.4).
Die Berliner Beo-Klassen sind typische Einrichtungen nach einem Kleinklassen-Konzept. Sie sind in Regelschulen untergebracht, haben heutzutage nur zehn Schüler und sind im wesentlichen noch so organisiert, wie vor mehr als 60 Jahren ihr Begründer, der Berliner Schulrat A. Fuchs, vorsah. Mit nachfolgender tabellarischer Übersicht (Tabelle 15) wird die Organisation der E-Klassen der ausgehenden zwanziger Jahre und die der heutigen Beo-Klassen skizziert, um die - in diesem Falle nicht unbedingt erwünschte - Kontinuität und das schulorganisatorisches Beharrungsvermögen, vor allem aber die spezifische Kleinklassenorganisation zu verdeutlichen, die in der angegebenen Form als problematisch und nicht mehr zeitgemäß anzusehen ist (vgl. Myschker 1982, 1990). Am Aufnahmeverfahren sind seit wenigen Jahren Förderausschüsse maßgeblich beteiligt, in denen Arzt, betroffene Eltern, Schulpsychologe, gegenwärtiger und künftiger Lehrer sowie evtl. Sozialarbeiter kooperieren, den Förderbedarf feststellen und die als notwendig erachteten Fördermaßnahmen vorschlagen.

Öffentliche Sonderschulen und Heimschulen für Kinder und Jugendliche mit Verhaltensstörungen - die Heimschule, ebenfalls eine schulpädagogische Einrichtung, wird wegen der engen historischen und organisatorischen Verbindung zum Heim mit den sozialpädagogischen Institutionen behandelt - bestehen in allen Ländern Deutschlands. In den von der Konferenz der Kultusminister der Länder in der Bundesrepublik Deutschland 1977 beschlossenen "Empfehlungen für den Unterricht in der Schule für Verhaltensgestörte (Sonderschule)" wird als Aufgabe dieser Schulart festgeschrieben, "Schüler zu erziehen und zu unterrichten, die infolge erheblicher psychischer Störungen und sozialer Auffälligkeiten in der allgemeinen Schule nicht entsprechend gefördert werden können" (1978, 3). Die Schule nimmt - im Gegensatz zur Sonderschule für Lernbehinderte -nur Schüler auf, die mindestens durchschnittlich intelligent sind. Sie wird gekennzeichnet als

Tabelle 15: Organisation der E-Klassen und Beo-Klassen

	1928	1989
Schüler	intellektuell normal schwer erziehbar "Gefährdung der Mitschüler"	verhaltensgestört gefährden die Erziehungs- und Lernsituation der Mitschüler
Klasse	"notwendige Ergänzung der Volksschule"	Sonderschuleinrichtungen, organisatorisch "Teil der Schule, an der sie eingerichtet werden" Aufgabe: "normalisieren"
Überweisung	"Gesamtkollegium" und Schulleiter entscheiden über Antrag an Schulbehörde, "Personalbogen" anlegen	Antrag der Grundschule aufgrund eines Beschlusses der Klassenkonferenz an die Schulbehörde
Frequenz	12	10
Lehrplan	Volksschule, 50 % körperliche Betätigung	"Anlehnung an die Rahmenpläne für Unterricht und Erziehung in der Grundschule", "Praktische Betätigung" ist "besonders zu pflegen"
Lehrer	Hilfsschullehrer	"In der Regel Sonderschullehrer"
Dauer	2 bis 3 Jahre	"baldige Rückführung in eine allgemeine Klasse der Grund- oder Oberschule"
eigenständige Sonderschule	nein	nein

Durchgangsschule. Der Unterricht soll, damit eine Rückschulung so bald wie möglich durchgeführt werden kann, den Lehrplänen der allgemeinen Schulen folgen (vgl. Husslein 1983). Inwieweit die Sonderschule für Schüler mit Verhaltensstörungen wirklich eine Durchgangsschule ist, läßt sich an der Rückschulungshäufigkeit messen. Die Zahlen für die Rückschulungen variieren in den Bundesländern und von Schule zu Schule mit Jahresdurchschnitten von 5% und 20% (vgl. Ammann 1986, Quenstedt 1985, Fritz 1984). Sowohl der Auswahlmodus für die rückzuschulenden Kinder und Jugendlichen als auch die Zeitpunkte sind in den verschiedenen Schulen sehr unterschiedlich. Theoretisch fundierte Rückschulungskonzepte sind nicht auszumachen (vgl. Neukäter 1989).

Zu verweisen ist in diesem Zusammenhang allerdings darauf, daß die Schüler aus Klein-klassen, wie z.B. den Berliner Beo-Klassen, alle zurückgeschult werden, und zwar spä-testens nach dem 6. Schuljahr. Da diese systemimmanente Maßnahme manche Schüler nach Meinung der Lehrer zu früh trifft, kann die relativ geringe Rückschulungsquote in den ausgebauten Sonderschulen auch mit Notwendigkeiten seitens der Kinder/Jugend-lichen zusammenhängen. Nur diejenigen mit den größten Schwierigkeiten können in die wenigen Schulen - alle haben Wartelisten - aufgenommen werden.

Die Sonderschule für Kinder und Jugendliche mit Verhaltensstörungen (SfV), die gegen-wärtig vielerorts als Schule für Erziehungshilfe bezeichnet wird, steht im Kreuzfeuer der Kritik. In einem gestuften System pädagogischer Hilfen - und nur dort - hat sie aber ih-ren Platz aus der Erkenntnis heraus - wie ein Wuppertaler Schulkollegium formulierte -, "daß auch bei sehr günstigen allgemeinen Schulverhältnissen eine nicht unerhebliche An-zahl von Schülern verbleiben wird, die ihren Sozialisierungsprozeß oder Resozialisie-rungsprozeß nur in einem besonderen Rahmen werden absolvieren können. Für diese ist die Sonderschule für Erziehungshilfe wohl auch in Zukunft nicht zu entbehren" (Kollegium 1981, 747). Diese Erkenntnis führte in jüngster Vergangenheit zu richtungs-weisenden Konzeptbildungen und organisatorischen Veränderungen (siehe dazu z.B. En-gelberth et al. 1992, Förderverein der Astrid-Lindgren-Schule 1990, Pädagogisch-Thera-peutisches Zentrum 1984); sie wird letztlich auch durch eine empirische Untersuchung zur Wirksamkeit der SfV für ihre Schüler vermittelt (Marx, Diss. phil. 1990, Buchveröffentlichung 1992).
Mit der Untersuchung wird aufgezeigt, daß die Sonderschule in ihrer Wirksamkeit vierfach zu typisieren ist. Sie ist für Kinder und Jugendliche

• Moratorium,
• institutioneller Umweg,
• unwirksame Institution oder
• Schonraum.

Für diejenigen Kinder und Jugendlichen, für die die SfV Moratoriumsfunktion hat, also eine Karenzzeit, einen befristeten Aufschub bedeutet, um kognitive, soziale und emotio-nale Defizite auszugleichen, ist so weit gehende Um- und Nacherziehung möglich, daß sie erfolgreich in die allgemeine Schule rückgeschult werden können. Moratoriumsfunk-tion kann die Schule haben:
"- wenn die Eltern Empathie für ihre Kinder aufbringen und tendenziell in der Lage sind, deren Perspektive zu übernehmen;
- wenn "Schuld" für das schulische Scheitern des Kindes nicht ausschließlich bei diesem selbst gesucht wird;
- wenn auch der familiäre Zusammenhang als potentiell mitverursachend von den Eltern zur Disposition gestellt wird;
- wenn die Eltern ihren Lebenslauf handlungsschematisch organisiert haben oder zu-mindest aufgrund der schulischen Komplikationen ihres Kindes einem Wandlungs-und Umorientierungsprozeß unterziehen;
- wenn der Bewußtheitskontext betreffs der Segregation und der potentiellen Stigmati-sierung gegenüber Dritten, sowie gegenüber sich selbst, relativ geöffnet wird, und das bedeutet, wenn als Strategien des Stigmamanagements weder Lügen noch Täuschen noch Kuvrieren benutzt werden;

- wenn Informationen, Beratung und Hilfestellungen angenommen und das pädagogische Konzept der Schule verstanden, akzeptiert und unterstützt wird" (a.a.O., 280).

Institutioneller Umweg ist die Sonderschule dann, wenn eine normale Schullaufbahn nicht durchgehalten werden kann, die Umschulung sich als wenig ertragreich, unangemessen, überflüssig oder sogar sinnlos erweist.

Die Sonderschule nimmt dann Umwegcharakter an,
"- wenn die Verhaltensweisen zwar als problematisch und gestört von Eltern, Kind und Lehrern anerkannt, jedoch als weniger extrem beschrieben werden;
- wenn Eltern relativ gefestigt in ihren Lebensentwürfen sind und für sich und ihr Kind im Interesse eines handlungsschematischen Lebensablaufs Verantwortung übernehmen;
- wenn die Segregation als so stark stigmatisierend wahrgenommen wird, daß alle Handlungen von der Intention getragen sind, das Stigma abzuwenden und eine Re-Normalisierung zu erreichen;
- wenn daher ein relativ geschlossener Bewußtheitskontext gegenüber Dritten aufgebaut wird, gleichzeitig der gegenüber sich selbst relativ offen ist;
- wenn die institutionelle Maßnahme der Segregation erfolgt, ohne vorher in Zusammenarbeit mit den betroffenen Eltern deren Ressourcen zu nutzen" (a.a.O., 286).

Als unwirksame Institution wird die SfV dann verstanden, wenn sich weder im Hinblick auf den Schüler noch auf die familiäre Situation Erfolge zeigen und die weitere Schullaufbahn durch eine mißlungene Reintegration beeinträchtigt ist.

Eine unwirksame Institution ist die SfV dann,
- wenn Eltern und Kinder die Sonderbeschulung als Bedrohung ihrer Orientierung an der Normalität sehen;
- wenn die Eltern weder Empathie für ihr Kind aufbringen noch dessen Perspektive übernehmen können;
- wenn die Bewältigung des eigenen Lebens für Eltern so problematisch ist, daß sie ihr Kind nicht stützen und stabilisieren können;
- wenn die Bereitschaft, elterliche Verantwortung zu übernehmen gering und die Tendenz groß ist, diese Verantwortung an Dritte zu delegieren;
- wenn die Informationen über die spezifischen Bedingungen der SfV und ihre Arbeitsweise von den Eltern weder verstanden, noch akzeptiert, geschweige denn unterstützt werden;
- wenn die Entlastung durch die SfV geringer geschätzt wird als die Belastung, welche mit der Segregation und der Stigmatisierung verbunden ist" (a.a.O., 290).

Die SfV als Schonraum nutzen können diejenigen Kinder und Jugendlichen, die schwere psycho-soziale Störungen haben und für die diese Schule eine förderliche Einrichtung sein kann. Die Schule wird für das Kind ein Schutzraum, in dem es Geborgenheit, Verständnis, die notwendigen Hilfen finden und Vertrauen zu anderen wie Selbstvertrauen entwickeln kann. Eine hilfreiche Wirkung als Schonraum kann die SfV dann entfalten,
"- wenn die Eltern und das Kind die psychische Entlastung, die ihnen die SfV bietet wahrnehmen und empfinden können;
- wenn die Segregation nicht als Stigma empfunden wird und in einem offenen Bewußtheitskonzept gehandelt werden kann;
- wenn die Eltern zumindest ein Verständnis für die Symptomatik ihres Kindes entwickeln können;
- wenn die Arbeit der SfV akzeptiert und nicht diskreditiert wird;

- wenn eine Tendenz besteht, das Kind in den eigenen Lebensablauf zu integrieren und ein Stück weit Verantwortung für sein Leben zu übernehmen" (a.a.O., 295).

Als Beispiel für die Entwicklung, die organisatorische Struktur und die inhaltliche Arbeit einer Sonderschule für Kinder und Jugendliche mit Verhaltensstörungen soll die Schule in Hannover vorgestellt werden, weil diese zu den ersten ihrer Art gehört und somit proto-typisch schulische Entwicklungsgeschichte verdeutlichen kann, weil umfassende Dokumentationen vorliegen und weil die Schule in ihrer Anpassung an sich wandelnde pädagogische Bedürfnislagen und bildungspolitische Auffassungen eine zeitgemäße Gestalt gewonnen hat und somit als "modern" gelten kann.

In Niedersachsens Hauptstadt Hannover nahm am 1.4.1955 die erste Klasse für Gemeinschaftsschwierige (G-Klasse) unter Leitung eines Hilfsschullehrers mit vier Schuljahrgängen (3. bis 6. Klasse) die Arbeit in einer Volksschule auf. Als 1958 fünf G-Klassen bestanden, wurde das Niedersächsische Kultusministerium gebeten, aus diesen Klassen eine selbständige Sonderschule zu machen. Die im April 1959 gebildete "Sonderschule für gemeinschaftsschwierige Kinder" wuchs bis 1960 auf sechs Klassen an und behielt diese Klassenzahl mehrere Jahre lang bei (vgl. Lauckert 1960, 45). Hans-Heinrich Lauckert, der langjährige Rektor der "Sonderschule G-Klassen", bezeichnete seine Schüler als "integrationsbehindert" und klassifizierte sie in vier Gruppen als "vitale Draufgänger", "reine Toren", "verwahrloste Rowdys" und "mißmutige Einzelgänger" (a.a.O., 56).

Die Aufgabe heilpädagogischen Handelns bei gemeinschaftsschwierigen Kindern charakterisiert er als *Mäßigen, Ermutigen, Stützen, Bewahren und Umsorgen*. In den Klassen mit 10-12 Schülern sollen alle Unternehmungen, ob es sich um Fachunterricht oder fächerübergreifenden Gesamtunterricht, um Ausflüge, Landheimaufenthalte oder Reisen handelt, den Charakter sozialer Gruppenarbeit haben. Sowohl die Unterrichtsplanung als auch die Gestaltung des Schullebens muß die Schwierigkeiten der integrationsbehinderten Kinder berücksichtigen. Die "heilpädagogische Einflußnahme" hat darüber hinaus "der momentanen Befindlichkeit des behinderten Kindes zu entsprechen, zu ihr in Korrespondenz zu stehen, und läßt sich damit auch als ´korrespondierende Pädagogik´ bezeichnen" (a.a.O., 126).

In einer katamnestischen Untersuchung zur Wirksamkeit der sonderpädagogischen Arbeit, in der alle 166 Schüler erfaßt wurden, die zwischen 1955 und 1964 die Sonderschule G-Klassen besucht hatten, kam Lauckert unter verschiedenen Aspekten zu einer insgesamt guten "heilpädagogischen Effektivität". "Dabei zeigte sich, daß Unzulänglichkeiten, die an äußere Gegebenheiten der G-Klassen gebunden waren, das positive Gesamtergebnis zwar beeinträchtigen, aber nicht aufheben konnten". Um die "institutionelle Effektivität" zu steigern, forderte er, "daß man den G-Klassen durch organisatorische Umgestaltung größere Möglichkeiten der Einflußnahme gibt" (a.a.O., 377).

Die Einsicht in die Notwendigkeit einer "organisatorischen Umgestaltung" führte zur Entwicklung eines interdisziplinären Interventionskonzepts. "Die Sonderschule für Gemeinschaftsschwierige war vor allen Dingen eine schulische Einrichtung. Sozialpädagogische, therapeutische, medizinische und andere Hilfen mußten von den Lehrern selbst gegeben oder in der Mehrzahl der Fälle in anderen Institutionen vermittelt werden. Die Kinder "allseitig zu besorgen" war eine Aufgabe, deren Erfüllung durch den Umfang der Arbeit und die Kompetenz der Lehrer Grenzen gesetzt wurden. Bei stärkstem Engagement blieb Notwendiges ungetan. Entweder kamen einzelne Kinder nicht zu ihrem vollen Recht oder unterrichtsbegleitende Fördermaßnahmen von Vertretern aus der Pädagogik und benachbarten Wissenschaftsbereichen konnten nicht in wünschenswerter Weise ge-

nutzt werden. So hätten auch die Verbindungen zu den städtischen Einrichtungen wie Jugendamt und Gesundheitsamt enger sein können. Eine Intensivierung dieser immer wieder gesuchten Kontakte überstieg aber die Leistungsfähigkeit des Kollegiums der Schule" (Pädagogisch-Therapeutisches-Zentrum (PTZ), Manuskript 1984, 1). Die Lehrer erkannten also, daß sie allein mit ihren Mitteln und Möglichkeiten der komplexen Aufgabe, die sich durch Verhaltensstörungen stellt, nicht gerecht werden konnten. Die Komplexität der Aufgabe erfordert interdisziplinäre Kooperation. Es wurde ein "Kinderzentrum" konzipiert, das - weil es drei miteinander verbundene Bereiche umfassen sollte - als "TROIKA" bezeichnet wurde.
Die drei Bereiche sind:
1. Ein Pädagogisch-Therapeutisches-Zentrum (PTZ) für die pädagogische und therapeutische Förderung von Kindern und Jugendlichen mit Verhaltensstörungen - Schule auf der Bult - Sonderschule für Verhaltensgestörte.
2. Ein Sozialpädiatrisches Zentrum zur Früherkennung und Frühbehandlung
3. Ein Kinderkrankenhaus

In dieser "TROIKA" sollten Fachvertreter der Klinischen Pädiatrie, der Sozialpädiatrie, der Kinder- und Jugendpsychiatrie, der Sonderpädagogik, der Sozialpädagogik, der Psychologie und der Sozialarbeit als Team wirken.
Die drei Bereiche wurden bis 1983 aufgebaut - das PTZ arbeitet seit Beginn des Schuljahres 1978/79, das Früherkennungszentrum seit 1980 und das Kinderkrankenhaus seit August 1983. Es gelang, zwischen den Institutionen Kooperation herzustellen, zu der zumindest von den Pädagogen angestrebten inneren Verflechtung kam es jedoch nicht.
Das PTZ ist eine Schule und eine Ambulanz für integrationsbehinderte Kinder. Die Schule hat 22 Klassen, in denen ca. 220 Schüler pädagogisch-therapeutisch gefördert werden. Etwa 40 Kinder können jährlich neu aufgenommen werden, über hundert werden jedoch gemeldet. Seit Herbst 1979 wird an vier Tagen Nachmittagsunterricht gegeben. Aufgabe der 35 Sonderschullehrer und der drei Lehreranwärter ist es, neben dem Unterricht nach den Richtlinien Förderunterricht an den Vormittagen sowie Arbeitsgemeinschaften in den Klassen 3 bis 9 und Spielveranstaltungen für die Klassen 1 bis 2 an den Nachmittagen durchzuführen. In den Arbeitsgemeinschaften werden bei einer Gruppenstärke von 5 bis 9 Kindern Aktivitäten angeboten wie: Emaillieren, Flöten, Fotoarbeiten, Fußball, Gartenbau, Kochen, Marionettenbau, Musik und Rhythmik, Puppenspiel, Technisches Werken, Textilarbeit, Tischtennis, Töpfern, Werken. 16 Sozialpädagogen sind in der Einzel- und Kleingruppenbetreuung, auch im Rahmen der Arbeitsgemeinschaften, tätig. Zentrale Aufgaben der 4 Sozialarbeiter sind Elternarbeit und Kooperation mit Einrichtungen der Jugendhilfe. Für jedes Kind wird ein Erziehungsplan aufgestellt. Schulisch beheimatet ist das Kind in seiner Klasse, in der ein Klassenlehrer mit möglichst voller Stundenzahl tätig ist. Pädagogen, therapeutische Fachkräfte und Sozialarbeiter bleiben über einen längeren Zeitraum (2-3 Jahre) für eine Klasse zuständig und können so zu Bezugspersonen werden. Sie bilden ein Team, das die notwendigen Maßnahmen abspricht und koordiniert.
Das Team-Konzept erwies sich - insgesamt gesehen - als sehr positiv.
Neben dem Schulpsychologischen Dienst kann auch die "Beratungsstelle für Kinder- und Jugendliche" in Anspruch genommen werden - eine neutral benannte kinder- und jugendpsychiatrische Einrichtung, die praktischerweise im Gebäude des PTZ untergebracht ist.
Die im Rahmen der Pädagogik bei Verhaltensstörungen so wichtige primär-präventive Aufgabe nimmt seit Februar 1982 die Ambulanz des PTZ wahr. Zu den Mitarbeitern in der Ambulanz gehören drei Sonderschullehrer, vier Sozialpädagogen und ein Sozialarbei-

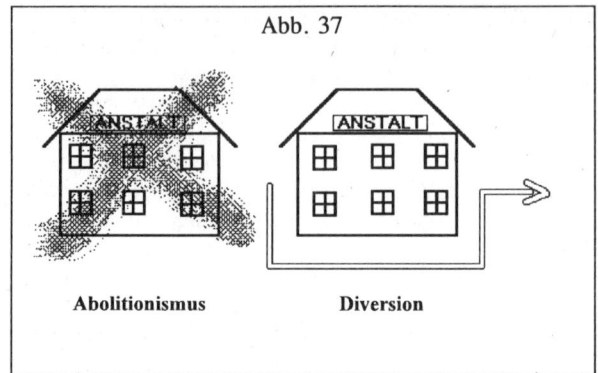

Abb. 37

Abolitionismus   Diversion

ter, die bis auf zwei Sozialpädagogen auch noch in der Schule Dienst tun. Zuständig ist die Ambulanz für Schüler mit noch nicht so gravierenden Störungen, so daß sie in ihrem Klassenverband bleiben können, also nicht in das PTZ umgeschult werden müssen. Auch in der Ambulanz wird im Team gearbeitet, da Verhaltensstörungen als Interaktionsstörungen im weiteren Sinne verstanden werden und interdisziplinäre Interventionen im sozialen Feld erforderlich machen. "Das Spektrum der Maßnahmen kann aufgrund der Zusammensetzung des Teams von Förderung im schulisch-kognitiven Bereich über sozialpädagogisch bzw. sonderpädagogisch angelegte Einzel- und/oder Gruppenarbeit bis zur ergänzenden Arbeit mit der Familie bzw. mit dem jeweiligen Lehrer reichen" (Bericht der Ambulanz des PTZ 1984, Manuskript, 7). Auf der Basis differenzierter Diagnostik mag aber auch Beratung ausreichen oder die Vermittlung an eine andere Institution sinnvoll erscheinen. Weder in der Schule noch in der Ambulanz sind Stellen für klinische Psychotherapeuten eingerichtet worden. Da in der Schule "in zunehmendem Maße Kinder und Jugendliche mit schweren und schwersten psychischen Störungen sind", wird psychotherapeutische Hilfe als dringend notwendig erachtet. "Bleiben die notwendigen Hilfen aus, so bestehen auch für die Schule für Verhaltensgestörte keine Möglichkeiten mehr, die erwünschten Veränderungen bei diesen Schülern zu erreichen. Eine erhöhte Zahl von Einweisungen in klinische Einrichtungen oder Einrichtungen der Jugendhilfe ist die Folge. Bei der großen Anzahl von schwer gestörten Kindern und Jugendlichen, die von den Regelschulen gemeldet werden, kann die Schule für Verhaltensgestörte Gruppen- und/oder Unterrichtsfähigkeit nicht mehr voraussetzen. Sie muß neue Möglichkeiten entwickeln, gerade bei diesen Problemen angemessene Hilfe zu leisten. Das bedeutet, daß die Schule für Verhaltensgestörte grundsätzlich nicht nur einen pädagogischen, sondern auch einen therapeutischen Auftrag hat" (PTZ 1984, 6).

Kleinklassen wie Sonderschulen für Problemschüler entwickelten mancherorts einen separierenden und stigmatisierenden Ghetto-Charakter und schienen ihre Rechtfertigung nur noch darin zu finden, schwierige Schüler, die - wie es in den Ausführungsvorschriften für Berliner Beobachtungs-Klassen heißt - "die Erziehungs- und Lernsituation der Mitschüler" gefährden, von den übrigen Schülern fernzuhalten. Im Sinne der Einsichten des Abolitionismus, der ursprünglich nur auf die Abschaffung von Strafanstalten gerichtet war, wird versucht, auch diese Einrichtungen abzuschaffen oder zumindest zu reduzieren. Um Maßnahmen der Aussonderung zu umgehen, die leicht als negative Sanktionen empfunden werden und stigmatisierende Effekte haben, werden alternative Formen gesucht, die ohne negative Wirkungen Hilfe und Förderung ermöglichen (Diversion, siehe Abb. 37; vgl. z.B. Bach 1987a, Mutzeck / Pallasch 1991).

Die sich Ende der sechziger und Anfang der siebziger Jahre verstärkenden Tendenzen insbesondere gegen Sonderschulen für Lernbehinderte und Verhaltensgestörte fanden ihren deutlichen Niederschlag in den Empfehlungen der Bildungskommission "Zur pädagogischen Förderung Behinderter und von Behinderung bedrohter Kinder und Jugendlicher" (1973), die "der bisher vorherrschenden schulischen Isolation Behinderter ihre schulische Integration entgegen" - stellten (Deutscher Bildungsrat 1973) und auf breiter Basis die Sonderschulen, aber auch die Regelschulen veranlaßten, Maßnahmen der integrativen Förderung zu überdenken und einzuführen. Inzwischen sind differenzierte, gestufte Systeme der schulischen Förderung entwickelt worden, die integrative Hilfen über die hauptsächlichen Organisationsformen der Einzelintegration und der Integrationsklassen ermöglichen und die Sonderschulen in kooperativen Zusammenhängen mit allgemeinen oder Regelschulen sehen. Solch ein gestuftes System hat bereits Eingang gefunden in amtliche Verordnungen, wie z.B. im Saarland (vgl. Chef der Staatskanzlei 1987, Nr. 39). Die Saarländische Verordnung scheint Vorbildcharakter zu haben für das gesamte Bundesgebiet. Sie gibt ein sechsstufiges Organisationsmodell der schulischen Förderung vor:

1. Regelklasse mit Beratung durch einen Sonderschullehrer;
2. Regelklasse mit Ambulanzlehrer, der unterstützend im Klassenunterricht wirkt, in Förderstunden gesondert unterrichtet oder behinderungsspezifische Techniken einübt (Einzelintegration);
3. Schule der Regelform mit sonderpädagogischen Fördereinrichtungen, die als Teilzeiteinrichtungen für Einzel- oder Kleingruppenunterricht zur Verfügung stehen;
4. Regelklasse mit Zwei-Pädagogen-System, in dem neben dem Lehrer der Klasse ein weiterer Lehrer mindestens 13 Wochenstunden Unterricht gibt (Integrationsklasse);
5. Kooperierende Sonderklasse in einer Schule der Regelform, in der ein Sonderschullehrer Unterricht gibt und in einzelnen Fächern mit den übrigen Klassen der Regelform kooperiert;
6. Kooperation einer Schule für Behinderte mit einer Schule der Regelform, die sich in außerunterrichtlichen Veranstaltungen sowie mit einzelnen Klassen und in einzelnen Fächern realisiert (siehe Abb. 37).

Die in der saarländischen Verordnung auf der Stufe 2 vorgesehene ambulante Förderung hat in Deutschland wie z.B. auch in Österreich bereits eine längere Tradition, hat sich als notwendig und effektiv erwiesen und wird auch als Möglichkeit gesehen, Sonderklassen zu ersetzen oder zumindest zu reduzieren. Wie in Hannover übernahmen auch in anderen Städten - wie z.B. in Hamburg und Köln - Sonderschulen ambulante Förderaufgaben, d.h. sie beauftragten geeignete Lehrer, in die umliegenden Grundschulen zu gehen und in Verbindung mit den dortigen Lehrern Schüler mit Verhaltensschwierigkeiten so zu fördern, daß eine Umschulung in die Sonderschule vermieden werden konnte. In Berlin ging ein Bezirk soweit, daß er das stationäre Fördersystem der Beobachtungsklasse für Kinder mit Verhaltensstörungen zugunsten eines ambulanten Fördersystems auflöste. Die in dem Berliner Bezirk Steglitz tätigen Ambulanzlehrer haben also die Aufgabe, nicht nur präventiv tätig zu sein, d.h. die von Verhaltensstörungen bedrohten Kinder zu fördern, sondern auch jenen Kindern mit deutlichen und verfestigten Verhaltensstörungen so zu helfen, daß eine soziale und emotionale Integration gewährleistet ist. Auf das Berliner Ambulanzlehrer-Systems soll nachfolgend im Hinblick auf Organisation, Probleme und Erfolge näher nachgegangen werden, da es ggf. ein nachahmenswertes Modell bietet.

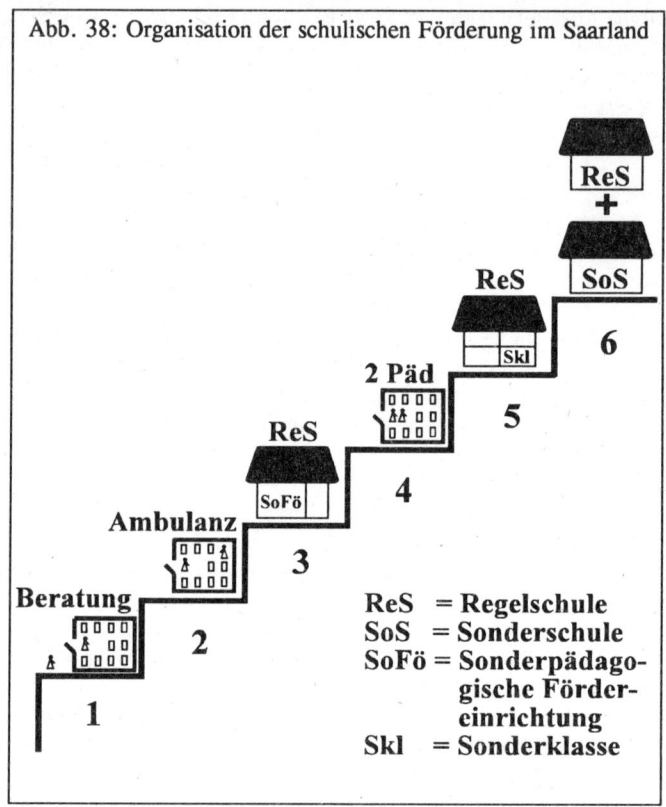

Abb. 38: Organisation der schulischen Förderung im Saarland

ReS = Regelschule
SoS = Sonderschule
SoFö = Sonderpädago-
gische Förder-
einrichtung
Skl = Sonderklasse

Ein Ambulanzlehrersystem für Kinder mit Verhaltensstörungen

Das Berliner Ambulanzlehrersystem wurde als Ersatz für ein separierendes Klein-Klassen-System im wesentlichen aus drei Gründen eingerichtet:
- Die erstrebte Verhaltensänderung konnte bei den Schülern mit Verhaltensstörungen zumeist weder in der verfügbaren Zeit noch in dem gewünschten Ausmaß erreicht werden.
- Die baldige Rückführung in eine allgemeine Schule war eher die Ausnahme als die Regel.
- Mit dem Beobachtungs-Klassen-System kann nicht präventiv, sondern erst dann gearbeitet werden, wenn - wie das Sprichwort sagt - das Kind in den Brunnen gefallen ist.

Zur äußeren Organisation

Lehrer und Schüler
Für die 19 Grundschulen im Bezirk Steglitz stehen zur Zeit 12 Ambulanzlehrer/-innen (2 ♂/ 10 ♀) zur Verfügung, die in 15 Schulen ambulant tätig sind. Obwohl sich die Lehrer mit ihren unterschiedlichen Ausbildungsgängen und Qualifikationen positiv ergänzen,

besteht die Zielvorstellung, nur Lehrer mit sonderpädagogischer Qualifikation für die Ambulanzlehrertätigkeit einzusetzen.

Ambulant gefördert wurden im Schuljahr 1992/93 27 Schüler/-innen (24 κ/ 3 ʟ), die sich auf 6 Grundschuljahre verteilten.

Der Förderbedarf ist sehr viel höher, als es die Fördermöglichkeiten zulassen; es existiert eine Warteliste. Das Ambulanzlehrersystem ist quantitativ begrenzt durch Vorgaben des Schulamtes, aber auch durch das Interesse der Lehrer.

Die Ambulanzlehrer sind mit jeweils 8 Stunden ihres Lehrkontingents für die Förderarbeit eingesetzt, wobei 7 Wochenstunden auf die direkte Förderarbeit und 1 Stunde auf die wöchentliche Supervision entfallen. Die Kinder erhalten zwischen 3 und 7 Stunden spezielle ambulante Förderung je Woche, d.h. die Ambulanzlehrer beschäftigen sich in der Regel mit einem Kind, höchstens jedoch mit 2 bis 3 Kindern in der Woche. Diese Förderzeit reicht auch, um durchschnittlich in einem Schuljahr die Verhaltens- und Leistungsschwierigkeiten der Kinder zu beseitigen. Allerdings ist zu berücksichtigen, daß etwa die Hälfte der Kinder zusätzlich zu der ambulanten Förderung eine Psychotherapie erhält. Die Therapien finden nachschulisch statt und werden in der Regel über das Bundessozialhilfegesetz (BSHG, § 39) finanziert.

Anmeldeverfahren und Leitung

Mit einem Bericht über die Auffälligkeiten und Schwierigkeiten des Problemkindes stellen die Klassenlehrer einen Antrag auf ambulante Förderung beim Schulpsychologischen Dienst des Bezirks. In einer ersten schulpsychologischen Untersuchung werden Daten erhoben, die die Problemlage verdeutlichen sowie Ursachen und Genese der Schwierigkeiten erhellen können. Wenn nicht Beratung der Lehrer und Eltern ausreichen, wird das Kind mit Einwilligung der Eltern in die ambulante Förderung genommen. Ambulanz- und Klassenlehrer des Problemkindes erstellen dann einen Förderplan, der Maßnahmen, Erwartungen, Zielvorstellungen skizziert. Für Schüler mit erblichen Störungen werden Förderausschüsse gebildet, die den sonderpädagogischen Förderbedarf feststellen und die Fördermaßnahmen bestimmen.

Die Ambulanzlehrer gehören zwar zu verschiedenen Schulkollegien, ihre ambulante Fördertätigkeit wird aber zentral organisiert und geleitet vom Schulpsychologischen Dienst des Bezirks. Dort werden auch alle 14 Tage zweistündige Supervisionssitzungen durchgeführt, die als sehr notwendig und hilfreich angesehen werden.

Arbeitsbereiche des Ambulanzlehrers

Die Arbeitsbereiche des Ambulanzlehrers sind zahlreich und sehr unterschiedlich. Im Mittelpunkt der gesamten Arbeit steht natürlich das Problemkind. Es zeigt sich aber immer wieder, daß einzelne Mitschüler oder sogar die ganze Klasse, eventuell den Lehrer eingeschlossen, in die Intervention mit einbezogen werden müssen. In diese Intervention bringt der Ambulanzlehrer sich selbst als Hauptvariable mit ein. Er muß einen pädagogischen Bezug herstellen können, die diagnostischen Ausgangsdaten durch Beobachtungstechniken ergänzen oder korrigieren und für die jeweils spezifische Situation die adäquaten Fördermaßnahmen durchführen. Befragungen der Ambulanzlehrer zur für sie notwendigen Qualifikation erbrachten dann auch - ausgehend von einem Hochschulcurriculum für die Ausbildung des Sonderschullehrers mit der Fachrichtung Pädagogik bei Verhaltensstörungen - deutliche Schwerpunktsetzungen zunächst - im Sinne eines breiten Ausgangswissens - im Bereich der Phänomenologie und Ätiologie von Verhaltensstörungen, im Hinblick auf Verhaltensbeobachtung und Verhaltensanalyse, im Bereich differenzieller Konzepte für Erziehung und Unterricht sowie im Hinblick auf pädagogisch-thera-peutische Techniken wie therapeutische Gesprächsführung, spieltherapeutische und mo-totherapeutische Förderung sowie Rollenspiel / Psychodrama und Entspannungs- und Meditationsverfahren. Die Förderung des Problemkindes wird neben der Beratung und Information der relevanten Lehrer, Mitschüler und Personen des familiären Umfeldes durch Maßnahmen im Einzel- wie im Gruppenunterricht parallel oder zusätzlich zum üb-lichen Unterricht vollzogen. In einzelnen Fällen haben sich Schwierigkeiten gemeldeter Problemkinder nur durch beim Lehrer ansetzende Verhaltensmodifikationsprogramme aufheben lassen. Die Kooperation mit den Grundschullehrern gelingt und erweist sich als effektiv, weil die Ambulanzlehrer behutsam vorgehen, nicht den "Spezialisten" herauskehren, eine eigene Klasse führen und praktisch in der Klasse des Problemkindes mitarbeiten. Die Kooperation mit den Eltern verlangt, daß die Ambulanzlehrer sich als Vermittler zwischen Schule und Elternhaus verstehen und den Lehrern wie den Eltern gegenüber als Anwalt des Kindes auftreten. So gelingt es zumeist, die häufig angespannte Situation zu entkrampfen, Verständnis bei der Schule für Eltern und Kind, bei Eltern und Kind für die Schule zu wecken. Der enge Kontakt mit den Eltern über Telefon und regelmäßige Besuche sowie Hilfen bei Kontakten mit anderen Institutionen oder auch nur beim Ausfüllen von Antragsformularen schaffen ein engeres, tragfähiges Verhältnis zu den Eltern.

Die regelmäßigen Supervisionssitzungen, die als kollegiale Praxisberatung verstanden werden, helfen den Ambulanzlehrern, die notwendigen Maßnahmen zu finden und adäquat durchzuführen, die das ihnen anvertraute Problemkind braucht, die sie aber auch selbst brauchen, um mit den Belastungen, denen sie durch ihre Arbeit ausgesetzt sind, fertig zu werden. So ist die Supervision auch eine Möglichkeit, dem "Burn-out" zu weh-ren und den Umgang mit sich selbst im Sinne der Erhaltung von seelischer und körperli-cher Belastbarkeit, von Flexibilität, Geduld und Duldsamkeit zu verbessern, wozu aller-dings auch Techniken der Einwirkung auf sich selbst wie Entspannungs- und Meditati-onsverfahren sowie mototherapeutische Aktivitäten verfügbar sein sollten.

Akzeptanz der Ambulanzlehrertätigkeit
In einer Untersuchung fragte der Schulpsychologische Dienst die in das Ambulanzsystem einbezogenen Grundschullehrer danach, wie sie die Zusammenarbeit mit dem Ambu-lanzlehrer erlebt haben, welche Maßnahmen effektiv durchgeführt wurden, ob sie mit Auswirkungen auf ihre schulalltägliche Praxis durch die Kooperation mit dem Ambulanzlehrer rechnen könnten und ob sie eine Kompetenzerweiterung im Hinblick auf schwierige Schüler erfahren hätten. Für fast Dreiviertel der an der Befragung beteiligten Grundschullehrer war die Kooperation hilfreich und unterstützend, für ein Drittel war sie entlastend, offen und ermutigend sowie sachlich und kollegial. Als effektive Maßnahmen wurden von fast der Hälfte gezielte, konkrete Probleme angehende Gespräche, gezielte Fördermaßnahmen im und neben dem Unterricht, nähere Kontakte zu den Eltern und eine Differenzierung der unterrichtlichen Anforderungen genannt. Aus der Kooperation resultierte für die Grundschullehrer ein besseres, gezieltes Vorgehen bei Schwierigkeiten (80 %) und ein kritisches Überdenken der eigenen Verhaltensweisen und Unterrichts-methoden (40 %).

Nicht nur die beteiligten Grundschullehrer, sondern auch die beteiligten Eltern haben das Ambulanzlehrer-System akzeptiert und schätzen es als hilfreiche, Lern- und Verhaltensstörungen wirksam angehende Einrichtung ein.

Kritik am Ambulanzlehrersystem

Das Ambulanzlehrer-System wird nicht nur positiv gesehen. Kürzlich wurde darauf verwiesen, daß es nur Nachteile habe. Es suggeriere, die Sonderpädagogik habe spezielle und bessere Methoden und Mittel zur Verfügung als die allgemeine Pädagogik. Es habe "bloße Feuerwehrfunktion" und sehe nur diagnostische Maßnahmen und Beratung vor. Es entlasse die Grundschullehrer aus der Verantwortung für personalisierte Schwierigkeiten und konterkariere als "rein systemimmanente Maßnahme" die Forderung nach Integration (Eberwein 1988, 61). Die Erfahrung zeigt jedoch, daß die Ambulanzlehrer mit Verfahren, die in sonderpädagogischen Einrichtungen und für die schulische Praxis entwickelt, verfeinert oder adaptiert wurden, effektive pädagogisch-therapeutische Hilfe bieten können, daß ihre Beratungsangebote von den Grundschullehrern akzeptiert werden. Diagnostische Maßnahmen haben eine nicht überbewertete Funktion und werden prozeßorientiert, d.h. bezogen auf die aktuelle Praxis und in Bearbeitung konkreter Probleme eingesetzt. Sowohl bei diagnostischen wie bei pädagogisch-therapeutischen Maßnahmen wird der Grundschullehrer herangezogen, er wird nicht aus seiner Verantwortung entlassen, im Gegenteil er muß mehr Zeit und Kraft einsetzen, um gemeinsam mit dem Ambulanzlehrer für das einzelne Kind wie für die Gruppe der Schüler die psychosoziale Situation verbessern zu können. Das Ambulanzlehrer-System will Separation verhindern, hilft Lehrern wie Schülern "vor Ort", ist somit eine integrative Maßnahme und macht häufig die Integration der verhaltensschwierigen Schüler in den Klassenverband erst möglich.

Das Ambulanzlehrersystem als Teil eines Förderzentrums

In einem Ambulanzlehrersystem fällt eine Vielzahl organisatorischer Aufgaben an (Stundenpläne für Lehrer und Schüler, Beschaffung und Verwaltung von Materialien, Organisation von Vertretungen, Konferenzen usw.), die es nötig machen, eine Koordinationsstelle für die Ambulanzlehrer zu haben. In einigen Länder der Bundesrepublik haben - wie bereits aufgezeigt wurde - Sonderschulen für Verhaltensgestörte schon relativ früh als "Heimatschule" der Ambulanzlehrer die notwendigen Organisationsaufgaben und Koordinationsfunktionen übernommen. Da es in Berlin Sonderschulen für Verhaltensgestörte nicht geben darf, sie existieren nur in verkappter Form als Heimschulen, die vorwiegend externe Schüler aufnehmen, steht für die Ambulanzlehrer keine "Heimatschule" zur Verfügung, sie sind an vielen verschiedenen Schulen tätig und werden vom schulpsychologischen Dienst betreut.

Eine Kommission des Beirats für Sonderpädagogik beim Senator für das Schulwesen (Federführung: N. Myschker) schlug in Berlin kürzlich vor, einige Grundschulen als "Verhaltenspädagogische Zentren" auszubauen, d.h. in jedem Bezirk zunächst eine zwei- bis dreizügige Grundschule auf das Problem psychosozialer Schwierigkeiten so zu spezialisieren, daß Grundschullehrer und Sonderpädagogen "Kindern mit und ohne Verhaltensstörungen" gemeinsamen Unterricht und über ein Ambulanzlehrersystem den umliegenden Schulen präventive und pädagogisch-therapeutischen Hilfen bieten können. Das Verhaltenspädagogische Zentrum sollte "Heimatschule" für die Ambulanzlehrer und gleichzeitig über Teilzeitunterricht wie auch über zeitlich beschränkten Vollzeitunterricht denjenigen Schülern und Schülerinnen mit Lern- und Verhaltensstörungen optimale Fördermöglichkeiten bieten, die über ambulante Maßnahmen nicht mehr adäquat zu fördern sind. Dieses Konzept wird nachfolgend zunächst in einer graphischen Übersicht, dann in der von der Kommission beschlossenen Fassung vorgestellt, da es sich in vielen Diskussionen mit Fachleuten als eine situationsgerechte Lösungsmöglichkeit erwies.

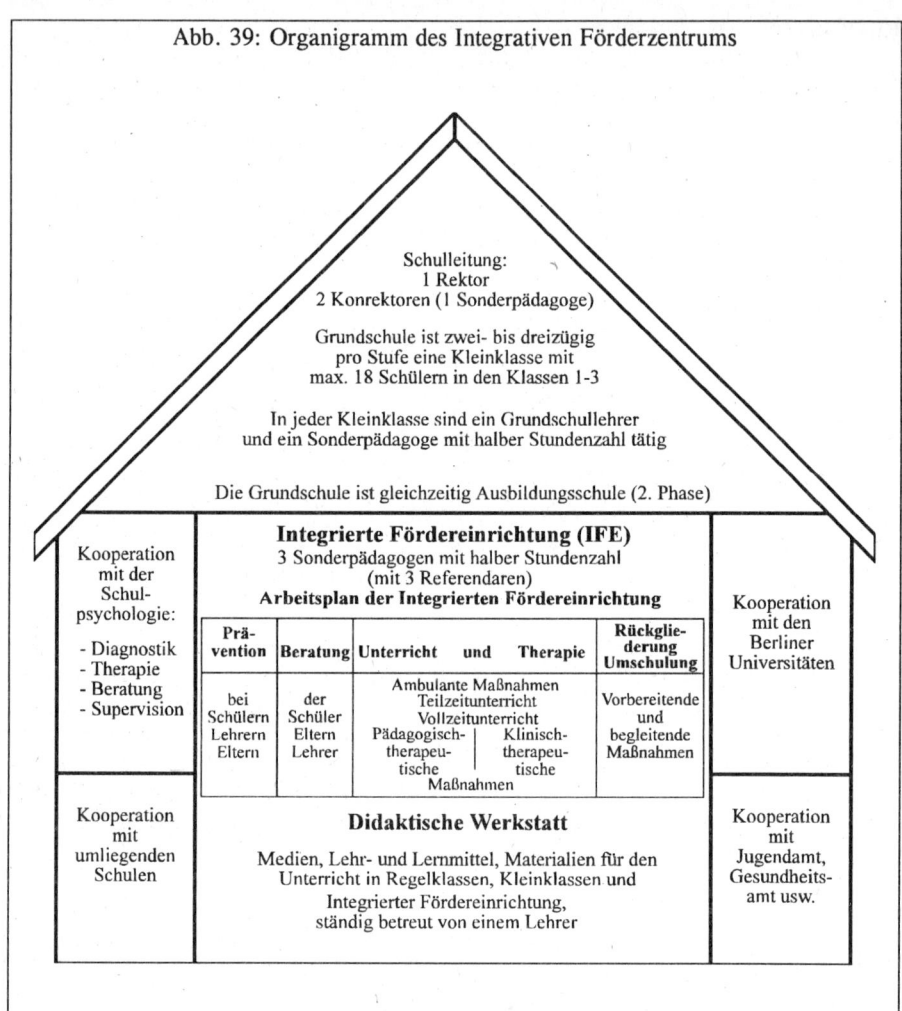

Abb. 39: Organigramm des Integrativen Förderzentrums

Schulleitung:
1 Rektor
2 Konrektoren (1 Sonderpädagoge)

Grundschule ist zwei- bis dreizügig
pro Stufe eine Kleinklasse mit
max. 18 Schülern in den Klassen 1-3

In jeder Kleinklasse sind ein Grundschullehrer
und ein Sonderpädagoge mit halber Stundenzahl tätig

Die Grundschule ist gleichzeitig Ausbildungsschule (2. Phase)

Kooperation mit der Schulpsychologie:
- Diagnostik
- Therapie
- Beratung
- Supervision

Integrierte Fördereinrichtung (IFE)
3 Sonderpädagogen mit halber Stundenzahl
(mit 3 Referendaren)
Arbeitsplan der Integrierten Fördereinrichtung

Prä-vention	Beratung	Unterricht und Therapie	Rückglie-derung Umschulung
bei Schülern Lehrern Eltern	der Schüler Eltern Lehrer	Ambulante Maßnahmen Teilzeitunterricht Vollzeitunterricht Pädagogisch-therapeutische | Klinisch-therapeutische Maßnahmen	Vorbereitende und begleitende Maßnahmen

Kooperation mit den Berliner Universitäten

Kooperation mit umliegenden Schulen

Didaktische Werkstatt

Medien, Lehr- und Lernmittel, Materialien für den
Unterricht in Regelklassen, Kleinklassen und
Integrierter Fördereinrichtung,
ständig betreut von einem Lehrer

Kooperation mit Jugendamt, Gesundheits-amt usw.

**Organisation einer Modellschule für Kinder mit und ohne Verhaltenstörungen
(Integratives Förderzentrum)**

Äußere Organisation

Klassen, Klassenfrequenzen
Das Integrative Förderzentrum ist eine dreizügige Grundschule, in der pro Stufe zwei
Kleinklassen eingerichtet sind. In jede Kleinklasse werden maximal 3 Kinder mit Verhal-
tensstörungen aufgenommen.
Die Frequenz der Kleinklassen beginnt mit 18 und reicht bis zu 24 Schülern. Mit höherer
Klassenstufe und mit der Reduzierung der Verhaltenstörungen kann die Frequenz derart
steigen, daß im Zweijahresrhythmus - endend mit dem 5. Schuljahr - so viele Kinder mit

Verhaltensstörungen aufgenommen werden wie eingangs als verhaltensgestört diagnostizierte Kinder sich in ihrem Verhalten wesentlich gebessert haben.

Die Maximalfrequenzen der Kleinklassen gibt nachfolgende Tabelle wieder:

Tabelle 16: Maximalfrequenzen der Kleinklassen

Kleinklasse	Schüler o h n e Verhaltensstörungen	Schüler m i t Verhaltensstörungen	Summe
1 und 2	15	3	18
3 und 4	15-18	3	18-21
5 und 6	18-21	3	21-24

Neben den beiden Kleinklassen hat jede Stufe der Schule eine reguläre Grundschulklasse für Kinder bzw. Kinder von Eltern, die sich gegen eine integrative Beschulung wenden. Schüler der Kleinklassen, die wegen der Stärke ihrer Verhaltensstörungen in den Stammklassen nicht angemessen zu fördern sind, können als Maßnahme innerschulischer Differenzierung vorübergehend in Kleinstgruppen (maximal 6 Schüler) zusammengefaßt werden.

Schüler
In dem dreizügigen Integrativen Förderzentrum werden neben regulären Grundschülern 36 Schüler mit Verhaltensstörungen und 24 ehemals verhaltensgestörte, noch stützungsbedürftige Schüler unterrichtet, so daß sich die sonderpädagogische Arbeit innerhalb der Schule auf 60 Schüler bezieht. Als verhaltensgestört werden in Kooperation von Schulpsychologen und Sonderpädagogen Kinder diagnostiziert, die besondere Förder- und Erziehungsbedürftigkeit dadurch zeigen, daß sie nicht adäquat lernen, in sozialen Situationen nicht in erforderlicher Weise reagieren und selbst geringfügige Konflikte nicht angemessen bewältigen können.

Lehrer
In jeder Kleinklasse des Integrativen Förderzentrums arbeiten ein Grundschullehrer und ein Sonderschullehrer mit der Fachrichtung Verhaltensgestörtenpädagogik, so daß für die dreizügige Schule 12 Sonderschullehrer zur Verfügung stehen.
Alle Lehrer haben ein Deputat von 24,5 Wochenstunden. Die Ermäßigung der Unterrichtsverpflichtung für Grundschullehrer resultiert aus der Verpflichtung zur Teilnahme an Teamkonferenzen, Einzelfallbesprechungen, Maßnahmen zur Supervision sowie aus der Durchführung von häufigen Elternberatungen.
Der Sonderschullehrer arbeitet mit halber Stundenzahl in der Kleinklasse und mit halber Stundenzahl als Ambulanzlehrer. Er hat präventive und pädagogisch therapeutische Aufgaben wahrzunehmen. Der/die Schulleiter(in) hat das Lehramt an Sonderschulen.

Therapeuten
Für die 36 Schüler mit Verhaltensstörungen werden zwei Vollzeitstellen für klinische Psychologen eingerichtet, die an der Integrationsschule einer Außenstelle des Schulpsychologischen Dienstes zugehören. Sie gewährleisten, daß Anforderungen in Erziehung und Unterricht in der Therapie und therapeutischen Erfordernisse im Unterricht berücksichtigt werden.

Räume und Materialien
Jede Kleinklasse hat einen für verschiedene Aktivitäten unterteilbaren Hauptraum und einen Gruppenraum. Jeweils drei Sonderschullehrern steht für die Arbeit mit Schülern der Kleinklasse sowie für die Ambulanzlehrertätigkeit ein großer Raum mit Nebenraum zur Verfügung, so daß insgesamt vier Raumeinheiten gebraucht werden. Zwei dieser Raumeinheiten sind mit spieltherapeutischen, musik- und kunsttherapeutischen sowie mototherapeutischen Materialien und Anlagen ausgestattet. Die zwei weiteren Raumeinheiten stellen mit vielfältigen Lehr- und Lernmitteln für motivierenden Umgang und individualisiertes Lernen und den verschiedenen medientechnischen Geräten vom Dia- und Overhead-Projektor bis hin zum Video-Recorder "Didaktische Werkstätten" dar.

Innere Organisation

Unterricht
Der Unterricht folgt dem Grundschullehrplan.
12 Wochenstunden arbeiten Grund- und Sonderschullehrer gemeinsam in der Kleinklasse. Sie arrangieren Lernmöglichkeiten von Einzel- über Kleingruppen- und Großgruppenunterricht so, daß die Kinder mit Verhaltensstörungen möglichst integriert und gemeinsam mit den übrigen Schülern im Sinne kognitiver, affektiver und psychomotorischer Lernfortschritte gefördert werden.
Förderunterricht realisiert der Sonderschullehrer im Rahmen seiner Ambulanzlehrertätigkeit für Schüler mit Lern- und Verhaltensschwierigkeiten aus Nachbarschulen. Für diese Fördermaßnahmen können die Schüler in die "Didaktische Werkstatt" der Integrationsschule kommen.

Pädagogisch-therapeutische Maßnahmen
In der Kleinklasse wie in der Tätigkeit als Ambulanzlehrer setzt der Sonderpädagoge pädagogisch-therapeutische Verfahren ein, die auf die Reduzierung von Schulunlust sowie auf Verbesserung der Interaktionsfähigkeit, der Lern-/Leistungsmotivation, der Steuerungs- und Kontrollfähigkeit sowie der psycho-physischen Belastbarkeit zielen. In Frage kommen den schulischen Bedingungen angepaßte Verfahren aus der Spieltherapie, der Musik- und Kunsttherapie, der Verhaltensmodifikation, der Selbstentspannung und der Meditation sowie der Gesprächstherapie und der Mototherapie.

Therapie
Die der Integrationsschule zugeordneten klinischen Psychologen setzen nach eingehender Diagnose psychotherapeutische Verfahren bei allen Schülern mit Verhaltensstörungen ein, die die Kleinklassen besuchen. Die Intervention der Psychologen vollzieht sich in engem Kontakt mit den Kleinklassenlehrern. Bei Bedarf werden auch die Eltern in das Interventionsprogramm einbezogen.
Das therapeutische Angebot gilt auch therapiebedürftigen Schülern der Nachbarschulen.

Beratung
Die in den Kleinklassen tätigen Lehrer und Psychologen haben den Schülern mit Verhaltensstörungen sowie deren Eltern gegenüber Aufgaben intensiver Beratung wahrzunehmen. Ambulanzlehrer und Psychologen bringen ihre Beraterkompetenz auch in die Nachbarschulen ein.

Rückgliederung

Schüler mit Verhaltensstörungen, die nicht aus dem Einzugsbereich der Integrationsschule kommen, können nach der Behebung der Verhaltensstörungen in die für sie zuständige Grundschule rückgegliedert werden. Die Rückgliederung erfolgt nach einem Stufenplan und wird von den Sonderschullehrern im Rahmen ihrer Ambulanzlehrertätigkeit organisiert und durchgeführt.

Umschulung / Zusatzmaßnahmen

Wenn bei Schülern durch die Maßnahmen des Integrativen Förderzentrums die Verhaltensstörungen nicht zu beheben sind, werden in Kooperation zwischen dem Integrativen Förderzentrum und relevanten Institutionen weitergehende Förderungsmöglichkeiten eingeleitet (z.B. Familienfürsorge, Heim, Kinder- und Jugendpsychiatrische(r) Dienst / Klinik).

Nachbemerkungen

Das Integrative Förderzentrum ist auf Kinder mit Verhaltensstörungen spezialisiert und soll nur diese Gruppe Behinderter aufnehmen,

- weil Kinder mit Verhaltensstörungen eine so große Zahl darstellen, daß alle verfügbaren Plätze diesen Kindern vorbehalten bleiben müssen,
- weil an der Schule Fachleute tätig sind, die speziell für die Behebung von Verhaltensstörungen qualifiziert sind,
- weil die gesamte Schulorganisation auf die Problematik der Verhaltensstörungen ausgerichtet ist,
- weil Kinder mit Verhaltensstörungen insbesondere die Lern- und Erziehungssituation der übrigen behinderten Kinder gefährden.

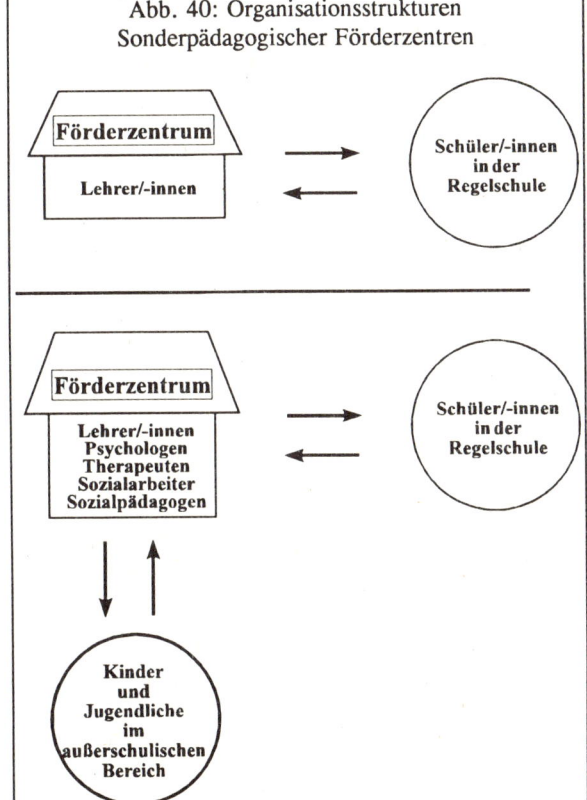

Abb. 40: Organisationsstrukturen Sonderpädagogischer Förderzentren

Förderzentrum
Lehrer/-innen

Schüler/-innen in der Regelschule

Förderzentrum
Lehrer/-innen
Psychologen
Therapeuten
Sozialarbeiter
Sozialpädagogen

Schüler/-innen in der Regelschule

Kinder und Jugendliche im außerschulischen Bereich

Die inzwischen weit verbreiteten integrativen Fördermaßnahmen der Einzelintegration und der Integrationsklassen können - wie sich gezeigt hat - den Bedarf aus kapazitären und organisatorischen Gründen nicht decken, so daß die Gefahr der "Selektion bei Integration" akut wird (Sander 1992). Das vorgestellte "Verhaltenspädagogische Förderzentrum" kann eine Möglichkeit sein, dieser Gefahr zu begegnen. Im Kreis Aachen hat sich ein ähnliches Fördersystem für Kinder und Jugendliche mit Verhaltensstörungen, das allerdings auch noch außerschulische Aufgaben wahrnimmt, in der Zeit seines Bestehens seit 1985 so bewährt, daß es weiter ausgebaut wird (Förderverein der Astrid-Lindgren-Schule e.V. (Hrsg.), 1990). Die Einrichtung des Kreises Aachen versteht sich als ein flexibles System mit den Teilbereichen Beratung, Schulintegrative Kooperation (integrative Förderung), Stammschule in Eschweiler-Weisweiler für maximal 40 Schüler in 5 Gruppen), Schulsozialarbeit und Therapieorientierte Maßnahmen.

Nachdem sich in Deutschland im Zuge einer auf integrative Beschulung ausgerichteten Bildungspolitik, insbesondere in den Schulen für Lernbehinderte, die Schülerzahlen stark reduzierten, sind aus vielen dieser Schulen "Sonderpädagogische Förderzentren" hervorgegangen. In einigen Bundesländern (z. B. in Schleswig-Holstein und Hessen) sind die gesetzlichen Grundlagen für die Umwandlung aller Sonderschulen in Sonderpädagogische Förderzentren geschaffen worden, die für Schüler mit den verschiedensten Behinderungen, also auch für Kinder und Jugendliche mit Verhaltensstörungen, zuständig sein sollen. Die Konzepte der Förderzentren sind recht unterschiedlich, und einige stehen auch in der Gefahr, "verkappte" Sonderschulen zu bleiben (vgl. Franck-Weber et al. 1990, Gers 1991, Preuss-Lausitz 1988, Sander 1991 und 1992).

7.2 Sozialpädagogische Institutionen

"Jeder junge Mensch hat ein Recht auf Förderung seiner Entwicklung und auf Erziehung zu einer eigenverantwortlichen und gemeinschaftsfähigen Persönlichkeit." Mit dieser Feststellung und Verpflichtung beginnt das am 1. Januar 1991 in Kraft getretene Kinder- und Jugendhilfegesetz (KJHG). Zur Verwirklichung dieses Rechts soll staatliche Kinder- und Jugendhilfe insbesondere

1. junge Menschen in ihrer individuellen und sozialen Entwicklung fördern und dazu beitragen, Benachteiligung zu vermeiden oder abzubauen,
2. Eltern und andere Erziehungsberechtigte bei der Erziehung beraten und unterstützen,
3. Kinder und Jugendliche vor Gefahren für ihr Wohl schützen,
4. dazu beitragen, positive Lebensbedingungen für junge Menschen und ihre Familien sowie eine kinder- und familienfreundliche Umwelt zu erhalten oder zu schaffen (§1 KJHG).

Im Sinne dieser staatlichen Selbstverpflichtung, die deutlich insbesondere in präventiver Hinsicht über die Aufgabenstellungen hinausgeht, die das Vorläufergesetz, das 1923 erlassene Gesetz für Jugendwohlfahrt (JWG) vorsah, wird ein differenziertes System der Beratung, Unterstützung, Förderung sowie der Erziehungs- und Lebenshilfe zur Verfügung gestellt. Die Hilfsmaßnahmen richten sich nicht nur an Kinder und Jugendliche, sondern auch an junge Menschen bis zum vollendeten 27. Lebensjahr sowie in vielfältiger Weise an Familien zur Aufrechterhaltung und Verbesserung ihrer Lebens- und Sozialisationsfunktionen. Damit kann auch eine Einmischung in familiäre Verhältnisse verbunden sein. Für die Durchsetzung des Rechts auf angemessene Pflege und Erziehung Heranwachsender behält sich die staatliche Gemeinschaft vor, notfalls in die natürlichen Rechte und Pflichten der Eltern im Sinne eines "Wächteramtes" einzugreifen (Grundgesetz Art. 6, Bürgerliches Gesetzbuch §1666). Zu den im Gesetz vorgesehenen Maßnahmen gehören Erziehungsberatung, soziale Gruppenarbeit, Erziehungsbeistandschaft, sozialpädagogische Familienhilfe, Erziehung in einer Tagesgruppe, Vollzeitpflege in einer anderen Familie (Pflegefamilie), Fördermaßnahmen "in einer Einrichtung über Tag und Nacht (Heimerziehung) oder in einer sonstigen betreuten Wohnform" (§l34) und "Intensive sozialpädagogische Einzelbetreuung" (§l35). Zur Erfüllung der Aufgaben, die hauptsächlich von sog. freien Trägern, d.h. Vereinen, Selbsthilfegruppen, den Kirchen sowie Jugend- und Wohlfahrtsverbänden, geleistet wird, sind in Kreisen und kreisfreien Städten Jugendämter und auf überörtlicher Ebene Landesjugendämter mit planender und koordinierender Funktion eingerichtet worden.

Die Kinder- und Jugendhilfe stellt eine umfangreiche und finanziell aufwendige Leistung dar. Im Jahre 1989 brachte die Gemeinschaft dafür fast 10 Milliarden DM auf. Knapp 5 Milliarden gingen an Tageseinrichtungen für Kinder und fast 2 Milliarden DM erforderte die Heimerziehung (Der Bundesminister für Frauen und Jugend 1991, 38). Da relativ viele Eltern trotz unterstützender Maßnahmen ihren Kindern deren Recht auf angemessene Pflege und Erziehung nicht gewährleisten können, wird für nicht wenige junge Menschen die Unterbringung und Erziehung außerhalb des Elternhauses notwendig. Im Gegensatz zur Zeit der siebziger Jahre vor der sog. "Heimkampagne" werden Kinder und Jugendliche jedoch weniger in Heimen als vielmehr in Pflegefamilien untergebracht, um ihnen die systembedingten negativen Folgen der Heimerziehung zu ersparen (vgl. Kap. 1.4). Die nachfolgende Übersicht gibt Hilfen zur Erziehung außerhalb der eigenen Familie von 1970 bis 1989 an.

Tabelle 17: Außerfamiliäre Hilfen zur Erziehung zwischen 1970 und 1989
(nach: Der Bundesminister für Frauen und Jugend 1991, 26)

Jahr	Gesamtzahl der unter 18jährigen	Kinder und Jugendliche außerhalb der eigenen Familie	davon in Heimen	%	in Pflege-stellen
1970	16.514.799	136.305	97.231	(71,3)	39.074
1975	15.900.774	141.056	77.749	(55,1)	63.307
1980	14.215.562	132.713	63.385	(47,8)	69.328
1989	11.410.873	86.541	43.947	(50,8)	42.594

Die Übersicht macht deutlich, daß 1970 noch fast 3/4 der Kinder und Jugendlichen in Heimerziehung und nur etwas mehr als 1/4 in Pflegefamilien waren, während das Verhältnis seit Mitte der achtziger Jahre 50:50 beträgt. Insbesondere bei Säuglingen und Kleinkindern wird die Heimunterbringung vermieden, um die seit René Spitz bekannten Hospitalismus-Schädigungen zu verhindern. 1970 wurden noch 33.191 von 15.724 nichtschulpflichtigen Kindern in Heime eingewiesen (47,3%), 1989 dagegen von 17.012 nur noch 3.401 (20%) - aber eben doch noch 20% zuviel (vgl. a.a.O.).
Von dem im Jahre 1989 in Heimen untergebrachten 43.947 Kindern und Jugendlichen besucht nur ein geringer Teil die Heimen angeschlossenen Heimschulen. Seit Jahren schon wird intensiv versucht, die Schüler wenn irgend möglich sogenannte externe Schulen besuchen zu lassen, um ihnen den dauernden Verbleib im Heim zu ersparen.

Heim und Heimschule

Die gegenwärtige Situation in den Heimen und Heimschulen der Bundesrepublik Deutschland ist im Zusammenhang zu sehen mit der "Heimkampagne" in den auslaufenden sechziger Jahren. Der Begriff "Heimkampagne" markiert eine Phase radikaler Kritik an Heimen und - im geringerem Maße - auch an Heimschulen. Studenten, junge Sozialpädagogen, Erzieher und Lehrer, Kinder und Jugendliche aus Heimen und andere stellten mit geschärftem Demokratieverständnis und Rechtsbewußtsein die bis dahin weitgehend unbeachtet gebliebene Misere in den Heimen mit zum Teil erschütternden Situationsschilderungen in den Blickpunkt der Öffentlichkeit. "Holt die Kinder aus den Heimen!" war die Devise, die besonders vehement von Vertretern proletarischer Interessen vorgetragen wurde, da sich - wie auch schon in den zwanziger Jahren - nachweisen ließ, daß 80% bis 90% der Kinder und Jugendlichen in den Erziehungsheimen aus Unterschichtverhältnissen stammten.

Unterstützt wurde die Heimkampagne auch durch Wissenschaftler, wie Kriminologen, Psychologen, Pädagogen, Soziologen, die - insbesondere im Sinne der Theorie des "labeling approach" - die Gefahren staatlicher Intervention, der Stigmatisierung und Selbststigmatisierung herausstellten, im Sinne des Abolitionismus für die Abschaffung separierender und insgesamt ineffektiver Kontrollinstanzen und die Ausweitung der "ambulanten Betreuung anstelle hospitalisierender Heime" plädierten (Quensel 1970, 382, vgl. auch z.B. Schumann 1985).

In einer Zeit rückläufigen Wirtschaftswachstums und - damit verbunden - einschneidender behördlicher Sparmaßnahmen stieß der Ruf nach Reduzierung der sehr teuren Heimplätze bei der Administration auf offene Ohren. Nach einer Phase der materiellen und personellen Besserstellung der Heime werden seit einigen Jahren die Heimplätze, von dem jeder zwischen 3000 und 6500,- DM im Monat kostet, zugunsten - wie man hofft - humanerer und effektiverer Alternativmaßnahmen drastisch reduziert.

In manchen Bundesländern, wie z.B. in Bremen und Hamburg, wird sogar versucht, Heime ganz abzuschaffen. Auch behördlicherseits liegen die Gründe dafür wohl nicht so sehr im ökonomischen Bereich als vielmehr in der grundsätzlichen Problematik der Heimerziehung. Insbesondere im Hinblick auf Großheime wird die Problematik der "totalen Institution" (Goffman) seit langem gesehen. Totale Reglementierung und totale Versorgung verstärken eher die unerwünschten Verhaltensbereitschaften der Kinder und Jugendlichen als daß sie sie reduzieren. Die Abwendung von den Großsystemen mit 100 und mehr Heimplätzen hin zu kleinen und mittleren Einheiten mit etwa 15 bzw. 30 Plätzen markiert einen Fortschritt, löst jedoch nicht die Grundproblematik. Auch eine Verbesserung der materiellen und personellen Situation in den Heimen, wie sie erfreulicherweise nach der Heimkampagne eintrat, gibt allein noch keine Gewähr dafür, daß die geringe Effizienz der Heimerziehung verbessert wird. Die verbesserten Bedingungen erwiesen sich vielmehr insofern als problematisch, als sie die Entfremdung der Heranwachsenden von ihrem Herkunftsmilieu wie auch von einem künftigen Leben in Selbständigkeit, Selbstverantwortung und anstrengender Arbeit steigerten und somit eher zur Lebensuntüchtigkeit beitrugen.

Die schöne Lage des Heims im Grünen, am Rande der Stadt, die schön gestalteten Räume, die dauernden Kontaktmöglichkeiten zu Gleichaltrigen oder Erwachsenen, die permanente und selbstverständliche Befriedigung von Bedürfnissen können - wie sich inzwischen zeigte - ein unrealistisches Konsumverhalten erbringen, können Anstrengungsbereitschaft im Hinblick auf materielle und affektive Bedürfnisbefriedigung erst gar nicht aufkommen lassen oder reduzieren, ein Anspruchsniveau etablieren, das dem künftigen

Leben nicht entspricht sowie wichtige Fähigkeiten und Fertigkeiten, die zur Lebensbewältigung notwendig sind, in ihrer Entfaltung beeinträchtigen und untrainiert lassen. Die Entlassung aus dem Heim kann dann leicht als Bruch empfunden werden, der nur durch Flucht in den Alkohol oder andere Drogen oder durch die "schnelle Mark" zur Bedürfnisbefriedigung über Diebstahl, Einbruch, Betrug oder auch Prostitution bewältigt werden kann (vgl. Dalferth 1982).

Wie karg ausgestattete Anstalten mit Kleinbudget haben also auch komfortable Heime mit Großbudget ihre negativen Seiten. Die gewonnenen Erfahrungen münden in die Tendenz, die äußere und innere Organisation der Heime nach klar umrissenen Erziehungszielen für die Sozialisanden zu organisieren. Ein entsprechender Organisationsplan wurde bereits im Kapitel 6.1.7 vorgestellt. Die angegebene Relation zwischen Erziehungszielen und organisatorischen Bedingungen macht deutlich, daß nur Kleingruppenverhältnisse in Frage kommen, die menschliche Nähe, individuelle Förderung und lebensnahe Forderungen ermöglichen. Das bedeutet ganz wesentlich, daß die Sozialisanden ihrer Lebenswelt nicht entfremdet werden, daß öffentliche Erziehung vielmehr die Lebenswelt der verhaltensschwierigen Kinder und Jugendlichen einbezieht und Bewältigungsmöglichkeiten für diese Lebensumstände vermittelt, damit eine Entlastung nicht zu einem nicht zu bewältigenden Bruch führt.

Im Sinne dieser Erkenntnisse etablieren sich mehr und mehr herkunftsmilieubezogene Wohngruppen, die selbständig sind oder als Verbundsysteme existieren. In Überwindung der Jugend-Wohn-Kollektiv-Konzeption der ausgehenden sechziger und beginnenden siebziger Jahre entwickelte sich z.B. das sogenannte Lernwohngruppen-Programm (LWG-Programm), dem richtungsweisende Bedeutung zugesprochen werden kann. Das LWG-Programm geht davon aus, daß verhaltensschwierige bzw. delinquente Kinder und Jugendliche bestimmte Verhaltensweisen verlernen und andere neu lernen müssen.

Basismerkmale des Programms sind:

Ein Erzieher wohnt und lebt mit etwa sechs Minderjährigen zusammen und wird von einem dritten Erzieher mit einer 40-Stunden-Arbeitswoche unterstützt.

Die Wohngruppe ist gemeindenah angesiedelt, damit die Sozialisation aus der Lebenswelt abgeleitet und auf diese bezogen werden kann. Die Erziehungsziele werden operationalisiert und dem Jugendlichen offengelegt. Das Erziehungskonzept, in dem sich lerntheoretische, sozialpsychologische sowie kognitiv-verhaltensmodifikatorische Erkenntnisse mit dem Problemlösungsansatz verbinden, zielt darauf ab,

- daß nach dem Aufbau von Eigenmotivation über Verhaltensübungen und Rollenspiele sozialadäquate Verhaltensweisen, Selbstkontrolltechniken und Problemlösungsstrategien trainiert werden,
- daß über Beratungsgespräche auch im Hinblick auf die Bezugspersonen Problembewältigung möglich wird,
- daß über ein Mitbestimmungsmodell Verantwortungsbewußtsein aufgebaut wird,
- daß eine Rückführung in die Herkunftsfamilie durch Elterntraining und Elternselbsthilfegruppen sowie durch materielle und soziale Besserstellung der Familien vorbereitet wird,
- daß über Anschlußunterbringung und gezielte Nachsorgeberatung Hilfe bis zu einem selbständigen und eigenverantwortlichen Leben gewährleistet bleibt.

In diesem Programm wird, wie in vielen anderen neueren Jugendhilfekonzepten, das Elternhaus des verhaltensschwierigen Kindes als höchstbedeutsame Instanz gezielt und umfassend miteinbezogen. Aus der Erkenntnis heraus, daß die kindliche Verhaltensschwierigkeit ihren Stellenwert innerhalb eines familiären Regelkreises hat, erscheint es nur konsequent, wenn die ganze Familie in Interventionsmaßnahmen einbezogen wird.

Beispiele für eine "Heimerziehung" für ganze Familien sind z.B. die "Triangel" im holländischen Amsterdam und das "Haus Sjövillan" im schwedischen Stockholm. Die "Triangel" kann gleichzeitig 16 Familien für 6 Monate aufnehmen. In dieser Zeit gehen die Kinder in die öffentlichen Schulen, arbeitende Eltern werden für die Dauer des Aufenthalts "krankgeschrieben". Um voneinander zu lernen, sind jeweils vier Familien in einer Gruppe zusammengefaßt.

Mit dem Aufenthalt in der "Triangel" soll versucht werden, das Leben der Familien neu zu ordnen, damit die Familienmitglieder künftig problemloser miteinander leben können. So geht es um die Bearbeitung von Problemen und Konflikten, um den Umgang mit Geld, aber auch mit Ängsten, um Kindererziehung, aber auch um sinnvolle Freizeitgestaltung sowie um Lernprozesse, die zu begründeten und sinnvollen Entscheidungen führen. "Triangel" gibt an, daß der sechsmonatige Aufenthalt der Familien in 70% der Fälle erfolgreich ist, bei 20% wird er als "nützlich" eingestuft und nur bei 10% hat sich die Familiensituation nicht verbessert.

Das schwedische "Haus Sjövillan" realisiert ein vierwöchiges Living-Konzept. Die gesamte Intervention gliedert sich in vier Phasen, wobei die erste Phase der Vorbereitung auf den stationären Aufenthalt dient und bis zu sechs Wochen dauern kann. Mit der zweiten einwöchigen Phase beginnt der stationäre Aufenthalt. Die Familien werden in die Situation eingeführt und im Hinblick auf Beziehungs- und Kommunikationsstrukturen sowie auf ihre Problemlösungsstrategien genau beobachtet. Während der Wochenenden, die zu Hause verbracht werden, bekommen die Familien als Hausaufgabe einen vorbereiteten Stundenplan, um einen genauen und sinnvollen Tagesablauf zu realisieren und einzuüben. Sowohl in Therapiesitzungen als auch im konstruktiv geleiteten Zusammenleben sollen die Familien lernen, Kindererziehung sowie die gesamte familiäre Organisation zu verbessern.

Die vierte Phase dient der Nachbetreuung, die anfangs die Sjövillan-Mitarbeiter durchführen, die dann aber in eine Netzwerk-Arbeit übergeführt wird, an der Verwandte und/oder "Kontaktfamilien" mit Patenschaften beteiligt sind (vgl. die Tagung "Arbeit mit Familien von Heimkindern" im Frühjahr 1986 in Berlin, Piorkowski-Wühr 1986, 388-394).

Familien oder familienähnliche Strukturen mit Dauerbezugspersonen und einem stabilen Orientierungsrahmen sind der Sozialisierung bzw. der Resozialisierung verhaltensschwieriger Kinder und Jugendlicher nach wie vor am dienlichsten. So haben sich mit dem Abbau der Heimplätze und einem umfassenden Ausbau ambulanter Hilfsangebote die Plätze in Pflegefamilien wesentlich erhöht.

In diesem Zusammenhang wurde aber deutlich, daß einerseits nicht alle der öffentlichen Erziehung bedürftigen Kinder und Jugendlichen für ein Leben in Pflegefamilien geeignet sind und andererseits nicht alle Pflegefamilien den Bedürfnissen und Anforderungen der schwieriger gewordenen Kinder und Jugendlichen gerecht werden können.

Da - wie kürzlich ein alter Heimpädagoge feststellte - "diese Kinder wesentlich verhärteter und enttäuschter sind als die Kinder der alten Heimerziehung" und ihnen "nur mit langfristigen gezielten Konzepten geholfen werden kann" (Podgornik 1985, 345), bleiben optimal organisierte Kleinstheime, Lernwohngruppen, Living-in-Programme oder auch - in neuerer Zeit in verstärktem Maße - Konzepte der Abenteuer- und Erlebnispädagogik die "ultima ratio" für die schwierigsten Heranwachsenden (vgl. z.B. Bauer / Nickolai 1990).

Zu den Verfahren pädagogisch-therapeutischer Erlebnis- und Abenteuerprojekte gehören z.B. Fahrten mit dem Moped oder auch dem Bus in ferne Länder, Hüttenaufenthalte in einsamer Bergwelt oder auch monatelange Segelfahrten (vgl. z.B. Bauer / Nicolai 1990). Am Beispiel des sozial-therapeutischen Segelns, das erst seit wenigen Jahren durchgeführt wird, soll dieser Ansatz verdeutlicht werden.

Ein Segelschiff läßt sich verstehen als "Heilpädagogisches Jugendheim zur See". Das Schiff ist ein geschlossener, aber schützender Raum, den man nicht verlassen, in dem man sich aber geborgen fühlen kann. "Die Begrenzung" des Schiffes durch das umgebende Meer wird als naturgegeben und selbstverständlich erlebt, eine Opposition gegen den "geschlossenen Charakter" des Schiffes taucht bei den Jugendlichen nicht einmal als Gedanke auf" (Schenk 1984, 7).

Die Teilnehmer der Fahrt, nicht nur Jungen sondern auch Mädchen, die Seeleute und die seemännisch versierten Pädagogen bilden eine Mannschaft, eine Gemeinschaft, in der jeder auf jeden angewiesen ist. Die Aufgaben, die zu harter, verhaltensformender Arbeit werden, stellen das Schiff, das Meer, der Wind, nicht Lehrer oder Erzieher. Der Zwang zur Reaktion, zur Auseinandersetzung, zur Arbeit resultiert aus der Situation und reflexhafter Motivation - sozusagen "auf der untersten Stufe einer Motivationshierarchie" (Schenk 1984, 16) -, die im Miteinanderleben, über gegenseitiges Verstehen und gegenseitige Hilfe zu einem komplexen Motivationsgefüge werden kann. Raum für eine positive Entwicklung wird auch dadurch gegeben, "daß die Abenteuerlust der Jugendlichen aufgrund der breiten Erlebnisqualität einer Segelfahrt angemessen abgeführt und befriedigt werden kann. Die oft in kriminellen Handlungen fehlgeleiteten Energien werden durch die Bereitschaft dieses Erlebnisfeldes absorbiert" (Kupko 1981, 35).

Das gemeinsame Bestehen von Abenteuern und Gefahren schafft Zuwendung und Identifikation unter den Menschen und auch dem Schiff gegenüber, das für einen da ist, das einen beschützt, um das man sich sorgen muß, und das deshalb pfleglich und schonend behandelt wird. Bewußte Zerstörung und destruktive Unachtsamkeiten - wie in so vielen Heimen - kommen nicht vor. Nach Wochen auf Fahrt verändert sich das Kommunikationsverhalten: "Man beginnt sich anzuschweigen, alle, auch die Erwachsenen, werden auf sich selbst zurückgeführt" (Kupko 1981, 8). Introspektion, Auseinandersetzung mit sich selbst, verändertes Erleben und Neubewertung schaffen "erst die therapeutischen Voraussetzungen, tatsächlich an Probleme zu stoßen, die den einzelnen Jugendlichen wirklich bewegen" (Kupko, a.a.O.).

Kontrolliertes, gesteuertes Verhalten wird eingeübt über die alltäglichen "All-Hands-Manöver", wie sie bei An- und Ablegen, beim Segelsetzen und Segelbergen notwendig sind. Auch die turnusmäßig stattfindenden Alarm- und Notübungen trainieren Kooperationsbereitschaft, Verantwortungsbewußtsein, Disziplin. Vielfältig sind die Möglichkeiten, Verantwortung zu übernehmen und Verantwortungsbewußtsein zu entwickeln, indem nämlich haushälterisch gewirtschaftet werden muß, Arbeiten so erledigt werden müssen, daß sich die anderen darauf verlassen können, bei der Übernahme der Wache nicht nur die Aufgabe besteht, das Schiff zu beobachten, sondern auch den Schlaf der Mannschaft zu bewachen" (Gravert 1983, 12). Nach dieser Herausstellung einzelner Tätigkeiten und ihrer möglichen Effekte ist jedoch Folgendes zu bedenken und zu berücksichtigen: "Therapeutische Segelfahrten sind keine Aneinanderkettung einzelner therapeutischer Vorgänge. Das gesamte Schiff, der gesamte Tagesablauf, die gesamte Reise sind als therapeutische Einheit zu sehen, die unter vielfältigen Aspekten die Jugendlichen ganzheitliche anspricht" (Günder 1985, 72).

In der Bundesrepublik gibt es inzwischen mehrere Segelfahrt-Projekte. Verwiesen sei beispielhaft auf den Verein "Das Christliche Jugenddorf Deutschland", der den Segelschoner "Zuversicht" mit dem Heimathafen Eckernförde hat und auf den Hamburger Verein "Sozialarbeit und Segeln", der das Segelschiff "Undine" betreibt (siehe zu weiteren Projekten: Bundesverband Segeln - Pädagogik - Therapie 1989). Das traditionsreiche "Rauhe Haus" in Hamburg veranstaltet mit dem Schiff "Nostra" sozialpädagogische/-therapeutische Segelfahrten mit acht Jugendlichen und einer vierköpfigen Besatzung. Die Fahrten, die in die Nord- und Ostsee sowie im Winter in den Mittelmeerraum gehen, dauern 5 Monate und münden in eine ebenfalls 5 Monate dauernde Nachbehandlungsphase am Land, in der die Pädagogen von Bord mit den Jugendlichen eine Heimgruppe bilden (vgl. dazu: Fentrop 1985, 42 ff.).

Weithin bekannt wurde der Verein "Jugendschiff Corsar" in Bevenstedt bei Bremerhaven durch den großen Zweimast-Staksegelschoner "Outlaw", der bis 1987 für Fahrten mit 16 Jugendlichen genutzt werden konnte. Zur seemännischen Besatzung gehörten der Kapitän, Steuermann, Wachoffizier, Bootsmann und Maschinist, zur pädagogischen Besatzung ein Lehrer, drei Sozialpädagogen und ein Psychologe. Die Segelfahrten gingen im Sommer in die Nord- und Ostsee, im Winter in dem Mittelmeerraum, in das Rote Meer und das Seegebiet um die Kanarischen Inseln für einen Zeitraum von 5-6 Monaten. Die Fahrten wurden vorbereitet und durch psychologische, schulische und berufliche Maßnahmen nachbereitet.

Die Kosten für die als hocheffektiv eingeschätzte Maßnahme belaufen sich pro Kind/Jugendlichen auf 200,- bis 250,- DM pro Tag und entsprechen damit dem Tagessatz in konventioneller Heimerziehung.

Vielen Heimen sind Heimschulen bzw. Sonderschulen für Verhaltensgestörte an Erziehungsheimen angegliedert. Sie stellen auch noch gegenwärtig in der Bundesrepublik die Mehrzahl der schulischen Einrichtungen für Kinder und Jugendliche mit Verhaltensstörungen. Die Heimschulen, die früher "eine relativ starke Abgeschlossenheit - um nicht zu sagen Isolierung" zeigten (Mücke / Steinbrecher 1957, 95), haben sich in den vergangenen Jahren mehr und mehr nach außen geöffnet, nehmen "Außenschüler" auf und geben Heimschüler an die öffentlichen Schulen.

Auch die Heimschulen unterliegen abolitionistischen Tendenzen. So beschloß z.B. der Senat der Freien und Hansestadt Hamburg 1983, "die bisherigen Heimschulen zur Verbesserung der schulischen Entwicklungschancen von Kindern und Jugendlichen in öffentlicher Erziehung durch die Schulische Erziehungshilfe, die am Prinzip der Individualförderung orientiert ist, abzulösen" (Behörde für Arbeit, Jugend und Soziales 1984). Kinder und Jugendliche, die in öffentliche Erziehung genommen werden müssen, besuchen also auch weiterhin die Schulen, in die sie zuvor gegangen waren.

Die "Schulische Erziehungshilfe " (SE) wird nach dem Prinzip der Subsidiariät erst dann aktiv, wenn die öffentliche Schule für den Jungen oder das Mädchen Unbeschulbarkeit im Regelschulbereich feststellt. Auf Antrag wird dann in der Anfangsphase "die Erteilung von schulersetzendem Unterricht. In der Eingliederungsphase ist schulergänzender Unterricht (9 bzw. 5 Stunden wöchentlich) möglich" (a.a.O., 3).

Vorzugsweise wird Einzelunterricht erteilt; bei entsprechenden Lern- und Verhaltensvoraussetzungen kann auch in Kleinst- bzw. Kleingruppen unterrichtet werden. "Die Zielsetzung der SE verlangt ein gegenüber der herkömmlichen Schule stark verändertes Arbeitskonzept und ein hohes Maß an Einsatzbereitschaft und Flexibilität der Unterrichtenden. Formal muß ein hochdifferenzierter Einsatz- bzw. Stundenplan erstellt werden, der zudem beständig sich verändernden Situationen anzupassen ist. Dabei sind sowohl vor-

wie nachmittägliche Unterrichtsstunden als auch unterschiedliche Einsatzorte und Wegstrecken zu berücksichtigen" (Isenbiel / Kugler, Hamburg 1985, 9, vgl. auch Kugler 1984).

Die Lehrer der SE sind also Ambulanzlehrer im Bereich öffentlicher Erziehung. Zugeordnet sind sie einer der sieben sogenannten Schulstellen, in denen Räume und Materialien verfügbar sind, Konferenzen stattfinden und der Schulstellenleiter seinen Sitz hat. Die gesamte schulische Erziehungshilfe wird geleitet von einem Oberschulrat.

Über das Hamburger Modell der schulischen Erziehungshilfe liegen erste positive Erfahrungsberichte vor (vgl. z.B. Kugler 1984). Allerdings wird erst die Zukunft zeigen, ob sich das relativ freizügige und kostenaufwendige System wird durchhalten lassen.

7.3 Kriminalpädagogische Institutionen

Strafvollzug wird durchgeführt in verschiedenen Typen von Strafanstalten. Es gibt in der Bundesrepublik Deutschland nach der Statistik von 1989 insgesamt 173 geschlossene und offene Vollzugsanstalten, von denen 167 reine Männer- und 6 reine Frauenanstalten sind. Außerdem gibt es in einigen Männeranstalten Abteilungen für Frauen. Unter den genannten 173 Anstalten sind 22 Anstalten nur für Jugendliche. Für Jugendliche besteht zudem im Vorfeld der Jugendstrafe als institutionelle Sonderform die Jugendarrestanstalt. Für 1990 werden in der Bundesrepublik in 32 Jugendarrestanstalten etwa 1000 Plätze und in Freizeitarresträumen der Amtsgerichte weitere 700 Plätze angegeben (vgl. Dünkel 1990, 429).

Psychisch schwerstgestörte Delinquenten werden in Sonderformen des Vollzugs, wie sozialtherapeutischen Anstalten und sogenannten Sonderanstalten, rehabilitiert. Eigene Anstalten oder separierte Abteilungen in Vollzugsanstalten stehen für Untersuchungshäftlinge zur Verfügung.

So wie die Anzahl der Frauenanstalten im Vergleich zu den Männeranstalten sehr klein ist, ist die Zahl der inhaftierten Frauen (1989 = 1588) in Relation zur Gesamtpopulation der Inhaftierten (1989 = 40.803) so klein, daß Frauen im Vollzug unter quantitativem Gesichtspunkt keine große Rolle spielen (Stat. Jahrbuch 1991, 378). Bemerkenswert ist allerdings, daß in den vergangenen zehn Jahren die Zuwachsrate der strafgefangenen Frauen mehr als doppelt so groß ist wie die der Männer. Ein Grund dafür mag in der veränderten Rollensituation der Frau liegen.

Da die inhaftierten Frauen so stark in der Minderheit sind, werden sie im Strafvollzug sträflich vernachlässigt. Die Anstalten und Abteilungen für Frauen an Männeranstalten sind meist überbelegt. Es gibt zu wenig weibliche Bedienstete. Das Angebot an Freizeit- und Behandlungsmaßnahmen ist zu gering. Die kleine Zahl der Anstalten bzw. Abteilungen bedingt weite Wege bei Ausgang und Urlaub.

Die Vernachlässigung des Frauenvollzugs hat in manchen Anstalten der Bundesrepublik äußerst problematische, ja unhaltbare Zustände erbracht.

Die Erwachsenenanstalt ist auf einen Behandlungsvollzug, die Jugendanstalt auf einen Erziehungsvollzug ausgerichtet. Bei jugendlichen Straftätern geht der Gesetzgeber davon aus, daß Erziehungsbedürftigkeit und Erziehbarkeit gegeben sind und daß die Inhaftierung für eine tertiäre Sozialisation, d.h. für Korrektur- und Nacherziehung genutzt werden kann. Erwachsenen Straftätern gegenüber setzt der Gesetzgeber voraus, daß er es mit vollentwickelten, mündigen Bürgern zu tun hat, die freiwillig und selbstverantwortlich an ihrer Behandlung mitwirken.

Behandlung im Vollzug hat auch die Funktion, den negativen Folgen von Degradierung, Stigmatisierung und Prisonisierung entgegenzuwirken.

Das Ziel sowohl für den Erwachsenen- wie für den Jugendvollzug ist nach $ 2 des Strafvollzugsgesetzes (StVollzG), die Gefangenen zu befähigen, "künftig in sozialer Verantwortung ein Leben ohne Straftaten zu führen" . Da der Justizvollzug auch die ausdrückliche Aufgabe hat, dem Schutz der Allgemeinheit vor weiteren Straftaten zu dienen, ist die Vollzugsanstalt eine Mehrzweckinstitution.

Die Aufgaben der Erziehung, der Behandlung, des Schutzes der Allgemeinheit erbringen eine Fülle von Nebenaufgaben. Es geht um Persönlichkeitserforschung, Schul- und Berufsausbildung, Einzel- und Gruppenbetreuung, Sport- und Freizeitveranstaltungen, Organisation der Arbeit, pädagogische und therapeutische Maßnahmen im Hinblick auf Persönlichkeitsstörungen, seelsorgerische und ärztliche Betreuung, Maßnahmen der Entlassungsvorbereitung und die vielen Teilaufgaben, die damit verbunden sind, daß eine große Zahl von Menschen untergebracht, ernährt und gekleidet werden muß.

Die meisten Jugendlichen im Strafvollzug zeigen deutliche psychosoziale Störungen, die besondere Interventionsmaßnahmen notwendig machen (siehe Kap. 9.6).

Pädagogik im Strafvollzug ist deshalb als Erziehung und Bildung / Ausbildung unter erschwerten Bedingungen zu verstehen. Die Verhältnisse in den neuen Bundesländern werden im folgenden nicht berücksichtigt, weil dort eine Umbruchsituation mit kurzfristigen Veränderungen gegeben ist und sich der Neuaufbau auf der Basis der bundesdeutschen Gesetzgebung an den Verhältnissen in den alten Bundesländern orientiert. Da der Neuaufbau hohe Ressourcen erfordert (materiell, personell, finanziell), wird er auch noch längere Zeit in Anspruch nehmen, zumal eine Umorientierung von einem Verwahrvollzug zu einem Behandlungs- bzw. Erziehungsvollzug erfolgen muß. In dieser Darstellung steht - der Thematik entsprechend - nur die Beschäftigung mit dem Jugendvollzug (JV) an. Eine enge Verbindung von Erziehung und Bildung ist außerdem realiter nur in den Jugendanstalten gegeben.

Wenn es die Schwere der Schuld nicht erforderlich macht (z.B. schwere Körperverletzung, Mord, Totschlag), haben Jugendliche, die Straftaten begangen haben, vor einer Einweisung in eine Strafanstalt Maßnahmen erfahren, die das Jugendgerichtsgesetz (JGG) als Erziehungsmittel und als Zuchtmittel bezeichnet. In den Paragraphen 13 und 16 sowie 17 ff. werden mit den Anstalten des Jugendarrests und des Jugendstrafvollzugs die Institutionen genannt, die für jugendliche Straftäter vorgesehen sind:

> § 13. Arten und Anwendung (1) Der Richter ahndet die Straftaten mit Zuchtmitteln, wenn Jugendstrafe nicht geboten ist, dem Jugendlichen aber eindringlich zum Bewußtsein gebracht werden muß, daß er für das von ihm begangene Unrecht einzustehen hat.
> (2) Zuchtmittel sind
> 1. die Verwarnung,
> 2. die Erteilung von Auflagen,
> 3. der Jugendarrest.

> § 16. Jugendarrest. (1) Der Jugendarrest ist Freizeitarrest, Kurzarrest oder Dauerarrest.
> (2) Der Freizeitarrest wird für die wöchentliche Freizeit des Jugendlichen verhängt und auf eine oder zwei Freizeiten bemessen.

(3) Der Kurzarrest wird statt des Freizeitarrestes verhängt, wenn der zusammenhängende Vollzug aus Gründen der Erziehung zweckmäßig erscheint und weder die Ausbildung noch die Arbeit des Jugendlichen beeinträchtigt werden. Dabei stehen zwei Tage Kurzarrest einer Freizeit gleich.
(4) Der Dauerarrest beträgt mindestens eine Woche und höchstens vier Wochen. Er wird nach vollen Tagen oder Wochen bemessen.

§ 90. Jugendarrest. (1) Der Vollzug des Jugendarrestes soll das Ehrgefühl des Jugendlichen wecken und ihm eindringlich zum Bewußtsein bringen, daß er für das von ihm begangene Unrecht einzustehen hat. Der Vollzug des Jugendarrestes soll erzieherisch gestaltet werden. Er soll dem Jugendlichen helfen, die Schwierigkeiten zu bewältigen, die zur Begehung der Straftat beigetragen haben.
(2) Der Jugendarrest wird in Jugendarrestanstalten oder Freizeitarresträumen der Landesjustizverwaltung vollzogen. Vollzugsleiter ist der Jugendrichter am Ort des Vollzugs.

Für die Ausgestaltung des Arrests sind "Verordnungen über den Vollzug des Arrestes (Jugendarrestvollzugsordnung - JAVollzO)" erlassen worden, die in ihren pädagogisch relevanten Teilen wiedergegeben werden:

§ 10. Erziehungsarbeit. (1) Der Vollzug soll so gestaltet werden, daß die körperliche, geistige und sittliche Entwicklung des Jugendlichen gefördert wird.
(2) Die Erziehungsarbeit soll im Kurzarrest von mehr als zwei Tagen und im Dauerarrest neben Aussprachen mit dem Vollzugsleiter namentlich soziale Einzelhilfe, Gruppenarbeit und Unterricht umfassen. Beim Vollzug des Freizeitarrestes und des Kurzarrestes bis zu zwei Tagen soll eine Aussprache mit dem Vollzugsleiter nach Möglichkeit stattfinden.

§ 11. Arbeit und Ausbildung. (1) Der Jugendliche wird zur Arbeit oder nach Möglichkeit zum Unterricht oder zu anderen ausbildenden Veranstaltungen herangezogen. Er ist verpflichtet, fleißig und sorgfältig mitzuarbeiten.

§ 18. Freizeit. (1) Der Jugendliche erhält Gelegenheit, seine Freizeit sinnvoll zu verbringen. Er wird hierzu angeleitet. Aus erzieherischen Gründen kann seine Teilnahme an gemeinschaftlichen Veranstaltungen angeordnet werden.

§ 26. Fürsorge für die Zeit nach der Entlassung. (1) Fürsorgemaßnahmen, die für die Zeit nach der Entlassung des Jugendlichen notwendig und nicht schon anderweitig veranlaßt worden sind, werden in Zusammenarbeit mit den Trägern der öffentlichen und freien Jugendhilfe vorbereitet.

Während für den Jugendarrest eine spezielle Vollzugsordnung vorliegt, ist für den Jugendstrafvollzug eine entsprechende Vorgabe nicht erfolgt. Die Bundesländer konnten sich nur auf rahmengebende Verwaltungsvorschriften (VVJug.) einigen. Allerdings sind nach der Definition von Jugendstrafe in den Paragraphen 17 und 18 im § 91 spezifische Aussagen zum Vollzug im erzieherischen Sinne zu finden.

> *§ 17. Form und Voraussetzungen (1) Die Jugendstrafe ist Freiheitsentzug in einer Jugendstrafanstalt.*
> *(2) Der Richter verhängt Jugendstrafe, wenn wegen der schädlichen Neigungen des Jugendlichen, die in der Tat hervorgetreten sind, Erziehungsmaßregeln oder Zuchtmittel zur Erziehung nicht ausreichen oder wenn wegen der Schwere der Schuld Strafe erforderlich ist.*
> *§ 18. Dauer der Jugendstrafe. (1) Das Mindestmaß der Jugendstrafe beträgt 6 Monate, das Höchstmaß 5 Jahre. Handelt es sich bei der Tat um ein Verbrechen, für das nach dem allgemeinen Strafrecht eine Höchststrafe von mehr als zehn Jahren Freiheitsstrafe angedroht ist, so ist das Höchstmaß zehn Jahre. Die Strafrahmen des allgemeinen Strafrechts gelten nicht.*
> *(2) Die Jugendstrafe ist so zu bemessen, daß die erforderliche erzieherische Einwirkung möglich ist.*

> *§ 9l. Aufgabe des Jugendstrafvollzugs. (1) Durch den Vollzug der Jugendstrafe soll der Verurteilte dazu erzogen werden, künftig einen rechtschaffenen und verantwortungsbewußten Lebenswandel zu führen.*
> *(2) Ordnung, Arbeit, Unterricht, Leibesübungen und sinnvolle Beschäftigung in der freien Zeit sind die Grundlagen dieser Erziehung. Die beruflichen Leistungen des Verurteilten sind zu fördern. Lehrwerkstätten sind einzurichten. Die seelsorgerische Betreuung wird gewährleistet.*
> *(3) Um das angestrebte Erziehungsziel zu erreichen, kann der Vollzug aufgelockert und in geeigneten Fällen weitgehend in freien Formen durchgeführt werden.*
> *(4) Die Beamten müssen für die Erziehungsaufgaben des Vollzugs geeignet und ausgebildet sein,*

> *§ 92. Jugendstrafanstalten. (1) Die Jugendstrafe wird in Jugendstrafanstalten vollzogen.*

Das JGG wird gerade im Hinblick auf Jugendarrest und Jugendstrafvollzug seit langem kritisiert. Es wurde eine breite Diskussion über die Vereinheitlichung von Jugendgerichtsgesetz und Jugendwohlfahrtsgesetz zu einem Jugendhilfegesetz geführt. Eine Vereinheitlichung fand nicht statt. Im Zuge der Novellierung des JWG zu einem Kinder- und Jugendhilfegesetz (KJHG) wurde das JGG nur geringfügig verändert; es bleibt also als spezielles Gesetz für delinquente bzw. kriminelle Jugendliche bestehen. Nach wie vor wird jedoch zumindest eine gründliche Novellierung des JGG angestrebt.
Maßnahmen im Jugendarrest wie im Jugendvollzug sollen erzieherische Funktion haben.
Der Jugendarrest wird als jugendstrafrechtliche Sanktion in speziellen Anstalten bzw. Einrichtungen als Freizeitarrest mit bis zu zwei Freizeiten, als Kurzarrest bis zu vier Tagen und als Dauerarrest bis zu vier Wochen durchgeführt. Jugendarrest wurde auf der

Basis von Vorschlägen aus der Zeit vor dem 1. Weltkrieg von den Nationalsozialisten 1940 zunächst auf dem Verordnungswege eingeführt und dann 1943 im Reichsjugendgerichtsgesetz (RJGG) festgeschrieben. Jugendarrest war bis 1974 mit viel Isolation in einer Zelle, mit strengen Tagen und hartem Lager verbunden. Seit 1976 ist er sozialpädagogisch ausgerichtet, d.h. beim Kurzarrest von mehr als zwei Tagen und im Dauerarrest sind "erzieherische Ausgestaltung durch Aussprache mit dem Vollzugsleiter, soziale Einzelhilfe, Gruppenarbeit, Unterricht, Arbeit, Ausbildung und sinnvolle Freizeitgestaltung" vorgesehen (Dünkel 1990, 429).

Bei deutlichen regionalen Unterschieden sind die räumlichen und personelle Bedingungen in den Jugendarrestanstalten schlechter als im Jugendstrafvollzug und werden insgesamt gesehen als "trostlos" bewertet (a.a.O., 431). Dauerarrestanten werden zunächst für ein oder zwei Tage völlig isoliert und eingeschlossen. Einen Eindruck vom halboffenen Vollzug vermittelt die nachfolgende Beschreibung des Tagesablaufs in einer Arrestanstalt: "Morgens um 7.00 Uhr ist Wecken und Zellenaufschluß, um 7.30 Uhr Frühstück und anschließend Arbeitszeit. Um 12.00 Uhr gibt es Mittagessen, bis 12.30 Uhr ist Mittagspause. Laut Hausordnung dauert die Arbeitszeit bis 16.00 Uhr. In der anschließenden Freistunde bis 17.30 Uhr haben die Jugendlichen die Möglichkeit, Briefe zu schreiben oder Bücher zu tauschen. Um 17.30 Uhr ist Abendessen, und in der darauffolgenden Gemeinschaftsstunde bis 19.00 Uhr kann auch die Sporthalle benutzt werden. Der Einschluß erfolgt gegen 19.30 Uhr, das Zellenlicht wird um 21.00 Uhr gelöscht" (Schumann 1986, 363). In Bremen, woher diese Beschreibung stammt, ist der Jugendarrest inzwischen eingestellt, die Anstalt geschlossen worden. In den meisten Anstalten der Bundesrepublik ist aber auch gegenwärtig noch ein gleicher oder ähnlicher Tagesablauf wie der beschriebene gegeben.

Nach wie vor wird stark auf Schock und Abschreckung gesetzt. Den Jugendlichen und Heranwachsenden soll verdeutlicht werden, wie es ist, eingesperrt zu sein, und was sie für mindestens sechs Monate erwartet, wenn sie nicht von Straftaten ablassen und zu einer Jugendstrafe verurteilt werden. Die Schockwirkung des Arrests zielt auf tiefgreifende Erschütterung ab. Der Jugendliche oder Heranwachsende soll in seinen bisherigen Einstellungen und Verhaltenstendenzen erschüttert werden, er soll umdenken und sich um- und einstellen auf andere Verhaltensweisen.

Systematische Erziehungsmaßnahmen kommen im Freizeit- und Kurzarrest kaum zum Tragen. Für Dauerarrestanten gibt es aber auch konsequent pädagogisch ausgerichteten Arrestvollzug. In Hamburg z.B. ist der Arrestvollzug "weitgehend den Verhältnissen in Freiheit angeglichen. Zivilkleidung, Bewegungsfreiheit im Innern, Öffnung der Anstalt über Besuche und Ausgang, ungehinderte Kommunikation mit der Außenwelt über Telefon- und Postverkehr sowie Hilfsangebote bei Arbeits-, Wohnungssuche etc. und im Rahmen problemorientierter Einzel- und Gruppengespräche stellen wesentliche Elemente des Vollzugs dar" (Dünkel 1990, 430). Es werden Formen der Projektarbeit realisiert und Nachbetreuungsmaßnahmen angestrebt. Die Hamburger Jugendrichter haben im Hinblick auf diese Möglichkeit die Verurteilung zum Freizeitarrest zugunsten des Dauerarrests aufgegeben. Damit könnte sich eine Entwicklung anbahnen, die dazu führt, bei Abschaffung des Jugendarrests Jugendstrafe nicht - wie bisher - mit mindestens einem halben Jahr, sondern mit einem Monat anzusetzen. Für eine Abschaffung des Jugendarrests plädieren Wissenschaftler wie kriminalpädagogische Praktiker, da sich erwiesen hat, daß stationäre Maßnahmen nicht effektiver sind als ambulante Maßnahmen und z.B. soziale Trainingskurse höhere Effizienz versprechen.

Mit dem Stichtag des 31.3.1989 waren in bundesdeutschen Jugendstrafanstalten insgesamt 4695 Gefangene untergebracht, und zwar mit einer Strafzeit bis zu einem Jahr 1225, mit mehr mehr als einem Jahr 3394 und auf unbestimmte Dauer 86 (Statistisches Bundesamt 1991, 378). Die Verurteilungsmöglichkeit zu einer Zeit von unbestimmter Dauer ist mit der Novellierung des JGG im Zuge des Erlasses des KJHG 1990 abgeschafft worden. Daß fast dreimal so viele Jugendliche und Heranwachsende zu einer längeren Strafe von mehr als einem Jahr verurteilt wurden als zu einer kürzeren Strafe unter einem Jahr verweist darauf, daß die Jugendrichter im Sinne einer ultima ratio nur sehr schwierige Wiederholungstäter in den Jugendstrafvollzug einweisen und daß sie einen längeren Zeitraum für eine effektive Durchführung von Erziehungsmaßnahmen als notwendig ansehen.

Als Grundlagen der Erziehung nennt das JGG - wie dem oben zitierten § 91 zu entnehmen ist - Ordnung, Arbeit, Unterricht, Leibesübungen und sinnvolle Beschäftigung in der freien Zeit. Die Reihung dieser basalen Erziehungsbereiche ist traditionsbedingt und wird nicht mehr unbedingt im Sinne einer nach unten abnehmenden Gewichtung verstanden. Gefragt werden soll nunmehr danach, inwieweit diese Bereiche auf die durch die Jugendlichen und die Anstalt gegebenen Erschwernisse ausgerichtet sind, d.h. inwieweit Pädagogik im Vollzug

- sonderpädagogisch ausgerichtete *Schulpädagogik*,
- sonderpädagogisch und sozialpädagogisch ausgerichtete *Berufspädagogik* und
- *Freizeitpädagogik* ist.

Eine sonderpädagogisch ausgerichtete Schulpädagogik geht von vielfältigen Defiziten im kognitiven, emotionalen und psychomotorischen Bereich der Inhaftierten aus (siehe dazu Kap. 9.6). Die Aufgabe besteht in einer Aufarbeitung dieser Defizite mit dem Ziel der Verhaltensänderung zu einem sozial verantwortlichen, selbständigen Leben. Dieser Aufgabe wird die Schule im Vollzug gegenwärtig nur bedingt gerecht. Es besteht eine Einengung auf den kognitiven Bereich. Defizite im Hinblick auf den schulischen Fächerkanon werden durch ein Sammelsurium von Kursen aufgearbeitet. Die Lehrer sind in der Regel nicht Sonderpädagogen. Sie sind Angehörige der Landesjustizbehörden und gehören innerhalb der Anstalten zum sogenannten Sozialstab, woraus sich deutliche Nachteile ergeben. Als sonderpädagogisch ausgerichtet kann gegenwärtig die Schulpädagogik im Jugendstrafvollzug nicht bezeichnet werden. Welche spezifischen Elemente in didaktischer, methodischer und pädagogisch-therapeutischer Hinsicht die vollzugliche Schulpädagogik zu realisieren hat, will sie die erschwerten Bedingungen berücksichtigen, verdeutlicht nachfolgende Übersicht (vgl. Myschker \ Hoffmann 1984):

1. Didaktische Elemente
- Bezug der Bildungsinhalte zur Lebenssituation vor der Inhaftierung
  (Vergangenheitsaspekt),
- Bezug der Bildungsinhalte zur Lebenssituation in der Vollzugsanstalt
  (Gegenwartsaspekt),
- Bezug der Bildungsinhalte zur Lebenssituation nach der Entlassung
  (Zukunftsaspekt).

2. Methodische Elemente:
- Angepaßte zeitliche Planung (von relativ kurzen zu längeren Zeiteinheiten), Angemessener Wechsel der Aktivitäten,
- Differenzierung der Anforderungen (individualisiertes Lernen), Einsatz motivierender Materialien und Medien, Kleingruppenarbeit.

3. Pädagogisch-therapeutische Elemente:

- Schaffung einer förderlichen Lernatmosphäre,
- Pädagogischer Bezug (emotional positive Schüler-Lehrer-Beziehung),
- Positive Verstärkung (Ermutigung),
- Hilfreiche Gesprächsführung (im Sinne der Prinzipien der Gesprächspsychotherapie),
- Life-space interview (Konfliktbearbeitung in der konkreten Situation),
- Metakommunikation (Reflexion über Verhalten), gruppendynamische Übungen,
- Einsatz spezieller Techniken (z.B. Rollenspiel, Videofeedback, kunst-, musik-, bewegungstherapeutische Verfahren).

Berufliche Ausbildung wird in den Jugendanstalten getragen von Berufsschullehrern im ausbildungsbegleitenden Unterricht, die in Berufsschulen beschäftigt sind und als Externe stundenweise in die Anstalt kommen, sowie von Handwerksmeistern, die Angestellte der Justizbehörde sind.

Das Ausbildungsangebot ist zwar recht groß, beschränkt sich aber zumeist auf die traditionellen Handwerksberufe. Auch die berufspädagogischen Maßnahmen sind nicht - wie es notwendig wäre - sonderpädagogisch ausgerichtet. Zwar werden die besonderen Erschwernisse der Jugendlichen bei arbeitstherapeutischen Angeboten berücksichtigt, allerdings fehlt bisher ein konsistenter Aufbau im Sinne einer pädagogisch-therapeutischen Sequenzbildung und eines berufsbildenden Modul-Systems. Pädagogen mit berufspädagogischer und sonderpädagogischer Fachrichtung, eine Kombination, die an einigen Universitäten studiert werden kann (vgl. Kap. 8.3), sind bisher im vollzuglichen Ausbildungssystem nicht vertreten.

Die sozialpädagogischen Aufgabenstellungen sind in den Jugendanstalten umfangreich und haben große Bedeutung. Sozialpädagogen müssen z.B. Zugangsgespräche führen, bei der Aufstellung, Durchführung und Weiterentwicklung von Vollzugsplänen mitarbeiten, bei der Einzelberatung, in der Gruppenarbeit, in Behandlungs-, Betreuungs- und Wohngruppen tätig sein, soziale Trainings durchführen und Suchtkrankenhilfe leisten, die Beziehungen der jugendlichen Inhaftieren zu Personen außerhalb der Anstalt aufrechterhalten und fördern helfen, Entlassungen vorbereiten und Hilfen zur Entlassung geben. Sie stehen im Vollzug einerseits stets in der Gefahr, ihre eigentlichen Aufgaben der sozialpädagogischen Hilfe zur Selbsthilfe den Inhaftierten gegenüber zu vernachlässigen zugunsten vollzuglich-administrativer Aufgaben, andererseits ist aber auch die Gefahr der übermäßigen Identifizierung und Solidarisierung mit den Inhaftierten gegeben, wodurch sie in einen Gegensatz geraten können zu den Sicherheits- und Ordnungsansprüchen der Anstalt.

Nach Paragraph 91 JGG ist auch die "sinnvolle Beschäftigung in der freien Zeit" eine Grundlage der Erziehung. Freie Zeit haben die jungen Inhaftierten in der Regel von 17.00 bis 21.00 Uhr mit Verkürzungen oder Verlängerungen aus aktuellen Anlässen. Inwiefern und inwieweit diese freie Zeit durch sinnvolle Beschäftigung zu füllen ist, hängt davon ab, was der Gruppenerzieher als sinnvoll versteht und was den Gefangenen zufriedenstellt. Diese beiden Variablen können sich decken, können aber auch weit auseinanderklaffen. Zum einen ist wohl einzusehen, daß nach dem Gesetzesverständnis und wegen der Lerndefizite der Jugendlichen auch im Hinblick auf Freizeitgestaltung die Einschätzung der "Beamten" bzw. Erzieher einen gewissen Vorrang haben muß. Die Jugendlichen haben in der Regel nicht gelernt, Freizeit zur individuellen Bedürfnisbefriedigung im Rahmen eines selbständigen und sozial verantwortlichen Lebens zu nutzen, d.h. sich zu entspannen, sich zu regenerieren, innovatorische Aspekte des Lebens zu entdecken. Sie betäuben vielmehr im Gegenteil Langeweilegefühle mit Alkohol, besuchen die Spielhallen, bilden Gruppierungen, in denen es leicht zu kriminellen Handlungen kommen kann. Zu berücksichtigen ist auch, daß sie in der Anstalt ihrer gewohnten Freizeitgestaltung in keiner Weise nachgehen können. Auch andere übliche Freizeitgestaltungsmöglichkeiten - wie die Interaktion mit dem anderen Geschlecht, Reisen und Wandern, Fahrten mit dem Auto, dem Motorrad oder dem Fahrrad - sind ihnen nicht möglich. Es besteht also sowohl von den Vollzugsintentionen als auch von den Jugendlichen her ein starkes Bedürfnis nach einer Anleitung zur sinnvollen Beschäftigung in der freien Zeit innerhalb der gegebenen vollzuglichen Rahmenbedingungen. Hier muß deshalb eine Aufgabe gesehen werden, die genauso wichtig zu nehmen ist wie schulische und berufliche Ausbildung. Das ist bisher in dem nötigen Ausmaß nicht der Fall. Es werden zwar viele Angebote gemacht, wie im sportlichen Bereich Ballspiele, Tischtennis oder auch Kraftsport, im musischen Bereich Musizieren, Malen, Basteln, im technischen Bereich Umgang mit Computern oder im Bereich verbaler Interaktion über Gesprächsgruppen, die sich mit dem Alkoholproblem (Anonyme Alkoholiker), mit freien Gesprächen oder auch mit psychotherapeutischen Gesprächen (z.B. bei Sexualtätern und jungen Menschen mit schweren Verhaltensstörungen) beschäftigen. Es fehlt aber - insgesamt gesehen - ein systematischer pädagogisch-therapeutischer Aufbau, der sich an den Erschwernissen orientiert und zielgerichtet, neigungsorientiert, Motivationen setzend und kontinuierlich realisiert wird. Es hängt zumeist von äußeren Umständen und somit von Zufälligkeiten ab, welche Angebote den Inhaftierten gemacht werden (vgl. Myschker / Hoffmann 1993, im Druck).

7.4 Pädagogisch-psychiatrische Institutionen

In der Bundesrepublik Deutschland und West Berlin existieren 62 kinder- und jugendpsychiatrische Kliniken bzw. Fachabteilungen, in denen fast 5000 Patienten stationär behandelt werden, und zwar Jungen und Mädchen im Verhältnis 2:1. Klein ist die Gruppe der 6 bis 10 Jahre alten Kinder (13%); fast die Hälfte der minderjährigen Patienten stellen die 11-15 Jahre alten (49%); die Gruppe der 16-20 Jahre alten Heranwachsenden macht genau ein Drittel aus (33%). Die weitaus meisten Kinder und Jugendlichen sind also im schulpflichtigen Alter. Sie werden in angegliederten Schulklassen oder Schulen oder auch in öffentlichen Schulen unterrichtet (vgl. dazu: Kollmar-Masuch 1987).
Wie die Sonderschule für Verhaltensgestörte hat auch die kinder- und jugendpsychiatrische Klinik sich in den letzten Jahren in ihren Funktionsbereichen differenziert. So hat z.B. die Berliner Klinik "Wiesengrund" neben dem traditionellen stationären Bereich eine heilpädagogisch-therapeutische Abteilung, - d.h. ein Heim für langfristig unterzubringende Kinder und Jugendliche, die in eine Familie nicht zurückkehren können, wollen oder sollen -, therapeutische Wohngemeinschaften, in die selbständige Kinder und Jugendliche kommen können, eine Tagesklinik und eine Ambulanz.
Noch recht neu sind die Konzepte der Ambulanz und der Tagesklinik. Die Ambulanz "schafft im Vorfeld der Klinik die Möglichkeit eines schnellen unbürokratischen Zugangs, Hilfe und Problemlösung am Konfliktort selbst, bevor noch die Herausnahme des Kindes oder Jugendlichen aus seinem gewohnten sozialen Umfeld notwendig wird. Die Ambulanz arbeitet präventionsorientiert, sie schafft eine stärkere Gemeindenähe im Rahmen eines sektorisierten Angebotes. Ihre Aufgaben bestehen darüber hinaus in einer ambulanten Nachversorgung und der Therapiekontrolle" (Mörtl 1989, 100).
Die Tagesklinik, die - wie z.B. in Kassel - auch eigenständig, ohne Angliederung an eine Vollklinik, organisiert sein kann, nimmt nur tagsüber Kinder und Jugendliche auf, bei denen die quantitative und qualitative Ausprägung der Symptomatik eine teilstationäre

Behandlung als erfolgreich erscheinen läßt. Zur Nacht kehren die Patienten in ihre Familien zurück, die eine gewisse Stabilität haben sollten und gewährleisten können, daß die Heranwachsenden die Tagesklinik regelmäßig besuchen. Wie bei umfassenden Konzepten in der Heimerziehung bezieht auch die Tagesklinik die Familien in die therapeutische Arbeit mit ein. Die Kinder besuchen zum Teil öffentliche Schulen oder werden einzeln und in kleinen Gruppen innerhalb der Tagesklinik unterrichtet (vgl. Paul 1985). Die Tagesklinik hat den Vorteil, daß das Kind nicht von seiner Familie separiert werden muß und daß sich innerhalb der Klinik personale Beziehungen leichter und konstanter aufbauen lassen, da der so problematische Schichtdienst entfällt.

In der Kinder- und Jugendpsychiatrie hat sich in den letzten Jahren sehr deutlich gezeigt, daß psychopathologische Symptome und Syndrome auf einem interaktionalen Hintergrund zu sehen und systemisch anzugehen sind (siehe dazu Kap. 9).

Für die Prävention wie für die Therapie sind stabile menschliche Beziehungen der bedeutendste Faktor. Im Hinblick auf die Interventionsmethoden kommt zum Tragen, was ein bedeutender Psychiater bereits Ende der sechziger Jahre ahnte, nämlich "daß die Fortschritte der Psychiatrie zu einem nicht unbeträchtlichen Teil auf psychotherapeutisch-heilpädagogischem Gebiet liegen" (Opitz 1969, 1881).

So werden im schulischen Bereich wie auch in der Freizeitbetreuung mehr und mehr jene pädagogisch-therapeutischen Verfahren eingesetzt, mit denen über Spiel und künstlerische Gestaltung, über Bewegung und über Entspannung, über Gespräche und gemeinsame Aktionen Krisen überwunden, Konflikte bearbeitet, Verhaltensweisen verlernt oder neu gelernt und Entwicklungsrückstände ausgeglichen werden können.

Den großen Kliniken für Kinder- und Jugendpsychiatrie sind Sonderschulen mit zum Teil qualitativ wie quantitativ guter pädagogischer Ausstattung angegliedert. In kleineren Kliniken gibt es meist nur weniger gut ausgestattete Sonderklassen. Die Beschulungsdauer differiert sehr zwischen wenigen Tagen und mehreren Jahren. Die sich daraus ergebenden Probleme für die Unterrichts- wie für die Therapieplanung sind groß. Die Lehrerschaft ist sehr heterogen: tätig sind Gymnasial-, Realschul-, Hauptschul-, Grundschul- und Sonderschullehrer. Die Heterogenität der Lehrerschaft verweist auf die große Heterogenität der Schülerschaft, die nicht nur bestimmt wird durch die unterschiedliche schulische Vorbildung, sondern vor allem durch die sehr unterschiedlichen Krankheitsbilder bzw. Verhaltensstörungen. Eine gut ausgebaute Schule kann natürlich der aus der Heterogenität der Schülerschaft resultierenden Differenzierungs- und Individualisierungsaufgabe besser gerecht werden als ein im Extremfall aus nur einem Lehrer bestehendes Kleinsystem. In den Kleinsystemen mit ein oder zwei Lehrern wird der Pädagoge nicht selten dadurch überfordert, daß er "ständige Bereitschaft zur Auseinandersetzung sowohl mit den psychisch gestörten Patienten als auch im Team der Mitarbeiter" (Ärzte, Erzieher, Pfleger, Psychologen, Schwestern) realisieren muß (Sprengel 1976, 150). Die sonderschulischen Einrichtungen an kinder- und jugendpsychiatrischen Kliniken tun sich schwer damit, ein eigenes Selbstverständnis zu entwickeln. Das liegt nicht nur an Problemen der äußeren und inneren Organisation, sondern auch daran, daß sie in das nach dem 2. Weltkrieg konzipierte Ordnungssystem des Sonderschulwesens nicht einbezogen wurden. Obwohl der Anteil der lernbehinderten und geistigbehinderten Kinder und Jugendlichen in den Schulen groß ist, sind Klinikschulen/-klassen sowohl nach der Schülerschaft als auch nach der schulischen Tradition in den organisatorischen Rahmen schulischer Einrichtungen für Kinder und Jugendliche mit Verhaltensstörungen einzubeziehen. Analysen pädagogisch-therapeutischer Aufgabenstellung und -realisation verdeutlichen die Möglichkeiten wie die Bedeutung einer Pädagogik bei Verhaltensstörungen im klinischen Schulbereich (siehe Mörtl 1989).

7.5 Berufspädagogische Institutionen

Das doppelt duale System in Deutschland mit den Systemen der Allgemeinbildung und der Berufsbildung sowie - innerhalb der Berufsbildung - der Dualität von schulischer (theoretischer) und betrieblicher (praktischer) Ausbildung ist insbesondere für Jugendliche mit Lern- und Verhaltensstörungen wenig hilfreich und für nicht wenige als mitverantwortlich für ein Scheitern der beruflichen Sozialisation anzusehen. Relativ viele nehmen nach Absolvierung der Pflicht zum Besuch der allgemeinbildenden Vollzeitschule keine Ausbildung auf, brechen Ausbildungsgänge ab, fristen als Ungelernte ein von Arbeitslosigkeit, Drogenabhängigkeit und Straffälligkeit bedrohtes Leben.

Die für die Schulen zuständigen Kultusbehörden der Länder und die für Arbeit zuständigen Behörden mit der Bundesanstalt für Arbeit an der Spitze versuchen in Realisation und Evaluation der Gesetzgebung auf Länder- und Bundesebene, diese Problematik anzugehen und aufzuheben. Sowohl die Kultusbehörden als auch die Bundesanstalt für Arbeit fördern berufsvorbereitende Bildungsmaßnahmen. Wesentliche Aufgabe der Bundesanstalt ist es, auch berufsausbildende Maßnahmen zu fördern.

"Der Übergang in den Beruf erfordert beim verhaltensgestörten Jugendlichen besondere Hilfen. Zu diesen Hilfen gehören die enge Fühlungnahme mit der Berufsberatung, der Berufsschule und den möglichen Berufsausbildungsstätten", stellt die Kultusministerkonferenz (KMK) 1978 fest (KMK-Empfehlung 1978, 12). Intensive Berufshinführung sollte bei diesen Jugendlichen, die häufig nur schwer zu motivieren sind und Beeinträchtigungen der Aufmerksamkeit und Konzentration sowie der Arbeitshaltung und Leistungsbereitschaft zeigen, schon in den letzten drei Jahren der allgemeinbildenden Schule erfolgen. Gute Möglichkeiten bieten sich in dem Fach Arbeitslehre, das seit 1969 auch unter dem Aspekt der Berufshinführung eingerichtet worden ist, durch gut betreute Betriebspraktika und durch die frühzeitige Einbeziehung der Berufsberatung der Arbeitsämter. Dabei sind die Effekte der schulischen Bemühungen um so größer, je mehr es gelingt, Handlungsorientierung zu realisieren. Als beispielhaft kann in dieser Hinsicht das Vorhaben der Schule an dem großen Jugendheim Johannesburg bei Papenburg gelten. Von der siebten Klasse an werden alle Schüler täglich in Kooperation von einem Handwerkmeister und dem Klassenlehrer zwei Stunden in die Bereiche Elektro-, Gas- und Wasserinstallation, Gärtnerei, Tischlerei und Metall eingeführt. So können sie Erfahrungen in verschiedenen Berufsfeldern sammeln, sie können aber auch erfahren, welche Bedeutung das in der Schule vermittelte Wissen für ihre Berufsausbildung hat (vgl. Neukäter / Wittrock 1993). Es zeigt sich, "daß die Schüler und Schülerinnen der Werkstattarbeit mit großem Interesse begegnen, vielfältige berufliche Vorerfahrungen sammeln und vereinzelt auch wieder Interesse an schulischem Lernen aufbauen" (Bundesanstalt für Arbeit 1993, 334).

Wenn der Ausbildung noch eine Vorbereitungsphase vorgeschaltet werden muß oder wenn eine Ausbildung in einem anerkannten Beruf aufgenommen wird, kommen sowohl nach den Richtlinien der Kultusbehörden als auch nach dem "Arbeitsförderungsgesetz" (AFG) organisierte Fördermaßnahmen in Frage.

Die Fördermaßnahmen der Kultusbehörden sind in den Bundesländern unterschiedlich bezeichnet und konzipiert (Berufsvorbereitungsjahr, Berufsbefähigendes Jahr, Berufsbefähigende Lehrgänge, Werkklassen usw.), folgen aber im wesentlichen der "Empfehlung zu Maßnahmen beruflicher Schulen für Jugendliche, die aufgrund ihrer Lernbeeinträchtigung zum Erwerb einer Berufsausbildung besonderer Hilfen bedürfen" der KMK von 1982:

> *1. Jugendliche, die im Anschluß an den Besuch einer allgemeinbildenden Schule noch nicht in der Lage sind, eine Berufsausbildung trotz zusätzlicher Hilfe mit Erfolg zu durchlaufen und abzuschließen, bedürfen vor Aufnahme der Berufsausbildung einer besonderen Berufsvorbereitung.*
>
> *2. Notwendige Hilfen können am besten in praxisbezogenen Vollzeitmaßnahmen, insbesondere im Berufsvorbereitungsjahr angeboten werden.*
>
> *3. Berufsvorbereitende Maßnahmen sollen insbesondere ausgewählte Grundfertigkeiten und Grundkenntnisse aus geeigneten Berufsfeldern vermitteln sowie die Allgemeinbildung fördern und die Jugendlichen für die Berufsausbildung motivieren.*
>
> *4. Berufsvorbereitende Maßnahmen sollen die Dauer eines Jahres grundsätzlich nicht überschreiten. Sie sollen in eine Berufsausbildung ..., in ein Berufsgrundbildungsjahr oder eine Berufsfachschule einmünden.*
>
> *5. Die Klassenfrequenz muß bei berufsvorbereitenden Bildungsgängen den Erfordernissen dieser Schülergruppe Rechnung tragen. Für den fachpraktischen Unterricht sind entsprechend den jeweiligen Notwendigkeiten Gruppenbildungen möglich.*
>
> *6. Zur Anregung der Motivation bei dem Schüler sollten Arbeitsgemeinschaften je nach Interessenlage der Schüler und mehr Sport im Sinne einer pädagogischen Hilfe angeboten werden, damit der Jugendliche sich über Erfolgserlebnisse in diesem Bereich sowie in der Fachpraxis einer weiteren beruflichen Ausbildung öffnet.*
>
> *7. Die geringe Belastbarkeit der Schüler vor allem im theoretischen Unterricht ist zu berücksichtigen. Pro Woche sollen nicht mehr als 34 Unterrichtsstunden erteilt werden; davon etwa die Hälfte im fachpraktischen Unterricht.*
>
> *8. Für diese Jugendlichen sind besondere pädagogischen Hilfen erforderlich. Dazu gehören insbesondere:*
> - *Hilfe und Beratung bei auftretenden Konflikten und Lernschwierigkeiten,*
> - *Hilfe beim Umgang mit Behörden, Organisationen und Verbänden usw.,*
> - *Schulveranstaltungen, wie gemeinsame Fahrten und Wanderungen, Schullandheimaufenthalte, Freizeiten und sonstige Gemeinschaftsveranstaltungen.*

In Berlin z.B. sind mit der Einführung des zehnten Pflichtschuljahres in diesem Sinne berufsfeldbezogene, vorbereitende Bildungsgänge eingerichtet worden, die als "Berufsbefähigende Lehrgänge" (BB-10) bezeichnet werden und von allen ehemaligen Schülern der Sonderschule für Lernbehinderte und denjenigen Schülern der allgemeinen Schule, deren neunjähriger Schulbesuch wenig erfolgreich war, besucht werden. Die 34 Wochenstunden Unterrichtszeit sind mit 18 Wochenstunden auf einen fachpraktischen Teil, mit sechs Wochenstunden auf einen fachtheoretischen und zehn Wochenstunden auf einen allgemeinbildenden Teil verteilt. Grundkenntnisse und Grundfertigkeiten eines Berufsfeldes stehen im Mittelpunkt. Das erfolgreiche Duchlaufen des BB-10-Lehrgangs erbringt den Hauptschulabschluß, der allerdings nur von der Hälfte der Teilnehmer erreicht wird. Zwei Drittel der Jugendlichen mit einem erfolgreichen Abschluß können an einen Ausbildungs- oder einen Arbeitsplatz vermittelt werden. Für diejenigen, die nicht vermittelt werden können, kann sich ein weiterer einjähriger Vollzeitlehrgang an der Berufsschule anschließen. Es läßt sich belegen, "daß lernbehinderte Schüler motivierter, zuverlässiger, ausdauernder, weniger auffällig und damit erfolgreicher am BB-10-Lehrgang teilnehmen als ihre Mitschüler aus Haupt- und Gesamtschulen" (vgl. Steinke 1991, 98), was im Zusammenhang gesehen werden kann mit der intensiven sonderpädagogischen Förderung dieser Schüler über viele Jahre hinweg.

Die von der Bundesanstalt für Arbeit nach dem AFG geförderten berufsvorbereitenden Maßnahmen sind adressatenspezifisch unterteilt in "Grundausbildungslehrgänge", "Förderungslehrgänge" und "Lehrgänge zur Verbesserung der Eingliederungsmöglichkeiten". Die Förderungslehrgänge sind ein- bis zweijährig und werden von verschiedenen Trägern in verschiedenen Einrichtungen angeboten (freie Träger, Kommunen, Länder, Organisationen der Wirtschaft, der Arbeitgeber und Arbeitnehmer in Berufsschulen, Berufsbildungswerken usw.). Die berufliche Ausbildung kann im Anschluß an die berufsvorbereitende Förderung in einem Betrieb, in einer überbetrieblichen Einrichtung (z.B. Lehrwerkstatt) oder in einem Berufsbildungswerk durchgeführt werden.

Berufsausbildung in einer überbetrieblichen Einrichtung (BüE) ist im Rahmen der Benachteiligtenförderung für solche Jugendlichen gedacht, die den Anforderungen eines Betriebs in der freien Wirtschaft noch nicht genügen können, die aber auch nicht der komplexen Betreuung und Förderung eines Berufsbildungswerks bedürfen. In Einrichtungen überbetrieblicher Ausbildung arbeiten Ausbilder, Lehrkräfte und Sozialpädagogen im Team miteinander und sind darin geschult, die Defizite und Schwierigkeiten der jungen Menschen zu berücksichtigen und sie beim Besuch der Berufsschule zu unterstützen. Die Ausbildung kann nach einem Jahr in einem Außenbetrieb fortgeführt oder in der überbetrieblichen Einrichtung abgeschlossen werden. Überbetriebliche Ausbildung wird in relativ großem Umfang auch in den neuen Bundesländern durchgeführt. 1991 waren von den 8900 Jugendlichen, die in überbetrieblichen Einrichtungen ihre Ausbildung begannen, 3200 aus den neuen Bundesländern (Bundesanstalt für Arbeit 1993, 82).

Für Jugendliche, denen weder eine betriebliche noch eine überbetriebliche Ausbildung zugemutet werden kann, sind Berufsbildungswerke als überregionale Einrichtungen etabliert worden. Berufsbildungswerke bilden zwar innerhalb des dualen System aus, stellen aber realiter ein integriertes System dar, in dem Ausbildungswerkstätten, Berufsschule und Wohnmöglichkeiten integriert sind. Die von den 39 Berufsbildungswerken in den alten Bundesländern und den 8 im Aufbau befindlichen Einrichtungen in den neuen Bundesländern mit insgesamt 13484 Ausbildungsplätzen sind 21 vorwiegend auf Lernbehinderte, 5 auf Körperbehinderte und jeweils 3 auf Seh-, Hör- und Sprachbehinderte, 15 auf verschiedene Behinderungsarten ausgerichtet (a.a.O., 85). Einige Einrichtungen haben sich auch auf die besonderen Anforderungen psychisch Behinderter eingestellt, wie z.B. die Einrichtungen in Abensberg in Bayern und das Rotkreuz-Institut in Berlin.

Das Rotkreuz-Institut in Berlin hat sich spezialisiert auf die Aufnahme von Bewerbern und Bewerberinnen "mit

- Lernbehinderungen mit schweren Verhaltensstörungen
- schweren Persönlichkeitsstörungen neurotischer Art
- Anfallsleiden - mit medikamentöser Einstellung

- Psychosen nach abgeschlossener klinischer Behandlung mit Belastungstraining"
(Deutsches Rotes Kreuz - Landesverband Berlin 1988).

Die Rehabilitanden können 18 bis 30 Jahre, in Ausnahmefällen auch 17 Jahre alt sein. Bevor eine Bewerbungskommission Maßnahmen plant, ist ein zwei- bis dreitägiges Vorstellungsgespräch möglich. Nach einer Phase der Arbeitserprobung über vier Wochen entscheidet eine Aufnahmekommission, ob eine Aufnahme in das Rotkreuz-Institut erfolgen kann. Rehabilitanden, denen nach entsprechender Vorbereitungzeit eine Tätigkeit in der freien Wirtschaft zugemutet werden kann, werden in einem 12 oder 24 Monate dauernden Förderungslehrgang auf diese Tätigkeit vorbereitet. "Die Förderungslehrgänge bieten die Möglichkeit, eine tragfähige Lernmotivation und eigenverantwortliches Handeln zu entwickeln sowie persönliche und behinderungsbedingte Schwierigkeiten abzubauen oder zu verringern. Neue soziale Verhaltensweisen können ausprobiert und eingeübt werden. In beruflicher Hinsicht werden die Lehrgangsteilnehmerinnen und -teilnehmer an die Anforderungen einer Ausbildung bzw. einer Arbeitnehmertätigkeit herangeführt. Dies geschieht durch ein differenziertes inhaltliches Angebot. Neben der Vermittlung von grundlegenden Kenntnissen und Erfahrungen in einem Berufsfeld, das den Voraussetzungen und Neigungen der Teilnehmer entspricht, werden die Fächer Rechnen, Deutsch und Sozialkunde sowie Bewegungserziehung unterrichtet" (a.a.O.).

Die Ausbildung erfolgt am Rotkreuz-Institut in anerkannten Ausbildungsberufen der Berufsfelder Gartenbau, Hauswirtschaft, Lakiererei, Metall, Textil und Textilreinigung. Der erfolgreiche Abschluß einer mindestens zweijährigen Ausbildung ist verbunden mit der Zuerkennung des Hauptschulabschlusses bzw. des erweiterten Hauptschulabschlusses.

Die in das Institut integrierte Berufsschule hat eine sonderpädagogische Ausrichtung und bietet in kleinen Klassen und mit einem differenzierten Angebot an Förderunterricht individuellen Bedürfnissen entsprechende Stützen und Hilfen. Den im Institut wohnenden Rehabilitanden wird ein umfangreiches Freizeitangebot gemacht. Begleitende Dienste - wie der Fachdienst soziale Beratung, der psychologische Dienst und die Gesundheitsberatung - ermöglichen eine den physischen und psychischen Bedürfnissen und Notwendigkeiten entsprechende Betreuung und Versorgung .

Für psychisch Schwerbehinderte stehen spezielle Werkstätten zur Verfügung, die im §54 des Schwerbehindertengesetzes wie folgt beschrieben werden:

"(1) Die Werkstatt für Behinderte ist eine Einrichtung zur Eingliederung Behinderter in das Arbeitsleben. Sie bietet denjenigen Behinderten, die wegen Art oder Schwere der Behinderung nicht, noch nicht oder noch nicht wieder auf dem allgemeinen Arbeitsmarkt tätig sein können, einen Arbeitsplatz oder Gelegenheit zur Ausübung einer geeigneten Tätigkeit.

(2) Die Werkstatt muß es den Behinderten ermöglichen, ihre Leistungsfähigkeit zu entwickeln, zu erhöhen oder wiederzugewinnen und ein dem Leistungsvermögen angemessenes Arbeitsentgelt zu erreichen. Sie soll über ein möglichst breites Angebot an Arbeitsplätzen und Plätzen für Arbeitstraining sowie über eine Ausstattung mit begleitenden Diensten verfügen.

(3) Die Werkstatt soll allen Behinderten unabhängig von Art oder Schwere der Behinderung offenstehen, sofern sie in der Lage sind, ein Mindestmaß wirtschaftlich verwertbarer Arbeitsleistung zu erbringen."

Die im "Berufsbildungsgesetz" (BBiG) vorgesehenen und nach dem AFG geförderten berufsvorbereitenden wie auch berufsausbildenden Sondermaßnahmen sind für Menschen mit einer körperlichen, geistigen oder seelischen Behinderung und - nach der "Anordnung des Verwaltungsrats der Bundesanstalt für Arbeit über die Arbeits- und Berufsförderung Behinderter (AReha) - auch bei drohender Behinderung vorgesehen. Eine Behinderung im Sinne der relevanten Gesetze "ist die Auswirkung einer nicht nur vorübergehenden Funktionsbeeinträchtigung, die auf einem regelwidrigen körperlichen, geistigen oder seelischen Zustand beruht. Regelwidrig ist der Zustand, der von dem für das Lebensalter typischen abweicht. Als nicht nur vorübergehend gilt ein Zeitraum von mehr als sechs Monaten" (Schwerbehindertengesetz - SchwbG). Ob in diesem Sinne eine Behinderung vorliegt, ist immer für den Einzelfall zu prüfen. Jugendlichen mit einer testierten Lernbehinderung werden die speziellen Fördermaßnahmen in der Regel ohne Schwierigkeiten gewährt, bei Jugendlichen mit Verhaltensstörungen muß sich die Problematik so weitgehend maximiert haben, daß eine drohende oder bereits bestehende psychische Behinderung angenommen werden kann. In den letzten Jahren sind jedoch im Rahmen der Benachteiligtenförderung bzw. nach dem Anordnungsrecht der Bundesanstalt für Arbeit in den Kreis der beruflichen Ausbildungsförderung verstärkt auch lernbeeinträchtigte Hauptschulabgänger ohne Abschluß, sozial benachteiligte Auszubildende unabhängig vom Schulabschluß, "insbesondere Jugendliche mit Verhaltensstörungen, Legastheniker sowie Jugendliche, für die Hilfe zur Erziehung im Sinne des Kinder- und Jugendhilfegesetzes (KJHG) geleistet worden ist oder wird (ohne Heimausbildung der Jugendhilfe)" einbezogen worden. "Auch ehemals Drogenabhängige und straffällig gewordene Jugendliche ... können einbezogen werden" (Bundesanstalt für Arbeit 1993, 78). Die im AFG vorgesehenen Fördermaßnahmen gelten nicht für eine schulische Berufsausbildung z.B. in Fachschulen oder Universitäten, die nach dem "Bundesausbildungsförderungsgesetz" (BAföG) und - bei nicht ausreichender Förderung nach diesem Gesetz - nach dem "Bundessozialhilfegesetz" (BSHG) unterstützt werden kann. Zuständig für die Beantragung der Förderung sind nach dem AFG und dem SchwbG das Arbeitsamt, nach dem BAföG das Amt für Ausbildungsförderung bei den Stadtverwaltungen oder Landratsämtern und nach dem BSHG die Sozialämter der Städte oder Kreise.

8.   Helfende Berufe bei Verhaltensstörungen

Kindern und Jugendlichen mit Verhaltensstörungen kann nur adäquat geholfen werden, wenn die verschiedenen relevanten Berufsgruppen in Theorie und Praxis miteinander kooperieren und Betroffene auch auf derartige kooperative Hilfsmöglichkeiten zurückgreifen können. Die Verhältnisse sind in dieser Hinsicht noch sehr unbefriedigend. Es gilt deshalb, auf die wichtigsten relevanten Berufsgruppen zu verweisen, ihre spezifischen inhaltlichen und organisatorischen bzw. institutionellen Möglichkeiten in Prävention und Rehabilitation von Verhaltensstörungen aufzuzeigen, um somit eine verbesserte Kooperation anzubahnen und zu einer bestmöglichen Nutzung der vorhandenen Ressourcen zu kommen. In diesem Sinne wird auf folgende Berufsgruppen eingegangen:

1. Arzt / Ärztin
2. Psychologe / Psychologin
3. Sonderpädagoge / Sonderpädagogin
4. Kinderpfleger / Kinderpflegerin - Erzieher / Erzieherin - Heilpädagoge / Heilpädagogin - Diplom-Sozialpädagoge / Diplom-Sozialpädagogin (FH) - Diplom-Pädagoge / Diplom-Pädagogin
5. Pädagogischer Assistent / Pädagogische Assistentin

8.1   Arzt / Ärztin

Da Verhaltensstörungen mit organischen Beeinträchtigungen oder Funktionsstörungen verbunden sein können und sich Verhaltensstörungen bei Kindern und Jugendlichen häufig auf dem Hintergrund von Erkrankungen erklären lassen, ist es unabdingbar notwendig, den Arzt hinzuzuziehen, wenn es um die Diagnose und die Behandlung von Verhaltensstörungen geht (siehe Kap. 4.1, 5.1 und 9.2). Gemeint sind unter diesem Aspekt insbesondere der allgemeine Arzt, der Kinderarzt und - nicht zuletzt - der Kinder- und Jugendpsychiater. Während der allgemeine Arzt, der sog. "Hausarzt", bei auffälligen Verhaltensweisen der Kinder und bei nicht so schwierigen Problemlagen einer der ersten "Anlaufstellen" besorgter Eltern sein mag, werden bei schwierigeren und spezielleren Störungen (z.B. bei frühkindlichem Autismus, cerebralen Funktionsstörungen) der Facharzt für Kinderheilkunde oder der Facharzt für Kinder- und Jugendpsychiatrie herangezogen werden müssen.

Im Hinblick auf somatische wie auf psychische Schädigungen, Beeinträchtigungen, Störungen ist die Erwartungshaltung der Bevölkerung Ärzten gegenüber groß ("Götter in Weiß") und das notwendige Vertrauen trotz einiger Beschädigungen in den vergangenen Jahren nach wie vor gegeben; ist es doch zentrale Aufgabe des Arztes, "das Leben zu erhalten, die Gesundheit zu schützen und wiederherzustellen sowie Leiden zu lindern" ("Berufsordnung für die deutschen Ärzte").

Wenn für Ärzte allgemein eine ausgeprägte Hilfsbereitschaft, ein gutes Einfühlungsvermögen, Entschlußfreudigkeit und ein sicheres Urteilsvermögen, Gewissenhaftigkeit und ein starkes Verantwortungsbewußtsein verlangt werden (vgl. Bachmann 1991, 4), so gilt darüber hinaus für Ärzte, die es mit Kindern und Jugendlichen mit Verhaltensstörungen zu tun haben - also vor allem für Kinderärzte und Kinder- und Jugendpsychiater -, daß sie Geduld und Behutsamkeit, freundliche Zuwendung und Empathie sowie pädagogische Verhaltensweisen realisieren können.

Neben der Therapie von Störungen und Krankheiten werden für Ärzte - insbesondere auch im Hinblick auf Verhaltensstörungen - verstärkt die primäre Prävention (Verhütung) und die sekundäre Prävention (Früherkennung) bedeutsam.

Relevante Tätigkeitsbereiche von Ärzten für Konsultationen bei Verhaltensstörungen sind vor allem die freie Praxis, das Krankenhaus und die Universitätsklinik, der öffentliche Gesundheitsdienst, die Jugendhilfe und der Justizvollzugsdienst.

In der freien Praxis ist der niedergelassene Arzt tätig, der häufig in der näheren Wohnumgebung angesiedelt ist und eine Funktion als "Hausarzt" haben kann. Wird er bei psychosozialen Störungen konsultiert, kann er aus seiner genaueren Kenntnis der Familienverhältnisse selbst eine Behandlung vornehmen oder - insbesondere auch bei differentialdiagnostischen Fragestellungen - an Spezialisten in freier Praxis oder, wenn eine längere Beobachtungszeit notwendig erscheint, an spezialisierte Kliniken z.B. für Kinder- und Jugendpsychiatrie weiterüberweisen.

Im öffentlichen Gesundheitsdienst tätige Amtsärzte leiten z.B. in ihrer Funktion als Schulärzte notwendige Maßnahmen ein - sie selbst führen keine Behandlung durch - oder werden zur Begutachtung und zur Einleitung von Hilfsmaßnahmen z.B. über das Bundessozialhilfegesetz (BSHG § 39 - "seelische Behinderung") von Jugendämtern, Kindertageseinrichtungen oder auch schulischen Einrichtungen herangezogen.

Im Justizvollzugsdienst haben Anstaltsärzte die Aufgabe, die Inhaftierten medizinisch zu betreuen. Von Wichtigkeit ist dabei die Mitwirkung bei diagnostischen Erhebungen sowie bei klinisch-therapeutischen und pädagogisch-therapeutischen Maßnahmen, die der psychosozialen Förderung und der Resozialisierung dienen.

Die Ausbildung zum/zur Arzt/Ärztin erfolgt nach dem Abitur an den medizinischen Fakultäten/Fachbereichen der Universitäten, nachdem ein Test für medizinische Studiengänge bestanden worden ist. Die gesamte Ausbildung, die wissenschaftliche und praktische Teile hat, wird durch die "Approbationsordnung für Ärzte" geregelt.

Das Studium dauert mindestens sechs Jahre und besteht aus einer vorklinischen und einer klinischen Phase. In der vorklinischen Phase stehen inhaltlich im Mittelpunkt die Anatomie, Physiologie und Biochemie, medizinische Psychologie und Soziologie, sowie die Grundlagenfächer Biologie, Chemie und Physik. Die vorklinische Phase wird mit der als "Physikum" bezeichneten ärztlichen Vorprüfung abgeschlossen. In der klinischen Phase des Medizinstudiums befaßt sich der Student schwerpunktmäßig mit Pathologie und Pathophysiologie, mit Untersuchungs- und Therapiemethoden der einzelnen klinischen Fächer (z.B. Innere Medizin, Chirurgie, Orthopädie), mit Humangenetik, Immunologie, Pharmakologie und Toxikologie, mit Hygiene, Arbeits- und Rechtsmedizin usw.. In das Studium eingelagert sind Praktika innerhalb und außerhalb der Universität (Erste Hilfe, Krankenpflege, Famulatur). Nach dem zweiten Abschnitt der in drei Abschnitte eingeteilten ärztlichen Prüfung ist ein "Praktisches Jahr" an einer Hochschulklinik oder einem Lehrkrankenhaus zu absolvieren. An die ärztliche Prüfung schließt sich eine Tätigkeit als "Arzt im Praktikum" an, die eineinhalb Jahre dauert. Während dieser Zeit ist der junge Arzt in einem Krankenhaus, bei einem niedergelassenen Arzt, in einer Justizvollzugsanstalt, im öffentlichen Gesundheitsdienst, in einer Rehabilitationseinrichtung für Behinderte usw. unter Aufsicht und mit entsprechender Bezahlung tätig.

Wenn alle Ausbildungsteile mit den zugeordneten Prüfungen erfolgreich durchlaufen sind, wird auf Antrag die selbständige ärztliche Tätigkeit durch die zuständige Landesbehörde mit der Approbation genehmigt.

Spezialisierungen auf medizinischen Gebieten oder Teilgebieten sind über Weiterbildungsmaßnahmen möglich, die z.B. für das Gebiet der Kinderheilkunde fünf Jahre und für das Gebiet der Kinder- und Jugendpsychiatrie vier Jahre dauern.

Der Arzt für Kinderheilkunde ist kompetent für "die Erkennung und Behandlung aller körperlichen und seelischen Erkrankungen des Kindes von der Geburt bis zum Abschluß seiner somatischen Entwicklung einschließlich Prävention, Schutzimpfung, pädiatrischer Intensivmedizin, Rehabilitation und Fürsorge im Kindesalter" (Bachmann 1991, 39). Das Gebiet der Kinder- und Jugendpsychiatrie "umfaßt die Erkennung, nichtoperative Behandlung, Prävention und Rehabilitation bei psychischen, psychosomatischen und neurologischen Erkrankungen oder Störungen, der psychischen und sozialen Verhaltensauffälligkeiten im Kindes- und Jugendalter sowie Psychotherapie" (a.a.O.).

Bei den vielfältiger und komplexer werdenden Verursachungs- wie Behandlungsmöglichkeiten psychosozialer Störungen und psychischer wie psychosomatischer Erkrankungen ist der Arzt/die Ärztin auf die Kooperation mit anderen helfenden Berufen - wie z.B. Psychologen und Pädagogen - angewiesen, zumal durch Apparate- und Pharmakamedizin sowie durch kapazitäre und zeitliche Limitierungen das Arzt-Patient-Verhältnis die notwendige persönliche Zugewandtheit bzw. dialogische Komponente zu verlieren droht (vgl. Arnold / Brauer / Deneke / Fiedler 1981, Bachmann 1991, Schulten 1966).

8.2 Psychologe / Psychologin

Psychologen und Psychologinnen haben im Hinblick auf Kinder und Jugendliche mit Verhaltensstörungen vielfältige Aufgaben in den Bereichen der psychologischen Beratung, der forensischen und der Kriminalpsychologie, der klinischen sowie - last but not least - der Schulpsychologie.

Psychologische Beratung findet institutionalisiert in den Beratungsstellen staatlicher, kirchlicher oder freier Träger statt mit den Aufgaben der Diagnose, insbesondere auch der Frühdiagnose in Verbindung mit präventiven Maßnahmen zur Verhinderung oder Einschränkung von Fehlentwicklungen, der Beratung zur Optimierung von Erziehungsbedingungen in Familien oder Heimen usw. sowie therapeutischer Maßnahmen (Einzel- und Gruppentherapien, Familientherapien).

Im forensisch- und kriminalpsychologischen Bereich stellen sich insbesondere im Strafvollzug bzw. in den Justizbehörden als Aufgaben die Überprüfung von Glaubwürdigkeit, von Verantwortlichkeit und Schuldfähigkeit sowie die Eruierung von Tatmotiven, weiterhin diagnostische und beratende Maßnahmen, auch Einzel- und Gruppentherapien bei Straftätern sowie Fortbildung und Beratung der in den Justizbehörden bzw. im Vollzug Beschäftigten.

In den Jugendämtern stehen neben Beratungsaufgaben im Hinblick auf Kinderkrippen, Kindergärten, Kinderhorte, die Heimerziehung usw. auch Supervisionsaufgaben an. In Heimen und Institutionen der Sozial- und Sonderpädagogik bestehen die Aufgaben in der Diagnose und in der Erstellung von Interventionsplänen, in der Beratung von Kindern, Jugendlichen und ihrer Eltern, in der Durchführung von Therapien sowie in der Beratung (Supervision), Anleitung und Weiterbildung des Personals.

Klinisch-psychologische Aufgaben stellen sich in den freien Praxen niedergelassener Psychologen, die mit Fachärzten zusammenarbeiten, sowie in den kinder- und jugendpsychiatrischen Kliniken als diagnostische Untersuchungen sowie Einzel- und Gruppentherapien (Gesprächstherapie, Psychotherapie, Verhaltenstherapie, Biofeedback-Verfahren, Entspannungsverfahren usw.) und allen weiteren Maßnahmen, die der Rehabilitation bei seelischer Behinderung dienlich sind.

Auf die Optimierung von Erziehungs- und Unterrichtsprozessen ist die Tätigkeit des Schulpsychologen ausgerichtet, wobei häufig auch Störungen des Erziehungs- und Bildungsprozesses bei einzelnen Schülern wie in Schulklassen oder ganzen Schulen anstehen. Neben der Beratung von Schülern, Lehrern und Eltern auf der Basis diagnostischer Erhebungen werden verstärkt auch Interventionsmaßnahmen notwendig. Der Schulpsychologe führt auch Schullaufbahnberatung durch, initiiert und betreut Schulversuche, entwickelt und verbessert diagnostische Instrumente und kann auch im Bereich von Erziehung und Bildung Grundlagenforschung vor Ort betreiben.

Die Ausbildung zum Psychologen findet an Universitäten statt und schließt nach einem Studium von mindestens neun Semestern mit einer Diplomprüfung und der Verleihung des Diplomgrades "Diplom-Psychologe (Dipl.-Psych.)" ab. Zum Studium gehört eine sechsmonatige berufspraktische Tätigkeit, die nicht in die Regelstudienzeit einbezogen ist.

Zu den wichtigsten Inhalten des Psychologiestudiums gehören - in alphabetischer Reihenfolge:
- Allgemeine Psychologie
- Arbeits-Betriebs-/ Organisationspsychologie
- Biopsychologie
- Diagnostik und Intervention
- Differentielle und Persönlichkeitspsychologie
- Entwicklungspsychologie
- Evaluation und Forschungsmethodik
- Klinische Psychologie
- Pädagogische Psychologie
- Physiologische Psychologie
- Sozialpsychologie.

Das Berufsbild des Diplom-Psychologen ist noch relativ jung. Erst 1941 wurde eine Diplomprüfungsordnung erlassen.

Für Psychologen, die in den Bereichen der klinischen Psychologie und der pädagogischen Psychologie tätig sein wollen, werden Weiterbildungsmaßnahmen und Spezialisierungen als notwendig erachtet. Zum Schulpsychologen kann ernannt werden, wer neben dem Studium der Psychologie ein Lehramtsstudium absolviert und die zweite Lehrerprüfung bestanden hat (vgl. Hockel 1985 und 1988, Heyse 1985, Dörner / Selg 1985).

8.3 Sonderpädagoge / Sonderpädagogin

Für Kinder und Jugendliche mit Verhaltensstörungen wird im Rahmen des Studiums sonderpädagogischer Fachrichtungen seit Ende der sechziger Jahre in der Bundesrepublik ein Spezialstudium angeboten. Das Studium war zunächst nur als Aufbaustudium konzipiert, d.h. Lehrer mit dem 1. und 2. Staatsexamen, die also die Schulpraxis gut kennengelernt und vielfältige Erfahrungen mit Kindern und Jugendlichen gesammelt hatten, wurden für vier Semester vom Schuldienst beurlaubt und gingen nach dem Staatsexamen für das Lehramt an Sonderschulen mit verbesserter Qualifikation und besserer Bezahlung an die Schulen zurück. Da durch das Aufbaustudium einerseits der Bedarf nicht gedeckt werden konnte und andererseits die Schulbehörden durch eine Reduzierung bzw. durch einen

Wegfall des für sie teueren Aufbaustudiums zu Einsparungen kommen wollten, wurde in den Bundesländern Mitte der siebziger Jahre ein sog. grundständiges Studium eingeführt. Das Studium der Sonderpädagogik mit zwei sonderpädagogischen Fachrichtungen - z.B. Verhaltensgestörtenpädagogik und Lernbehindertenpädagogik - und einem Unterrichtsfach - z.B. Germanistik, Geschichte oder Sport - kann nunmehr direkt nach dem Abitur aufgenommen werden. An das wissenschaftliche Studium für das Lehramt an Sonderschulen, das nach mindestens 8-9 Semestern mit dem ersten Staatsexamen endet, schließt sich ein eineinhalb- bis zweijähriges Referendariat an. Es besteht auch die Möglichkeit, direkt nach dem 1. Staatsexamen für ein Lehramt im Bereich der Grund- und Hauptschulen ein sonderpädagogisches Anschlußstudium zu machen und dann in das Referendariat an einer sonderschulischen Einrichtung zu gehen. Studenten für das Lehramt an Berufsschulen können neben einem berufspädagogischen Fach als zweites Fach auch Sonderpädagogik mit zwei sonderpädagogischen Fachrichtungen studieren. Im Diplomstudiengang Erziehungswissenschaft kann Sonderpädagogik als ein Schwerpunkt studiert werden. Im Sinne einer integrationspädagogischen Zielsetzung bestehen an einigen Universitäten Möglichkeiten oder zunächst nur Tendenzen, Basiswissen der Lernbehinderten- und Verhaltensgestörtenpädagogik in allen Lehramtsstudiengängen zu vermitteln.

Als die im Studium der Sonderpädagogik zu erwerbenden "fachlichen Schlüsselqualifikationen" gibt Baier fachrichtungsübergreifend folgende an:
- Fähigkeit, wissenschaftlich (empirisch, hermeneutisch) zu arbeiten
- Verständnis für bildungspolitische Sachverhalte
- Praxiserfahrungen in sozialen Einrichtungen, Behinderteneinrichtungen und Schulen
- Kooperationsfähigkeit und -bereitschaft mit Erziehungsberechtigten, Institutionen, Betrieben, Verbänden und Vereinen
- Fähigkeit, individuelle Lernvoraussetzungen bzw. Retardationen von Kindern, Jugendlichen und Erwachsenen zu diagnostizieren
- Fähigkeit, komplexe Lerninhalte didaktisch und methodisch so aufzubereiten, daß ihre Vermittlung gelingt
- Fähigkeit der Organisation adaptiver, individualisierter Lernprozesse und Steuerung erschwerter Lernprozesse
- Entwicklung von Lernfähigkeiten und Überwindung erschwerten Lernens
- Therapie von Funktions- und Teilleistungsstörungen
- Fähigkeit, Kurse und Lehrgänge zu planen und zu organisieren
- behinderungsbezogene Kompetenzen und vorurteilsfreie, solidarische Einstellung gegenüber deviantem Verhalten
- Fähigkeit, Maßnahmen zur Stabilisierung gestörter Persönlichkeiten zu ergreifen
- Lebensberatung Behinderter in Problemsituationen
- Beratung von Erziehungsberechtigten, Erziehern, Lehrern, Ausbildern, Kursleitern usw. hinsichtlich der Überwindung von Lernschwierigkeiten und Lernblockaden bei Kindern, Jugendlichen und Erwachsenen
- Fähigkeit und Bereitschaft, die Belange der Behinderten in der Öffentlichkeit zu vertreten
- Fähigkeit, Institutionen, Verbände, Betriebe usw. in Behindertenfragen sowie pädagogisch-didaktischen Fragen zu beraten (Baier 1991, 24, vgl. auch Bleidick / Ellger-Rüttgardt 1978).

Zu den spezielleren Studieninhalten der Pädagogik bei Verhaltensstörungen gehören die Erscheinungsformen und die Verbreitung, die Ursachen und die Genese von Verhaltensstörungen, Verfahren der psychologischen und der sonderpädagogischen Diagnostik, die Entwicklung von Erziehungs- und Therapieplänen, die Aufgaben, Ziele und Methoden in Erziehung und Unterricht bei Kindern und Jugendlichen mit Verhaltensstörungen, die Lehre von den Institutionen im Bereich der Verhaltensgestörtenpädagogik (Erziehungsberatung, integrierte Fördereinrichtungen, Sonderklassen/Sonderschulen, Heimschulen, Schulen in der Kinder- und Jugendpsychiatrie, Schulen im Strafvollzug), historische Aspekte der Verhaltensgestörtenpädagogik und Praxiserfahrungen über didaktische Seminare und mehrwöchige Praktika.

Seit es Einrichtungen für Kinder und Jugendliche mit Verhaltensstörungen gibt, wird gesehen, daß die Effizienz der Arbeit in diesen Einrichtungen abhängt von der theoretischen und praktischen Kompetenz der in ihnen Tätigen. So schrieb 1927 der Berliner Magistratsschulrat Arno Fuchs, der die Einrichtung der ersten Erziehungsklassen für Schwererziehbare in Deutschland initiierte: "Mit dem Lehrer dieser Klasse steht und fällt die Einrichtung. Er muß in jeder Beziehung und von Natur aus für sie geeignet sein. Besitzt er diese Eignung nicht, so wird er sie sich nie aneignen können. Nicht nur muß diese Persönlichkeit von der Liebe, dem Geist und der Tatkraft eines Pestalozzi erfüllt, sie muß auch durch ein feines psychologisches Verständnis, überlegenes Wissen und Können und einen hohen Grad von Takt ausgezeichnet sein, damit die eigenartigen Zöglinge in ihm stets den überlegenen, sie durchschauenden und doch den gütigen Freund erkennen" (Fuchs 1927, 38).

Ähnliche Ansprüche stellen auch Pädagogen in neuerer Zeit. So verlangt z.B. Bärsch Charisma, Affektbeherrschung und ein "In-Ordnung-sein" (Bärsch 1968). Für Denk ist es wichtig, daß der Lehrer und Erzieher eine "differenzierte Sicht der Erziehungsvorgänge, Einfühlungsvermögen, erhöhte Bereitschaft, sich auf den einzelnen, auf die ganze Klasse einzustellen, Fähigkeit zu einer schnellen Umstellung, sehr gute Beobachtungsgabe, rasches Erkennen von wesentlichem und unwesentlichem im Hinblick auf eine bestimmte erzieherisch zu bewältigende Situation" verfügbar hat (Denk 1967, 407).

Aus psychiatrischer Sicht fordert Blackham, daß der Lehrer und Erzieher in seinen Grundbedürfnissen in einem vernünftigen Maß befriedigt ist und die Fähigkeit hat, "gesunde zwischenmenschliche Beziehungen herzustellen und aufrechtzuerhalten." .Er muß auch über ein gut funktionierendes Abwehrsystem zur "Beherrschung von übermäßigen Schuld-, Angst-, Feindseligkeitsgefühlen und ungewöhnlicher Erregbarkeit" verfügen und haltlosen Kindern Halt geben können (Blackham 1971, 136-137).

Diesem Anforderungskatalog mit seinem hohen Anspruch stehen entgegen die Realität der Ausbildung, die sicher all die geforderten Fähigkeiten und Fertigkeiten nicht vermittelt, die häufig nicht optimale studentische Persönlichkeitsstruktur als "das insgesamt der relativ überdauernden, manifestierten und aktualisierten Merkmale und Verhaltenszüge", die "zum Teil von der Sozialisation, der Personalisation, der körperlichen Entwicklung und den Rollenerwartungen abhängen" (Brütting 1980, 130), sowie die Schule mit ihrer häufig nicht angemessenen organisatorischen Struktur und den Belastungen des Schulalltags.

Das Studium ist durch die Vermittlung theoretischen Fachwissens überfrachtet. Für die Ausbildung adäquater Einstellungen und Persönlichkeitsdimensionen durch eine Verbesserung der Selbst- und Fremdwahrnehmung, durch Aufarbeitung kommunikationsstörender infantiler Konflikte (vgl. Münch 1983, 233), durch die Einsicht in Identifizierungstendenzen mit den Schülern, die ihn dazu verleiten, "Verhaltensweisen von ihnen anzunehmen, die es ihm ermöglichen sollen, sich ihnen als ein gleicher zu nähern" (Münch 1986, 131-132), oder durch das Erkennen und Überwinden des eventuell relevanten Helfer-Syndroms. "Das Helfer-Syndrom, die zur Persönlichkeitsstruktur gewordene Unfähigkeit, eigene Gefühle und Bedürfnisse zu äußern, verbunden mit einer scheinbar omnipotenten Fassade ist sehr weit verbreitet" und zeigt sich unter anderem darin, "daß Schwäche und Hilflosigkeit, offenes Eingestehen emotionaler Probleme nur bei anderen begrüßt und unterstützt wird, während demgegenüber das eigene Selbstbild von solchen "Flecken" um jeden Preis freigehalten werden muß" (Schmidbauer 1977, 12/14).

Der künftige Lehrer für Kinder und Jugendliche mit Verhaltensstörungen muß sich während seines Studiums prüfen können, ob er den Beruf gewählt hat, um "nicht nur Beschädigungen auszugleichen, die er seiner familiären Sozialisation verdankt, sondern auch für sich selbst gefühlsmäßige Ziele zu erreichen, die sich auf einer professionellen Ebene nicht vollständig verwirklichen lassen" (Pühl / Schmidbauer 1986, 13).

Auch in der 2. Phase der Lehrerausbildung dürfen nicht nur fachliches Wissen und Können vermittelt werden, dürfen also nicht nur didaktische und methodische Kenntnisse und Fertigkeiten im Mittelpunkt stehen, es müssen vielmehr systematisch die für die Pädagogik unter erschwerten Bedingungen bedeutsamen persönlichkeitsbezogenen Fähigkeiten, Einstellungen, Motivationen und Persönlichkeitsdimensionen gefördert werden.

Wenn sich in der sonderschulischen Praxis Sonderpädagogen als wenig unterstützend, wenig selbstkontrolliert, wenig positiv zugewandt, vielmehr als strenger und pädagogisch-therapeutisch als ineffizient erleben (vgl. Kretschman 1975, 695 ff.), dann verweist das darauf, daß sie ihr Wissen über die Bedeutung sozial-integrativen Lehrerverhaltens (vgl. Tausch / Tausch 1991), über die Bedeutung von Übertragung und Gegenübertragung (Finger-Trescher 1987, 139 f.), über Modellernen und die Vermittlung sozialer Kompetenz im Berufsalltag nicht umsetzen können, sich vielmehr in ihrem Kinder-Ich provozieren lassen, in ihrer eigenen sozialen Kompetenz beeinträchtigt werden und im Sinne einer Art Verteidigungshaltung reagieren. Zur Verbesserung der Kompetenz in Erziehung und Unterricht können in beiden Phasen der Lehrerausbildung wie auch in der Lehrerfortbildung Trainingskonzepte realisiert werden, die mehr unterrichtsbezogen - wie z.B. das micro-teaching -, mehr erziehungsbezogen - wie z.B. die Verhaltensmodifikation -, oder mehr persönlichkeitsbezogen ausgerichtet sind - wie z.B. Konzepte nach der Gestalttheorie (Perls et al. 1990, Prengel 1989), nach Themenzentrierter Interaktion (Cohn 1984) oder nach dem Psychodrama (Moreno 1959, vgl. dazu Mutzeck / Pallasch 1983, Bäuerle 1985, Fricke / Kury 1983). Von großer Bedeutung sind in dieser Hinsicht auch die Verfahren der Supervision, in denen, zumeist fallbezogen, praxisberatend und praxisanleitend gearbeitet wird (vgl. Conrad / Pühl 1985, Pühl / Schmidbauer 1986, Spiess 1991).

8.4 Kinderpfleger / Kinderpflegerin -Erzieher / Erzieherin - Heilpädagoge / Heilpädagogin - Diplom-Sozialpädagoge / Diplom-Sozialpädagogin (FH) - Diplom-Pädagoge / Diplom-Pädagogin

In Kinderkrippe, Kindergarten, Kinderhort, in der Heimerziehung und in der Jugendarbeit bzw. in dem großen Bereich der Erziehungs- und Jugendhilfe werden heutzutage an die Beschäftigten große Anforderungen im Hinblick auf Ergänzung und Ersatz von Familienerziehung gestellt. Früher und vehementer als in der Vergangenheit zeigt sich die Problematik der Verhaltensstörungen, und es gilt, bei Kindern Verhaltensschwierigkeiten frühzeitig zu erkennen und Verhaltensstörungen frühzeitig hilfreich zu begegnen. Umfassende hilfreiche pädagogische Kompetenz ist deshalb von allen Beschäftigten zu erwarten. Um so erstaunlicher ist es, daß - zwar traditionsbedingt, aber immer noch - in diesen Erziehungsfeldern Berufsgruppen mit unterschiedlicher sozialpädagogischer Ausbildung und zum Teil unzureichender Kompetenz tätig sind. Es ist eine im Hinblick auf Ausbildung, Bezahlung und Sozialstatus hierarchische Struktur auszumachen, die auf der untersten Ebene mit Kinderpflegern / Kinderpflegerinnen beginnt, sich "nach oben" mit Erziehern / Erzieherinnen und Heilpädagogen / Heilpädagoginnen fortsetzt und mit den Diplom-Sozialpädagogen / Diplom-Sozialpädagoginnen (FH) sowie den Diplom-Pädagogen / Diplom-Pädagoginnen die höchste Stufe erreicht.

Kinderpfleger / Kinderpflegerinnen haben einen Hauptschulabschluß und werden an Berufsfachschulen in ein bis drei Jahren ausgebildet - die Ausbildungsdauer ist in den einzelnen Bundesländern unterschiedlich. Die ursprünglich auf eine Tätigkeit als Helferin in der Familie mit erzieherischen, pflegerischen und hauswirtschaftlichen Aufgaben ausgerichtete Ausbildung, gewann in der jüngeren Vergangenheit eine stärkere sozialpädagogische Akzentuierung, womit sich einerseits die problematische Anstellung als Hilfskraft neben vollausgebildeten Erziehern in Kindergruppen und andererseits die positiv zu bewertende Weiterbildungsmöglichkeit zum Erzieher legitimiert.

Die Ausbildung zum Erzieher setzt den Abschluß der Realschule oder eines gleichwertigen Bildungsganges und eine abgeschlossene Berufsausbildung oder eine langjährige Berufstätigkeit voraus und findet an Fachschulen bzw. Fachakademien für Sozialpädagogik statt. Diese sozialpädagogischen Ausbildungsstätten sind zumeist Berufsfachschulen angegliedert, deren Trägerschaft beim Staat oder bei privaten Institutionen - zumeist bei den Kirchen - liegt. Die dreijährige Ausbildung ist so gegliedert, daß auf eine schulische Phase von zwei Jahren ein einjähriges betreutes Berufspraktikum folgt.

Die Erzieherausbildung, wie auch die auf sie aufbauende Weiterbildungsmöglichkeit zum Heilpädagogen, erfolgt sehr praxisnah. Neben pädagogischen bzw. heilpädagogischen, psychologischen, medizinischen, soziologischen und juristischen Grundkenntnissen werden Praktika angeboten und pädagogisch-therapeutische Verfahren eingeübt wie z.B. rhythmisch-musikalische Erziehung, Förderung durch Spiel, durch bildnerisches Gestalten und Werken, psychomotorische Übungsbehandlung und Verhaltensmodifikation. Spezialisierungen sind im Sinne der anthroposophischen und der Montessori-Pädagogik möglich.

Während in der Bundesrepublik die Erzieherausbildung relativ breit und umfassend auf die unterschiedlichen sozialpädagogischen Arbeitsbereiche ausgerichtet ist, wurden in der ehemaligen DDR differenzierte Ausbildungsgänge durchgeführt: Krippenerzieher wurden in drei Jahren an einer medizinischen Fachschule, Kindergartenerzieher in drei Jahren an einer Pädagogischen Schule, Horterzieher und Lehrer für untere Klassen sowie Heimerzieher mit Lehrbefähigung in einem Fach und Pionierleiter an Instituten für Lehrerbildung ausgebildet.

Die gegenwärtige Erzieherausbildung ist auch in Relation zu anderen EG-Ländern und im Hinblick auf ein vereintes Europa als problematisch anzusehen. Als angemessen erscheint - wie für alle verantwortlich pädagogisch Tätigen - auch für Erzieher ein wissenschaftliches Studium, vergleichbar dem Lehrerstudium, da die zwar qualitativ unterschiedlichen Anforderungen doch auf gleichem Niveau liegen und vergleichbare Kompetenzen erfordern.

Eine aufbauende Weiterqualifizierung besteht für Erzieher darin, an einer Fachschule für Heilpädagogik die eineinhalb- bis zweijährige Ausbildung zum Heilpädagogen zu absolvieren, mit der eine besser bezahlte Arbeit mit Behinderten, d.h. auch mit Kindern und Jugendlichen mit Verhaltensstörungen in unterschiedlichen Einrichtungen möglich wird. Der Bedarf für heilpädagogisch qualifizierte Erzieher resultierte zunächst aus der Konzipierung "Heilpädagogischer Heime", in die Kinder und Jugendliche mit sehr ausgeprägten Verhaltensstörungen aufgenommen werden. Gegenwärtig stellen sich heilpädagogische Anforderungen in Einrichtungen der Frühförderung, in Wohngruppen, Heimen, bei der Mitarbeit in Kliniken für Kinder- und Jugendpsychiatrie, in Sonderschulen für Erziehungshilfe, in Tagesstätten sowie auch in Berufsbildungseinrichtungen und Werkstätten. Die Maßnahmen erfolgen in Einzel- und in Gruppenförderung. Gegeben ist auch die Möglichkeit der Weiterqualifizierung zum Diplom-Sozialpädagogen (vgl. von Derschau 1991, 973-987, von Derschau / Scherpner 1989, Lucks et al.1988).

Von dem Diplom-Sozialpädagogen (Sozialarbeiter) wird Kompetenz auf dem Gesamtgebiet der Sozialpädagogik erwartet, die als Hilfe zur Lebensbewältigung in sozialen Kontexten verstanden werden kann. Es geht also darum: "Menschen verschiedener Altersstufen in entwicklungs-, reife-, konflikt- oder notbedingten Situationen so zu helfen, daß sie möglichst zur vollen Entfaltung ihrer Persönlichkeit und all ihrer Kräfte und Möglichkeiten kommen, daß sie sich aus unnötiger Abhängigkeit lösen und Sozialisationsdefizite wie Benachteiligungen und Unterprivilegierungen überwinden können" (Pfaffenberger 1986, 7). Dabei beziehen sich die Aufgaben auf alle Altersbereiche vom Säugling bis zum Greis.

Im Hinblick auf Kinder und Jugendliche mit Verhaltensstörungen liegen die Aufgabenbereiche vor allem in Kindergarten, Kindertagesstätte und Hort, in der Familienfürsorge, in Erziehungsheimen, sonder- und heilpädagogischen Heimen, Jugendfreizeitstätten, Jugendwohnheimen, in der Betreuung gefährdeter Jugendlicher, in der Jugendgerichtshilfe, der Bewährungshilfe für Jugendliche und Heranwachsende sowie in Strafvollzugsanstalten sowohl für Jugendliche als auch für Erwachsene sowie im Gruppen- und Sozialdienst der kinder- und jugendpsychiatrischen Krankenhäuser. In den Tageseinrichtungen für Kinder wie in den verschiedenen Formen der Heimerziehung leiten Sozialpädagogen die einzelnen Gruppen oder auch die gesamte Einrichtung, wobei sie wichtige Aufgaben im Sinne der Prävention und Rehabilitation von Verhaltensstörungen wahrzunehmen haben. In der Familienfürsorge unterstützen sie die Familie in Pflege- und Erziehungsaufgaben und leisten "Fallarbeit", d.h. sie kümmern sich um Familienmitglieder in Problemlagen und leiten Hilfemaßnahmen ein. In der Jugendgerichtshilfe geht der Sozialpädagoge den Hintergründen von Straftaten jugendlicher Delinquenten nach. Für den Jugendrichter müssen alle Fakten zusammengetragen werden, die die Verhältnisse des Jugendlichen, seine Entwicklung, seinen Umgang, seine Tatmotive, Verantwortungsfähigkeit usw. zu erhellen vermögen. In der Gerichtsverhandlung steht er in dem Dilemma, einerseits die Interessen des Jugendlichen, andererseits aber auch die Interessen des Staates im Sinne sozialer Kontrolle vertreten zu sollen.

Bewährungshelfer sind zumeist den Justizbehörden der Länder unterstellt mit der Aufgabe, jugendlichen und heranwachsenden Straftätern nach der Bewährungsentlassung aus dem Strafvollzug oder bei Aussetzung eines richterlichen Urteils auf Bewährung dabei zu helfen, selbständig, sozialverantwortlich und ohne Begehung von Straftaten zu leben.

Sozialpädagogen / Sozialarbeiter in den Strafanstalten wirken bei den Resozialisierungsaufgaben mit und stehen den Gefangenen mit Rat und Tat während ihrer Haftzeit und mit Maßnahmen, die die Entlassung vorbereiten, zur Verfügung. Dabei haben sie die große Schwierigkeit zu meistern, einerseits das Vertrauen der Gefangenen, andererseits aber auch das Vertrauen der Anstaltsleitung zu rechtfertigen und zu behalten - ein Balanceakt, der nicht selten scheitert. Auch im Strafvollzug können sie als Gruppenleiter tätig sein.

In den heilpädagogischen Kindergärten und -horten sowie in Heimen und Jugendwohngruppen stellen sich ihnen als Gruppen- oder Einrichtungsleiter die schwierigen Aufgaben der Früherkennung von Verhaltensstörungen, der Durchführung von Pflege- und Interventionsmaßnahmen sowie einer intensiven Eltern- und Behördenarbeit.

In Elternschulen und Familienbildungsstätten können Diplom-Sozialpädagogen ihr Wissen und ihre Erfahrungen zur primären, sekundären wie tertiären Prävention von Verhaltensstörungen weitergeben.

Die Ausbildung zum Diplom-Sozialpädagogen / -Sozialarbeiter findet an Fachhochschulen für Sozialwesen, an Fachhochschulen und Fachbereichen für Sozialpädagogik sowie in Studiengängen an Gesamthochschulen statt. Voraussetzung für die Aufnahme in einen dieser Studiengänge ist die allgemeine oder auch die fachgebundene Hochschulreife sowie die Fachhochschulreife, die in vielen Bundesländern nach Absolvierung einer Fachschule für Sozialpädagogik und einer Zusatzprüfung vergeben wird.

In der Regel ist die Ausbildung zweiphasig organisiert. Nach einem Studium von sechs Semestern an der Fachhochschule findet die Diplomprüfung statt, an die sich ein praktisches Jahr anschließt, das mit einem Kolloquium und der staatlichen Anerkennung als Sozialpädagoge / Sozialarbeiter beendet wird. In einphasigen Ausbildungsgängen wird versucht, theoretische Studien und praktische Ausbildungseinheiten miteinander zu verbinden.

Entsprechend den beruflichen Anforderungen ist der Fächerkanon in den Fachhochschulen für Sozialpädagogik / Sozialarbeit breit und umfassend und besteht mit unterschiedlichen Wahl- und Pflichtanteilen im wesentlichen aus folgenden inhaltlichen - in alphabetischer Reihenfolge aufgeführten - Elementen:
- Arbeits- und Berufspädagogik
- Erziehungswissenschaft
- Heil- und Sonderpädagogik
- Medienpädagogik
- Methodik und Didaktik der Sozialarbeit / Sozialpädagogik
- Politikwissenschaft / Sozialpolitik
- Psychologie
- Recht
- Sozialmedizin / Psychopathologie
- Sozialphilosophie und Sozialethik
- Soziologie
- Verwaltung und Organisation

Weiterbildungsmöglichkeiten bestehen durch ein Zusatzstudium an einer Universität, z.B. im Diplomstudiengang Erziehungswissenschaft mit dem Schwerpunkt Sozialpädagogik oder auch Sonderpädagogik, wobei einige Semester angerechnet werden können. "Dadurch hat in den letzten Jahren ein erheblicher Anteil graduierter und diplomierter Sozialpädagogen / Sozialarbeiter die Möglichkeit zur Weiterbildung durch ein universitäres Studium ergriffen" (Pfaffenberger 1986, 52).

Diplompädagogen werden an Universitäten ausgebildet, um auf wissenschaftlicher Grundlage in Erziehungs-, Bildungs-, Weiter- und Fortbildungs- sowie in Beratungseinrichtungen tätig zu sein. Dieses breite Aufgabenfeld erfordert Spezialisierung, die bereits an der Universität durch die Ausrichtung des Studiums auf Studienschwerpunkte realisiert wird. Angeboten werden Studienschwerpunkte wie Sozialpädagogik und Sozialarbeit, Erwachsenenbildung, vorschulische Erziehung / Pädagogik der frühen Kindheit, Berufs- und Betriebspädaogik, Schulverwaltung und Bildungsplanung oder auch Sonderpädagogik. Vertiefungen sind über Wahlpflichtfächer möglich, die den Studienschwerpunkten zugeordnet sein können.

Das Studium kann "grundständig", d.h. direkt nach dem Abitur für eine Dauer von mindestens acht Semestern aufgenommen werden, oder als Aufbaustudium nach einigen Praxisjahren als Lehrer oder Sozialpädagoge usw. mit mindestens vier Semestern Dauer durchgeführt werden. Im Grundstudium, das mit einem Vordiplom abgeschlossen wird, stehen erziehungswissenschaftliche Grundprobleme im Hauptfach sowie ausgewählte Themen aus den Beifächern Psychologie und Soziologie im Mittelpunkt, während im Hauptstudium neben allgemeinen Problembereichen Studienschwerpunkte und Wahlpflichtfächer sowie auch speziellere Handlungskompetenzen wie z.B. Beraten, Diagnostizieren, Planen, Verwalten studiert werden können. In das Studium integriert ist die Ableistung von Praktika.

Die Wahl des Studienschwerpunktes Sonderpädagogik / Heilpädagogik mit einem differenzierten Angebot zu allgemeinen theoretischen Grundfragen der Behindertenpädagogik, zu gesellschaftlichen Bedingungen, zur Phänomenologie und Ätiologie verschiedener Behinderungen, zur Diagnostik und Therapie sowie zur Institutionenlehre und zu rechtlichen Grundlagen qualifiziert insbesondere zur pädagogischen Arbeit mit Kindern, Jugendlichen und Erwachsenen mit Behinderungen, denen auch Menschen mit Verhaltensstörungen zugeordnet werden.

Der Diplompädagoge kann in sehr unterschiedlichen Arbeitsfeldern eingesetzt werden, wo er, insbesondere wenn er die Schwerpunkte Sozialpädagogik oder Sonderpädagogik gewählt hat, auch kompetenter Ansprechpartner bei Verhaltensstörungen sein kann - sei es nun im vorschulischen oder im schulischen Bereich, in der Erziehungs- und Jugendhilfe, in der Berufsausbildung, in der Gerichts- und Gefängnisfürsorge, im Strafvollzug oder im Gesundheitswesen. Insbesondere in diesen Bereichen trifft er auf die Konkurrenz der an Fachhochschulen diplomierten Sozialpädagogen, die nicht selten vorgezogen werden, weil sie "billiger" sind, d.h. weil ihr Gehalt geringer ist.

8.5 Pädagogischer Assistent / Pädagogische Assistentin

Die besonderen Notwendigkeiten, die sich in Gruppen von Kindern und Jugendlichen mit Verhaltensstörungen ergeben, erfordern neben dem hochqualifizierten Pädagogen einen Assistenten, wie er bereits 1973 im "Bildungsgesamtplan" der "Bund-Länder-Kommission für Bildungsplanung und Forschungsförderung" vorgesehen war. Diese Empfehlung hat in den Ländern der Bundesrepublik Deutschland nur Bayern realisiert, das im Gesetz über das Erziehungs- und Unterrichtswesen festlegt: "Der pädagogische Assistent an Volks- und Sonderschulen unterstützt den Lehrer bei der Vorbereitung und Durchführung des Unterrichts und trägt durch die Arbeit mit Schülergruppen zur Sicherung des Unterrichtserfolges bei. Er nimmt besondere Aufgaben der Betreuung von Schülern selbständig und eigenverantwortlich wahr und wirkt bei sonstigen Schulveranstaltungen und Verwaltungstätigkeiten mit". Durch den pädagogischen oder Schul-Assistenten wird der akademisch qualifizierte Lehrer zum einen besser verfügbar für seine eigentlichen Aufgaben der Beratung sowie der Erziehungs- und Unterrichtsorganisation, zum anderen kann durch den Assistenten in Gruppen von Kindern mit Verhaltensstörungen die überaus wichtige Aufgabe der Durchführung situativ notwendig werdender Einzelbetreuung und -

förderung wahrgenommen werden. Weiterhin kann der Assistent bei der Erstellung bzw. Bereitstellung des für einen individualisierenden Unterricht notwendig erachteten didaktischen Materials behilflich sein, "das Aufforderungscharakter besitzen, leicht verfügbar und von differenzierter Schwierigkeit sein muß" (KMK. 1978, 10).

Aus den Erfahrungen in Bayern sind für den pädagogischen Assistenten folgende allgemeine Tätigkeitsmerkmale zu benennen:

" a) Mitwirken am Unterricht
Nach Weisungen von Schulleiter / Kooperationslehrern
- Sicherung des Unterrichtserfolges durch unmittelbare Hilfeleistung für Lehrer und Schüler (direkte Kooperation),
- Sicherung des Unterrichtserfolges durch Arbeit mit Schülergruppen (indirekte Kooperation).

Die Mitwirkung des Pädagogischen Assistenten am Unterricht erstreckt sich auf die Unterstützung des Lehrers bei der
- Vorbereitung des Unterrichts durch Tätigkeiten wie
  - Bereitstellen und Herstellen von Lehr- und Lernmitteln (für die ganze Klasse, für Schülergruppen, für einzelne Schüler),
  - Vorarbeiten für die Unterrichtsplanung des Lehrers (Zusammenstellen von Fehlerlisten, Aufbau von Versuchen usw.),
  - Vorbereitung von Unterrichtsgängen;
- Durchführung des Unterrichts durch Tätigkeiten wie
  - Besprechen mündlich oder schriftlich erstellter Hausaufgaben mit Schülern,
  - Hilfestellungen für Schüler bei plötzlich auftauchenden Verständnisschwierigkeiten,
  - Beratung von Schülern bei Gruppenarbeiten im Klassenzimmer,
  - Übernahme von häufig ähnlich wiederkehrenden Unterrichtsphasen (z.B. beim Training der Rechenfertigkeit),
  - Sammlung von Unterrichtsergebnissen im Arbeitsteilung mit dem Lehrer (z.B. in Tafelanschriften und Schaubildern),
  - Maßnahmen zur Unterstützung des Lehrers bei der Aufrechterhaltung des geordneten Unterrichtsbetriebes,
  - Bedienung audiovisueller Geräte im Unterricht" (Selzle 1986, 5-6).

Darüber hinaus kann der Assistent Kurse z.B. in Erster Hilfe oder in Verkehrserziehung, Neigungsgruppen und Arbeitsgemeinschaften oder besondere Förderkurse z.B. für ausländische Schüler durchführen oder auch in der Verwaltung der Schule mitarbeiten.

Die Ausbildung zum Pädagogischen Assistenten bzw. zur Pädagogischen Assistentin erfolgt nach dem Realschulabschluß an einem Staatsinstitut über drei Jahre mit einem anschließenden zweijährigen Vorbereitungsdienst. Während des Vorbereitungsdienstes sind die Assistentenanwärter an Schulen praktisch tätig und nehmen an Seminarveranstaltungen teil. Pädagogische Assistenten haben sich in der Praxis bayerischer Schulen etabliert und so gut bewährt, "daß die bedeutsame Rolle des Pädagogischen Assistenten im schulischen Geschehen unbestritten ist" (a.a.O., 12, Vilgertshofer 1979).

Spezieller Teil

9. Spezielle Störungen

9.1 Übermäßige Angst und Aggressivität

Um die Vielfalt der Gefühle, die Menschen erleben, in eine begriffliche Ordnung zu bringen, wurden zusammenfassende Bezeichnungen geprägt, fand die Sprache Kategorien wie Wut, Aggressivität, Freude, Trauer, Liebe. Im sprachlichen Umgang sind wir uns nicht immer dessen bewußt, daß jeder dieser Begriffe wenig eindeutig ist und von den einzelnen Menschen unter Umständen auf sehr verschiedene Phänomene bezogen wird. Nach einem Grobraster werden bestimmten Verhaltensweisen bestimmte Gefühle, Emotionen oder Affekte zugeordnet. Diese Affekte werden alltagstheoretisch als selbstverständlich existente psychische Funktionen oder "Mechanismen" verstanden. Es gilt jedoch, sich vor Augen zu führen, daß Wut nicht gleich Wut, Angst nicht gleich Angst ist, daß es große interindividuelle und situationsabhängige Unterschiede gibt - und zwar qualitativ und quantitativ. Wichtig ist auch das Wissen darum, daß Emotionen gleicher Art auf sehr unterschiedliche psychische Abläufe zurückzuführen sein können. Weint da jemand, weil er sich freut, weil er traurig oder weil er wütend ist? Ist die Ursache für das körperliche Gerangel Liebe oder Aggressivität? Emotionale Kategorien sind also deskriptive Konstrukte, die Menschen als sprachliche Zeichen brauchen, um Ordnung in die Vielfalt emotionaler Phänomene zu bringen und diese Phänomene analysierbar und erklärbar zu machen.

Unterschieden werden fünf Grundemotionen: Freude / Glück, Angst / Furcht, Ärger / Wut / Zorn, Trauer und Ekel / Haß. Emotionen werden gegenwärtig von führenden kognitiven Psychologen als Hilfen innerhalb eines Problemlösungskonzepts angesehen und können als Übergangsphänomene zu anderen Zielen oder Plänen verstanden werden. Darauf deuten ihre fünf wichtigsten Eigenschaften hin:"- Sie enthalten einen unwillkürlichen Drang zum Handeln; - sie sind oft mit körperlicher Unruhe verbunden; - meist ist ein unbewußtes spezifisches Gefühl vorhanden; - es kommt zu einem erkennbaren Ausdruck des Gefühls wie Lächeln, Stirnrunzeln; - es entstehen unwillkürliche Gedanken, die uns eine Zeitlang beschäftigen" (Oatley 1990, 32). Neben den Grundemotionen existiert eine Vielzahl an Gefühlsmischungen. So können Aggressionen sowohl mit den Gefühlen Ärger, Haß oder auch Angst in Verbindung mit der Kognition zusammenhängen, daß eine aggressive Handlung das situative Problem erfolgreich lösen kann. Einige Tiere, vor allem aber Menschen der verschiedenen Rassen, können ihre Emotionen nonverbal, über analoge Kommunikationskanäle, d.h. über Mimik, Gestik, Tonfall mitteilen, die in allen Kulturen verstehbar sein sollen.

Emotionen sind - so läßt sich zusammenfassend feststellen - über jahrtausendelange Evolution entwickelte psychische Zustände, Ereignisse zu bewerten und die aus Anlage- und Lernbedingungen resultierenden Verhaltensmuster selbstbestimmt zu aktivieren, für die entsprechende physiologische Abläufe verfügbar sind.

Unter den vier faktorenanalytisch gewonnenen Gruppierungen von Kindern und Jugendlichen mit Verhaltensstörungen sind die zwei größten Gruppen diejenigen, die als ängstlich-gehemmt und aggressiv-ausagierend bezeichnet werden. Die Kinder und Jugendlichen zeigen Extremvarianten von Affekten bzw. Emotionen, die zu den bedeutendsten und stärksten des Menschen gehören. Jeder weiß, was mit den beiden Begriffen gemeint ist, weil jeder sie aus eigenem Erleben mit Inhalt füllen kann. Da es sich jedoch um hypothetische Konstrukte handelt, um Sammelbezeichnungen, die eine Vielzahl emotionaler Tendenzen in Verbindungen mit Kognitionen und psychomotorischen Aktionen bzw. Reaktionen beinhalten, hat jeder ein etwas anderes Verständnis, so daß zur besseren Verständigung definitorische Festlegungen notwendig sind. Trotz vieler Unterschiedlichkeiten, ja Gegensätzlichkeiten, gibt es Gemeinsamkeiten zwischen Angst und Aggressivität, weshalb sie zusammen in einem Kapitel behandelt werden. Angst kann in Aggressivität umschlagen und umgekehrt. Manch einer weiß aus eigenem Erleben, daß aufsteigende Wut, die Bereitschaft zu Aggressionen sich angesichts der Potenzen des Gegners in Angst und Fluchtbereitschaft wandeln können. Psychophysische Abläufe bereiten zur Flucht wie zum Kampf vor: Das Flight-or-Fight-Syndrom umfaßt bedeutende, lebenswichtige Erlebens- und Verhaltensqualitäten bei Menschen wie auch bei höheren Tieren. Angst und Aggressivität haben selbsterhaltende Funktion, in ihren extremen Ausprägungen können sie jedoch auch selbstzerstörerisch sein.

9.1.1 Begriffsbestimmung

Angst meint das als unangenehm erlebte Gefühl, das als Reaktion auf innere oder äußere Bedrohungen oder Gefahren entstehen kann. Von Ängstlichkeit kann gesprochen werden, wenn das unangenehme Gefühl der Bedrohung chronifiziert, wenn eine überdauernde Bereitschaft entsteht, ängstlich zu reagieren.
Unter Aggressionen werden individuen- und sachschädigende Handlungen oder unterlassene Handlungen verstanden. Aggressivität meint die zur überdauernden Bereitschaft gewordene Disposition, sich gegen Individuen und Sachen schädigend zu verhalten.
Mit diesen sehr pauschalen Begriffsbestimmungen wird eine erste Annäherung an den Gegenstand intendiert. In detaillierender Betrachtung sollen im folgenden Ergänzungen, Spezifizierungen, theorieabhängige Bestimmungen gegeben werden.

9.1.2 Psychophysiologie der Angst und Aggressivität

Lange Zeit wurden im Gehirn Angst- und Aggressions-Zentren vermutet und gesucht. Durch Experimente mit Tieren, aber auch im Zusammenhang mit Erkrankungen, Verletzungen und Operationen beim Menschen wurden Strukturen im Mittelhirn und im Hypothalamus, insbesondere aber der Nucleus Amygdalae als Aggressionszentren ausgemacht. Nach Jahren der Hirnforschung und durch Operationen, die auch beim Menschen zur Reduzierung übermäßiger Angst und Aggressivität gemacht wurden, ist festzustellen, daß diese komplexen emotionalen Phänomene wohl Funktionszentren haben, aber nicht an bestimmte, punktuelle Bereiche des Zentralnervensystems gebunden sind. Einigkeit herrscht z.B. darüber, daß das Limbische System große Bedeutung für die Generierung und Modulation der Emotionen und für die Regulation aggressiven Verhaltens hat. Wie die meisten komplexen psychischen Funktionen sind jedoch auch die Emotionen als Gesamtleistung verschiedener Bereiche des Zentralen Nervensystems über vielfältige Vernetzungen zu verstehen.

Große Bedeutung für Emotionen und Verhalten haben Hormone. Hormone, die z.B. die Gehirndrüse, die Hypophyse, und die vielen Körperdrüsen wie die Schilddrüse oder die Keimdrüsen ausschütten, wirken auf die Psyche ein und beeinflussen ganz wesentlich das Verhalten. Störungen und Erkrankungen des hormonellen Systems führen zu psychischen Veränderungen bzw. Störungen, wobei endokrin bedingte Störungen, die im Zentralnervensystem wirksam werden, stärkere Veränderungen erbringen als die endokrinen Drüsen, die peripher wirken. Es gibt zwar keine linearen Verbindungen zwischen bestimmten endokrinen Störungen und psychischen Veränderungen, mit bestimmten endokrinen Funktionsstörungen sind jedoch häufig bestimmte psychische Veränderungen verbunden. So finden sich bei der Hyperthyriose (Schilddrüsenüberfunktion) gehäuft innere Spannungen und Reizbarkeit, Müdigkeit und Ängstlichkeit, aber auch Aggressivität. Bei der Hypoglykämie (erniedrigter Blutzuckerspiegel) zeigen sich verlangsamte psychische Aktivitäten, Müdigkeitsgefühle, Spannungs- und Streßgefühle, aber auch Tendenzen zur Aggressivität. Bedeutende Einflüsse haben die Hormone des Nebennierenmarks wie Adrenalin und Noradrenalin (Katecholamine). Adrenalin, das die psychische Aktivität und Wachheit beeinflußt, wird vermehrt bei Erregung und Angst ausgeschieden; es löst Unruhe und körperliche Symptome wie Herzklopfen und Zittern aus. Auch Noradrenalin beeinflußt die psychische Aktivität und Wachheit, allerdings im Sinne von Aggressivität, Wut und Zorn. Die Androgene, wie z.B. das Geschlechtshormon Testosteron, sind von zentraler Bedeutung für die Organisation eines geschlechtstypischen Verhaltens, insbesondere des Sexualverhaltens. Über Zusammenhänge zwischen erhöhten Testosteronwerten und übermäßiger Aggressivität liegen widersprüchliche Aussagen vor. Es scheint jedoch so zu sein, daß es - entgegen häufiger Meinungen - nicht als Aggressions-Hormon bezeichnet werden kann. Testosteron muß eher als aktivierende, Energien stimulierende Substanz verstanden werden. Nicht nur Schwerverbrecher und gewalttätige Frauen wiesen erhöhte Testosteron-Werte auf, sondern z.B. auch Medizinstudenten nach der Verleihung des Doktorgrades (vgl. Huber 1991).

Im Hinblick auf endokrine Systeme und Aggressivität gilt auch gegenwärtig noch, was Murken vor Jahrzehnten zusammenfassend feststellte: "Ein bestimmtes morphologisches Substrat für einen Aggressionstrieb, speziell für dessen übersteigerte Form, kann die Endokrinologie bisher nicht beibringen" (Murken 1973, 153).

Viel Geld und Forschungsgeist wurde auch zur Aufklärung der Zusammenhänge zwischen Chromosomenaberrationen und Aggressivität aufgebracht. Von den 23 Chromosomenpaaren bzw. 46 Chromosomen des Menschen ist ein Chromosom bzw. ein Chromosomenpaar verantwortlich für die Geschlechtsbestimmung, die bei der Frau als X-X, beim Mann X-Y bezeichnet wird. Abweichungen von der Norm bei den Geschlechtschromosomen im Sinne eines weiteren Y- oder X-Chromosoms (47, XYY-Kariotyp bzw. 47, XXY-Kariotyp) erbrachten für den XYY-Kariotyp überdurchschnittliche Körpergröße, Haltlosigkeit, unrealistische Lebenseinstellung, niedrige Frustrationstoleranz, unsoziale emotionale Einstellungen, Neigung zur Gewalttätigkeit. Überzufällig fanden sich bei Menschen des XXY-Kariotyps die Merkmale überdurchschnittlich Körpergröße, unreifes Verhalten, mangelhafte Ich-Stärke, passive Haltung, weiblich orientierte Strukturierung, gestörtes Gefühl zur Realität, Schwachsinnsformen. Menschen mit dem 47-Kariotyp haben offensichtlich Schwierigkeiten, sich sozial anzupassen und sich insbesondere in Konfliktsituationen adäquat zu verhalten. Sie sind labil und fallen fehlleitenden Einflüssen schnell zum Opfer. So hängt es vorwiegend von den Umweltreaktionen auf die spezifischen anlagebedingten Persönlichkeitsdimensionen ab, ob ein sozial verantwortliches oder kriminelles Leben geführt wird. Übermäßig aggressives oder kriminelles Verhalten ist nicht direkt von den Chromosomenaberrationen abzuleiten. Den geborenen Aggressiven oder den geborenen Verbrecher gibt es nicht.

9.1.3 Angst und Ängstlichkeit

9.1.3.1 Formen der Angst

Angst hat viele Formen. Es gibt verschiedene Möglichkeiten der differenzierenden Betrachtung. Schwarzer unterscheidet drei große Gruppen: Existenzangst, soziale Angst und Leistungsangst (Schwarzer 1978). Der Existenzangst sind die Todesangst (Alters-, Krankheits-, Infektions-, Herzangst usw.), die Verletzungsangst (Unfall-, Flug-, Höhenangst usw.) und die Angst vor Unheimlichkeiten (Dunkel-, Gewitter-, Kriegsangst) zuzuordnen. Zur sozialen Angst gehören Scham, Verlegenheit, Angst vor Publikum und Vorgesetzten sowie Schüchternheit. Leistungsangst ist im wesentlichen die Angst vor Bewertungen mit der Prüfungsangst, der Schul-, Berufs- oder auch der Sexualangst usw. Alle diese Formen können extreme Ausmaße annehmen, zur neurotischen Angst und zur Phobie werden oder sich gar zur Panik steigern. Von neurotischer Angst kann gesprochen werden, wenn die Emotion übersteigert ist, als krankhaft empfunden wird, anfallartig auftritt, sich - was häufig der Fall ist - auf einzelne Organe zentriert, z.B. auf das Herz, den Magen, die Atmung. Als Phobie läßt sich eine Angstreaktion bezeichnen, die in keinem Verhältnis zum Auslöser steht, die auf spezifische Gegebenheiten wie auf enge Räume (Klaustrophobie), auf freie Plätze (Agoraphobie), auf so ungefährliche Tiere wie Spinnen, Mäuse, Kaninchen zentriert ist. Panik ist eine für den Betroffenen völlig unsteuerbare, unkontrollierbare Reaktion, die ihren Auslöser im Erschrecken, d.h. in der Konfrontation mit einer unerwarteten, plötzlichen Situationsänderung, in sich anfallartig auswirkenden inneren Stimuli oder auch in sich entwickelnden Vorstellungen haben kann.

Da Angst ein zusammenfassender Beschreibungsbegriff, ein deskriptives Konstrukt ist, wird sie unter dem Aspekt verschiedener theoretischer Ansätze unterschiedlich beschrieben und auf unterschiedliche Ursachen zurückgeführt. Eingegangen werden soll auf den philosophischen Aspekt, den ethologischen Aspekt, den psychologischen Aspekt mit der psychoanalytischen und der lerntheoretischen Sichtweise, den soziologischen Aspekt und den pädagogische Aspekt.

9.1.3.2 Der philosophische Aspekt

Sehr eingehend hat sich mit der Angst Kierkegaard beschäftigt. Er unterscheidet Furcht - ein intentionales Gefühl - und Angst - eine gegenstandslose Stimmung. Dieser Unterscheidung schließen sich unter anderen auch Heidegger und Jaspers an. Furcht ist also gegenstandsbezogen, ist auf etwas Bestimmtes gerichtet. Angst dagegen ist gegenstandslos (Jaspers 1923, 95). Sie entsteht, wenn auslösende Gefahrenreize und somit auch adäquate Reaktionsweisen nicht genau zu bestimmen sind. Der amerikanische Angsttheoretiker Epstein bringt zur Illustration dieses Unterschieds ein anschauliches Beispiel: Fährt ein Autofahrer auf einem Dschungelpfad und hat plötzlich ein Elefantenherde vor sich, erlebt er Furcht. Er kann schnell wenden und sich somit der Gefahr entziehen. Hört er jedoch auf seiner Fahrt durch den Dschungel nahe, aber nicht genau lokalisierbare Geräusche von Elefanten, wird er unsicher; er weiß nicht, wie er zur Abwendung der

Gefahr reagieren soll. Er kommt in einen Zustand der Angst (Epstein 1967). Furcht und Angst sind zwar, wie jeder aus eigenem Erleben weiß, äußerst unangenehme Gefühle, als spezielle Erregungszustände, die den Organismus in einen Alarmzustand, in die Bereitschaft zu Flucht oder Angriff bringen, dienen sie jedoch dem Überleben.

Die alten Griechen kannten nur den begrifflichen Inhalt der Furcht. Nach Platon ist Furcht zu überwinden durch Tapferkeit, die erzielt wird durch sittliche Erziehung, also eine pädagogische Aufgabe ist. Angst als gegenstandslose Stimmung wird als Existenzangst oder Weltangst erst in der Spätantike bzw. im frühen Christentum thematisiert. Für die frühen Christen war die Welt als gottferne Stätte naturgemäß ein Ort der Angst. Angst und Weltwahn waren durch den Glauben zu überwinden. Der Zusammenhang von Angst und Glauben ist durch die Geschichte der vergangenen neunzehn Jahrhunderte hindurch sehr deutlich, und nicht selten ist Angst durch Worte und vor allem auch durch Bilder verbreitet worden, um den Glauben zu vertiefen. Obwohl für die Menschen gegenwärtig kein so großes Problem mehr, steckt doch noch vielen Zeitgenossen aus Kindheitstagen die Angst vor dem strafenden Gott, vor Fegefeuer und Hölle in den Knochen. Durch die Postulate der Vernunft, wie sie z.B. Galilei, Descartes und Hegel aufstellten, war die durch die Religion aufgekommene und verbreitete Angst nicht zu überwinden. Im Gegenteil, sie wurde verstärkt durch die Fortschritte, die menschliche Vernunft durch Aufklärung und Forschung, in Wissenschaft und Technik machte. Der Zweifel, ob das Leben sinnvoll ist, erbrachte Ängste, die nicht durch den Glauben an einen tragenden Gott und ein Ziel in Gott überwindbar erscheinen. Das In-der-Welt-Sein an sich wurde - wie von Heidegger - als Grund für die Angst gesehen. Dem menschlichen Leben in seiner Bedrohung und seiner Unsicherheit und in dem Bewußtsein eines drohenden Endes ist die Angst immanent (Kierkegaard 1937). Angst wird somit letztlich zur Todesangst (Heidegger 1949). Die Unsicherheit des Lebens, der Zwang zur Entscheidung, die Aussicht auf das Ende machen Angst. Damit gehört Angst unüberwindbar zum menschlichen Leben. Der Mensch, sich seiner selbst bewußt, reflektiert diese Angst und verstärkt sie dadurch noch. Die Angst kann zum lebensumfassenden und lebensbedrohenden Problem werden. Für Sartre ist der Mensch zur Freiheit und auch zur Angst verdammt. Freiheit wie Angst sind an die Verantwortung des Menschen für sich und die Gesamtheit gebunden. Aus dieser Verantwortung heraus müssen Freiheit, Angst, das Leben ertragen werden. Hilfreich kann in dieser Situation die Verbindung mit der Transzendenz im Glauben sein. Im Wissen um die notwendige Zerstörung von Gewißheiten und die damit verbundene Entstehung von Angst gündet sich die Überzeugung, daß der Mensch den Glauben an die Transzendenz braucht (Jaspers 1923).

Die Geschichte lehrt, daß Angst stärker wird und weiter verbreitet ist, wenn Ordnungen brechen. Mit den äußeren Ordnungen brechen auch innere Ordnungen bei den Menschen: es entstehen Haltlosigkeit und Ängstlichkeit.

In Zusammenfassung dieser kurzen philosophischen Betrachtung läßt sich sagen, daß der Mensch notwendigerweise in Angst vor Möglichkeiten und in Furcht vor Wirklichkeiten lebt. Für Kierkegaard hat jemand, "der gelernt hat, auf die rechte Weise Angst zu haben, ... das höchste gelernt". Der Mensch muß also Angst akzeptieren, er muß lernen, mit ihr umzugehen, sie nicht übermächtig werden zu lassen, sie situationsadäquat auszuleben. Damit stellt sich eine große pädagogische Aufgabe, die bei allen Kindern und Jugendlichen relevant ist, besonders aber bei jenen, bei denen äußere und innere Ordnungen erst gar nicht entstehen konnten oder gebrochen sind und die deshalb häufig nicht mehr zu ertragende Ängste erleiden, die sie in ihrem Leben, in ihrer Entfaltung einschränken und sich zu Aggressionen wandeln können gegen sich oder gegen die Umwelt.

9.1.3.3 Der humanethologische Aspekt

Aus humanethologischer Sicht ist Angst ein angeborener Instinkt, der allerdings durch Lernprozesse modifizierbar ist. Angst geht auf ein primär endogen produziertes Erregungspotential zurück, das z.T. durch angeborene Auslöser, wie z.B. plötzliches Fallen, näherkommende Objekte, großen Lärm, Drohgebärden eines überlegenen Gegenübers aktiviert wird. Durch das Erleben mäßig gefährlicher Situationen in Spiel, Sport oder auch im Film, sorgen wir dafür, daß dieses Potential nicht zu groß wird und regelmäßig und schubweise abgebaut wird. Eine angeborene Angstkomponente wird heute von den meisten Angstforschern nicht angezweifelt, wohl aber das Instinktmodell mit dem linear kausalen Erregungspotential-Auslöser-Mechanismus, das bei Tieren zutreffen mag, den komplexen Gegebenheiten beim Menschen aber nicht gerecht wird.

9.1.3.4 Der psychologische Aspekt

Die psychoanalytische Sichtweise

Ausgangspunkt für die Angstpsychologie der Psychoanalyse ist das Geburtstrauma, dessen physiologische Komponenten künftig stets als Signal für Bedrohung oder Gefahr, d.h. als Angstemotion aktiviert werden. Ort des Angsterlebens ist für Freud das Ich. Angst als Realangst kann direkt aus dem Ich kommen, als Gewissensangst kommt sie aus dem Über-Ich und als neurotische Angst aus dem Es, oder - anders ausgedrückt -: Zu unterscheiden sind drei Angstformen: Realangst auf konkrete Anlässe, neurotische Angst als Reaktion des Ichs auf bedrohliche Triebregungen aus dem Es und Gewissensangst als Reaktion des Ichs auf ein überstrenges Überich.
Auf Bedrohungen aus der Umwelt reagiert das Ich mit Signalen, die zu psychischen und physischen Aktivitäten führen und je nach Einschätzung Flucht oder Kampf (Flight-or-Fight-Syndrom) auslösen können.
Das Ich hat die Aufgabe, bei Bedrohung oder Gefahr rechtzeitig Gegenmaßnahmen einzuleiten. Wird die Gefahr als nicht zu bewältigen eingeschätzt, treten Abwehrmechanismen wie Verdrängung, Projektion, Sublimierung, Somatisieren usw. auf (vgl. Kap 4.2.1). Die Angsttheorie Freuds erscheint heute zwar als ungenau und rudimentär, wesentliche Komplexe erweisen sich aber als vereinbar mit neuesten Einsichten. So konnte das Freud´sche Angstabwehr-Konzept nicht nur eine empirische Bestätigung, sondern auch einen Niederschlag finden in einem bipolaren Persönlichkeitsmodell der Angstabwehr mit den Polen Sensitisation und Repression, womit unangemessene, abnorme Formen der Angstverarbeitung gemeint sind. Sensitiser neigen dazu, eine Situation als schädigend einzuschätzen und entsprechend zu reagieren, Represser machen sich leicht Gefahrlosigkeit vor und handeln im Sinne dieser Beurteilung. Sensitisern sind die Angstverarbeitungsweisen Kompensieren, Intellektualisieren, Projizieren, Phantasieren sowie depressives und zwangsneurotisches Reagieren zuzuordnen. Für Represser typisch sind die Mechanismen Verdrängen, Verleugnen, Verschieben, Identifizieren, Sublimieren, Rationalisieren und Somatisieren (vgl. Krohne 1975, 56-67).

Ausgehend von der Angstemotion entwickelte Riemann ein originär psychoanalytisches Persönlichkeitsmodell (Riemann 1961). Angst ist im Sinne dieses Modells für die menschliche Entwicklung von so zentraler Bedeutung, daß sie als ein persönlichkeitsformendes Element anzusehen ist, das die charakterlichen Grundformen der schizoiden Persönlichkeit, der depressiven Persönlichkeit, der zwanghaften Persönlichkeit und der hysterischen Persönlichkeit erbringt. Persönlichkeitsstrukturen treten selten oder nie in reiner Form, sondern zumeist als Mischformen auf. Diese Grundformen können sich in unauffälliger Form darstellen, aber auch in schweren neurotischen bis hin zu psychotischen Störungen. Sie gehen auf die frühkindlichen psychosexuellen Entwicklungsphasen in der Weise zurück, daß schizoide und depressive Strukturen aus Störungen in der oralen, Zwangsstrukturen aus Störungen in der analen und hysterische Strukturen aus Störungen in der ödipal-phallischen Phase resultieren.

Die lerntheoretische Sichtweise

Lerntheoretische Angstforschung erreichte bereits in den zwanziger Jahren einen Höhepunkt. Berühmt - und berüchtigt - geworden ist aus dieser Zeit das Experiment von Watson mit dem kleinen, fast einjährigen Albert. Dem Jungen wurden immer, wenn er mit einer weißen Ratte spielte, laute Geräusche - Schläge mit einem Hammer auf Metall - dargeboten, auf die er mit Furcht reagierte. Bereits nach fünf Versuchen dieser Art begann Albert, der Ratte gegenüber Angst zu zeigen. Diese Angst wurde nach einigen Tagen auf alles Pelzige - Hund, Hase, Pelzmuff, Weihnachtsmann-Maske - transferiert bzw. generalisiert und war auch nach vier Monaten noch existent. Auf der Basis derartiger Versuche und einer Vielzahl von Beobachtungen bei Mensch und Tier entwickelte sich eine Zweikomponenten-Theorie der Angst, die u.a. von dem englischen Psychiater Stanley Rachman vertreten wird. Danach wird Angst entweder gelernt oder durch spezifische Stimuli ausgelöst. Gelernt wird Angst durch klassisches Konditionieren und operantes Konditionieren sowie durch Modell-, Imitations- oder stellvertretendes Lernen. Beim klassischen Konditionieren wird, wie bei dem kleinen Albert, ein neutraler Stimulus - wie z.B. die Ratte - mit einem Schmerz-Furcht-Stimulus - z.B. plötzlichem Lärm - verbunden. So wird der neutrale Stimulus zu einem konditionierten Stimulus, der künftig auch ohne Anwesenheit des Schmerz-Furcht-Stimulus zu einer konditionierten Angstreaktion z.B. vor Ratten und allem Pelzigen führt. Operantes Konditionieren oder Verstärkungslernen setzt dann ein, wenn ein Mensch mit einer konditionierten Angstreaktion die konditionierten Angststimuli meidet, um nicht Angst erleben und erleiden zu müssen. Dadurch aber wird die Vermeidungsreaktion verstärkt. Wenn der kleine Albert künftig allem Pelzigen aus dem Wege gegangen sein sollte, dann hat er wohl Angstgefühle vermeiden, nicht aber seine Pelzphobie loswerden können, denn gelernte Verhaltensweisen können nur dadurch gelöscht werden, daß sie hervorgerufen, aber nicht verstärkt werden. Imitations- oder stellvertretendes Lernen meint, daß wir aus unserer Umwelt Verhaltensweisen, ja, ganze Verhaltensketten imitierend übernehmen. Eine große Zahl von Angstreaktionen wird so durch soziale Übertragung vermittelt. Mit signifikanter Wahrscheinlichkeit haben deshalb hochängstliche Mütter hochängstliche Kinder. Die zweite Komponente der hier behandelten Angsttheorie ist die Angstauslösungs-Hypothese. Danach gibt es die bereits angesprochenen Schmerz-Furcht-Stimuli, die, wie Rachman sagt, aufgrund intrinsischer Qualitäten angeborenermaßen zu Angstauslösern prädisponiert sind. Vor allem sind das Reize, die intensiv und neu sind und plötzlich auftreten. Erweisen sich diese Reize als ungefährlich, verlieren sie ihre angstauslösende Wirkung. So reagieren viele zweijährige Kinder auf plötzliche laute Geräusche und lärmende Ereignisse mit Angst. Diese Angst verliert sich, denn im 6. Lebensjahr zeigten nur sehr wenige Kinder derartige Reaktionen.

Lerntheoretische Einsichten bieten die Basis für die Verhaltenstherapie. Verhaltenstherapeutische Methoden der Angst sind vor allem systematische Desensibilisierung, Reizüberflutung und, insbesondere bei Kindern, Modelltraining. Systematische Desensibilisierung, die von dem klinischen Psychologen Wolpe zur Therapie von Phobien entwickelt wurde, wird viel angewandt, weil sie einen sehr großen Therapieerfolg erbringt. Der Angstpatient wird in einem Zustand der Entspannung oder in Verbindung mit anderen angstinkompatiblen Reaktionen wie Essen und Trinken mit Angststimuli in für ihn erträglichen Dosen konfrontiert. Es wird eine Angsthierarchie vom Imaginären bis zum In-vivo-Erleben der Angstobjekte erstellt und durchgegangen, was in relativ kurzer Zeit zur Heilung führen kann.

9.1.3.5 Der soziologische Aspekt

Menschen müssen zwar mit Angst leben, es fragt sich jedoch, ob sie unter den gesellschaftlichen Verhältnissen mehr Angst erleben und mit mehr Angst leben müssen, als notwendig und unumgänglich ist. Nachzugehen ist z.B. der Hypothese, die Mitscherlich folgendermaßen formulierte: "Nach unserer Auffassung erweckt unsere Kultur, die für mehr und mehr Menschen Anpassungs-, also Lernleistungen bis ins Alter notwendig macht, in ihren bisherigen Erziehungsformen im großen Durchschnitt viel zu viel und völlig unnötig Angst in der frühen Kindheit und blockiert damit das Lernen" (Mitscherlich 1965, 295). Die "Erziehungsformen" - um mit Mitscherlich zu sprechen - sind durch gesellschaftliche Werte, Normen, Erwartungen, Tabus bestimmt. In der Gesellschaft des Mittelalters war es selbstverständlich, Kinder aufzuziehen und Erwachsene zu beeinflussen mit der Furcht vor Gottes Strafgericht, der Furcht vor dem Teufel, der Furcht vor furchtbaren weltlichen Strafen mit dem Pranger, Ausgepeischtwerden, den Daumenschrauben, der eisernen Jungfrau usw. Hexenverbrennungen, Teufelaustreibungen, Folterungen verbreiteten allgemeine Angst: Jeder konnte getroffen werden, der Unschuldige konnte sich nicht wehren. Fürsten herrschten unumschränkt und hielten das Volk in furchtvoller Ehrerbietung. Da es diese Ängste nun nicht mehr gibt, müßten wir gegenwärtig vergleichsweise angstfrei leben. Das ist jedoch nicht der Fall, die Angstmacher sind nur andere, vielleicht sogar stärkere als in früheren Zeiten. In einer freien, offenen Gesellschaft ist da die Angst vor dem Versagen in Konkurrenzsituationen, die Angst vor dem Verlust des Arbeitsplatzes, die Angst vor der Vernichtung eigener Arbeitsergebnisse, die Angst vor dem Verlust der Identität, die Angst vor dem Verlust sozialer Beziehungen, vor Uninformiertheit, vor Terminen, vor Konzeptions- und Sinnlosigkeit, vor der Atombombe, der Umweltverschmutzung, der Zerstörung der Atmosphäre usw. Viele dieser Angst- bzw. Furchterreger lassen sich reduzieren, und sie werden auch angegangen. Völlig werden sie sich nicht abbauen lassen, und selbst wenn das der Fall sein sollte, würde damit den Menschen nicht ein Leben in Angstfreiheit beschert sein. Der Mensch als ein "Nesthocker" (Portmann 1956) ist in seiner frühen Lebenszeit auf die symbiotische Beziehung mit der Mutter oder einer anderen Bezugsperson angewiesen. Alle notwendigen Unlustempfindungen werden als Bedrohung und damit als Angst empfunden, sei es, daß sie aus Hunger, Durst, dem Alleinsein oder der Dunkelheit resultieren.

Mit der Verselbständigung und der Eroberung der Umwelt ist weiteres Furcht- und Angsterleben verbunden, ob beim Laufenlernen, beim Umgang mit Gegenständen wie der Gabel oder dem Messer oder mit Einrichtungsgegenständen wie dem heißen Ofen oder der spitzen Tischkante, in der Begegnung mit fremden Menschen oder im Erleben aggressiver Tiere. Auch das Einleben in neue Gruppen, sei es im Kindergarten, in der Schule oder in Vereinen, die Erfahrungen der Unterschiedlichkeit physischer und psychisch-geistiger Kräfte können angstauslösend sein. Der Situation des Menschen als einem "animal sociale", einem sozialen Wesen, das Mitmenschen brauchen und fürchten muß, ist Angst immanent. Damit ist nicht einem Fatalismus oder einer Lethargie Angstgeneratoren gegenüber das Wort geredet, es wird vielmehr als notwendig erachtet, alle überflüssigen, alle angebaren Angstauslöser abzubauen, um mit denen, die notwendigerweise aus der Natur des Menschen und seiner Umwelt resultieren, besser umgehen und psychisch gesund bleiben zu können. Gesellschaftliche Gegebenheiten müssen also auf anxiogene Faktoren hin analysiert werden und Kinder müssen von klein auf lernen, ein notwendiges Maß von Angst zu ertragen, mit Angst richtig umzugehen, mit der Angst - ohne Angst vor der Angst - zu leben.

9.1.3.6 Der pädagogische Aspekt

Für die gedeihliche Entwicklung des kleinen Kindes ist es unabdingbar, in seinen Grundbedürfnissen befriedigt zu werden. Es muß sich durch Lustempfindungen wohl fühlen lernen, muß die Erfahrung machen, daß ihm bei Unlustempfindungen - wie Hunger, Durst, körperlichen Schmerzen, Alleinsein - die es als Bedrohung und somit als Angst empfindet, geholfen wird, um das lebensnotwendige "Urvertrauen" (Erikson) entwickeln zu können. Werden diese Bedingungen nicht erfüllt, folgen schreiende Proteste, Angstreaktionen, Autoaggressionen, apathische und depressive Tendenzen, psychische und physische Retardierungen, die auch zum Tode führen können (vgl. Spitz 1967). Bleibt das Leben erhalten, können auf der Basis eines "Urmißtrauens" (Erikson) schwere sozialemotionale Störungen resultieren, die irreversibel sein und das ganze kommende Leben beeinträchtigen können. Die Fähigkeit zur Angstbewältigung setzt also zunächst einmal die Entwicklung eines Urvertrauens voraus. Auf der Basis dieses Urvertrauens kann das Kind lernen, mit Unlust und Angst erlebte Verzögerungen der Bedürfnisbefriedigungen, Trennungen von nahen Bezugspersonen und situative Veränderungen zu ertragen und so in einen Entwicklungsprozeß vom Lustprinzip zum Realitätsprinzip (Freud) zu kommen. Später bringt es sich dann - in Abhängigkeit von Entwicklungsbedingungen im Sinne von Stabilität und Belastbarkeit - selbst in angemessene Situationen zur Angstbewältigung. In der magisch-symbolhaften Phase haben Märchen für das Training im Ertragen von Angst große Bedeutung. Die Kinder konfrontieren sich mit angstmachenden Situationen, mit der Hexe, die Hänsel und Gretel bedroht, mit dem Wolf, der die Großmutter und das Rotkäppchen fressen will usw. Diese Konfrontation geschieht am besten über Erzählungen und in der Vorstellung im ganz individuellen magisch-symbolhaften Erleben. Wenn Kinder im Märchenalter heute in Film und Fernsehen mit anxiogenen Ereignissen konfrontiert werden, die als Realität erlebt werden und deshalb nur schwer zu verarbeiten sind, dann ist damit eine Überforderung gegeben. Kinder brauchen für ihre Entwicklung Märchen (vgl. Bettelheim 1989), aber sie müssen sie ihren Möglichkeiten und Fähigkeiten entsprechend in der Phantasie erleben, nicht in pseudo-realen Bildern, die u.U. viel mehr an Angstbewältigung verlangen, als das Kind leisten kann. Auch noch im Abenteuer- oder Robinsonalter läßt sich die Bewältigung von Angst besser in der Vorstellung, d.h. in der Lektüre entsprechender Bücher, als durch die Konfrontation mit einer brutalen Realität in Western-, Kriminal- oder gar Horrorfilmen lernen. Später dann in der Pubertät, wenn die Möglichkeit zur Distanz besteht, lassen sich auch über Filme vermittelte anxiogene Wirklichkeiten und Unwirklichkeiten besser ertragen. Dennoch hat die Begegnung mit ertragbarer wie verarbeitbarer angstauslösender Wirklichkeit, wie z.B. bei Nachtwanderungen usw., ihre größere Bedeutung.

Ängstlichkeit als habitualisierte Verhaltensbereitschaft resultiert zumeist aus familiären und schulischen Bedingungen. Im Hinblick auf die familiären Bedingungen wurde z.B. festgestellt, daß Eltern hochängstlicher Kinder (HÄ) häufiger negativ sanktionieren als Eltern von nichtängstlichen Kindern (NÄ), daß Eltern der HÄ weniger Gespräche mit ihren Kindern führen als Eltern der NÄ, daß im Hinblick auf ihre berufliche Karriere frustrierte Väter häufig HÄ haben (vgl. Gärtner-Harnach 1972), daß verfrühte Selbständigkeitserziehung Leistungsängstlichkeit erbringen kann, die jedoch zumeist aus schulischen Bedingungen resultiert, daß inkonsequentes Erziehungsverhalten und Tadel sowie Bestrafung bei Leistungsversagen Leistungsangst erbringen können (vgl. Schwarzer 1987, Helmke 1983), daß Angst das Denken behindern, zu psychosomatischen Störungen und Unkonzentriertheit sowie zu Überanpassung führen kann (vgl. Singer 1981). Zusammenhänge zwischen Angst und Leistung sind seit langem bekannt. Nach dem Yerkes-Dodson-Gesetz besteht ein kurvenlinearer Zusammenhang zwischen Angst und Lernleistungen in dem Sinne, daß sehr wenig und sehr viel Angst die Lerneffekte beeinträchtigen, ein mittleres Ausmaß an Angst jedoch optimale Leistungen erbringen kann. Levitt faßt die Erkenntnisse dieses Gesetzes folgendermaßen zusammen: "Ein geringes Maß an Angst genügt nicht, um die Leistung zu fördern. Ein mäßiges Maß treibt den Menschen an und verbesserte hierdurch seine Leistung. Bei einem weiteren Anwachsen der Angst ist mit nachteiligen Folgen zu rechnen" (Levitt 1976, 96). Zu bedenken ist jedoch, daß diese Gesetzmäßigkeit bei einfachen Aufgaben gilt. Bei schwierigeren Aufgaben kann bereits der Schwierigkeitsgrad eine übermäßige anxiogene Wirkung erbringen. Lehrer, die ihre Schüler nicht überfordern, vermeiden auch anxiogene Entwicklungen. Häufig genug wird jedoch in den Schulen nicht beachtet, daß starker Leistungsdruck und hohe Ängstlichkeit das Lern- und Leistungsvermögen beeinträchtigen. Schüler, deren schulische Leistungen den Erwartungen nicht entsprechen, geraten häufig genug unter Leistungsdruck, entwickeln Ängstlichkeit, wodurch das Leistungsvermögen weiter reduziert wird und kommen so in einen circulus vitiosus, der das allgemeine Erscheinungsbild der Verhaltensstörungen oder die spezielle Symptomatik der Schulangst erbringen kann. In der Schulangst verdeutlicht sich die Selbstwertproblematik des Schülers in der Antizipation negativer Bewertungen und eines negativen Sozialstatus als Reaktion auf schulisches Leistungsversagen. Nicht selten sind es die Eltern, die ihre Kinder durch überhöhte Forderungen, z.B. auch durch eine falsche Schulwahl, in diese Problematik treiben. Auch an dieser Stelle wird die Notwendigkeit intensiver Elternberatung deutlich.

Die Schulphobie als Extremform der Schulverweigerung entsteht weniger auf der Basis einer kognitiven als vielmehr einer sozial-emotionalen Leistungsproblematik. Schulphobische Kinder, die häufig psychisch gestörte Eltern haben, stehen in zu starken Abhängigkeitsverhältnissen und bauen - in unbewußter Verstärkung durch die Eltern - übermäßige Trennungsängste auf (vgl. Strian 1983). Bei Kindern mit Schulphobien kann zumeist nur familientherapeutische Hilfe eine dauerhafte Besserung erbringen.

9.1.4 Aggression / Aggressivität

Aggressivität hängt mit der Grundemotion Ärger bzw. Wut, Haß, Zorn oder einer entsprechenden Gestimmtheit zusammen.

9.1.4.1 Formen der Aggression

Es lassen sich verschiedene Aggressionsformen unterscheiden:
- verbale und körperliche,
- offene und verdeckte (phantasierte),
- affektbegleitete (wütend, feindselig) und instrumentelle (zielerreichende, Mittel-Zweck-Relation),
- Selbst- und Fremd-Aggression,
- direkte und verschobene (andere Form oder Objekt),
- spontane und reaktive,
- ernste und spielerische, individuelle und Gruppenaggression (z.B. Krieg unter Völkern, vgl. Selg 1992, 2).

Zur Erklärung der Verursachung und Genese von Aggressionen / Aggressivität haben humanwissenschaftliche Disziplinen vielfältige Beiträge geleistet. Nachfolgend wird auf humanethologische, psychologische, soziologische und pädagogische Aspekte eingegangen.

9.1.4.2 Der humanethologische Aspekt

Die ethologische Sichtweise der Aggressivität brachte erstmals umfassend Konrad Lorenz 1963 in seinem berühmt-berüchtigt gewordenen Buch "Das sogenannte Böse" - zur Naturgeschichte der Aggression" einem größeren Publikum zur Kenntnis. Das Buch rief einerseits eine große Gegnerschaft auf den Plan, stimulierte aber auch andererseits außerordentlich stark die Forschung. Für besondere Aufregung sorgte wohl sein Eintreten für eine "Dampfkesseltheorie der Aggression", nach der sich auch bei Menschen aggressive Triebenergien ansammeln können, nach Abreaktion verlangen und sich, wenn sich entsprechende Möglichkeiten nicht bieten, ohne Auslöser beliebig entladen können - als sog. Leerlaufreaktionen. Lorenz machte den Fehler, viele Ergebnisse aus der ethologischen Forschung bei Tieren auf Menschen zu übertragen bzw. durch Beispiele aus der Tierwelt Verhaltensaspekte des Menschen zu illustrieren. Den Zusammenhang zwischen tierischen und menschlichen Verhaltensaspekten legt für die Ethologie die Evolutions- oder Deszendenztheorie nahe, die Darwin grundlegte und nach der sich alles Leben aus einfachen zu immer komplexeren Formen entwickelte und somit durch verwandtschaftliche Beziehungen verbunden ist. Da sich bei Tieren sehr deutlich zwischenartliche wie innerartliche Aggressionen beobachten lassen, die im Lebenskampf nützlich sind und dem Überleben dienen, nahm Lorenz an, daß auch Menschen über ihre Evolution Aggressivität als einen arterhaltenden Instinkt oder Trieb entwickelt haben. Sicher vertreiben im Sinne zwischenartlicher Aggression auch Menschen ihre Freßfeinde, zeigen im Sinne innerartlicher Aggression, die das "sogenannte Böse" ist, spielerische Aggressionen, Wutverhalten, Beschimpfungen, Fremdenablehnung, Reaktionen auf Außenseiter, Besitzstreben, Territorialverhalten, Ritualisierungen, und sie zeigen auch aggressionshemmendes Verhalten wie Lächeln, gemeinsames Essen, Schmollen, Weinen, Kopfsenken, Kinder vorschieben -

wie Eibl-Eibesfeldt feststellte -, aber sie sind diesen - wenn auch, wie in der Ethologie angenommen wird, angeborenen - Verhaltensbereitschaften nicht ausgeliefert.

Die These, mit der Lorenz für Aufregung sorgte, daß Aggression ein auf den Artgenossen gerichteter Kampftrieb bei Tier und Mensch sei, wird in der heutigen Humanethologie nur in modifizierter Weise akzeptiert. Eibl-Eibesfeldt z.B. sieht menschliches Verhalten allgemein, entsprechend auch aggressives Verhalten, als Ergebnis des Zusammenwirkens angeborener Potentiale und Umweltbedingungen. So hat der Mensch angeborene agonale Potentiale mit aggressiven Tendenzen wie auch affiliative Potentiale mit verbindenden Tendenzen z.B. im Sinne von Friedenssehnsucht (Eibl-Eibesfeldt 1988, 34, 203 ff.).

Für Konrad Lorenz liegt in der Aggressivität des Menschen eine große Gefahr, und er empfahl dringend, Möglichkeiten für die Bewältigung der Aggression bereitzustellen. Er nannte

- kathartische Verhaltensmöglichkeiten, d.h. Abreaktionen an Ersatzobjekten;
- Möglichkeiten der Sublimierung, d.h. den Gegner z.B. mit Streitschriften statt mit den Fäusten zu bekämpfen;
- aggressive Ritualisierungen, wie sie z.B. im Sport möglich sind;
- Fraternisierung der Menschen verschiedener Völker, um durch persönliche Bekanntschaften Aggressionshemmungen aufzubauen und die Kriegsgefahr zu verringern (vgl. Lorenz 1963, 372 ff.).

9.1.4.3 Der psychologische Aspekt

Von den vielfältigen psychologischen Sichtweisen werden wegen ihrer Ergiebigkeit in der Forschung und ihrer auch in das Alltagswissen eingegangenen Erkenntnisse der psychoanalytische Aspekt und die Frustrations-Aggressions-Theorie, der individualpsychologische und der lerntheoretische Aspekt behandelt.

Die psychoanalytische Sichtweise

In Freuds Verständnis von der Aggression lassen sich drei markante Phasen unterscheiden. In der ersten Phase, in der für Freud die Beschäftigung mit der Entwicklung der frühen Triebdynamik im Vordergrund stand, sah er aggressive Tendenzen in Verbindung zu den nahrungsaufnehmenden und den -abgebenden Organen sowie zum Sexualorgan. Im frühen Säuglingsalter, in der oralen Phase, hat das Trinken an der Mutterbrust aggressive Komponenten, wenn die Zähne gewachsen sind, können sich beim Kauen und Beißen aggressive Tendenzen äußern wie auch beim Schreien, Strampeln, Schlagen. In der analen Phase erreicht die Aggressionsentwicklung bereits einen Höhepunkt. Elternwille und sich entwickelnder Kindeswille prallen aufeinander, die Reinlichkeitserziehung löst widerstrebende Tendenzen aus. In der ödipal-phallischen Phase zielen komplexe aggressive Tendenzen einerseits auf eine ungestörte libidinöse Beziehung zu beiden Elternteilen, andererseits aber auch auf die Beseitigung des gleichgeschlechtlichen Elternteils (Ödipusproblematik). Das Kind ist jedoch in einer ambivalenten Situation, es liebt auch, allerdings verdeckt und weniger intensiv, den gleichgeschlechtlichen Elternteil, entwickelt deshalb auch Haßgefühle dem andersgeschlechtlichen Elternteil gegenüber und löst diese Konflikte durch Identifikation mit dem Rivalen und durch Bindung der entstandenen Potentiale an die Überich- Entwicklung. In einer zweiten Phase unterschied Freud Ich- oder Selbsterhaltungstriebe auf der einen Seite und Sexualtriebe auf der anderen

Seite. Während die Ich- und Selbsterhaltungstriebe aus dem umweltbedingten "Ringen des Ichs um seine Erhaltung und Behauptung" resultieren, stammt der Sexualtrieb aus biologischen Bedingungen. Der von Freud gesehene Zusammenhang zwischen "Unlustempfindungen" und zerstörerischen Absichten gegen die auslösenden Quellen dieser Unlustempfindungen führte zur Entwicklung der Frustrations-Aggressions-Hypothese. Seiner dualen Triebkonzeption treu bleibend postulierte Freud nach den Erlebnissen des 1. Weltkrieges den Lebenstrieb (Eros) auf der einen Seite, den Todestrieb (Thanatos) auf der anderen Seite. Situationsabhängige Frustrationen werden nunmehr nicht mehr als alleiniger Anlaß für schwere aggressive Reaktionen gesehen. Es wird nunmehr die Existenz eines im Menschen angelegten Todestriebes angenommen, der sich in seiner Ableitung über das Muskelsystem als Aggressions- bzw. Destruktionstrieb bezeichnen läßt, der also immer existent ist und durch Frustrationen allenfalls verstärkt werden kann. Lebenstrieb wie Todestrieb zielen auf einen Zustand der Spannungslosigkeit, auf die Lösung sexueller Spannung einerseits, auf der Lösung aller Spannungen des Lebens mit dem Ziel des Todes andererseits. Allerdings treten diese beiden Triebe nicht in reiner Form auf, sondern in den unterschiedlichsten Vermischungen.

Eine dem Menschen innewohnende triebhafte Veranlagung zur Destruktion wird von der Psychoanalyse verbundenen, gesellschaftskritisch orientierten Autoren wie Adorno, Fromm, Markuse und Reich nicht mehr angenommen. Es wird vielmehr davon ausgegangen, daß gesellschaftsimmanente Werte, Normen, Machtstrukturen libidinöse Tendenzen der Menschen einschränken oder unterdrücken mit dem Erfolg, daß sich destruktive Tendenzen aufbauen und abreagieren. Diese Tendenzen sind jedoch modifizierbar durch Änderung repressiver Strukturen und Lebensbedingungen und durch die Etablierung enger sozialer Beziehungen unter den Menschen auf der Basis emotional positiver Bindungen (vgl. Verres / Sobez 1980).

Die individualpsychologische Sichtweise

Aus der Situation des Menschen als einem Mängelwesen resultieren Minderwertigkeitsgefühle. Diese sowohl phylogenetisch als auch ontogenetisch erlebten Gefühle der Minderwertigkeit stimulierten zur Entwicklung kompensierender Fähigkeiten den stärkeren, schnelleren, fliegenden, besser schwimmenden Tieren gegenüber, wie sie auch den einzelnen Menschen in seiner eigenen Entwicklung stimulieren, seine Kleinheit zu überwinden und groß und stark zu werden, seine Sprechhemmungen zu überwinden, um ein guter Redner zu werden (vgl. Demosthenes) oder besonders fleißig zu sein, um Begabungsmängel auszugleichen. Für Adler sind die Triebe mit den Organen verbunden, d.h. sie haben die Aufgabe, organischen Bedürfnissen, möge es sich um motorische, sexuelle, sensorische, nahrungsaufnehmende oder -verarbeitende Organe handeln, auf irgend eine Weise zu genügen. Wenn diesen organisch bedingten Tendenzen äußere Bedingungen entgegenstehen, entstehen Durchsetzungstendenzen, die im Laufe der Entwicklung sich im psychischen Apparat manifestieren und somit zu einem Teil des Psychischen zur Erkämpfung von Befriedigungsbedürfnissen, bzw. zu einem Aggressionstrieb, werden. Die Entwicklung dieser aggressiven Bedürfnisbefriedigungstendenz geschieht quantitativ wie qualitativ in Korrespondenz mit der Umwelt und in Regulierung durch das Gemeinschaftsgefühl. Der Aggressionstrieb ist also Resultat primärer, organbezogener Triebe im Verbindung mit einer Lernbiographie und somit ein sekundärer Trieb. Aggression läßt sich somit auch in Verbindung sehen mit Frustrationen, ein Zusammenhang, der zum Zentrum der Frustrations-Aggressions-Hypothese der Yale-Schule wurde.

Die Frustrations-Aggressions-Theorie

Die Frustrations-Aggressions-Theorie geht zurück auf die amerikanischen Forscher Dollard, Dubb, Miller, Mowrer und Sears von 1939. Die in Anlehnung an psychoanalytische Erkenntnisse entwickelte Theorie hat außerordentlich stark auf die Forschung gewirkt und auch das Alltagsdenken der Menschen stark beeinflußt. Nach dieser Theorie ist Aggression immer eine Folge von Frustration oder, anders ausgedrückt, Frustration erbringt immer in irgendeiner Form Aggression. Unter Frustration wird dabei die Unterbrechung einer zielgerichteten Handlung verstanden. Nach den Zusatzannahmen für diese Theorie gibt es einen Zusammenhang zwischen der Stärke von Frustration und Aggression. Aggressionen können gehemmt oder auch auf andere Objekte als auf das frustrationsauslösende verschoben werden. Wenn Hemmungen oder Verschiebungen auf andere nicht möglich sind, kann es auch zu Selbstaggressionen kommen. Ausgeführte Aggressionen erbringen eine Art Erleichterung (Katharsishypothese). Überprüfungen der Aggressions-Frustrations-Theorie führten zu vielfältigen Modifikationen und letztlich zu einer Reduktion dahingehend, daß über Frustrationen Erregungen stimuliert bzw. Antriebe aktiviert werden, die in sehr unterschiedliche Handlungsmöglichkeiten einmünden können (vgl. Selg, Hrsg., 1973). Aggression ist nur eine Möglichkeit. Eine weitere, die pädagogisch bedeutsam und trainierbar ist, ist die Verwendung der aus der Frustration resultierenden Energien zur kreativen Bedürfnisbefriedigung bzw. Situationsbewältigung. Die Katharsishypothese, die für so viele Entschuldigungen herhalten mußte, erweist sich als äußerst fatal. Aggressive Entladungen erhöhen nämlich eher die Bereitschaft, sich in ähnlichen Situationen ebenfalls aggressiv zu verhalten. Weder als Kurzzeitmodell (sofortige Umsetzung der Frustration in Aggression), noch als Langzeitmodell (frühkindliche Frustrationen führen zu aggressivem Verhalten bei Erwachsenen) hat sie sich als wissenschaftlich haltbar erwiesen und muß, gerade weil sie in manchen pädagogisch-psychologischen Konzepten noch wirksam ist, entschieden abgelehnt werden.

Die lernpsychologische Sichtweise

Aus lernpsychologischer Sicht ist Aggressivität nicht auf Triebe zurückzuführen oder mit angeborenen Bedürfnissen in Verbindung zu bringen. Aggressivität ist vielmehr im wesentlichen ein Ensemble gelernter Gewohnheiten, das sich über die Lerngesetze etabliert. Besondere Bedeutung haben Selbstverstärkungsprozesse und das Lernen am Modell. Mit einer Vielzahl von Experimenten konnte belegt werden, daß aggressive Modelle, wie sie tagtäglich in Filmen, im Fernsehen, auf Videos von Kindern und Jugendlichen gesehen werden, Aggressionsbereitschaft und aggressives Verhalten steigern. Es ist angesichts der vorliegenden empirischen Daten unerträglich, wenn um der Geschäftemacherei willen immer wieder noch behauptet wird, Darstellungen von Aggressionen in den Medien seien völlig ungefährlich, hätten sogar einen kathartischen Effekt. Beobachtungen aggressiven Verhaltens haben noch nach einem halben Jahr ihre Nachwirkungen und Vergewaltigungsszenen können dazu führen, daß Frauen negativer und die Tat positiver gesehen wird (vgl. Selg 1992, 3). Nach einer Studie des bundesdeutschen Ministeriums für Jugend werden trotz dieser Erkenntnisse je Woche 481 Menschen auf deutschen Fernsehbildschirmen ermordet. Geballt erscheint die Gewalt in den von vielen Kindern gesehenen Vorabendprogrammen. Alle Gewaltszenen aneinandergeschnitten ergeben pro Woche ein "25-stündiges Mord-und-Totschlag-Programm" (Braunschweiger Zeitung, Nr.206 (47) 1992).

Lerntheoretische Orientierung erweist sich selbst bei schwerem aggressiven Verhalten von Kindern auf leichte Weise als effizient. So wurden in einem Kindergarten die Erzieherinnen veranlaßt, durch Spucken und Stoßen, Schlagen und Schimpfen auffallende Jungen zu ignorieren, wenn sie aggressives Verhalten zeigten, und immer gleich positiv zu verstärken, wenn sie kooperatives, sozial erwünschtes Verhalten zeigten. Obwohl die Kindergärtnerinnen an einen Erfolg nicht glaubten, verminderte sich in den zwei Wochen das aggressive Verhalten um 30% (Brown / Elliott 1965, 103-107).

9.1.4.4 Der soziologische Aspekt

Wo immer in menschlichen Bezügen Macht eine Rolle spielt, wird auch offen oder verdeckt Aggression realisiert. Die Eltern haben Macht über ihre Kinder und setzen sie nicht selten in Aggressionen um. Der Vermieter hat Macht über seine Mieter und kann ihnen aggressiv begegnen, indem er sie zum Verlassen der Wohnung zwingt. Verbrecher begehen ständig aggressive Handlungen, durch Einbrüche, durch Körperverletzung, durch Raubüberfälle, durch Mord und Totschlag. Der Staat reagiert ebenfalls in aggressiver Weise. "Die Gesellschaft, die Delinquenten durch den Staat verfolgen, aburteilen und bestrafen läßt, folgt dabei, nicht nur, wie so gerne angenommen wird, rationalen Überlegungen, sie reagiert gleichzeitig, wenn nicht in erster Linie, ihre eigenen Aggressionsbedürfnisse ab" (Naegeli 1973, 170). Bei den Betroffenen lösen diese Aggressionen Gegenaggressionen aus, ggf. so lange, bis sie hineinmünden in Resignation. Große Bedeutung für die Generierung aggressiver Tendenzen bei Kindern und Jugendlichen hat neben primären Sozialisationsinstanzen die Peer-group, die - wenn in ihr aggressive Modelle geboten und akzeptiert werden - sehr aggressivitätsfördernd sein kann. Außenseiterposition und soziale Randständigkeit zum Beispiel durch Armut, Arbeitslosigkeit, Wohnungslosigkeit sind der Entwicklung aggressiver Tendenzen förderlich. Überhaupt erbringen zu stark ausgeprägte sozio-ökonomische Ungleichheiten in einer Gesellschaft aggressive Potentiale, die sich in sinnlosen Zerstörungen (Vandalismus) entladen können. Auch zu stark ausgeprägtes Leistungsstreben nimmt leicht schädigende und verletzende Formen an, wenn aggressionshemmende Normen ihre Wirkung verlieren (vgl. Dann 1974). Viele Väter und Mütter sind in Betriebsstrukturen eingebunden, in denen nicht nur durch den Leistungsanspruch, sondern auch durch die Hierarchisierung systemimmanent Frustrationen generiert werden, die sich in familiären Kontexten ausleben. Auf Zusammenhänge zwischen Aggressionsbereitschaft und ökonomischen Faktoren sowie übermäßiger Bevölkerungsdichte verweist die Zunahme von Aggressions-Delikten in Depressionszeiten sowie die vergleichsweise hohe Kriminalitätsrate in den großen Städten. Der Faktor Bevölkerungsdichte wirkt sich aber nicht nur im Makrosystem einer Stadt oder eines Volkes aus, sondern auch im Mikrosystem der Familie, der Kindergartengruppe, der Schulklasse. Räumliche Enge beeinträchtigt die Gestimmtheit, setzt Frustrationen, erbringt Erregung und Gereiztheit, woraus leicht Aggressionen resultieren. In Gruppenbezügen auf Mikro- wie auch Makroebene spielt im Hinblick auf Aggressionsbereitsschaft eine große Rolle, ob Anonymität und emotionale Distanz oder Bekanntheit und Vertrautheit gegeben sind. Gruppenideologien sind aus aggressionssoziologischer Sicht als sehr problematisch anzusehen. Sie fördern zwar den Gruppenzusammenhalt, gefährden aber durch soziozentrische und Abgrenzungstendenzen das friedliche Zusammenleben mit anderen Gruppen. Ein Gruppengegner, den die Ideologie generiert, stiftet Frieden nach Innen, aber Feindschaft nach Außen (vgl. Hofstätter 1986). Die Massenmedien nehmen nicht nur insofern Einfluß auf Einstellungen, Verhaltensbereitschaften, Werterleben und Normenbindungen, als sie Modelle bieten für aggressive Auseinandersetzungen (vgl. Kap. 4.5), sondern auch dadurch, daß sie als "öffentliche Meinung" bzw. "veröffentlichte Meinung" Druck ausüben im Sinne spezifischer Überzeugungen. Gegenwärtig scheint es so zu sein, daß durch eine Vielzahl gesellschaftlicher Faktoren in ökonomischer, kultureller, sozialer Hinsicht eine Wert- und Normenunsicherheit vermittelt wird, die in die "veröffentlichte Meinung" eingeht und sich insbesondere auf Kinder und Jugendliche nachteilig auswirkt, z.B. insofern als aggressionshemmende Stimuli nicht oder nur selten gesetzt werden (vgl. Kap. 4).

9.1.4.5 Der pädagogische Aspekt

Unter pädagogischem Aspekt ist Aggression / Aggressivität auf einem multikausalen Bedingungshintergrund zu sehen. Zu berücksichtigen sind die oben aufgezeigten Erkenntnisse verschiedener humanwissenschaftlicher Disziplinen, die zu beziehen sind auf die Gegebenheiten in pädagogischen Feldern. Pädagogik ist stets Ausdruck gesamtgesellschaftlicher Verhältnisse; Erscheinungen und Bedingungen in Familie, Kindergarten, Heim, Schule usw. können also nicht losgelöst von zeitspezifischen Ausprägunggen in der Umwelt, im kulturellen Bereich, d.h. vom "Zeitgeist", gesehen werden (vgl. Nissen / Strunk 1974). Der aber hat sich in den vergangenen Jahrzehnten deutlich verändert. Lange Zeit forderte auch in Deutschland der "Zeitgeist" eine Erziehung im Sinne einer "Zeigefinger-Pädagogik" mit Geboten und Verboten nach dem Motto "Du sollst...! Du sollst nicht...!", und dieses Verhalten war lange Zeit auch ein probates Mittel zur Untertanenerziehung. Mit Recht wehrten sich die Menschen dagegen. Viele reagierten aber nach der Ablösung des Obrigkeitsstaates, mit der Einführung der Demokratie schon nach dem 1. Weltkrieg und insbesondere dann nach dem 2. Weltkrieg seit den beginnenden siebziger Jahren - im Sinne eines Pendelausschlags in entgegengesetzte Richtung - mit antipädagogischen Tendenzen bzw. mit der Einschränkung oder gar Ablehnung sozialer Kontrolle im Erziehungsgeschehen. Die Erziehungsintentionen der Erwachsenen sind unsicherer, nachlässiger geworden, in manchen Bereichen wurden sie ganz aufgegeben (vgl. z.B. Brezinka 1986, von Cube 1986, Speck 1991).
Weitgehender Konsens herrscht darüber, daß die Menschen angeborene aggressive Tendenzen haben. Aber nicht wenige wehren sich dagegen - wie schon Freud erkannte - "wenn die angeborene Neigung des Menschen zum 'Bösen', zur Aggression, Destruktion und damit auch zur Grausamkeit erwähnt wird" (Freud 1953, 159). Freud geht auch nicht davon aus, daß es ein "natürliches Unterscheidungsvermögen für Gut und Böse" gibt. Das Böse wird zunächst nur deshalb nicht getan, weil Angst vor Liebesverlust, vor Bestrafung besteht. "Beim kleinen Kind kann es niemals etwas anderes sein, aber auch bei vielen Erwachsenen ändert sich nicht mehr daran, als daß anstelle des Vaters oder beider Eltern die größere menschliche Gemeinschaft tritt" (a.a.O., 164).
In den skandinavischen Ländern und in den USA, in denen die aufgezeigte Problematik schon länger relevant und noch sehr viel stärker ausgeprägt ist als in Deutschland, werden diese Zusammenhänge im Sinne des angegebenen Freud-Zitats deutlich gesehen und angesprochen. Eltern wie professionelle Erzieher beginnen einzusehen, daß zwar eine "Zeigefinger-Pädagogik" den Kindern nichts bringt und eher zu Aufbegehren veranlaßt, daß aber eine völlige Freigabe der moralischen Entwicklung der Kinder und Jugendlichen keine positiven Ergebnisse bringt (vgl. z.B. Piaget 1954, Kohlberg 1987, Lind / Raschert 1987). Die Freigabe scheint vielmehr ein Vakuum erbracht zu haben, in dem sich äußerst unerwünschte Tendenzen entfalteten. "Die erhoffte Hervorbringung und Befreiung star-

ker und schöpferischer Energien kamen in Kindern nicht zustande. Der Mangel an moralischen Vorschriften wurde bald durch eigene Vorschriften der stärkeren Gruppenmitglieder ersetzt, die sich dann oft anderen, schwächeren gegenüber ungerecht verhielten" (Ott / Watts 1991, 343). Primitive Regulative wie Faustrecht und Hackordnung werden wirksam. In erschreckenden Beispielen wird diese Erkenntnis gegenwärtig tagtäglich in Familien, auf Straßen, in Einrichtungen der öffentlichen Erziehung und Bildung veranschaulicht. Mobbing oder Bullying wird zu einem bedrohlichen Problem (siehe Kap. 3.1). In einer komplex angelegten Untersuchung wiesen die Täter hohe Aggressivitätswerte und ein "positives Verhältnis zum Gebrauch von gewalttätigen Mitteln" aus (Juul 1991, 57). Während die Opfer eher aus behüteten Familienverhältnissen mit engem Kontakt und positivem Verhältnis zu den Eltern stammten, kamen die Täter aus Familien, in denen negative emotionale Beziehungen, Duldung von aggressiven Verhaltensweisen, autoritäre Erziehungsmethoden und körperliche Bestrafung herrschten. Als aggressionserzeugend wurde "ein konfliktbeladener häuslicher Hintergrund in Wohnvierteln, für die soziale Desorganisation und ein allgemeiner Mangel an Fürsorge und Beaufsichtigung charakteristisch waren" (a.a.O).

Im Sinne obiger Erkenntnisse zeigte Otto Speck kürzlich auf, daß die Erziehungskrise eine moralische Krise ist (Speck 1991, 13). Aus dieser Krisensituation gehen "zunehmend orientierungslose und sozial normativ entkoppelte Kinder und Jugendliche" hervor (a.a.O., 14). Warnend weist er darauf hin, daß mit den immer problematischer werdenden Verhaltensweisen von Kindern und Jugendlichen die erzieherische Hilflosigkeit zunehmen wird, die nur weitgehend auf Reparatur ausgerichteten Interventionskonzepte einer "Endlosschraube" gleichen, daß die Problematik letztlich in einer "Vernachlässigung oder Ausklammerung der moralischen Dimension" liegt, die der "Erziehungshilfe und Therapie den Boden entzieht und nicht länger hingenommen werden kann" (a.a.O., 14).

Es sind gegensteuernde Konzepte entwickelt worden, mit denen versucht wird, das Problem bei der Wurzel zu fassen und orientierungslosen, haltlosen, ihren egoistischen, aggressiven Impulsen und Neigungen ausgelieferten Kindern und Jugendlichen wieder Orientierung und Halt in einer stabilisierenden Umwelt zu geben (siehe dazu Kap. 6, vgl. auch Baulig 1982).

Aggressive Auseinandersetzungs- und Erziehungsmodi gehören in vielen Familien zur Kommunikation und Sozialisation. Viele Kinder werden geschlagen, damit sie gehorsam und arbeitswillig sind, sich in ihren Leistungen steigern oder auch aggressives Verhalten unterlassen. So wird nicht selten versucht, mit dem Teufel Belzebub auszutreiben. Einerseits ist Gewalt ein weit verbreitetes Erziehungsmittel, andererseits wird aber auch versucht, erzieherische Intentionen zu reduzieren, was dann leicht zu einem die Kinder verwirrenden illegalen Erziehungsstil führt, oder die erzieherische Toleranz kippt um in erzieherische Aggression oder mündet hinein in Resignation. Nicht nur in den Familien entfalten sich bei den Kindern und Jugendlichen aggressive Tendenzen, sondern auch in professionell-pädagogischen Feldern. Für die Schule machen z.B. Ortner / Ortner eine Fülle aggressionsfördernder Stimuli aus. Neben einer schulfeindlichen Haltung der Eltern, die sich auf das Kind überträgt, Projektionen, die sich bei Konflikten mit den Eltern auf den Lehrer übertragen, aggressiven Potentialen, die sich in einer Schulklasse als einer Zwangsgemeinschaft mit spezifischen Leistungs- und Verhaltensforderungen ergeben, der Überbetonung der Lehrstoffvermittlung und der Nichtberücksichtigung persönlicher Schwierigkeiten und Entwicklungskrisen der Schüler, neben einem inadäquaten Lehrerverhalten durch einen autoritären oder auch einen Laissez-faire-Stil und Desinteresse oder

Fehlreaktionen des Lehrers / Erziehers sowie Beziehungsstörungen im Lehrer-Schüler-Verhältnis stellen sie folgende Ursachen fest:

"- Versagenserlebnisse (wie z.B. schlechte Zensuren) beim Schüler
- Das Suchen nach Bestätigung seitens der Mitschüler in einer Außenseiterposition
- Innerhalb der Schulklasse existierendes Konkurrenzdenken oder Leistungsdruck
- Frustrationen, die durch die Übergewichtung kognitiven Lernens, durch Überforderung (besonders bei lernschwachen Schülern), Einschränkung des Bewegungsbedürfnisses oder zu langes Stillsitzenmüssen entstehen
- Fehlende Lernmotivation (z.B. nur durch Fremdbestimmung)
- Der Wunsch nach Zuwendung und Anerkennung durch den Lehrer (auch Scheinaggressionen sind aus diesem Grund möglich)
- Eine mangelnde Geborgenheitsatmosphäre in der Schule, die z.B. durch zu hohe Klassenfrequenz, Wanderklassen, ein großes Schulsystem oder häufigen Lehrerwechsel bedingt sein kann
- Aggressive Reaktionen des Kindes mit einer grundsätzlichen Abwehrhaltung aus dem subjektiven Gefühl des Angegriffen-Seins heraus, also aufgrund falscher Wahrnehmung sozialer Geschehnisse in der Schule" (Ortner / Ortner 1991, 114-115).

Pädagogen haben also die zuvörderst ihnen obliegende Aufgabe und Pflicht, ihr Terrain nach aggressionsfördernden Gegebenheiten zu sondieren und sich dafür zu engagieren, daß sich die Verhältnisse im Sinne der dargestellten Erkenntnisse über Aggression und Aggressivität verbessern. In dieser Hinsicht kann Pädagogik nur ein Langzeitprogramm sein. Das Ziel eines möglichst aggressionsfreien Umgangs darf jedoch niemals aus den Augen verloren gehen . Gezielte Interventionen bzw. hilfreiche Maßnahmen, wie sie - breiter angelegt - im Rahmen umfassender Konzepte (vgl. Kap. 6) oder - enger ausgerichtet - im Rahmen spezieller Trainingsprogramme durchgeführt werden (vgl. z.B. Petermann / Petermann 1984 und 1989), haben ihre Berechtigung und Bedeutsamkeit, kurieren aber häufig genug nur Symptome, dringen nicht bis zu den eigentlichen Ursachen vor bzw. können diese gar nicht erreichen.

9.2 Hirnschädigungen - Hyperaktivität - Aufmerksamkeitsstörungen - Cerebrale Funktionsstörungen - Lernstörungen

"Aifos heißt Sofia" - diesen Titel gab eine schwedisch-finnische Mutter der deutschen Übersetzung ihres Buches, mit dem sie über ihr Problemkind berichtet (Tikkanen 1984). In ergreifender Weise schildert sie, wie ihre Tochter von klein auf in fast allen Lebensbereichen Schwierigkeiten hatte und den übrigen Familienmitgliedern durch ihr unstetes, unkontrolliertes und ungeschicktes Verhalten Schwierigkeiten bereitete. Obwohl ihre Geschwister keinerlei Verhaltensstörungen zeigten, ihr vielmehr mit viel Liebe und viel Geduld begegneten, konnte Sofia auch zu ihrem eigenen Leidwesen ihr Problemverhalten nicht in den Griff kriegen. Die Konsultationen verschiedener Fachleute erbrachten zunächst weder diagnostische Hinweise noch die so dringend gewünschten Hilfen. Die Schule wurde zu einem Leidensweg. Lesen- und Schreibenlernen wurden zur Qual: Ihren Namen schrieb sie spiegelbildlich: "Aifos".

Die Geburt von Sofia war unkompliziert. Mit 10 Monaten lernt sie sitzen. Ihre ersten Schritte macht sie mit einem Jahr und neun Monaten. Mit zweieinhalb Jahren "redet sie immer noch sehr wenig, gebraucht jedenfalls kaum Worte" (a.a.O., 25). Mit 10 Monaten fällt sie von einem Stuhl und wird danach mehrmals ganz rot und darauf ganz blaß. Mit vier Jahren kommt Sofia in einen Kindergarten, fühlt sich dort wohl und ist angeblich gänzlich unauffällig. Mit fünf Jahren ist Sofia "ein richtig liebes kleines Mädchen" - wie die Kindergärtnerin sagt. Ihren Vater, der sie sehr liebt, wickelt sie um den kleinen Finger; mit ihren größeren Brüdern macht sie Streiche. Viele Wörter spricht sie nur verstümmelt. So sagt sie "G'lund", meint aber Hagalund (a.a.O., 37). Ein Hörtest erbringt keinen Befund. Ihre Sprachschwierigkeiten bleiben. Häufig vertauscht sie Wörter in einem Satz. So sagt sie z.B.: "Kannst du mir an die Schuhe ziehen?" oder "Meine faß mal Füße an." Oder sie sagt "Spitzerbleistift", wenn sie Bleistiftspitzer meint. Bei einer psychologischen Untersuchung mit Klötzchen, kleinen Puppen und Spielen im Sandkasten (Welttest?) klagt die Psychologin, daß sie überhaupt keinen Kontakt mit dem Kind herstellen könne. Einen Befund bekommt die besorgte Mutter deshalb nicht. Nach zwei Jahren im Kindergarten kommt Sofia - sie ist nun sechs Jahre alt - in die Vorschule. Mit viel Mühe, Weinen, Wut und Ausdauer lernt sie Seilspringen: "Sie springt und stolpert, springt und stolpert und bleibt wieder hängen, aber sie gibt nicht auf" (a.a.O., 47). "Sie kann nur von der einen Seite einspringen, und manchmal hält sie nicht besonders lange durch, aber ab und zu klappt es richtig gut" (a.a.O., 48). Asphalt kann sie nicht sagen, sie sagt "Affalt" und wird dafür von ihrem jüngeren Bruder ein bißchen gehänselt (a.a.O., 50). "Sofia malt sehr gern mit Wachsstiften, aber auch mit Wasserfarben und mit Fingerfarben, ja sogar mit Ölfarben auf einer Leinwand". " Sie malt Muster. Menschen, Dinge und Tiere malt sie kaum, sondern meistens Muster" (a.a.O., 54). Nach Meinung des Vaters, der malender Künstler ist, hat sie "einen einzigartigen Farbensinn" (a.a.O., 54). Nachdem sie in die Schule gekommen ist, wirkt sie resigniert: "Sie sieht kleiner aus als sonst, ist schmal und blaß" (a.a.O., 55). In ihrer Klasse, in der schon viele Kinder lesen und schöne gleichmäßige Zahlen sowie auch ihren Namen sauber und ordentlich schreiben können, schreibt Sofia ihren Namen als MLFA in Erinnerung daran, daß sie Sofia Magdalena heißt und als kleines Kind Malena genannt wurde. (a.a.O., 59). Aus den Tests der Schulpsychologin "geht hervor, daß Sofia noch nicht schulreif ist. Sie hat Schwierigkeiten, die Aufgaben zu erfassen und größere Zusammenhänge herzustellen. Ihr Gestaltungs- und Ausdrucksvermögen liegt nicht auf der Ebene gleichaltriger Kinder". Zu den Klassenkameraden habe sie keinen guten Kontakt. Eine "leichte Schädigung des Nervensystems ist nicht auszuschließen" (a.a.O., 60). Die Konsultation eines Neurologen wird empfohlen. Empfohlen wird auch der Besuch einer Sonderschulklasse, in der "das Lerntempo langsamer, die Klasse kleiner und die pädagogische Betreuung qualifizierter" sei (a.a.O., 61). Sofia ist nun sieben Jahre alt. Eine neurologische Untersuchung erbringt, daß "ein leichter nervlicher Defekt" nicht auszuschließen ist. Es könne sich aber "höchstens um eine Kleinigkeit handeln", "gut möglich, daß es sich auswächst" (a.a.O., 63). Sofia wiederholt die Vorschulklasse nicht, sie besucht die Regelschule und findet eine sehr fähige und fürsorgliche Lehrerin. Sofia erhält Aufmunterung und Verständnis, auch wenn ihre Lernfortschritte nicht dem Rest der Klasse entsprechen. Fünf Tage lang wird Sofia dann in der Gesundheitsbehörde und der Kinderklinik gründlich untersucht. Diagnostiziert wird eine "Minimal Brain Dysfunction" (Minimale Cerebrale Dysfunktion - MCD): "Der Fehler sitzt in der linken Gehirnhälfte, weshalb er in der rechten Körperhälfte zum Tragen kommt" (a.a.O., 67). Zurückgeführt wird diese Störung auf eine mögliche unauffällige Virusinfektion während der Schwangerschaft. "Eine kleine Narbe im linken Schläfenlauf verursacht außerdem Störungen der Hirnaktivität, unregelmäßige kurze Ausfälle, die sich als kleine epileptische Anfälle äußern, sogenannte "petits mals". Die Anfälle hätten nichts mit der MCD zu tun, sondern seien eine Sache für sich. Solche Anfälle waren wohl die Ursache, als Sofia mit 10 Monaten vom Lehnstuhl fiel, als sie 3 Jahre alt, mit unserer

Haushaltshilfe auf dem Rückweg vom Laden umgekippt ist, und ein andermal, als sie mit 6 Jahren vom Schuppendach fiel" (a.a.O., 67). Nun gibt es eine EEG ablesbare Ursache für Sofias "abweichendes Verhalten, ihren Jähzorn und ihre Launenhaftigkeit, ihre Konzentrationsschwierigkeiten und ihre Probleme, Großes von Kleinem, Weitentferntes von Nahem, Vordergrund vom Hintergrund und Wichtiges von Unwichtigem zu unterscheiden" (a.a.O., 68). Die Diagnose wird als Erleichterung empfunden: Sofias Mutter weiß nun, daß die Probleme ihres Kindes nicht aus ihrer "Unfähigkeit als Mutter und Erzieherin" resultieren.

Mit sieben Jahren schafft es Sofia erstmals, ihre Schnürsenkel zuzubinden. Ihr beeinträchtigtes Körpergefühl bringt es mit sich, daß Einkäufe von Kleidern wie auch von Schuhen äußerst problematische und selten zufriedenstellende Handlungen sind. Ihr sprachliches Ausdrucksvermögen ist eigenartig und sprunghaft: "Sofia fängt meistens mitten in der Geschichte an, die sie erzählen will, und ihre Zeit-, Orts- und Figurenangaben lassen das ganze schon in ein Rätsel für Fortgeschrittene ausarten" (a.a.O., 81). Sie kann Wichtiges von Unwichtigem nicht unterscheiden: "Sie beißt sich an einem Detail fest, das sie ständig wiederholt, und verliert dabei den Zusammenhang aus den Augen" (a.a.O., 81) - und das nicht nur beim Geschichtenerzählen, sondern in vielen Lebensbereichen. Sofia ist nun acht Jahre alt, zieht sich wutentbrannt in ihr Zimmer zurück, wenn sie sich ärgert und schreibt an die Tür: KEIN DAF IM ZIMER KOMN" (a.a.O., 82). Wenn sie wütend ist, zerreißt sie Papier, schreibt aber auch böse Briefe: "DOFE MAMA WARU HASTU BLOS NE MÜZE KAUFT FÖR MICH DOFE MAMA SCHEIßMAMA" (a.a.O., 83). Sie kann sich nicht beeilen, hat kein Zeitgefühl, kann auch die Uhr nicht lesen. Auf neue Situationen kann sie sich nur schwer einstellen und braucht viel Zeit.

Von der 2. Klasse ab bekommt sie Sonderunterricht. In der kleinen Klasse sind weniger als 10 Schüler, die alle nach ihren eigenen Möglichkeiten arbeiten. "Sofia hat das Alphabet gelernt, sie kann auf ihre Art schreiben; durchaus verständlich, wenn man genügend Phantasie und Geduld aufbringt. Sie kann Texte lesen, die nicht zu kompliziert und zu klein gedruckt sind". Mit Rechtschreiben wie mit Rechnen hat sie Schwierigkeiten. Sofias Mutter mußte die Erfahrung machen, daß das Gedächtnis von Kindern mit MCD anders arbeitet als bei anderen Menschen: "Sie können sich nicht einfach erinnern, wieviel 2 mal 3 ist, sondern müssen es jedesmal von neuem ausrechnen. Und daß 3 mal 2 dasselbe ist, leuchtet ihnen auch nicht so ohne weiteres ein. Mit dem Übergang zwischen Zehnern tun sie sich schwer, ganz zu schweigen davon, wieviel Mühe es ihnen bereitet, Zahlen wie 201 und 2001 zu lesen und auseinanderzuhalten" (a.a.O., 91). Das Zusammenleben mit Sofia ist nicht leicht, Konflikte können nicht angemessen gemeistert, Wutausbrüche nicht verhindert werden. Schwierigkeiten resultieren immer wieder daraus, daß Sofia sich nur schwer einbinden und umstellen, daß sich ihre Gemütslage blitzschnell und nur schwer nachvollziehbar verändern kann, daß niemand ihr ihre Störungen ansieht und auf ihr Problemverhalten vorbereitet ist.

Viele Eltern von MCD-Kindern wissen von Problemen in ihrem Umgangskreis zu berichten mit Nachbarn oder Verwandten, die annehmen, ein ganz normal aussehendes Kind würde sich schlecht benehmen, weil die Eltern es nicht zur Vernunft bringen können. Mit mehr oder weniger Recht glauben sie, die Eltern seien zu nachgiebig und würden den Weg des geringsten Widerstandes gehen.

Das trifft auch oft zu. Man ist nicht immer zu langwierigen Auseinandersetzungen bereit und vielleicht auch nicht darauf eingestellt, daß sich ein sonniges Gemüt blitzschnell ins Gegenteil verkehrt. Oder daß eine Sache, die noch gestern, vor einer Woche oder vor einer Stunde wunderbar geklappt hat, plötzlich überhaupt nicht mehr geht" (a.a.O., 103). Obwohl Sofia für Sinneseindrücke eine niedrige Reizschwelle hat, bestimmte Farben, Farbkombinationen oder Formen wie auch bestimmte akustische oder taktile Reize nicht ausstehen kann, mit Übelkeit, Aggressionen und Ängsten auf sie reagiert, malt und plasticiert sie gerne. Und obwohl sie unter leichten epileptischen Anfällen leidet, hat sie gerne mit Pferden zu tun und reitet liebend gerne. Vielleicht ergeben sich daraus berufliche Perspektiven. Vielleicht wird Sofia einmal "Eine malende Reitlehrerin. Oder eine reitende Künstlerin" - wie die Mutter nachdenklich, hoffend, fragend meint (a.a.O., 121).

Sofia gehört zu jenen Kindern, die wohl immer schon wegen ihrer andersartigen Verhaltensweisen und ihrer Lernbeeinträchtigungen in den Familien, den Schulen, den Spielgemeinschaften auffielen, denen ihr unruhiges, unstetes, bizzares Verhalten als Eigenwilligkeit, Ungehorsam oder auch Trotz angelastet wurde und die man auch durch Ermahnungen und schwere Strafen nicht verändern konnte. Viele dieser Kinder mußten - und müssen in wohl nicht kleiner Zahl immer noch - einen viel qualvolleren Leidensweg gehen als Sofia, weil sie weder hilfreiche Eltern hatten, noch verständnisvolle Lehrer fanden, noch einem relevanten Störungsbild zugeordnet werden oder gar mit "harten" medizinisch-diagnostischen Daten - wie Sofia mit EEG-Auffälligkeiten - aufwarten konnten.

Im Hinblick auf Bezeichnungen für Symptomverbindungen, wie sie bei Sofia auftraten und sich ähnlich bei vielen Kindern mit Verhaltensstörungen zeigen, herrscht auch gegenwärtig noch viel Unsicherheit und zudem eine verwirrende Begriffsvielfalt. Es macht große Schwierigkeiten, die Problematik terminologisch und diagnostisch wie ätiologisch und therapeutisch bzw. interventionsmäßig in den Griff zu bekommen.

Durch eine kurze historische Betrachtung soll zunächst versucht werden, bessere Übersicht und mehr Klarheit zu finden.

Beginnen wir mit dem Psychiater Heinrich Hoffmann, der 1845 zur Unterhaltung und Belustigung seiner Kinder die vor allem männlichen Kinder mit "Sofia-Syndrom" in seinen Geschichten vom Struwwelpeter als den "Zappel-Philipp" und den "Hanns Guck-in-die-Luft" schilderte.

Die Geschichte vom Zappel-Philipp
"Ob der Philipp heute still
wohl bei Tische sitzen will?"
Also sprach in ernstem Ton
der Papa zu seinem Sohn,
und die Mutter blickte stumm
auf dem ganzen Tisch herum.
Doch der Philipp hörte nicht,
was zu ihm der Vater spricht.
Er gaukelt
und schaukelt,
er trappelt
und zappelt
auf dem Stuhle hin und her.
"Philipp, das mißfällt mir sehr!"
(Hoffmann o.J., 18)

Auf der Suche nach Ursachen wurden die Kinder als "moralisch schwachsinnig" (moral insanity) bezeichnet, ihre Schwierigkeiten wurden ihnen als "Kinderfehler" angelastet (von Strümpell 1890), ihre "Psychopathie" wurde in Erbbedingungen gesucht. Manch ein Arzt zeigte bis in die Gegenwart hinein seine Ratlosigkeit hilfesuchenden Eltern gegenüber mit dem Hinweis: "Das gibt sich wieder, das wächst sich aus!". Nachdem im 1. Weltkrieg einige exakte Kenntnisse über Zusammenhänge zwischen Hirnverletzungen und Verhalten gesammelt worden waren, gab der 2.Weltkrieg genügend Möglichkeiten, die Erkenntnisse in dieser Hinsicht zu verfeinern und auszuweiten, so daß nun der Weg nicht mehr weit war, Lern- und Verhaltensschwierigkeiten bei Kindern mit prä-, sub- und postnatalen Gehirnverletzungen in Zusammenhang zu bringen, zumal bereits seit den zwanziger Jahren Forschungen über Lern- und Verhaltensprobleme nach enzephalitischen Erkrankungen vorlagen. Richtungsweisende Untersuchungen in dieser Hinsicht machten Goldstein (Aftereffects of brain-injuries in war, New York 1942) sowie Strauss und Lehtinen (Psychopathology and education of the brain-injured child, New York 1947). Die Zusammenhänge, die Strauss und Lehtinen bei hirngeschädigten geistigbehinderten Kindern zwischen Schädigungen im Zentralnervensystem und Verhaltensstörungen sichern konnten, wurden wenig später - Mitte der fünfziger Jahre - von Cruickshank auch für durchschnittlich intelligente Kinder mit Hirnschädigungen und Verhaltensstörungen festgestellt.

Cruickshank meinte, fünf *signifikante* Mängel oder Störungen bei leicht hirngeschädigten Kindern benennen zu können, und zwar:
- Motorische und sensorische Hyperaktivität
- Dissoziation
- Figur-Grund-Störung
- Perseveration
- Motorische Unreife oder Inkoordination.

Hyperaktivität typisiert Cruickshank mit dem Ausspruch: "He is always on the qui-vive". Er betrachtet diese Störung differenzierend als eine sensorische und eine motorische Form. Die sensorische Hyperaktivität, die insbesondere auf schulische Leistungen beeinträchtigend wirkt, meint, "daß das Kind auf unwesentliche oder nicht zur Sache gehörende Stimuli reagiert" (Cruickshank 1981, 31). Die Kinder sind also leicht ablenkbar, sie reagieren quasi zwanghaft auf alle Stimuli in ihrer Umgebung. Mit motorischer Hyperaktivität ist gemeint, daß die Kinder dauernd in Bewegung sind, nicht zur Ruhe kommen, nicht längere Zeit still sitzen können, durch feinmotorische Tätigkeiten - wie z.B. durch Schreiben - leicht zu grobmotorischen Aktivitäten stimuliert werden.

Unter Dissoziation wird die Unfähigkeit verstanden, "Dinge im Zusammenhang zu sehen, als Gesamtheit oder als Gestalt" (a.a.O., 36). So kann ein Kind z.B. zwei einander überlappende Vierecke oder Dreiecke auf einem Marmelbrett nicht als solche erkennen und auf einem zweiten Brett nachlegen oder zeichnerisch darstellen (vgl. Abb. 41).

Figur-Grund-Störung ist der Terminus für die Unfähigkeit, eine Teilgestalt aus einer

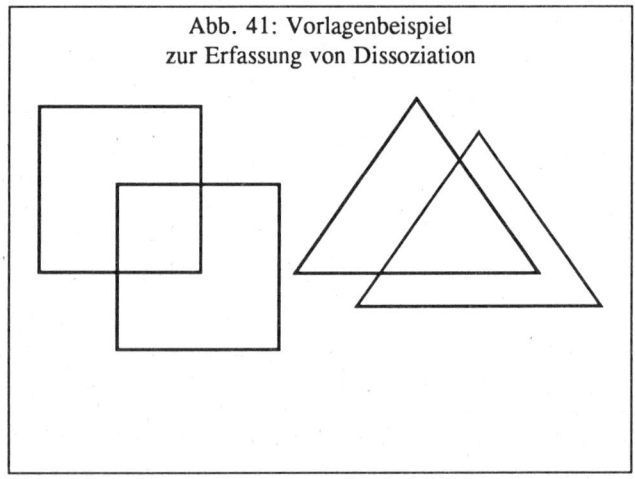

Abb. 41: Vorlagenbeispiel
zur Erfassung von Dissoziation

Gesamtheit zu erfassen und zu erkennen. Perseveration wird definiert als "die Unfähigkeit, sich mühelos von einer geistigen Tätigkeit einer anderen zuzuwenden" (a.a.O., 47). Die Kinder "kleben" also an situativ gegebenen Bedingungen und können sich nur schwer auf neue Tätigkeiten, Anforderungen usw. umstellen. Perseveration zeigt sich z.B. auch in Wiederholungen beim Sprechen, beim Schreiben und beim Rechnen.

Motorische Unreife oder Inkoordination drückt sich in mangelhaften motorischen Fertigkeiten, in Ungeschicklichkeiten, in einem nicht altersgemäßen fein- und grobmotorischen Status sowie in Beziehungsstörungen zum eigenen Körper aus.

Aufgrund dieser Forschungen verbreitete sich unter Medizinern, Psychologen und Pädagogen die Überzeugung, daß kindliche Hirnschädigungen mit Übererregbarkeit und Unkonzentriertheit kovariieren und daß Kinder, die derartige Symptome zeigen, auch hirngeschädigt sein müssen (vgl. Gaddes 1991, 165). Da sich insbesondere pädagogische und psychologische Praktiker gegen die verallgemeinernden wie auch stigmatisierenden und pädagogischen Pessimismus verbreitenden Tendenzen des Hirnschädigungskonzepts wandten, wurde später einschränkend von Minimalen Hirnschädigungen (Minimal Brain Damage) gesprochen. Zu Beginn der sechziger Jahre wurde dann auch die diagnostische Zuschreibung einer minimalen Hirnschädigung abgelehnt mit der Begründung, daß bei vielen Kindern mit den in Frage stehenden Verhaltensschwierigkeiten keine Hirnschädigungen nachweisbar seien und es auch unzulässig sei, von Verhaltensweisen auf organische Schädigungen zu schließen (vgl. Kessler 1980). Das Konzept wurde dahingehend geändert, daß nun nicht mehr von Schädigungen, sondern nur noch von Funktionsstörungen die Rede war und das Konzept als Minimal Brain Dysfunction (MBD) bzw. als Minimale Cerebrale Dysfunktion (MCD) bezeichnet wurde. Daneben bürgerten sich im anglo-amerikanischen und deutschen Sprachraum im zum Teil synonymen, zum Teil auch differenzierenden Gebrauch Begriffe ein wie exogenes Psychosyndrom, Hyperaktivität, Hyperkinetisches Syndrom, Neurogene Lernstörungen sowie Teilleistungsschwächen bzw. -störungen ein.

Im deutschsprachigen Raum spielten und spielen auch nach wie vor die auf frühkindliche Hirnschädigungen zurückgeführten Symptomkomplexe nach Göllnitz und nach Lempp eine Rolle. Für die Pädagogik bei Verhaltensstörungen in der ehemaligen DDR war das von Göllnitz beschriebene hirnorganische Achsensyndrom nahezu konstitutiv. Göllnitz nannte für das Achsensyndrom als wesentliche Symptome "gesteigerte Ermüdbarkeit, Konzentrationserlahmen, Leistungsvariabilität, Denkverlangsamung, visuomotorische Desintegration, verringerte Differenzierungsfähigkeit; Vergröberung der Affekte, Affektstauungen, Affektentladungen, Affektverarmung; Antriebsüberschuß, ziellose Aggressionen, Stumpfheit; erhöhte Abhängigkeit von Umweltreizen" (Göllnitz / Rösler 1975, 24). Lempp, der das auf frühkindliche Hirnschädigungen zurückgeführte Erscheinungsbild als exogenes Psychosyndrom bezeichnete, fand als Leitsymptome "eine erhöhte Reizempfindlichkeit, eine Störung der Figur-Hintergrund-Relation, oder eine andere sensorische Erfassungsstörung, die sich auch in der intellektuellen Leistungsfähigkeit ausdrücken kann, persistierende unwillkürliche Aufmerksamkeit, gestörtes Distanzgefühl, verminderte Kommunikationsfähigkeit, u.U. verbunden mit erhöhter Kontaktfähigkeit, sowie vermindertes Sozialgefühl" (1970, 65).

Die Zustandsbilder des hirnorganischen Achsensyndroms nach Göllnitz und des exogenen Psychosyndroms nach Lempp entsprechen weitgehend der Syndrombeschreibung, die Cruickshank für die Erscheinungsformen des "Minimal Brain Damage" gefunden hatte.

Gegenwärtig werden als Ersatz bzw. als Neuformulierung sowie als Differenzierung für das Konzept der minimalen frühkindlichen Hirnschädigung mehrere Syndrombezeichnun-

gen genannt. So werden im Sinne einer differenzierenden Betrachtung aus nosologischen und phänomenologischen Erwägungen heraus z.B. die folgenden drei Bezeichnungen für spezifische Syndrome vorgeschlagen, die sich teilweise überschneiden sollen, und zwar
- das Hyperkinetische Syndrom,
- die Minimale Cerebrale Dysfunktion und
- spezifische Lernstörungen (Steinhausen 1984).

Für das Hyperkinetische Syndrom (HKS) gibt Steinhausen die folgenden zentralen Merkmale an, die bei der Diagnose abgeklärt werden müssen:
"Hyperaktivität
    ziellose Aktivität, kann nicht still sitzen, ständig in Bewegung, Zappeligkeit, starker Rededrang
Aufmerksamkeitsstörung
    kurze Konzentration, wenig Ausdauer in Arbeit und Spiel, schneller Wechsel der Beschäftigung, leicht ablenkbar, hört nicht genügend zu
Impulsivität
    unvorhersehbares Verhalten, mangelnde Steuerung des Verhaltens im häuslichen wie im schulischen Bereich
Erregbarkeit / Irritierbarkeit
    unvorhersehbare Affektschwankungen, Wutanfälle aus relativ unbedeutendem Anlaß, empfindlich gegenüber Kritik, niedrige Frustrationstoleranz, Störanfälligkeit
Emotionale Störungen
    geringes Selbstwertgefühl, häufiges Weinen, Verleugnen von Schwierigkeiten
Dissoziales Verhalten
    Destruktivität, Unbeliebtheit, Streitigkeiten, Schlägereien, Necken, Disziplinschwierigkeiten in Haus und Schule, Ungehorsam, Lügen
Lernstörungen
    schlechte Leistungen in der Schule, isolierte Lernstörungen im Rechnen, Lesen, Schreiben etc." (Steinhausen 1982, 22).

Mit dieser Merkmalszusammenstellung ist das allgemeine Bild des HKS erfaßt, das nach dem neuesten Klassifikations-Systems ICD-10 der Weltgesundheitsorganisation (WHO) in zwei Hauptvarianten auftritt, und zwar mit Störungen im Bereich der Aktivität und Aufmerksamkeit und mit Störungen des Sozialverhaltens als "Hyperkinetische Störung des Sozialverhaltens" (WHO 1991, 275-279). Diese Differenzierung hat sich als notwendig erwiesen, weil Untersuchungen erbrachten, "daß der Verlauf bis ins Adoleszens- und Erwachsenenalter stark davon beeinflußt wird, ob Aggressivität, Delinquenz oder dissoziales Verhalten begleitend vorhanden sind oder nicht" (a.a.O., 278).
Auch die Minimale Cerebrale Dysfunktion (MCD) kann in sehr unterschiedlichen Formen auftreten und sich in Überschneidungen mit hyperkinetischen Störungen sowie mit Lernstörungen und milieureaktiv bedingten Verhaltensstörungen manifestieren. Die Überschneidungen lassen sich mit einem Schaubild in Anlehnung an Arnold (1976, 172) und in weiterer Differenzierung verdeutlichen (siehe Abb. 42).

Während sich bei schweren Hirnschädigungen infolge feststellbarer organischer Veränderungen sogenannte "Hardsigns" als schwere intellektuelle Beeinträchtigungen, motorische Störungen oder sogar Lähmungen zeigen, sind bei MCD-Kindern sogenannte "Softsigns" d.h. weiche Symptome festzustellen. Die weichen Symptome lassen sich in Anlehnung an Gaddes (1991) in sechs Bereichen zusammenfassen:

1. Auf Entwicklungsverzögerungen verweisende Symptome wie "Verzögerung des Sprechvermögens und der Sprache, unkoordinierte Bewegungen, Wahrnehmungsstörungen in allen Sinnesbereichen, unsichere Rechts-Links-Orientierung, zeitweilig auftretende überschießende motorische Erregbarkeit sowie die Aufhebung und die Unterdrückung der simultanen taktilen Zweipunktstimulation ..., verzögerte oder mangelhafte Reihenfolgewahrnehmung und/oder -reaktion".
2. Auf neurologische Faktoren zurückführbare Symptome wie z.B. Nystagmus (Augenzittern), Strabismus (Schielen), Tremor (Zittern).
3. Auf Anomalien verweisende Symptome wie z.B. "eine leichte Seitendifferenz des Tonus oder der Reflexe, eine eben wahrnehmbare Halbseitenlähmung, eine minimale Athetose oder eine leichte Asymmetrie des Schädels oder der Extremitäten".
4. Mit EEG-Abnormitäten zusammenhängende Symptome wie "Schwankungen im Verhalten oder in geistigen Leistungen" ohne echte Krampfanfälle.
5. Störungen der Aufmerksamkeit, des Aktivitätsniveaus und der Reizsteuerung.
6. Störungen der Affektivität (Gaddes 1991, 106).

Als Sprech- und Sprachstörungen zeigen sich z.B. Dysarthrie (Koordinationsstörung des Sprachvollzugs), Dyslalie (Stammeln) und Dysgrammatismus (Störungen in grammatikalischer und syntaktischer Hinsicht). Motorische Störungen zeigen sich in der Feinmotorik, im Schreiben, im Malen und Basteln, grobmotorische Störungen in einer allgemeinen Ungeschicklichkeit und bei sportlichen Übungen, insbesondere beim Balancieren, beim Ballfangen und -werfen, beim Laufen und Klettern usw.
Wahrnehmungsstörungen können sich quantitativ wie qualitativ zeigen, quantitativ insofern, als nicht genügend Kanalkapazität verfügbar ist, wodurch die Reizaufnahme reduziert wird, qualitativ insofern, als die Differenzierungsfähigkeit für auditive, visuelle und taktile Stimuli beeinträchtigt ist. Beeinträchtigungen in visueller Hinsicht (z.B. Dissozia-

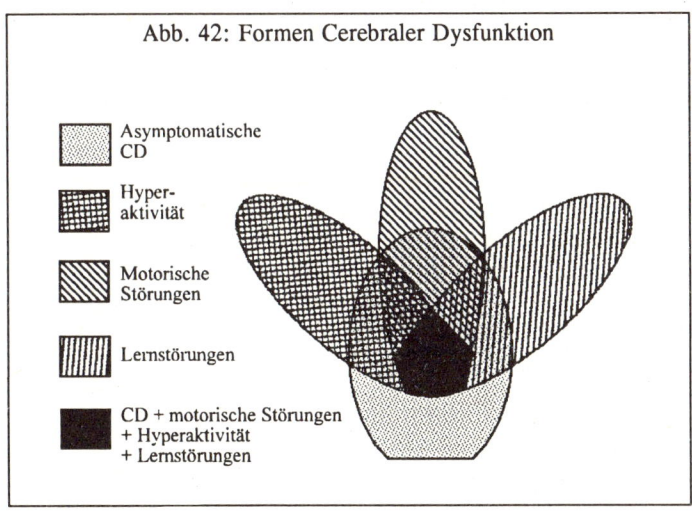

Abb. 42: Formen Cerebraler Dysfunktion

Asymptomatische CD

Hyper- aktivität

Motorische Störungen

Lernstörungen

CD + motorische Störungen + Hyperaktivität + Lernstörungen

tion, Figur-Hintergrund-Reversion, vgl. Cruikshank 1981), behindern z.B. den Leselern-prozeß. Wahrnehmungsstörungen in quantitativer Hinsicht zeigen sich z.B. auch in einer reduzierten Reizabschirmung, d.h. die Kinder sind reizüberempfindlich und können auf allgemein als normal empfundene auditive, visuelle wie taktile Reize erschreckt, ablehnend, hysterisch reagieren (vgl. Ruf-Bächtiger 1987).

Verlangsamte Ein- und Umstellungsfähigkeit (Perseverieren): Die Kinder "kleben" sozusagen an dem, was sie momentan tun, sie können sich auf neue Situationen nur schwer einstellen und einen schnellen Wechsel von einer Aufgabenstellung in eine andere nicht mitmachen.

Wahrnehmungsstörungen: Störungen in der intermodalen Übertragung, Koordinationsprobleme zwischen Seh-, Hör- und Tastsinn. Die Verbindung zwischen den genannten Konzeptionsmodi kann nicht zureichend realisiert werden, so daß z.B. auditive Reize nur schwer oder unzureichend motorisch umgesetzt werden können (Ungeschicklichkeit beim Rhythmisieren, beim Tanzen usw.) oder daß auditiv erfaßte Einheiten nur schwer oder gar nicht so analysiert werden, daß sie visuell, d.h. z.B. in der Schrift, umsetzbar werden.

Seriale Beeinträchtigungen zeigen sich darin, daß zeitlich aufeinanderfolgende Stimuli nicht zu einer Einheit, zu einer Gestalt verbunden werden können, so daß komplexere Handlungsmuster oder Handlungsabläufe im Spiel oder in Erzählungen nicht nachvollziehbar sind. Diese Problematik zeigt sich auch immer wieder darin, daß bereits erlernte Handlungsabläufe schnell wieder vergessen oder bei entsprechenden Aufgabenstellungen nur mühsam nachvollziehbar sind.

Rückkopplungsstörungen beeinträchtigen Kontroll- und Optimierungsmöglichkeiten.

Aufmerksamkeitsstörungen werden im Sinne einer sensorischen Hyperaktivität in Zusammenhang gebracht mit perzeptiven Aufnahme- und Selektionsstörungen und mit einer Reizüberempfindlichkeit, andererseits aber auch mit einer intensivierten Reizsuche infolge von Reizmängeln. Dem Modell der Überstimulierung steht somit das der Unterstimulierung entgegen, für das nicht nur die Wirksamkeit der Stimulanzientherapie spricht, sondern auch die sogenannte Vigilanzhypothese, nach der eine reizangereicherte Umgebung erfahrungsgemäß die Vigilität, d.h. die Wachheit, steigert. Für diese Hypothese spricht, daß z.B. Menschen, die einer sensorischen Deprivation ausgesetzt waren, über motorische Aktivitäten Konzentrationsstörungen abreagieren können (vgl. Zentall 1977/1978).

Störungen im Sozialverhalten werden einerseits als mit der MCD zusammenhängende psychopathologische Merkmale gesehen, andererseits auch als milieureaktive Störungen infolge unangemessenen Verhaltens der Umwelt dem Problemkind gegenüber. MCD-Kinder haben aber auch Schwierigkeiten, die im sozialen Umgang relevanten Regeln zu erkennen und zu internalisieren, woran eine Reifungsproblematik im Sinne kleinkindhaft-egoistischer Tendenzen zu sehen ist. Eine im sozialen Umgang sich zeigende Gesellligkeit und Kontaktfreudigkeit ist eher als Distanzlosigkeit aufgrund affektiver Störungen zu werten. Affektive Störungen zeigen sich auch in psychischer Labilität, in starken Stimmungsschwankungen, in Tendenzen zu affektiver Übererregung, die sich sowohl in starken Angstgefühlen als auch in aggressiven Aufbrüchen zeigen können. Infolge der affektiven Steuerungsproblematik reagieren sie auch unangemessen und übermäßig auf Frustrationserlebnisse und Streßsituationen.

Auch das Syndromkonzept der Minimalen Cerebralen Dysfunktion (MCD) stößt heute auf verbreitete Ablehnung. Zum einen wird darauf verwiesen, daß die Störungen für das

Kind wie für seine Umwelt häufig durchaus nicht minimal sind, zum anderen kann festgestellt werden, daß die Symptome so vielfältig sind und in so vielen individuellen Mischungen auftreten, daß von einem einheitlichen Zustandsbild gar nicht gesprochen werden kann. Deshalb wird ein so umfassender und letztlich auch nichtssagender Ausdruck vorgeschlagen und in der Schweiz z.B. verbreitet verwendet wie der des Psycho-Organischen-Syndroms (POS). Es finden sich auch Argumente für die MCD-Klassifikation, und zwar nicht nur weil das Konzept sich eingebürgert hat, sondern vor allem weil es eine spezifische neurologische Problematik kommunizierbar macht und der psychiatrischen Tradition entspricht, phänomenologisch in einem Beziehungszusammenhang stehende Symptome unter einem Syndrombegriff zusammenzufassen. Auch aus neuropsychologischer Sicht gibt es gewichtige Gründe, die diagnostische Kategorie Minimale Cerebrale Dysfunktion beizubehalten (vgl. Gaddes 1991). Ein Kompromiß könnte es sein, unter Verzicht auf das Attribut "Minimal" das zwar sehr komplexe, aber inzwischen dennoch mit einem spezifischen Verständnis belegte Erscheinungsbild als "Cerebrale Dysfunktion" zu bezeichnen.

Mit cerebralen Funktionsstörungen werden die "spezifischen Lernstörungen" im Zusammenhang gesehen, die nach einer im deutschen Sprachraum verbreiteten Terminologie auch als Teilleistungsstörungen oder -schwächen bezeichnet werden (vgl. Kap. 3.2). In den USA kam das "National Advisory Committee for the Handicapped" für die spezifischen Lernstörungen zu der folgenden "allgemein anerkannten Begriffserklärung": "Kinder mit spezifischen oder speziellen Lernstörungen weisen eine Störung in einem oder in mehreren psychologischen Prozessen auf, so daß sie bei der Aufnahme oder beim Gebrauch gesprochener und geschriebener Sprache behindert sind. Störungen des Hörens, Denkens, Sprechens, Lesens, Buchstabierens, Schreibens oder Rechnens zeigen dies an. Hierzu zählen Zustände, wie sie auf Wahrnehmungsstörungen, Hirnverletzungen, geringe Hirndysfunktionen, Legasthenie oder sekundäre Aphasie zurückgeführt werden können. Nicht hierzu werden diejenigen Lernstörungen gezählt, die primär auf geistige Behinderung, Verhaltensstörung oder auf Milieuschäden zurückzuführen sind" (zitiert nach Kirk / Kirk 1976, 20). Die so breit diskutierte Schulleistungsproblematik, die als Legasthenie oder Lese-Rechtschreib-Schwäche in den allgemeinen Sprachgebrauch eingegangen ist, ist in diesem Sinne also auch als spezifische Lernstörung oder als Teilleistungsstörung zu verstehen. Hirnschädigungen sind bei leserechtschreibschwachen Kindern meist nicht nachzuweisen. Von größter Bedeutung scheint eine Verzögerung der Entwicklung jener Hirnareale zu sein, die der sprachlichen Artikulation, der Begriffsbildung und der akustischen Differenzierung dienen. Sonderpädagogisch stellt sich bei den betroffenen Kindern und Jugendlichen die Aufgabe, Sprach- und Sprechübungen intensiv zu pflegen, Techniken zur verbesserten Lautanalyse und Lautsynthese einzuführen und Informationsaufnahme über die verschiedensten Kanäle bzw. Sinnesorgane einzuüben (siehe Angermeier 1974, Kirk / Kirk 1976).

Nach den weltweit verwendeten Klassifikations-Systemen, dem DSM-III-R der APA und dem ICD-10 der WHO (siehe dazu Kap. 3.1) sollten sowohl das Hyperkinetische Syndrom als auch die Minimale Cerebrale Dysfunktion nicht mehr als diagnostische Kategorien dienen.

Die Störungen werden im DSM-III-R und im ICD-10 neu gewichtet und geordnet. Das ICD-10 bringt Differenzierungen unter der Kategorie "hyperkinetische Störungen" Im DSM-III-R sind die Störungen zum Großteil unter der Bezeichnung "Aufmerksamkeits- und Hyperaktivitätsstörung" zusammengefaßt. Neben dieser Störung werden - wegen ihres häufigen gemeinsamen Auftretens - auch noch die "Störungen mit oppositionellem Trotzverhalten" sowie die "Störung des Sozialverhaltens" der gemeinsamen Kategorie der "Expansiven Verhaltensstörungen" (externalizing symptoms) zugeordnet.

Für die Kategorie der Aufmerksamkeits- und Hyperaktivitätsstörung (AHS) werden auf der Basis breiter empirischer Untersuchungen drei Hauptmerkmale angegeben, und zwar eine dem sonstigen Entwicklungsstand nicht entsprechende

- übermäßige Unaufmerksamkeit,
- Impulsivität und
- Hyperaktivität.

Die Symptome werden zunächst allgemein beschrieben, wobei deutlich wird, daß sich die drei Störungsbereiche zum Teil überlappen. So sind z.B. die Symptome "Aufgaben nicht konsequent zu Ende führen" und Schwierigkeiten, "übertragene Arbeiten zu organisieren und korrekt auszuführen" sowie "den Eindruck machen, nicht zuzuhören oder das Gesagte nicht gehört zu haben" und unordentliche, nachlässige, impulsive Verrichtung von Arbeiten den Störungsbereichen Unaufmerksamkeit und Impulsivität ebenso gemeinsam zuzuordnen wie die Zerstreutheits-Problematik, "daß Gegenstände angestoßen oder umgeworfen werden oder daß die Kinder selbst hinfallen" (vgl. APA 1991, 79, Hoffmann 1845: Hanns-Guck-in-die-Luft).

> Die Geschichte vom Hanns Guck-in-die-Luft
> Wenn der Hanns zur Schule ging,
> stets sein Blick am Himmel hing.
> Nach den Dächern, Wolken, Schwalben
> schaut er aufwärts allenthalben.
> Vor die eigenen Füße dicht,
> ja, da sah der Bursche nicht,
> also daß ein jeder ruft:
> "Seht den Hanns Guck-in-die-Luft!"
> (Hoffmann, o.J., 21)

Die Unaufmerksamkeit zeigt sich zuhause "in der Unfähigkeit, Bitten und Aufforderungen anderer nachzukommen, sowie im häufigen Wechsel von Aktivitäten, wobei keine wirklich zu Ende geführt wird"; unter Gleichaltrigen können die betroffenen Kinder "Regeln strukturierter Spiele nicht befolgen oder anderen Kindern nicht zuhören". Für die Impulsivität werden folgende Merkmale angeführt: Die Kinder platzen mit einer Antwort heraus, bevor die Fragestellung abgeschlossen ist; sie können nicht warten, bis sie an der Reihe sind, sie versuchen Aufgaben zu erledigen, ohne die Anweisungen recht zu kennen, in der Schule unterbrechen sie die Lehrer und die Mitschüler, in der Familie die übrigen Familienmitglieder; sie drängeln sich auf, sie haben eine Neigung zu Unfällen, beim Spielen können sie nicht warten, bis sie an der Reihe sind, sie unterbrechen Mitspieler, sie unternehmen gefährliche Aktivitäten ohne die Konsequenzen zu überdenken und zu beachten.

Die Hyperaktivität kann sich zeigen in Schwierigkeiten, ruhig zu sitzen, in übermäßigem Herumtollen, Herumrennen, Herumzappeln, im Herumspielen mit Gegenständen, im unruhigen Hin- und Herrutschen auf dem Stuhl. Zuhause können die Kinder nicht sitzenbleiben, bei ihren Aktivitäten sind sie übermäßig laut, unter Gleichaltrigen reden sie übermäßig viel, können nicht ruhig spielen und halten sich nicht an Spielregeln.

Die Merkmale können auch eine altersspezifische Ausprägung haben. Im Vorschulalter sind die Kinder vor allem motorisch hyperaktiv, sie rennen und klettern übermäßig viel herum, sind ständig in Bewegung, wechseln häufig ihre Aktivitäten. Ältere Kinder und Adoleszenten zappeln übermäßig herum und sind rastlos, Aufträge können sie nicht zu

Ende führen oder erledigen sie nachlässig; anstatt Aufträgen nachzukommen wenden sie sich anderen Aktivitäten zu.

Als Nebenmerkmale sind ein niedriges Selbstwertgefühl, übermäßige Stimmungsschwankungen, eine niedrige Frustrationstoleranz, Wutausbrüche und unterdurchschnittliche schulische Leistungen festzustellen. Auch können "leichte" neurologische Symptome wie motorisch-perzeptorische Funktionsstörungen auftreten.

Die Störung beginnt bei ca. der Hälfte der betroffenen Kinder schon vor dem vollendeten 4. Lebensjahr und wird häufig erst nach der Einschulung bemerkt.

Zum Verlauf der Aufmerksamkeits- und Hyperaktivitätsstörung (AHS) ist bemerkenswert, daß die Störung die gesamte Kindheit hindurch anhält und sich Weiterentwicklungen mit einer "Störung mit oppositionellem Trotzverhalten" und einer "Störung des Sozialverhaltens" häufig erst im weiteren Verlauf der Kindheit ergibt. Wird eine "Störung des Sozialverhaltens" entwickelt, dann zeigt sich im Erwachsenenalter signifikant häufig eine "antisoziale Persönlichkeitsstörung". Das Syndrom der AHS hält sich bei ca. einem Drittel der Betroffenen mit Anzeichen bis ins Erwachsenenalter. Prognostisch besonders ungünstig ist die Merkmalskombination "Störung des Sozialverhaltens", niedriger IQ, schwere psychische Störung der Eltern.

Als prädisponierende Faktoren werden angesehen:
- Auffälligkeiten im zentralen Nervensystem
- infantile Cerebralparese
- Epilepsie
- andere neurologische Erkrankungen
- ein wenig strukturiertes und chaotisches Umfeld
- Kindesmißhandlung oder Kindesvernachlässigung.

Zur Verbreitung der AHS gibt die APA an, daß die Störung häufig auftritt und bis 3% der Kinder betreffen kann. Jungen sind in nichtklinischen Stichproben dreimal häufiger und in klinischen Stichproben sechs- bis neunmal häufiger als Mädchen betroffen.

Im DSM-III-R ist eine Liste der wichtigsten Merkmale für die AHS zusammengestellt, die als Kriterienkatalog der Diagnose dienen kann, wobei die angeführten Kriterien nur dann als erfüllt gelten, wenn sich die Verhaltensweisen im Vergleich zu gleichaltrigen Kindern deutlich häufiger zeigen.

Folgende Kriterien werden angegeben:
"A) Eine mindestens sechs Monate andauernde Störung, bei der mindestens acht der folgenden Anzeichen auftreten:

Der Betroffene
(1) zappelt häufig mit Händen oder Füßen oder windet sich in seinem Sitz (bei Adoleszenten kann sich dies auf subjektive Empfindungen von Rastlosigkeit beschränken)
(2) kann nur schwer sitzen bleiben, wenn dies von ihm verlangt wird
(3) wird leicht durch externe Reize abgelenkt
(4) kann bei Spiel- oder Gruppensituationen nur schwer warten, bis er an der Reihe ist
(5) platzt oft mit der Antwort heraus, bevor die Fragen vollständig gestellt sind
(6) hat Schwierigkeiten, Aufträge anderer vollständig auszuführen (nicht bedingt durch oppositionelles Verhalten oder Verständnisschwierigkeiten), beendet beispielsweise die Hausaufgaben nicht
(7) hat Schwierigkeiten, bei Aufgaben oder Spielen länger aufmerksam zu sein
(8) wechselt häufig von einer nicht beendeten Aktivität zu einer anderen

(9) kann nur schwer ruhig spielen
(10) redet häufig übermäßig viel
(11) unterbricht oft andere oder drängt sich diesen auf, platzt z.B. ins Spiel anderer Kinder hinein
(12) scheint häufig nicht zuzuhören, wenn andere mit ihm sprechen
(13) verliert häufig Gegenstände, die er für Aufgaben und Aktivitäten in der Schule oder zu Hause benötigt (z.B. Spielzeug, Bleistifte, Bücher, Anweisungen)
(14) unternimmt oft ohne Rücksicht auf mögliche Folgen körperlich gefährliche Aktivitäten (nicht aus Abenteuerlust), rennt z.B. ohne zu schauen auf die Straße" (APA 1991, 81-82).

B) Beginn vor Vollendung des 7. Lebensjahres

Die einzelnen Verhaltensweisen bzw. Symptome stehen nicht in einer zufälligen Reihenfolge, sondern sind so auf der Basis landesweiter empirischer Untersuchungen nach dem Grad der Differenzierbarkeit angeordnet, der nach unten abnimmt.

Der Beginn der Störung soll vor der Vollendung des siebten Lebensjahres eingetreten sein.

Das AHS kann mit den drei Schweregraden "leicht", "mittel" und "schwer" auftreten. Als schwer wird die Störung z.B. dann bezeichnet, wenn folgendes Kriterium erfüllt wird: "Neben den für die Diagnose der Störung geforderten Symptome liegen viele weitere Symptome vor, und die soziale Anpassung an die Familie und Gleichaltrige wie die schulische Leistungsfähigkeit sind bedeutsam und schwerwiegend beeinträchtigt" (APA 1991, 82).

Aufmerksamkeits- und Hyperaktivitätsstörungen sind zumeist multifaktoriell bedingt. Anlagebedingte wie milieubedingte Defizite, Störungen und Belastungen sind beeinträchtigende bzw. prädisponierende Faktoren, die interdependent zusammenwirken.

Mehrere ätiologische Erklärungsmöglichkeiten sind zu berücksichtigen:
Auf genetische Verursachungsmöglichkeiten verweist,
- daß sich ähnliche Störungen z.B. bei Kindern mit Chromosomenaberrationen (Klinefelter-Syndrom / Turner-Syndrom) zeigen,
- daß sich unter Eltern hyperaktiv-lerngestörter Kinder häufig solche finden, die als Kinder selbst entsprechende Störungen hatten,
- daß die Hälfte der Kinder von schizophrenen Eltern eine MCD-Symptomatik aufweist.
Organische ätiologische Faktoren können weiterhin sein:
- Hirnverletzungen / Auffälligkeiten im zentralen Nervensystem
- infantile Cerebralparese
- Frühgeburtlichkeit
- andere neurologische Erkrankungen
- Epilepsie
- Mangelernährung in der Fötal-, der Säuglings- oder/und der Kleinkindzeit
- Stoffwechselerkrankungen
- endokrine Störungen
- psychische Traumatisierungen z.B. durch frühe Mutterentbehrung oder durch Kindesmißhandlung / Kindesvernachlässigung
- Intoxikationen (z.B. durch Blei)
- ein wenig strukturiertes und chaotisches Umfeld.

Forscher des amerikanischen National Institut of Mental Health kamen kürzlich über ein die Stoffwechselaktivitäten des Gehirns messendes Verfahren zu dem Ergebnis, daß die Ursache für Hyperaktivität wohl weitgehend auf einer Stoffwechselstörung im Zentralnervensystem beruht. Über szintigraphische Erhebungen an hyperaktiven Erwachsenen, die auch hyperaktive Kinder hatten, fanden sie heraus, daß der ZNS-Stoffwechsel insbesondere in den Regionen, die Aufmerksamkeit und Motorik steuern, deutlich niedriger ist als bei einer nichthyperaktiven Kontrollgruppe (Psychologie Heute 18 (1991), Heft 5, 43-44).

Die cerebralen Dysfunktionen lassen sich neurophysiologisch aus der Komplexität des Gehirns und der Funktion der Nervenzellen erklären. "Die Nervenzelle gibt einen winzigen Teil gewisser chemischer Stoffe ab, diese werden von einer zweiten Zelle aufgenommen und veranlassen sie, zu ´feuern´. Die chemischen Stoffe heißen ´Neurotransmitter´. Wenn von einem bestimmten Neurotransmitter zuwenig vorhanden ist, `feuert` die zweite Zelle nicht, weil von der ersten Zelle nicht genug freigesetzt wurde. Obwohl die Nervenzellen selbst intakt sind, hat es den Anschein, daß die Verbindung unterbrochen ist. In verschiedenen Teilen des Gehirns gibt es verschiedene Neurotransmitter. Wenn die Menge eines Neurotransmitters nicht ausreicht, funktioniert jener Teil des Gehirns, den er ´betreibt´, nicht richtig. Hyperaktive Kinder haben wahrscheinlich einen Mangel an einigen Neurotransmittern" (Wender / Wender 1980, 32). Der Neurotransmittermangel kann aus Anlagebedingungen sowie aus Entwicklungsstörungen während der Schwangerschaft resultieren (a.a.O., 33). Eindeutig hat sich diese Auffassung bisher nicht belegen lassen, für die jedoch Untersuchungsergebnisse sprechen, nach denen Kinder mit AHS bereits während der Fötalzeit erhöhte Aktivitäten zeigen (vgl. Ross / Ross 1976).

Seit langem ist bekannt, daß Blei eine giftige Substanz ist und in hohem Maße toxisch auf den cerebralen Stoffwechsel einwirkt. Es muß heute als gesichert gelten, daß Bleiintoxikation bei Kindern Aufmersamkeits- und Hyperaktivitätsstörungen erbringen kann.

Seit Mitte der siebziger Jahre wird auch bestimmten Stoffen, die Nahrungsmitteln und Getränken wie Würsten oder Limonaden beigegeben werden, zugeschrieben, daß sie zu Aufmerksamkeits- und Hyperaktivitätsstörungen führen können (siehe Kap. 6.1.1).

Nach Wender sind die folgenden charakteristischen Probleme hyperaktiver Kinder "biologisch bedingt. Sie sind keine Erziehungsfolgen:
1. Unruhe
2. Unaufmerksamkeit und Ablenkbarkeit
3. Unzufriedenheit
4. Impulsivität (die Unfähigkeit, sich zu beherrschen)
5. Wahrnehmungs- und Lernschwierigkeiten
6. Aggressivität
7. übermäßige Reizbarkeit" (Wender / Wender 1988,38-39).

Das Hyperkinetische Syndrom bzw. die Aufmerksamkeits- und Hyperaktivitätsstörung wird allgemein nicht als Krankheit, sondern als funktionelle Störung aufgefaßt. Zur Erklärung der sich zeigenden Phänomene werden aber auch psychische Schutzfunktionen oder nur pathogene Umweltbedingungen herangezogen. So kann die Aufmerksamkeits- und Hyperaktivitätsstörung "eine Reaktion auf Interaktionsstörungen, der Versuch einer Konfliktbewältigung durch gesteigerte Selbstwahrnehmung sein. Sie führt nicht zur Lösung des Konflikts, doch kann sie als erfolgreiche Abwehr gegen schwerwiegendere Störungen wie Psychosen und Depressionen angesehen werden. Sie ist eine psychisch gesündere Reaktion, da hier nicht resigniert, sondern noch gekämpft wird" (von Lüpke 1983, 63). Aus extremer Position werden HKS, MCD und Hyperaktivität als "Mythos" bezeichnet, und es wird in Mißachtung weltweiter Forschung und der Komplexität der Genese von Verhaltensstörungen pauschalisierend - und darin liegt der Hauptkritikpunkt - verkündet: "'Auffälliges' Verhalten von Kindern und Jugendlichen in den verschiedensten Erscheinungsformen bis hin zu physischen, psychosomatischen oder körperlichen Erkrankungen ist eine *gesunde* Reaktion auf eine *krankmachende* Lebenswelt" (Voss 1991, 38).

Wenn davon ausgegangen wird, daß es Faktoren gibt, die für die hyperkinetische Verhaltensproblematik bzw. die Aufmersamkeits- und Hyperaktivitätsstörungen prädisponierende Wirkung haben, muß die weitere Genese erklärt werden. Ein schlüssiges, wissenschaftlichen Ansprüchen genügendes und auch für die pädagogisch-therapeutische Intervention nützliches psychologisches Erklärungsmodell entwickelte Virginia Douglas. Douglas geht davon aus, daß sich auf der Basis prädisponierender konstitutioneller Gegebenheiten für die Kinder Schwierigkeiten ergeben,

- Daueraufmerksamkeit und Anstrengungsbereitschaft aufrechtzuerhalten,
- Inhibitionskontrolle zu realisieren, d.h. ineffeziente Reaktionen zu hemmen, nicht vorschnell zu handeln, sondern vielmehr auf der Basis von Verhaltensplänen zu agieren,
- einen angemessenen Aktivierungszustand zu realisieren und aufrechtzuerhalten, woraus sich eine Reizsuchtendenz aufbauen kann.

Infolge dieser Beeinträchtigungen bzw. Mängel kommt es zu mangelhaften Metakognitionen, d.h. zu situationsanalytischen, planungstechnischen, organisatorischen Mängeln, die chaotische Handlungsstrukturen erbringen. Die Beeinträchtigungen bzw. Mängel führen zu Mißerfolgserlebnissen, aus denen wiederum Mißerfolgsorientierung und Vermeidungsverhaltensweisen resultieren, die sich in kompensatorischen Ersatzhandlungen mit Aggressionen, Clownerien, Lügen usw. äußern können. Daraus ergibt sich wiederum eine Verschlechterung der primären Mängel mit Entmutigung und verstärkter Mißerfolgserwartung, womit eine Ausgangslage für eine erhöhte Wahrscheinlichkeit von Mißerfolgserlebnissen gegeben ist. So entwickelt sich in einem Circulus vitiosus eine sich mehr und mehr verschärfende Problemlage (vgl. Douglas 1980).

Die Vielzahl von Erklärungsmöglichkeiten zu den Aufmerksamkeits- und Hyperaktivitätsstörungen, die sich zum Teil auch widersprechen, läßt den Schluß zu, daß das Wissen über die Ätiologie dieses Erscheinungsbildes noch sehr unvollständig ist.

Die Diagnose von Aufmerksamkeits- und Hyperaktivitätsstörungen ist mehrdimensional. Neben anamnestischen Gesprächen mit Eltern und explorativen Gesprächen mit Erziehern und Lehrern werden systematische Verhaltensbeobachtung, Intelligenztests, differentielle Leistungstests, Schulleistungstests, Motoriktests und auch spezielle neuropsychologische sowie neurologische Untersuchungsmethoden eingesetzt, wobei letztere jedoch dem Arzt vorbehalten sind (vgl. Kap. 5.1). Bei der Diagnose ist nach dem DSM-III-R zu beachten, daß die Aufmerksamkeits- und Hyperaktivitätsstörung eine gewisse Nähe hat zu affektiven Störungen. Bevor eine Aufmerksamkeits- und Hyperaktivitätsstörung diagnostisch festgeschrieben wird, ist differentialdiagnostisch eine Abgrenzung zur affektiven Störung notwendig. Neben der Aufmerksamkeits- und Hyperaktivitätsstörung gibt es auch eine undifferenzierte Aufmerksamkeitsstörung, bei der Impulsivität und Hyperaktivität nicht auftreten. Aus medizinischer Sicht ist zu bedenken, daß "vorschreitende Erkrankungen des Zentralnervensystems, wie Tumoren oder heredodegenerative Prozesse, mit den Symptomen einer MCD" / AHS beginnen können (Neuhäuser 1983, 80).

Die Intervention bei Aufmersamkeits- und Hyperaktivitätsstörungen ist ganzheitlich aus-zurichten, d.h. die betroffenen Kinder müssen in ihrer Gesamtpersönlichkeit gefördert werden. Dem tragen vorliegende Konzepte in unterschiedlichem Maße Rechnung.
Es stehen einander ergänzende, einander widersprechende bzw. sich gegeneinander ab-grenzende Konzepte und Maßnahmen zur Verfügung, die sich kategorisieren lassen unter dem biophysischen Ansatz, dem psychodynamischen Ansatz, dem lerntheoretischen An-satz, dem neurophysiologischen / neuropsychologischen Ansatz, dem sonderpädagogi-schen Ansatz.
Als biophysisch orientiert können das Konzept von Cruickshank sowie das Gegenkonzept von Zentall gelten. In enger Beziehung zum biophysischen Ansatz stehen die neurophy-siologisch / neuropsychologisch orientierten Methoden von Affolter, Ayres, Frostig und Kiphard / Hünnekens bzw. Kiphard.
Dem psychodynamischen Ansatz folgen z.B. der Psychoanalytiker Bettelheim und die In-dividualpsychologin bzw. Adlerianerin Monika Vernooij. Ein spezifisch auf AHS-Kinder ausgerichtetes lerntheoretisches Konzept ist das des Amerikaners Meichenbaum, das in einer deutschen Adaption von Lauth (1983) vorliegt. Als sonderpädagogisch können die Konzepte von Kephart, von Brand / Breitenbach / Maisel sowie von Neukäter / Goetze apostrophiert werden (siehe Kap. 6.1).

9.3 Psychophysische Störungen bei Kindern und Jugendlichen

Unter psychophysischen Störungen werden hier solche Erscheinungen verstanden, die aus der Wechselwirkung von Körper und Seele in einer Weise resultieren, daß psychische Störungen den Körper beeinträchtigen oder gar krank machen. Psychophysische oder - in synonymer Formulierung - psychophysiologische Störungen sind also psychische Störun-gen mit einer körperlichen Symptomatik.
Schon Babys zeigen deutliche individuelle Unterschiede. Die einen sind freundlich, kon-taktfreudig und schaffen es leicht, ihre Bezugspersonen einzustimmen, ihnen die Wün-sche von den Lippen abzulesen und ihre Bedürfnisse zu befriedigen. Andere dagegen sind zurückhaltend, mürrisch und quengeln viel. Das kann ihre Bezugspersonen leicht dazu bringen, sie abweisend zu behandeln oder sogar zu vernachlässigen. Schon Babys können dann psychophysische Störungen zeigen, die von einfachen Entwicklungsbeeinträchtigun-gen bis zu schweren, lebensbedrohenden Hospitalismus-Störungen reichen (vgl. Kap 4.2.1).
Kleinere psychophysische Störungen wie Kopf- und Magenschmerzen, Schlafstörungen, bestimmte Formen der Dermatosen und Allergien oder auch leichtere Tics haben fast alle Kinder und Jugendlichen mit Verhaltensstörungen. Für das Kindes- und Jugendalter wird eine Klassifikation der psychophysischen bzw. -physiologischen Störungen in Krankhei-ten mit Organveränderungen, somatoforme Störungen, Eßstörungen, Schlafstörungen, Bewegungsstörungen, Enuresis, Enkopresis und Deprivationssyndrome vorgeschlagen (vgl. Steinhausen 1989). In engerer Fassung lassen sich unter psychophysischen Störun-gen die Eßstörungen Adipositas, Anorexia nervosa, Bulimia nervosa, Pica und Rumina-tion sowie Asthma bronchiale, Geschwüre im Magen- und Darmbereich und einige For-men der Allergien und Dermatosen fassen. Die Häufigkeitsangaben für psychophysische Störungen im Kindes- und Jugendalter variieren zwischen 6% und 30%. Die Störungen,

die zu schweren Erkrankungen werden können, treten auf der Basis organisch-physiologischer Dispositionen durch ein Zusammenwirken intrapsychischer und psychosozialer Belastungen auf, wobei familiäre Bedingungen von besonderer Bedeutung sind. Beispielhaft für psychophysische Störungen, für die überaus sensible und rigorose Reaktion kleinster Kinder wie Jugendlicher und junger Erwachsener auf negative Umweltbedingungen sowie wegen ihrer gegenwärtigen Häufigkeit und wegen ihrer Lebensbedrohlichkeit werden Eßstörungen behandelt, und zwar Pica, Adipositas, Anorexia nervosa und Bulimia nervosa.

9.3.1 Pica

Pica (Essen von Ungenießbarem) und Rumination (Hervorwürgen und erneutes Kauen und Schlucken von Speisen) sind selten vorkommende Eßstörungen. Pica ist eine Eßstörung, die zumeist um das vollendete erste Lebensjahr, aber auch früher beginnt. Die Kinder essen über einen längeren Zeitraum ungenießbare Stoffe wie Textilien, Farben, Bindfäden, Steinchen, Insekten, Mörtel, Sand, tierische Abfälle und Kot, wodurch sich Vergiftungen oder Infektionen ergeben können. Die Störung remittiert zumeist in der frühen Kindheit, kann sich aber bis ins Jugend- und Erwachsenenalter halten. Ursächlich für diese Eßstörung sind zumeist familiäre Beziehungsstörungen - insbesondere zwischen Mutter und Kind. Es besteht die Gefahr der Kindesmißhandlung und nicht selten wird Vernachlässigung des Kindes festgestellt. Die Intervention muß also darauf abzielen, die familiären Verhältnisse zu verbessern, die Vernachlässigung aufzuheben und dem Kind Liebe und das Gefühl der Geborgenheit zu vermitteln. Relativ schnell wirkende positive Beeinflussung läßt sich über verhaltenstherapeutische Maßnahmen erzielen.

9.3.2 Anorexia nervosa

Die auch Magersucht oder Pubertätsmagersucht genannte Störung tritt fast nur bei Mädchen auf und erreicht einen ersten Erkrankungsgipfel bereits mit 13 Jahren (Verhältnis Mädchen zu Jungen 15 : 1). Die Kinder und Jugendlichen mit Anorexia nervosa entwickeln ein extrem gestörtes Verhältnis zum Essen und zu ihrem Gewicht. Als weitere Merkmale zeigen sich eine gestörte Körperwahrnehmung, körperliche Veränderungen im Hormonhaushalt - häufig verbunden mit Amenorhoe - sowie im EEG, perfektionistisches Leistungsstreben mit zwanghaften Zügen und Ängsten, auffällige Familienverhältnisse mit häufig autoritären, stark kontrollierenden und ängstlichen Müttern (vgl. z.B. Remschmidt 1988, 239-245). Anoretiker haben meist kein Krankheitsgefühl, ihre inneren Spannungen im Sinne aggressiver und depressiver Tendenzen wandeln sich bei verbleibender depressiver Verstimmung in zeitweilig euphorische Zustände um (vgl. Klessmann 1988, Mester 1981). Das magersüchtige Verhalten führt zu Mangelerscheinungen, die das Leben bedrohen können (vgl. Fichter 1985). Mit der Dauer der Störung reduzieren sich die Heilungschancen, die zwischen 30% und 50% liegen.

9.3.3 Bulimia nervosa

Mit Bulimia nervosa (Bulimie) werden Heißhunger- bzw. Eßattacken bezeichnet, die häufig mit selbstinduziertem Erbrechen oder anderen "Maßnahmen" gegen das Dickwerden verbunden sind. Bulimie tritt oft als Vorphase oder im Gefolge einer Anorexia nervosa auf. Auch diese Störung findet sich vorwiegend beim weiblichen Geschlecht. Die Mädchen und jungen Frauen zeigen eine depressive Grundstimmung und im Verlauf ihrer Eßsucht Störungen im Hormon- und Elekrolythaushalt sowie Unwohlsein und Schwellungen an den Extremitäten.

9.3.4 Adipositas

Adipositas, auch als Fettsucht bezeichnet, meint eine Übergewichtigkeit, die häufig schon im Säuglingsalter beginnt, zwar dispositionelle Hintergrundfaktoren hat, im wesentlichen jedoch aus Umweltbedingungen resultiert. Die betroffenen Kinder und Jugendlichen haben ein gestörtes Appetit- und Sättigungsempfinden. Die Adipositas kann auf eine Verbindung von Mißbehagens- und Hungergefühlen zurückgeführt werden. Bei Spannungen, Konflikten und in Krisensituationen treten Hungergefühle auf, deren Befriedigung die Übergewichtigkeit erbringt, ein Ergebnis, für das sich verniedlichend auch die Bezeichnung "Kummerspeck" gefunden hat. Diese Eßstörung tritt mit einem Anteil von 20% relativ häufig auf (vgl. Steinhausen 1989) und findet sich bei Jungen mit etwas höherem Anteil als bei Mädchen. Mit der starken Übergewichtigkeit sind häufig passives und hypoaktives Verhalten verbunden. Negative Umweltreaktionen erbringen bei den Kindern und Jugendlichen leicht aggressive Entladungen und/oder ängstlich gehemmtes Verhalten.

Erklärungsansätze für Eßstörungen
Zur Erklärung der Eßstörungen liegen tiefen-, lern- und kognitionspsychologische sowie systemtheoretische und feministische Erklärungsansätze vor. Aus psychoanalytischer Sicht sind Eßstörungen vorwiegend in der frühen Mutter-Kind-Beziehung, und zwar in der oralen Phase begründet. Aus lernpsychologischer Sicht werden die Symptome durch Lernprozesse, d.h. über klassisches und operantes Konditionieren in dem Sinne erklärt, daß adäquate intrapsychische Regulationsmechanismen durch äußere gelernte Faktoren überdeckt werden. Modellernen spielt auch eine Rolle: etwa 40% der Kinder und Jugendlichen mit Adipositas haben auch adipöse, etwa 80% deutlich übergewichtige Eltern. Die Entstehung der Anorexia nervosa kann über Modelle phobischer Vermeidungsentstehung erklärt werden. Auch kognitive Prozesse spielen insofern eine Rolle, als Eßstörungen mit verstärkter Aufmerksamkeit seitens der Umwelt verbunden sind, so daß das unerwünschte Eßverhalten einerseits verstärkt und andererseits auch bewußt zur Umweltkontrolle eingesetzt wird. Da sich Eßstörungen zumeist bei Mädchen und jungen Frauen zeigen, sind auch feministische Erklärungsansätze vorgelegt worden, nach denen gesellschaftliche Pressionen und Restriktionen Frauen gegenüber zur Ablehnung der vor allem durch Männer vermittelten Schönheitsideale, zur Ablehnung der Frauenrolle schlechthin oder zu einer allgemeinen Rebellion führen. Die auch die Umwelt erheblich belastenden Störungen können auch als Versuche zur Verbesserung von Kontroll- und Einflußmöglichkeiten verstanden werden .
Systemtheoretische Erklärungsansätze stellen die Bedeutung der familiären Kommunikationsstrukturen heraus. Danach verdeutlichen sich in Eßstörungen familiäre Krisen als ein Aufbegehren gegen Erwartungen mit Versuchen zur Veränderung von Beziehungsdefinitionen oder zur Verbesserung der Kontrollmöglichkeiten (vgl. Minuchin 1981, Selvini-Palazzoli 1978).
Interventionen sind bei Eßstörungen in Abhängigkeit von der Schwere der Problematik zumeist komplex anzulegen und beinhalten neben Elternberatung und Familientherapie bei älteren Kindern und Jugendlichen bzw. Jungerwachsenen auch psychotherapeutische

oder verhaltenstherapeutische Maßnahmen (siehe dazu z.B.: Steinhausen 1981, Remschmidt / Schmidt 1985).

9.4 Suizidalität bei Kindern und Jugendlichen

"Suizid heißt: Es gibt niemanden, der mich liebt, keiner, der mir hilft, das zu erreichen, was ich erreichen möchte und das zu sein, was ich sein möchte. Die Aggression ist nicht nur gegen die eigene Person, sondern auch gegen die anderen als aggressive Heimzahlung für inadäquate Stimuli und Unterstützung gerichtet" (Bomba 1991, 100).

Während bei Jugendlichen die Selbsttötungsproblematik seit langem bekannt und mit Statistiken und Berichten gut belegt ist, finden sich über Kinder, die sich selbst umzubringen versuchten, erst seit kurzem wenige, aber sehr erschütternde Darstellungen. So berichten die amerikanischen Psychiater McKnew und Cytryn über vier Kinder:

Ein erst sieben Jahre alter Junge dachte, "er könne sich mit einer Mistgabel umbringen; er wollte sie so in eine Scheunenecke stellen, daß sie durch eine leichte Störung, sogar durch das Geräusch von Schritten auf ihn hinabstürzen würde. Sobald er sie aufgestellt hatte, lief er ein paar Schritte zurück, um dann nach vorn zu stürmen. Nach seinem Plan sollte sie ihn im Lauf erwischen, und die Zinken sollten seinen Magen durchbohren, so daß er sterben würde. Obwohl er es immer wieder probierte, klappte es nicht. Jedesmal fiel die Gabel harmlos auf den Boden, ohne ihn zu berühren. Enttäuscht und verzweifelt dachte er nur: "Was bin ich nur für eine Niete, ich schaffe es noch nicht einmal, mich umzubringen". Bei dem Jungen wurden depressive Störungen festgestellt.

Ein achtjähriges Mädchen schrieb ihr Testament, in dem sie mit liebevollen Grüßen ihren Besitz den Eltern und Geschwistern vermachte, schleppte dann einen schweren Felsbrocken in das Zimmer ihres Vaters und bat: "Papa, könntest du mir bitte den Schädel einschlagen?" Die völlig verstörte Familie konsultierte einen Kinderpsychiater, der eine manisch-depressive Erkrankung diagnostizierte.

"Ein anderes ungefähr elfjähriges Mädchen versuchte sich zu ertränken. Sie watete ins Meer hinaus, bis ihr das Wasser bis zum Halse stand. Dann warf sie sich nach vorn und versuchte unterzugehen, aber die Wellen warfen sie landwärts zurück, und bald fand sie sich am Strand wieder. Sie versuchte es wieder und wieder, glücklicherweise ohne Erfolg.

Ein Junge gleichen Alters versuchte, sich vor fahrende Autos zu werfen, aber alle bremsten rechtzeitig oder schafften es durch Ausweichen, einen Aufprall zu verhindern" (McKnew et al. 1985, 54-55).

Suizid (lat.: sui = sich selbst / caedes = das Töten) ist ein spezifisch menschliches Phänomen: nur der Mensch weiß um seinen Tod, nur er kann Handlungen bewußt planen und durchführen, die sein Leben beenden. Suizid meint in Abgrenzung zum Suizidversuch die Handlung oder auch unterlassene Handlung, die zum Tode führt. Der Suizidversuch ist eine suizidale Handlung ohne letale Folge. Die Begriffswahl "Suizid" bringt eine wertneutrale Haltung zum Ausdruck wie z.B. auch der deutsche Begriff Selbsttötung. Der Begriff "Selbstmord" vermittelt jedoch eine moralisierende, abwertende Einstellung z.B. im Sinne christlich-religiöser Vorstellungen, nach denen Suizid Sünde ist und eine posthume Strafe nach sich zieht. Er sollte nicht mehr benutzt werden, auch wenn er in der gegenwärtigen Literatur noch gebräuchlich ist (z.B. Ringel 1953, 1969, Specht / Schmidtke 1986). Auch der Begriff "Freitod" scheint für den allgemeinen Gebrauch nicht angemessen, da er eine Freiheit und Autonomie signalisiert, die wohl nur in ganz wenigen Fällen gegeben ist (vgl. Amery 1976).

Suizid kann - insbesondere bei Kindern und Jugendlichen - als extremste Ausdrucksform gestörten Verhaltens verstanden werden.

Wenn die Selbsttötung eines Erwachsenen schon die Umwelt erschreckt und irritiert, so lösen Suizide von Kindern und Jugendlichen, die gerade erst ihr Leben beginnen, es noch gar nicht recht kennen, in der Bewältigung nicht erprobt sind, äußerste Betroffenheit, große Nachdenklichkeit und bei den Angehörigen oder näheren Bezugspersonen auch tiefe Schuldgefühle aus (vgl. Orbach 1990).

Bei Suiziden und Suizidversuchen ist die Dunkelziffer groß. Noch kürzlich wurde betont, "daß unter 15 Jahren Selbstmordversuche und auch Selbstmorde außerordentlich selten sind und unterhalb 10 Jahren noch seltener und unterhalb 6 Jahren nicht vorkommen" (Pohlmeier 1986, 14). Dagegen ist gegenwärtig davon auszugehen, daß suizidale Handlungen von Kindern häufig nicht als solche erkannt werden und von kleinen Kindern erst in einer therapeutischen Situation sozusagen dekodiert und auch begründet werden können. Neuerdings wird über Suizidversuche von noch sehr kleinen Kindern auch berichtet. David z.B. war erst 4 Jahre alt, als er sich in eine Decke wickelte und diese anzündete. Er gab an, traurig gewesen zu sein, weil er seine Mutter vermißte. Als Begründung für den Verbrennungsversuch gab er an: "Weil ich kein guter Junge bin. David muß sterben. Weil meine Mami das möchte." Ein Dreijähriger stürzte sich über einen längeren Zeitraum eine hohe Treppe hinunter und erlitt dabei schwere Prellungen. Oftmals schlug er auch mit dem Kopf gegen den Boden und zog sich blutende Verletzungen zu. Als Begründung gab er an "Jeff ist böse, und böse Jungen müssen sterben". Er konnte nicht verkraften, daß ein Junge geboren worden war und "meine Mami nicht mich, sondern meinen kleinen Bruder mag". Bei diesen wie auch bei anderen Kindern waren Verlusterlebnisse und -ängste sowie Belastungs- bzw. Streß-Situationen übermächtig geworden und "sie zimmerten sich in ihrer Not eine Gleichung: traurig = verrückt = böse. Sie versuchten, ihren Verlust und ihre Trauer zu überwinden, indem sie um Aufmerksamkeit bettelten. Durch Ausagieren versuchten sie mit ihrer Angst, Wut und Frustration fertigzuwerden. Gleichzeitig versuchten sie, durch Verletzung der eigenen Person für ihre Schlechtigkeit und Sünden zu bezahlen" (McKnew et al. 1985, 56-58).

Daß diese Berichte nicht singuläre Fälle wiedergeben, macht eine Untersuchung an 58 sechs bis zwölf Jahre alten Kindern deutlich, die unterschiedliche Streß-Situationen durchlebt hatten, und zwar "Sorgen über schulisches Versagen, gestörte Freundschaften, Angst vor elterlicher Bestrafung, Veränderungen in der Familie oder in der Schule. Wesentlich mehr als die Hälfte der Kinder, 42 der insgesamt 58 hatten Selbstmordgedanken, hatten mit Selbstmord gedroht oder einen Suizidversuch unternommen" (a.a.O., 58). In Zusammenfassung der Untersuchungsergebnisse wird konstatiert, "daß Selbstmordgedanken oder -verhalten verbreitete Symptome bei schwer gestörten Kindern im Alter zwischen 6 und 12 Jahren sind" (a.a.O., 59).

Bei Kindern und Jugendlichen werden Suizidversuche häufig als solche nicht erkannt und ausgewiesen, weil eine Ernsthaftigkeit nicht gegeben scheint oder die Handlungen als Unfälle eingeordnet werden. Diese "Unfälle" treten vielfältig in Erscheinung und können beim Spiel, im Straßenverkehr, im Umgang mit Medikamenten oder auch mit Elektrizität usw. passieren. Zu bedenken ist auch, daß Unkenntnis oder falsch verstandene Rücksichtnahme sowohl dem Kind als auch den Angehörigen gegenüber (wegen Stigmatisierungsbefürchtungen) in nicht wenigen fällen die Erfassung von suizidalen Handlungen bei

Kindern und Jugendlichen verhindert. Die Unterschätzungen reichen bis zu 500% . In der Altersgruppe der 5- bis 9-jährigen ist die Anzahl der erfaßten Suizide sehr klein. In der Altersgruppe der 10- bis 14-jährigen steigen die Zahlen deutlich an, nehmen bei den 15- bis 19-jährigen weiter zu und erreichen bei den 20- bis 24-jährigen die relativen Höchstwerte (vgl. Schmidtke / Häfner 1986).

Im vergangenen Jahrzehnt (1980 - 1988) betrug bei den 5 - 15jährigen Jungen die Suizidrate (Suizide auf 100.000 Einwohner im Jahr) 1,3; bei den 15- bis 25-jährigen jungen Männern jedoch durchschnittlich 18,6. Bei den weiblichen Kindern und Jugendlichen liegen die Suizidraten deutlich niedriger: sie reichen für das vergangene Jahrzehnt (1980-1988) von durchschnittlich 0,4 (5- bis 15-jährige) bis 5,4 (15- bis 25-jährige; vgl. Tabelle 18).

Tabelle 18: Selbsttötungsraten in der Bundesrepublik Deutschland
(je 100.000 Einwohner im Jahr)

Jahr	insgesamt	nur männl.	nur weibl.	davon unter 25 Jahre in %
1970	21,5	28,5	15,2	8,72
1980	20,8	28,2	14,1	9,27
1985	20,7	29,4	12,7	10,22
1988	17,6	25,0	10,8	10,70

(Quelle: Statistische Jahrbücher von 1972, 1977, 1982, 1987, 1990)

Der Anteil der Suizide an allen Todesfällen der 10- bis 14-jährigen ist bei den männlichen und weiblichen Kindern relativ niedrig. Er steigt bei den 15- bis 19-jährigen stark an und erreicht bei den 20- bis 24-jährigen einen so deutlichen Höhepunkt, daß er zu den häufigsten Todesursachen zählt (vgl. Schmidtke / Häfner 1986).

In der Bundesrepublik Deutschland sterben jährlich - über die vergangenen zehn Jahre gerechnet - durchschnittlich 15.000 Menschen durch Suizid. Davon sind ca. 500 Kinder und Jugendliche. Mit ihrer Suizidrate nimmt die Bundesrepublik im internationalen Vergleich einen der mittleren Plätze ein, z.B. liegen die Werte in Finnland und Ungarn deutlich höher (vgl. Tabelle 19). Wie erst kürzlich bekannt wurde, lagen auch in der ehemaligen DDR die Werte deutlich höher als in der Bundesrepublik, und zwar bei den Männern um 74% und bei den Frauen um 69%, so daß im weltweiten Ländervergleich die DDR 1988 nach Ungarn und Finnland die dritthöchste Suizidhäufigkeit hatte (Degen 1991, 14-15).

Unter den Suizidmethoden werden Erhängen, Vergiften und Sich-aus-der-Höhe-Stürzen besonders häufig angewendet, wobei die männlichen jungen Menschen mehr Erhängen, die weiblichen mehr Vergiften bevorzugen. In den letzten Jahren nehmen allerdings auch bei den Mädchen und Frauen die harten Methoden des Erhängens und des Sich-aus-der-Höhe-Stürzens zu (vgl. Schmidtke / Häfner 1986, 30-34).

Über Suizidversuche werden keine Statistiken geführt. Aber schon in den ausgehenden siebziger Jahren wurde für Kinder und Jugendliche mit 14.000 Suizidversuchen jährlich gerechnet (vgl. Thomas 1986).

Untersuchungen zur Rezidivität von Suiziden differieren stark. Bis zu 20% der Suizidanden scheinen innerhalb von drei Jahren zu wiederholen. Dabei werden Wiederholungen mit steigender Ernsthaftigkeit und Erfolgsaussicht angelegt (vgl. Abram et al. 1980, 172-178). Weltweit hat sich ein Zusammenhang zwischen suizidalen Handlungen und den Jahreszeiten nachweisen lassen: Im Mai erreicht die Suizidhäufigkeit ihren Höhepunkt, so daß von einem "Frühjahrsgipfel" gesprochen wird (Stengel 1969, 24). Für Kinder und Jugendliche scheint der Frühjahrsgipfel nicht zuzutreffen, bei ihnen scheint ein Zusammenhang mit der Zeugnisvergabe zu bestehen (vgl. Ficker 1976, 263). Auf den Zusammenhang zwischen Aggressivität und Suizidalität verweist die Gegebenheit, daß in Kriegszeiten sich die Suizidraten reduzieren (vgl. Ringel 1969, 126/127). Da junge Soldaten zu einer der bedeutsamen Risikogruppen gehören, liegt es nahe anzunehmen, daß sie mit der verstärkten Ausrichtung der Aggressivität nach außen einen deutlichen Anteil an der Senkung der Suizidrate haben.

Tabelle 19: Selbsttötungsraten im In- und Ausland
(Quelle: Statistische Jahrbücher von 1972, 1977, 1982, 1987, 1990)

Land	1975	1985
Griechenland	2,8	4,1
Großbritannien	7,9	9,1
Portugal ('86)	8,5	9,2
USA ('84)	12,7	12,4
Japan	18,1	19,4
BR Deutschland	20,9	27,7
Österreich	24,1	27,7
Ungarn	38,4	44,4

Ursachen suizidalen Handelns

Die Erforschung der Ursachen suizidalen Handelns ist relativ jung. Seit der Mitte des 19. Jahrhunderts setzten sich Psychiater mit dem Problem der Selbsttötung auseinander (vgl. z.B. Emminghaus 1887, Griesinger 1861).Im Bemühen um die Erklärung und Verhinderung von Suizid hat somit die Medizin die längste Tradition. Seit den Anfängen der Psychiatrie wird Suizid in Verbindung gebracht mit Krankheit und Vererbung. Eine direkte Vererbung zur Selbsttötung ist auszuschließen. Die epidemiologisch festgestellten sogenannten "Selbstmörderfamilien" sind wohl im Zusammenhang zu sehen mit Lernprozessen, Tendenzen zu psychischer Labilität oder auch veranlagten Dispositionen zu bestimmten psychischen Krankheiten, die mit einem erhöhten Suizidrisiko verbunden sind. Zu diesen Krankheiten gehören die Psychosen, insbesondere Depressionen und Formen der Schizophrenie. "Es besteht eine enge Beziehung zwischen Suizid und Depression sowie Deprivation und Verlusterlebnis" (Bomba 1991, 103).
Zu den Symptomen der Depression sind neben Angst und Antriebsschwäche tieftraurige Verstimmung und Denkstörungen, psychophysische Symptome und Wahnvorstellungen, Pessimismus und Zweifel am Lebenssinn zu rechnen (vgl. Kap. 9.5). Von großer Bedrohlichkeit sind die suizidalen Tendenzen, die eine das Leben beherrschende Qualität gewinnen können. Endogene Depressionen erreichen in ihrer Häufigkeitsverteilung einen

ersten Gipfel bereits im Altersbereich zwischen Pubertät und 25. Lebensjahr (vgl. Kielholz 1971), so daß sie auch im pädagogischen Umgang in Betracht gezogen werden müssen. Bedeutungsvoll im Sinne der Suizidgefährdung sind auch die sogenannten psychogenen Depressionen, d.h. die neurotische, die psychoreaktive und die Erschöpfungsdepression. Diese Depressionen, die auf dem Hintergrund belastender Umweltgegebenheiten entstehen, sind deshalb gefährlich, weil sie relativ stark verbreitet sind und viele Opfer fordern (vgl. Hollderegger 1979).

Mit Emile Durkheim begann Ende des 19. Jahrhunderts die soziologische Erforschung des Suizids (Durkheim, Emile: Le suicide, 1897). Durkheim lehnt den medizinischen Erklärungsansatz, der Krankheit im Vordergrund sieht, ab. Er versucht, Suizide aus gesellschaftlichen Verhältnissen heraus zu erklären. Er versteht also Suizidalität nicht nur als individuelles Ereignis, das die Psychologie zu untersuchen hat, sondern als ein von gesellschaftlichen Bedingungen abhängendes Phänomen. Seine Suche nach suizidbegünstigenden Faktoren erbrachte eine Klassifikation von drei Suizidtypen. Er unterschied die egoistische, die altruistische, und die anomische Selbsttötung. Während der egoistische Suizid mit einer "übermäßigen Individuation", mit einer Hypertrophierung des individuellen Ichs zuungunsten des sozialen Ichs einhergeht, werden beim altruistischen Suizid zu sehr die Ansprüche der Umwelt berücksichtigt, wobei Ideologien (Gruppenwerte) einbezogen sind zuungunsten individueller Ansprüche. Dadurch kennzeichnen sich Situationen, die z.B. Alte, sich überflüssig fühlende Menschen oder auch Fanatiker in den Tod treiben. Der anomische Suizid verweist auf gesellschaftliche Zusammenhänge der Regellosigkeit. Normen und Werte verlieren ihren regelnden Charakter, womit Individuen ihre notwendigen Begrenzungen in der Bedürfnisbefriedigung verlieren. Mit der Wert- und Normenlosigkeit steigt die Orientierungslosigkeit - und zwar bei allen tiefgreifenden gesellschaftlichen Veränderungen, sowohl bei unerwartet eintretenden Wirtschaftskrisen als auch unter Boom-Verhältnissen. Die anomische Situation, die gestörte kollektive Ordnung, ist ein starker suizidogener Faktor. Als vierte Kategorie kann die der fatalistischen Selbsttötung gelten. Von fatalistischem Suizid ist zu sprechen, wenn Normen und Werte übermächtig werden, Reglementierungen zu stark einschränken und das Leben nicht mehr lebenswert erscheinen lassen. Im Gegensatz zu Durkheim, der diesen vierten Suizidtyp als weniger bedeutungsvoll ansah und ihn nur am Rande erwähnte, betonten Weiterdenker wie Dreitzel seine Relevanz (vgl. Dreitzel 1968, 46 ff.).
Durkheims Analysen verweisen auf auch heute noch gültige Erkenntnisse über gesellschaftliche Zusammenhänge. Von Wichtigkeit bleibt seine integrationstheoretische Erkenntnis, nach der ein Zusammenhang besteht zwischen Suizidrisiko sowie der Stärke und dem Umfang der sozialen Integration. Danach hat ein Mensch, der wenig oder gar nicht gruppenintegriert ist, ein verstärktes Suizidrisiko. Suizidalität muß also aus sozialen Zusammenhängen heraus verstanden werden. Diese frühe Einsicht führte deutlich über den medizinischen Ansatz hinaus und bereitete den Weg für das heutige interaktionale Verständnis.
Mit Sigmund Freud begann im 1. Weltkrieg die psychologische Erforschung des Suizids. Angeregt bzw. aufgeschreckt durch vermehrte Suizide Wiener Schüler beschäftigt sich Freud seit etwa 1910 mit der Suizidproblematik. In seiner Abhandlung von 1916 über "Trauer und Melancholie" versteht er den Suizid als die Bestrafung eines introjizierten Liebesobjekts. Seit den zwanziger Jahren ("Jenseits des Lustprinzips"; "Das Ich und das Es") konzipierte er ein dualistisches Triebkonzept mit Eros und Thanatos. Thanatos, der Todestrieb, wird selbstdestruktiv wirksam, wenn entstehende Aggressionen nicht nach

außen abgeleitet werden können, selbstzerstörerische Tendenzen überwiegen die selbster-haltenden, erbringen Ängste und Todessehnsucht. Freuds Überlegungen haben die psy-chologische Suizidforschung stimuliert, das Konzept des Todestriebes hat sich jedoch nicht als weiterführend erwiesen und wird abgelehnt. Die aggressionstheoretischen Teile sind jedoch nach wie vor relevant und führten z.B. dazu, Suizid und Suizidversuch nach der Stärke der autoaggressiven Potentiale zu differenzieren (vgl. Stengel 1969). Auch Freuds Einsichten zum Narzißmus, zur Einstellung des Menschen zu sich selbst, wirkten in der Suizidforschung weiterführend und erbrachten z.B. das Konzept der narzißtischen Störung im Sinne übertriebener Selbstwert- und Minderwertigkeitsgefühle. Narzißtische Störungen können große Selbstunsicherheit, Konfliktanfälligkeit, Partnerprobleme und letztlich - insbesondere auch in der Adoleszenz - suizidale Tendenzen hervorrufen, die vorwiegend Appellcharakter haben (vgl. Henseler, 1974).

Untersuchungen an Suizidanten verweisen auch auf die Relevanz des lerntheoretischen Paradigmas. Spätestens, seit Goethe 1774 seinen europaweiten Bestseller "Die Leiden des jungen Werther" publizierte, ist bekannt, daß suizidales Verhalten Vorbildcharakter ge-winnen und viele Menschen zu Imitationen anregen kann. Bei einer Stichprobe 16jähriger Suizidanten fand Teicher, daß bei 25% ein Elternteil, bei 44% Menschen aus der Ver-wandtschaft oder dem Freundeskreis Suizide versucht hatten (vgl. Teicher 1978, 25/26). In einer ähnlichen Stichprobe fand Ficker sogar bei 55% der Suizidanten suizidale Hand-lungen in der näheren Umgebung (Ficker 1976, 470). Weitere Untersuchungen, die zu ähnlichen Ergebnissen führten, unterstrichen die Bedeutung von Lernprozessen auch im Hinblick auf suizidales Handeln. Allerdings werden zwei recht unterschiedliche Lern-möglichkeiten deutlich, die eine dahingehend, daß ein Kind nach traumatisierenden Er-lebnissen (Verlust der Bezugsperson, schwere Bestrafungen) lernt, psychische Spannun-gen über Autoaggressionen abzureagieren und künftig auf derartige Bewältigungsweisen fixiert bleibt , die andere dahingehend, daß ein Suizidversucher sehr große Zuwendung durch die Umwelt erfährt und dadurch in seiner Suizidalität verstärkt wird.

Suizidalität bei Kindern und Jugendlichen muß auch unter entwicklungspsychologischen Gesichtspunkten gesehen werden. Der Säugling braucht eine Dauerbezugsperson, braucht Zuwendung und Liebe, um sich adäquat entwickeln, das Leben annehmen zu können. Ein Drittel der Kinder, die René Spitz im Zustand der Mutterentbehrung in einem Fin-delhaus beobachtete, starb bis zum Ende des 2. Lebensjahres, kam durch psychisch be-dingten Verfall zu Tode (vgl. Spitz 1967, 290). Auch für seine weitere adäquate Ent-wicklung braucht das kleine Kind neben liebevoller Zuwendung eine gleichmäßige Be-friedigung seiner Grundbedürfnisse, um "Urvertrauen" (Erikson) und damit psychische Stabilität auch in Konfliktsituationen ausbilden zu können. Auf der Basis dieses Vertrau-ens kann es das Leben bejahen und nicht an ihm verzweifeln.

Die hohe suizidale Mortalität in der Adoleszenz muß auf dem Hintergrund entwicklungs-bedingter Umstellungen und Aufgabenstellungen gesehen werden. Verwiesen sei in die-sem Zusammenhang nur auf Wachstumsprobleme, Probleme mit dem körperlichen Ge-staltwandel, sexuelle Probleme, Geschlechtsrollenprobleme, Ablösungsprobleme, Selbst-wert- und Identitätsprobleme (vgl. Kap. 4.2 und 9.6). Unter besonderen Belastungen, wie sie in der schulischen und beruflichen Ausbildung, in Systemen mit starken Begren-zungen und Anforderungen sowohl in kognitiver als auch in emotionaler und sozialer Hinsicht gegeben sind, können entwicklungsbedingte Probleme mit institutionsbedingten Problemen zu einem Problembündel werden, das Auszubildende, Schüler, Studenten und Soldaten zu überfordern vermag und sie im Hinblick auf Suizidalität zu Risikogruppen macht.

Im Hinblick auf die Ursachen herrscht weitestgehend Konsens darüber, daß suizidale Handlungen multifakoriell bedingt sind. Multifaktorielle Bedingtheit meint, daß verschiedene Faktoren zusammentreffen, um im Ereignis der suizidalen Handlung zu kulminieren. In der Aufgabe, ihrer integrationswissenschaftlichen Funktion gerecht zu werden, muß die Pädagogik bei Verhaltensstörungen diese verschiedenen Faktoren herausarbeiten und für ein Konzept präventiver und rehabilitativer Intervention nutzbar machen. Ausgezeichnete Basis dafür ist das symptomatologische und ätiologische Modell, das der Wiener Psychiater Ringel unter der Bezeichnung "präsuizidales Syndrom" herausgearbeitet hat (vgl. Ringel 1953). Das präsuizidale Syndrom, das Ringel aufgrund systematischer Analysen zur psychischen Situation sowie zur suizidalen Entwicklung von Suizidversuchern beschrieb, konnte weltweit bestätigt werden. Er beschrieb drei typische präsuizidale Befindlichkeiten:

- Einengung
- gehemmte und gegen die eigene Person gerichtete Aggression
- Suizidphantasien.

Die spezifische präsuizidale Dynamik entwickelt sich aus dem Zusammenspiel aller drei Faktoren. Allerdings ist der erste Faktor, die Einengung, der wichtigste. Einengung ist in vierfacher Hinsicht gegeben: in situativer, dynamischer, zwischenmenschlicher und wertspezifischer. Die situative Einengung wird als Ohnmacht, Hilflosigkeit und Verringerung von Verhaltensmöglichkeiten erlebt. Die situative Einengung bzw. die Einengung persönlicher Möglichkeiten kann im Zusammenhang stehen mit realen Außenfaktoren wie schwerer Krankheit oder Tod in der Verwandtschaft oder auch mit Innenfaktoren, die sich als erlebte Zwangsläufigkeit, als Ergebnis eigenen Verhaltens oder auch nur als Einbildungen darstellen. Selbst die Einbildungen können eine äußerst bedrohliche Kraft entfalten. Mit dynamischer Einengung ist vor allem die Einförmigkeit von Verhaltensweisen, ist Hemmung und Passivität, Einengung der Antriebskräfte, der Gefühle und der Abwehrmechanismen gemeint. Die Einengung zwischenmenschlicher Beziehungen vollzieht sich auf dem Hintergrund des Gefühls totaler Isolierung, führt zur Reduzierung von Außenkontakten und zur "Entwertung praktizierter Beziehungen" (Ringel 1976, 19). Selbst das Zusammenleben mit nahen Bezugspersonen ist mit Einsamkeits- und Verlassenheitsgefühlen verbunden. Eine Einengung der Wertwelt ist insofern gegeben, als nichts mehr besonders wichtig genommen wird, Werte als unbedeutend angesehen werden und Initiativen nicht mehr auslösen können. Die allgemeine Einengung führt dazu, daß Aggressionspotentiale nicht mehr in der Außenwelt abreagiert, sondern nur noch gegen das eigene Ich gewendet werden können (vgl. Ringel 1969, 60/61). Ein sich deutlich auch in der Außenwelt zeigendes Element des suizidalen Syndroms sind Suizidphantasien, die sich mehr und mehr steigern und letztlich das gesamte Denken beherrschen können. Die drei Elemente des suizidalen Syndroms stehen zueinander in einem Wirkzusammenhang, verstärken sich wechselseitig und können in eine suizidale Handlung münden, wenn sie nicht als dem Suizid vorausgehende Phänomene erkannt, ernst genommen und zu beeinflussen versucht werden.

Das präsuizidale Syndrom muß nicht als Deskription krankhafter Symptome und Prozesse gesehen werden, es kann auch verstanden werden als die Summe vieler Appelle an die Umwelt um Hilfe in krisenhaft erlebter Lebenssituation. Insofern hat das präsuizidale Syndrom immense pädagogische Bedeutung. Es verdeutlicht eine krisenhafte Lebenssituation, in der Außen- und Innenfaktoren zusammenwirken. Die bedeutsamen Außen- und Innenfaktoren müssen - über den psychiatrischen Ansatz Ringels hinaus - unter Rückgriff

auf Ergebnisse anderer Ansätze ergänzt werden, zumal die Beschreibung eines präsuizidalen Syndroms spezifisch für Kinder und Jugendliche bisher noch aussteht.
Von besonderer pathogener Bedeutung für Suizidalität von Kindern und Jugendlichen ist die familiäre Situation. In einer Stichprobe suizidaler Kinder und Jugendlicher wurden beispielsweise folgende familiären Belastungsfaktoren gefunden:

Tabelle 20: Belastungsfaktoren in Familien
suizidaler Kinder und Jugendlicher
(nach Mansmann / Schenck 1983, 939 ff.)

Alkoholismus in der Familie	24 %
Berufstätigkeit beider Eltern	26 %
unvollständiges Elternhaus	über 33 %
Ehezerrüttung	49 %
Auffälligkeiten bei Geschwistern	52 %
andauernde emotionale Beziehungsstörung	ca. 66 %

Natürlich ist auch aus dem schulischen Bereich eine Vielzahl von Belastungsfaktoren zu nennen (vgl. dazu Kap. 4.4). Allerdings haben Belastungen in schulischer oder beruflicher Ausbildung meist nicht ursächliche Bedeutung. Sie sind als Sekundärfaktoren Motiv oder Anlaß bzw. letztes auslösendes Moment.
Im Hinblick auf die Genese von Suizidalität muß zwischen Ursachen, Motiven und Anlässen / auslösenden Faktoren unterschieden werden (vgl. Gaupp 1912, Abram / Berkemeier / Kluge 1980, 244). Ursachen sind Persönlichkeitsdimensionen, Habitualisierungen, Entwicklungsstörungen. Motive sind zeitlich länger andauernde Konfliktsituationen in der Schule (durch Beziehungen zum Lehrer, überfordernde Leistungsansprüche), im Freundeskreis (Ablehnung, Liebeskummer), letzter Auslöser bzw. entscheidender Anlaß kann dann eine Kleinigkeit sein, ein momentaner Streit, eine schlechte Zensur, ein abwertendes Schimpfwort.
Intervention bei Suizidgefährdung hat auf die Innen- wie die Außenfaktoren zu achten. Sie müssen in ihrer Bedrohlichkeit ernst genommen werden, auf sie ist differenziert einzuwirken. Damit werden Aufgaben formuliert, denen sich insbesondere Pädagogen stellen müssen. Eltern, Erzieher und Lehrer sind angesichts der hohen Zahlen suizidaler Handlungen bei Kindern und Jugendlichen aufgerufen, wie die Drogengefährdung auch die Siuizidgefährdung anzugehen. Notwendig sind Maßnahmen primärer, sekundärer und tertiärer Prävention. Bei der primären Prävention geht es darum, Umweltbedingungen so zu verändern, daß sich das Suizidrisiko reduziert. Aufgabe der sekundären Suizidprävention ist es, in akuten Krisensituationen Betroffener suizidale Handlungen zu verhindern. Hier haben die verschiedenen Interventionszentren staatlicher Stellen wie auch privater Vereine (z.B. Kindernotdienst, Jugendnotdienst, NEUhland in Berlin) ihre bedeutungsvolle Aufgabe.
Für den Bereich primärer und sekundärer Suizidprävention im pädagogischen Bereich hat Anette Gappmayer eine der wenigen relevanten Arbeiten vorgelegt (Gappmayer 1987). Mit einem Arbeitsblatt, das sowohl bildhafte als auch verbale Informationen zur Vergangenheit, zur Zukunft, zur Familiensituation sowie - im Sinne projektiver Tests - Verbalisationen zur Stellung eines Jungen bzw. eines Mädchens innerhalb eines Gruppengesche-

hens stimuliert, versucht sie, Lebensumstände, Konfliktsituationen und Bewältigungstendenzen im Sinne suizidaler Vorstellungen erfaßbar und kommmunikabel zu machen. In einer Untersuchung mit Hilfe des Arbeitsblattes, die 268 Schüler und Schülerinnen zu etwa gleichen Teilen erfaßte, fand sie, daß die 11- bis 14jährigen nicht nur intra- und interpersonale Konflikte, sondern auch "eine spezifische gedankliche Nähe zum Tod" darstellten (31%), indem sie suizidale Gedanken und Vorstellungen (10%), Todeswünsche gegen andere (13%) sowie Tötung anderer mit anschließender Selbsttötung des Mörders oder Tötung durch andere (8 %) zum Ausdruck brachten (Gappmayer 1987, 166/167). Über Interpretationen des Schülers, durch Gespräche, durch Vermittlung der erfaßten Botschaft an signifikante Bezugspersonen, nötigenfalls auch durch Hinzuziehung professioneller Helfer soll dann suizidverhindernd agiert werden.

Bei der tertiären Suizidalprävention geht es darum, in möglichst interdisziplinärer Kooperation von Medizinern, Psychologen, Sozialpädagogen, Sonder- und Heilpädagogen möglichst unmittelbar nach einem Suizidversuch hilfreiche Maßnahmen anzubieten, die weitere Versuche verhindern.

Nach Maßgabe des Arztes sind in akuten Krisensituationen Psychopharmaka einsetzbar. Diese haben letztlich jedoch nur dann ihre Berechtigung, wenn im Hintergrund der Suizidalität Erkrankungen stehen und wenn sie als die pädagogisch-therapeutischen Maßnahmen unterstützenden Hilfsmittel angesehen werden, die systematisch und schnellstmöglich ausgeblendet werden müssen. Da Suizidalität zumeist mit sozialen Bewältigungsproblemen in Zusammenhang steht, sind gruppen- und familientherapeutische Maßnahmen angezeigt. Eine spezifisch "antisuizidale Psychotherapie" hat Ringel entwickelt. Ausgehend von seinen Erkenntnissen über das "präsuizidale Syndrom" schlägt er vor, auf der Basis einer intensiven persönlichen Bindung durch systematische Ermutigung das Selbstwertgefühl zu verbessern, Aggressionsabfuhr zu ermöglichen und positive Phantasien zu stimulieren. Damit werden interventionsmethodische Möglichkeiten aufgezeigt, die zum Bestand der Pädagogik bei Verhaltensstörungen gehören (vgl. Kap. 6). Letztlich muß es darum gehen, den suizidbedrohten jungen Menschen in feste mitmenschliche Bezüge zu integrieren, ihm im Kreis relevanter Bezugspersonen Akzeptanz, emotionale Wärme, Geborgenheit zu vermitteln und mit ihm Offenheit sowie wechselseitige Verantwortungsbereitschaft zu entwickeln.

9.5 Psychopathologische Syndrome

Die Genese psychopathologischer Zustände wird heutzutage auch in der Kinder- und Jugendpsychiatrie multidimensional gesehen. Am Beispiel der Anorexia nervosa läßt sich dies verdeutlichen. "Man geht von einer biologischen Vulnerabilität aus, wobei Eßstörungen und affektive Erkrankungen sowie Suchterkrankungen in der Aszendenz möglicherweise eine genetische Prädisposition ausmachen. Aber auch physiologische Voraussetzungen wie chronische körperliche Erkrankungen, die entweder die Nahrungsaufnahme beeinträchtigen oder aber den Patienten zu einer restriktiven Nahrungsaufnahme zwingen, spielen hier mit hinein. Die psychischen Prädispositionen sind hier bestimmte Persönlichkeitseigenschaften, gestörte Familienverhältnisse, insbesondere solche, die autonome Bestrebungen in der Adoleszenz behindern, beeinträchtigte Ich-Funktionen sowie Störungen der Selbstwahrnehmung. Das soziale Klima mit der Idealisierung einer dünnen Frauengestalt bei zugleich bestehendem gesellschaftlichem Druck zur Selbstdarstellung bilden die Gegebenheiten, die oft in eine klinisch manifeste Eßstörung einmünden. Mit der nachfolgenden graphischen Übersicht wird diese multidimensionale Genese zusammenfassend wiedergegeben.

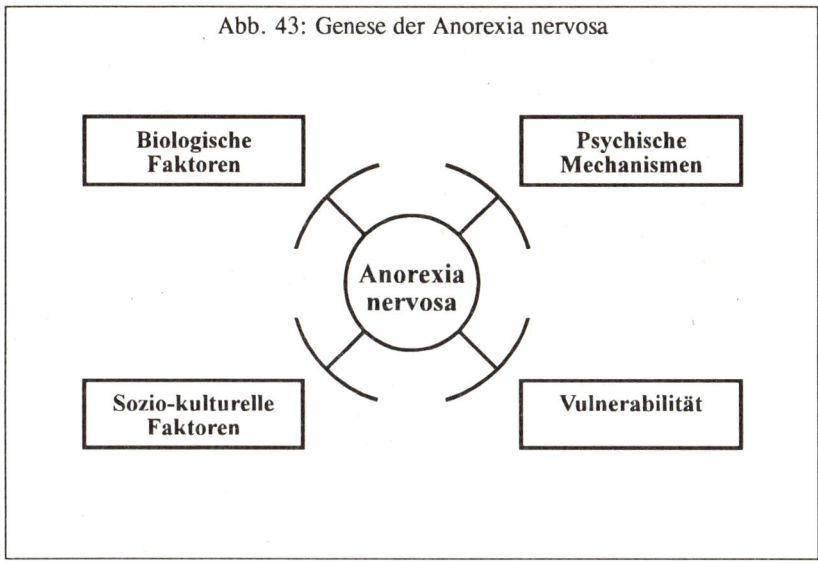

Abb. 43: Genese der Anorexia nervosa

9.5.1 Schizophrenie

"Sie brachten Deborah in einen kleinen unscheinbaren Raum und beobachteten sie, bis die Duschen frei waren. Auch dort wurde sie bewacht von einer Frau, die milde und gelassen in dem Dampf saß und sie von oben bis unten musterte, als sie sich abtrocknete. Deborah tat gehorsam, was man ihr sagte, aber sie hielt ihren linken Arm leicht nach innen, um die beiden kleinen, bereits abheilenden Wunden an ihrem Handgelenk zu verdecken. Eingestellt auf die neue Routine, ging sie in das Zimmer zurück und beantwortete einige Fragen zur Person, die ihr von einem hämischen, anscheinend mißvergnügten Arzt gestellt wurden. Es war offensichtlich, daß er das Gebrüll hinter ihr nicht hörte.
In dem Vakuum der Zwischenwelt, in der sie zwischen Yr und Jetzt stand, begann der Chorus lebendig zu werden. Bald würden sie ihr Verwünschungen und Verspottungen zuschreien und sie für beide Welten taub machen. Sie kämpfte gehen ihr Vordringen wie ein Kind, das der erwarteten Strafe mit wildem Umsichschlagen zuvorkommt. Sie begann, dem Arzt auf einige Fragen, die er stellte, die Wahrheit zu sagen; mochte man sie ruhig faul oder eine Lügnerin nennen. Das Gebrüll schwoll ein wenig an, sie konnte einige Worte darin verstehen. Das Zimmer bot keine Ablenkung. Um dem Sturz in den Abgrund zu entgehen, gab es nur das Hier und Jetzt mit diesem eiskalten Arzt und seinem Notizbuch - oder Yr mit seinen goldenen Wiesen und Göttern. Aber auch Yr hatte Orte des Schreckens und der Verlorenheit, und sie wußte nicht mehr, zu welchem der Reiche in Yr es einen Zugang gab. Ärzte sollten angeblich dabei behilflich sein.

Sie sah den an, der mitten in dem Tumult verschwommen vor ihr saß, und sagte: "Ich habe ihnen die Wahrheit gesagt über diese Dinge, die sie mich gefragt haben. Werden sie mir jetzt helfen?"

"Das hängt von dir ab", sagte er säuerlich, klappte sein Notizbuch zu und verließ den Raum. *Ein Spezialist*, lachte Anterrabae, der Fallende Gott. *Laß mich mit dir gehen*, bat sie ihn, an seiner Seite tiefer und tiefer fallend, den er war der in Ewigkeit Fallende. *So soll es sein*, sagte er. Sein Haar, das Feuer war, kräuselte sich ein wenig im Fallwind. Diesen und den nächsten Tag verbrachten sie auf Yrs weiten, leichten, glatten Hügelketten, wo die Tiefe des Raumes dem Auge wohltat.

Für diese große Barmherzigkeit war Deborah den Mächten zutiefst dankbar. In den vergangenen schweren Monaten hatte es zuviel Blindheit, Kälte und Schmerz in Yr gegeben. Während ihr Schatten nach den Regeln der Welt umherging und antwortete und fragte und handelte, sang und tanzte sie - nicht mehr Deborah, sondern eine Person, die einen für Bewohner von Yrs Gefilden angemessenen Namen trug - sang und tanzte und rezitierte die feierlichen Gesänge zu dem streichelnden Wind, der über die langen Halme der Gräser blies" (Green 1984, 12-13).

Deborah war jetzt 16 Jahre alt, und das Reich Yr existierte für sie schon seit einigen Jahren. Es war ein geheimes Reich, über das sie - streng kontrolliert und überwacht von einem Zensor - nicht sprechen durfte. In Yr hatte Deborah den Namen Januce - nach Janus, dem Gott mit den zwei Gesichtern, weil sie mit einem Gesicht in der irdischen Wirklichkeit und dem anderen in Yr lebte. Mit fünf Jahren hatte sie eine Operation gehabt am "geheimen Teil ihres Körpers" (a.a.O., 40) . Ein Tumor war ihr aus der Urethra entfernt worden - ein für sie beschämendes, schmerzhaftes, belastendes Ereignis. Upuru strafte dafür.

Nach einem Selbstmordversuch brachten ihre Eltern sie in eine Nervenheilanstalt mit der Einweisungsdiagnose: Schizophrenie.

Nach traditioneller Kategorisierung wird die Schizophrenie den Psychosen zugeordnet. Die Symptomatik der Psychosen ist sehr vielfältig und unterschiedlich. Kennzeichnend sind Störungen im Ich-Erleben sowie Affekt-, Denk- und Kommunikationsstörungen. Die zentrale Problematik bei Psychosen bezeichnet Lempp als "Realitätsbezugsstörung". Die schizophrenen und die affektiven Psychosen werden auch als endogene Psychosen bezeichnet, womit auf das Fehlen organischer Nachweise sowie auf heriditäre Bedingungen verwiesen wird.

Die verschiedenen Formen der Schizophrenie (griech.: schizein = spalten / phren = Geist, Gemüt) gehören zu den wenigen psychiatrischen Krankheitsbildern, deren Kategorien und Deskriptionen seit ihrer ersten differenzierten Darstellung ohne wesentliche Veränderungen beibehalten werden konnten. Der deutsche Psychiater Eugen Bleuler prägte 1911 den Namen Schizophrenie und konnte bei seinen Beschreibungen zurückgreifen auf die zusammenfassende Darstellung durch Kraepelin von 1896, der die Bezeichnung dementia praecox geprägt hatte. Nach wie vor bis in die neueste Klassifikation der Weltgesundheitsbehörde gilt die Hauptkategorie mit ihren Unterkategorien, die sich aus dem Vorherrschen bestimmter Störungen ergeben.

Nach der ICD-10 der Weltgesundheitsorganisation ist eine Schizophrenie dann zu diagnostizieren, wenn aus den nachfolgend angeführten Symptomgruppen 1 bis 4 ein Symptom oder aus den Gruppen 5 bis 8 zwei Symptome deutlich und eindeutig mindestens zwei Monate lang in Erscheinung treten:

"1. Gedankenlautwerden, Gedankeneingebung oder Gedankenentzug, Gedankenausbreitung.
2. Kontrollwahn, Beeinflussungswahn, Gefühl des Gemachten deutlich bezogen auf Körper- oder Gliederbewegungen oder bestimmte Gedanken, Tätigkeiten oder Empfindungen; Wahnwahrnehmungen.
3. Kommentierende oder dialogische Stimmen, die über den Patienten und sein Verhalten sprechen, oder andere Stimmen, die aus einem Körperteil kommen.
4. Anhaltender, kulturell unangemessener und völlig unrealistischer Wahn, wie der, eine religiöse oder politische Persönlichkeit zu sein, übermenschliche Kräfte und Möglichkeiten zu besitzen (z.B. das Wetter kontrollieren zu können oder im Kontakt mit Außerirdischen zu sein).
5. Anhaltende Halluzinationen jeder Sinnesmodalität, begleitet entweder von flüchtigen oder undeutlich ausgebildeten Wahngedanken ohne deutliche affektive Beteiligung, oder begleitet von anhaltenden überwertigen Ideen, oder täglich für Wochen oder Monate auftretend.
6. Gedankenabreißen oder Einschiebungen in den Gedankenfluß, was zu Zerfahrenheit, Danebenreden oder Neologismen führt.
7. Katatone Symptome wie Erregung, Haltungsstereotypien oder wächserne Biegsamkeit (flexibilitas cerea), Negativismus, Mutismus und Stupor.
8. "Negative" Symptome wie auffällige Apathie, Sprachverarmung, verflachte oder inadäquate Affekte (dies hat zumeist sozialen Rückzug und ein Nachlassen der sozialen Leistungsfähigkeit zur Folge). Es muß sichergestellt ein, daß diese Symptome nicht durch eine Depression oder eine neuroleptische Medikation verursacht werden.

Schizophrenie ist unter den Geschlechtern nahezu gleich verteilt, bei Frauen beginnt sie etwas später. Dem Ausbruch der Schizophrenie kann eine Prodromalphase vorausgehen, in der Verhaltensweisen sich zeigen "wie Interesseverlust an der Arbeit, an sozialen Aktivitäten, am persönlichen Erscheinungsbild und an der Körperhygiene zusammen mit generalisierter Angst, leichter Depression und Selbstversunkenheit" (WHO 1991, 97).

Bleuler unterschied primäre bzw. Grundsymptome und sekundäre bzw. akzessorische Symptome. Zu den primären Symptomen, die das Zentrum der Störung ausmachen und von grundlegender Bedeutung sind, gehören Denkstörungen, Störungen der Affektivität und Störungen des Antriebs. Wahnvorstellungen, Halluzinationen bzw. Sinnestäuschungen und katatone Phänomene wertete er als Sekundärsymptome, die als Reaktionen der Betroffenen auf die primäre Symptomatik zu verstehen sind und nicht immer oder auch nur passager auftreten.

Unter dem Aspekt der Symptomatologie und des Verlaufs werden vier Hauptformen der Schizophrenie unterschieden:
- die Schizophrenia simplex
- die Hebephrenie
- die Katatonie und
- die paranoide Schizophrenie.

Die Schizophrenia simplex hat nicht eine so offensichtliche Symptomatik wie die anderen Störungsformen. Sie ist relativ symptomarm, Wahnvorstellungen und Halluzinationen zeigen sich nicht. Von der Umwelt als merkwürdig empfundene Verhaltensweisen lassen die Betroffenen als "Sonderlinge" erscheinen, so daß es ggf. zu keiner Diagnose kommt, was höchst problematisch ist, da die Reduzierung der Leistungsfähigkeit und die Verminderung von Antrieb einen sozialen Abstieg bedingen können.

Die hebephrene Schizophrenie beginnt bereits zwischen dem frühen Jugend- und frühen Erwachsenenalter. "Die Symptomatik kann als krankhafte Übersteigerung und Verzerrung pubertären Verhaltens gezeichnet werden" (Seidel et al. 1980, 193). Das Verhalten ist unberechenbar, verantwortungslos, bizarr, das Denken ungeordnet, die Sprache zerfahren und weitschweifig, so daß verbale Kommunikation schwierig wird. "Eine oberflächliche und maniristische Vorliebe für Religion, Philosophie und andere abstrakte Themen kann es dem Zuhörer zusätzlich erschweren, dem Gedankengang zu folgen (WHO 1991, 99). Halluzinationen und Wahnvorstellungen zeigen sich nicht in sehr ausgeprägter Form. Affekt-, Denk- und Antriebsstörungen kennzeichnen das Zustandsbild. Der Verlauf ist häufig chronisch-progredient mit einer eher schlechten Prognose.

Die paranoide Schizophrenie ist die auf der Welt häufigste Form der Schizophrenie. Kennzeichnend sind dauerhafte Wahnvorstellungen und Halluzinationen, z.B. Verfolgungs- und Sendungswahn, Hören von Stimmen, die drohen und befehlen, Geruchs- oder Geschmackshalluzinationen. Affektverflachung ist weniger stark gegeben, deutlich sind dagegen Stimmungsstörungen "wie Reizbarkeit, plötzliche Wutausbrüche, Furchtsamkeit und Mißtrauen" (WHO 1991, 98). Die paranoide Schizophrenie verläuft schubartig, episodenhaft, wobei sich sowohl spontane Remissionen als auch eine Chronifizierung ergeben können.

Bei der katatonen Schizophrenie sind psychomotorische Störungen kennzeichnend (Stupor oder Erregung). Weiterhin zeigen sich Zwangshaltungen und -stellungen (bizarre Körperhaltungen), ein negativistisches Verhalten, und kataleptische oder auch wächsern-biegsame Reaktionen bei von außen kommenden Haltungsänderungsversuchen.

Der Verlauf ist meist episodenhaft, seltener chronisch-progredient, anfangs sind Remissionen nicht selten. Während die Prävalenzrate in den Industrieländern abgenommen hat, ist sie in den übrigen Ländern gleichgeblieben (vgl. WHO 1991, 100).

Schizophrenien sind im Kindesalter sehr selten, beginnen bei 0,1 bis 1% vor dem 10. und bei 4% vor dem 14. Lebensjahr (vgl. Steinhausen 1988, 65).

Die Schizophrenie des Kindesalters hat andere Symptome und Verlaufsformen als die des Erwachsenenalters. Ca. 50% der Kinder mit Schizophrenie zeigten Prodromalerscheinungen wie plötzliche Aggressions- und Angstausbrüche, Konzentrationsstörungen, Unruhe, regressives oder dissoziales Verhalten usw. in einem deutlichen Kontrast zu dem vorherigen Verhalten. Vor dem 10. Lebensjahr treten wahnhafte Manifestationen und Halluzinationen kaum auf. Es zeigen sich vielmehr

- Antriebsstörungen z.B. als Lustlosigkeit, Desinteresse, autistische Tendenzen,
- Sprachstörungen z.B. als Beeinträchtigungen des Sprachflusses bis hin zur Sprechverweigerung (Mutismus)
- emotionale Störungen z.B. als Affektlabilität und -verflachung sowie
- motorische Störungen z.B. als Grimassieren, Stereotypien und roboterhafte Bewegungen.

Nicht selten sind auch zwanghafte Gedanken und Handlungen (vgl. Steinhausen 1988, 66).

Nach der Pubertät zeigen sich im Jugendalter umschriebene Formen ähnlich den klinischen Bildern bei Erwachsenen.

Die Ursachen der Schizophrenie werden divergent diskutiert. Während die einen vor allem Milieubedingungen als pathogene Faktoren benennen (z.B. Watzlawick et al. 1969), stellen andere genetische Bedingungen als ätiologisch noch nicht genau zu erfassende endogene Funktionsstörungen (Schizophrenie als eine endogene Psychose) in den

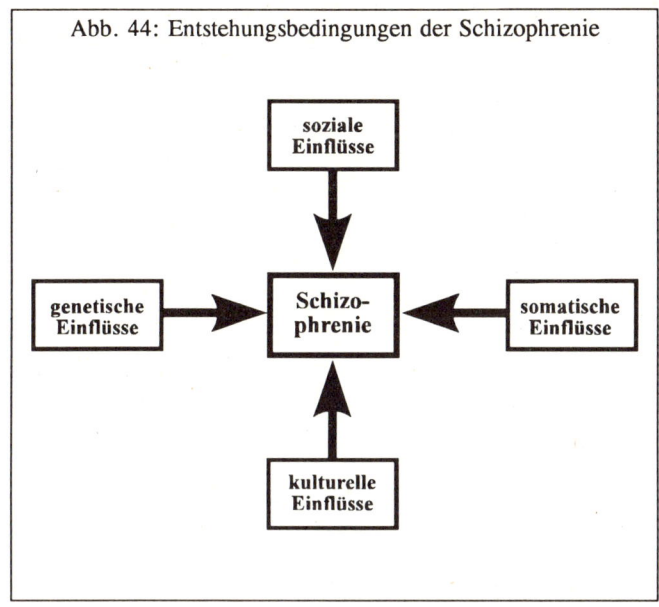

Abb. 44: Entstehungsbedingungen der Schizophrenie

soziale
Einflüsse

genetische
Einflüsse

Schizo-
phrenie

somatische
Einflüsse

kulturelle
Einflüsse

Vordergrund. So wird eine genetisch bedingte "Stoffwechselstörung mit Auswirkung auf die Steuerung der synaptischen Transmission in den für spezifisch menschliches Erleben zuständigen ZNS-Anteilen" angenommen (Seidel et al. 1980, 192). Der gegenwärtige Forschungsstand spricht eher dafür, daß schizophrene Psychosen entweder erblich bedingt sind oder aus prae- oder subnatalen Schädigungen resultieren. Interessante ätiologische Hinweise gab dazu kürzlich Bogerts. Er verweist darauf, daß beispielsweise der größte Teil schizophren gestörter Menschen, die eine schwierige Geburt hatten, bereits lange Zeit vor ihrer Erkrankung deutliche Verhaltensschwierigkeiten zeigte. Insbesondere im Hippocampus, der zum Limbischen System gehört, Aufmerksamkeits- und Gedächtnisfunktionen steuert sowie Hemmungen im Hinblick auf Emotionen und Assoziationen setzt, kann leicht geschädigt werden. Über die prä- oder subnatalen Schädigungen scheint das Sculpting, d.h. die Reduzierung der naturgemäß überzähligen Neuronen und cerebralen Substanzen beeinträchtigt zu werden, so daß funktionsuntüchtige Neuronen Fehlschaltungen herbeiführen können, die die speziellen Aufgaben des Hippocampus reduzieren, so daß die charakteristischen psychotischen Symptome wie Wahnvorstellungen und -wahrnehmungen, emotionale Überflutungen und überschäumende mentale Aktivitäten entstehen können (vgl. Bogerts, B.: Die Hirnstruktur Schizophrener und ihre Bedeutung für die Pathophysiologie und Psychopathologie der Erkrankung. Stuttgart 1991). Als wahrscheinlich wird heute nach verbreiteter Überzeugung ein Zusammenwirken verschiedener Faktoren in der Weise angenommen, daß es z.B. bei einem Zustand stoffwechselbedingter Labilisierung wesentlich von den Umweltgegebenheiten abhängt, ob es zum Ausbruch der Störung kommt oder nicht (siehe Abb. 44).
Insgesamt gesehen sind die Kenntnisse über die Verursachung und Entstehung der Schizophrenie aber noch mangelhaft.

Die Behandlung, die früher im wesentlichen medikamentös erfolgte und viele Menschen mit Schizophrenie zu Dauerpatienten und zu Hospitalgeschädigten machte, erfolgt heute in multimodaler Weise.

Pädagogisch-therapeutische Maßnahmen bieten auf der Grundlage der allgemeinen Prinzipien der Pädagogik bei Verhaltensstörungen Stützen zur Bewältigung von Ängsten, Hilfen bei der Realitätserfassung insbesondere über Spiel, kunst- und musiktherapeutische Verfahren sowie über Verfahren der Verhaltensmodifikation.

Kinder und Jugendliche mit Psychosen brauchen den spezialisierten Pädagogen.

Pädagogisch-therapeutische wie klinisch-psychologische Interventionen haben sich als außerordentlich wirksam erwiesen und schwer hospitalisierten Menschen ein weitgehend selbständiges Leben ermöglicht.

9.5.2 Depressivität

Gespräch eines Therapeuten mit einem depressiven Schüler:
"Wie fühlst du dich heute?
Es kommt und geht. Ich bin nicht die ganze Zeit deprimiert. Meistens passiert etwas - vielleicht etwas ganz Unbedeutendes -, und es geht los, ich fühle mich dann wegen irgend etwas schlecht, und ich kann nichts tun. Heute ist alles ziemlich gut gegangen, und ich fühle mich überhaupt nicht schlecht. Aber - wissen Sie - an anderen Tagen will ich dann vielleicht gar nicht aufstehen oder überhaupt etwas tun.
Kannst du mir mehr darüber sagen? Was empfindest du außerdem?
Als ob alles vollkommen sinnlos ist, als ob es sinnlos ist, überhaupt da zu sein. Mehr bringe ich dann nicht fertig. Es ist - es kommt mir sogar dumm vor, weiterzumachen, zu existieren. Und jeden Tag fragt man sich, ob man es bis zum nächsten schafft - ob es - ob man es aushalten kann - ob es sich lohnt, bis morgen auszuhalten. Und -
Kannst du mir ein bißchen darüber sagen, wie der Schmerz sich anfühlt?
Ach - ich weiß nicht. Es ist nur - ich fühle mich nur wie - ich fühle mich meistens wertlos, als ob etwas mit mir nicht in Ordnung ist. Es ist kein schönes Gefühl zu wissen, daß man ein totaler Versager ist, ein völliges Nichts, und ich fange an zu glauben, daß ich nie etwas Richtiges oder Wertvolles oder überhaupt was gemacht habe. Nur..."
(McKnew et al. 1985, 20-21).

Depressionen (lat. depressio = Niedergedrücktsein) gehören zu den affektiven Störungen, die sich einteilen lassen in depressive Störungen mit der schwersten Form der Major (vollständig ausgeprägte) Depression (Depression ohne manische oder hypomanische Episoden) und bipolare Störungen (manische oder hypomanische Episoden, eigenständig oder einander abwechselnd).

Die manische Episode ist gekennzeichnet durch Reizbarkeit, eine gehobene Stimmungslage, Beeinträchtigung beruflicher Leistungsfähigkeit und sozialer Aktivitäten, Steigerung des Selbstwertgefühls, Größenwahn, Ideenflucht, aktive Umtriebigkeit ohne Erkennen der Konsequenzen. Die Störung tritt meist erst mit dem frühen Erwachsenenalter auf.

Die bipolare Störung ist charakterisiert durch manische Episoden und Perioden einer Major Depression. Die zyklothyme Störung, die auch als leichte Form der bipolaren Störung verstanden werden kann, ist bei Kindern und Jugendlichen charakterisiert durch eine mindestens 1 Jahr andauernde Auffälligkeit mit hypomanischen und depressiven Symptomen. Während der hypomanischen Episode ist die berufliche und soziale Leistungsfähigkeit nicht eingeschränkt, wird aber während der depressiven Perioden ständig und schwerwiegend beeinträchtigt. Die dysthyme Störung (depressive Neurose) wird bei Kindern und Jugendlichen bei mindestens einjährigem Andauern der typischen Merkmale der depressiven Verstimmung verbunden mit Erschöpfungsgefühlen, Konzentrations- und Entscheidungsschwierigkeiten, Gefühlen des geringen Selbstwerts und der Hoffnungslosigkeit. Sie steht im Zusammenhang mit Aufmerksamkeitsstörungen, sozialen Verhaltensstörungen, Entwicklungsstörungen oder schwer beeinträchtigenden Milieubedingungen. Die dysthyme Störung unterscheidet sich von der Major Depression durch Dauer und Schweregrad (vgl. APA 1991, WHO 1991).

Noch vor etwa 2 Jahrzehnten hielt man es nicht für möglich, daß auch Kinder depressive Störungen entwickeln können. Erste Hinweise auf Depressionen bei Kindern gaben die Forschungen von Rene Spitz zum "Hospitalismus" (vgl. Kap 4.2.1). Seine Filme über die "Anaklitische Depression" bei kleinen Kindern erregten nicht nur die Fachwelt. Inzwischen gilt als gesichert, daß bei Kindern Depressionen bereits im Alter von 5-6 Jahren entstehen können (vgl. McKnew et al. 1985, 47).

Unangenehme Ereignisse können leicht bei Kindern eine gedrückte Stimmung auslösen. Wenn dieses Zustandsbild jedoch bei leichteren Belastungen nicht nach 1 Woche und bei schwereren Belastungen nach spätestens einem halben Jahr deutliche Besserungen zeigt, müssen die Kinder als gefährdet und von einer depressiven Störung bedroht angesehen werden. Erste Hinweise auf die Entwicklung einer depressiven Störung können Veränderungen der Eß- und Schlafgewohnheiten, der Mitarbeit in der Schule, Interessenverlust, andauernde Freudlosigkeit und Traurigkeit, ein Sich-absondern von anderen, ein stilles Vor-sich-hin-weinen und eine Verernstung sein. Kinder versuchen aber auch häufig mit Erfolg ihre depressiven Störungen vor den Erwachsenen zu verbergen: "Das Stadium, in dem bei Erwachsenen offensichtlich schon eine Depression erkannt wird, bleibt bei Kindern oft von Lehrern, Eltern und sogar Freunden unerkannt", lehrt die Erfahrung (McKnew et al. 1985, 31).

McKnew et al. teilen die Depressionen bei Kindern zwischen 6 und 12 Jahren in die drei Haupttypen akut, chronisch und verdeckt ein. Der akute Typ steht in direktem Zusammenhang mit bedrückenden Ereignissen (ein geliebter Verwandter gestorben, ein Elternteil im Krankenhaus), während bei dem chronischen Typ keine konkreten Anlässe vorliegen, die Problematik sich schon seit längerer Zeit zeigt und Hinweise zu finden sind auf Depressionen im Familienkreis. Kinder des verdeckten Depressionstyps zeigen ein ausagierendes Verhalten, und fallen durch delinquente Verhaltensweisen (Feuerlegen, Stehlen, Gewalttätigkeiten) auf. Das Ausagieren im Zusammenhang mit negativer Selbstbeurteilung, Hilflosigkeitsgefühlen und allgemeinen Gefühlen der Traurigkeit sowie mit ausgeprägten Gewaltphantasien ist als der Versuch zu verstehen, sich gegen die depressive Störung zu wehren. Als auslösende Momente für depressive Störungen bei Kindern kommen Belastungen durch Streß, durch Trennungs- und Verlusterlebnisse, Gefühle der Ablehnung durch die Eltern und - was sehr häufig der Fall ist - depressives Verhalten bei den Eltern selbst. Diese Übernahme der elterlichen Depression durch das Kind kann mit Vererbung, aber auch mit Identifikationsprozessen in der Weise zusammenhängen, daß das Kind die elterlichen depressiven Verhaltensnormen internalisiert und nun seinerseits im Sinne dieser Normen lebt. Depressionen bei Kindern wie bei Erwachsenen werden auch in Zusammenhang gebracht mit biologischen Störungen in dem Sinne, daß die für die Reizübermittlung im zentralen Nervensystem so wichtigen Neurotransmitter (z.B. Dopamin, Noradrenalin, Serotonin) entweder in zu großen oder zu kleinen Mengen vorhanden sind. Nach einer gängigen Hypothese führt ein Zuviel der Neurotransmitter in den Synapsen zwischen den einzelnen Neuronen zu einer manischen Störung, ein

Zuwenig dagegen zur depressiven Störung. Gestützt wird diese Hypothese u.a. dadurch, daß die eingesetzten Psychopharmaka die Anteile der Transmittersubstanzen normalisieren.
Zur Verbreitung der Depression bei Kindern deuten die Studien von McKnew et al. "auf Zahlen zwischen 5% und 10% hin" (McKnew et al. 1985, 27).

Aus der Kenntnis der Symptomatik und der auslösenden und verursachenden Faktoren kann der Pädagoge in leichteren Fällen Hilfe dadurch geben, daß er Belastungsmomente reduziert und dem Kind vielfältige Möglichkeiten gibt, sich zu äußern. Das bezieht sich sowohl auf die Bereitstellung kreativer Verfahren als auch auf die Ermöglichung von Gesprächen. Hilfreich sein kann auch die Vermittlung freundschaftlicher Kontakte zu anderen Kindern in relevanten Gruppen oder auch innerhalb eines Vereinslebens. Bei akuten depressiven Störungen mag dadurch bereits eine effiziente Hilfe gegeben sein. Allerdings ist ein enger Kontakt mit der Familie notwendig, auch im Sinne einer intensiven Elternberatung. Auch bei den von McKnew als "verdeckte Depression" bezeichneten Störungen mit starken antisozialen Verhaltensweisen der Kinder und Jugendlichen kann der Pädagoge hilfreich intervenieren. Wenn jedoch die Störung länger anhält und der Verdacht auf eine Chronifizierung besteht (Andauern der depressiven Störung über ein halbes Jahr hinaus) muß eine Therapie durch den Arzt und/oder den klinischen Psychologen eingeleitet werden. Sowohl psychoanalytische als auch lerntheoretisch orientierte Therapien bezogen allein auf das Kind als auch auf die Familie - was aus der Kenntnis familialer Verursachungsfaktoren sicher notwendig ist - werden als mono- oder auch als multimodale Interventionen, insbesondere in Verbindung mit medikamentöser Therapie, eingesetzt. Psychodynamische Verfahren zielen darauf, unbewußte Belastungen und Konflikte zu verdeutlichen, negative emotionale Tendenzen auf den Therapeuten oder andere Personen zu projizieren und sie auf diese Weise beherrschbar zu machen und die gesunden Anteile der Persönlichkeit systematisch zu stützen. Im Sinne lerntheoretischer Intervention sind die Umweltbedingungen, die die depressive Störung auslösen und verstärken, zu eliminieren und Verhaltensweisen angemessener Situationsbewältigung systematisch zu verstärken. Dabei wird im Sinne des kognitiven Ansatzes insbesondere auf eine Veränderung der negativen Selbsteinschätzung, der negativen Beurteilung vergangener und gegenwärtiger Verhältnisse und Situationen und die negative Zukunftsperspektive eingewirkt. Diese Bereiche stellt auch die humanistisch-psychologische Gesprächstherapie in den Mittelpunkt, bei der in Kooperation zwischen Therapeut und Klienten eine situationsgerechte Selbstfindung und Lebensplanung entwickelt werden soll.
Wichtig ist es, mit den Kindern über ihre Sorgen, Nöte, über die Einschätzung ihres Lebens überhaupt zu sprechen. Wenn eine persönliche Beziehung besteht, wenn die äußeren Bedingungen entsprechend sind und eine entspannte, angenehme Atmosphäre gegeben ist, dann werden die Kinder reden, weil sie unbewußt auf der Suche danach sind, sich auszusprechen, sich umzuorientieren und ihr Leben als schön und sinnvoll zu empfinden. Es geht also nur darum, jenen Sprechmöglichkeiten zu verschaffen und ihnen mit Anteilnahme und Geduld zuzuhören.
Dem Arzt stehen zur Behandlung depressiver Störungen drei unterschiedlich ansetzende und wirkende Medikamente zur Verfügung: Trizyklische Medikamente (z.B. Emipramin), Monaminooxydasehemmer (MAO, z.B. Parnate) und Lithium. MAO-Hemmer werden bei leichten depressiven Störungen eingesetzt, trizyklische Medikamente wie Emipramin haben sich auch bei depressiven Störungen bei Kindern als sehr hilfreich erwiesen. Während trizyklische Medikamente und MAO-Hemmer vor allem bei unipolaren

depressiven Störungen eingesetzt werden, während Lithium bei bipolaren oder manisch-depressiven Störungen das Mittel der Wahl ist.

Medikamente aus den drei genannten Gruppen werden auch Kindern mit depressiven Störungen verabreicht, und auch bei diesen wird - insbesondere wenn suizidale Tendenzen gegeben sind - von eindrucksvollen, hilfreichen Wirkungen berichtet. Aber auch diese Medikamente haben Nebenwirkungen, was bei Kindern und Jugendlichen, die im Wachstum befindlich sind, besonders problematisch ist. So erscheint es als angezeigt, insbesondere bei Kindern und Jugendlichen medikamentöse Therapie stets mit psychosozialen Interventionsmaßnahmen zu verbinden, um sie in möglichst kleinen Dosen halten und baldigst absetzen zu können.

9.5.3 Frühkindlicher Autismus

Raun kam als rundherum gesunder Junge zur Welt. Die Schwester im Entbindungsraum meinte, "er sei ein perfektes Kind" (Kaufman 1984, 12). Aber schon im ersten Monat zeigte er unerwartete Verhaltensweisen. "Er schien irritiert, er schrie Tag und Nacht. Er reagierte nicht, wenn man ihn auf den Arm nahm oder fütterte, als ob er von irgendeiner inneren Störung gelenkt wurde" (a.a.O.). Der Kinderarzt konstatierte völlige Gesundheit und Normalität. In seiner vierten Lebenswoche bekam Raun eine Infektion im Ohren- und Rachenraum. Zu hohe Antibiotikadosen erbrachten eine schwere Dehydration (Wasserverlust), die einen Krankenhausaufenthalt erforderlich macht. Als Raun aus dem Krankenhaus entlassen wurde, hatte er zwei geplatzte Trommelfelle, aber er hatte keine Schmerzen mehr. "Er lächelte den ganzen Tag, war glücklich, lebhaft und reagierte auf alles" (a.a.O.). Er wurde ein schöner kleiner Junge, der viel lachte und mit seinen beiden Schwestern spielte. "Sogar sein Gehör schien in Ordnung zu sein, er hörte zu und wandte sich nach den verschiedenen Geräuschen um. Raun schien in jeder Beziehung normal und gesund zu sein, mit der einen Ausnahme: Er streckte seine Arme nicht aus, um auf den Arm genommen zu werden" (a.a.O.). Nachdem er ein Jahr alt geworden war, stellten die Eltern fest, daß er immer geräuschunempfindlicher wurde. "Er reagierte immer weniger, wenn man ihn beim Namen rief, und auch auf allgemeine Geräusche kam immer weniger Reaktion. Es war, als würde er zunehmend weniger hören" (a.a.O., 16). Er fing auch nun an, "vor sich hin zu starren und passiv zu sein. Er schien lieber allein für sich zu spielen, als mit uns zusammen zu sein. Wenn man ihn aufnahm, ließ er die Arme gleichgültig hängen, als ob sie nicht zu ihm gehören würden. Oft äußerte er eine Abneigung gegen Körperkontakt und zeigte, daß er sich dabei unwohl fühlte, indem er unsere Hände wegschob, wenn wir ihn umarmen oder streicheln wollten. Er zeigte eine Vorliebe für Gleichförmigkeit und Wiederholung, indem er beständig mit nur ein oder zwei Dingen spielte und sich damit dann immer an den gleichen Platz im Haus zurückzog. Eine Gehörschädigung konnte ausgeschlossen werden. Die wenigen Worte, die er bereits gesprochen hatte, verlernte er wieder. "Statt sprechen zu lernen, war er stumm geworden. Nicht einmal eine präverbale Gehsprache mit Gesten und Zeichen existierte" (a.a.O.). Dann stellte der Vater auch fest, daß Raun über den Blick keinen Kontakt herstellte. "Er schaute mich immer noch an, durch mich hindurch. Seine Augen schienen mein Bild nicht in sich aufzunehmen, sie spiegelten mich nur. Ich fragte ihn noch einmal, aber es war, als ob man den Wind frage" (a.a.O., 17). Nun erschienen auch weitere Verhaltensweisen als auffällig, wie die Schaukelbewegungen vor und zurück, der Rückzug aus der heimischen Welt, Kreiseln und Vor-sich-hin-starren, große Geschicklichkeit, Faszination durch unbelebte Objekte, ständiges Hantieren mit den

Fingern an den Lippen, "wegschieben der ihn umgebenden Menschen und seine schweigende Einsamkeit. Wenn Raun sich einem zuwandte, schaute er durch einen hindurch, als ob man durchsichtig sei. Er war jetzt 1 1/2 Jahre alt, kommunizierte aber weder verbal noch nonverbal. "Das war nicht einfach ein Kind, das langsam sprechen lernte, es gab überhaupt keine Kommunikation, weder durch Stöhnen noch durch Gesten, keinen Ausdruck für Wünsche, Vorlieben oder Ablehnung" (a.a.O., 18). Aufgrund dieser Verhaltensweisen mußte sich der Vater, ein Psychologe, fragen, ob sein Sohn unter frühkindlichem Autismus litt.

Das Erscheinungsbild des frühkindlichen Autismus haben erstmals 1943 nahezu gleichzeitig und unabhängig voneinander die Psychiater Asperger in Österreich und Kanner in den USA als spezielle Form kindlicher Psychosen erkannt und beschrieben. Der Begriff Autismus geht auf den deutschen Psychiater Bleuler zurück, der mit dem aus dem Griechischen abgeleiteten Wort (autos = selbst) eine spezifische Symptomatik erwachsener Schizophrener bezeichnete, die sich in einem extremen Selbstbezug, einer Abkapselung gegen die Umwelt, in Teilnahmslosigkeit und dem Leben in einer Phantasiewelt ausprägt. Asperger beschrieb 1943 in seiner Habilitationsschrift für die Wiener Universität die von ihm als spezielles Syndrom im Kindesalter erkannte "autistische Psychopathie". Kanner nannte das von ihm beobachtete Krankheitsbild "early infantile autism". Da die beiden Formen des Syndroms, die heute zumeist unter der Bezeichnung des frühkindlichen Autismus zusammengefaßt werden, einige Unterschiedlichkeiten zeigen, sollen sie nacheinander vorgestellt werden.

Autistische Psychopathie nach Asperger

Kernsymptom ist die Abwendung von der Umwelt, die Beschränkung auf sich selbst, die Selbstisolation. Die Kinder zeigen eine "Einschränkung des persönlichen Kontaktes zu Dingen und Menschen" (Asperger 1968, 177). Selbst ihr Blick sucht keinen Kontakt, es ist, als wenn sie durch die Menschen in ihrer Umgebung hindurch in eine weite Ferne schauten. Herausragend ist ihre Fähigkeit für "eine differenzierte Selbstbeschau: Es werden körperliche Vorgänge, der Herzschlag, das Atmen, aber auch die Denkprozesse im Gehirn belauscht und differenziert beschrieben" (Asperger 1982, 294). Die Sprache ist gestört, "unnatürlich, wie eine Karikatur" (Asperger 1968, 179), hat hinsichtlich Lautstärke und Sprachmelodie auffallende Eigentümlichkeiten. Sprache wird von den Kindern früh gelernt und kann gekennzeichnet sein durch kreative Eigentümlichkeiten. "Sie lernen früher reden als gehen, sie haben rasch eine grammatikalisch gut gefügte Sprache" (Asperger 1982, 296). Die Kinder zeigen Störungen im körperlichen Bereich, machen den Eindruck, als seien sie "in ihrem Körper nicht zuhause" (Asperger 1968, 192). "Die Motorik ist hölzern oder ungeschickt, gar nicht fließend, nicht zur Bewältigung der praktischen Aufgaben geeignet, und zeigt manchmal Stereotypien" (Asperger 1982, 294). So fallen sie dann auch häufig durch vielfältige Ungeschicklichkeiten auf. Ihr soziales Verhalten scheint darauf ausgerichtet zu sein, Kontakten durch lange andauernde Beschäftigungen mit Gegenständen, durch Fixierungen auf bestimmte Bewegungsabläufe oder durch selbstbeschäftigende bzw. selbststimulierende Rituale aus dem Wege zu gehen. Auf pädagogische Impulse reagieren sie abweisend und mit negativistischem Verhalten, mit Widerstand oder paradoxen Handlungen. Der mitmenschlichen Umwelt gegenüber können sie äußerst aggressiv durch Worte und Handlungen, egozentrisch und rücksichtslos, aber auch gefühlvoll und bindungsfähig sein. Die autistisch-psychopathischen Kinder sind durchschnittlich bis überdurchschnittlich intelligent. Häufig zeigen sie auch spezielle Begabungen und ein "eng umgrenztes, isoliertes Sonderinteresse, das geradezu hypertrophisch entwickelt ist" (a.a.O., 184). Auf diese Sonderinteressen sind sie völlig ausgerichtet und können das breit gefächerte Angebot der Schule nicht im erwarteten Maße annehmen, so daß sie sich schulische Schwierigkeiten ergeben. Auf ihren Spezialgebieten können sie intensiv und ausdauernd arbeiten und zu herausragenden Leistungen kommen. Insgesamt gesehen erscheint das Syndrom der autistischen Psychopathie, die Asperger nur bei Jungen feststellte, auf den Leistungsbereich bezogen, wie die Karikatur des zurückgezogenen, im Elfenbeinturm lebenden Wissenschaftlers, was Asperger dazu führte, von einer "Extremvariante des männlichen Charakters" zu sprechen. Diese extreme Ausprägung sah er als erbbedingt an. "Bei Aspergers Autisten ist eine Heredität eindeutig festzustellen: Fast ausnahmslos finden sich ähnliche Charaktere in der Aszendenz" (Asperger 1982, 293). Im Vergleich zu dem Syndrom, das Kanner beschrieb, stellt die Form nach Asperger eine leichtere Verlaufsform dar.

Frühkindlicher Autismus nach Kanner

Kanner kategorisierte seine Beobachtungen und Erfahrungen im Hinblick auf das Erscheinungsbild, das er "early infantile autism" nannte und das charakterisiert war durch zwei Primärsymptome und drei Sekundärsymptome. Zu den Primärsymptomen, die für die Diagnose von zentraler Bedeutung sind, gehört bei ihm, daß eine schwere Kontaktstörung insbesondere zur personalen Umwelt gegeben ist, die sich von Geburt an zeigt. Im Hinblick auf die dingliche Umwelt ist "ein zwanghaftes Bedürfnis nach Gleicherhaltung", d.h. eine ausgeprägte Veränderungsangst auffällig. Als Sekundärsymptome bezeichnete Kanner

- schwere Störungen in der Sprachentwicklung: z.B. werden Pronomen umgekehrt verwendet (du statt ich), Sprachäußerungen anderer werden sofort oder mit einiger Verzögerung wiederholt (Echolali),
- selektive Objektfixierungen: einzelne, oft ausgefallene Gegenstände binden das Interesse über längere Zeiträume,
- normale intellektuelle Fähigkeiten, die jedoch emotional blockiert sind, so daß die Intelligenz als unterdurchschnittlich erscheint bzw. umfassende oder auch partielle Störungen aufweist. Die von Kanner erfaßten Kinder waren in ihrer motorischen Entwicklung unauffällig, konnten hübsch aussehen und graziös wirken. Die Familien, aus denen die Kinder stammten, bezeichnete er als "Intellektuellenfamilien", die Väter und Mütter erschienen ihm "hochintelligent und kühl"; er meinte ein "autistisches Familienmilieu" feststellen zu können. Die Störungen der Kinder führte er auf diesen familiären Hintergrund zurück. Diese Annahme ist durch neuere Forschungen ebenso widerlegt worden wie die, daß der frühkindliche Autismus eine Frühform der Schizophrenie sei.

Um beide Syndrome besser miteinander vergleichen zu können, werden in Anlehnung an Nissen (1989, 525) zugeordnete Symptome in einer tabellarischen Übersicht (siehe Tabelle 21) idealtypisch dargestellt.
Die beiden von Asperger und Kanner beschriebenen autistischen Syndrome der frühen Kindheit stellen sich häufig nicht in ihrer reinen Form dar, sondern in vielfältigen Mischformen. So sind die Diagnoseschemata nicht nur auf Differenzierungen nach Asperger oder Kanner ausgerichtet, sie geben auch weitere Syndrome mit den wichtigsten Symptomen an. Nach dem ICD-10 gehören die Formen des Autismus im frühen Kindesalter

Tabelle 21: Asperger- und Kanner-Syndrom in der Gegenüberstellung

Kategorien	Asperger-Syndrom	Kanner-Syndrom
Beginn der Störungen	2.-3. Lebensjahr	in den ersten Lebensmonaten, vor 3. Lebensjahr
Kontaktstörung	Mitmenschen erscheinen als Störfaktoren Blickkontakt fehlt oder ist selten	Mitmenschen erscheinen als nicht existent Blickkontakt möglich, aber nur kurz
Geschlecht Sprache	fast nur Jungen (8:1) häufig sehr früh beginnende Sprachentwicklung mit herausragendem Sprachvermögen, Kind spricht, bevor es läuft	Jungen und Mädchen (3:1) häufig verzögerte oder dauerhaft gehemmte Sprachentwicklung, Kind läuft, bevor es spricht
Motorik	Ungeschicklichkeiten, motorische Retardierungen	motorische Entwicklung ist unauffällig
Intelligenz	durchschnittlich bis überdurchschnittlich, herausragende Spezialbegabung Abstraktionsvermögen und Symbolverständnis eher gut	häufig unterdurchschnittlich, partielle oder universelle Störungen, Abstraktionsvermögen und Symbolverständnis eher schlecht
familiärer Hintergrund	intellektuelle Väter mit autistischen Zügen	Intellektuellenfamilien Väter und Mütter mit autistischen Zügen
Prognose	Defizite bis ins Erwachsenenalter	Persistieren bis in Adoleszenz und Erwachsenenalter

zu den "tiefgreifenden Entwicklungsstörungen". Unterschieden werden der "frühkindliche Autismus" (Kanner-Syndrom), der "atypische Autismus" (späterer Krankheitsbeginn, Nichterfüllung aller Kriterien), das "Rett-Syndrom" (nur bei Mädchen, nach normaler Entwicklung in den ersten Monaten Verlust erworbener Fähigkeiten zwischen dem 7. und dem 24. Monat), eine "andere desintegrative Störung des Kindesalters" (desintegrative Psychose / Heller-Syndrom; mindestens zweijährige normale Entwicklung, phasenhafter Abbau von Fähigkeiten bis zur schweren Intelligenzminderung mit schlechter Prognose), eine "hyperkinetische Störung mit Intelligenzminderung und Bewegungsstereotypien" (IQ unter 50, Hyperaktivität mit Stimulantien nicht beeinflußbar, Überaktivität wird in der Adoleszenz zur Unteraktivität) und das Asperger-Syndrom (WHO 1991, 264 - 271).
Die Häufigkeit der frühkindlich autistischen Syndrome wird mit etwa 4 - 5 auf 10.000 angenommen. Für die Bundesrepublik Deutschland wurden 1989 ca. 7.000 autistische Kinder angegeben.
Zur Verursachung und Genese frühkindlich autistischer Syndrome liegen unterschiedliche Erklärungsmodelle vor. Unter biophysischem Aspekt werden in Chromosomenschädigun-

gen, subnatalem Sauerstoffmangel und cerebralen Funktionsstörungen auslösende Faktoren gesehen.

Nach dem neuropsychologischen Ansatz resultiert frühkindlicher Autismus aus einem "Defekt in der homöostatischen Regulation sensorischer Reizaufnahme und motorischer Reaktion bzw. einer spezifischen Entwicklungsstörung der sensorischen Integration" (Weber 1985, 287). Die Selbstisolation der Kinder wird als eine "Schutzreaktion zur Vermeidung von Überforderung im perzeptorisch-kognitiven Bereich" gesehen (a.a.O.). Auch Affolter führt den frühkindlichen Autismus weitgehend auf spezielle Wahrnehmungsstörungen, auf Ausfälle von Sinnesverbindungen zurück .

Eine ethologische Sichtweise haben Tinbergen / Tinbergen bekanntgemacht. Sie sehen im frühkindlichen Autismus einen entgleisenden, von der Norm abweichenden Entwicklungsvorgang, eine "von Angst beherrschte emotionale Gleichgewichtsstörung, die durch die Unfähigkeit, soziale Bindungen einzugehen und ein Gefühl der Sicherheit und des Selbstvertrauens zu entwickeln, gekennzeichnet ist" (Tinbergen 1984, 105). Die Kinder leben in einem ständigen Widerstreit zwischen Annäherungs- und Rückzugstendenzen, befinden sich "fast ununterbrochen in einem Emotions- und Motivationskonflikt...., in dem der Wunsch zurückzuweichen - d.h. Angst die dominierende Rolle spielt" (a.a.O., 70-71). Wichtigste Ursache ist eine Störung der Mutter-Kind-Beziehung auf der Basis einer vermutlich genetisch mitbedingten Vulnerabilität.

Aus pyschoanalytischer Sicht handelt es sich um eine schwere Störung der Individuation, um einen konstitutionellen Ich-Defekt. Die Kinder können ein "mütterliches Prinzip" nicht nutzen. "Die Ich-Apparate, die sich gewöhnlich in der Matrix der Beziehung zur `durchschnittlich ergebenen´ Mutter entwickeln, gedeihen nicht" (Mahler 1982, 18). Auch unter diesem Aspekt wird zentrale Bedeutung einer gestörten Mutter-Kind-Beziehung beigemessen. Umweltbedingungen sind insofern bedeutsam, als das Kind in seiner "grundlegenden Verletzbarkeit" die Welt zu früh und zu schwerwiegend als höchst frustrierend erfährt und im Sinne einer Abwehr die autistischen Verhaltensweisen entwickelt (Bettelheim 1983).

Der lerntheoretischen Ansatz stellt beeinträchtigende Lernbedingungen in den Vordergrund, durch die die biologisch bedingten Störvariablen bzw. Entwicklungsstörungen nicht berücksichtigt oder sogar verstärkt werden. Daraus wird die Notwendigkeit einer detaillierten Problemauflistung mit problemspezifischer Intervention (Verhaltensmodifikation / -therapie) abgeleitet (Cordes 1980).

Größere Verbreitung findet in letzter Zeit der Ansatz der multifaktoriellen Bedingtheit des frühkindlichen Autismus. Danach handelt es sich um "polyätiologische, wahrscheinlich jedoch regelmäßig genetisch mitbedingte Syndrome, die sich phänomenologisch nicht immer scharf voneinander trennen lassen und denen im Einzelfall vorwiegend psychodynamische, hereditäre und hirnorganische Ursachen zugrunde liegen, die sich noch gegenseitig überlagern und verstärken können" (Nissen 1980, 431). Es wird eine wechselseitige Verstärkung zwischen genetischen, hirnorganischen und psychogenetischen Faktoren gesehen. Einseitig psychogenetische Betrachtungsweisen werden abgelehnt. So verweist die "National Society for Autistic Children" in den USA unter Verwerfung psychogenetischer Theorien auf organische Auffälligkeiten: "aufgefundene neurologische, biochemische und wahrnehmungspsychologische Veränderungen werden in einem ursächlichen Zusammenhang mit dem Symptombild gesehen" (Bernard-Opitz 1984, 8).

Zur Frage der Intervention soll zunächst die eingangs dieses Kapitels begonnene Geschichte von dem kleinen Raun fortgeführt werden, mit der auch die große Bedeutung der Eltern bei allen Interventionsmaßnahmen herausgestellt werden soll.

Aus der Angst heraus, "daß Diagnosen oft 'self-fulfilling prophecies' seien", verweigerten die Ärzte eine endgültige Diagnose. In einem Jahr sollten die Eltern wiederkommen. Auch in einem zweiten Krankenhaus konnte keine Behandlung erreicht werden, da davon ausgegangen wurde, daß das Kind dafür drei oder vier Jahre alt sein müßte. So lange wollten die Eltern nicht warten, zumal sie zusehen mußten, "wie Raun uns jeden Tag ein wenig mehr entglitt, sich ein wenig mehr zurückzog. Wie er audio-visueller Stimulation gegenüber immer unempfänglicher wurde. Wie er sich immer mehr abkapselte" (a.a.O., 26). Nach langer Suche und nach der Beschäftigung mit den vielen Theorien über frühkindlichen Autismus und seine Behandlung fanden Rauns Eltern in der "Options-Methode" die für sie richtige Möglichkeit, auf sich verändernd und auf ihren Sohn auch heilend einzuwirken. "Wir entschieden, daß wir zwar etwas anderes und vielleicht manchmal ganz bestimmte Dinge für Raun wollten, daß unsere Beziehung zu ihm aber nie davon abhängen durfte, ob unsere Wünsche erfüllt wurden. Wir wollten glücklich mit ihm sein und nicht anfangen, ihn unserer Beurteilung zu unterwerfen... Damit wollten wir beginnen" (a.a.O., 44). Sie wollten ihren Sohn zunächst besser kennen- und verstehen lernen, beobachteten ihn, versuchten seine bizarren Verhaltensweisen als "Adaptionsversuche eines nicht funktionierenden Systems" aufzufassen (a.a.O., 45). Sie spielten seine stereotypen Spiele mit, ließen wie er die Teller kreiseln, versuchten ihm durch ihr Verhalten zu zeigen, "daß er in Ordnung war, daß wir ihn liebten, daß wir uns um ihn kümmerten und ihn akzeptierten, wo immer er auch war" (a.a.O., 46). Diese Einstellung und Haltung hielten sie durch: "Wir waren bei ihm, teilnehmend, beobachtend, ob er auf dem Tisch saß oder auf dem gekachelten Boden, ob er auf dem Teppich hin- und herschaukelte oder auf dem zementierten Weg draußen Gegenstände kreiseln ließ. Von früh am Morgen bis in den frühen Abend hinein, wenn er schlafen ging, blieben wir ohne Unterbrechung mit ihm zusammen" (a.a.O., 49). Sie kamen zu dem Ergebnis, daß bei ihrem Sohn "eine Störung seiner Perzeption und seiner Denkfähigkeit vorlag" (a.a.O., 52). "Es war eine Frage der Perzeption, und das Problem war ein Problem des Erkennens, des Behaltens und des Sich-erinnerns. Die volle Kraft des Denkens fehlte Raun. Es war ein kognitives Problem, die Unfähigkeit, neues Erfahrungsmaterial zu altem in Beziehung zu setzen, die Unfähigkeit, von einer Erfahrung ausgehend zu verallgemeinern. Er konnte seine Einzelerfahrungen nicht in einen Zusammenhang bringen. Der Zauber, der die Teile zusammenhielt, fehlte. Es gab kein Ganzes, das bestimmten Gesetzen unterlag, sondern nur Fragmente, Einzelteile. Es war, als ob er in einer urtümlichen Erwartungshaltung verharrte und auf Hilfe wartete, aber nie auf die Idee kam, sie irgendwo zu suchen - und vielleicht gar nicht wußte, was er suchte, bis es in sein Gesichtsfeld kam" (a.a.O., 55). Sie konzipierten ein Drei-Phasen-Programm, nach dem auf die erste Phase der Kontaktaufnahme und der Vermittlung von Akzeptanz und Liebe die zweite Phase, Raun Erfahrungen vermitteln und ihn motivieren sollte. "Wir wollten Raun zeigen, daß unsere Welt schön und aufregend interessant war. Wir wollten ihm zeigen, daß diese Welt der zusätzlichen Mühe wert war, die es ihn kosten würde, seine Welt der Rituale zu verlassen" (a.a.O., 58). Mit der dritten Phase sollte ein Lernprogramm realisiert werden, "das jede Tätigkeit, jedes Geschehen, in kleine, begreifbare Teile aufbrechen würde. Wir wollten seine äußere Umgebung stark vereinfachen, damit er selbst sich neue Wege bauen konnte anstelle der alten, die beschädigt oder zerbrochen waren" (a.a.O.). Um "einen Raum mit möglichst

wenig ablenkender Einrichtung" zu haben, richteten sie das Badezimmer als Arbeitsraum ein. Es wurden vielfältige Aktivitäten geplant und durchgeführt. Systematisch wurden Stimulierungen gesetzt, vor allem durch sich steigernden Körperkontakt, durch Umarmen, Streicheln, Kitzeln, Umhertollen, in die Luft werfen, durch den Umgang mit verschiedenen Materialien und durch Musik. Beethoven und Mahler, Brahms und Bach, Herbi Mann, das Modern Jazz Quartett. Klavierkonzerte von Van Cliburn und die Improvisationen von Chick Corea. Raun hörte den Tönen und Melodien sofort sehr aufmerksam zu. Jeden Tag zeigte er mehr Interesse. Wir hatten ein weiteres Mittel gefunden, ihn zu erreichen" (a.a.O., 65). Über dauernden Kontakt und dauernde Stimulierung, über motivierende Materialien und zunächst einfache, dann schwierigere Lernspiele, über das Hantieren und Gestalten mit Ton und Fingerfarben, vielfältige Bewegungsspiele erreichten sie, daß er nach acht Wochen dann und wann Blickkontakt aufnahm, auf seinen Namen hörte, aktiver wurde, einen Wunsch zunächst durch Weinen kundtat. Er fing an Worte nachzusprechen, monoton, und ohne ihnen Bedeutung beizumessen. "Die Worte, die er sprach, sprach er, ohne ihren Sinn zu begreifen; oft sprach er gegen die Wand, mit leeren Augen, während seine Lippen die Töne formten" (a.a.O., 81). Er probierte seine Mimik vor dem Spiegel aus, bezog aktiv seine Umwelt mit in die Spiele ein, machte mit jeder Woche mehr Fortschritte, konnte nun auch mit anderen Personen sein 75-Stunden-Wochenprogramm durchführen. In der 14. Woche der Programmrealisation spricht er dann bewußt und gegenstandsbezogen: Er stand am Wasserbecken und wollte ein Glas voll Wasser haben. Seine Mutter "tat wie üblich, als verstehe sie nicht. Raun beharrte auf seinem Geschrei. Er schrie immer lauter. Susi kniete sich neben ihn, liebevoll und voller Anteilnahme, während sie zusah, wie sein Gesicht zuckte und er seinen Mund mit den Händen bearbeitete. 'Was willst du, Raun? Was willst du? Sag' es mir.' Dann, aus den Tiefen seines Körpers, wie aus den Stimmbändern herausgerissen, mit beinahe geschlossenen Augen, wie um alle Stärke, alle Kraft zu sammeln, schrie Raun, und es klang wie ein Bellen, aber laut und klar, so daß es den ganzen Raum füllte: "WA!" Nach den Fortschritten kamen auch Rückschläge, dann aber, nach einer Phase des Rückzugs und der Verweigerung, sprach er Wörter, die er vorher nie gesprochen hatte, tat deutlich seinen Willen kund, wollte spielen und lernen. Als er 22 Monate alt war, in der 22. Woche seines Programms, wurde deutlich, daß er sich "für die Menschen um ihn herum und nicht für seine autistischen Symptome, für den Kontakt mit Menschen und gegen seine selbststimulierende Isolation entschieden" hatte (a.a.O., 149). Die autistischen Symptome traten in den Hintergrund. Die Musik ist für ihn "ein Zauberreich, mit 2 1/2 Jahren spielt er Melodien, die er hörte auf dem Klavier, komponiert sogar mit Text und Melodie zwei Lieder. Als er das Schulalter erreichte, konnte er eine normale Schule besuchen (Kaufman 1984, 159).
Interventionen werden bestimmt durch die verschiedenen Erklärungsansätze. Erste erfolgreiche Interventionen wurden auf lerntheoretischer Basis mit verhaltenstherapeutischen Programmen durchgeführt (vgl. Lovaas 1977). Große Verbreitung mit guten Erfolgen fanden lerntheoretische Ansätze auch im schulischen Bereich. In Bremen z.B. wurde eine Sonderklasse für neun Kinder mit frühkindlichem Autismus eingerichtet, in der in einer Ganztagsförderung durch Lehrer und Psychologen für jedes Kind spezifische Lern- und Verhaltensprogramme entworfen wurden, die über verhaltensmodifikatorische Verfahren realisiert wurden. Die Eltern wurden in das Förderkonzept integriert, über Elterntraining geschult und auch dafür herangezogen, daß alle Programme "systematisch auf außerschulische Situationen generalisiert" wurden (Cordes 1980, IV).

Ein weltweit bekannt gewordenes psychoanalytisches Konzept praktizierte Bettelheim (Bettelheim 1970, 1976, 1985).

Auf der Basis ethologischer und verhaltenbiologischer Erkenntnisse wurde das alle pädagogische Maßnahmen durchziehende "Prinzip des Festhaltens" entwickelt, das sich sowohl körperlich als auch sozial-emotional manifestiert. In Extremzuständen seiner angstdominierenden emotionalen Gleichgewichtsstörung (Tinbergen) wird das Kind von der Bezugsperson in einer festen Umarmung gehalten, wobei "das Erleben des Körper- und Blickkontaktes von grundlegender Bedeutung" ist (Klein 1984, 15). "Durch das Festhalten entwickelt sich beim Kind ein Gefühl von Sicherheit und Geborgenheit. Dabei geht es um basales emotionales Aktivieren bei starker Passivität und Abwendung und um ein basales emotionales Kontrollieren bei übersteigerter Unruhe und Unzufriedenheit. Ziel des Aktivierens und Kontrollierens durch Halten ist das Freisetzen von Kräften des Fühlens, Wollens und Handelns bei Kind und Erzieher" (a.a.O.). Dieses Festhalten als Prinzip durchzieht auch die gesamte schulische Erziehungsarbeit. Es geht darum, das Kind in einen Entwicklungsprozeß vom äußeren Halt zum inneren Halt zu bringen.

Die Methode des "gezwungenen Festhaltens" (Tinbergen) steht sehr im Widerstreit der Meinungen. In vehementer Gegnerschaft wird z.B. formuliert, die Begründungen für die festhaltende Intervention "appellieren an ein primitives Verständnis von Instinkthaftigkeit menschlichen Verhaltens, basieren auf einer Kausalkette wissenschaftlich unhaltbarer Zusammenhänge von tierischem und menschlichem Verhalten, auf reduktionistischen Triebstau- und Aggressionstheorien, sie banalisieren die verhaltenssteuernden zentralnervösen und psychischen Regulationen des Menschen (so z.B. wenn argumentiert wird, daß auch eine Affenmutter ihr in ihr Fell flüchtendes Junges bei Gefahr festhält), sie negieren, daß das Biologische und das Organische bei Mensch wie Tier zu unterscheiden sind und mystifizieren schließlich die biologischen Funktionen (z.B. der Befruchtung und Einnistung des Eies im Uterus) zum Modell der psychischen Entwicklung" (Feuser 1984, 50).

In neuerer Zeit erweisen sich systematische Kommunikation mit Tieren - z.B. mit Pferden und Delphinen (vgl. z.B. Greiffenhagen 1991) - sowie auch technische Hilfen als wirkungsvoll, um autistischen Kindern und Jugendlichen aus ihrer Abgeschlossenheit und Vereinsamung herauszuhelfen und mit ihnen in Kontakt zukommen. Für die oft nur wenige Worte oder gar nicht sprechenden jungen Menschen mit dem Autismus-Syndrom kann "gestützte Kommunikation" die Methode der Wahl sein, um Blockierungen und Hemmungen zu überwinden. Eine Schreibmaschine oder ein Computer kann bei äußerem Halt durch eine Bezugsperson, die mit ihrer Hand den Unterarm stützt, für das Kind oder den Jugendlichen eine Möglichkeit sein, seinen Gefühlen, Gedanken, Ausdruck zu geben, mit der Umwelt in eine schriftliche Kommunikation einzutreten. Der achtzehnjährige Birger aus Berlin z.B. galt fast achtzehn Jahre lang wegen seiner schweren autistischen Störungen und seiner Kommunikationsunfähigkeit als geistig behindert. Dann erfuhren seine Eltern von den Möglichkeiten gestützter Kommunikation und konfrontierten ihn mit einem Schreibcomputer. Mühsam bediente er die Tasten, aber es war, wie seine Mutter sagte, "als hätte man eine Quelle angestochen". Es stellte sich heraus, daß er seit seinem fünften Lebensjahr lesen und schreiben konnte. Nun konnte er über sich berichten, über seine auch für ihn furchtbare Situation der Empfindlichkeit, der Ängstlichkeit, vor allem der Einsamkeit. Er schreibt alles nur in Kleinbuchstaben, ohne Punkt und Komma. "ich bin oft erschreckt worden denn die leute haben nicht gewußt daß ich alles verstehe so haben sie einfach alles gesagt, was ich nicht hören sollte...eine überempfindlichkeit ist einfach auf allen gebieten da ich kann ein wenig zu viel hören und ein wenig zu viel sehen aber die sinnesorgane sind o.k. einfach innen geht ein durcheinander leider los wörter sätze ideen werden so auseinandergerissen und zerrissen die einfachsten dinge werden aus dem zusammenhang der wichtigen wirklichen einzelnen anderen außenwelt gerissen ein gedanke ist zu schwer wie ein richtiger innerweltskasten" (Klonovsky 1992, 30). Die vielen Jahre, in denen ihn die Außenwelt für verrückt hielt und entsprechend behandelte, hat er als Demütigung empfunden, sie haben ein positives Selbstwertgefühl nicht aufkommen lassen. Deshalb redete er nie, deshalb will er auch weiterhin nicht reden: "ein einsamer ersetzt wichtige erfahrungen der armseligen menschheit durch ewiges reden meistens im einsamen innern". Er hat sich in sich selbst zurückgezogen, er will aber "kein in mich mehr sein". Er möchte seine Einsamkeit überwinden, aber er fühlt sich ausgeschlossen, isoliert: "wie soll einer wissen wie die dinge funktionieren wenn er aus der gesellschaft ausgestoßen ist und die richtig wichtigen wörter nicht weiß total einsam tut er sich selbst erklärungen einfach wunderbar zusammenreimen total irrsinnige hohe antworten eimerweise müll einsicht einfach zu bekommen ist mein ziel einsicht und erfahrungen ein wiederentdeckter heißhunger nach wissen aus einsicht ein hunger nach idealem richtigen verhalten" (a.a.O., 34). Sicher wird es der Entwicklung eines positiven Selbstwertgefühls dienlich sein, wenn seine schriftlichen Mitteilungen über sich selbst publiziert werden. Der Computer hat ihm so viele Möglichkeiten eröffnet, daß sogar eine hochschulmäßige Ausbildung ins Auge gefaßt wird.

9.5.4 Borderline-Syndrom

"Ein gut begabter 16jähriger Oberschüler sucht selbständig die Klinik auf, nachdem er wochenlang der Schule aus dem Empfinden heraus, daß alles so unbedeutend sei, fern blieb. Er schilderte depressiv getönt, daß er zwar Gleichaltrige genau wahrnehmen könne - er nahm auch sexuelle Beziehungen zu einem Mädchen in dieser Zeit auf - klagte aber differenziert darüber, daß ihn Gemütsbewegungen der anderen nicht erreichten, es sei alles wie blöd, so leer. Stundenweise beteiligte er sich ganz unauffällig, lustig und intensiv an den Gruppenveranstaltungen auf der Station, schlief aber stets mit den Kleidern und vernachlässigte sich. Überwiegend beschäftigte er sich mit dem eigenen Körper, schilderte beunruhigt und farbig etwa wie eine Körperhälfte anders als die andere sei, er seine Brust als tiefes schwarzes Loch empfinde..." (Strunk 1989, 558).

Bei Jugendlichen - wie obiges Beispiel zeigt -, aber auch schon bei Kindern können sich Störungen im Sinne einer Borderline-Problematik zeigen, die gekennzeichnet ist durch "eine schwere Beeinträchtigung des Selbstkonzepts" bzw. durch "Einbrüche psychotischer Desorientierung" (Strunk 1989, 59 und 558). Als Symptome, die in unterschiedlicher Kombination und mit unterschiedlicher Intensität auftreten und "einer ständigen Fluktuation unterliegen" (Rohde-Dachser 1989, 43), werden beschrieben:
Affektive Instabilität mit depressiven Tendenzen,
Beeinträchtigung der Steuer- und Kontrollfunktionen (Ich-Schwäche),
bizarre Verhaltensweisen,
Depression,
dissoziative Reaktionen, zerfahrenes Denken und Sprechen,
Eßstörungen,
Gefühle der Verlassenheit, der Leere und der Langeweile,
Gefühlskälte,
gestörtes Selbstbild,
Identitätsstörungen,

impulsives und verantwortungsloses Handeln, episodischer Verlust der Impulskontrolle, Instabilität in menschlichen Beziehungen mit einem Wechsel zwischen Überidealisierung und Abwertung,

Konversionssymptome,

multiple Phobien,

plötzliche und unkontrollierte Erregungszustände mit Aggressionen und Selbstdestruktionen,

polymorph-perverse Sexualität,

schwere Angstzustände, chronische freiflottierende Angst,

suizidale Tendenzen mit Appelationscharakter,

temporäre Halluzinationen,

temporäres Depersonalisationserleben,

Tendenzen zur sozialen Isolierung,

unklare Ziele und innere Präferenzen,

Wechsel zwischen Selbstbehauptung und Abhängigkeit,

Zwangssymptome (vgl. Ekstein 1971, Kernberg 1983, 1991, Rohde-Dachser 1989, WHO 1991).

Wenn mehrere dieser Symptome über einen längeren Zeitraum auftreten, kann ein Borderline-Syndrom vorliegen. Der Unterschied zur Schizophrenie besteht darin, daß die Fähigkeit zur Realitätsprüfung und zu realitätsgerechten Handlungen erhalten bleibt und daß die Störung leidvoller erlebt wird (vgl. Lempp 1989, 904).

Breit und intensiv haben sich Tiefenpsychologen mit der Borderline-Störung beschäftigt. Für Rohde-Dachser umfaßt die Borderline-Störung ein prozeßhaftes Geschehen, "in welchem sich vor allem die Entfaltung der *Autonomiebestrebungen* des Kindes in besonderer Weise konflikthaft gestaltet" (Rohde-Dachser 1989, 156).

Weitgehende Übereinstimmung herrscht dahingehend, daß das Syndrom aus einer "frühen und tiefgreifenden Störung der Mutter-Kind-Beziehung" entsteht (a.a.O., 1989, 154). Nach tiefenpsychologischen Erkenntnissen beginnt die Borderline-Störung im 2. und 3. Lebensjahr. Sie resultiert nach Kernberg aus frühen oralen Traumata und im weiteren daraus, daß aggressive und libidinöse Tendenzen nicht integriert werden können, so daß die prägenitalen Entwicklungsphasen vorschnell durchlaufen werden und in eine vorzeitige Ödipalisierung einmünden (Kernberg 1983). Identifikationsstörungen führen zu einer gestörten Überich-Entwicklung. Über Spaltungsmechanismen werden aggressive Tendenzen auf die Außenwelt projiziert, die so zur Bedrohung wird und für die Normenübernahme nicht in Frage kommen kann. Nach Mahler kann die Borderline-Störung dadurch entwickelt werden, daß das Kind in seinem Loslösungs- und Individuationsprozeß zwischen dem 18. und 36. Lebensmonat die Ambivalenzen zwischen Getrennt- und Selbstsein einerseits und der Erfahrung des Angewiesenseins andererseits nicht bewältigen kann und in der sogenannten Wiederannäherungskrise starke Trennungsängste wie Verlassenheitsgefühle entwickelt. In der Latenz, vor allem aber in der Adoleszenz, in der wiederum Loslösungsprozesse sowie starke Tendenzen zur Autonomie und Ich-Identität aktiviert werden, können dann Borderline-Symptome ausgelöst werden (Mahler et al. 1982).

Als kollektive Borderline-Problematik zu beschreibende gesellschaftliche Erscheinungsformen zur Bewältigung familiärer, nationaler und internationaler Bedrohungen in ökonomischer wie ökologischer, in ontologischer wie soziologischer Hinsicht können die Entwicklung des individuellen Borderline-Syndroms begünstigen.

Der Pädagoge, der Kindern und Jugendlichen mit Borderline-Störungen hilfreich begegnet, steht in der Gefahr, als Aggressor abgelehnt oder zum Ich-Ideal gemacht zu werden, wobei beide Positionierungen einander ablösen können. Pädagogisch-therapeutisch bedeutsam ist ein bedingungsloses Akzeptieren in Verbindung mit stützenden Maßnahmen im Sinne einer äußeren Haltgebung. Verstehende Gespräche können dem Betroffenen seine Situation klären helfen, ihn ermutigen bzw. sein schwaches Ich stärken und die Entwicklung einer stabilen Persönlichkeit unterstützen; Maßnahmen äußeren Halts (z.B. Grenzsetzungen, Verhaltensmodifikation) dienen verbesserter Realitätsprüfung und Anpassung.

9.5.5 Epilepsie

"Ich schlief mit meinem Bruder in einem Doppelstockbett. Er schlief unten; ich schlief oben. Plötzlich wurde ich aus dem ersten Schlaf gerissen. Das ganze Bett wackelte, bewegte sich so wild hin und her, als wenn es von einem Erdbeben geschüttelt würde. Ich schreckte hoch und sprang aus dem Bett. Da sah ich, daß mein Bruder die Bettbewegungen verursachte. Über seinen Körper gingen Wellen von Zuckungen. Er hatte Schaum vor dem Mund. Inzwischen waren auch andere Familienmitglieder in das Zimmer hineingestürzt. Fassungslos standen wir vor dem wackelnden Bett mit dem zuckenden Menschen darin, der uns erschreckte, dem wir helfen wollten, indem wir seine Arme, seine Beine, seinen Körper festhielten, dessen Zustand wir aber nicht verändern konnten. Bevor der Arzt kam, den das Telefon herbeigerufen hatte, hörten die Bewegungen auf. Der Junge lag nun ganz entspannt da, schlief friedlich, atmete regelmäßig. In unserer Sorge, in unserer Unkenntnis weckten wir ihn auf. Er reagierte ganz verschlafen, mürrisch, wußte nicht, was wir von ihm wollten, erinnerte sich an nichts Besonderes. Er klagte über Kopfschmerzen und darüber, daß er sehr müde sei. Er fühlte sich völlig abgeschlafft und wollte gleich weiterschlafen. Mit Mühe brachten wir ihn aus dem Bett, sahen, daß Laken und Bettbezug naß waren, legten ihn, weil er wie schlaftrunken nicht stehen wollte, auf den Teppich. Der Arzt kam, hörte unsere Schilderungen und klärte uns darüber auf, daß unser Bruder einen epileptischen Anfall gehabt hatte. Wir erinnerten uns, daß er vor Wochen beim Spielen auf einem Baugrundstück von einem schweren Stein am Kopf getroffen worden war, daß er wohl kurz bewußtlos gewesen war und über Unwohlsein geklagt hatte, das sich aber bald wieder gegeben hatte. Er war ein paar Tage zu Hause geblieben und dann wieder zur Schule gegangen. Nun mußte er ins Krankenhaus, es wurde ein Elektro-Enzephalogramm (EEG) gemacht, und weitere Untersuchungen wurden durchgeführt, die die Diagnose erbrachten: Traumatische Epilepsie, zurückzuführen auf ein Hirntrauma mit Narbenbildungen. Diese Narbenbildungen störten nun die elektrischen Prozesse von Hemmung und Erregung, führten zu Dysregulationen und lösten die Anfälle aus, wie uns der Arzt erklärte. Mein Bruder durfte nicht mehr mit dem Fahrrad fahren, er durfte auch nicht mehr weit ins Meer hinausschwimmen. Er bekam eine medikamentöse Behandlung, für die nach unerwünschten Folgen wegen Über- oder Unterdosierung die richtige Dosis erst nach einigen Versuchen und einiger Zeit gefunden werden konnte. Die Tabletten, auf die er eingestellt worden ist, nimmt er nun regelmäßig. Zunächst hatte er noch so dann und wann einen Anfall, der mich aus dem Erstschlaf riß. Dann wurden die Anfälle immer weniger und wir dachten, er sei geheilt. Er schwamm nun wieder mit hinaus aufs Meer. Eines Tages machten wir ein Wettauchen, bei dem er mit viel Ehrgeiz mit mir gleichzog. Kurz danach stürzte er hin, sein Körper erstarrte, geriet dann wieder in wilde Zuckungen. Später kam die Erklärung: Der Sauerstoffmangel hatte den schweren Anfall ausgelöst. So mußte er lernen, mit seiner Störung im Gehirn zu leben. Seit langem hat er nun keine Anfälle mehr. Er konnte bis jetzt in der Schule mitkommen, wenn auch mit Schwierigkeiten, wurde immer versetzt - und wurde irgendwie anders" (Bericht eines Schülers über seinen Bruder).

Epilepsie (giechisch: epilepsis = Anfall) beruht auf einer cerebralen Funktionsstörung. Die Funktionsstörung resultiert daraus, daß in engumschriebenen Hirnrealen einige der Milliarden Nervenzellen den üblichen Abläufen von Erregung und Hemmung nicht folgen, hyperaktiv werden und durch ihre abnormen elektrischen Entladungen die benachbarten Neuronen quasi "anstecken", so daß es zu verbreiteten irregulären Erregungsprozessen kommt, die wie ein Gewitter die Funktionstüchtigkeit des gesamten zentralen Nervensystems beeinträchtigen. Diese elektrische Störung manifestiert sich in einem Anfall, in Bewußtlosigkeit verbunden mit unterschiedlichen weiteren Symptomen. Hauptsächliche Anfallsformen sind Absencen, tonisch-klonische Krampfanfälle, Jackson-Anfälle, Adversiv-Anfälle, Halbseitenkrämpfe und Dämmerzustände und Dämmerattacken (vgl. Seidel et al. 1980, 150). Personen, die eine Absence haben, wirken sekundenlang wie abwesend, scheinen mit starrem, leerem Blick in die Ferne zu schauen und reagieren nicht, wenn sie angesprochen werden. Dieser Zustand der Bewußtseinstrübung kann auch mit motorischen und vegetativen Symptomen verbunden sein, häufig zeigen sich rhythmische Zuckungen der Augen und der Kopf kann hochgezogen werden. Nach dem Anfall sind die Betroffenen wieder ganz bei der Sache und meinen z.B. nur, sie hätten etwas nicht richtig verstanden.
Tonisch-klonische Anfälle sind dadurch charakterisiert, daß auf einen Zustand erstarrender Verkrampfung minutenlange rhythmische Zuckungen folgen.
Jackson-Anfälle zeigen sich in motorischen und/oder sensiblen Störungen bei primärer Einbeziehung einzelner Körperteile, z.B. einer Hand, eines Fußes, einer Gesichtshälfte. Das Bewußtsein kann erhalten bleiben, der Anfall kann sich aber auch ausbreiten und in einen großen Anfall hineinmünden. Der Anfall kann einige Minuten andauern.
Adversiv-Anfälle wirken sich wie die Jackson-Anfälle partiell aus in ruckartigen Bewegungen der Augen verbunden mit einer tonischen Kopfwendung zur gleichen Seite wie die Augenbewegungen.
Halbseitenkrämpfe zeigen sich in tonischen und chronischen Anfällen über eine Körperhälfte.
Dämmerzustände und Dämmerattacken sind nur wenige Minuten, aber auch Stunden oder Tage andauernde Bewußtseinstrübungen, die mit Sinnestäuschungen, mit geordneten, aber auch mit sinnlosen Handlungen einhergehen und häufig verbunden sind mit typischen Automatismen wie Schmatzen, Schluckbewegungen, ungerichteten Bewegungen der Arme und der Beine. Nachträglich ist häufig keine oder nur eine teilweise Erinnerung gegeben.
Die Verlaufsformen der Epilepsie werden differenziert in den Grand Mal, den großen Krampfanfall, und den Petit Mal, den kleinen Krampfanfall.
Der Grand Mal wird häufig durch eine Aura, durch eine mit spezifischen Wahrnehmungen und Erlebnissen verbundene Vorphase eingeleitet, die dem Betroffenen die Möglichkeit geben kann, sich noch rechtzeitig in eine dienliche Position zu bringen. Der eigentliche Anfall beginnt dann mit Bewußtlosigkeit, die gesamte Körpermuskulatur verkrampft sich, die Verkrampfung des Brustkorbs und der Stimmbänder erbringt den "epileptischen Schrei" und der Betroffene stürzt zu Boden, wenn er ein Auraerleben nicht gehabt hatte oder nicht berücksichtigen konnte. Nach der tonischen Krampfphase kommt es zur kloni-

schen Phase mit rhythmischen Zuckungen über den ganzen Körper mit verstärkter Speichelabsonderung, die sich als Schaum vor dem Mund zeigt, wobei es auch zum Zungenbiß, zum Einnässen oder Einkoten kommen kann. Nach einigen Minuten läuft der Anfall aus, der Körper entspannt sich. Der Anfall wird nicht erinnert, aber es bleiben Kopfschmerzen, Schlafbedürfnis und ein allgemeiner Erschöpfungszustand zurück. Unter dem Begriff Petit Mal werden in ihrer Anfalls- wie Verlaufsform recht unterschiedliche Anfallsleiden zusammengefaßt. Bei den Blitz-, Nick- und Salaamkrämpfen wird der Kopf ruckartig und schnell oder manchmal auch langsam nach vorn bewegt und es kommt zu Nickbewegungen. Die Arme zieht es nach oben oder nach vorn, die Beine werden angezogen und ganze Rumpf kann in den Anfall miteinbezogen sein. Das Leiden beginnt meist schon zwischen dem 1. und 4. Lebensjahr. Petit Mal-Anfälle treten auch als Absencen auf, die mit ihren Bewußtseinspausen die Kinder und Jugendlichen im Schulalter primär wie sekundär sehr beeinträchtigen können.

Das myoklonisch-astatische Petit Mal (Lennox-Syndrom) ist gekennzeichnet durch Tonusverlust, der häufig mit Schlaf oder Erwachen verbunden ist, plötzliches Hinstürzen auslöst bei vollem Bewußtsein.

Unter Pyknolepsie wird eine Reihung von vielen, bis zu 100 Absencen pro Tag verstanden, die mit Automatismen und motorischen Symptomen verbunden sein können. Der Beginn des Leidens liegt im Vorschul- und Schulalter.

Der Impulsiv-Petit-Mal zeigt sich in Myoklonien, d.h. in Zuckungen umschriebener Muskelpartien, insbesondere um die Schultern herum, die nur wenige (2-3) Sekunden dauern und von den Betroffenen wie elektrische Schläge empfunden werden, die ihnen festgehaltene Gegenstände aus der Hand schleudern. Das Leiden zeigt sich zumeist im späten Kindes- und Jugendalter (vgl. Seidel et al. 1980, 155).

Unter ätiologischem Aspekt sind die symptomatische und die genuine Epilepsie voneinander zu unterscheiden. Während die symptomatische Epilepsie auf Hirnschädigungen vor und während der Geburt oder auf Unfälle, Infektionen, Tumore und Durchblutungsstörungen zurückgeführt werden kann, ist bei der genuinen Epilepsie keine Ursache nachzuweisen und es ist davon auszugehen, daß das Leiden auf eine angeborene Bereitschaft zurückgeht. Diese angeborene Bereitschaft, die sich in einer krankhaft herabgesetzten Krampfschwelle bzw. einer erhöhten Krampfbereitschaft zeigt, bezieht sich nur auf ca. 7% der Menschen mit Epilepsie. Eine Herabsetzung der Krampfschwelle kann sich bei jedem Menschen durch außergewöhnliche Reize ergeben, so daß es zu "Gelegenheitskrämpfen" kommt. Eine Epilepsie kann deshalb erst dann diagnostiziert werden, wenn die Anfälle wiederholt auftreten und sich Nachweise im EEG erbringen lassen.

Epileptische Anfälle können situative Ereignisse bleiben und sich nicht weiter auf die Entwicklung und die kognitiven, emotionalen psychomotorischen Potenzen des Menschen auswirken. Selbst berühmte Tatmenschen wie Cäsar oder Napoleon litten unter Epilepsie, die in der griechischen Antike als "heilige Krankheit" (Demokrit) verstanden wurde. Epileptische Anfälle können aber bei Kinder und Jugendlichen mit Symptomen verbunden sein, wie sie unter dem hyperkinetischen Syndrom oder den cerebralen Funktionsstörungen beschrieben worden sind, und mit Lernstörungen und sekundären Verhaltensstörungen kovariieren, die aus inadäquaten Umweltreaktionen resultieren. Die elektrischen Entladungen können auch zum Untergang neuronalen Gewebes, zu mentalen Beeinträchtigungen, zu Persönlichkeitsstörungen und zu Wesensveränderungen führen. Es können sich Störungen im Ich-Erleben sowie Affekt-, Denk- und Kommunikationsstörungen ergeben. Aktuelle Symptome wie Dämmerzustände mit reduziertem Denkvermögen, gestörter Realitätserfassung, gesteigerter Erregbarkeit, ängstlicher Verstimmung, Unruhe und Mißlaunigkeit können - abhängig von der Schwere und Dauer der Krankheit sowie konstitutionellen Gegebenheiten - hineinmünden in chronische Persönlichkeitsveränderung und fortschreitenden Intelligenzabbau.

Grand-Mal-Anfälle, die nicht behandelt werden und sich in einer Aufeinanderfolge aneinanderreihen, werden als "status epilepticus" lebensbedrohlich und können zum Tode führen.

Arzt wie Pädagoge haben Kindern und Jugendlichen mit Epilepsie gegenüber die nur in Kooperation zu bewältigende Aufgabe, zu einer adäquaten Behandlung und Förderung zu kommen. Der Arzt braucht neben seinen technischen Hilfen zur Diagnose auch genaue Verhaltensschilderungen aus unterschiedlichen Situationen vor, während und nach Anfällen. Auch für die medikamentöse Einstellung ist er auf die Informationen aus pädagogischen Feldern (Kindergarten, Schule, Heim usw.) bei unterschiedlichen Tätigkeiten und Belastungen angewiesen.

Nach der Mithilfe bei der Diagnose und der richtigen medikamentösen Einstellung kann der Lehrer/Erzieher auch einen wesentlichen Beitrag bei der Rehabilitation leisten, die heutzutage bei den meisten Menschen mit Epilepsie zu einem Leben in Unabhängigkeit und Selbstbestimmung führt. Es ist darauf zu achten, daß die Kinder und Jugendlichen angemessen gefordert und gefördert werden, d.h. sie dürfen nicht überfordert, aber auch nicht überbehütet werden. Außenseiterpositionen in sozialen Gruppen sind für sie besonders gefährlich, weil sie einerseits sehr empfindlich, andererseits aber auch reizbar sein können. Die erlebten Anfälle und sich eventuell einstellende Symptome wie perseverierendes, zähflüssiges, träges Verhalten können zu Ablehnungen, zu Benachteiligungen durch die anderen, vor allem aber bei den Betroffenen selbst durch erlebte Beeinträchtigungen zu einem schwachen Selbstwertgefühl führen. Es kann sich, in Abhängigkeit von der Schwere der Schädigung, die Symptomatik bei leichteren Hirnschädigungen, wie sie weiter oben dargestellt wurde, einstellen, die dann eine entsprechende pädagogisch-therapeutische Intervention notwendig macht. Zu berücksichtigen ist auch, daß es zu einer anfallbedingten Leistungsreduzierung kommen kann und zu Nebenwirkungen durch die medikamentöse Behandlung.

9.6   Delinquentes Verhalten - Kriminalität - Drogenabhängigkeit

9.6.1   Jugend-Delinquenz

"Hamburg, den 22.9. 1982
Am ... 1964 wurde ich als Sohn der kaufmännischen Angestellten R. unehelich geboren. 1970 wurde ich in die Grundschule Bad N. (Hessen) eingeschult, und im selben Jahr heiratete meine Mutter den gelernten Metzger R. . Nachdem ich 1973 das Ziel der 3. Klasse nicht erreicht hatte, zog unsere Familie, zu der inzwischen meine Schwester U. hinzugekommen war, um nach K. in Schleswig-Holstein. Dort wiederholte ich die 3. Klasse und kam dann, nachdem ich am Ende des 5. Schuljahrs eine entsprechende Prüfung absolviert hatte, auf die Realschule in N., die ich aber schon nach halbjährigem Aufenthalt wieder verließ, da die Faulheit über die Intelligenz siegte. Daraufhin besuchte ich weiter die Hauptschule, bis ich in die Realschule in G. überwechselte, die ich auch wieder nach einem halbjährigen Besuch, wegen mangelnden Fleißes, verlassen mußte. 1979 entstanden

zu Hause starke Spannungen. Auch gab es inzwischen zwei neue Familienmitglieder, meine Schwestern S. und E. . Wahrscheinlich wurde ich durch falsche Erziehungsmaßnahmen 1979 als schwererziehbar in das Kreiskinderheim L. eingeliefert. Schwierigkeiten mit meinem Stiefvater und kleine Diebstahldelikte zerstörten das Verhältnis zwischen meiner Mutter und mir. In L. besuchte ich die dortige Realschule, mußte diese aber wieder wegen Lustlosigkeit und schlechten Leistungen in den Fächern Mathematik und Physik verlassen. Weiterhin lernte ich in der dortigen Hauptschule, bis ich in mehrere andere Heime überwechselte und auch in die dortigen Schulen gehen mußte. Zuletzt besuchte ich die Schule "G...B..." in L., wiederholte dort das 8. Schuljahr und bekam 1980, als ich sie verließ, nur ein Abgangszeugnis. In L. begann ich auch eine Lehre als Stahlbauschlosser, brach sie aber wegen Nichtgefallen wieder ab. Wegen einiger Abweichungen vom geraden Weg kam ich 1981 in das Erziehungsheim G. . Meine Mutter, die inzwischen schon lange zur Hausfrau übergewechselt war, bedauerte dies sehr. Noch mehr bedauerte sie, daß ich am 1982 im Amtsgericht zu P. zu einer Strafe von mindestens 1 Jahr bis 3 Jahre wegen Diebstahls und schweren Raubes verurteilt wurde. Nun bin ich hier in der Jugendstrafanstalt H., stehe kurz vor der Entlassung und bin bereit, den Hauptschulabschluß nachzuholen" (*Lebenslauf*, den ein jugendlicher Delinquent in der Jugendstrafanstalt schrieb).

Delinquenz ist ein Begriff, dcr aus dem Englischen stammt. Er bezeichnet ein gegen geltende Gesetze verstoßendes Verhalten, das differenzierter benannt werden kann als Pflichtverletzung, Missetat, Vergehen und Verbrechen. Delinquenz und Kriminalität werden hier als synonyme Begriffe gebraucht.
Im Jugendgerichtsgesetz (JGG) ist definiert, welcher junge Mensch als Straftäter anzusehen ist. In den Paragraphen 1 und 3 heißt es:

> *§ 1 Persönlicher und sachlicher Anwendungsbereich. (1) Dieses Gesetz gilt, wenn ein Jugendlicher oder ein Heranwachsender eine Verfehlung begeht, die nach den allgemeinen Vorschriften mit Strafe bedroht ist.*
> *(2) Jugendlicher ist, wer z.Z. der Tat vierzehn, aber noch nicht achtzehn, Heranwachsender, wer z.Z. der Tat achtzehn, aber noch nicht einundzwanzig Jahre alt ist.*
> *§ 3 Verantwortlichkeit. Ein Jugendlicher ist strafrechtlich verantwortlich, wenn er z.Z. der Tat nach seiner sittlichen und geistigen Entwicklung reif genug ist, das Unrecht der Tat einzusehen und nach dieser Einsicht zu handeln.*

Kinder vor Vollendung des 14. Lebensjahres sind also strafrechtlich nicht verantwortlich. Für die Definition einer Straftat gilt bei Jugendlichen und Heranwachsenden - gleichermaßen wie bei Erwachsenen - das Strafgesetzbuch.
Es ist davon auszugehen, daß der Prozeß der Normenübernahme in Kindheit und Jugend mit Normverstößen verbunden ist; das gilt auch im Hinblick auf Strafrechtsnormen. Dunkelfelduntersuchungen, d.h. anonyme Befragungen über die Verbreitung delinquenten Verhaltens bei Kindern, Jugendlichen und Erwachsenen, haben nämlich gezeigt, daß fast alle nichtbestraften Befragten (90%) Straftaten begangen hatten. Allerdings handelt es sich meist um eine Minimaldelinquenz: es sind leichte Delikte, die nur einmal oder wenige Male begangen wurden. Verstöße gegen Strafrechtsnormen bzw. kriminelle Verhaltensweisen sind also allgemein verbreitet, sie sind ubiquitär. Im Februar 1991 machte

beispielsweise die Zeitschrift "Psychologie Heute" eine Umfrage zum kriminellen Verhalten und zu moralischen Einstellungen ihrer Leser und Leserinnen, zu denen überwiegend Psychologen, Lehrer, Sozialpädagogen, Mediziner, Wissenschaftler und Studenten bzw. Schüler gehören. Selbst in dieser speziellen Klientel, in der das Abitur mit 67% der am stärksten vertretene Schulabschluß ist, zeigte sich sehr deutlich die Ubiquität kriminellen Verhaltens und eine ausgeprägte Doppelmoral.
- 94% halten sich nicht an Geschwindigkeitsbegrenzungen
- 89% parken falsch
- 86% bedienen sich sogenannter Höflichkeitslügen
- 69% haben in den letzten Jahren das Finanzamt betrogen
- 68% haben Güter durch den Zoll geschmuggelt
- 76% telefonieren privat auf Kosten ihres Arbeitgebers
- 60% bestehlen ihren Arbeitgeber.

Die Doppelmoral zeit sich z.B. darin, daß fast 50% nahestehende Menschen über wichtige Dinge getäuscht haben, 76% aber ärgerlich oder sehr ärgerlich darüber wären, wenn sie selbst getäuscht würden; fast 70% hatten das Finanzamt betrogen, 46% würden aber sehr ärgerlich reagieren, wenn andere das gleiche täten; fast 40% haben ihren Partner betrogen, aber fast 70% würden dieses Verhalten bei ihrem Partner ärgerlich und sehr ärgerlich finden (Psychologie Heute, 18. 1991, 22-29).

Im Vergleich zur übrigen Bevölkerung zeigen durch Sanktionsinstanzen erfaßte Straftäter deutliche Unterschiede dahingehend, daß die Delikthäufigkeiten um ein vielfaches größer und die begangenen Delikte ungleich schwerer sind (vgl. Quensel 1970 u. 1971). Bei diesen Straftätern muß davon ausgegangen werden, daß sie in ihrer Sozialisation delinquente Tendenzen, "schädliche Neigungen" (Jugendgerichtsgesetz), d.h. die überdauernde Bereitschaft zu sozialschädlichen Verhaltensweisen, ausgebildet haben. Von Delinquenz oder Kriminalität wird also nur dann gesprochen, wenn Delikthäufigkeit und Deliktschwere auf eine sozialschädliche Verhaltensbereitschaft verweisen und im Interesse des Täters wie der Opfer pädagogisch-therapeutische Interventionen notwendig werden.

Zur Erklärung kriminellen Verhaltens gibt es eine Vielzahl kriminologischer, soziologischer und psychologischer Theorien, auf die nachfolgend auszugsweise eingegangen wird. Die wissenschaftliche Diskussion scheint sich dahin zu entwickeln, die wachsende Kinder- und Jugendkriminalität nicht linear-kausal allein auf die Wahl der Zielerreichung mit illegalen Mitteln aus einer anomischen Situation heraus, auf deprivierende Umweltbedingungen oder auf gesellschaftliche Straf- und Ausstoßungstendenzen zurückzuführen, sondern auf eine Vielzahl intervenierender Variablen wie Arbeitsteilung, Urbanisierung, Anonymität, Leistungs- und Gewinnorientierung, Verminderung der "Regulierungskraft der traditionellen Normen von Religion, Sitte und Konvention" sowie auf eine "Vermehrfachung der strafbewehrten Normen" usw. (Kaiser 1973, 351, vgl. 335-353).

Neben gesellschaftlichen Bedingungen sind jedoch auch individuelle Faktoren in den Blick zu nehmen. Die Berliner Polizei nennt z.B. für die in den Großstädten zunehmende und brutaler werdende Jugendgruppengewalt als "wesentliche individuelle Ursachen" vor allem
"- mangelnde Sozialisation durch Elternhaus und Schule
- mangelndes und defektes Selbstwertgefühl und
- Konsum von Gewalt (Medien, Videos, Computerspiele)" (Polizeipräsident 1990, 29).

Über die Delikte von Jugendlichen, Heranwachsenden und Erwachsenen werden unterschiedliche Statistiken geführt. Bedeutungsvoll sind die Polizeistatistik, die Verurteiltenstatistik sowie die Strafvollzugsstatistik. Während die Polizeistatistik alle Straftaten sum-

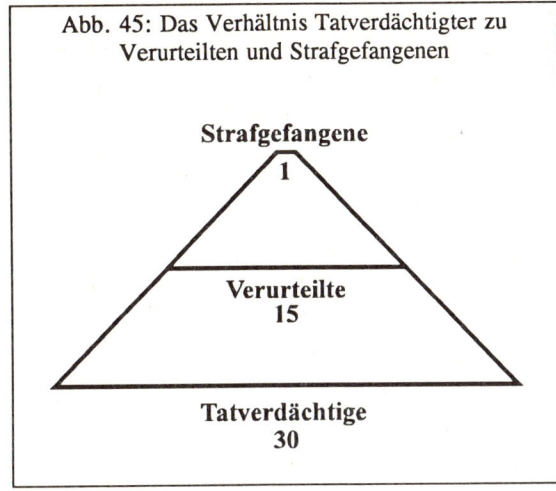

Abb. 45: Das Verhältnis Tatverdächtiger zu Verurteilten und Strafgefangenen

Strafgefangene
1

Verurteilte
15

Tatverdächtige
30

miert, die im Zuge der Strafverfolgung aktenkundig werden, erfaßt die Verurteiltenstatistik nur jene Straftaten, auf die hin richterliche Sanktionen erfolgt sind. Die Strafvollzugsstatistik stellt zu den erstgenannten Statistiken eine weitere Reduktion in dem Sinne dar, daß nur noch Delikte erfaßt werden, die zu Haftstrafe und Haftvollzug führten.

1989 wurden 1.314.867 strafmündige Tatverdächtige registriert, verurteilt wurden aber nur 693.499. Von diesen Jugendlichen, Heranwachsenden und Erwachsenen wiederum wurden in die 173 Justizvollzugsanstalten der Bundesrepublik nur 43.900 zur Verbüßung einer Freiheits -und Jugendstrafe eingewiesen, was einer Reduktion von 30:15:1 entspricht (siehe Abb. 45).

9.6.1.1 Deliktstruktur

Wenn einmal von Straftaten im Straßenverkehr abgesehen wird, stehen bei den Tatverdächtigen wie bei den Verurteilten Vermögensdelikte deutlich im Vordergrund. 1989 wurden insgesamt 19.561 Jugendliche wegen Diebstahls und Unterschlagung verurteilt, und zwar 12.407 wegen Diebstahls, 6.674 wegen schweren Diebstahls und 332 wegen Unterschlagung. In Relation zu den insgesamt 38.020 Verbrechen und Vergehen macht das einen Prozentsatz von 51,44 % aus. Werden den Vermögensdelikten auch Raub, Erpressung, Begünstigung und Hehlerei, Betrug und Untreue, Urkundenfälschung und Falschbeurkundung zugerechnet, dann ergeben die Vermögensdelikte insgesamt einen Prozentsatz von 65,06 %. Bei Ausschluß der Straßenverkehrsdelikte machen im Katalog der gesamten Delikte die Verbrechen und Vergehen gegen das Vermögen sogar 78,6 % aus. Eine gleiche Betrachtung bei Heranwachsenden und den Erwachsenen erbringt mit 62,8 % bzw. 60,9 % deutlich niedrigere Werte. Damit erweist sich das Problem der Vermögensdelikte in gewissem Umfang als altersspezifisch. Es wird die pädagogische Aufgabe deutlich, in diesem Bereich im Hinblick auf Ursachen, Kriminalprophylaxe und korrigierende Maßnahmen Erkenntnisse zu gewinnen und umzusetzen.

Mit weitem Abstand folgen nach den Vermögensdelikten sowohl bei den Jugendlichen, den Heranwachsenden als auch den Erwachsenen die Straftaten gegen Personen, unter die Beleidigung, üble Nachrede, Verleumdung, aber auch Mord, Totschlag, Körperverletzung und gefährliche Körperverletzung fallen. Von Jugendlichen wurden 1989 insgesamt 3.997, von Heranwachsenden 7.053 und von Erwachsenen 49.038 Straftaten gegen Personen begangen. Die Deliktstruktur in den Strafanstalten stellt sich weitgehend ähnlich dar wie in der Verurteiltenstatistik.

Soziokulturelle Merkmale der Straftäter

Zu den soziokulturellen Merkmalen sollen der Sozialstatus, die Schulbildung und die berufliche Ausbildung gerechnet und kurz dargestellt werden. Die meisten Straftäter kommen aus der sozialen Unterschicht. Eine Untersuchung, die in den Jugendanstalten Hahnöfersand und Vierlande in Hamburg gemacht wurde, erbrachte z.B., daß nach relevanten Sozialindikatoren (z.B. Beruf und Einkommen der Eltern, eigene Schul- und Berufsausbildung) 2/3 der jugendlichen Inhaftierten aus der unteren und oberen Unterschicht stammen, womit die Unterschichtzugehörigen in der Strafanstalt deutlich überrepräsentiert sind. Dagegen sind nur 33,7 % der Inhaftierten der unteren und oberen Mittelschicht zuzuordnen. Zugehörige dieser Schichten sind also in der Strafanstalt unterrepräsentiert.

Straffällige Jugendliche haben in Relation zu nichtstraffälligen Jugendlichen deutlich mit geringerem Erfolg die Schule besucht. Der Anteil der ehemaligen Schüler einer Sonderschule für Lernbehinderte ist unter den jugendlichen Straftätern wesentlich höher als in der Gesamtbevölkerung. Das gleiche gilt für jugendliche Delinquenten ohne Hauptschulabschluß. Jugendliche mit Hauptschulabschluß sind dagegen in den Jugendanstalten unterrepräsentiert. Ehemalige Real- und Gymnasialschüler kommen nur sehr vereinzelt vor.

Eine schlechte schulische Ausbildung ist zwar nicht als kriminogener Faktor zu werten, geringer Schulerfolg kovariiert aber mit Verwahrlosung. Schulschwänzen, sozial unangepaßtes Verhalten und Herumstreunen als Verwahrlosungssymptome haben für Straffälligkeit prognostische Bedeutung, verweisen also darauf, daß die Gefahr einer kriminellen Entwicklung besteht.

Eine schlechte Schulbildung ist auch insofern von Bedeutung, als sie die beruflichen Chancen reduziert. Es ist also zu erwarten, daß ein Großteil der Inhaftierten auch die berufliche Sozialisation nicht erfolgreich absolvierte. Der weitaus größte Teil der jugendlichen Strafgefangenen hat keine abgeschlossene Berufsausbildung. Sehr groß ist die Zahl derer, die häufig die berufliche Tätigkeit gewechselt haben. Der Anteil derer, die eine Lehre abgeschlossen haben, ist sehr gering.

In dem geringen schulischen und beruflichen Erfolg der delinquenten Jugendlichen drückt sich eine Problematik aus, die sich als Kombination kriminovalenter Merkmale beschreiben läßt (vgl. Göppinger 1971). Die Jugendlichen haben also - zumeist auf dem Hintergrund einer fehlenden Einbettung in ein geordnetes und tragendes Familienleben - Verhaltensweisen entwickelt, die als kriminalitätsfördernd gelten, wie z.B. geringe Frustrationstoleranz, geringe Zielverfolgungsbereitschaft über längere Zeiträume hinaus, Verlangen nach sofortiger Bedürfnisbefriedigung, Bereitschaft zu aggressiver Konfliktlösung, reduzierte personale Bindungsfähigkeit.

Bei jugendlichen Strafgefangenen zeigt sich neben der Problematik des geringen Schul- und Berufserfolgs also auch eine Persönlichkeitsproblematik, die für kriminelles Verhalten von zentraler Bedeutung ist und deshalb eingehender beschrieben werden muß.

9.6.1.2 Persönlichkeitsstruktur der Straftäter

Die bei jugendlichen Straftätern häufig problematische primäre Sozialisation in der Familie und die sekundäre Sozialisation in Schule und Beruf legen die Annahme nahe, daß die Jugendlichen kriminalitätsfördernde Persönlichkeitsdimensionen entwickelt haben. Beispielhaft für andere Untersuchungen in diesem Bereich mögen zwei empirische Untersuchungen im Hamburger Jugendstrafvollzug stehen; die eine wurde Anfang der siebziger Jahre in den Jugendstrafanstalten Hahnöfersand und Vierlande mit 89, die andere 1991 mit 51 Jugendlichen in Hahnöfersand durchgeführt (vgl. Myschker / Hoffmann 1993).

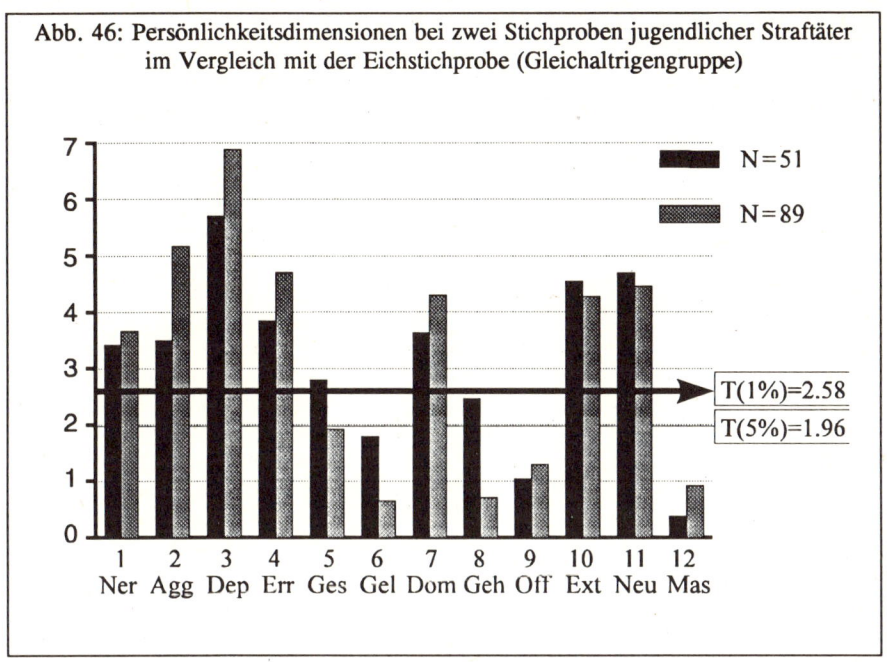

Abb. 46: Persönlichkeitsdimensionen bei zwei Stichproben jugendlicher Straftäter im Vergleich mit der Eichstichprobe (Gleichaltrigengruppe)

Die Testergebnisse des Freiburger-Persönlichkeits-Inventars (FPI) erbrachten nach statistischer Verrechnung mit dem T-Test signifikante Abweichungen von der Norm, d.h. in Relation zur Eichstichprobe. Demnach ist in Hinblick auf notwendige pädagogisch-therapeutische Interventionen davon auszugehen, daß die inhaftierten Jugendlichen zu charakterisieren sind als überdurchschnittlich psychophysisch gestört und unausgeglichen (Dimension Nervosität - Ner), als aggressiv, emotional unreif, impulsiv und unbeherrscht (Dimension Aggressivität - Agg), als mißgestimmt, unsicher, ängstlich und konzentrationsschwach (Dimension Depressivität - Dep), als reizbar, leicht frustriert, unverträglich und intolerant (Dimension Erregbarkeit - Err) und als durchsetzungsstark, streng, engstirnig, intrigant, argwöhnisch und egozentrisch (Dimension Dominanzstreben - Dom).

Nach diesen signifikanten Normabweichungen sind die meisten Jugendlichen im Strafvollzug im Sinne des behandelten Begriffsverständnisses (vgl. Kap. 2) als Menschen mit Verhaltensstörungen zu sehen und entsprechend pädagogisch-therapeutisch zu fördern (vgl. Myschker 1976).

Die aufgezeigte sozial-emotionale Problematik jugendlicher Straftäter wird auch durch weitere Untersuchungen verdeutlicht. So stellte Kury bei einer Untersuchung von 699 jugendlichen Delinquenten in U-Haft mit einer Testbatterie in 34 und 45 Persönlichkeitsdimensionen statistisch hochsignifikante Abweichungen von den Daten nichtstraffälliger Jugendlicher fest. Dabei ist zu betonen, daß die Abweichungen nicht als Prisonisierungseffekte interpretiert werden können, da die U-Haftprobanden ja alle erst ganz kurzzeitig inhaftiert waren. Die jugendlichen Delinquenten zeigten ausnahmslos ein gestörtes Persönlichkeitsbild, "so schildern sie sich z.B. 'aggressiver', 'erregbarer', 'sozial fehlangepaßter' aber auch 'ängstlicher' und 'depressiver'". Außerdem erbrachten sie stark erhöhte

Werte in den Dimensionen "Extraversion", "emotionale Labilität" sowie in den Risiko-skalen, womit sie also risikobereiter und wagemutiger zu bezeichnen sind, "worin mit einne Ursache für ihr delinquentes Verhalten gesehen werden kann" (Kury 1981, 345).

Bei einer differenzierten Analyse des gesamten Sozialverhaltens 20- bis 30-jähriger Straf-fälliger konstatierte Göppinger gruppentypische Auffälligkeiten, die sich in einem "ungebremsten Leben im Augenblick" zeigen, "das gekennzeichnet ist durch eine kurze Zeitperspektive, mangelnde Realitätskontrolle und fehlende Lebensplanung. Diese Le-bensweise wird vor allem dadurch bestimmt, daß die sofortige Befriedigung augenblicklicher Wünsche und spontaner Bedürfnisse gesucht wird ohne Rücksicht auf schädliche Folgen körperlicher, materieller oder auch ideeller Art für sich und andere. Damit verbunden besteht einerseits eine Haltung, die bei geringer Ausdauer und Belastbarkeit dazu führt, Anforderungen an die eigene Person bei irgendwelchen Problemen auszuweichen, und zwar ohne dadurch möglicherweise erst hervorgerufene, wesentlich gravierendere Schwierigkeiten zu bedenken. Andererseits läßt sich eine Einstellung erkennen, die man mit einem inadäquat hohen Anspruchsniveau, paradoxer Anpassungserwartung und Forderung nach Ungebundenheit beschreiben kann" (Göppinger 1983, 136).

Die bisherige Darstellung sollte deutlich gemacht haben, daß viele der delinquenten Ju-gendlichen und Heranwachsenden als psychosozial gestört anzusehen sind - auch im Sinne psychiatrischen Verständnisses, wie die nachfolgenden Ausführungen zum Syn-drom "Antisoziale Persönlichkeitsstörung" verdeutlichen:

Die "Antisoziale Persönlichkeitsstörung" beginnt in der Kindheit oder in der frühen Ado-leszenz und kann bis ins Erwachsenenalter andauern. Als psychiatrische Diagnose gilt sie dann, wenn der/die Jugendliche mindestens 18 Jahre alt und schon vor dem vollendeten 15. Lebensjahr durch eine "Störung des Sozialverhaltens" aufgefallen ist (vgl. APA 1991). Sie kann auch als asoziale, dissoziale oder soziopathische Persönlichkeitsstörung bezeichnet werden (vgl. WHO 1991).

Prädisponierend sind eine Aufmerksamkeits- und Hyperaktivitätsstörung sowie eine Stö-rung des Sozialverhaltens in der Kindheit, insbesondere wenn eine konsequente hilfreiche Erziehung der Eltern ausbleibt oder Mißhandlungen, Verlust der Eltern oder Entfernung aus dem Elternhaus gegeben sind.

Typische Merkmale sind in der Kindheit: "Lügen, Stehlen, Schuleschwänzen, Vandalis-mus, Anzetteln von Prügeleien, Fortlaufen von zu Hause und körperliche Grausamkeit" (APA 1991, 414). Als Erwachsene können sich die Betroffenen nicht den gesellschaftli-chen Normen anpassen, sie kommen finanziellen oder beruflichen Verpflichtungen sowie ihren Verpflichtungen als Eltern nicht adäquat nach, zeigen delinquentes Verhalten durch Diebstahl, Sachbeschädigung oder Körperverletzungen.

Jugendliche und Erwachsene mit antisozialer Persönlichkeitsstörung zeigen mangelnde Empathie, andauernde Reizbarkeit, Aggressivität und Verantwortungslosigkeit im Um-gang mit anderen, sie haben eine geringe Frustrationstoleranz, nehmen häufiger an Schlä-gereien - auch innerhalb der Familie - teil, sind leichtsinnig im Umgang mit Alkohol wie mit Kraftfahrzeugen, wechseln häufig ihre Sexualpartner, können Schuldbewußtsein und Reue nicht erleben und rechtfertigen (im Sinne von Neutralisationstechniken und durch "vordergründige Rationalisierungen") ihre Fehlverhaltensweisen (WHO 1991, 214). Jen-seits des 30. Lebensjahres kann sich die Symptomatik deutlich bessern. Mit der Störung verbunden sind zumeist Schulschwierigkeiten und eine schlechte berufliche Karriere.

Die Störung tritt z.B. bei ca. 3% der männlichen und bei weniger als 1% der weiblichen Amerikaner auf. Sie findet sich in den USA häufiger in den unteren Bevölkerungsschichten, weil die Einkommensverhältnisse schlechter und ein Elternteil oder beide Elternteile selbst die Störung haben - ein Forschungsergebnis, das auch weitgehend die deutschen Verhältnisse trifft.

Für die psychiatrische Diagnostik gibt die APA einen Katalog an, aus dem vier Kriterien erfüllt sein müssen, um eine "Antisoziale Persönlichkeitsstörung" festzustellen:
"Der Betroffene
   (1) ist unfähig, eine dauerhafte Tätigkeit auszuüben, angezeigt durch eines der folgenden Merkmale (mit ähnlichen Verhaltensweisen in einem akademischen Umfeld im Falle von Studenten):
       (A) war innerhalb eines Zeitraumes von 5 Jahren 6 Monate oder länger arbeitslos, obwohl er arbeitsfähig und Arbeit verfügbar war;
       (B) fehlte wiederholt am Arbeitsplatz, ohne daß dies durch eigene Krankheit oder durch Krankheit in der Familie begründet war;
       (C) löste mehrere Arbeitsverhältnisse auf, ohne eine neue Arbeit im Auge zu haben;
   (2) kann sich nicht an rechtliche Normen der Gesellschaft anpassen, begeht wiederholt antisoziale Handlungen, die einen Grund für eine Festnahme darstellen (egal ob mit oder ohne Festnahme), z.B. Zerstörung fremden Eigentums, Belästigung anderer Personen, Diebstahl oder Ausüben einer illegalen Tätigkeit;
   (3) ist reizbar und aggressiv, was sich in wiederholten Schlägereien oder Überfällen ausdrückt (nicht bedingt durch die ausgeübte Tätigkeit, Selbstverteidigung oder die Verteidigung einer anderen Person), einschließlich Verprügeln der Ehefrau oder des Kindes;
   (4) erfüllt wiederholt nicht seine finanziellen Verpflichtungen, kann z.B. seine Schulden nicht bezahlen oder Zahlungen für das Kind oder anderer abhängiger Personen nicht regelmäßig leisten;
   (5) kann nicht vorausschauend planen oder ist impulsiv, angezeigt durch eines oder beide der folgenden Kriterien:
       (A) reist planlos durch die Gegend, ohne vorherige Arbeitsplanung und ohne eine klare Vorstellung über die Dauer der Reise;
       (B) hat mindestens einen Monat keine feste Adresse;
   (6) hat kein Wahrheitsempfinden, was gekennzeichnet ist durch wiederholtes Lügen, Ausflüchte oder "Betrügen" anderer Personen zum persönlichen Vorteil oder Vergnügen;
   (7) ist rücksichtslos gegenüber sich selbst oder gegenüber anderen, was gekennzeichnet ist durch Trunkenheit am Steuer oder wiederholte Raserei;
   (8) kann als Elternteil oder Erziehungsberechtigter nicht verantwortungsvoll handeln
   (9) hatte nie länger als ein Jahr eine monogame Beziehung;
   (10) verspürt keine Gewissensbisse (Kränkungen, Mißhandlungen oder Diebstähle werden als gerechtfertigt angesehen)" (APA 1991, 417-418).

Die Intelligenzverteilung bei jugendlichen Straftätern entspricht dem Bevölkerungsdurchschnitt. Da jedoch Stützfunktionen der Intelligenz wie Motivation, Konzentrationsfähigkeit, Leistungsbereitschaft und Leistungswille sowie Durchhaltevermögen u.a. nicht adäquat ausgebildet sind, können sie nicht in gleicher Weise kognitiv gefordert werden wie andere durchschnittlich intelligente Populationen.

9.6.1.3 Erklärungsmodelle kriminellen Verhaltens

Da präventive Maßnahmen zu den vordringlichen pädagogischen Aufgaben gehören und Interventionen bei Fehlverhalten Kenntnisse über mögliche Ursachen voraussetzen, ist es notwendig, sich mit Erklärungsmodellen für kriminelles Verhalten auseinanderzusetzen. Kriminelles Verhalten ist zudem - wie Verhaltensstörung allgemein - meist multifaktoriell bedingt, muß also unter verschiedenen Aspekten, d.h. unter Einbeziehung der Erkenntnisse aller humanwissenschaftlichen Disziplinen gesehen werden. Um Ursache und Genese kriminellen Verhaltens zu erklären, sollen die wesentlichen drei Theoriebereiche herangezogen werden.
- Kriminalbiologische Theorien
- Psychologische Theorien
- Soziologische Theorien

Kriminalbiologische Theorien

Seit langem wird versucht, kriminelles Verhalten aus konstitutionellen Gegebenheiten zu erklären. Sehr populär geworden ist die sozialdarwinistische Theorie von Lombroso, nach der ein Zusammenhang besteht zwischen Anlage und Delinquenz. Lombroso stellte in seinen Untersuchungen kriminelle und nicht kriminelle Gruppen einander gegenüber und verglich sie anhand von Merkmalen wie Schädelkapazität, fliehende Stirn, Entwicklung der Kiefer- und Jochbögen, dichtes krauses Haar, große Ohren, Anomalien des Ohrs, Sehschärfe usw. Anhand der gewonnenen Daten beschrieb Lombroso den "geborenen Verbrecher", der physisch und psychisch einer niederen Stufe menschlicher Entwicklung entsprechen und seinen kriminellen Neigungen unausweichlich ausgeliefert sein sollte.

Obwohl der englische Gefängnisarzt Charles Gorig vor dem ersten Weltkrieg in einer breit angelegten Untersuchung nachweisen konnte, daß im Hinblick auf atavistische und degenerative Merkmale kein signifikanter Unterschied zwischen kriminellen und nicht-kriminellen Gruppen bestand, wurden und werden auch heute noch kriminalbiologische Theorien vertreten. In den ausgehenden dreißiger Jahren vertrat z.B. der Amerikaner Hooton die These, daß "Verbrecher biologisch unterentwickelte Wesen seien, die durch ererbte Fehlanlagen zu Verbrechen bestimmt seien, und die die Zeichen ihrer Minderwertigkeit körperlich an sich trügen" (Cohen 1972, 90).

In Interpretation seiner Untersuchungsergebnisse forderte er Verbrechensprophylaxe durch Eugenik und Fortpflanzungskontrolle. Untersuchungen dieser Art führten unter der Herrschaft der Nationalsozialisten in Deutschland nicht nur zu Forderungen, sondern zu schrecklichen Realisierungen, d.h. letztlich auch zur Ausmerzung "lebensunwerten Lebens". Die nationalsozialistische Tradition belastet bis in die Gegenwart eine Auseinandersetzung mit möglicher erbbedingter Kriminalität, der inzwischen mit differenzierten Untersuchungsmethoden nachzugehen versucht wird. Insbesondere die Zwillingsforschung wird bei derartigen Untersuchungen herangezogen. Die Ergebnisse sind allerdings bisher widersprüchlich. Mit Ergebnissen subtiler kriminalbiologischer Forschung versuchte noch 1949 Sheldon seine Tendenz zu stützen, den zur Delinquenz neigenden Menschentypus zu eliminieren.

Neuere Forschungen, die einen Zusammenhang zwischen aggressivem Verhalten - d.h. insbesondere körperverletzendem delinquentem Verhalten - und bestimmten Chromosomenaberrationen herzustellen suchten, sind bisher widersprüchlich bzw. so wenig eindeutig wie Untersuchungen, die einen Zusammenhang zwischen kriminellem Verhalten und mit der Nahrung aufgenommenen bestimmten Chemikalien (z.B. Phosphaten) annehmen (vgl. Hafer, 1979, Neukäter 1989).

Psychologische Theorien

Unter der psychologischen Theorien spielen insbesondere entwicklungspsychologische, psychoanalytische, individualpsychologische und lernpsychologische Ansätze eine Rolle.

Der entwicklungspsychologische Ansatz

Jugend ist nach den heutigen Rechtsnormen die Zeit vom Beginn des 14. bis zum Ende des 17. Lebensjahres (vgl. Bürgerliches Gesetzbuch, Jugendgerichtsgesetz).
Kindheit und Jugend werden erst seit relativ kurzer Zeit als besondere, eigenständige Lebensabschnitte gesehen. Erst im 18. Jahrhundert entwickelte sich die Ansicht, daß Kindheit eine durch Lernen und Spiel charakterisierte Entwicklungsphase sein muß, daß Kinder gegenüber den Erwachsenen ohne Belastung durch Broterwerb und Arbeit einen Sonderstatus haben müssen. Abgeschafft wurde die entwicklungsbeeinträchtigende, nicht selten lebensverkürzende Kinderarbeit nach Einschränkungen, die die Gewerbeordnung von 1890/91 brachte, erst nach dem Inkrafttreten des Kinderschutzgesetzes im Januar 1904 - zunächst allerdings nur auf dem Papier und in einigen deutschen Ländern nur für Kinder bis zum vollendeten 12. Lebensjahr (vgl. Günther et al. 1976, Weber-Kellermann 1981).
Eine eigentliche Jugendphase mit der Freisetzung von Arbeitsverpflichtungen wurde mit der Verlängerung der Vollzeit-Schulpflicht auf neun bis zehn Jahre den Heranwachsenden erst in jüngster Vergangenheit zugebilligt. Bis in das beginnende 20. Jahrhundert hinein war Jugend nur in privilegierten Schichten eine Phase des Lernens und der Vorbereitung für die Übernahme sozial hochbewerteter Aufgaben (vgl. Flitner / Hornstein 1964, Hornstein 1976).
In der entwicklungspsychologisch nur unscharf abzugrenzenden Jugendphase (11-14 bis 18-20 Jahren) liegt als Hauptaufgabe "die Gewinnung und Festigung der Identität" (Oerter 1982, 264, Erikson 1966), d.h. die Entwicklung eines stabilen, starken, steuerungs- und kontrollfähigen Ichs. Dabei ergeben sich Aufgaben und Probleme, die häufig zu intrapsychischen Spannungen, zu Konflikten mit der Umwelt, zu Verhaltensschwierigkeiten und nicht selten auch zu Devianz führen. Jugendliche mit Behinderungen und/oder Störungen sind in dieser "Übergangsphase" zum Erwachsenenalter besonders großen Schwierigkeiten ausgesetzt und brauchen besondere Hilfen.
Dem Jugendlichen stellen sich insbesondere die folgenden Entwicklungsaufgaben:
1. "Akzeptieren der eigenen körperlichen Erscheinung und effektive Nutzung des Körpers."
2. "Erwerb der männlichen bzw. weiblichen Rolle."
3. "Erwerb neuer und reiferer Beziehungen zu Altersgenossen beiderlei Geschlechts."
4. "Gewinnung emotionaler Unabhängigkeit von den Eltern und anderen Erwachsenen."
5. "Vorbereitung auf eine berufliche Karriere."
6. "Vorbereitung auf Heirat und Familienleben."
7. "Gewinnung eines sozial verantwortungsvollen Verhaltens."
8. "Aufbau eines Wertsystems und eines ethischen Bewußtseins als Richtschnur für eigenes Verhalten." (Oerter 1982, 244-246).
Die Entwicklung im Jugendalter impliziert Probleme dadurch,

- daß die Körperteile nicht synchron wachsen, was sich z. B. in schlacksigen und ungelenkigen Bewegungen zeigt;
- daß körperliche Veränderungen auf Geschlechtlichkeit verweisen und Sexualität stimulieren;
- daß die körperliche Entwicklung weit früher abgeschlossen ist (mit 18 bis 20 Jahren) als der selbständige Status des Erwachsenen erreicht ist;
- daß von vielen Eltern Ablösungstendenzen, die auf Selbständigkeit und Unabhängigkeit zielen, nicht verstanden und akzeptiert werden;
- daß die berufliche Ausbildung häufig bis zum Ende des 3. Lebensjahrzehnts dauert;
- daß die Übernahme gesellschaftlicher Normen und Werte durch negative Gegebenheiten und Vorbilder in der Gesellschaft erschwert wird (Korruption, kriminelle Bereicherung, Arbeitslosigkeit, überstarke Konsumanreize, Gewalt in den Medien);
- daß sich der Jugendliche in einer "Übergangsperiode" befindet und sich als "Randpersönlichkeit" zwischen Kindheit und Jugend erlebt mit den vier Wirkungen
  der Scheu, Empfindlichkeit und Aggressivität,
  der Wert-, Ideologie- und Lebensstil-Konflikte
  der affektiven Instabilität und Gespanntheit,
  der Bereitschaft zu extremen Haltungen und Handlungen bzw. der Neigung zu Extremismus, Radikalismus, Rigorismus und Wechselhaftigkeit
  (Lewin 1963, 172-181);
- daß sich eine peer-group-culture entwickelt, die eine Generationenkluft erbringt, was über Out-fit, Sprache, Musik usw. demonstriert wird;
- daß aus der Marginalsituation, dem Streben nach Anerkennung und einem positiven Selbstwertgefühl sowie dem Protest gegen negative Bedingungen Devianz resultieren kann im Sinne primärer und sekundärer Devianz als Kriminalität, Verwahrlosung, psychische Störungen sowie Drogenmißbrauch und -abhängigkeit.

Der psychoanalytische Ansatz

Der dem Darwinismus verpflichtete psychoanalytisch-kriminologische Ansatz stellt kriminelles Verhalten als Triebdurchbrüche aus dem Es, als Regressionen der Libidoentwicklung oder als Identifikationsproblematik dar. Nach psychoanalytischer Theoriebildung liegen die Ursachen für kriminelles Verhalten letztlich in der frühen Kindheit. Das Kind kommt als sozial nicht angepaßtes, "polymorph-perverses", seinen Triebregungen ausgeliefertes, d.h. "kriminelles" Wesen auf die Welt. Es muß ein kontrollierendes und steuerndes Ich aufbauen, das sich nach Normen ausrichtet, die im Über-Ich internalisiert sind und das Verhalten des Menschen leiten.
Kriminelles Verhalten muß sich zeigen, wenn das Ich sich zu schwach entwickelt, sich gegenüber den Triebansprüchen des Es nicht durchsetzen kann, oder wenn das Über-Ich sozial inadäquate Normen oder gar antisoziale Normen internalisiert. Die Auseinandersetzungen zwischen Es, Ich und Über-Ich werden zumeist unbewußt geführt und vom Ich über Abwehrmechanismen wie Projektion, Regression, Verdrängung oder Verschiebung bewältigt. Regressionen als Rückfälle in frühkindliche Entwicklungsphasen im Sinne oral-agressiven, anal-sadistischen oder auch polymorph-perversen Verhaltens können bis hin zu Tötungsdelikten gegen Normen massiv verstoßen und als kriminell typisiert werden.
Kriminelles Verhalten kann aber auch auf den 'Ödipuskomplex', der mit Schuldgefühlen einhergeht, zurückzuführen sein, indem sich ein Strafbedürfnis entwickelt. Das Strafbe-

dürfnis führt zur Straftat, die wiederum zur seelischen Entlastung führt. Wie Freud meint, wird auf diese Weise das ödipale Schuldgefühl abgebaut.

Kriminelles Verhalten kann mit Verwahrlosung kovariieren, d.h. ein schwaches oder defektes, ein unvollständiges oder inadäquates Über-Ich kann die Triebimpulse aus dem Es nicht entsprechend steuern, kann sozial unangemessenes kriminelles Verhalten nicht verhindern. Ursachen für diese Ich- und Überich-Probleme liegen zumeist, wie in der Nachfolge von Aichhorn, Bettelheim und Redl oder in Deutschland Moser darstellten, in mißlungener Identifikation mit relevanten Bezugspersonen bzw. in Identifikationsstörungen. Kriminalität ist somit Ergebnis mißlungener Sozialisation, geht zurück auf unfähige, ablehnende, lieblose, kalte, inkonsequente, überfordernde Eltern.

Der individualpsychologische Ansatz

Nach Alfred Adler steht jeder Mensch ob seiner organischen Minderwertigkeit in der Gefahr, über Minderwertigkeitsgefühle und Kompensationen kriminelles Verhalten zu zeigen. Ein kleines Kind kann den großen Erwachsenen gegenüber organische Minderwertigkeit erleben müssen, kann über Entmutigungen seine Ziele auf der "unnützen Seite des Lebens" zu erreichen suchen, kann Machtstreben entwickeln und versuchen, Überlegenheit zu erreichen. Kommt es hierbei zu Hypertrophierungen, wird das "Gemeinschaftsgefühl" aufgegeben, bahnt sich eine kriminelle Entwicklung an. Tiefe organisch oder sozial bedingte Minderwertigkeitsgefühle, übersteigertes Geltungsbedürfnis und Machtstreben auf der einen Seite und Entmutigung sowie ein eingeschränktes oder aufgegebenes Gemeinschaftsgefühl auf der anderen Seite sind von dem individualpsychologischen Ansatz her Wegbereiter einer kriminellen Entwicklung, die letztlich eine kriminelle Lebensleitlinie bzw. ein kriminelles Selbstbild erbringt.

Der lerntheoretische Ansatz

Lerntheoretisch gesehen wird kriminelles Verhalten genauso gelernt wie sozialadäquates Verhalten. Dabei spielen eine maßgebliche Rolle die Lernprinzipien Klassisches Konditionieren, Operantes Konditionieren und Modellernen (vgl. dazu Kap. 4.2.4).

Die Theorie der differentiellen Kontakte des Amerikaners E. Sutherland folgt lerntheoretischen Erkenntnissen und stellt zentral heraus, daß konforme wie kriminelle Verhaltensweisen in gleicher Weise erlernt werden. Sie versucht zu erklären, wie kriminelle Werte und Normen von Individuen übernommen werden. Die Theorie wurde von Sutherlands Schüler Cressey weitergeführt und spielt in der Kriminologie eine bedeutende Rolle (Sutherland 1968, Sutherland / Cressey 1974). Sutherlands Theorie läßt sich in folgenden Thesen zusammenfassen:

"1. Das kriminelle Verhalten wird erlernt.
2. Das kriminelle Verhalten wird in der Interaktion mit anderen Personen in einem Kommunikationsprozeß erlernt.
3. Der Hauptteil des Lernprozesses, in dem kriminelles Verhalten erworben wird, vollzieht sich im Rahmen intimer persönlicher Gruppen.
4. Das Erlernen von kriminellem Verhalten umfaßt sowohl Techniken, mit deren Hilfe das Verbrechen begangen wird, als auch die spezifische Richtung der entsprechenden Beweggründe, Strebungen, Rationalisierungen und Einstellungen.
5. Die spezifische Richtung der Motive und Triebe wird durch die Definitionen der Gesetzbücher als gesetzmäßig oder gesetzwidrig erkannt.
6. Eine Person wird delinquent, wenn sie mehr Definitionen erlernt, welche die Gesetzesübertretung begünstigen, als solche, welche sie mißbilligen.

7. Differentielle Kontakte können verschieden sein nach Häufigkeit, Dauer, Priorität und Intensität.
8. Der Prozeß des Erlernens von kriminellem Verhalten aufgrund der Assoziation mit kriminellen und antikriminellen Kulturmustern umfaßt die gleichen Mechanismen, die sich auch in allen anderen Lernprozessen finden.
9. Obgleich das kriminelle Verhalten eine Ausdrucksform allgemeiner Bedürfnisse und Werte darstellt, kann es nicht aus diesen allgemeinen Bedürfnissen und Werten erklärt werden, da nicht kriminelles Verhalten dieselben Bedürfnisse und Werte zum Ausdruck bringt" (Göppinger 1971, 40)

Soziologische Theorien

Die wichtigsten soziologischen Erklärungsansätze für abweichendes Verhalten können als einander ergänzend angesehen werden. Als besonders wichtig werden bewertet die Anomietheorie, das Paradigma der Sozialisationsstörungen und -defekte, die Theorie der differentiellen Kontakte und die Theorie des labeling approach. Auf diese Erklärungsansätze wurde bereits weiter oben näher eingegangen (vgl. insbesondere Kap. 4.3) .

9.6.1.4 Maßnahmen

Auch für Interventionen bei Jugenddelinquenz bzw. bei Jugendstraftaten ist das Jugendgerichtsgesetz (JGG) von großer Bedeutung. Auf den im JGG dargestellten institutionellen Aspekt wurde bereits weiter oben eingegangen (vgl. Kap. 7.3). An dieser Stelle sollen deshalb nur die Passagen des JGG herangezogen werden, die angeben, welche Interventionsmaßnahmen seitens des Staates vorgesehen sind.

> *§ 5. Die Folgen der Jugendstraftat. (1) Aus Anlaß der Straftat eines Jugendlichen können Erziehungsmaßregeln angeordnet werden.*
> *(2) Die Straftat eines Jugendlichen wird mit Zuchtmitteln oder mit Jugendstrafe geahndet, wenn Erziehungsmaßregeln nicht ausreichen.*
> *(3) Von Zuchtmitteln und Jugendstrafe wird abgesehen, wenn die Unterbringung in einem psychiatrischen Krankenhaus oder einer Entziehungsanstalt die Ahndung durch den Richter entbehrlich macht.*
>
> *Erziehungsmaßregeln*
> *§ 9. Arten. Erziehungsmaßregeln sind*
> *1. die Erteilung von Weisungen,*
> *2. die Verpflichtung zur Inanspruchnahme von Hilfe zur Erziehung im Sinne des § 12.*
> *§ 10. Weisungen. (1) Weisungen sind Gebote und Verbote, welche die Lebensführung des Jugendlichen regeln und dadurch seine Erziehung fördern und sichern sollen. Dabei dürfen an die Lebensführung des Jugendlichen keine unzumutbaren Anforderungen gestellt werden. Der Richter kann dem Jugendlichen insbesondere auferlegen,*
> *1. Weisungen zu befolgen, die sich auf den Aufenthaltsort beziehen,*
> *2. bei einer Familie oder in einem Heim zu wohnen,*
> *3. eine Ausbildungs- oder Arbeitsstelle anzunehmen,*
> *4. Arbeitsleistungen zu erbringen,*

5. sich der Betreuung und Aufsicht einer bestimmten Person (Betreuungshelfer) zu unterstellen,

6. an einem sozialen Trainingskurs teilzunehmen,

7. sich zu bemühen, einen Ausgleich mit dem Verletzten zu erreichen (Täter-Opfer-Ausgleich),

8. den Verkehr mit bestimmten Personen oder den Besuch von Gast- oder Vergnügungsstätten zu unterlassen oder

9. an einem Verkehrsunterricht teilzunehmen.

(2) Der Richter kann dem Jugendlichen auch mit Zustimmung des Erziehungsberechtigten und des gesetzlichen Vertreters auferlegen, sich einer heilerzieherischen Behandlung durch einen Sachverständigen oder einer Entziehungskur zu unterziehen. Hat der Jugendliche das sechzehnte Lebensjahr vollendet, so soll dies nur mit seinem Einverständnis geschehen.

§ 12. Hilfe zur Erziehung. Der Richter kann den Jugendlichen im Einvernehmen mit den Jugendamt auch verpflichten, ... Hilfe zur Erziehung

1. in Form der Erziehungsbeistandschaft oder

2. in einer Einrichtung über Tag und Nacht oder in einer sonstigen betreuten Wohnform ... in Anspruch zu nehmen.

Wegen der Problematik einer "Erziehung zur Freiheit durch Freiheitsentzug" - wie ein gängiges Schlagwort den Sachverhalt auf den Punkt bringt - setzen Jugendrichter gegenwärtig verstärkt auf Diversion.

Unter dem Begriff Diversion (englisch: Umleitung) werden Maßnahmen zusammengefaßt, mit denen Jugendstrafe zugunsten zumeist ambulanter, vor allem aber effektiverer Maßnahmen umgangen wird. Auf dem 21. Jugendgerichtstag 1989 wurden Maßnahmen der Diversion sehr befürwortet, und zwar aus folgenden Gründen:

"- Kriminalstrafen können Kriminalität nicht verhindern, vielmehr geht von Verurteilung und Bestrafung eine eher problemverschärfende Wirkung aus
- je formeller und schärfer justizielle Eingriffe sind, desto höher ist die Gefahr einer erneuten Verurteilung
- pädagogisch fragwürdige Strafen sollten durch erzieherisch sinnvolle Alternativen ersetzt werden
- eher eine Art Konfliktregelung statt herkömmliche Sanktionierung
- in der weit überwiegenden Zahl der Fälle handelt es sich nicht um besonders schwere Kriminalität
- notwendige erzieherische Maßnahmen sind dann am wirksamsten, wenn sie so früh als möglich, am besten sofort nach der Tat, ergriffen werden" (Polizeipräsident Berlin 1992, 27).

Als erzieherisch wirksame Diversionsmaßnahmen haben sich z.B. Formen des Täter-Opfer-Ausgleichs und Projekte in der Alten-, Behinderten- und Krankenhilfe erwiesen.

Diversionsmaßnahmen sind z.Z. noch mit Problemen verbunden, scheinen aber - auch von der Polizei - bei Erst- wie bei Mehrfachtätern als sinnvolle Alternative zu tradierten Sanktionierungsformen angesehen zu werden, auch wenn die notwendige zeitliche Nähe von Intervention und Tat nicht immer erreicht wird. Auf Probleme, Perspektiven und Erfahrungen verweist ein Bericht der Berliner Polizei:

"Als problematisch stellt sich derzeit zumindest in Berlin noch der ´Zugang´ entsprechender ´Fälle´ von der Polizei über die Jugendbehörden in Richtung Justiz dar. Denn:

Der Täter-Opfer-Ausgleich strebt zwar die Zurückdrängung staatlicher Eingriffe und damit die Ausweitung staatlicher Konfliktregulierungen an, muß aber die Rechtsstaatlichkeit des Verfahrens gleichwohl sicherstellen´ (Senatsverwaltung für Justiz: Konzepte zum Täter-Opfer-Ausgleich - Informationsmappe, 2).

Dazu gehört z.B., daß die Polizei nunmehr nicht nur die Umstände einer Tat zu klären, sondern auch zu beurteilen hat, ob sie entsprechend einer Reihe von Prüfkriterien Sachverhalt, Täter und Opfer für ´geeignet´ hält, im Täter-Opfer-Ausgleich behandelt zu werden.

Die Polizei teilt dann bei Abschluß der Ermittlungen ihre diesbezüglichen Feststellungen sowohl der Staatsanwaltschaft als auch der Jugendgerichtshilfe mit (zur Jugendgerichtshilfe siehe Kap. 8.4). Im positiven Falle kann die Staatsanwaltschaft die Voraussetzungen für die Einstellung des Verfahrens prüfen oder bei Anklageerhebung auf einen bereits vollzogenen Täter-Opfer-Ausgleich hinweisen.

Vorrangig wird es sich um den Kreis der ´Ersttäter´ handeln, bei dem eine Täter-Opfer-Ausgleich in Form einer materiellen Wiedergutmachung, einer Entschuldigung oder einer sonstwie gearteten, Reue ausdrückenden Geste in Frage kommt.

Im Hinblick auf die negativen Erfahrungen mit Kriminalstrafen schlechthin schließen Fachleute jedoch schon heute nicht aus, daß auch mehrfach auffällige Jugendliche, wenn überhaupt, nur über diese oder ähnliche Formen der Konfliktbewältigung erreicht werden können.

Daß ein erfolgversprechender Anfang (auch in Berlin) gemacht ist, beweist ein Urteil des Jugendschöffengerichtes vom 6.2.1991, in welchem ein zur Tatzeit (15.10.1990) Jugendlicher wegen versuchten gemeinschaftlichen Raubes, in Tateinheit mit gefährlicher Körperverletzung, zum Nachteil einer 74jährigen Rentnerin, für schuldig befunden wurde.

Das Gericht verurteilte den geständigen und reumütigen, bis dahin strafrechtlich noch nicht in Erscheinung getretenen Jugendlichen zur Ableistung von zwei Freizeitarbeiten sowie zum Kauf eines Blumenstraußes für das durch einen Oberschenkelhalsbruch längerfristig verletzte Opfer. Das Gericht sah den i.V.m. zwei Freizeitarbeiten angestrebten Täter-Opfer-Ausgleich in Form einer Geste und einer Entschuldigung als angemessene, aber auch erforderliche Reaktion an, dem Täter die Folgen seiner Tat unmittelbar vor Augen zu führen. Die ´Umsetzung´ des Urteils wurde der Jugendbehörde übertragen" (Polizeipräsident 1991, 27).

9.6.2 Drogenabhängigkeit

"An einen 'blonden Engel' erinnert sich die Mutter, doch an ein 'von Geburt an schwieriges Kind'. Sie hat die Probleme mit Patrick 'so hingenommen', und das 'war sicher falsch', wie sie heute meint: 'Es hat bei uns in der Erziehung total an Autorität gefehlt. Ich kam aus der 68er Zeit, ich war jung und wußte nicht, daß Patty ein Kind war, das klare Grenzen gebraucht hätte.' Sie hatte eine Ausbildung als Lehrerin und mußte doch an sich feststellen: 'Das einzige, was man nicht lernt, ist, wie man seine Kinder erzieht.' Hellsichtig durch den Schmerz trägt sie zusammen, was Patrick schon als Kind zum Drogenmißbrauch disponiert haben könnte: Daß er keinen Frust ertragen und keine Disziplin aufbringen konnte, daß er aber 'alles Tolle' haben oder machen wollte wie etwa Gitarre spielen: 'Doch wenn er sich anstrengen sollte, hörte sein Engagement sofort auf.'

Stets wollte er im Mittelpunkt stehen, so vergegenwärtigt sich die Mutter, doch wenn dem Knaben das nicht leichthändig gelang, dann schaffte er es im negativen Sinn durch Explosionen.

Der Vater hatte seinem Sohn 'Freund' und 'Kumpel' sein wollen. Der erfolgreiche Münchener Werbekaufmann ist ein toleranter Mann, der seinem Erstgeborenen so gut wie jede Eskapade nachsah. Gewiß, Patrick machte immer wieder Schwierigkeiten, weil er 'so schlecht angepaßt und wahnsinnig jähzornig war', aber dieser Vater liebte an seinem Sohn, 'daß er so freiheitsliebend und nicht duckmäuserig war.'

Schon dem 6jährigen wurde ins Zeugnis geschrieben: 'Patrick fällt es schwer, sich im sozialen Verband der Klasse zurechtzufinden. Wenn sein oft auffälliges Verhalten nicht die von ihm gewünschte Reaktion bei seinen Mitschülern bewirkt, reagiert er sofort aggressiv.'

Im nachhinein, so sagt die Mutter, 'betrachte ich das als Alarmsignal'.

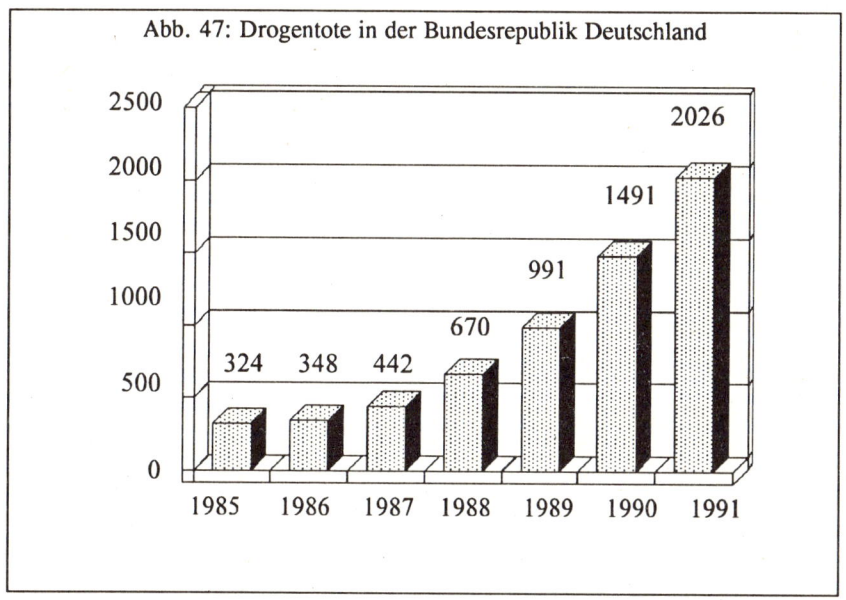

Abb. 47: Drogentote in der Bundesrepublik Deutschland

Niemand, nicht die Eltern und erst recht nicht die staatlichen Erziehungsinstitutionen, reagierten richtig auf die Alarmzeichen. Ganz im Gegenteil: Patrick wurde viermal aus der Schule gefeuert. Eine Drogenclique, in der ein vollgepumpter Junge seine Freundin erstach, zog ihn nieder. Polizisten, die ihn in ein Scheingeschäft verwickelten, Staatsanwälte und Richter gaben ihm den Rest. Sein Traum, 'ganz toll zu leben', endete im Alter von 19 Jahren in einem letzten exzessiven Rausch" (Barth 1991, 70).

Das Schicksal von Patrick teilten in Deutschland 1991 nach offiziellen Angaben 2026 junge Menschen. Abbildung 47 zeigt den dramatischen Anstieg der Drogentoten seit 1985 (Statistisches Bundesamt 1986 - 1992).

Eine Rauschgiftkarriere dauert meist nicht länger als ein gutes Jahrzehnt. Viele sterben an einer Überdosis, die sie sich unwissentlich oder aber auch absichtlich verabreichen. Wer seine Sucht nicht überwinden kann, hat ein nur kurzes Leben.

9.6.2.1 Psychotrope Substanzen und ihre Wirkung

Drogen können physisch und/oder psychisch abhängig machen. Sie können - in Abhängigkeit von gesellschaftlichen Konventionen - legal oder illegal sein. Kennzeichnend für diese Drogen ist, daß sie psychotrop wirken, d.h. die neurophysiologischen Prozesse und das psychische Erleben beeinflussen. In diesem Sinne unterscheidet die Weltgesundheitsorganisation (WHO) neun psychotrope Substanzen, die in nachfolgender Übersicht mit Beispielen angegeben werden:

Tabelle 22: Psychotrope Substanzen

Psychotrope Droge	Formen
Alkohol	Bier, Likör, Schnaps, Wein, Weinbrand usw.
Opioide	Opium, Morphin, Heroin, Kodein, Methadon
Cannabinoide	Marihuana, Haschisch, andere Produkte aus der Pflanze Cannabis sativa
Sedativa und Hypnotika	Benzodiazepine, Metaqualon usw.
Kokain	Kokain, Coca-Blätter usw.
Koffein und andere Stimulantien	Kaffee, Amphetamin, Metylphenidat, Phenmetrazin usw.
Halluzinogene	Diäthylamid, Dimethyltryptamin, Lysergsäure, Meskalin, Psilocybin usw.
Tabak	Zigarren, Zigaretten, Schnupftabak usw.
Flüchtige Lösungsmittel	Haushaltsreiniger, Klebemittel, Lackverdünner, Nitroverdünnung, Terpentin usw.

Diese psychotropen Substanzen können in Abhängigkeit von dem mengenmäßigen und zeitlichen Applikationsverhalten zur Abhängigkeit führen. Das Abhängigkeitssyndrom kennzeichnet die Weltgesundheitsorganisation als "eine Gruppe körperlicher Verhaltens- und kognitiver Phänomene, bei denen der Konsum einer Substanz oder einer Substanzklasse für die betroffene Person Vorrang hat gegenüber anderen Verhaltensweisen, die von ihm früher höher bewertet wurden. Ein entscheidendes Charakteristikum der Abhängigkeit ist der oft starke, gelegentlich übermächtige Wunsch, Substanzen oder Medikamente (ärztlich verordnet oder nicht), Alkohol oder Tabak zu konsumieren" (WHO 1991, 85).
Zur Feststellung des Abhängigkeitssyndroms gibt die WHO acht Kriterien an, von denen mindestens drei erfüllt sein müssen, um Drogenabhängigkeit zu diagnostizieren:
1. Ein starker Wunsch oder eine Art Zwang, Substanzen oder Alkohol zu konsumieren.
2. Verminderte Kontrollfähigkeit bezüglich des Beginns, der Beendigung und der Menge des Substanz- oder Alkoholkonsums.
3. Substanzgebrauch mit dem Ziel, Entzugssymptome zu mildern, und der entsprechenden positiven Erfahrung.
4. Ein körperliches Entzugssyndrom.
5. Nachweis einer Toleranz. Um die ursprünglich durch niedrigere Dosen erreichten Wirkungen der Substanz hervorzurufen, sind zunehmend höhere Dosen erforderlich (eindeutige Beispiele hierfür sind die Tagesdosen von Alkoholikern und Opiatab-

hängigen, die Konsumenten ohne Toleranzentwicklung schwer beeinträchtigen würden oder sogar zum Tode führten).

6. Ein eingeengtes Verhaltensmuster im Umgang mit Alkohol oder der Substanz z.B. die Tendenz, Alkohol an Werktagen wie an Wochenenden zu trinken und die Regeln eines gesellschaftlich üblichen Trinkverhaltens außer Acht zu lassen.
7. Fortschreitende Vernachlässigung anderer Vergnügen oder Interessen zugunsten des Substanzkonsums.
8. Anhaltender Substanz- oder Alkoholkonsum trotz Nachweises eindeutiger schädlicher Folgen. Die schädlichen Folgen können körperlicher Art sein, wie z.B. Leberschädigung durch exzessives Trinken, oder sozial, wie Arbeitsplatzverlust durch eine substanzbedingte Leistungseinbuße, oder psychisch wie bei depressiven Zuständen nach massivem Substanzkonsum (WHO 1991, 85-86).

Das Entzugssyndrom wird von Drogenabhängigen als äußerst unangenehm erlebt und führt nicht selten zum Abbruch von Behandlungsmaßnahmen. Es tritt bei Abhängigkeit auf, wenn die Droge entzogen wird, und kann von einigen Tagen bis zu wenigen Wochen andauern. Zu den Symptomen des Entzugssyndroms können auch Krampfanfälle oder, bei Alkoholabhängigkeit, das Delirium tremens gehören. Das Delirium tremens ist "ein kurzdauernder, aber gelegentlich lebensbedrohlicher toxischer Verwirrtheitszustand, der von somatischen Störungen begleitet wird" (WHO 1991, 88).

Der Konsum psychotroper Substanzen kann zu schweren psychischen Störungen führen, wie z.B. zu Psychosen und Gedächtnisstörungen. Psychotische Störungen mit Halluzinationen, Wahn- und/oder Beziehungsideen, psychomotorischen und Affektstörungen sind z.B. bei Alkohol-, Amphetamin-, Kokain-, LSD-, Meskalin-, Cannabis-Konsum bekannt. Gedächtnisstörungen bis hin zum amnestischen Syndrom können durch den Mißbrauch aller psychotropen Substanzen auftreten, auch in Verbindung mit Persölichkeitsveränderungen, Initiativlosigkeit, apathischen und selbstvernachlässigenden Tendenzen.

Alkohol ist auch unter Kindern und Jugendlichen die am meisten verbreitete und somit gefährlichste Droge. Nach einer Studie des nordrhein-westfälischen Gesundheitsministeriums trinken ca. 46.000 Kinder und Jugendliche zwischen 12 und 17 Jahren wöchentlich mehrmals Alkoholgetränke und müssen als akut alkoholgefährdet gelten. Das sind 4% ihrer Altersgruppe (vgl. Wünschmann 1991, 14). Von den ca. 1.800 Kindern, die jährlich in der Bundesrepublik schon durch Alkoholkonsum der Eltern geschädigt zur Welt kommen, werden sehr viele unter Entwicklungs-, Verhaltens- und Lernstörungen zu leiden haben. Durch übermäßigen Alkoholkonsum wird die Infektanfälligkeit erhöht und das Immunsystem geschädigt. Das Krebsrisiko im Bereich der nahrungsaufnehmenden und -verarbeitenden Organe steigt deutlich an. 30.000 bis 40.000 Tote fordert der Alkoholismus in Deutschland. Dagegen erscheint die Zahl der 2026 Rauschgifttoten, deren Tod auf die illegalen Drogen zurückgeht, als geradezu gering in Anbetracht dessen, daß die große Zahl der Alkoholtoten wenig Aufregung auslöst, die relativ kleine Zahl der Drogentoten jedoch jedermann beschäftigt. Im Gegensatz zum Alkoholtod, der sich schleichend und der Öffentlichkeit zumeist verborgen einstellt, ist der Tod infolge illegaler Drogen nach wie vor wohl deshalb ein Medienereignis, weil er plötzlich kommt, häufig unter erschütternden Umständen eintritt und so häufig sehr junge Menschen trifft (der drogentote Jugendliche auf der Toilette, die Nadel noch im Arm), und wohl auch aus generalpräventiven Intentionen von den Strafverfolgungsbehörden der Öffentlichkeit bevorzugt vorgestellt wird. Von den 1491 Rauschgifttoten in den westlichen Bundesländern kamen in Relation zur Einwohnerzahl die meisten in den Stadtstaaten um, wobei die Mortalitätsrate mit 11,77 (Tote auf 100.000 Einwohner im Jahr) in Bremen am höchsten war, gefolgt von Hamburg (8,46) und Berlin (6,89, vgl. Leune 1991).

9.6.2.2 Erklärungsmodelle

Die Ursachenerforschung bei Drogenabhängigkeit kann sich nicht nur an den Betroffenen selbst festmachen. Auch Drogenabhängigkeit ist als multifaktoriell bedingt anzusehen. Als bedingende Variablen spielen Dispositionen bei den einzelnen Menschen in Verbindung mit Umweltgegebenheiten sowie der Attraktivität und der Verfügbarkeit der Droge eine Rolle. Bei vielen Menschen, die zu Drogenverbrauchern werden, finden sich prädisponierende Faktoren. Folgende Persönlichkeitsmerkmale wurden übereinstimmend in einer Vielzahl von Untersuchungen gefunden:
"- mangelndes Selbstvertrauen / fehlende Selbstsicherheit;
- Kontaktschwierigkeiten;
- mangelnde Kooperationsfähigkeit und -bereitschaft;
- erhöhte Labilisierung bei auftretenden Konflikten, verbunden mit einem geringen Ausmaß an problemadäquaten Entscheidungsfällen;
- irreale Einschätzung eigener Fähigkeiten / Nicht-Wissen um latente Fähigkeiten und die damit verbundenen Möglichkeiten, Fertigkeiten neu zu erlernen;
- mangelnde Selbstkritik bzw. die Kritik anderer kann nicht ertragen werden;
- Angst, emotionale Erlebnisinhalte nach außen zu verbalisieren;
- Erleben einer verkrampft tabuisierten Sexualität und daraus resultierenden Folgeschäden;
- Schwierigkeiten bei der Einhaltung von Regeln und Verbindlichkeiten" (Tschöpe 1979, 57)
Im Hinblick auf Alkoholabhängigkeit, die - wie dargestellt - den weitaus größten Bereich der Drogenabhängigkeit bezeichnet, ist als korrespondierendes Forschungsergebnis zu obiger Zusammenfassung festzuhalten: "Die meisten Studien haben gefunden, daß die prämorbiden Merkmale mit antisozialer Persönlichkeit, einschließlich Impulsivität, Aggressivität, Hyperaktivität, Ablenkbarkeit, Ungeduld und Erregbarkeit, einhergehen und prädiktiven Wert in Bezug auf den Alkoholmißbrauch im jungen Erwachsenenalter haben" (Bohman 1991, 133).
Als stark mitverursachende Variable werden bei Alkoholismus auch Erbbedingungen in Betracht gezogen (vgl. Leune 1991, 25).
Viele Sudien verweisen im Hinblick auf Drogenabhängigkeit auf die große Bedeutung der Sozialisationsbedingungen, insbesondere auf die der familialen Sozialisation. Wie empirische Untersuchungen belegen, wuchsen die meisten drogenabhängigen jungen Menschen unter ungünstigen Bedingungen auf, fanden - wie Patrick im obigen Beispiel - nicht die adäquate Erziehungsumwelt, hatten Schwierigkeiten in der Schul- und Berufsausbildung und entwickelten Einstellungen und Verhaltensbereitschaften, die als psychosoziale Störungen zu bezeichnen sind und sie letztlich zur Flucht in die Droge brachten. Bezogen auf die familiale Sozialisation ist in einer Zusammenfassung empirischer Untersuchungen zu konstatieren:
"- Drogenabhängige kommen häufig aus unvollständigen Familien
- In den Herkunftsfamilien späterer Drogenabhängiger sind Kommunikationsprozesse häufiger gestört
- Bereits in der Herkunftsfamilie werden (spätere) Drogenabhängige mit Suchtmitteln konfrontiert

- Die Ehebeziehung der Eltern (späterer) Drogenabhängiger ist häufig gestört" (Leune 1991, 22).

In dieser Hinsicht interessant ist eine umfassende Längsschnittstudie aus den USA, die an der University of California in Berkeley gemacht wurde.

Shedler und Block untersuchten Kinder in ihrer Entwicklung vom dritten Lebensjahr bis zum achtzehnten Lebensjahr, wobei sie relevante Daten im dritten, fünften, siebten, elften, vierzehnten und im achtzehnten Lebensjahr erhoben. Sie erfaßten 101 Jungen und Mädchen. Im Hinblick auf Drogenkonsum fanden sie drei Gruppen in ihrer Stichprobe, die etwa gleich stark waren:

- Abstinenzler (kein Drogenkonsum)
- User (mindestens einmal pro Woche Drogenkonsum, Erfahrungen mit weiteren Drogen)
- Experimentierer (gelegentlicher Konsum von Marihuana, nur eine weitere Droge bekannt).

Die User hatten schon mit sieben Jahren Probleme mit anderen Kindern, konnten schlecht Beziehungen herstellen, wurden leicht zum Sündenbock, hatten kein Selbstvertrauen und kamen sich schlecht und geringwertig vor, waren unzuverlässig, im Umgang wenig solidarisch und unfair, somatisierten unter Streß. Als sie elf Jahre alt waren, zeigten sie stures, unkooperatives, mißtrauisches Verhalten, waren unkonzentriert, ohne gefühlsmäßige Beziehung zu ihren Tätigkeiten und hatten eine geringe Frustrationstoleranz. Als 18jährige User hatten sie dann deutliche psychosoziale Störungen, verhielten sich feindselig und entfremdet "von Liebe und Arbeit", konnten nicht zielgerichtet agieren, zeigten sich situativen Impulsen ausgeliefert und kamen in einen Teufelskreis. Sie zogen sich zurück und flohen vor Isolations- und Versagensgefühlen in die Droge, wodurch sie Isolation und Versagen noch steigerten. Ihre Mütter waren ihnen gegenüber wenig ermutigend und unterstützend, forderten aber Leistungen und verhielten sich im übrigen abweisend und teilnahmslos.

Da die Mütter von Abstinenzlern ähnliche Merkmale zeigten, sich die Väter aber in der Art unterschieden, daß die der Abstinenzler im Vergleich zu denen der User als streng, autoritär, kontrolliert bezeichnet wurden, mag zu schließen sein, daß die Väter bei einer User-Entwicklung eine bedeutende Rolle spielen bzw. daß das Zusammenspiel von mütterlichem und elterlichem erzieherischen Fehlverhalten jene Verzweiflungs- und Versagenssituation erbringt, die bei den Jugendlichen letztlich zur Flucht in die Droge führt (Barth 1991, 70-91).

Ursachenforschung bei Drogenabhängigkeit erfordert eine systemische Sichtweise. Es sind die Interaktionsstrukturen in den relevanten Systemen wie Familie, Schule und Freundeskreis, aber auch makrosystemische Bedingungen im gesellschaftlichen Bereich - wie z.B. zeitspezifische kulturelle Ausprägungen, Werte und Normen zu berücksichtigen, die sich unter der Bezeichnung "Zeitgeist" zusammenfassen lassen (vgl. Kap. 6.2.6).

Allgemeine Suchttendenzen, wie sie im Sinne des Lustprinzips alle Menschen haben, werden seit Urzeiten - kontrolliert durch religiöse und gesellschaftliche Normen und Werte - befriedigt. Diese steuernden und stabilisierenden Normen und Werte haben in der Gegenwart ihre Wirkkraft weitgehend verloren. Sie konnten jenen jungen Menschen, die drogensüchtig bzw. drogenabhängig wurden, den notwendigen "äußeren Halt" nicht geben. In Verbindung mit ihren Fehlentwicklungen bzw. ihrer Ich-Schwäche mag in diesem Defizit ein weiterer Grund dafür liegen, daß sie ihre Suchttendenzen nicht kontrollieren konnten und sie zum Mittelpunkt ihres Lebens machten. Es ist deshalb auch nicht verwunderlich, daß jugendliche Straftäter, die in der Mehrzahl deutliche psychosoziale

Störungen haben, mit vielfältigen Drogenerfahrungen oder gar drogenabhängig in den Jugendvollzug kommen oder dort dann - wobei die Bedingungen der Haft begünstigend wirken - Drogenerfahrungen machen oder süchtig werden, wie weiter oben bereits dargestellt wurde.

9.6.2.3 Maßnahmen

Maßnahmen gegen Drogenmißbrauch müssen im Sinne eines systemischen Paradigmas umfassend ansetzen. Dem Problem des Mißbrauchs der illegalen Drogen ist sicher nicht durch Freigabe beizukommen. Die traditionelle westeuropäische Droge Alkohol belastet als legales Mittel die einzelnen Menschen wie die Gesellschaft insgesamt schon genug und in nicht vertretbarer Weise. Die Freigabe der z.Zt. illegalen Drogen würde zwar die Beschaffungskriminalität verringern, die Problematik insgesamt gesehen aber eher vergrößern. Mit leichterer Verfügbarkeit wird auch leichter - wie der Alkoholkonsum zeigt - zur Droge gegriffen. Darauf verweist auch das Beispiel Island, wo nach der Aufhebung des Verbots für starkes Bier insbesondere bei Jugendlichen, bei Jungen wie bei Mädchen, nicht nur der Bierkonsum, sondern auch der Schnapskonsum deutlich anstieg. Zu Zeiten des Bierverbots betranken sich 14%, nach der Freigabe fast 20% (vgl. Wünschmann 1991, 16).

Einigkeit herrscht dahingehend, daß Sucht- und Drogenprävention ganzheitlich ausgerichtet sein muß. Angst machen und auf Abschreckung setzen allein genügt nicht. Die Drogen zu verknappen allein genügt auch nicht. Es müssen "Informations- (Aufklärung) und Affektivitätsstrategien (Entwicklung affektiver Kompetenzen und Erlebnisse) eingesetzt werden, aber auch die Familienbeziehungen gefördert und alternative Freizeitbeschäftigungen angeboten werden," wie eine Analyse von Schnaps et al. erbrachte (vgl. Dembach / Kappel 1991, 141, siehe dazu auch Bossong 1988, Kollehn / Weber 1985).

Drogenabhängige sind kranke Menschen, die der Hilfe erfahrener Fachleute bedürfen. Hilfreiche Maßnahmen bei Rauschgiftabhängigkeit reichen gegenwärtig von der Verabreichung des synthetischen Opiats Methadon - das die Sucht nicht aufhebt - bis zu den unterschiedlichsten Therapiemaßnahmen. Methadon, das im Ausland und in einigen Modellvorhaben auch in Deutschland kostenlos und unter Aufsicht ausgegeben wird, ermöglicht den Abhängigen einen relativ "normalen" Tagesablauf, zumal die Wirkung bis zu 36 Stunden anhalten kann, bei Aufgabe beschaffungskriminellen Verhaltens. Kontrollierte Methadongabe gilt als Alternative für die sehr kraft- und zeitaufwendigen Therapien. Die Therapien in spezialisierten Einrichtungen werden von vielen Abhängigen nicht durchgehalten, weil der Drogenentzug äußerst anstrengende physische und psychische Auswirkungen hat und insbesondere die "psychische Abhängigkeit" von den - wie dargestellt - häufig labilen und wenig belastungsfähigen jungen Menschen nur sehr schwer überwunden werden kann. Nur langzeitig anzusetzende Interventionen in dialogischen, psychisch stützenden und persönlichkeitsstabilisierenden Bezügen können hilfreich sein.

Die Zahl der Erstkonsumenten harter Drogen steigt - 1991 waren es bereits 10.784, mehr als doppelt so viel wie 1987 (vgl. Leune 1991, 21) - und die Einsteiger werden immer jünger; und sie alle wissen Bescheid über die schrecklichen Folgen des Drogenkonsums. Mit diesem Faktum verdeutlicht sich eine Problematik ähnlich der, die sich auch bei jugendlichen Straftätern zeigt und die auf eine menschliche und damit pädagogische Grundproblematik verweist. Sokrates (~ 470 bis 399 vor Christus) konnte noch denken und lehren, daß Wissen vermittelt werden müsse, damit Menschen tugendhaft, d.h.

vernünftig handeln. Die Geschichte der vergangenen zweieinhalb Jahrtausende hat jedoch gelehrt, daß Wissen allein nicht ausreicht, um als Mensch verantwortungsbewußt, sozialadäquat, konstruktiv, solidarisch handeln zu können. In der gegenwärtigen Informationsgesellschaft ist jeder über fast alles bestens informiert, aber unvernünftiges Tun, irreales Handeln, Gewalt gegen sich und andere nehmen erschreckende Ausmaße an. Die Lebensverhältnisse müssen es zum einen ermöglichen, daß von frühester Kindheit an lebens- und menschengerechte Normen und Werte internalisiert werden, die als "Überich" lebensbestimmende Qualität gewinnen können. Hinzukommen muß aber auch, daß die Lebensverhältnisse die Entwicklung psychischer Stabilität, eines "starken Ich" ermöglichen (vgl. Kap. 4.2.1). Wenn sich für immer mehr und immer jüngere Menschen das Leben als nur schwer zu ertragende Belastung darstellt und Verzweiflung in der Gegenwart wie vor der Zukunft mit der Folge der Flucht vor den Realitäten Platz greifen, dann verdeutlichen sich Phänomene der Instabilisierung. Mit der größer gewordenen Freiheit bzw. der Lösung aus Abhängigkeiten - auch und gerade aus religiösen - ist die Lebensbewältigung schwieriger, die Angst, die bedrohliche Existenzangst, größer geworden. Es fällt schwer, ein Individuum zu werden und zu sein - auf dem Weg zu sich selbst bei einem stabilen, akzeptierten Selbst anzukommen und diesen Status beizubehalten - das Leben als sinnvoll und lebenswert anzusehen (vgl. Frankl 1984 und 1985). Der Wille zur Lust (S. Freud), der Wille zur Macht (F. Nietzsche, A. Adler) und der Wille zum Lebenssinn können als die großen Generatoren menschlichen Handelns angesehen werden (vgl Kap. 4.2, Frankl a.a.O.), deren Befriedigung wie Begrenzung zentrale gesellschaftspolitische und somit auch pädagogische Aufgaben darstellen. Ein Versagen in dieser Hinsicht bedroht die psychische Gesundheit der Menschen und ihr soziales Zusammenleben. Dem Willen zum Lebenssinn wird die gegenwärtige Situation der Welt, der Gesellschaft, der Religionen, auch der Pädagogik nicht gerecht.

Die große Verbreitung psychosozialer Störungen in ihren vielfältigen Erscheinungsformen signalisiert die Krise. Sie erfordert Umdenken und Neukalibrierung auf allen Systemebenen bzw. Umgestaltung in allen Lebensbereichen.

Personenverzeichnis

(inclusive Arbeitsgruppen, Behörden, Verbände usw.)

Sachwortverzeichnis

410

Literaturverzeichnis

ABRAHAM, A.: Der Mensch-Test. München, Basel 1978

ABRAM, A./ BERKEMEIER, B./ KLUGE, K.J.: Suizid im Jugendalter. München 1980

ACHENBACH, T.M.: The Classification of Children's Psychiatric Symptoms: A Factor Analytic Study. In: Psychological Monographs, Jg. 80 (1966), H. 7, S. 1-37

ADLER, A.: Die Seele des schwererziehbaren Kindes (1930). Frankfurt /M. 1974a

ADLER, A.: Praxis und Theorie der Individualpsychologie. Vorträge zur Einführung in die Psychotherapie für Ärzte, Psychologen und Lehrer. Frankfurt /M. 1974b

ADLER, A.: Menschenkenntnis (1927). Frankfurt /M. 1976a

ADLER, A.: Individualpsychologie in der Schule - Vorlesungen für Lehrer und Erzieher (1929). Frankfurt /M. 1976b

ADLER, A.: Kindererziehung (The education of children 1930). Frankfurt /M. 1976c

ADLER, A.: Studie über Minderwertigkeit von Organen (1927). Frankfurt /M. 1977a

ADLER, A.: Über den nervösen Charakter - Grundzüge einer vergleichenden Individual-Psychologie und Psychotherapie (1912). Frankfurt /M. 1977b

ADLER, A./ FURTMÜLLER, C./ WEXBERG, E.: Heilen und Bilden - Ein Buch der Erziehungskunst für Ärzte und Pädagogen (1928). Frankfurt /M. 1973

ADRIAANS, P./ DUKER, P.: Die Behandlung von Verhaltensstörungen bei Geistigbehinderten. Bern, Stuttgart 1975

AFFOLTER, F.: Wahrnehmung, Wirklichkeit und Sprache. Villingen, Schwenningen 1982

AHLHEIM, R. / HÜLSEMANN, W. / KAPCYNSKI, H. et al.: Gefesselte Jugend. Fürsorgeerziehung im Kapitalismus. Frankfurt a./M. 1971

AHRBECK, B./ RATH, W.: Psychologie der Sehbehinderten. In: FENGLER, J./ JANSEN, G. (Hrsg.): Heilpädagogische Psychologie. Stuttgart, Berlin, Köln, Mainz 1987, S. 29-43

AICHHORN, A.: Verwahrloste Jugend - Die Psychoanalyse in der Fürsorgeerziehung. Bern, Stuttgart (7)1971

AISSEN-CREWETT, M.: Kunst-Psychotherapie-(Sozial-)Medizin-Pädagogik. Köln 1986

AKADEMIE FÜR ÖFFENTLICHES GESUNDHEITSWESEN IN DÜSSELDORF (Hrsg.): Verhaltens-auffälligkeiten und Sprachstörungen bei Kindern und Jugendlichen. Düsseldorf 1981

ALTHAUS, H.: Die NSV-Jugendhilfe. In: REICHSMINISTER DER JUSTIZ UND DER REICHSJU-GENDFÜHRER DER NSDAP UND JUGENDFÜHRER DES DEUTSCHEN REICHES (Hrsg.): Deutsches Jugendrecht, Heft 4 - Zum neuen Jugendstrafrecht. Berlin 1944, S. 107-111

ALTHAUS, H.: Nationalsozialistische Wohlfahrt - Wesen, Aufgabe und Ausbau. Berlin 1937

ALVIN, J.: Musiktherapie - Ihre Geschichte und ihre Anwendung in der Heilbehandlung. Nördlingen 1983

ALY, G. (Hrsg.): Die Aktion T 4 1939 - 1945. Die "Euthanasie-Zentrale" in der Tiergartenstraße 4. Berlin 1987

AMELANG, M./ LASOGGA, F.: Unkontrollierte Faktoren des Behandlungserfolges beim Einsatz von Gesprächsmethoden. In: Zeitschrift für Entwicklungspsychologie und Pädagogische Psychologie, Jg. 7 (1975), H. 4, S. 276-288

AMERICAN PSYCHIATRIC ASSOCIATION (APA): Diagnostic and Statistical Manual of Mental Disorders. DSM-III R, übersetzt von WITTCHEN, H.-U./ SASS, H./ ZAUDIG, M./ KÖHLER, K.: Diagnostisches und statistisches Manual psychischer Störungen. DSM-III-R. Weinheim, Basel (2) 1989, (3)1991

AMERY, J.: Hand an sich legen - Diskurs über den Freitod. Stuttgart 1976

ANDERS, W.: Eutonie und autogenes Training bei verhaltensauffälligen Schülern. In: Motorik, Jg. 8 (1985), H. 2, S. 58-66

ANGERMEIER, M.: Psycholinguistischer Entwicklungstest - PET. Weinheim 1974

ANSBACHER, H.L./ ANSBACHER, R.R.: Alfred Adlers Individualpsychologie. Eine systematische Darstellung seiner Lehre in Auszügen aus seinen Schriften. München (2)1975

ARBEITSGRUPPE INTEGRATIVE FÖRDERUNG/ SONDERPÄDAGOGIK IN DER GEMEINNÜTZIGEN GESELLSCHAFT GESAMTSCHULE (GGG): Zur integrativen Förderung von Schülern mit abweichendem Lern- und Sozialverhalten - Teil II: Projektberichte. Bochum 1976

ARNOLD, L.E.: Minimal Brain Disfunction: A Hydraulic Parfait Model. In: Diseases of the Nervous System, Jg. 37 (1976), H. 4, S. 171-173

ARNOLD, M./ BRAUER, H.-P./ DENEKE, J.F.V./ FIEDLER, E.: Der Beruf des Arztes in der Bundesrepublik Deutschland. Köln 1981

ASANGER, R./ WENNINGER, G. (Hrsg.): Handwörterbuch Psychologie. Weinheim (4)1992

ASPERGER, H.: Heilpädagogik - Einführung in die Psychopathologie des Kindes für Ärzte, Lehrer, Psychologen, Richter und Fürsorgerinnen. Wien, New York (5)1968

ASPERGER, H./ WURST, F.: Psychotherapie und Heilpädagogik bei Kindern. München 1982

ASRATJAN, E.A.: Das wissenschaftliche Erbe Pawlows. Leipzig 1980

ASRATJAN, E.A.: Iwan Petrowitsch Pawlow. Leipzig 1986

ATKINS, R.N.: Angst, Phobie und Panik bei Kindern und Jugendlichen. In: NISSEN, G. (Hrsg.): Psychogene Psychosyndrome - und ihre Therapie im Kindes- und Jugendalter. Berlin, Stuttgart, Toronto 1991, S. 82-95

ATZESBERGER, M./ FREY, H.: Verhaltensstörungen in der Schule - Erscheinungsformen, Diagnostik, Behandlung. Stuttgart 1978

AUFENANGER, S./ GARZ, D./ ZUTAVEN, M.: Erziehung zur Gerechtigkeit - Unterrichtspraxis nach Lawrence Kohlberg. München 1981

AXLINE, V. M.: Dibs - Die wunderbare Entfaltung eines menschlichen Wesens. Bern, München, Wien (14)1977

AYRES, A.J.: Lernstörungen - Sensorisch-integrative Dysfunktion. Berlin, Heidelberg, New York 1979

AYRES, A.J.: Bausteine der kindlichen Entwicklung - Die Bedeutung der Integration der Sinne für die Entwicklung des Kindes. Berlin, Heidelberg, New York, Tokyo 1984

BACH, H.: Schulintegrierte Förderung bei Verhaltensauffälligkeiten - Konzept und Praxis. Mainz (2)1987a

BACH, H. (Hrsg.): Sonderpädagogik im Grundriß. Berlin (12)1987b

BACH, H.: Verhaltensstörungen und ihr Umfeld. In: GOETZE, H./ NEUKÄTER, H. (Hrsg.): Handbuch der Sonderpädagogik, Bd.6 - Pädagogik bei Verhaltensstörungen. Berlin 1989, S. 3-35

BACHMAIR, S./ FABER, J./ HENNIG, C./ KOLB, R./ WILLIG, W.: Beraten will gelernt sein. Weinheim, Basel 1982

BACHMANN, P.: Angeborene und erworbene Ursachen der sogenannten minimalen zerebralen Dysfunktionen. In: NISSEN, G. (Hrsg.): Psychiatrie des Säuglings- und des frühen Kleinkindalters. Stuttgart 1982, S. 102-112

BACHMANN, W.: Arzt/ Ärztin - Bundesanstalt für Arbeit (Hg.) - Blätter zur Berufskunde, Bd. 3 - II A 01. Bielefeld (8)1991

BADER, B./ LANG, E.: Stricher-Leben. Hamburg 1991

BAER, A.: Der Selbstmord im kindlichen Lebensalter. Leipzig 1901

BAEUMLER, A.: Politik und Erziehung. Berlin 1937

BAIER, H.: Sonderschullehrer/ Sonderschullehrerin - Bundesanstalt für Arbeit (Hg.) - Blätter zur Berufs-kunde, Bd. 3 - III A 02. Bielefeld (7)1991

BAILLET, D.: Freinet - praktisch - Beispiele und Berichte aus Grundschule und Sekundarstufe. Weinheim (2)1989

BANDURA, A. (Hrsg.): Lernen am Modell. Stuttgart 1976

BANDURA, A.: Aggression - Eine sozial-lerntheoretische Analyse. Stuttgart 1979

BANDURA, A./ WALTERS, R.H.: Social Learning and Personality Development. London 1970

BÄRSCH, W.: Erziehungskonflikte - Bewältigung abweichenden Verhaltens. Königstein/Ts. (3)1984

BÄRSCH, W.: Psychologie der Verhaltensauffälligen. In: FENGLER, J./ JANSEN, G. (Hrsg.): Handbuch der Heilpädagogischen Psychologie. Stuttgart, Berlin, Köln, Mainz 1987, S. 170-191

BARTH, A.-R.: Burnout bei Lehrern - Eine empirische Untersuchung. Universität Erlangen-Nürnberg 1990 (Diss.)

BARTH, A.: "Endlich bewegt sich was". In: Der Spiegel, Jg. 45 (1991), H. 21, S. 70-90

BARTSCH, E.: Spielzeugwerkstatt - Spielsachen zum Selbermachen für behinderte und nichtbehinderte Kinder. Weinheim 1992

BASTINE, R./ JACOBI, J.R.: Epidemiologie. Soziale Bedingungen von Verhaltensproblemen. In: HORNSTEIN, W./ BASTINE, R./ JUNKER, H./ WULF, CH. (Hrsg.): Funk-Kolleg "Beratung in der Erziehung", Bd. 1. Frankfurt /M. 1977, S. 143-176

BATESON, G./ JACKSON, D. D./ HALEY, J./ WEAKLAND, J. H.: Towards a Theory of Schizophre-nia. In: Behavioral Science, 1, 1956, S. 251-26

BATESON, G./ JACKSON, D. D./ LAING, R. D./ LIDZ, TH./ WYNNE, L. C. et al.: Schizophrenie und Familie. Frankfurt /M. 1969

BATESON, G.: Ökologie des Geistes. Frankfurt /M. 1981

BAUER, H.-G./ NICKOLAI, W. (Hrsg.): Erlebnispädagogik in der sozialen Arbeit. Lüneburg 1990

BÄUERLE, S.: Schülerfehlverhalten - Lehrertraining zum Abbau von Schülerfehlverhalten in Theorie und Praxis. Regensburg 1985

BAULIG, V.: Auffälliges Schülerverhalten - Pädagogische Maßnahmen auf ausagierendes Verhalten. Weinheim, Basel 1982

BAUMGARTNER, S.: Verhaltensauffälligkeiten bei Kindern an Schulen für Sprachbehinderte. München 1978

BECK, A.T./ EMERY, G./ RUSH, J./ SHAW, B.F.: Kognitive Therapie der Depression. Weinheim 1986

BECK, C.H. (Hrsg.): Strafvollzugsgesetz (StVollzG) - Untersuchungshaft, Strafvollstreckungsordnung, Jugendgerichtsgesetz, BundeszentralreisterG, Opferentschädigungsgesetz. Beck-Texte im dtv. München (12)1992

BECK, U.: Risikogesellschaft - Auf dem Weg in eine andere Moderne. Frankfurt /M. 1986

BECKER, H.S.: Außenseiter - Zur Soziologie abweichenden Verhaltens. Stuttgart 1973

BECKMANN, M.: Polygraphische Vergleichsstudien an normalen und verhaltensgestörten Kindern mit autistischen Zügen. München 1979 (Diss.)

BEHÖRDE FÜR SCHULE, JUGEND UND BERUFSBILDUNG/ AMT FÜR JUGEND HAMBURG: In-formation über die schulische Erziehungshilfe (SE). Hamburg 1984

BELSCHNER, W./ DROSS, M.: Verhaltenstherapie in Erziehung und Unterricht - Anwendung. Stuttgart, Berlin, Köln, Mainz 1980

BENENZON, R.O.: Einführung in die Musiktherapie. München 1983

BENKMANN, K.-H.: Pädagogische Erklärungs- und Handlungsansätze bei Verhaltensstörungen in der Schule. In: GOETZE, H./ NEUKÄTER, H. (Hrsg.): Handbuch der Sonderpädagogik, Bd. 6 - Pädagogik bei Verhaltensstörungen. Berlin 1989, S. 71-119

BENKMANN, K.-H./ NEUKÄTER, H.: Verhaltensmodifikatorische Aspekte der schulischen Förderung bei Kindern und Jugendlichen mit Verhaltensauffälligkeiten - Studienbrief der FU Hagen, Nr. 3467/3/01. Hagen 1984

BENZEL, W./ KLUGE, K.-J.: Schulen für Verhaltensauffällige. Berlin 1974

BERBALK, H./ MUTZECK, W.: Forschungsmethoden in der Pädagogik bei Verhaltensstörungen. In: GOETZE, H./ NEUKÄTER, H. (Hrsg.): Handbuch der Sonderpädagogik, Bd. 6 - Pädagogik bei Verhaltensstörungen. Berlin 1989, S. 120-154

BERGER, E. (Hrsg.): Minimale cerebrale Dysfunktion bei Kindern - Kritischer Literaturüberblick. Bern 1977

BERGER, E.: Schulprobleme - Ursachen und Vorschläge zur Bewältigung. Ratgeber für Eltern, Lehrer und Schüler. Stuttgart 1989

BERNARD-OPITZ, V.: Amerikanische Förderansätze am Beispiel der Los Ninos School(San Diego). In: BUNDESVERBAND "HILFE FÜR DAS AUTISTISCHE KIND" (Hrsg.): Grundlagen der Pädagogik autistischer Kinder unter besonderer Berücksichtigung ihrer schulischen Erziehung und Bildung. Hamburg 1984, S. 7-12

BERNART, E.: Sorgenkinder der Volksschule. München 1958

BETTELHEIM, B.: Liebe allein genügt nicht - Die Erziehung emotional gestörter Kinder. Stuttgart 1970

BETTELHEIM, B.: Der Weg aus dem Labyrinth (A Home for the Heart) - Leben lernen als Therapie. Übersetzt aus dem Amerikanischen von Gärtner, E.. Stuttgart 1975

BETTELHEIM, B.: Die Geburt des Selbst. München 1977

BETTELHEIM, B.: So können sie nicht leben. München 1985

BETTELHEIM, B.: Ein Leben für Kinder - Erziehung in unserer Zeit. Stuttgart 1987

BETTELHEIM, B.: Kinder brauchen Märchen - The Uses of Enchantment (Aus dem Amerikanischen von Nickel/ Weitbrecht). München (13)1989

BETZ, D./ BREUNINGER, H.: Teufelskreis Lernstörungen - Theoretische Grundlegung und Standardprogramme. München, Weinheim (2. überarbeitete Auflage)1987

BIERMANN, G. (Hrsg.): Handbuch der Kinderpsychotherapie. München, Basel 1969

BIERMANN, G.: Autogenes Training mit Kindern und Jugendlichen. München, Basel 1975

BIERMANN, G. (Hrsg.): Kinder im Schulstreß. München, Basel 1977

BIRKENBIHL, M.: Musiktherapeutische Ambulanz in Frankfurt/ Main und Saarbrücken. Einblick in die beiden vom "Gemeinnützigen Verein zur Unterstützung spezieller Kindertherapie e.V." eingerichteten Therapiezentren für psychomotorisch-verhaltensauffällige Kinder und Jugendliche. In: Musiktherapeutische Umschau, Jg. 4 (1983), S. 233-235

BITTNER, G./ ERTLE, CH. (Hrsg.): Pädagogik und Psychoanalyse. Würzburg 1985

BITTNER, G./ SCHMID-CORDS, E. (Hrsg.): Erziehung in früher Kindheit. München (4)1971

BITTNER, G./ ERTLE, CH./ SCHMID, V.: Schule und Unterricht bei verhaltensgestörten Kindern. In: DEUTSCHER BILDUNGSRAT (Hrsg.): Sonderpädagogik 4. Stuttgart 1974, S. 13-102

BLACKHAM, G.J.: Der auffällige Schüler. Weinheim, Berlin, Basel 1971

BLEIDICK, U.: Pädagogik der Behinderten - Grundzüge einer Theorie der Erziehung behinderter Kinder und Jugendlicher. Berlin (1)1972

BLEIDICK, U.: Berufliche Bildung Behinderter in Berufsbildungswerken. In: BLEIDICK, U./ ELLGER-RÜTTGARDT, S. (Hrsg.): Berufliche Bildung behinderter Jugendlicher. Stuttgart, Berlin, Köln, Mainz 1982, S. 149-158

BLEIDICK, U.: Probleme der beruflichen Vorbereitung in der Sonderschule. In: BLEIDICK, U./ ELLGER-RÜTTGARDT, S. (Hrsg.): Berufliche Bildung behinderter Jugendlicher. Stuttgart, Berlin, Köln, Mainz 1982, S. 91-106

BLEIDICK, U.: Individualpsychologie, Lernbehinderungen und Verhaltensstörungen - Hilfen für Erziehung und Unterricht. Berlin 1985

BLEIDICK, U./ ELLGER-RÜTTGARDT, S. (Hrsg.): Lehrer für Behinderte. Stuttgart 1978

BLEIDICK, U./ ELLGER-RÜTTGARDT, S. (Hrsg.): Berufliche Bildung behinderter Jugendlicher. Stuttgart, Berlin, Köln, Mainz 1982

BLOOMFIELD, H.H.: Anwendungsmöglichkeiten des Programmes der Transzendentalen Meditation auf die Psychiatrie. In: BINDER, V./ BINDER, A./ RIMLAND, B. (Hrsg.): PsychoFahrplan - Ein praktischer Führer durch 12 verschiedene Therapieformen zur Überwindung psychischer Probleme. München 1977, S. 125-151

BLUMENBERG, F.-J./ KUTZSCHENBACH, G. (Hrsg.): Arbeit mit jungen Straffälligen - Konzepte - Projekte - Entwicklungen. Freiburg 1986

BOBATH, B.: Abnorme Haltungsreflexe bei Gehirnschäden. Stuttgart 1976

BOCHOW, P./ WAGNER, H.: Suggestopädie (Superlearning) - Grundlagen und Anwendungsberichte. Speyer 1986

BOGERTS, B.: Die Hirnstruktur Schizophrener und ihre Bedeutung für die Pathophysiologie und Psychopathologie der Erkrankung. Stuttgart 1991

BOHMAN, M.: Persönlichkeit in der Kindheit und die Vorhersage des Alkoholmißbrauchs bei jungen Erwachsenen, eine longitudinale prospektive Sudie. In: NISSEN, G. (Hrsg.): Psychogene Psychosyndrome - und ihre Therapie im Kindes- und Jugendalter. Berlin, Stuttgart, Toronto 1991, S. 132-142

BOMBA, J.: Depression und Suizidalität. Therapie und Prävention. In: NISSEN, G. (Hrsg.): Psychogene Psychosyndrome - und ihre Therapie im Kindes- und Jugendalter. Berlin, Stuttgart, Toronto 1991, S. 96-104

BONHOEFFER, K.: Ein Rückblick auf die Auswirkungen des nationalsozialistischen Sterilisationsgesetzes. In: Der Nervenarzt, Jg. 20 (1949), S. 1-5

BOSSONG, H.: Drogen und Alkohol. In: HÖRMANN, G./ NESTMANN, F. (Hrsg.): Handbuch der psychosozialen Intervention. Opladen 1988, S. 286-303

BOWER, E.M.: Early Identification of Emotionally Handicapped Children in School. Springfield, Ill./USA (3)1981

BOWLBY, J.: Mütterliche Zuwendung und geistige Gesundheit. München 1980

BRACK, U.B. (Hrsg.): Frühdiagnostik und Frühtherapie - Psychologische Behandlung von entwicklungs- und verhaltensgestörten Kindern. München, Weinheim 1986

BRACKEN, H. von (Hrsg.): Erziehung und Unterricht behinderter Kinder. Frankfurt /M. 1968

BRAND, I./ BREITENBACH, E./ MAISEL, V.: Integrationsstörungen - Diagnose und Therapie im Erstunterricht. Würzburg 1985

BREM-GRÄSER, L.: Familie in Tieren - Die Familiensituation im Spiegel der Kinderzeichnung. München, Basel (4)1980

BREZINKA, W.: Erziehung in einer wertunsicheren Gesellschaft - Beiträge zur praktischen Pädagogik. München, Basel (2. verbesserte Auflage)1986

BROWN, J.S./ ELLIOTT, R.: Control of Aggression in a Nursery School Class. In: J. exp. Child Psychol. (1965) H. 2, S. 103 - 107

BRÜCK, H.: Die Angst des Lehrers vor seinem Schüler. Reinbek bei Hamburg 1978

BRÜCKNER, G./ HÄRING, H.-G./ KUNKEL, CH.: Eine empirische Erhebung der Bekanntheit schulischer Berater bei Eltern. In: GREWE, N. (Hrsg.): Beratungslehrer - eine neue Rolle im System. Neuwied, Frankfurt/ M. 1990, S. 212-216

BRÜCKNER, J./ MEDERAACKE I./ ULBRICH, CH.: Musiktherapie für Kinder - Rezipieren, Improvisieren, Kommunizieren, Bewegen. Berlin (Ost) 1982

BRUSTEN, M./ HURRELMANN, K.: Abweichendes Verhalten in der Schule - Eine Untersuchung zu Prozessen der Stigmatisierung. München (2)1974

BRÜTTING, L.: Einwirkungen des unmittelbaren Berufsfeldes auf die Lehrerpersönlichkeit und das Lehrerverhalten . In: SCHNITZER, A. (Hrsg.): Schwerpunkt Lehrerpersönlichkeit: pädagogische, psychologische und soziologische Aspekte. München 1980, S. 125-156

BUBER, M.: Reden über Erziehung. Heidelberg 1953

BÜHLER, CH.: Psychologie im Leben unserer Zeit. München/Zürich 1962

BUNDESANSTALT FÜR ARBEIT (Hrsg.): Behinderte Jugendliche vor der Berufswahl. Nürnberg 1993

BUNDESARBEITSGEMEINSCHAFT FÜR AMBULANTE MASSNAHMEN NACH DEM JUGEND-RECHT IN DER DEUTSCHEN VEREINIGUNG FÜR JUGENDGERICHTE UND JUGEND-GERICHTSHILFEN E.V. (DVJJ): Thesen der Bundesarbeitsgemeinschaft für ambulante Maßnahmennach dem Jugendrecht in der DVJJ . In: BUNDESMINISTERIUM DER JUSTIZ (Hrsg.): "Diversion" im deutschen Strafrecht - Thesen, Empfehlungen, Bibliographie. Bonn 1989, S. 44-64

BUNDESMINISTER FÜR FAMILIE, JUGEND UND GESUNDHEIT (Hrsg.): Drogenberatung - wo? - Einrichtungen der Beratung, Behandlung und Wiedereingliederung für Drogen-, Alkohol- und Medikamentengefährdete und -abhängige in der Bundesrepublik Deutschland. Bonn 1987

BUNDESMINISTER FÜR FRAUEN UND JUGEND: Das neue Kinder- und Jugendhilfegesetz. Bonn 1991

BUNDESMINISTER FÜR JUGEND, FAMILIE, FRAUEN UND GESUNDHEIT (Hrsg.): Achter Jugendbericht - Bericht über Bestrebungen und Leistungen der Jugendhilfe. Bonn 1990

BUNDESMINISTERIUM DER JUSTIZ (Hrsg.): "Diversion" im deutschen Strafrecht - Thesen, Empfehlungen, Bibliographie. Bonn 1989

BUNDESVEBAND SEGELN-PÄDAGOGIK-THERAPIE: Eine Dokumentation. In: Zeitschrift für Erlebnispädagogik, Jg. 2 (1989), S. 10-ff

BUNDESVERBAND "HILFE FÜR DAS AUTISTISCHE KIND" (Hrsg.): "Grundlagen der Pädagogik autisitischer Kinder unter besonderer Berücksichtigung ihrer schulischen Erziehung und Bildung" - Fachgespräch von Pädagogen am 29. Oktober 1983 an der Universität Bremen. Hamburg 1984

BUNDSCHUH, C.: Untersuchungen zur Entwicklung des Konzepts eigener Fähigkeiten bei Kindern im Vorschulalter. Witterschlick, Bonn 1987

BUNDSCHUH, K.: Einführung in die sonderpädagogische Diagnostik. München, Basel (2)1984

BUNDSCHUH, K.: Dimensionen der Förderdiagnostik bei Kindern mit Lern-, Verhaltens- und Entwicklungsproblemen. München, Basel 1985

BUTOLLO, W.H.L./ MEYER-PLATH, S./ WINKLER, B.: Bedingungen der Entwicklung von Verhaltensstörungen. In: PONGRATZ, L. (Hrsg.): Handbuch der Psychologie, Bd. VIII/2 - Klinische Psychologie. Göttingen 1978, S. 3074-3101

CAPLAN, G.: Prevention of Mental Disorders in Children. Initial Explorations. New York 1961

CASTELIJNS, J./ DAMEN, H./ STEVENS, L.M./ WERKHOVEN, van W./ JAEGER, A.: Individuele hulp in de klas - Bevorderen van taakgericht gedrag door responsiviteit. Utrecht 1992

CHARLTON, M./ FEIERFEIL, R./ FURCH-KRAFFT, E./ WETZEL, H.: Konfliktberatung mit Jugendlichen - Eine Einführung in sozial-kognitive Beratungsstrategien. Weinheim, Basel 1980

CHEF DER STAATSKANZLEI (Hrsg.): Amtsblatt des Saarlandes Nr. 39. Saarbrücken 1987

CLAESSENS, D.: Familie und Wertsystem - Eine Studie zur "zweiten soziokulturellen Geburt des Menschen und die Belastbarkeit der "Kernfamilie"". Berlin 1972

CLAUSSEN, W.H./ DOHSE, W./ MYSCHKER, N./ RATH, W.: Einführung in die Behindertenpädagogik. Schwerhörigen-, Sehbehinderten-, Sprachbehinderten- und Verhaltensgestörtenpädagogik.
Stuttgart, Berlin, Köln, Mainz 1981

COHEN, A.K.: Kriminelle Jugend - Zur Soziologie des Bandenwesens. Hamburg 1961

COHEN, A.K.: Abweichung und Kontrolle. München 1972

COHN, R.: Von der Psychoanalyse zur Themenzentrierten Interaktion. Stuttgart 1984

COMENIUS, A.: Didactica magna - Bearbeitung von Altemöller, W.. Paderborn 1913

CONRAD, G./ PÜHL, H.: Team-Supervision - Gruppenkonflikte erkennen und lösen. Berlin 1985

CONRAD, P.: Die Entdeckung der Hyperkinese. In: VOSS, R. (Hrsg.): Pillen für den Störenfried - Absage an eine medikamentöse Behandlung abweichender Verhaltensweisen bei Kindern und Jugendlichen. München, Basel 1983, S. 93-106

CORDES, H.: Autistische Kinder in der Schule - Unterricht und Therapie für autistische Kinder nach
lerntheoretischen Prinzipien. Modellversuch A 5261. Bremer Projekt. Sonderklasse für autistische Kinder. Bremen 1980

CORDES, H.: Lerntheoretische Prinzipien in Unterricht und Therapie für autistische Kinder - Curriculare
und methodische Überlegungen. In: BUNDESVERBAND "HILFE FÜR DAS AUTISTISCHE
KIND" (Hrsg.): Grundlagen der Pädagogik autistischer Kinder unter besonderer Berücksichtigung ihrer schulischen Erziehung und Bildung. Hamburg 1984, S. 21-28

CORRELL, W.: Pädagogische Verhaltenspsychologie. München, Basel 1965

CRISAND, E.: Psychologie der Gesprächsführung. Heidelberg 1990

CRUICKSHANK, W.M.: Schwierige Kinder in Schule und Elternhaus - Förderung verhaltensgestörter,
hirnbeschädigter Kinder. Berlin 1973

CUBE, F. von: Verhaltensbiologie und Pädagogik. In: ROTH, L. (Hrsg.): Pädagogik - Handbuch für
Studium und Praxis. München 1991, S. 122-131

CUBE, F. von/ ALSHUTH, D.: Fordern statt Verwöhnen - Die Erkenntnisse der Verhaltensbiologie in
Erziehung und Führung. München 1986

CURIC, L.: Musiktherapie bei Behinderten. Salzburg 1981

DALFERTH, M.: Erziehung im Jugendheim - Bausteine zur Veränderung der Praxis. Weinheim, Basel
1982

DAMON, W.: Die soziale Entwicklung des Kindes - Ein entwicklungspsychologisches Lehrbuch. Stuttgart
1989

DATLER, W. (Hrsg.): Verhaltensauffälligkeit und Schule - Konsequenzen von Schulversuchen für die
Pädagogik der "Verhaltensgestörten". Frankfurt /M. 1987

DECKER-VOIGT, H.-H. (Hrsg.): Handbuch Musiktherapie. Lilienthal, Bremen 1983

DEGENER, G.: Anamnese und Biographie im Kindes- und Jugendalter. München 1984

DEHMELT, P./ KUHNERT, W./ ZINN, A.: Diagnostischer Elternfragebogen - DEF. Weinheim (4)1981

DEMBACH, B./ KAPPEL, S.: Sucht und Drogenprävention in der Bundesrepublik Deutschland. In:
DEUTSCHE HAUPTSTELLE GEGEN SUCHTGEFAHREN (Hrsg.): Jahrbuch Sucht 1992.
Geesthacht 1991, S. 134-156

419

DENK, K.: Pädagogik bei verhaltensgestörten Kindern. In: JUSSEN, H. (Hrsg.): Handbuch der Heilpädagogik in Schule und Jugendhilfe. München 1967, S. 382-409

DENKER, R.: Angst und Aggression. Stuttgart 1974

DENKER, R.: Aufklärung über Aggression. Stuttgart, Berlin, Köln, Mainz (3) 1971

DENNERLEIN, H./ SCHRAMM, K.: Handbuch der Behindertenpädagogik, Bd. 1 und 2. München 1979

DERBOLOWSKY, U.: Die Entstehung von Verhaltensstörungen. In: Zeitschrift für Heilpädagogik, Jg. 34 (1983), S. 1-7

DERSCHAU, D. von: Erzieher/ Erzieherin. In: ROTH, L. (Hrsg.): Pädagogik - Handbuch für Studium und Praxis. München 1991, S. 973-987

DERSCHAU, D. von/ SCHERPNER, M.: Erzieher/ Erzieherin - Bundesanstalt für Arbeit (Hg.) - Blätter zur Berufskunde, Bd.2-IV A 20. Bielefeld (6)1989

DESTUNIS, G.: Die Schwererziehbarkeit und die Neurosen des Kindesalters - Eine psychopathologische Betrachtung. Stuttgart 1961

DESTUNIS, G./ SEEBANDT, R.: Beitrag zur Musikeinwirkung auf die zwischenhirngesteuerten Funktionen des Kindes. In: TEIRICH, H.R. (Hrsg.): Musik in der Medizin - Beiträge zur Musiktherapie. Stuttgart 1958, S. 34-42

DEUTSCHE HAUPTSTELLE GEGEN SUCHTGEFAHREN (Hrsg.): Jahrbuch Sucht 1992. Geesthacht 1991

DEUTSCHER BILDUNGSRAT (Hrsg.): Empfehlungen der Bildungskommission - Strukturplan für das Bildungswesen. Stuttgart (2)1972

DEUTSCHER BILDUNGSRAT (Hrsg.): Zur pädagogischen Förderung behinderter und von Behinderung bedrohter Kinder und Jugendlicher. Stuttgart 1973

DEUTSCHES ROTES KREUZ - Landesverband Berlin: Berufsbildungswerk Rotkreuz-Institut - Berlin 22, Krampnitzer Weg 83-87 (Broschüre). Berlin 1988

DEWEY, J./ KILPATRICK, W.H.: Der Projekt-Plan - Grundlegung und Praxis. Weimar 1935

DIENELT, K.: Pädagogische Anthropologie. München, Basel 1970

DIETEL, B.: Schulangst und psychosomatische Beschwerden - Ursachen, Bedingungen und Konsequenzen. Eine empirische Untersuchung bei 9 - 16-jährigen Schülern verschiedener Schultypen. Frankfurt /M., Bern, New York, Nancy 1984

DINKMEYER, D./ DREIKURS, R.: Ermutigung als Lernhilfe. Stuttgart (2)1970

DOLLARD, J./ DOOB, L.W./ MILLER, N.E./ MOWRER, O.H./ SEARS, R.R.: Frustration und Aggression. Weinheim, Berlin, Basel 1970

DOMAN, G.: Was können Sie für Ihr hirnverletztes Kind tun? - Oder für ihr hirngeschädigtes, geistig retardiertes, geistigbehindertes, cerebral gelähmtes (CP), verhaltensgestörtes Kind. Freiburg 1980

DÖRNER, K.: Nationalsozialismus und Lebensvernichtung. In: Vierteljahres-Hefte für Zeitgeschichte (1967), Heft 2, S. 121-152

DÖRNER, K./ PLOG, U.: Irren ist menschlich - Lehrbuch der Psychiatrie/Psychotherapie. Rehburg, Loccum 1982

DOUGLAS, V.I.: Treatment and Training Approaches to Hyperactivity. Establishing Internal or External Control. In: WHALEN, C.K./ HENKER, B. (Hrsg.): Hyperactive Children - The Social Ecology of Identification and Treatment. New York, London, Toronto, Sydney, San Francisco 1980, S. 283-317

DOUGLAS, V.I.: Attentional and Cognitive Problems. In: RUTTER, M. (Hrsg.): Developmental Neuropsychology. Edinbourgh 1984, S. 280-329

DREITZEL, H.P.: Die gesellschaftlichen Leiden und das Leiden an der Gesellschaft - Vorstudien zu einer Pathologie des Rollenverhaltens. Stuttgart 1968

DUHM, E./ ALTHAUS, D. (Hrsg.): Beobachtungsbogen für Kinder im Vorschulalter - BKV. Braunschweig (2)1980

DÜHRSSEN, A.: Heimkinder und Pflegekinder in ihrer Entwicklung. Göttingen (6)1977

DÜHRSSEN, A.: Psychotherapie bei Kindern und Jugendlichen. Göttingen (6)1980

DÜHRSSEN, A.: Psychogene Erkrankungen bei Kindern und Jugendlichen - Eine Einführung in die allgemeine und spezielle Neurosenlehre. Göttingen (13)1982

DÜNKEL, F.: Freiheitsentzug für junge Rechtsbrecher - Situation und Reform von Jugendstrafe, Jugendstrafvollzug, Jugendarrest und Untersuchungshaft in der Bundesrepublik Deutschland und im internationalen Vergleich. Bonn 1990

DURKHEIM, E.: Der Selbstmord - Deutsche Übersetzung von: Le Suizide. Paris 1897. Neuwied, Berlin 1973

EBERLEIN, G.: Autogenes Training für Kinder mit Märchen. Düsseldorf 1977

EBERWEIN, H.: Konsequenzen der Integrationsentwicklung für die Sonderpädagogik - Das Ambulanzsystem als sonderpädagogische Überlebensform? In: MEISSNER, K./ HESS, E. (Hrsg.): Integration in der pädagogischen Praxis - Bericht über den Kongreß der Diesterweg-Hochschule vom 16. bis 18. Oktober 1987 in Berlin. Berlin 1987, S. 53-64

EBERWEIN, H. (Hrsg.): Behinderte und Nichtbehinderte lernen gemeinsam. Weinheim, Basel 1988

ECKSTEIN, R.: Grenzfallkinder - Klinische Studien über die psychoanalytische Behandlung von schwer gestörten Kindern. München, Basel 1973

EGAN, G.: Helfen durch Gespräch - Ein Trainingsprogramm. Stuttgart 1989

EGGER, J./ STOLLA, A./ McEWEN, L.M.: The Allergy Unit - Controlled Trial of Hyposensitisation in Children with Food-induced Hyperkinetic Syndrome. In: Lancet, Jg. 339 (1992), H. 8802, S. 1150-1153

EGGERS, CH./ LEMPP, R./ NISSEN, G./ STRUNK, P. (Hrsg.): Kinder- und Jugendpsychiatrie (5) Berlin, Heidelberg, New York, London, Paris, Tokyo, Hong Kong 1989

EGGERT, D. (Hrsg.): Psychomotorisches Training. Weinheim, Basel 1975

EHLERS, B./ EHLERS, TH../ MAKUS, H.: Marburger Verhaltensliste - MVL. Göttingen 1978

EHRHARDT, H.: Euthanasie und Vernichtung "lebensunwerten Lebens". Stuttgart 1965

EIBL-EIBESFELDT, I.: Liebe und Haß - Zur Naturgeschichte elementarer Verhaltensweisen. München, Zürich (5)1982

EIBL-EIBESFELDT, I.: Die Biologie des menschlichen Verhaltens - Grundriß der Humanethologie. München, Zürich 1984

EIBL-EIBESFELDT, I.: Der Mensch - das riskierte Wesen - Zur Naturgeschichte menschlicher Unvernunft. München, Zürich 1988

EIGENMANN, J. (Hrsg.): Erziehungsschwierige heute - Folgerungen für die Heimpädagogik. Luzern 1987

EISENBERG, U.: Jugendarrest wegen schuldhafter Nichtbefolgung von Weisungen oder Auflagen. In: Zentralblatt für Jugendrecht und Jugendwohlfahrt, Jg. 76 (1989), H. 1, S. 16-21

EISERT, H.-G.: Der "Resource Room" - eine Alternative zur Sonderschule? In: SANDER, A. (Hrsg.): Sonderpädagogik in der Regelschule. Berlin 1976, S. 253-266

EISERT, H.-G.: Sozial-kognitive Interventionen bei aggressiven Kindern - eine Übersicht. In: PETERMANN, F. (Hrsg.): Verhaltensgestörtenpädagogik. Berlin 1987

EISERT, H.G./ BARKEY, P.: Verhaltensmodifikation im Unterricht - Interventionsstrategien in der Schule. Bern, Stuttgart, Wien 1975

EISERT, H.-G./ EISERT, M.: Multimodale Intervention: Verhaltenstherapie. Pädagogische Ansätze und medikamentöse Behandlung beim hyperkinetischen Syndrom. In: STEINHAUSEN, H.-CH. (Hrsg.): Das konzentrationsgestörte und hyperaktive Kind. Stuttgart 1982, S. 144-165

EISERT, H.-G./ EISERT, M./ SCHMIDT, M.H.: Stimulantientherapie und kognitive Verhaltensmodifikation bei hyperaktiven Kindern. In: Zeitschrift für Kinder- und Jugendpsychiatrie, Jg. 10 (1982), H. 3, S. 196-215

ELHARDT, S.: Tiefenpsychologie - Eine Einführung. Stuttgart, Berlin, Köln (12)1990

ELLGER-RÜTTGARDT, S.: Berufsvorbereitende Maßnahmen für behinderte Jugendliche. In: BLEIDICK, U./ ELLGER-RÜTTGARDT, S. (Hrsg.): Berufliche Bildung behinderter Jugendlicher. Stuttgart, Berlin, Köln, Mainz 1982, S. 107-128

ELLGER-RÜTTGARDT, S.: Das sonderpädagogische Bildungsziel der Erwerbsfähigkeit im historischen Wandel. In: BLEIDICK, U./ ELLGER-RÜTTGARDT, S. (Hrsg.): Berufliche Bildung behinderter Jugendlicher. Stuttgart, Berlin, Köln, Mainz 1982, S. 54-63

ELLGER-RÜTTGARDT, S.: Zur Situation der Berufsbildung in der Bundesrepublik Deutschland unter besonderer Berücksichtigung von Problemgruppen. In: BLEIDICK, U./ ELLGER-RÜTTGARDT, S. (Hrsg.): Berufliche Bildung behinderter Jugendlicher. Stuttgart, Berlin, Köln, Mainz 1982, S. 11-30

ELLGER-RÜTTGARDT, S.(Hrsg.): Bildungs- und Sozialpolitik für Behinderte. München, Basel 1990

EMMINGHAUS, H.: Die psychischen Störungen des Kindesalters. Tübingen 1887

ENGELBERTH, H.J./ HINSE, B./ KOLLMAR-MASUCH, R. et al.: Null-Bock auf Schule - Ein Erfahrungsbericht der Rheinischen Schule für Erziehungshilfe über die Integration von erziehungsschwierigen Kindern in Grund- und Hauptschulen im Kreis Viersen von 1973-1991. Köln 1992

ENGFER, A.: Kindesmißhandlung. Stuttgart 1986

ENZMANN, D.: Helfer-Leiden - Streß und Burnout in psychosozialen Berufen. Heidelberg 1989

EPSTEIN, S.: Towards a Unified Theory of Anxiety. In: MAHER, B.A. (Ed.): Progress in Experimental Personality Research, Bd. 4. New York 1967, 2-90

ERIKSON, E.H.: Wachstum und Krisen der gesunden Persönlichkeit. Stuttgart 1953

ERIKSON, E.H.: Identität und Lebenszyklus. Frankfurt /M. 1966

ERIKSON, E.H.: Kindheit und Gesellschaft. Stuttgart (9)1984

ERTLE, CH.: Sozialpädagogische Schule. In: GOETZE, H./ NEUKÄTER, H. (Hrsg.): Handbuch der Sonderpädagogik, Bd. 6 - Pädagogik bei Verhaltensstörungen. Berlin 1989, S. 271-282

ERTLE, CH./ MÖCKEL, A. (Hrsg.): Fälle und Unfälle der Erziehung. Stuttgart 1981

ESSER, G./ SCHMIDT, M.: Minimale cerebrale Dysfunktion - Leerformel oder Syndrom? Stuttgart 1987

EYRICH, M.: Fürsorgezöglinge, erbbiologisch gesehen. In: Zeitschrift für Kinderforschung, Jg. 47 (1939), S. 250-262

EYSENCK, H.-J./ RACHMAN, S.: Neurosen - Ursachen und Heilmethoden. Berlin 1968

FAHRENBERG, J./ SELG, H./ HAMPEL, R.: Das Freiburger Persönlichkeitsinventar - FPI. Göttingen (2)1973

FASEL, CH.: Schlagringe im Tornister. In: Stern Magazin (1991) H. 42, S. 324-327

FASSNACHT, G.: Systematische Verhaltensbeobachtung. München 1979

FATKE, R.: Schulumwelt und Schülerverhalten. München, Zürich 1977

FATZER, G./ ECK, C.D. (Hrsg.): Supervision und Beratung - Ein Handbuch. Köln 1990

FEINGOLD, B.F.: Why your Child is hyperactive. New York 1975

FEND, H./ KNÖRZER, W./ NAGL, W./ SPECHT, W./ VÄTH-SZUSDZIARA, R.: Sozialisationseffekte der Schule. Weinheim 1976

FEND-ENGELMANN, E.: Spieldiagnostik. In: KREUZER, J. (Hrsg.): Handbuch der Spielpädagogik; Spiel im therapeutischen und sonderpädagogischen Bereich., Bd. 4. Düsseldorf 1984, S. 21-38

FENDEL, E.: Rhythmik, Theorie und Praxis der körperlich-musikalischen Erziehung. München 1926

FENDEL, E.: Rhythmisch-musikalische Erziehung bei schwererziehbaren. In: Zeitschrift für Heilpädagogik, Jg. 4 (1953), S. 124-128

FENGLER, J./ JANSEN, G. (Hrsg.): Handbuch der Heilpädagogischen Psychologie. Stuttgart 1987

FENTROP, U.: Segeln als sonderpädagogische Maßnahme bei Kindern und Jugendlichen mit Verhaltensstörungen. Unveröffentlichte Examensarbeit. Berlin 1985

FEUSER, G.: Autistische Kinder. Solms, Oberbiel 1981

FEUSER, G.: Autismus heute - Forderungen an morgen. In: BUNDESVERBAND "HILFE FÜR DAS AUTISTISCHE KIND" (Hrsg.): Grundlagen der Pädagogik autistischer Kinder unter besonderer Berücksichtigung ihrer schulischen Erziehung und Bildung. Hamburg 1984, S. 45-53

FICHTER, M.M.: Magersucht und Bulimia - Empirische Untersuchungen zur Epidemiologie, Symptomatologie, Nosologie und zum Verlauf. Berlin, Heidelberg, New York, London, Paris, Tokio 1985

FICKER, F.: Tabletten und kindliche Selbstmordhandlungen. In: Das Deutsche Gesundheitswesen (1976) H. 10, S. 468-471

FINGER-TRESCHER, U.: Trauma, Wiederholungszwang und projektive Identifizierung. Was wirkt heilend in der Psychoanalytischen Pädagogik? In: REISER, H./ TRESCHER, H.-G. (Hrsg.): Wer braucht Erziehung? - Impulse der Psychoanalytischen Pädagogik. Mainz 1987, S. 130-145

FLEISCHER, T./ GREUER-WERNER, M./ HEYSE, H. (Hrsg.): Schule im Spannungsfeld von Beratung - Berichte aus Schulpsychologie und Bildungsberatung. Veranstalter: Sektion Schulpsychologie im Berufsverband Deutscher Psychologen. Bonn 1991

FLITNER, A. (Hrsg.): Spielen Lernen: Praxis und Deutung des Kinderspiels. München, Zürich 1986

FLITNER, A./ HORNSTEIN, W.: Kindheit und Jugendalter in geschichtlicher Betrachtung. In: Zeitschrift für Pädagogik, Jg. 10 (1964), S. 311-339

FLORIN, I./ TUNNER, W.: Behandlung kindlicher Verhaltensstörungen. München (4)1972

FLOSDORF, P.: Heilpädagoge/ Heilpädagogin - Bundesanstalt für Arbeit (Hg.) - Blätter zur Berufskunde, Bd. 2 - II B 30 . Bielefeld (4)1988

FÖRDERVEREIN DER ASTRID-LINDGREN-SCHULE E.V. (Hrsg.): Fördersystem für erziehungshilfebedürftige Schüler im Kreis Aachen - Beratung-Stammschule-Sozialarbeit-Kooperation-Therapie. Eschweiler 1990

FRANCK-WEBER, B./ SANDER, A./ SCHULER, S.: Bericht über die Sonderpädagogischen Förderzentren (Schulversuche) im Saarland. In: SANDER, A./ CHRIST, K./ FRANCK-WEBER, B. et al. (Hrsg.): Gemeinsame Schule für behinderte und nichtbehinderte Kinder und Jugendliche - Jahresbericht 1989 aus dem Saarland. (Saarbrücker Beiträge zur Integrationspädagogik Bd. 4). St. Ingbert 1990, S. 139-163

FRANCKE, A.H.: Schriften über Erziehung und Unterricht - Bearbeitet und mit Erläuterungen versehen von Karl Richter. Berlin 1871

FRANKL, V.E.: Der Wille zum Sein. Bern 1972

FRANKL, V.E.: Das Leiden am sinnlosen Leben. Freiburg i.Br. (8)1984

FRANKL, V.E.: Theorie und Therapie der Neurosen - Einführung in die Logotherapie und Existenzanalyse. München, Basel (6)1985

FREDERKING, U.: Häufigkeiten, somatische und soziale Bedingungen von Verhaltensstörungen zehnjähriger Schulkinder. In: Praxis der Kinderpsychologie und Kinderpsychiatrie, Jg. 24 (1975), S. S.204-213

FREI, E. et al.: Heilpädagogische Handlungsfelder. Bern, Stuttgart 1986

FREINET, C.: Die moderne französische Schule. Paderborn (2)1979

FREINET, E.: Erziehung ohne Zwang. Stuttgart 1981

FREUD, A.: Das Ich und die Abwehrmechanismen. München 1971

FREUD, A.: Psychoanalyse für Pädagogen. Bern, Stuttgart (5)1971

FREUD, A.: Einführung in die Technik der Kinderanalyse. München, Basel 1973

FREUD, S.: Abriß der Psychoanalyse - Das Unbehagen in der Kultur. Frankfurt /M. 1953

FREUD, S.: Studienausgabe. Bde I-X - Hrg. von Mitscherlich, A./ Richards, A./ Strachey, J.. Frankfurt /M. 1969

FREUD, S.: Zur Psychopathologie des Alltagslebens. Frankfurt /M. (5)1969

FREY, K.: Die Projektmethode. Weinheim, Basel 1982

FRICKE, R./ KURY, H. (Hrsg.): Erzieherverhaltenstraining - Grundlagen und Ergebnisse zum Training des Lehrer- und Beraterverhaltens. Braunschweig 1983

FROMM, E.: Über den Ungehorsam. 1985

FROSTIG, M.: Bewegungs-Erziehung - Neue Wege der Heilpädagogik. München, Basel 1973

FROSTIG, M.: Bewegen - Wachsen - Lernen - Bewegungserziehung. Dortmund 1974

FROSTIG, M./ MASLOW, PH.: Lernprobleme in der Schule. Stuttgart 1978

FROSTIG, M./ MÜLLER, H.: Teilleistungsstörungen - Ihre Erkennung und Behandlung bei Kindern. München, Wien, Baltimore 1981

FUCHS, A.: Erziehungsklassen (E-Klassen) für schwererziehbare Kinder inder Volksschule. Halle 1930

FÜRSTENAU, P.: Zur Psychoanalyse der Schule als Institution. In: FÜRSTENAU, P./ FURCK, C.-L./ MÜLLER, C.W./ SCHULZ, W./ WELLENDORF, F.: Zur Theorie der Schule. Berlin, Basel,, Weinheim 1969, S. 9 ff.

GADDES, W.H.: Lernstörungen und Hirnfunktion - Eine neuropsychologische Betrachtung. Berlin, Heidelberg 1991

GAERTNER-HARNACH, V.: Angst und Leistung. Weinheim, Basel 1976

GAGNÉ, R.M.: Die Bedingungen des menschlichen Lernens - Vollständige Neubearbeitung. Hannover, Dortmund, Berlin (5)1980

GAPPMAYER, A.: Adoleszenz und Selbsttötung - Schüler zeichnen aktuelle Suizidgedanken. Regensburg 1987

GARLICHS, A.: Alltag im offenen Unterricht - Das Beispiel Lohfelden-Vollmarshausen. Frankfurt /M. (2)1991

GAUCH, S.: Besondere Erziehung - Normen und Ziele der Sonderpädagogik. Mainz (2)1986

GAUPP, R.: Psychologie des Kindes. Leipzig 1912

GEHLEN, A.: Die Seele im technischen Zeitalter - Sozialpsychologische Probleme in der industriellen Gesellschaft. Hamburg 1957

GEHLEN, A.: Der Mensch - Seine Natur und seine Stellung in der Welt. Bonn (6)1958

GEISSLER, E.E.: Erziehungsmittel. Bad Heilbrunn (6)1982

GEORGENS, J.D./ DEINHARDT, H.M.: Die Heilpädagogik - Bd.1. Leipzig 1861. (Neuauflage Gießen 1979)

GERS, D. (Hrsg.): Das sonderpädagogische Förderzentrum. Soltau 1991

GEUSS, H./ SCHLEVOIGT, G.: Diagnostischer Lesetest für 2. und 3. Klassen - DLT 2/3. Weinheim 1978

GIESECKE, H.: Neue Sozialisationswege als Reaktion von Jugendlichen auf ihre Lebensbedingungen - Anforderungen an die Heimerziehung. In: Materialien zur Heimerziehung (IGfH) (1990) S. 5-8

GINOTT, H.G.: Gruppenpsychotherapie mit Kindern - Theorie und Praxis der Spieltherapie. Weinheim, Basel 1971

GOETZE, H.: Personenzentrierte Spieltherapie mit Sonderschülern. In: HOLTZ, K.-L. (Hrsg.): Sonderpädagogik und Therapie. Rheinstetten 1980, S. 197 - 204

GOETZE, H.: Personenzentrierte Spieltherapie. Göttingen 1981

GOETZE, H.: Offenes Unterrichten bei Schülern mit Verhaltensstörungen. In: GOETZE, H./ NEUKÄTER, H. (Hrsg.): Handbuch der Sonderpädagogik, Bd. 6 - Pädagogik bei Verhaltensstörungen. Berlin 1989, S. 569-584

GOETZE, H. (Hrsg.): Spieltherapie bei Kindern mit Verhaltensstörungen. In: GOETZE, H./ NEUKÄTER, H. (Hrsg.): Handbuch der Sonderpädagogik, Bd. 6 - Pädagogik bei Verhaltensstörungen. Berlin 1989, S. 871-883

GOETZE, H.: Konzepte zur integrierten Unterrichtung von Schülern mit Verhaltensstörungen - dargestellt an Ergebnissen der amerikanischen Mainstreamingforschung. In: Vierteljahresschrift für Heilpädagogik und ihre Nachbargebiete, Jg. 60 (1991), H. 1, S. 6-17

GOETZE, H./ JÄGER, W.: Offenes Unterrichten von Schülern mit Verhaltensstörungen; Unterrichtsversuch in einer 6. Klasse der Schule für Verhaltensgestörte. In: Sonderpädagogik, Jg. 21 (1991), H. 1, S. 28-39

GOETZE, H./ NEUKÄTER, H. (Hrsg.): Handbuch der Sonderpädagogik, Bd. 6 - Pädagogik bei Verhaltensstörungen. Berlin 1989

GOETZE, H./ NEUKÄTER, H.: Strukturierter Unterricht. In: GOETZE, H./ NEUKÄTER, H.: Handbuch der Sonderpädagogik, Bd. 6 - Pädagogik bei Verhaltensstörungen. Berlin 1989, S. 520-545

GOFFMAN, E.: Stigma. Frankfurt /M. 1975

GOFFMAN, E.: Asyle. Frankfurt /M. (4)1981

GOLDSTEIN, K.: Aftereffects of Brain-injuries in War. New York 1942

GÖLLNITZ, G.: Neuropsychiatrie des Kindes- und Jugendalters. Stuttgart (4)1981

GOODENOUGH, F.L.: Measurement of Intelligence by Drawings. New York 1926

GÖPPEL, R.: Der Friederich, der Friederich... - Das Bild des schwierigen Kindes in der Pädagogik des 19. und 20. Jahrhunderts. Würzburg 1989

GÖPPINGER, H.: Kriminologie - Eine Einführung. München 1971

GÖPPINGER, H.: Der Täter in seinen sozialen Bezügen. Berlin 1983

GORDON, TH.: Lehrer-Schüler-Konferenz - Wie man Konflikte in der Schule löst. Reinbek bei Hamburg 1977

GRABSKI, S./ KISSING, G./ NEUKÄTER, H./ BENKMANN, K.-H.: Strukturierter Unterricht mit verhaltensgestörten Schülern. Rheinstetten 1978

GRAWERT, CH.: Ein Wochenende am Bord des Jugendschiffes "Johannes Georgi" - Informationsdienst Segeln und Sozialpädagogik. Lüneburg 1982

GREEN, H.: Ich hab dir nie einen Rosengarten versprochen (I never promised you a rose garden). Reinbek bei Hamburg 1984

GREIFFENHAGEN, S.: Tiere als Therapie - Neue Wege in Erziehung und Heilung. München 1991

GREWE, N. (Hrsg.): Beratungslehrer - eine neue Rolle im System. Neuwied, Frankfurt/ M. 1990

GRIESINGER, W.: Die Pathologie und Therapie der psychischen Krankheiten für Ärzte und Studierende. Stuttgart (2. umgearbeitete Auflage)1861

GRIFFITHS, R./ BRANDT, I.: Griffiths Entwicklungsskalen (GES) zur Beurteilung der Entwicklung in den ersten beiden Lebensjahren - Deutsche Bearbeitung des Originalwerkes von Ruth Griffiths durch I. Brandt. Weinheim, Basel 1983

GRISSEMANN, H.: Hyperaktive Kinder - Kinder mit minimaler zerebraler Dysfunktion und vegetativer Labilität als Aufgabe der Sonderpädagogik in der allgemeinen Schule. Ein Arbeitsbuch. Bern, Stuttgart, Toronto 1986

GRISSEMANN, H.: Unterrichts-, Förder- und Therapiematerialien in der Pädagogik bei Verhaltensstörungen. In: GOETZE, H./ NEUKÄTER, H.: Handbuch der Sonderpädagogik, Bd. 6 - Pädagogik bei Verhaltensstörungen. Berlin 1989, S. 492-519

GRISSEMANN, H.: Förderdiagnostik von Lernstörungen - Zusammenarbeit von kinderpsychiatrischen, psychologischen und pädagogisch-therapeutischen Fachkräften am Beispiel Legasthenie. Bern, Stuttgart, Toronto 1990

GRISSEMANN, H.: "Soviel Integration wie möglich - soviel Separation wie unbedingt notwendig!" Begründungen eines innovativen integrationsorientierten Kleinklassenmodells. In: Vierteljahresschrift für Heilpädagogik und ihre Nachbargebiete, Jg. 61 (1992), H. 2, S. 207-229

GROSSE, S.: Bettnässen, Diagnostik und Therapie. Weinheim 1986

GROSSMANN, G./ GERTH, A. und Autorenkollektiv: Rehabilitationspädagogik Verhaltensgeschädigter. Berlin 1990

GROSSMANN, G./ SCHMITZ, W.: Sonderpädagogik verhaltensgestörter Kinder. Berlin 1969

GROSSMANN, K.E./ WINKEL, R.: Angst und Lernen - Angstfreie Erziehung in Schule und Elternhaus. München 1977

GRÖZINGER, W.: Kinder kritzeln, zeichnen, malen. München (3)1966

GSELLA, M./ BORT-GSELLA, W.: Wir fallen aus der Rolle - Rollenspiele für Kinder ab 3 Jahren. Münster 1992

GUDJONS, H.: Was ist Projektunterricht? Begriffe - Merkmale - Abgrenzungen. In: Westermanns Pädagogische Beiträge, Jg. 36 (1984), H. 6, S. 260-66

GÜNDER, R.: Hüttenpädagogik und therapeutisches Segeln. Alternative Konzepte für die Arbeit mit schwierigen Kindern und Jugendlichen. In: Unsere Jugend (1987) H. 8, S. 300-311

GÜNDER, R.: Aufgabenfelder der Heimerziehung - Planmäßige Entwicklungsförderung, Elternarbeit. Frankfurt /M. 1989

GÜNTHER, K.-H./ HOFMANN, F./ HOHENDORF, G./ KÖNIG, H./ SCHUFFENHAUER, H.: Geschichte der Erziehung. Berlin (Ost) 1976

HAFER, H.: Nahrungsphosphat als Ursache für Verhaltensstörungen und Jugendkriminalität. Heidelberg 1978

HAFER, H.: Die heimliche Droge - Nahrungsphosphat. Heidelberg 1984

HAHMANN, H./ ZIMMER, R.: Bewegungserziehung in Kindergarten, Vorschule und Verein. Bonn 1984

HALL, R.T.: Unterricht über Werte - Lernhilfen und Unterrichtsmodelle. München, Wien, Baltimore 1979

HANKE, B./ HUBER, G.L./ MANDL, H.: Aggressiv und unaufmerksam - Die Aufgaben des Lehrers bei Schulschwierigkeiten. Weinheim, Basel (3)1984

HANSELMANN, H.: Sorgenkinder - Daheim und in der Schule. Heilpädagogik im Überblick für Eltern und Lehrer. Zürich, Leipzig 1930

HANSELMANN, H.: Sorgenkinder - daheim, in der Schule, in der Anstalt, in der menschlichen Gesellschaft. Heilpädagogik im Überblick für Eltern, Lehrer, Geistliche, Fürsorger, Ärzte, Juristen, Schul- und Erziehungsbehörden. Zürich 1954

HANSELMANN, P.G.: Kinder in fremder Erziehung. Weinheim, Basel 1986

HARDING, G. (Hrsg.): Spieldiagnostik: Das Spiel als diagnostisches Mittel in der Kinderpsychiatrie. Weinheim, Basel 1972

HARNACK, G.A. von: Nervöse Verhaltensstörungen beim Schulkind. Stuttgart 1958

HARNISCH, G.: Schulstreß - Praktische Hilfen für Lehrer, Erzieher, Eltern. Düsseldorf 1984

HARTMANN, J.: Zappelphilipp, Störenfried - Hyperaktive Kinder und ihre Therapie. München 1981

HASSENSTEIN, B.: Verhaltensbiologie des Kindes. München, Zürich 1973

HASTENTEUFEL, P.: Fallstudien aus dem Erziehungsalltag. Bad Heilbrunn 1980

HAVERS, N.: Erziehungsschwierigkeiten in der Schule - Klassifikation, Häufigkeit, Ursachen und pädagogisch-therapeutische Maßnahmen. Weinheim, Basel 1978

HEBENSTREIT, S.: Spieltheorie und Spielförderung im Kindergarten. Stuttgart 1979

HECHTMANN, L./ WEISS, G.: Das hyperkinetische Kind. In: NISSEN, G. (Hrsg.): Die Bedeutung der medikamentösen Therapie bei Verhaltensstörungen im Kindesalter - Beiträge zu einem Symposium veranstaltet am 6. Weltkongreß für Psychiatrie in Honululu, Hawaii im August 1977. Bern, Stuttgart, Wien 1979, S. 17-25

HECKHAUSEN, H.: Entwurf einer Psychologie des Spielens. In: GRAUMANN, C.F./ HECKHAUSEN, H. (Hrsg.): Pädagogische Psychologie: Entwicklung und Sozialisation, Bd. 1. Frankfurt /M. 1978, S. 155-174

HEIDEGGER, M.: Sein und Zeit. Tübingen (6)1949

HELMKE, A.: Schulische Leistungsangst: Erscheinungsformen und Entstehungsbedingungen - Integration theoretischer Ansätze und empirische Analysen zu Risikofaktoren schulischer Leistungsangst in Schule und Familie. Bern 1983

HENNIG, C./ KNÖDLER, U.: Problemschüler - Problemfamilien - Ein praktisches Lehrbuch zum systemischen Arbeiten mit schulschwierigen Kindern. München (2)1987

HENSELER, H.: Narzißtische Krisen - Zur Psychodynamik des Selbstmords. Reinbek 1974

HERING, W. (Hrsg.): Spieltheorie und pädagogische Praxis: Zur Bedeutung des kindlichen Spiels. Düsseldorf 1979

HERMANN, C.: Hochbegabtenberatung - Evaluation der Arbeit einer Beratungsstelle für hochbegabte Kinder und Jugendliche. Berlin 1987 (Diplomarbeit)

HERZKA, H.S.: Kinderpsychopathologie. Basel, Stuttgart 1986

HETZER, H.: Das Spiel des Hilfsschulkindes. In: Zeitschrift für Heilpädagogik, Jg. 6 und 7 (1955, 1956), S. 642-648 und 1-19

HETZER, H.: Das Spiel in der Schule. Frankfurt, Berlin, Hamburg, München 1956

HETZER, H. (Hrsg.): Spiel und Spielzeug für jedes Alter: Mit einem Beitrag über Spielförderung von sozio-kulturell benachteiligten Kindern. München 1972

HEUER, G.: Selbstmord bei Kindern und Jugendlichen - Ein Beitrag zur Suizidprophylaxe aus pädagogischer Sicht. Konzepte der Humanwissenschaften. Stuttgart 1979

HEWETT, F.M.: The Emotionally Disturbed Child in the Classroom. Boston, USA 1968 (1976)

HEWETT, F.M./ FORNESS, St. R.: Education of exceptional Learners. Boston 1974

HIPPEL, R. von: Die geschichtliche Entwicklung der Freiheitsstrafe. In: BUMKE, E. (Hrsg.): Deutsches Gefängniswesen. Ein Handbuch. Berlin 1928

HIPPLER, B.: Mobile schulische Erziehungshilfe - Pädagogisch-therapeutische Maßnahmen von Sonderschullehrern bei verhaltensgestörten Kindern an Grund- und Hauptschulen. Birkach, Bamberg 1985

HOCKEL, M.: Diplom-Psychologe/ Diplom-Psychologin - Bundesanstalt für Arbeit (Hg.) - Blätter zur Berufskunde, Bd. 3 - II B 01. Bielefeld (6)1988

HOFFMANN, H.: Der Struwwelpeter - oder lustige Geschichten und drollige Bilder für Kinder von 3 bis 6 Jahren - Frankfurter Originalausgabe. Stuttgart o.J.

HOFFMANN, M.: Unterricht im Strafvollzug. In: GOETZE, H./ NEUKÄTER, H. (Hrsg.): Handbuch der Sonderpädagogik, Bd. 6 - Pädagogik bei Verhaltensstörungen. Berlin 1989, S. 464-472

HOFFMANN, N./ GERBIS, K.E.: Gesprächsführung in psychologischer Therapie und Beratung, Bd. 1 und 2. Salzburg 1981

HOFFMANN-RIEM, CH.: Das adoptierte Kind. München 1984

HOFSTÄTTER, P.R.: Gruppendynamik - Kritik der Massenpsychologie. Reinbek bei Hamburg (Vollständig überarbeitete und erweiterte Neuausgabe)1986

HÖHN, E.: Der schlechte Schüler. München (5)1980

HÖHN, E./ SCHICK, C.P.: Das Soziogramm. Stuttgart 1954

HOLDEREGGER, A.: Suizid und Suizidgefährdung. Freiburg 1979

HOLLAND, J./ SKINNER, B.: Analyse des Verhaltens. München, Berlin, Wien 1971

HOLTAPPELS, H.-G.: Abweichendes Verhalten oder Schulalltagsbewältigung? Subjektive Deutungsmuster von Schülern zu Problemen im Schulalltag. In: Die Deutsche Schule, Jg. 76 (1984), H. 1, S. 18-30

HOLTAPPELS, H.-G.: Schulprobleme und abweichendes Verhalten aus der Schülerperspektive - Empirische Studie zu Sozialisationseffekten im situationellen und interaktionellen Handlungskontext der Schule. Bochum 1987

HOLTZ, K.-L. (Hrsg.): Sonderpädagogik und Therapie. Rheinstetten 1980

HOLTZ, K.-L.: Argumente für eine Entwicklungstherapie. In: Sonderpädagogik, Jg. 21 (1991), H. 2, S. 70-83

HOLTZ, K.-L.: Burn-out. In: Sonderpädagogik, Jg. 21 (1991), H. 2, S. 98-103

HOLTZ, K.-L./ KRETSCHMANN, R.: Psychologische Grundlagen der Pädagogik bei Verhaltensstörungen. In: GOETZE, H./ NEUKÄTER, H. (Hrsg.): Handbuch der Sonderpädagogik, Bd. 6 - Pädagogik bei Verhaltensstörungen. Berlin 1989, S. 908-966

HOMFELDT, H.G.: Stigma und Schule. Düsseldorf 1974

HÖRMANN, G.: Die zweite Sozialisation - Psychische Behinderung und Rehabilitation in Familie, Schule und Beruf. Opladen 1985

HORN, W.: Leistungsprüfsystem - LPS. Göttingen 1962

HORNSTEIN, W.: Kindheit - Jugend. In: WULF, CH. (Hrsg.): Wörterbuch der Erziehung. München (2)1976, S. 316-321

HORNSTEIN, W./ BASTINE, R./ JUNKER, H./ WULF, CH.: Funk-Kolleg "Beratung in der Erziehung", Bd. 1 und 2. Frankfurt /M. 1977

HUBER, A.: Testosteron und Aggressivität. In: PSYCHOLOGIE HEUTE, Jg. 18. (1991), H. 7, S. 42-43

HUIZINGA, J.: Homo ludens. Hamburg 1962

HUMPERT, W./ DANN, H.-D.: Das Beobachtungssystem BAVIS - Ein Beobachtungsverfahren zur Analyse von aggresionsbezogenen Interaktionen im Schulunterricht.. Göttingen 1988

HÜNNEKENS, H./ KIPHARD, E.J.: Bewegung heilt - Psychomotorische Übungsbehandlung bei entwicklungsrückständigen Kindern. Gütersloh (1. und 7. Auflage)1960, 1985

HÜNNEKENS, H./ KIPHARD, E.J.: Übung der Motorik als therapeutische Methode bei entwicklungs-rücksstandigen Kindern - Jahrbuch f. Jugendpsychiatrie, Bd.2. Bern, Stuttgart 1960

HURRELMANN, K.: Familienstreß - Schulstreß - Freizeitstreß: - Gesundheitsförderung für Kinder und Jugendliche. Weinheim 1990

HURRELMANN, K./ ULICH, D. (Hrsg.): Handbuch der Sozialforschung. Weinheim, Basel (2)1981

HURRELMANN, K./ WOLF, H.K.: Schulerfolg und Schulversagen im Jugendalter - Fallanalysen von Bildungslaufbahnen. Weinheim, München 1986

HUSCHKE-RHEIN, R. (Hrsg.): Systemische Pädagogik - Zur Praxisrelevanz der Systemtheorien. Köln 1990

HUSSLEIN, E.: Schule und Unterricht für Kinder und Jugendliche mit Verhaltensstörungen. Würzburg 1983

HUSSLEIN, E.: Unterrichtsgestaltung in der Schule für Verhaltensgestörte. In: GOETZE, H./ NEUKÄTER, H.: Handbuch der Sonderpädagogik, Bd. 6 - Pädagogik bei Verhaltensstörungen. Berlin 1989, S. 473-491

IBEN, G.: Verhaltensstörung als abweichendes Verhalten. Hagen 1984

IMHOF, F./ STOCKWELL, T./ WEISS, H.: Schulversuch "Lozanov" 1984/85: Auszüge aus dem Schlußbericht eines 5-wöchigen Suggestopädie-Test-Kurses an der Oberschule Vaduz, Fürstentum Liechtenstein. In: BOCHOW, P./ WAGNER, H.: Suggestopädie (Superlearning) - Grundlagen und Anwendungsberichte. Speyer 1986, S. 100-130

INGENKAMP, K.: Die Schulpsychologischen Dienste in der Bundesrepublik Deutschland. Weinheim 1966

IZARD, C.E.: Die Emotionen des Menschen. Weinheim 1981

JACOBS, K.: Autismus - Schulische Förderung und ambulante Therapie. Bonn-Bad Godesberg (2)1985

JAEGGI, E. Kognitive Verhaltenstherapie - Kritik und Neubestimmung eines aktuellen Konzepts. Weinheim, Basel 1979

JAEGGI, E./ KASTNER, P./ KOHL, K.-H. et al.: Andere verstehen - Ein Trainingskurs für psychosoziale Berufe. Weinheim, Basel 1983

JAHODA, M.: Current Concepts of Mental Health. New York 1958

JANTZEN, W.: Sozialisation und Behinderung. Gießen 1974

JANTZEN, W.: Soziologie der Sonderschule - Analyse einer Institution. Weinheim, Basel 1981

JANTZEN, W.: Sozialgeschichte des Behindertenbetreuungswesens. München 1982

JASPERS, K.: Allgemeine Psychopathologie - Für Studierende, Ärzte und Psychologen. Berlin, Heidelberg (3 verm. und verb.)1923

JETTER, K./ SCHÖNBERGER, F. (Hrsg.): Verhaltensstörung als Handlungsveränderung - Beiträge zu einem Förderkonzept Behinderter. Bern, Stuttgart, Wien 1979

JOCHIMSEN, P.: Spiel als sozialpädagogisches Medium: Aus der Arbeit mit verhaltensgestörten Kindern. Stuttgart 1982

JOSEF, K.: Gemütspflege bei schwer erziehbaren Kindern durch einfaches Musizieren. Marburg 1958

JOSEF, K.: Untersuchungen über die Wirkungen selbsttätiger Musik auf das Soziogramm einer Hilfsschulklasse. In: Zeitschrift für Heilpädagogik, Jg. 15 (1964), S. 32-40

JUNG, C.G.: Psychologie und Erziehung. Zürich 1950

JUNG, C.G.: Der Mensch und seine Symbole. Freiburg i.Br. (12)1980

JUNGE, H.: Zwischen Fordern und Gewähren - Erziehen in veränderten Lebenswelten. Freiburg i. Br. 1992

JUSSEN, H. (Hrsg.): Handbuch der Heilpädagogik in Schule und Jugendhilfe. München 1967

JUST, H.: Gedanken zur heilpädagogischen Spieltherapie. In: Jugendwohl, Jg. 54 (1973), H. 3, S. 111-114

JUUL, K.D.: Modelle pädagogischer Förderung von Kindern mit Verhaltensstörungen - vornehmlich in den USA. In: SPECK, O. (Hrsg.): Pädagogische Modelle für Kinder mit Verhaltensstörungen. München, Basel 1979, S. 70-99

JUUL, K.D.: Mobbing/ Pöbeln in Schulen. Skandinavische Initiativen zur Prävention und Reduktion von Gruppengewalt. In: NEUKÄTER, H. (Hrsg.): Verhaltensstörungen verhindern - Prävention als pädagogische Aufgabe - Bericht über die Fachtagung in Oldenburg vom 15. - 17. März 1990. Oldenburg 1991, S. 55-60

KAISER, G.: Jugendkriminalität. Weinheim, Basel 1982

KALTENBRUNNER, (Dr.): Die Jugendarbeit des Sicherheitsdienstes. In: REICHSMINISTER DER JUSTIZ UND DER REICHSJUGENDFÜHRER DER NSDAP UND JUGENDFÜHRER DES DEUTSCHEN REICHES (Hrsg.): Deutsches Jugendrecht, Heft 4 - Zum neuen Jugendstrafrecht. Berlin 1944, S. 26-32

KANNER, L.: Child Psychiatry. Springfield, USA (4)1960

KANT, I.: Gesammelte Werke. Berlin 1902-1941

KANTER, G.: Organisationsformen sonderpädagogischen Handelns im Bereich der Lernbehindertenpädagogik. Hagen 1988

KAUFFMAN, J.M.: Characteristics of children's behavior disorders. Columbus (Ohio): Merrill (3)1985

KAUFMAN, B.N.: Ein neuer Tag - Wie wir unser Sorgenkind heilten. München 1984

KECKEISEN, W.: Die gesellschaftliche Dimension abweichenden Verhaltens. München 1974

KEESE, A.: Psychologie der Sprachbehinderten. In: FENGLER, J./ JANSEN, G. (Hrsg.): Heilpädagogische Psychologie. Stuttgart, Berlin, Köln, Mainz 1987, S.73-89

KEGAN, R.: Die Entwicklungsstufen des Selbst - Fortschritte und Krisen im menschlichen Leben. München 1986

KEMMLER, L.: Die Anamnese in der Erziehungsberatung. Bern (2)1972

KEMPER, W.: Eigentümlichkeiten der frühkindlichen Erlebniswelt und deren Auswirkungen. In: BIERMANN, G. (Hrsg.): Handbuch der Kinderpsychotherapie. München, Basel (1)1969, S. 19-39

KEPHART, N.C.: Das lernbehinderte Kind im Unterricht. München 1977

KERN, H.J.: Verhaltensmodifikation in der Schule - Anleitung für die Schulpraxis. Stuttgart, Berlin, Köln, Mainz 1974

KERNBERG, O.: Borderline-Störungen und pathologischer Narzißmus. Frankfurt /M. 1983

KERNBERG, O.: Schwere Persönlichkeitsstörungen - Theorie, Diagnose, Behandlungsstrategien. Stuttgart (3)1991

KEUPP, H. (Hrsg.): Verhaltensstörungen und Sozialstruktur - Epidemiologie: Empirie, Theorie, Praxis. München 1974

KEY, E.: Das Jahrhundert des Kindes. Berlin (14)1908 (schwed. Erstveröffentl. 1900)

KIERKEGAARD, S.: Der Begriff der Angst, Bd. 5 - Gesammelte Werke. Jena 1937

KIPHARD, E.J.: Motopädagogik. Dortmund 1979

KIPHARD, E.J.: Mototherapie - Teil 1. Dortmund 1983

KIPHARD, E.J.: Mototherapie - Teil 2. (2)1986

KIPHARD, E.J.: Psychomotorik in Praxis und Theorie - Ausgewählte Themen der Motopädagogik und Mototherapie. Gütersloh 1989a

KIPHARD, E.J.: Psychomotorische Erziehung (Motopädagogik). In: GOETZE, H./ NEUKÄTER, H. (Hrsg.): Handbuch der Sonderpädagogik, Bd. 6 - Pädagogik bei Verhaltensstörungen. Berlin 1989b, S. 690-702

KIPHARD, E.J./ HUPPERTZ, H.: Erziehung durch Bewegung - Sportunterricht mit motorisch schwachen und lernbehinderten Kindern. Dortmund 1987

KIPHARD, E.J./ SCHILLING, F.: Körperkoordinationstest für Kinder - KTK. Weinheim 1974

KIRK, S.A./ KIRK, W.D.: Psycholinguistische Lernstörungen - Diagnose und Behandlung. Weinheim 1976

KLEBER, E.W.: Lehrbuch der sonderpädagogischen Diagnostik. Berlin (3)1978

KLEBER, E.W.: Tests in der Schule. Instrumente zur Gewinnung diagnostischer Informationen zur Lernsteuerung und zur Lernkontrolle. München 1979

KLEBER, E.W.: Die Zone zwischen Unterricht und Therapie - Sonderpädagogische Beratung -. In: HOLTZ, K.-L. (Hrsg.): Sonderpädagogik und Therapie - Bericht der 16. Arbeitstagung für Dozenten an Sonderpädagogischen Studienstätten in deutschsprachigen Ländern in der Pädagogischen Hochschule Heidelberg im Oktober 1979. Rheinstetten 1980

KLEBER, E.W.: Beratung in der Schule (und ihre Probleme). In: GOETZE, H./ NEUKÄTER, H. (Hrsg.): Handbuch der Sonderpädagogik, Bd. 6 - Pädagogik bei Verhaltensstörungen. Berlin 1989, S. 390-419

KLEBER, E.W./ KLEBER, G./ HANS, O.: Differentieller Leistungstest - KG (DL - KG) - Test zur Erfassung des Leistungsverhaltens bei konzentrierter Tätigkeit im Grundschulalter. Göttingen, Toronto, Zürich 1975

KLEIBER, W.: Musiktherapie im Strafvollzug. In: HARRER, G.: Grundlagen der Musiktherapie und Musikpsychologie. Stuttgart 1975, S. 263-268

KLEIN, F.: Heilpädagogik des Haltens bei autistischen Kindern im schulpflichtigen Alter unter besonderer Berücksichtigung der Befunde von Tinbergen und Zaslow. In: BUNDESVERBAND "HILFE FÜR DAS AUTISTISCHE KIND" (Hrsg.): Grundlagen der Pädagogik autistischer Kinder unter besonderer Berücksichtigung ihrer schulischen Erziehung und Bildung. Hamburg 1984, S. 13-20

KLEIN, G.: Zur Praxis der Frühförderung entwicklungsverzögerter und -gefährdeter Kinder. Hagen (Fernuniv.) 1984

KLEIN, M.: Das Seelenleben des Kleinkindes und andere Beiträge zur Psychoanalyse. Stuttgart 1962

KLEIN, M.: Die Psychoanalyse des Kindes. Wien 1932, Stuttgart 1983

KLEWITZ, E./ MITZKAT, M.: Entdeckendes Lernen und offener Unterricht. Braunschweig 1979

KLINK, J.-G.: Schwererziehbarkeit und Erziehungsschwierigkeit in der Schule. Hamburg 1962

KLOCKHAUS, R./ HABERMANN-MORBEY, B.: Psychologie des Schulvandalismus. Göttingen 1986

KLONOVSKY, M.: "Ich ertrinke in Einsamkeit". In: ZEIT-Magazin (1992) H. 32, S. 28-35

KLUGE, K.-J.: Pädagogik der Schwererziehbaren. Berlin 1969, (2) 1973

KLUGE, K.-J.: Sie prügeln sich und leisten wenig. Neubergweiler 1975

KLUGE, K.-J.: Die Lösung von Konfliktsituationen durch Rollenspiel. Hannover 1982

KLUGE, K.-J./ KORNBLUM, K.: Schulangst = Kinderangst - Ein Beitrag zum Thema Kinderangst, ihre Erscheinungsformen, Auswirkungen, Ursachen und pädagogische Konsequenzen. Bern 1981

KLUGE, K.-J./ PATSCHKE, P. (Hrsg.): Spielen, Spielmittel und Spielprogramme zur Förderung behinderter Kinder und Jugendlicher. Ravensburg 1976

KLUGE, K.-J./ VOSEN, M.: Kölner Verhaltensauffälligenpädagogik - Grundsätze, Methoden und Forschungsergebnisse. Ein Beitrag zum Selbstverständnis einer Variante von Pädagogik für Verhaltensauffällige. Rheinstetten 1975

KLUGE, K.-J./ HASENKAMP, B./ HEINRAD, M. et al.: Heimerziehung - ohne Chance - Zur Lage der Heimerziehung in Vergangenheit und Zukunft - eine Zwischenbilanz für Praktiker. Rheinstetten 1981

KLUGE, N.: Spielen und Erfahren - Der Zusammenhang von Spielerlebnis und Lernprozeß. Bad Heilbrunn/ Obb. 1981

KNAUTHE, F.: Die Pädagogik im Heilerziehungsheim. In: Zeitschrift für Kinderforschung, Jg. 24 (1919), S. 268-273 und 321-343

KNURA, G.: Grundfragen der Sprachbehindertenpädagogik. In: KNURA, G./ NEUMANN, B. (Hrsg.): Pädagogik der Sprachbehinderten, Bd. 7 - Handbuch der Sonderpädagogik. Berlin (2)1982, S. 3-64

KOBI, E.: Therapie aus heilpädagogischer Sicht. In: Vierteljahresschrift für Heilpädagogik und ihre Nachbargebiete, Jg. 47 (1978), S. 214-224

KOBI, E.: Grundfragen der Heilpädagogik - Eine Einführung in heilpädagogisches Denken. Bern, Stuttgart (4)1983

KOCH, J.A.L.: Die psychopathischen Minderwertigkeiten, Bd. 1-3. Ravensburg 1891-1893

KOCHAN, B.: Rollenspiel als Methode sozialen Lernens - Ein Reader. Königstein/Ts. 1981

KOHLBERG, L.: Eine Neuinterpretation der Zusammenhänge zwischen der Moralentwicklung in der Kindheit und im Erwachsenenalter. In: DÖBERT, R./ HABERMAS, J./ NUNNER-WINKLER, G. (Hrsg.): Entwicklung des Ichs. Königstein im Taunus 1980, S. 225-252

KOHLBERG, L.: Essays on Moral Development - Vol. 1 und 2. New York 1981

KOHLBERG, L.: Moralische Entwicklung und demokratische Erziehung. In: LIND, G./ RASCHERT, J. (Hrsg.): Moralische Urteilsfähigkeit - Eine Auseinandersetzung mit Lawrence Kohlberg. Weinheim, Basel 1987, S. 25-43

KOLLEGIUM EINER SCHULE FÜR ERZIEHUNGSHILFE: Eine Schule sucht ihre Form - Bericht über die Entwicklung der städtischen Schule für Erziehungshilfe Hessische Straße in Wuppertal. In: Zeitschrift für Heilpädagogik, Jg. 32 (1981), S. 737-749

KOLLEHN, K./ WEBER, N.H. (Hrsg.): Der drogengefährdete Schüler - Perspektiven einer schülerorientierten Drogen- und Suchtprävention. Düsseldorf 1985

KOLLMAR-MASUCH, R.: Hat der Lehrer in der stationären Kinder- und Jugendpsychiatrie eine Chance? München 1987

KÖNIG, C.: Zur Musik-Therapie in der Heilpädagogik. In: TEIRICH, H.R. (Hrsg.): Musik in der Medizin - Beiträge zur Musiktherapie. Stuttgart 1958, S. 77-88

KÖPPEL, K.: Das Zentrum für Verhaltenspädagogik Wien - ein Projekt zur integrativen Betreuung verhaltensauffälliger Schüler durch ein Beratungslehrer- und Förderklassensystem. In: PALLASCH, W./ MUTZECK, W. (Hrsg.): Integration von Schülern mit Verhaltensstörungen - Praktische Modelle und Versuche. Weinheim 1987, S. 157-169

KORNMANN, R.: Psychologie der Lernbehinderten. In: FENGLER, J./ JANSEN, G. (Hrsg.): Heilpädagogische Psychologie. Stuttgart, Berlin, Köln, Mainz 1987, S. 89-118

KORNMANN, R./ MEISTER, H./ SCHLEE, J. (Hrsg.): Förderungdiagnostik - Konzept und Realisierungsmöglichkeiten. Heidelberg 1983

KORTE, J.: Disziplinprobleme im Schulalltag - Über den unpädagogischen Umgang mit schwierigen Schülern. Weinheim, Basel 1982

KOS-ROBES, M./ REINELT, T.: Zum Schülerselbstmord. In: BIERMANN, G. (Hrsg.): Kinder im Schulstreß, Bd. 24 - Beiträge zur Kinderpsychotherapie. München, Basel 1977, S. 110-119

KOUNIN, J.S.: Techniken der Klassenführung - Discipline and Group Management in Classrooms. Bern 1976

KRAEPELIN, E.: Psychiatrie - Ein kurzes Lehrbuch für Studierende und Ärzte. Leipzig (2)1887

KRAIKER, CH. (Hrsg.): Handbuch der Verhaltenstherapie. München 1974

KRAPPMANN, L.: Soziologische Dimensionen der Identität - Strukturelle Bedingungen für die Teilnahme an Interaktionsprozessen. Stuttgart (5)1978

KRATZSCH, D.: Plädoyer für eine Revision des jugendstrafrechtlichen Subsidiaritätsprinzips und der Zuchtmittel. Zum Spannungsverhältnis zwischen Autonomie und subsidiärer Erziehung. In: Heilpädagogische Forschung, Jg. 15 (1989), H. 3, S. 155-164

KRAUS, R.: Die Fürsorgeerziehung im Dritten Reich (1933-1945). In: Archiv für die Wissenschaft und Praxis in der sozialen Arbeit, Jg. 5 (1974), S. 161-210

KREBS, B.: Eßstörungen. In: DEUTSCHE HAUPTSTELLE GEGEN SUCHTGEFAHREN (Hrsg.): Jahrbuch Sucht 1992. Geesthacht 1991, S. 94-102

KRECH, D./ CRUTCHFIELD, R./ LIVSON, N./ WiILSON, W./ PARDUCCI, A.: Grundlagen der Psychologie - 8 Bände. Weinheim, Basel 1985

KREISCHE, R./ MYSCHKER, N./ REISEN, I.: Prävention von Verhaltensstörungen durch Ambulanzlehrertätigkeit - das schulische Ambulanzsystem in Berlin-Steglitz. In: NEUKÄTER, H. (Hrsg.): Verhaltensstörungen verhindern - Prävention als pädagogische Aufgabe. Oldenburg 1991, S. 398-407

KRIECK, E.: Erziehung im nationalsozialistischen Staat. Berlin 1935

KRISCH, K.: Enkopresis - Ursachen und Behandlung des Einkotens. Bern, Stuttgart, Toronto 1985

KROHNE, H.W.: Angst und Angstverarbeitung. Stuttgart 1975

KROHNE, H.W.: Theorien zur Angst. Stuttgart 1976

KROHNE, H.W.: Entwicklungsbedingungen von Ängstlichkeit und Angstbewältigung - Ein Zweiprozeßmodell elterlicher Erziehungswirkung. Osnabrück 1982

KRÜGER, M.: Psychologie der Gehörlosen und Schwerhörigen. In: FENGLER, J./ JANSEN, G. (Hrsg.): Heilpädagogische Psychologie. Stuttgart, Berlin, Köln, Mainz 1987, S. 43-72

KUBE, K. (Hrsg.): Spieldidaktik. Düsseldorf 1977

KUGLER, A./ ISENBIEL, J.: Schulische Erziehungshilfe in Hamburg. Konzept und erste Erfahrungen. In: INTERNATIONALE GESELLSCHAFT FÜR HEIMERZIEHUNG (Hrsg.): Materialien zur Heimerziehung. Frankfurt /M. 1984, S. 69-73

KUHLEN, V.: Verhaltenstherapie im Kindesalter. München 1973

KÜMMEL, W.F.: Musik und Medizin - Ihre Wechselbeziehungen in Theorie und Praxis von 800 bis 1800. München 1977

KUNERT, S.: Verhaltensstörungen und psychagogische Maßnahmen bei körperbehinderten Kindern. Neuburgweiler 1974

KUNZ, D.: Verhaltensauffälligkeiten bei gehörlosen Kindern und Jugendlichen - Eine empirische Untersuchung am Beispiel von Schülern der Berliner Ernst-Adolf-Eschke-Schule für Gehörlose. Berlin 1988

KÜNZEL, E.: Jugendkriminalität und Verwahrlosung. Göttingen 1971

KUPKO, S.: Entstehung und Bewältigung jugendlicher Dissozialität - Teil 1: Strukturen öffentlicher Ersatzerziehung und abweichendes Verhalten von Kindern und Jugendlichen. Teil 2: Sozialtherapie auf dem Jugendschiff "Outlaw" als Alternative zur geschlossenen Unterbringung in Heimen und Jugendanstalten. Lüneburg 1985

KUTTER, P.: Moderne Psychoanalyse - Eine Einführung in die Psychologie unbewußter Prozesse. Stuttgart (2)1992

LANDESARCHIV BERLIN: Akte Stadtpräsident, Rep 57

LANGENKAMP, B./ STEINACKER, J./ KRÖNER, B.: Autogenes Training bei 10-jährigen Kindern. Beschreibung des Kursprogramms und kindlichen Verhaltens während der Übungsstunden. In: Praxis der Kinderpsychologie und Kinderpsychiatrie, Jg. 31 (1982), S. 238-243

LASOGGA, F.: Gesprächstherapie. Zuviel Ideologie? In: PSYCHOLOGIE HEUTE, Jg. 13 (1986), H. 8, S. 45-50

LAUCHT, M.: Individuelle Merkmale mißhandelter Kinder. In: MARTINIUS, J./ FRANK, R. (Hrsg.): Vernachlässigung, Mißbrauch und Mißhandlung von Kindern. Bern, Stuttgart, Toronto 1990, S. 39-48

LAUCKERT, H.H.: Integrationsbehinderte Schüler - Ein Bericht über schulpraktische Formen ihrer Förderung und die Ergebnisse des heilpädagogischen Handelns. Diss. phil., Georg-August-Universität. Göttingen 1969

LAUTH, G.W.: Verhaltensstörungen im Kindersalter - Ein Trainingsprogramm zur kognitiven Verhaltensmodifikation. Stuttgart 1983

LAUTH, G.W./ VIEBAHN, P.: Soziale Isolierung - Ursachen und Interventionsmöglichkeiten. München, Weinheim 1987

LEMPP, R.: Frühkindliche Hirnstörung und Neurose. Bern, Stuttgart, Wien (2)1970

LEMPP, R. et al.: Schulstreß allein weckt keine Selbstmordgedanken. In: Ärztliche Praxis, Jg. XXVIII (1976), H. 47, S. 2019-2021

LEMPP, R.: Gerichtliche Kinder- und Jugendpsychiatrie. Bern, Stuttgart, Wien 1983

LEMPP, R.: Medizinische Grundlagen der Verhaltensstörungen. In: GOETZE, H./ NEUKÄTER, H.: Handbuch der Sonderpädagogik - Pädagogik bei Verhaltensstörungen. Berlin 1989, S. 887-907

LEONTJEW, A.N.: Tätigkeit, Bewußtsein, Persönlichkeit. Stuttgart 1977

LEUNE, J.: Illegale Drogen. In: DEUTSCHE HAUPTSTELLE GEGEN SUCHTGEFAHREN (Hrsg.): Jahrbuch Sucht 1992. Geesthacht 1991, S. 19-35

LEUNER, H.: Katathymes Bilderleben. Stuttgart 1980

LEUNER, H.: Lehrbuch des katathymen Bilderlebens - Grundstufe, Mittelstufe, Oberstufe. Bern, Stuttgart 1985

LEUNER, H./ HORN, G./ KLESSMANN, E.: Katathymes Bilderleben mit Kindern und Jugendlichen. München, Basel (3)1990

LEVITT, E.E.: Die Psychologie der Angst. Stuttgart, Berlin, Köln, Mainz 1976

LEWIN, K.: Feldtheorie in den Sozialwissenschaften. Stuttgart, Bern 1963

LEYEN, R. von der: Aus der Arbeit des Deutschen Vereins zur Fürsorge für jugendliche Psychopathen e.V. in den Jahren 1919-1924. In: Zeitschrift für Kinderforschung, Jg. 32 (1926), S. 448-663

LEYENDECKER, CH.: Psychologie der Körperbehinderten. In: FENGLER, J./ JANSEN, G. (Hrsg.): Heilpädagogische Psychologie. Stuttgart, Berlin, Köln, Mainz 1987, S. 138-165

LICKONA, TH.: Wie man gute Kinder erzieht! - Die moralische Entwicklung des Kindes von der Geburt bis zum Jugendalter und was Sie dazu beitragen können. München 1989

LIEBETRAU, G./ HÄHNER, U./ DECKER-VOIGT, H.-H.: Musiktherapie in der Heimerziehung. Lilienthal, Bremen 1977

LIND, G./ RASCHERT, J. (Hrsg.): Moralische Urteilsfähigkeit - Eine Auseinandersetzung mit Lawrence Kohlberg. Weinheim, Basel 1987

LOMBROSO, C.: Ursachen und Bekämpfung des Verbrechens. Berlin 1902

LORENZ, K.: Das sogenannte Böse. Wien 1963

LORENZ, R./ MOLZAHN, R./ TEEGEN, F.: Verhaltensänderung in der Schule - Systematisches Anleitungsprogramm für Lehrer. Reinbek bei Hamburg 1976

LOVAAS, O.I.: The Autistic Child - Language Development through Behavior Modification. New York 1977

LÖWE, A.: Verhaltensauffälligkeiten bei hörgeschädigten Kindern: ihre Ursachen und Möglichkeiten zu ihrer Vermeidung. In: Hörgeschädigte Kinder, Jg. 22 (Mai 1985), H. 2, S. 87-94

LUCKS, M./ FRIESE, I./ KISCHKEL, G.: Kinderpfleger(in) - Bundesanstalt für Arbeit (Hg.) - Blätter zur Berufskunde, Bd. 2-IV A 12. Bielefeld (6)1988

LÜPKE, H. von: Der Zappelphilipp. Bemerkungen zum hyperkinetischen Kind. In: VOSS, R. (Hrsg.): Pillen für den Störenfried - Absage an eine medikamentöse Behandlung abweichender Verhaltensweisen bei Kindern und Jugendlichen. München 1983, S. 53-72

LÜSCHER, K. (Hrsg.): Urie Bronfenbrenner - Ökologische Sozialisationsforschung. Stuttgart 1976

MACHOVER, K.: Personality Projection in the Drawing of the Human Figure. Springfield 1949

MAHLER, M.S./ PINE, F./ BERGMAN, A.: Die psychische Geburt des Menschen - Symbiose und Individuation. Aus dem Amerikanischen von H. Weller. Frankfurt /M. (2)1982

MALSON, L./ ITARD, J./ MANNONI, O.: Die wilden Kinder. Frankfurt /M. 1979

MANSMANN, V./ SCHENK, K.: Vordergründige Motive und langfristige Tendenzen zum Suizid bei Kindern und Jugendlichen. In: JOCHMUS, I./ FÖRSTER, E. (Hrsg.): Suizid bei Kindern und Jugendlichen, Bd. 24 - Klinische Psychologie und Psychopathologie. Stuttgart 1983

MANTELL, D.M.: Familie und Aggression - Zur Einübung von Gewalt und Gewaltlosigkeit. Frankfurt /M. 1978

MARTIKKE, H.J.: Die Rehabilitation der Verhaltensgestörten (Bd.9 der Reihe: Die Rehabilitation der Entwicklungsgehemmten). München, Basel 1978

MARTIN, L.R.: Diplom-Pädagoge/ Diplom-Pädagogin - Bundesanstalt für Arbeit (Hg.) - Blätter zur Berufskunde, Bd. 3 - III E 05. Nürnberg 1986

MARTINIUS, J./ FRANK, R.: Vernachlässigung, Mißbrauch und Mißhandlung von Kindern - Erkennen, Bewußtmachen, Helfen. Bern, Stuttgart, Toronto 1990

MARX, R.: Die Sonderschule für Verhaltensgestörte in der Sicht von Schülern und Eltern - Eine kasuistische Analyse. Berlin, Freie Universität 1990 (Diss.)

MARX, R.: Integrieren oder aussondern - Die Sonderschule in der Sicht von Schülern und Eltern . Weinheim, Basel 1992

MASLOW, A.A.: Psychologie des Seins. Ein Entwurf. München 1973

MATTMÜLLER, F.: Eine Schule für soziokulturell benachteiligte Kinder. In: Zeitschrift für Heilpädagogik, Jg. 22 (1971), S. 830 ff.

MAYER, A./ RÜTTER, J. (Hrsg.): Abschied vom Heim - Erfahrungsberichte aus ambulanten Diensten und Zentren für selbstbestimmtes Leben. München 1988

McKNEW, D./ CYTRYN, L./ YAHRAES, H.: Warum kann Michael nicht weinen? - Depressionen bei Kindern. Reinbek bei Hamburg 1985

MEAD, G.H.: Geist, Identität und Gesellschaft (1934). Frankfurt /M. (7)1988

MEICHENBAUM, D.H.: Cognitive Behaviour Modification - An Integrative Approach. New York, London 1977

MEIERHOFER, M./ KELLER, W.: Frustration im frühen Kindesalter. Bern 1966

MEILE, B.: Verhaltensauffällige Schüler - Zur theoretischen Analyse und Begründung des Streßmodells. Basel, München, Paris, London, New York, Tokio, Sydney 1982

MEINS, W.: Psychopharmaka im Kindesalter - Prävalenz und kognitive Wirkungen. In: Zeitschrift für Heilpädagogik, Jg. 42 (1991), H. 6, S. 353-363

MEIXNER, F.: Verhaltensauffälligkeiten bei sprachbeeinträchtigten Kindern. In: Der Sprachheilpädagoge, 1985, S. 11-20

MENG, H.: Zwang und Freiheit in der Erziehung. Bern, Stuttgart (3)1961

MERSI, F.: Psychosoziale Konsequenzen subnormalen Sehens im sozial-emotionalen Bereich. In: INTER-NATIONALES WISSENSCHAFTLICHES ARCHIV NR.6: Sehgeschädigte 1975, S. 58-82

MERSI, F.: Spezielle Probleme einer angemessenen pädagogischen Förderung hochgradig sehbehinderter Kinder und Jugendlicher. In: RATH, W./ HUDELMAYER, D. (Hrsg.): Handbuch der Sonder-pädagogik - Pädagogik der Blinden und Sehbehinderten. Berlin 1985, S. 259-274

MERTON, R.K.: Sozialstruktur und Anomie. In: SACK, F./ KÖNIG, R. (Hrsg.): Kriminalsoziologie. Frankfurt /M. 1968, S. 283-313

MESTER, H.: Die Anorexia Nervosa - Monographie aus dem Gesamtgebiete der Psychiatrie. Berlin, Hei-delberg, New York, London, Paris, Tokio 1981

MEYER, B.: Einstellungen männlicher Jugendlicher in der Jugendvollzugsanstalt Hahnöfersand - Eine Un-tersuchung mit dem Freiburger Persönlichkeitsinventar. 1972 (Wissenschaftliche Hausarbeit zum 1. Staatsexamen)

MEYER, H.: Leitfaden zur Unterrichtsvorbereitung. Königstein /Ts. (3)1980

MEYER, P.: Soziobiologie und Soziologie - Eine Einführung in die biologischen Voraussetzungen sozialen Handelns. Darmstadt, Neuwied 1982

MIERKE, K.: Konzentrationsfähigkeit und Konzentrationsschwäche. Bern, Stuttgart 1957

MILLAR, S.: Psychologie des Spiels. Ravensburg 1973

MILLER, R.: Sich in der Schule wohl fühlen - Wege für Lehrerinnen und Lehrer zur Entlastung im Schulalltag. Weinheim, Basel (5)1992

MILTNER, W./ BIRBAUMER, N./ GERBER, W.-D.: Verhaltensmedizin. Berlin, Heidelberg, New York, Tokio 1986

MILZ, I./ STEIL, H. (Hrsg.): Teilleistungsschwächen bei Kindern und Jugendlichen. Frankfurt /M. 1982

MINISTER FÜR KULTUS, BILDUNG UND WISSENSCHAFT: Verordnung - Schulordnung - über die gemeinsame Unterrichtung von Behinderten und Nichtbehinderten in Schulen der Regelform (Integrations-Verordnung) vom 4. August 1987. Saarbrücken 1987

MINSEL, W.-R.: Praxis der Gesprächspsychotherapie. Wien, Köln, Graz, Böhlau 1977

MINUCHIN, S.: Familie und Familientherapie. Freiburg i. Br. 1981

MITSCHERLICH, A.: Auf dem Weg zur vaterlosen Gesellschaft - Ideen zur Sozialpsychologie. München 1965

MONTESSORI, M.: Grundlagen meiner Pädagogik - und weitere Aufsätze zur Anthropologie und Didak-tik. Heidelberg 1965

MONTESSORI, M.: Über die Bildung des Menschen. Freiburg i. Br., Basel, Wien 1966

MONTESSORI, M.: Kinder sind anders. Stuttgart (8)1967 (ital. Erstveröffentl. 1950)

MOOG, H. (Hrsg.): Musik bei Behinderten. Frankfurt /M., Bern 1988

MOOR, P.: Kinderfehler - Erziehungsfehler. Bern 1969

MOOR, P.: Heilpädagogik - Ein pädagogisches Lehrbuch. Bern, Stuttgart, Wien (3)1974

MORENO, J.L.: Gruppenpsychotherapie und Psychodrama. Stuttgart 1959

MÖRTL, G.: Der Präventionsaspekt in der Sonderpädagogik - Möglichkeiten und Perspektiven der Prä-vention psychosozialer Störungen und der schulischen Rehabilitation von Schülern in der Kinder-und Jugendpsychiatrie. Eine Handlungsforschungs-, erfahrungswissenschaftliche Studie. Frank-furt /M., Bern, New York, Paris 1989

436

MOSER, T.: Jugendkriminalität und Gesellschaftsstruktur - Zum Verhältnis von soziologischen, psychologischen und psychoanalytischen Theorien des Verbrechens. Frankfurt /M. 1975

MÜCK, U.: Yoga als unterrichtstherapeutischer Versuch an einer Schule für Geistigbehinderte. In: Motorik, Jg. 2 (1979), H. 3, S. 105-111

MÜCKE, R.: Sonderschuleinrichtungen für gemeinschaftsschwierige Kinder. In: LESEMANN, G. (Hrsg.): Beiträge zur Geschichte und Entwicklung des deutschen Sonderschulwesens. Berlin 1966, S. 55-64

MÜLLER, H.: Suizid bei Kindern und Jugendlichen. In: Therapie der Gegenwart, Jg. 114 (1975), H. 7, S. 1055-1068

MÜLLER, H.: Suizidalität und Suizidprophylaxe bei Kindern und Jugendlichen. In: Der Kinderarzt, Jg. 9 (1978), H. 9, S. 1168-1174

MÜLLER, R.: Diagnostisches Soziogramm - DSO. Braunschweig 1980

MÜLLER, R.: Diagnostischer Rechtschreibtest für 3. Klassen - DRT 3. Weinheim 1983

MÜLLER, R.G.E.: Verhaltensstörungen bei Schulkindern. München, Basel 1970

MÜLLER-FOHRBRODT, G.: Ausbildung zur Werterziehung - Grundüberlegungen zu einem Werterziehungstraining für angehende Lehrer. In: MONTADA, L./ REUSSER, K./ STEINER, G. (Hrsg.): Kognition und Handeln. Stuttgart 1983, S. 277-293

MÜLLER-KÜPPERS, M./ SCHILF, E.: Beiträge zur Kinderpsychologie - Selbstmord bei Kindern. In: Psychiatrie, Neurologie und Medizinische Psychologie, Jg. 7 (1955), S. 42-53

MÜNCH, W.: Die Institution Schule, der Lehrer und sein berufliches Handeln - Gruppensupervision mit Lehrern. Frankfurt /M. 1983 (Diss.)

MURKEN, J.-D.: Bestätigt die Hormonforschung einen Aggressionstrieb? In: PLACK, A. (Hrsg.): Der Mythos vom Aggressionstrieb. München 1973, S. 145-154

MURPHY, L.B.: Kleinkinderspiel und kognitive Entwicklung. In: FLITNER, A. (Hrsg.): Das Kinderspiel. München (2)1974, S. 195-203

MUTH, J.: Integration von Behinderten - Über die Gemeinsamkeit im Bildungswesen. Essen 1986

MUTHESIUS, (Dr.): Die öffentliche Jugendhilfe im Kriege. In: REICHSMINISTER DER JUSTIZ UND DER REICHSJUGENDFÜHRER DER NSDAP UND JUGENDFÜHRER DES DEUTSCHEN REICHES (Hrsg.): Deutsches Jugendrecht, Heft 4 - Zum neuen Jugendstrafrecht. Berlin 1944, S. 112-123

MUTZECK, W./ PALLASCH, W. (Hrsg.): Integration von Schülern mit Verhaltensstörungen - Praktische Modelle und Versuche. Weinheim (3)1991

MYSCHKER, N.: Der Verband der Hilfsschulen Deutschlands und seine Bedeutung für das deutsche Sonderschulwesen. Nienburg 1969

MYSCHKER, N.: Schulleistungsentlastende und leistungsmotivierende Methoden in Erziehung und Unterricht verhaltensgestörter Kinder - z.B.: Musikmalen. In: Praxis der Kinderpsychologie und Kinderpsychiatrie, Jg. 22 (1973), S. 62-68

MYSCHKER, N.: Zur Quantität und Qualität schichtspezifischer Verhaltensstörungen - Ergebnisse einer empirischen Untersuchung mit einer Testbatterie bei Kindern der Unterschicht und der Mittel-/ Oberschicht. Vortrag in der Universität Hamburg. Unveröffentlichtes Manuskript. Hamburg 1974

MYSCHKER, N.: Zur integrativen Beschulung verhaltensgestörter Kindser in Regelschulsystemen - Kleinklassen in Hamburg. In: Heilpädagogische Forschung (1974/ 75) H. 3, S. 333-364

MYSCHKER, N.: Verhaltensmodifikation im Unterricht jugendlicher Straftäter. In: Zeitschrift für Strafvollzug und Straffälligenhilfe, Jg. 25 (1976), H. 3, S. 145-153

MYSCHKER, N.: Organisation und Perspektiven der Pädagogik in den Berliner Beo-Klassen für Kinder mit Verhaltensstörungen. In: KLEIN, G./ MÖCKEL, A./ THALHAMMER, M. (Hrsg.): Heilpädagogische Perspektiven in Erziehungsfeldern. Heidelberg 1982, S. 83-100

MYSCHKER, N.: Verhaltensgestörtenpädagogik im Strafvollzug. Hagen (Fernuniv.) 1982

MYSCHKER, N.: Musik- und kunsttherapeutische Aspekte der Förderung verhaltensgestörter Kinder und Jugendlicher. Hagen (Fernuniversität d. Gesamthochschule) (2)1984

MYSCHKER, N.: Meditation in der Sonderpädagogik. In: GERBER, G./ KAPPUS, H./ DATLER, W./ REINERT, T. (Hrsg.): Der Beitrag der Wissenschaften zur interdisziplinären Sonder- und Heilpädagogik. Wien 1985, S. 533-541

MYSCHKER, N.: Geprügelt, ausgesondert, getötet - Zur Intervention bei Kindern und Jugendlichen mit sozial-emotionalen Auffälligkeiten. In: AMMAN. W./ KLATTENHOFF, K./ NEUKÄTER, H. (Hrsg.): Pädagogik: Theorie und Menschlichkeit - Festschrift für Enno Fooken zum 60. Geburtstag. Oldenburg 1986, S. 473-482

MYSCHKER, N.: Isolieren-Normalisieren-Ausmerzen. Zur Geschichte der Pädagogik bei Kindern und Jugendlichen mit Verhaltensstörung. In: Zeitschrift für Heilpädagogik, Jg. 38 (1987), Beiheft 13, S. 14-17

MYSCHKER, N.: Kunsttherapie bei Kindern und Jugendlichen mit Verhaltensstörungen. In: Zeitschrift für Heilpädagogik, Jg. 38 (1987), Beiheft 13, S. 138-141

MYSCHKER, N.: Disziplin und Disziplinierung in der Nazi-Zeit. In: GOETZE, H./ NEUKÄTER, H. (Hrsg.): Disziplinkonflikte und Verhaltensstörungen in der Schule. Oldenburg 1988, S. 28-34

MYSCHKER, N.: Kunst- und musiktherapeutische Förderung von Kindern und Jugendlichen mit Verhaltensstörungen. In: GOETZE, H./ NEUKÄTER, H. (Hrsg.): Handbuch der Sonderpädagogik, Bd. 6 - Pädagogik bei Verhaltensstörungen. Berlin 1989, S. 655-689

MYSCHKER, N.: Zur Geschichte der Pädagogik bei Verhaltensstörungen. In: GOETZE, H./ NEUKÄTER, H. (Hrsg.): Handbuch der Sonderpädagogik, Bd. 6 - Pädagogik bei Verhaltensstörungen. Berlin 1989, S. 155-190

MYSCHKER, N.: Das Ambulanzlehrersystem als integrationspädagogisches Konzept für Kinder mit Verhaltensstörungen. In: PÄDAGOGISCHE AKADEMIE LJUBLJANA, SLOVENIEN, JUGOSLAVIEN (Hrsg.): Gesellschaftliche Fürsorge in Erziehung, Ausbildung und Sozialsicherung für entwicklungsgestörte Kinder und Jugendliche - Integration, Alternative und Innovationen - Sammelband der Referate des Kongresses 18.-20.10.1990. Ljubljana, Jugoslawien 1990, S. 208-211

MYSCHKER, N.: Sondereinrichtungen und -maßnahmen für Schüler mit psychosozialen Schwierigkeiten im öffentlichen Schulwesen Berlins. In: ELLGER-RÜTTGARDT, S. (Hrsg.): Bildungs- und Sozialpolitik für Behinderte. München, Basel 1990, S. 102-115

MYSCHKER, N.: Prävention psychosozialer Störungen durch pädagogische Kunsttherapie. In: NEUKÄTER, H. (Hrsg.): Verhaltensstörungen verhindern - Prävention als pädagogische Aufgabe. Oldenburg 1991, S. 342-346

MYSCHKER, N.: Verhaltensgestörtenpädagogik. In: BLEIDICK, U. et al. (Hrsg.): Einführung in die Behindertenpädagogik, Bd. III. Stuttgart, Berlin, Köln, Mainz (3)1992, S. 103-136

MYSCHKER, N./ HOFFMANN, M.: Unterricht mit jugendlichen Inhaftierten. Hagen (Fernuniv.) 1984

MYSCHKER, N./ HOFFMANN, M.: Pädagogik hinter Gittern. In: NEUKÄTER, H. / WITTROCK, M.(Hrsg.): Pädagogik bei Verhaltensstörungen: Erziehung - Unterricht - Beratung. Oldenburg 1993, im Druck

MYSCHKER, N./ MUGGELBERG, P.: Zur Förderung von Kindern mit psychosozialen Störungen durch ambulante sonderpädagogische Maßnahmen - Das Ambulanzlehrersystem in Berlin Steglitz. In: SANDER, A./ RAIDT, P. (Hrsg.): Saarbrücker Beiträge zur Integrationspädagogik - Integration und Sonderpädagogik. Referate der 27. Dozententagung für Sonderpädagogik in deutschsprachigen Ländern im Oktober 1990 in Saarbrücken. St. Ingbert 1990, S. 170-179

NAEGELI, E.: Verbrechen und Strafe als Formen der Aggression. In: PLACK, A. (Hrsg.): Der Mythos vom Aggressionstrieb. München 1973, S. 157-180

NEISE, K.: Psychologie der Geistigbehinderten. In: FENGLER, J./ JANSEN, G. (Hrsg.): Heilpädagogische Psychologie. Stuttgart, Berlin, Köln, Mainz 1987, S. 118-138

NEUHÄUSER, G.: Minimale Cerebrale Dysfunktion. Kritische Betrachtung eines medizinischen Konzeptes. In: VOSS, R. (Hrsg.): Pillen für den Störenfried - Absage an eine medikamentöse Behandlung abweichender Verhaltensweisen bei Kindern und Jugendlichen. München 1983, S. 73-92

NEUHÄUSER, G. (Hrsg.): Entwicklungsstörungen des Zentralnervensystems - Ursachen und Folgen. Stuttgart 1986

NEUHÄUSER, H./ RÜLCKER, T.: Moralische Alltagstheorien von Kindern. In: PREUSS-LAUSITZ, U./ RÜLCKER, T./ ZEIHER, H. (Hrsg.): Selbständigkeit für Kinder. Weinheim, Basel 1990, S. 192-205

NEUHÄUSLER, A.: Schülerselbstmorde. In: Unsere Jugend, Jg. 28 (1976), H. 3, S. 135-136

NEUKÄTER, H.: Projektorientiertes Lernen in der schulischen Arbeit mit verhaltensgestörten Schülern. In: Sonderpädagogik, (10) 1980, 151-158

NEUKÄTER, H.: Verhaltensstörungen und Disziplinprobleme durch Ernährung? In: GOETZE, H. / NEUKÄTER, H. (Hrsg.): Disziplinkonflikte und Verhaltensstörungen in der Schule. Oldenburg 1988, S. 56-60

NEUKÄTER, H.: Re-Integration. In: GOETZE, H./ NEUKÄTER, H. (Hrsg.): Handbuch der Sonderpädagogik, Bd. 6 - Pädagogik bei Verhaltensstörungen. Berlin 1989, S. 261-270

NEUKÄTER, H./ GOETZE, H.: Strukturierte und schülerzentrierte Unterrichtsansätze bei Verhaltensgestörten - Studienbrief der FU Hagen. Hagen 1982

NEUKÄTER, H./ SCHRÖDER, U.: Kann man Verhaltenskonflikte durch metakognitives Verhalten beeinflussen. In: NEUKÄTER, H. (Hrsg.): Verhaltensstörungen verhindern - Prävention als pädagogische Aufgabe - Bericht über die Fachtagung in Oldenburg vom 15. - 17. März 1990. Oldenburg 1991, S. 187-196

NEUKÄTER, H./ SCHRÖDER, U.: Metakognition bei Kindern aus Schulen für Lernbehinderte und Verhaltensgestörte im Vergleich mit Grundschulkindern. In: Sonderpädagogik, Jg. 21 (1991), H. 1, S. 12-27

NEUKÄTER, H / WITTROCK, M.: Berufsorientierung bei Jugendlichen mit Verhaltensstörungen in der Schule. In: NEUKÄTER, H / WITTROCK, M. (Hrsg.): Pädagogik bei Verhaltensstörungen: Erziehung - Unterricht - Beratung. Oldenburg 1993, im Druck

NISSEN, G.: Verhaltensstörung bei Kindern: Manifestationsform der depressiven Verstimmung. In: Medical Tribune (1973) H. 8, S. 6-12

NISSEN, G.: Suizid und Suizidalität bei Kindern und Jugendlichen. In: Der Kinderarzt, Jg. 6 (1975), H. 1, S. 30-31

NISSEN, G. (Hrsg.): Psychiatrie des Säuglings- und des frühen Kleinkindalters. Bern, Stuttgart, Wien 1982

NISSEN, G. (Hrsg.): Psychiatrie des Kleinkind- und Vorschulalters. Bern, Stuttgart, Wien 1983

NISSEN, G. (Hrsg.): Psychiatrie des Schulalters. Bern, Stuttgart, Wien 1984

NISSEN, G. (Hrsg.): Prognose psychischer Erkrankungen im Kindes- und Jugendalter - Psychodynamische, psychopathologische, entwicklungspsychiatrische, neuropädiatrische, anthropologische, heilpädagogische und sozialpsychiatrische Aspekte. Bern, Stuttgart, Toronto 1987

NISSEN, G. (Hrsg.): Psychogene Psychosyndrome und ihre Therapie im Kindes- und Jugendalter - Psychiatriehistorische, humangenetische, soziale, zerebralorganische psychotherapeutische, heilpädagogische, familientherapeutische, verhaltenstherapeutische, psychopharmakologische, biologische und prognostische Aspekte. Bern, Stuttgart, Toronto 1990

NISSEN, G./ STRUNK, P. (Hrsg.): Seelische Fehlentwicklung im Kindesalter und Gesellschaftsstruktur. Neuwied und Berlin 1974

NISSEN, G./ EGGERS, CH./ MARTINIUS, J.: Kinder- und jugendpsychiatrische Psychopharmakotherapie. Berlin 1984

NOLTING, H.-P.: Lernfall Aggression - Wie sie entsteht - Wie sie zu vermindern ist. Theorie und Empirie aggressiven Verhaltens und seiner Alternativen. Reinbek bei Hamburg 1978

OATLEY, K.: Wozu brauchen wir Gefühle? In: PSYCHOLOGIE HEUTE, Jg. 17 (1990), H. 1, S. 30-35

OERTER, R.: Jugendalter. In: OERTER, R./ MONTADA, L. (Hrsg.): Entwicklungspsychologie. München 1982, S. 242-313

O'LEARY, K.D./ PELHAM, W.E./ ROSENHAM, A./ PRICE, G.H.: Behavioral Treatment of Hyperkinetic Children. In: Clinical Pediatrics, Jg. 15 (1976), S. 510-515

OPITZ, E.: Psychiatrisches Landeskrankenhaus. In: HEESE, G./ WEGNER, H. (Hrsg.): Enzyklopädisches Handbuch der Heilpädagogik. Berlin 1969, S. 1871-1882

OPPL, H./ TOMASCHEK, A. (Hrsg.): Sozialarbeit 2000, Bd. 1, 2. Freiburg i. Br. 1986

ORBACH, I.: Kinder, die nicht leben wollen. Göttingen 1990

ORTNER, A./ ORTNER, R.: Verhaltens -und Lernschwierigkeiten - Handbuch für die Grundschulpraxis. Weinheim, Basel 1991

OSER, F./ FATKE, R./ HÖFFE, O. (Hrsg.): Transformation und Entwicklung - Grundlagen der Moralerziehung. Frankfurt /M. 1986

OSERETZKY, N.I.: Lincoln-Oseretzky-Skala - LOS-KF 18 - Kurzform zur Messung des motorischen Entwicklungstandes von normalen und behinderten Kindern im Alter von 5 bis 13 Jahren. Bearbeitet von D. Eggert. Weinheim (2)1974

OSTENDORF, H.: Wider die Verselbständigung des sogenannten Ungehorsamsarrestes zu einer zusätzlichen jugendgerichtlichen Sanktion. In: Zentralblatt für Jugendrecht und Jugendwohlfahrt, Jg. 70 (1983), H. 12, S. 563-576

OSTRANDER, S.: Super-learning - Lernen ohne Streß. Bern, München 1982

OTT, W.H.: Zur Entwicklung von moralischen Einstellungen bei Kindern und Jugendlichen mit Lern- und Verhaltensproblemen. In: GOETZE, H. / NEUKÄTER, H. (Hrsg.): Disziplinkonflikte und Verhaltensstörungen in der Schule. Oldenburg 1988, S. 118 - 121

OTT, W.H./ WATTS, W.J.: Erziehung zu moralischen Einstellungen bei Kindern und Jugendlichen mit Verhaltensstörungen. In: GOETZE, H./ NEUKÄTER, H. (Hrsg.): Handbuch der Sonderpädagogik, Bd. 6 - Pädagogik bei Verhaltensstörungen. Berlin 1989, S. 342-353

OVERBECK, G./ OVERBECK, A. (Hrsg.): Seelischer Konflikt -körperliches Leiden - Reader zur psychoanalytischen Psychosomatik. Reinbek bei Hamburg 1985

OVERBECK, K.D.: Auswirkungen der Transzendentalen Meditation auf die psychosomatische Befindlichkeit. Rheinstetten 1980

OVERBERG, B.: Anweisung zum zweckmäßigen Schulunterricht für die Schullehrer im Hochstifte Münster. Münster 1793

PÄDAGOGISCH-THERAPEUTISCHES ZENTRUM (PTZ) (Hrsg.): Modellversuch - Abschlußbericht. Hannover 1984

PALLASCH, W.: Pädagogisches Gesprächstraining - Lern- und Trainingsprogramm zur Vermittlung therapeutischer Gesprächs- und Beratungskompetenz. Weinheim, München (2)1990

PALMOWSKI, W.: Unterricht in Heimschulen. In: GOETZE, H./ NEUKÄTER, H. (Hrsg.): Handbuch der Sonderpädagogik - Pädagogik bei Verhaltensstörungen. Berlin 1989, S. 451-463

PAUL, G.: Möglichkeiten und Grenzen tagesklinischer Behandlung in der Kinder- und Jugendpsychiatrie. In: Praxis der Kinderpsychologie und Kinderpsychiatrie, Jg. 34 (1985), S. 84-89

PERLS, F.S./ HEFFERLINE, R.F./ GOODMAN, P.: Gestalt-Therapie. Stuttgart 1990

PESTALOZZI, J.H.: Briefe an einen Freund über den Aufenthalt in Stans - Herausgegeben von W. Heise und H. Deiters. Berlin, Leipzig 1947

PETERMANN, F.: Training mit aggressiven Kindern: Einzeltraining, Elterngruppen, Elternberatung. München, Wien 1984

PETERMANN, U./ PETERMANN, F.: Erfassungsbogen für aggressives Verhalten in konkreten Situationen. Braunschweig 1980

PETERMANN, U./ PETERMANN, F.: Training mit Jugendlichen - Förderung von Arbeits- und Sozialverhalten. München, Weinheim 1987

PETERMANN, U./ PETERMANN, F.: Training mit sozial unsicheren Kindern - Einzeltraining, Kindergruppen, Elternberatung. München (3. neubearbeitete und veränderte Auflage)1989

PETERSEN, P.: Der kleine Jenaplan. Frankfurt /M. 1955

PETERSEN, P. und E.: Die pädagogische Tatsachenforschung. Paderborn 1965

PEUKERT, D.: Volksgenossen und Gemeinschaftsfreude. Anpassung, Ausmerze und Aufbegehren unter dem Nationalsozialismus. Köln 1982

PFAFFENBERGER, H.: Diplom-Sozialpädagoge/ Diplom-Sozialpädagogin, Diplom-Sozialarbeiter/ Diplom-Sozialarbeiterin (FH) - Bundesanstalt für Arbeit (Hg.) - Blätter zur Berufskunde, Bd. 2 - IV A 30 . Bielefeld (5)1986

PFEIFFER, CH.: Kriminalprävention im Gerichtsverfahren. Köln, Berlin, Bern, München 1983

PFEIFFER, W.M.: Otto Rank - Wegbereiter personenzentrierter Psychotherapie. In: SCHULZ, W./ HAUTZINGER, M. (Hrsg.): Klinische Psychologie und Psychotherapie. Tübingen 1980, S. 93-101

PFLÜGER, L.: Neurogene Entwicklungsstörungen. München 1991

PHILIPOV, E.: Die Suggestopädie als ein neuer Lernansatz und Modell ganzheitlichen Lernens. In: BOCHOW, P./ WAGNER, H.: Suggestopädie (Superlearning) - Grundlagen und Anwendungsberichte. Speyer 1986, S. 13-24

PIAGET, J.: Das moralische Urteil beim Kinde. Zürich 1954

PIAGET, J.: Nachahmung, Spiel und Traum: Die Entwicklung der Symbolfunktion beim Kinde. Stuttgart 1969

PIAGET, J.: Theorien und Methoden der modernen Erziehung. Frankfurt /M. 1972

PIKAS, A.: A Pure Concept of Mobbing Gives the Best Results for Treatment. In: Z. School Psychology International, Jg. 10. (1989), S. 95-104

PIORKOWSKI-WÜHR, I.: Arbeit mit Familien von Heimkindern. In: Unsere Jugend, Jg. 38 (1986), S. 388-394

PLACK, A. (Hrsg.): Der Mythos vom Aggressionstrieb. München 1973

PODGORNIK, R.: Heimerziehung. Notwendigkeit, Anspruch und Entwicklung. In: Unsere Jugend, Jg. 37 (1985), S. 342-350

POHLMEIER, H.: Selbstmord und Selbstmordverhütung. München, Wien, usw. 1983

POHLMEIER, H. (Hrsg.): Beiträge zur Erforschung selbstdestruktiven Verhaltens. Regensburg 1985

POHLMEIER, H.: Suizid und Suizidversuch in der Adoleszens. In: SPECHT, F./ SCHMIDTKE, A.: Selbstmordhandlungen bei Kindern und Jugendlichen. Regensburg 1986, S. 13-26

POLIZEIPRÄSIDENT IN BERLIN (Hrsg.): Polizeiliche Kriminalstatistik Berlin 1990 - Kriminalität in Berlin. Berlin 1991

PORTMANN, A.: Zoologie und das neue Bild vom Menschen. Reinbek bei Hamburg 1956

PREISER, S.: Das Spiel als pädagogisches Medium. In: SPIEL, W. (Hrsg.): Die Psychologie des 20. Jahrhunderts: Konsequenzen für die Pädagogik. Zürich 1980, S. 357-379

PREKOP, K.: Der kleine Tyrann. München 1990

PRENGEL, A.: Gestaltpädagogik. In: GOETZE, H./ NEUKÄTER, H. (Hrsg.): Handbuch der Sonderpädagogik, Bd. 6 - Pädagogik bei Verhaltensstörungen. Berlin 1989, S. 793-803

PRESSE- UND INFORMATIONSDIENST DER BUNDESREGIERUNG: Bulletin Nr.56 - Die Kriminalität in der Bundesrepublik Deutschland. Polizeiliche Kriminalstatistik für das Jahr 1991. Bonn 1992

PREUSS-LAUSITZ, U.: Fördern ohne Sonderschule. Weinheim, Basel 1981

PREUSS-LAUSITZ, U.: Die Sonderschule und die Zukunft sonderpädagogischer Arbeit. In: Pädagogik, Jg. 40 (1988), H. 2, S. 33-37

PRIESTLEY, M.: Musiktherapeutische Erfahrungen. Stuttgart, Kassel 1982

PRIESTLEY, M.: Analytische Musiktherapie - Vorlesungen am Gemeinschaftskrankenhaus Herdecke. Stuttgart 1983

PROBST, E.: Beobachtungsklassen - Ergebnisse und Erfahrungen von drei Jahrzehnten. Basel, München, Paris, London, New York, Tokio, Sydney 1960

PROJEKTGRUPPE FÜR DIE VERGESSENEN OPFER DES NS-REGIMES (Hrsg.): Verachtet- verfolgt - vernichtet. Hamburg 1986

PSYCHOLOGIE HEUTE: Hyperaktivität: eine Hirnanomalie? In: PSYCHOLOGIE HEUTE, Jg. 18. (1991), H. 5, S. 43-44

PÜHL, H./ SCHMIDBAUER, W. (Hrsg.): Supervision und Psychoanalyse - Plädoyer für eine emanzipatorische Reflexion in helfenden Berufen. München 1986

PURMANN, E.: Projektarbeit als Alltag in Jenaplan-Schulen. In: Grundschule, Jg. 17 (1985), H. 5, S. 47-49

PURMANN, E.: Freinet und andere. Kostproben aus Konzepten praktischen Lernens in der Grundschule. In: Hofgeismarer Protokolle 230 (1987) S. 31-63

QUAY, H.C./ WERRY, J.S. (Hrsg.): Psychopathological Disorders of Childhood. New York 1972

QUAY, H.C./ MORSE, W./ CUTLER, R.L.: Personality Patterns of Pupils in Special Classes for the Emotionally Disturbed. In: Exceptional Children, Jg. 32 (1966), S. 297-301

QUENSEL, ST.: Drogenelend - Cannabis, Heroin, Methadon. Frankfurt /M. 1982

QUENSTEDT, F.: Zwölf entwicklungsgestörte Kinder in einer Klasse. In: Unsere Jugend, 36 (1984), S.403 ff.

RACHMAN; S.: Angst. Formen, Ursachen und Therapie. München 1975

RABE, O.: Musiktherapeutische Förderung von Jugendlichen mit Verhaltensstörungen im Jugendstrafvollzug. FU Berlin 1990 (Wissenschaftliche Hausarbeit zum 1. Staatsexamen)

RABENSTEIN, R.: Kinderzeichnungen, Schulleistung und seelische Entwicklung. Bonn 1980

RADIGK, W.: Der Blick ins lebende Gehirn. Was leistet die Emissions-Tomographie zur Aufklärung geistiger Operationen? In: GERBER, G./ KAPPUS, H./ DATLER, W./ REINELT, T. (Hrsg.): Der Beitrag der Wissenschaften zur interdisziplinären Sonder- und Heilpädagogik. Wien 1985, S. 243-249

RADIGK, W.: Kognitive Entwicklung und cerebrale Dysfunktion. Dortmund 1986

RAIMBAULT, G.: Kinder sprechen vom Tod. Frankfurt /M. 1980

RATH, W.: Sehbehindertenpädagogik. Stuttgart, Berlin, Köln, Mainz 1987

RATH, W./ AHRBECK, B.: Psychologie der Blinden. In: FENGLER, J./ JANSEN, G. (Hrsg.): Heilpädagogische Psychologie. Stuttgart, Berlin, Köln, Mainz 1987, S. 15-28

RATHER, W.: Das unbekannte Phänomen Lehrerangst - Vielfältige Ursachen - weitreichende Folgen. Freiburg/Br. 1982

RATTNER, J.: Aggression und menschliche Natur. Freiburg i.Br. 1970

RAVEN, J.C./ COURT, J./ RAVEN J.(Jr.): RAVEN-Matrizen-Test - Standard Progressive Matrices - SPM - Deutsche Bearbeitung von Heinrich Kratzmeier unter Mitarbeit von Ralf Horn. Weinheim 1979

REDL, F.: Erziehung schwieriger Kinder. München 1971

REDL, F.: Erziehungsprobleme - Erziehungsberatung. München 1978

REDL, F./ WINEMAN, D.: Kinder, die hassen. Freiburg i. Br. 1970

REDL, F./ WINEMAN, D.: Steuerung des aggressiven Verhaltens beim Kind. München 1976

REDLICH, A./ SCHLEY, W.: Kooperative Verhaltensmodifikation im Unterricht. München 1978

REDLICH, E./ LAZAR, E.: Über kindliche Selbstmörder. Berlin 1914

REHM, W.: Die psychoanalytische Erziehungslehre. München 1968

REICHSMINISTER DER JUSTIZ UND DER REICHSJUGENDFÜHRER DER NSDAP UND JUGENDFÜHRER DES DEUTSCHEN REICHES (Hrsg.): Deutsches Jugendrecht, Heft 4 - Zum neuen Jugendstrafrecht. Berlin 1944

REISER, H./ TRESCHER, H.-G. (Hrsg.): Wer braucht Erziehung? - Impulse der Psychoanalytischen Pädagogik. Mainz 1987

REMSCHMIDT, H.: Untersuchungen lateralisierter Funktionen. In: REMSCHMIDT, H./ SCHMIDT, M. (Hrsg.): Neuropsychologie des Kindesalters. Stuttgart 1981, S. 44-49

REMSCHMIDT, H. (Hrsg:): Kinder- und Jugendpsychiatrie. Eine praktische Einführung. Stuttgart, New York (2)1987

REMSCHMIDT, H./ SCHMIDT, M. (Hrsg.): Neuropsychologie des Kindesalters. Stuttgart 1981

REMSCHMIDT, H./ WALTER, R.: Psychische Auffälligkeiten bei Schulkindern - Mit deutschen Normen für die Child Behaviour Checklist. Göttingen, Toronto, Zürich 1990

RHODES, W.C./ TRACY, M.L.: A study of child variance, Bd. 1 - Theories. Ann Arbor, Michigan, USA 1972

RICH, L.: Disturbed students - Characteristics and Educational Strategies. Austin (Texas) 1982

RICHTER, H.-E.: Eltern, Kind und Neurose - Psychoanalyse der kindlichen Rolle. (rororo). Reinbek bei Hamburg 1969

RICHTER, H.-E.: Patient Familie. Reinbek bei Hamburg 1972

RICHTER, H.-G.: Therapeutischer Kunstunterricht. Düsseldorf 1977

RICHTER, H.-G. (Hrsg.): Pädagogische Kunsttherapie. Düsseldorf 1984

RIEDER, O. (Hrsg.): Allgemeiner Schulleistungstest (AST 2). Weinheim 1991

RIEMANN, F.: Grundformen der Angst. München 1961

RINGEL, E.: Der Selbstmord - Abschluß einer krankhaften psychischen Entwicklung. Wien, Düsseldorf 1953

RINGEL, E. (Hrsg.): Selbstmordverhütung. Bern, Stuttgart, Wien 1969

RINGEL, E.: Schülerselbstmord - ein SOS Ruf an die Gesellschaft. In: Erziehung und Unterricht, Jg. 124 (1974), H. 4, S. 217-228

RINGEL, E.: Selbstmord - Appell an den anderen. München (2)1976

RÖDLER, K.: Vergessene Alternativschulen - Geschichte und Praxis der Hamburger Gemeinschaftsschulen 1919 - 1933. Weinheim/München 1987

RÖDLER, P.: Diagnose: Autismus - Ein Problem der Sonderpädagogik. Frankfurt /M. 1983

ROGERS, C.R.: Die klient-bezogene Gesprächstherapie - Client-Centered Therapy. München (2)1972

ROGERS, C.R.: Entwicklung der Persönlichkeit - Psychotherapie aus der Sicht eines Psychotherapeuten. Stuttgart 1973

ROGERS, C.R.: Encounter-Gruppen - Das Erlebnis der menschlichen Begegnung. München (4)1974

ROGERS, C.R.: Eine neue Definition von Einfühlung. In: JANKOWSKI, P./ TSCHEULIN, D./ FIET-KAU, H.-J./ MANN, F. (Hrsg.): Klientenzentrierte Psychotherapie heute - Bericht über den I. Europäischen Kongress für Gesprächspsychotherapie in Würzburg 28.9.-4.10. 1974. Göttingen, Toronto, Zürich 1976, S. 33-51

ROGERS, C.R.: Therapeut und Klient - Grundlagen der Gesprächspsychotherapie. München 1977

ROGERS, C.R.: Die Kraft des Guten. Ein Appell zur Selbstverwirklichung. München 1978

ROGERS, C.R.: Lernen in Freiheit. Zur Bildungsreform in Schule und Universität. München 1979

ROGERS, C.R.: Der neue Mensch. Stuttgart 1981

ROGERS, C.R.: Meine Beschreibung einer personenzentrierten Haltung. In: Zeitschrift für personenzentrierte Psychologie und Psychotherapie, Jg.1 (1982), H.1, S. 75-77

ROGERS, C.R.: Klientenzentrierte Psychotherapie. In: CORSINI, R.J. (Hrsg.): Handbuch der Psychotherapie. Weinheim 1983, S. 471-512

ROGERS, C.R.: Die nicht-direktive Beratung - Counseling and Psychotherapy. Frankfurt/M. (6)1985

ROHDE-DACHSER, CH.: Ich-strukturelles Defizit. In: MERTENS, W. (Hrsg.): Psychoanalyse - Ein Handbuch in Schlüsselbegriffen. München 1983, S. 83 ff.

ROHDE-DACHSER, CH.: Das Borderline-Syndrom. Bern, Stuttgart, Wien (4. ergänzte Auflage)1989

ROLLET, B./ BARTRAM, M.: Anstrengungsvermeidungstest - AVT. Braunschweig (2)1981

ROMEY, S.: Listennummer 1237/43 - Meine Schwester Irma. In: Behindertenpädagogik, Jg. 23 (1984), S. 166-171

ROSA, K.R.: Das ist die Oberstufe des Autogenen Trainings. Frankfurt /M. 1983

ROSS, A.O./ PETERMANN, F.: Verhaltenstherapie mit Kindern und Jugendlichen - Methoden und Anwendungsgebiete. Stuttgart 1987

ROSS, D.M./ ROSS, S.A.: Hyperactivity - Research, theory, and action. New York 1976

ROST, D.H.: Erziehungspsychologie für die Grundschule. Bad Heilbronn 1982

ROTERING-STEINBERG, S.: Kollegiale Praxisberatung/ Supervision als präventives Angebot für Beratungslehrerinnen und Beratungslehrer. In: GREWE, N. (Hrsg.): Beratungslehrer - eine neue Rolle im System. Neuwied, Frankfurt/ M. 1990, S. 346-349

ROTH, H.: Empirische pädagogische Anthropolgie - Konzeption und Schwierigkeiten. In: Zeitschrift für Pädagogik, Jg. 11 (1965), S. 207-221

ROZMAN, D.: Meditating with Children - The Art of Concentrating and Centering. Boulder Creek/ California (3)1977

RUDNICK, M.: Behinderte im Nationalsozialismus. Von der Ausgrenzung und der Zwangssterilisation zur "Euthanasie". Weinheim, Basel 1985

RUEDI, J.: Die Bedeutung Alfred Adlers für die Pädagogik - Eine historische Aufarbeitung der Individualpsychologie aus pädagogischer Perspektive. Bern, Stuttgart, Wien 1992

RUF-BÄCHTIGER, L.: Das frühkindliche psychoorganische Syndrom - Minimale cerebrale Dysfunktion, Diagnostik und Therapie. Stuttgart 1987

RUTTER, M.: Hilfen für milieugeschädigte Kinder - (Helping troubled children). München, Basel 1981

444

RUTTER, M./ TIZARD, J./ YULE, W./ GRAHAM, P./ WHITMORE, K.: Epidemiologie in der Kinderpsychiatrie - die Isle of Wight-Studien 1964-1974. In: Zeitschrift für Kinder- und Jugendpsychiatrie, Jg. 5 (1977), S. 238-279

SAMSTAG, K./ SANDER, A./ SCHMIDT, R.: Diagnostischer Rechentest - DRE 3 - Für dritte Klassen. Weinheim, Berlin 1971

SANDER, A.: Untersuchungen zur Häufigkeit der sonderschulbedürftigen Behinderten. In: MUTH, J. (Hrsg.): Sonderpädagogik 1. Stuttgart 1973, S. 16-28

SANDER, A.: Fördermaßnahmen für lernschwache Schüler. Hagen 1984

SANDER, A.: Überlegungen zu Konzeptionen von Sonderpädaogischen Förderzentren. In: Erziehung und Wissenschaft im Saarland, Jg. 38 (1991), H. 10, S. 19-22

SANDER, A.: "Selektion bei der Integration?" - Der Beitrag von Sonderpädagogischen Förderzentren. Vortrag auf dem DGfE-Kongreß an der FU Berlin, 17.3.92. Berlin 1992

SANDER, A. et al.: Behinderte Kinder und Jugendliche in Regelschulen. St. Ingbert 1988

SCHAEFER, C.E./ MILLMANN, H.L.: Kompendium der Psychotherapie in Kindheit und Pubertät (Therapies for children). Frankfurt /M. 1984

SCHÄFER, M.: Musiktherapie als Heilpädagogik bei verhaltensauffälligen Kindern. Frankfurt /M. 1976

SCHEERER-NEUMANN, G.: Was kommt schon dabei raus? Lernen und Leisten in offenen Lernsituationen. In: Grundschule, Jg. 21 (1989), H. 1, S. 51-55

SCHELL, H.: Emotionale Störungen - Studienbrief (Deutsches Institut für Fernstudien an der Universität Tübingen). Tübingen 1988

SCHENK, K.: Neue Wege in der Kinder- und Jugendpsychiatrie. Das sozialtherapeutische Segeln als Alternative zur geschlossenen Unterbringung. In: Segeln und Sozialpädagogik, Jg. 17 (1984), S. 1-21

SCHENK-DANZINGER, L. (Hrsg.): Entwicklung - Sozialisation - Erziehung: Von der Geburt bis zur Schulfähigkeit. Wien 1984

SCHERPNER, H.: Geschichte der Jugendfürsorge. Göttingen 1979

SCHEUERL, H.: Beiträge zur Theorie des Spiels. Weinheim 1954

SCHEUERL, H.: Theorien des Spiels. Erweiterte und ergänzte Neuausgabe der "Beiträge zur Theorie des Spiels". Weinheim, Basel (10)1975

SCHEUERL, H.: Das Spiel. Untersuchungen zu seinem Wesen, seinen pädagogischen Möglichkeiten und Grenzen. Weinheim, Basel (10)1977

SCHEUERL, H. (Hrsg.): Das Spiel, Bd. 2 - Theorien des Spiels. Weinheim, Basel 1991

SCHIER, E.: Zur Klassifikation suizidalen Verhaltens bei Heranwachsenden. In: SPECHT, F./ SCHMIDTKE, A.: Selbstmordhandlungen bei Kindern und Jugendlichen. Regensburg 1986, S. 65-74

SCHIFFLER, H.: Spielformen als Lernhilfe. Freiburg i. Br. 1982

SCHIFFLER, L.: Einige kritische Anmerkungen zu den Versuchen von Lozanov. In: BOCHOW, P./ WAGNER, H.: Suggestopädie (Superlearning) - Grundlagen und Anwendungsberichte. Speyer 1986, S. 41-47

SCHIFFLER, L.: Suggestopädie und Superlearning - Empirisch geprüft. Weiterentwicklung für Schule und Erwachsenenbildung. Frankfurt /M. 1989

SCHLEY, W.: Projektunterricht mit verhaltensgestörten Schülern: Prozeßorientierte Arbeit mit Chancen und Risiken. In: GOETZE, H./ NEUKÄTER, H. (Hrsg.): Disziplinkonflikte und Verhaltensstörungen in der Schule. Oldenburg 1988, S. 109-113

SCHLEY, W.: Kooperative Verhaltensmodifikation. In: GOETZE, H./ NEUKÄTER, H. (Hrsg.): Handbuch der Sonderpädagogik, Bd. 6 - Pädagogik bei Verhaltensstörungen. Berlin 1989, S. 546-568

SCHLEY, W./ REDLICH, A.: Kooperative Verhaltensmodifikation (KVM). In: FITTKAU, B.: Pädagogisch-psychologische Hilfen für Erziehung, Unterricht und Beratung, Bd. 1. 1983, S. 173-199

SCHMEICHEL, M.: Behinderte Menschen - lebensunwert für das Dritte Reich. Zeitschrift für Heilpädagogik, Jg. 33 (1982), S.87-99

SCHMID, P.: Verhaltensstörungen aus anthropologischer Sicht - Elemente einer Psychologie und Pädagogik für Verhaltensgestörte. Bern, Stuttgart 1985

SCHMIDBAUER, W.: Die hilflosen Helfer. Reinbek bei Hamburg 1977

SCHMIDBAUER, W.: Psychotherapie - Ihr Weg von der Magie zur Wissenschaft. München 1983

SCHMIDT, M.H.: Zur Prognose psychogener Störungen im Kindes- und Jugendalter. In: NISSEN, G. (Hrsg.): Psychogene Psychosyndrome - und ihre Therapie im Kindes- und Jugendalter. Berlin, Stuttgart, Toronto 1991, S. 180-190

SCHMIDT-ATZERT, L.: Emotionspsychologie. Stuttgart 1981

SCHMIDTCHEN, S. (Hrsg.): Klientenzentrierte Spieltherapie. Weinheim, Basel (2)1980

SCHMIDTCHEN, S.: Kinderpsychotherapie - Grundlagen, Ziele, Methoden. Stuttgart, Berlin, Köln 1989

SCHMIDTKE, A./ HÄFNER, H.: Suizide und Suizidversuche im Kindes- und Jugendalter in der Bundesrepublik Deutschland: Häufigkeiten und Trends. In: SPECHT, F./ SCHMIDTKE, A.: Selbstmordhandlungen bei Kindern und Jugendlichen. Regensburg 1986, S. 27-49

SCHNEEWIND, K.A.: Sozialisation unter entwicklungspsychologischen Perspektiven. In: Montada, L.: Brennpunkte der Entwicklungspsychologie. Stuttgart 1979, S. 288-299

SCHNITZER, A. (Hrsg.): Schwerpunkt Lehrerpersönlichkeit: pädagogische, psychologische und soziologische Aspekte. München 1980

SCHOLZ-EHRSAM, E.: Zur Psychopathologie des schwachsinnigen Kindes. Berlin (Ost) 1962

SCHOTTENLOHER, G.: Das therapeutische Potential spontanen bildnerischen Gestaltens unter besonderer Berücksichtigung körpertherapeutischer Methoden - Ein integrativer Therapieansatz. Konstanz 1989

SCHULTEN, H.: Der Arzt. Stuttgart 1966

SCHULTHEIS, J.R.: Entwicklung und Vorkommenshäufigkeit von Leitbegriffen in der Verhaltensgestörtenpädagogik. In: Heilpädagogische Forschung, Jg. 5 (1974), H. 1, S. 69-94

SCHULTZ, J.H.: Übungsheft für das autogene Training - Konzentrative Selbstentspannung. Stuttgart (13. verbesserte Auflage)1967

SCHULTZ-HENCKE, H.: Lehrbuch der analytischen Psychotherapie. Stuttgart (2)1970

SCHULZ, W.: Offene Fragen beim Offenen Unterricht. In: Grundschule, Jg. 21 (1989), H. 2, S. 30-37

SCHULZE, A.: Eine Spiel- und Beschäftigungsserie für entwicklungsgehemmte und erziehungsschwierige Kinder. In: BRACKEN, H. von (Hrsg.): Erziehung und Unterricht behinderter Kinder. Frankfurt /M. 1968

SCHUMACHER, G.: Neues Lernen mit Verhaltensgestörten und Lernbehinderten - Der durchstrukturierte Klassenraum. Berlin 1975

SCHUMACHER, K./ SCHÄFER, M.: Theaterspiel und Musik - Gruppentherapie mit Problemkindern. Frankfurt /M. 1984

SCHUMANN, F.: Der Jugendarrest - (Zucht-)Mittel zu jedem Zweck? In: Zentralblatt für Jugendrecht und Jugendwohlfahrt, Jg. 73 (1986), H. 8-9, S. S. 363-369

SCHWAB, J./ ICE, J.F./ KOKOTT, L./ STEPHENSON, J./ SCHWAB-STONE, M.: Familiäre Faktoren mit Einfluß auf die seelische Gesundheit und Krankheit von Kindern und Jugendlichen. In: NISSEN, G. (Hrsg.): Psychogene Psychosyndrome - und ihre Therapie im Kindes- und Jugendalter. Berlin, Stuttgart, Toronto 1991, S. 155-168

SCHWABE, CH.: Regulative Musiktherapie. Jena 1979

SCHWÄBISCH, L./ SIEMS, M.: Selbstentfaltung durch Meditation. Reinbek bei Hamburg 1976

SCHWARZER, R.: Angst. In: KLAUER, K.J./ REINARTZ, A. (Hrsg.): Sonderpädagogik in allgemeinen Schulen, Bd. 9 - Handbuch der Sonderpädagogik. Berlin 1978, S. 143-150

SCHWARZER, R.: Streß, Angst und Hilflosigkeit - Die Bedeutung von Kognition und Emotion bei der Regulation von Belastungssituationen. Stuttgart (2)1987

SCHWEITZER, F.: Moral, Verantwortung und Ich-Entwicklung. In: Zeitschrift für Pädagogik, Jg. 26 (1980), S. 931-942

SCHWENK, B.: Verhältnis, pädagogisches. In: LENZEN, D. (Hrsg.): Pädagogische Grundbegriffe. Reinbek 1989, S. 1566-1572

SCHWEPPE, G.: Zum Problem der Rückschulung von Sonderschülern mit Verhaltensstörungen in der Regelschule. In: Zeitschrift für Heilpädagogik, Jg. 32 (1981), S. 788-791

SEIDEL, K./ SCHULZE, H.A.F./ GÖLLNITZ, G.: Neurologie und Psychiatrie - einschließlich Kinderneuropsychiatrie und Gerichtliche Psychiatrie. Berlin (Ost) (2, überarbeitet und erweitert) 1980

SELG, H. (Hrsg.): Zur Aggression verdammt? Stuttgart, Berlin, Köln, Mainz (3)1973

SELG, H.: Aggression. In: ASANGER, R./ WENNINGER, G. (Hrsg.): Handwörterbuch Psychologie. Weinheim (4)1992, S. 1-4

SELVINI-PALAZZOLI, M.: Magersucht - Von der Behandlung einzelner zur Familientherapie. Aus dem Amerikanischen von H. Weller. Stuttgart 1982

SELYE, H.: Streß beherrscht unser Leben. Düsseldorf 1957

SELZLE, E.: Pädagogischer Assistent/ Pädagogische Assistentin - Bundesanstalt für Arbeit (Hg.) - Blätter zur Berufskunde, Bd. 2 - III B 32. Bielefeld (3)1986

SHAFTEL, F.R./ SHAFTEL, G.: Rollenspiel als soziales Entscheidungstraining. München, Basel 1977

SHEPHARD, M./ OPPENHEIM, B./ MITCHEL, S.: Auffälliges Verhalten bei Kindern (Children Behaviour and Mental Health) - Verbreitung und Verlauf. Eine epidemiologische Untersuchung. Göttingen 1973

SHURE, M.B./ SPIVACK, G.: Probleme lösen im Gespräch - Erziehung als Hilfe zur Selbsthilfe. Stuttgart 1981

SIDLER, M./ MOOS, W.: Die Beobachtungsklasse Zürich, eine heilpädagogische Einrichtung. In: Zeitschrift für Kinderforschung (1928) S. 75-83

SIDLER, M.: Die Zürcher Realbeobachtungsklasse in den den Jahren 1926-1936. Zürich 1937

SIELAND, B.: Beratung als Ermutigung. In: GREWE, N. (Hrsg.): Beratungslehrer - eine neue Rolle im System. Neuwied, Frankfurt/ M. 1990, S. 55-67

SIELAND, B./ SIEBERT, M. (Hrsg.): Klinische Psychologie für Pädagogen. Braunschweig 1979

SIEVERTS, R.: Arbeitsvertragsbrüche Jugendlicher und ihre Behandlung. In: REICHSMINISTER DER JUSTIZ UND DER REICHSJUGENDFÜHRER DER NSDAP UND JUGENDFÜHRER DES DEUTSCHEN REICHES (Hrsg.): Deutsches Jugendrecht, Heft 4 - Zum neuen Jugendstrafrecht. Berlin 1944, S. 61-82

SIMON, W.: Befund: Legasthenie. - Neue Ergebnisse für die Praxis. Düsseldorf 1981

SINGER, K.: Lehrer-Schüler-Konflikte gewaltfrei regeln - "Erziehungsschwierigkeiten" und Unterrichtsstörungen als Beziehungsschwierigkeiten bearbeiten. Weinheim, Basel 1988

SINGER, K.: Maßstäbe für eine humane Schule - Mitmenschliche Beziehung und angstfreies Lernen durch partnerschaftlichen Unterricht. Frankfurt /M. 1981

SMALE, G.G.: Die sich selbst erfüllende Prophezeiung - Positive oder negative Erwartungshaltungen und ihre Auswirkungen auf die pädagogische und therapeutische Beziehung. Freiburg i.B. (2)1983

SNIJDERS, J.TH./ SNIJDERS-OOMEN, N.: Snijders-Oomen nicht-verbale Intelligenztestreihe (S.O.N.) - Nicht-verbale Intelligenzuntersuchung für Hörende und Taube. Groningen (2)1964

SOLAROVÁ, S.: Zur Theorie der Mehrfachbehinderungen. In: ASPERGER, H. (Hrsg.): 4. Internationaler Kongreß für Heilpädagogik. Wien 1970, S. 76-81

SOLAROVÁ, S.: Zur Theorie der Mehrfachbehinderungen. In: Die Rehabilitation, Jg. 9 (1970), S. 132-139

SOLAROVÁ, S.: Prinzipien sonderpädagogischen Handelns. In: BÄCHTOLD, A./ JELTSCH-SCHUDEL, B./ SCHLIENGER, I. (Hrsg.): Sonderpädagogik - Handlung Forschung Wissenschaft. Festschrift zum 60. Geburtstag von G. Heese. Berlin 1986, S. 149 ff.

SPECHT, F./ SCHMIDTKE, A. (Hrsg.): Selbstmordhandlungen bei Kindern und Jugendlichen - Beiträge zur Erforschung selbstdestruktiven Verhaltens. Regensburg 1986

SPECK, O. (Hrsg.): Pädagogische Modelle für Kinder mit Verhaltensstörungen - Berichte aus dem Ausland. München, Basel 1979a

SPECK, O.: Verhaltensstörungen, Psychopathologie und Erziehung - Grundlagen zu einer Verhaltensgestörtenpädagogik. Berlin 1979b

SPECK, O.: System Heilpädagogik - Eine ökologisch reflexive Grundlegung. München, Basel (2)1991

SPECK, O./ MARTIN, K.-R. (Hrsg.): Sonderpädagogik und Sozialarbeit, Bd. 10. - Handbuch der Sonderpädagogik. Berlin 1990

SPECK, O./ GOTTWALD, P./ HAVERS, N./ INNERHOFER, P.: Schulische Integration lern- und verhaltensgestörter Kinder - Bericht über ein Forschungsprogramm. München, Basel 1978

SPIEL, W. (Hrsg.): Psychologie und Erziehung, Bd. 1 und 2 - Hilfe bei Entwicklungsstörungen. Weinheim, Basel 1986

SPIESS, W. (Hrsg.): Gruppen- und Teamsupervision in der Heilpädagogik - Konzepte und Erfahrungen. Bern, Stuttgart 1991

SPITZ, R.A.: Vom Säugling zum Kleinkind. Stuttgart 1967

SPITZ, R.A.: Die anaklitische Depression. Eine Untersuchung der Genese psychischer Störungen in der frühen Kindheit. In: CREMERIUS, J. (Hrsg.): Psychoanalyse und Erziehungspraxis. Frankfurt/M., Hamburg 1971, S. 204-234

SPITZER, R.L./ GIBBON, M./ SKODOL, A.E./ WILLIAMS, J.B.W./ FIRST, M.B.: DSM-III-R Falldarstellungen - Diagnostisches und Statistisches Manual Psychischer Störungen DSM-III-R. Weinheim 1992

SPRAU-KUHLEN, V.: Verhaltensmodifikation für verhaltensgestörte Schüler. In: GOETZE, H./ NEUKÄTER, H. (Hrsg.): Handbuch der Sonderpädagogik - Pädagogik bei Verhaltensstörungen. Berlin 1989, S. 836-851

STAABS, G. von: Sceno-Test. Bern, Stuttgart, Wien (4)1971

STAATSINSTITUT FÜR SCHULPÄDAGOGIK: Disziplinschwierigkeiten in der Schule - Ursachen, Vorbeugung, Abhilfe. Handreichung für Lehrer der Jahrgangsstufen 5 - 10. Donauwörth 1983

STACHURA, P.D.: Das Dritte Reich und Jugenderziehung: Die Rolle der Hitlerjugend 1933-1939. In: HEINEMANN, M. (Hrsg.): Erziehung und Schulung im Dritten Reich. Teil 1: Kindergarten, Schule, Jugend, Berufserziehung. Stuttgart 1980, S. 90-112

STÄDELI, H. (Hrsg.): Die chronische Depression beim Kind und beim Jugendlichen. Bern 1978

STAERCKE, K./ SCHUMANN, T.: Tendenzen staatlicher Jugendpolitik in Deutschland bis 1933 am Beispiel der Jugendpflege. Berlin 1975 (Diplomarbeit)

STÄNDIGE KONFERENZ DER KULTUSMINISTER DER LÄNDER IN DER BUNDESREPUBLIK DEUTSCHLAND (KMK): Gutachten zur Ordnung des Sonderschulwesens. Bonn 1960

STÄNDIGE KONFERENZ DER KULTUSMINISTER DER LÄNDER IN DER BUNDESREPUBLIK DEUTSCHLAND: Empfehlung zur Ordnung des Sonderschulwesens vom 16. März 1972. In: Zeitschrift für Heilpädagogik, Jg. 23 (1972), Beiheft 9, S. 9-40

STÄNDIGE KONFERENZ DER KULTUSMINISTER DER LÄNDER IN DER BUNDESREPUBLIK DEUTSCHLAND (KMK) (Hrsg.): Empfehlungen für den Unterricht in der Schule für Verhaltensgestörte. Neuwied 1978

STAPF, K.H./ HERMANN, TH./ STAPF, A./ STÄCKER, K.H.: Psychologie des elterlichen Erziehungsstils - Komponenten der Bekräftigung in der Erziehung. Stuttgart 1972

STATISTISCHES BUNDESAMT WIESBADEN (Hrsg.): Statistische Jahrbücher von 1972, 1977, 1982 und 1986-1992 für die Bundesrepublik Deutschland. Stuttgart (2)1972, 1977, 1982, 1986, 1987, 1988, 1989, 1990, 1991 und 1992

STEINBRECHER, W.: Die Bildungssituation schulpflichtiger Kinder und Jugendlicher in Heimen der öffentlichen Erziehung - Ergebnisse einer Untersuchung. Hannover 1984

STEINGRÜBER, H./ LIENERT, G.A.: Hand-Dominanz-Test (HDT). Göttingen 1971

STEINHAUSEN, H.-CH.: Psychosomatische Störungen und Krankheiten bei Kindern und Jugendlichen. Stuttgart 1981

STEINHAUSEN, H.-CH. (Hrsg.): Das konzentrationsgestörte und hyperaktive Kind. Stuttgart 1982

STEINHAUSEN, H.-CH. (Hrsg.): Risikokinder - Ergebnisse der Kinderpsychiatrie und -psychologie. Stuttgart 1984

STEINHAUSEN, H.-CH.: Psychische Störungen bei Kindern und Jugendlichen - Lehrbuch der Kinder- und Jugendpsychiatrie. München, Wien 1988

STEINHAUSEN, H.-CH./ WEFERS, D.: Körperbehinderte Kinder und Jugendliche - Empirische Untesuchung zur Psychologie der Körperbehinderung. Weinheim, Basel 1977

STEINKE, B.: Problemkonstellationen Jugendlicher und Erfolge im berufsbefähigenden Lehrgang (BB-10) Unveröffentlichte Diplomarbeit, Freie Universität Berlin 1991

STENGEL, E.: Selbstmord und Selbstmordversuch. Frankfurt /M. 1969

STEUBER, H.: Zur Häufigkeit von Verhaltensstörungen im Grundschulalter. In: Praxis der Kinderpsychologie und Kinderpsychiatrie, Jg. 22 (1973), S. 246-250

STIKSRUD, A.: Wertewandel. In: ASANGER, R./ WENNINGER, G. (Hrsg.): Handwörterbuch Psychologie. Weinheim (4)1992, S. 848-854

STOCKERT, F.G. von: Kinderselbstmorde. In: STOCKERT, F.G. von/ HUFSCHMIDT, H.J.: Einführung in die Psychopathologie des Kindesalters. München 1967, S. 109-112

STÖHR, R.-M.: Mißhandelnde Eltern und ihre psychosoziale Situation. In: MARTINIUS, J./ FRANK, R.: Vernachlässigung, Mißbrauch und Mißhandlung von Kindern. Bern, Stuttgart, Toronto 1990, S. 31-38

STOTT, D.H./ MARSTON, N.C./ NEILL, S.J.: Taxonomy of behavior disorders. London 1975

STRASBURG, P.A.: Geschlossene Unterbringung von gewalttätigen Jugendlichen? Eine auch in New York aktuelle Frage. In: Zeitschrift für Sozialpädagogik, Jg. 22. (1980), H. 2, S. 83-86

STRASSER, U.: Schulschwierigkeiten - Entstehungsbedingungen, pädagogische Ansätze, Handlungsmöglichkeiten. Luzern 1987

STRAUSS, A.A./ LEHTINEN, L.E.: Psychopathology and Education of the Brain-injured Child. New York 1947

STRIAN, F.: Angst: Grundlagen und Klinik - Ein Handbuch zur Psychiatrie und medizinischen Psychologie. Berlin 1983

STROHMAYER, W.: Vorlesungen über die Psychopathologie des Kindesalters für Mediziner und Pädagogen. Tübingen 1910

STRÜMPELL, L.: Die pädagogische Pathologie oder die Lehre von den Fehlern des Kindes. Leipzig (4)1910

STRUNK, A.: Jugendarbeitslosigkeit, Jugendkriminalität, Jugendberufshilfe. In: Die berufliche Sozialarbeit, Jg. 39 (1988), H. 6, S. 134-138

STRUNK, P.: Formenkreis der endogenen Psychosen. In: EGGERS, CH./ LEMPP, R./ NISSEN, G./ STRUNK, P. (Hrsg.): Kinder- und Jugendpsychiatrie (5) Berlin, Heidelberg, New York, London, Paris, Tokyo, Hong Kong 1989, S. 535-573

STRUNK, P.: Grundzüge der Diagnostik. In: EGGERS, CH./ LEMPP, R./ NISSEN, G./ STRUNK, P. (Hrsg.): Kinder- und Jugendpsychiatrie (5) Berlin, Heidelberg, New York, London, Paris, Tokyo, Hong Kong 1989, S. 37-61

STULZ, G.: Das Wesen der sonderpädagogischen Arbeit am schwererziehbaren Kinde - Dargestellt an einem Falle von Schwererziehbarkeit (Diss. phil.). Hamburg 1930

SÜLLWOLD, F./ BERG, M.: Problemfragebogen für Jugendliche - Deutsche Fassung des SRA Youth Inventory von H.H. Remmers und B. Shimberg. Göttingen 1967

SUTHERLAND, E.H.: Die Theorie der differentiellen Kontakte. In: SACK, F./ KÖNIG, R. (Hrsg.): Kriminalsoziologie. Frankfurt /M. 1968, S. 395 ff.

SUTHERLAND, E.H./ CRESSEY, D.: Principles of Criminology. Philadelphia, New York, Toronto 1974

SUTTON-SMITH, B.: Die Dialektik des Spiels. Schorndorf 1978

SWARTHOUT, D.W.: Enhancing the Moral Development of Behaviorally/Emotionally Handicapped Students. In: J. Behavioral Disorders, Jg. 14 (1988), H. 1, S. 57-68

TARNOPOL, L. (Hrsg.): Neurogene Lernstörungen - Medizinische, psychologische und soziale Aspekte der Behandlung. München, Basel 1981

TAUSCH, R.: Gesprächspsychotherapie. Göttingen (4)1970

TAUSCH, R./ TAUSCH, A.-M.: Kinderpsychotherapie im nicht-direktiven Verfahren. Göttingen 1956

TAUSCH, R./ TAUSCH, A.-M.: Erziehungspsychologie. Göttingen (8)1977

TAUSCH, R./ TAUSCH, A.-M.: Gesprächspsychotherapie - Einfühlsame Gruppen- und Einzelgespräche in Psychotherapie und alltäglichem Leben. Göttingen 1979

TAUSCH, R./ TAUSCH, A.-M.: Erziehungspsychologie - Begegnung von Person zu Person. Göttingen, Toronto, Zürich (10)1991

TEICHER, J.D.: Kinder, die sterben wollen. In: Tempo Medical (1978) H. 6, S. 24-28

TEXTOR, M. (Hrsg.): Praxis der Kinder- und Jugendhilfe - Handbuch für die sozialpädagogische Anwendung des KJHG. Weinheim 1992

THALMANN, H.-CH.: Verhaltensstörungen bei Kindern im Grundschulalter. Stuttgart 1971

THOMAS, K.: Suizid bei Schülern und seine Verhütung. In: SPECHT, F./ SCHMIDTKE, A.: Selbstmordhandlungen bei Kindern und Jugendlichen. Regensburg 1986, S. 75-82

TIEBER, E.: Allgemeine körperliche Untersuchung. In: REMSCHMIDT, H. (Hrsg:): Kinder- und Jugendpsychiatrie. Eine praktische Einführung. Stuttgart, New York (2)1987, S. 31-33

TIEBER, E.: Neurologische Untersuchung. In: REMSCHMIDT, H. (Hrsg:): Kinder- und Jugendpsychiatrie. Eine praktische Einführung. Stuttgart, New York (2)1987, S. 34-35

TIEBER, E.: Zusätzliche Laboruntersuchungen. In: REMSCHMIDT, H. (Hrsg:): Kinder- und Jugend-psychiatrie. Eine praktische Einführung. Stuttgart, New York (2)1987, S. 37-48

TIKKANEN, M.: Aifos heißt Sofia - Leben mit einem besonderen Kind. Reinbek b. Hamburg 1984

TINBERGEN, E.A./ TINBERGEN, N.: Autismus bei Kindern - Fortschritte im Verständnis und neue Heilbehandlungen lassen hoffen. Berlin, Hamburg 1984

TISCHLER, B.: Musik bei neurosegefährdeten Schülern. Regensburg 1983

TORNOW, H.: Verhaltensauffällige Schüler aus der Sicht des Lehrers. Weinheim, Basel 1978

TRABANDT, H./ WURR, R.: Prävention in der sozialen Arbeit - Planung und Durchsetzung institutionel-ler Neuerungen. Opladen 1989

TRESCHER, H.-G.: Theorie und Praxis der psychoanalytischen Pädagogik. Frankfurt /M. 1985

TROCH, A.: Gesprächskreise mit Schülern - Heterogene Beratungsgruppen als Angebot des Beratungszen-trums einer Gesamtschule. Berlin, Freie Universität 1985 (Diss.)

TROST, F.: Die Göttingsche Industrieschule. Berlin 1930

TRUBE-BECKER, E.: Gewalt gegen das Kind. Heidelberg 1982

TRÜPER, J.: Psychopathische Minderwertigkeiten im Kindesalter. Gütersloh 1893

TSCHÖPE, B.: Die Bedeutung des Sports in der Rehabilitation drogenabhängiger Jugendlicher. Hamburg 1979

UFER, CH.: Das Wesen des Schwachsinns. In: UFER, CH.: Beiträge zur pädagogischen Pathologie. Lan-gensalza 1893

ULICH, D.: Das Gefühl - Eine Einführung in die Emotionspsychologie. München 1982

ULICH, K. (Hrsg.): Wenn Schüler stören. München 1980

VERNOOIJ, M.: Schulische Einrichtungen für Verhaltensgestörte. Hagen 1982

VERNOOIJ, M.: Anthropologische Grundlagen. In: GOETZE, H./ NEUKÄTER, H. (Hrsg.): Handbuch der Sonderpädagogik, Bd. 6 - Pädagogik bei Verhaltensstörungen. Berlin 1989, S. 50-70

VERNOOIJ, M.: Hampelliese - Zappelhans - Problemkinder mit hyperkinetischem Syndrom unter beson-derer Berücksichtigung des individualpsychologischen Aspektes. Bern, Stuttgart 1992

VERRES, R./ SOBEZ, I.: Ärger, Aggression und soziale Kompetenz. Stuttgart 1980

VESTER, F.: Denken, Lernen, Vergessen. Stuttgart 1975

VESTER, F.: Phänomen Streß - Wo liegt sein Ursprung. Warum ist er lebenswichtig. Wodurch ist er ent-artet. Stuttgart (2)1980

VILGERTSHOFER, R.: Der Pädagogische Assistent in den Volksschulen Bayerns. München 1979 (Diss.)

VOJTA, V.: Die zerebralen Bewegungsstörungen im Säuglingsalter - Frühdiagnostik und Frühtherapie. Stuttgart 1976

VOPEL, K.: Interaktionsspiele für Kinder. Hamburg 1978

VOSS, R. (Hrsg.): Pillen für den Störenfried. Hamm 1983

VOSS, R.: Anpassung auf Rezept. Stuttgart 1987

VOSS, R. (Hrsg.): Das Recht des Kindes auf Eigensinn - Die Paradoxien von Störung und Gesundheit. München, Basel 1989

VOSS, R.: Warum Philipp zappelt. In: PSYCHOLOGIE HEUTE, Jg. 18 (1991), H. 6, S. 36-42

WACHSMUTH, D.: Zur Psychophysiologie ruhevoller Wachheit - Medizinische Dissertation. Frankfurt /M. 1978

WAGNER, H./ BAUMGÄRTEL, F.: Hamburger Persönlichkeitsfragebogen für Kinder - HAPEF-K. Göt-tingen 1978

WAGNER, H.: Rauschgift-Drogen. Berlin, Heidelberg, New York 1969

WAGNER, J.W.L./ INGENKAMP, K.H. (Hrsg.): Fragebogen zum Selbstkonzept für 4. - 6. Klassen - FSK 4-6. Weinheim 1977

WALLACE, R.K.: The Physiological Effects of Transcendental Meditation - Dissertation Thesis. Los Angeles 1970

WATSON, J.B.: Behaviorismus. Köln, Berlin 1968

WATTS, A.: Kreative Meditation. Basel 1982

WATZLAWICK, P.: Die erfundene Wirklichkeit - Das Konstruieren einer Wirklichkeit. München 1985

WATZLAWICK, P.: Wie wirklich ist die Wirklichkeit - Wahn, Täuschung, Verstehen. München (17)1989

WATZLAWICK, P./ BEAVIN, J.H./ JACKSON, D.D.: Menschliche Kommunikation. Bern, Stuttgart 1969

WEBER, D.: Der frühkindliche Autismus - Unter dem Aspekt der Entwicklung. Bern, Stuttgart, Wien 1985

WEBER, E.: Erziehungsstile. Donauwörth (6)1984

WEBER, W.: Wege zum helfenden Gespräch - Gesprächspsychotherapie in der Praxis. München (3)1975

WEBER-KELLERMANN, I.: Die deutsche Familie - Versuch einer Sozialgeschichte. Frankfurt /M. (6)1981

WEBER-NAU, M.: Wenn Kinder zu Tyrannen werden. In: Stern Magazin (1989) S. 56-62

WEGLER, H.: Die Entwicklungstherapie nach Mary Wood - Modell eines integrativen Therapiezentrums mit Spezialunterricht. In: SPECK, O. (Hrsg.): Pädagogische Modelle für Kinder mit Verhaltensstörungen. München, Basel 1979, S. 100-137

WEIDLICH, S./ LAMBERTI, G.: Diagnosticum für Cerebralschädigung - DCS - Handbuch. Bern, Stuttgart, Wien (2. vollständig neubearbeitete Auflage)1980

WEINBERGER, S.: Klientenzentrierte Gesprächsführung - Eine Lern- und Praxisanleitung für helfende Gespräche . Weinheim, Basel 1988

WEINERT, F.E.: Schulstreß und Schülerängstlichkeit. Tübingen 1982

WEINGARTEN, E./ SACK, F. (Hrsg.): Ethnomethodologie - Beiträge zu einer Soziologie des Alltagshandelns. Frankfurt /M. 1976

WEIS, S./ THALLER, R./ VILLRINGER, A./ WENGER, E.: Das Gehirn des Menschen - Morphologie, Kernspintomographie und 3 D-Computerrekonstruktion. Göttingen, Toronto, Zürich 1992

WEISS, H.: Familie und Frühförderung - Analyse und Perspektiven der Zusammenarbeit mit Eltern entwicklungsgefährdeter Kinder. München 1989

WELTGESUNDHEITSORGANISATION (WHO)/ DILLING, H./ MOMBOUR, W./ SCHMIDT, M.H. (Hrsg.): Internationale Klassifikation psychischer Störungen - ICD-10 Kapitel V (F) - Klinisch-diagnostische Leitlinien. Bern, Göttingen, Toronto (1)1991

WENDER, P.H./ WENDER, E.H.: Das hyperaktive Kind und das Kind mit Lernstörungen. Ravensburg 1988

WENDLANDT, W. (Hrsg.): Rollenspiel in Erziehung und Unterricht. München 1977

WENDT, H./ KUMMER, R.-M./ TUCHSCHEERER, G.: Spieltherapiekatalog - Hilfsmittel im Umgang mit psychisch fehlentwickelten Kindern. Leipzig 1981

WENDT, W.R.: Geschichte der sozialen Arbeit. Stuttgart (2)1985

WENDT, W.R.: Diplom-Sozialpädagoge/ Diplom-Sozialpädagogin (BA) - Bundesanstalt für Arbeit (Hg.) - Blätter zur Berufskunde, Bd. 2 - IV A 31. Bielefeld (1)1987

WERKHOVEN, van W.: Das Projekt "Abstimmung der Lehrerinstruktion auf die Bedürfnisse des Schülers" dargestellt am Beispiel des Schriftspracherwerbs. Utrecht o.J.

WERKHOVEN, van W.: The Attunement Strategy Abroad - A brief report on work undertaken in Berkshire and in Berlin. Utrecht o.J.

WERNER, P.: Die Einweisung in polizeiliche Jugendschutzlager. In: REICHSMINISTER DER JUSTIZ UND DER REICHSJUGENDFÜHRER DER NSDAP UND JUGENDFÜHRER DES DEUTSCHEN REICHES (Hrsg.): Deutsches Jugendrecht, Heft 4 - Zum neuen Jugendstrafrecht. Berlin 1944, S. 95-106

WERNING, R.: Das sozial auffällige Kind - Lebensweltprobleme von Kindern und Jugendlichen als interdisziplinäre Herausforderung. Münster, New York 1989

WESTMEYER, H.: Logik der Diagnostik - Grundlagen einer normativen Diagnostik. Stuttgart 1972

WICHERN, J.H.: Ausgewählte Schriften, Bd.1 u. Bd. 2 - Herausgegeben von K. Janssen. Gütersloh 1956 u. 1958

WIENHUS, J.: Die Schule für Kranke. Rheinstetten 1979

WIESENHÜTTER, E.: Erscheinungswesen und Ursachen der Verhaltensstörungen. In: LÜCKERT, H.-R. (Hrsg.): Handbuch der Erziehungsberatung, Bd. 1. München 1964, S. 138-169

WILLMS, H.: Musiktherapie bei psychotischen Erkrankungen. Stuttgart 1975

WINKEL, R.: Pädagogische Psychiatrie für Eltern, Lehrer und Erzieher - Einführung in neurotische und psychotische Schule- und Erziehungswirklichkeiten. München 1977

WINKEL, R.: Pädagogische Psychiatrie für Eltern, Lehrer und Erzieher - Neuausabe der Einführung in neurotische und psychotische Schul- und Erziehungswirklichkeiten. Frankfurt /M. 1991

WITTROCK, M.: Kollegiale Praxisberatung. In: Sonderpädagogik, Jg. 21 (1991), H. 2, S. 94-98

WÖHLER, K.: Sonderpädagogische Förderung: Ökologische Perspektive. In: Zeitschrift für Heilpädagogik, Jg. 8 (1986), S. 521-534

WOLFF, R.: Kindesmißhandlung. In: SPECK, O./ MARTIN, K.R. (Hrsg.): Sonderpädagogik und Sozialarbeit, Bd. 10 - Handbuch der Sonderpädagogik. Berlin 1990, S. 589-596

WOLFFERSDORFF, CH. von/ SPRAU-KUHLEN, V./ KERSTEN, J.: Geschlossene Unterbringung in Heimen - Zusammenfassende Darstellung von Projektergebnissen. München 1987

WOLPE, J.: Experimental Neurosis as a Learnt Behavior. In: British Journal of Psychology, Jg. 43 (1952), S. 243-268/613-616

WOOD, M.M.: Developmental Therapy - A Textbook for Teachers or Therapists for Emotionally Disturbed Children. Baltimore 1975

WUNDT, M.: Goethes Wilhelm Meister und die Entwicklung des modernen Lebensideals. Berlin, Leipzig 1932

WÜNSCHMANN, B.: Alkohol. In: DEUTSCHE HAUPTSTELLE GEGEN SUCHTGEFAHREN (Hrsg.): Jahrbuch Sucht 1992. Geesthacht 1991, S. 5-18

WURST, F.: Varianten des Spielverhaltens aus klinischer Sicht. In: KREUZER, K.J. (Hrsg.): Handbuch der Spielpädagogik: Spiel im therapeutischen und sonderpädagogischen Bereich, Bd. 4. Düsseldorf 1984, S. 225-238

ZAJONC, R.B.: Feeling and thinking. Preferences need no inferences.. In: American Psychologist (1980) H. 2, S. 151-175

ZENTALL, S.S.: Environmental Stimulation Model. In: Exceptional children, Jg. 43 (1977), S. 502-510

ZENTRALSTELLE FÜR PSYCHOLOGISCHE INFORMATION UND DOKUMENTATION AN DER UNIVERSITÄT (Hrsg.): Drogenabhängigkeit - Drogensucht - 1. Entstehung, Prävention, Drogenpolitik 2. Intervention, Therapie, Rehabilitation. Trier 1987

ZIEHEN, TH.: Die Geisteskrankheiten einschließlich des Schwachsinns und der psychopathischen Konstitutionen im Kindesalter. Berlin Bd.I 1915, Bd.II 1917, (2)1926

ZILER, H.: Der Mann-Zeichen-Test. Münster (6)1977

ZULLIGER, H.: Die Angst unserer Kinder - 10 Kapitel über Angstformen, Auswirkungen, Vermeidung und Bekämpfung der kindlichen Ängste. Stuttgart 1966

ZULLIGER, H.: Heilende Kräfte im kindlichen Spiel. Stuttgart (5)1967

ZULLIGER, H.: Schwierige Kinder. Bern, Stuttgart, Wien (6)1970

ZUMKLEY-MÜNKEL, C.: Freiheit und Zwang in Erziehung und Unterricht. Göttingen 1984

ZYGOWSKY, H.: Psychotherapie. In: HÖRMANN, G./ NESTMANN, F. (Hrsg.): Handbuch der psychosozialen Intervention. Opladen 1988, S. 128-139

VERLAG FÜR GEISTES-, SOZIAL- UND
WIRTSCHAFTSWISSENSCHAFTEN

Ulrich Bleidick u.a.

Einführung in die Behindertenpädagogik

Band I: Allgemeine Theorie der Behindertenpädagogik
5., unveränderte Auflage
142 Seiten. Kart. DM 26,-
ISBN 3-17-012757-8
Urban-Taschenbücher, Band 252

Band II: Blinden-, Gehörlosen-, Geistigbehinderten-,
Körperbehinderten- und Lernbehindertenpädagogik
4., überarbeitete und erweiterte Auflage
132 Seiten. Kart. DM 28,-
ISBN 3-17-012722-5
Urban-Taschenbücher, Band 253

Band III: Schwerhörigen-, Sehbehinderten-,
Sprachbehinderten- und Verhaltensgestörtenpädagogik
4., überarbeitete Auflage
144 Seiten. Kart. DM 28,-
ISBN 3-17-013062-5
Urban-Taschenbücher, Band 254

Die dreibändige „Einführung in die Behindertenpädagogik" bietet einen
Überblick zum aktuellen wissenschaftlichen Diskussionsstand über
Behinderungen aus pädagogischer Sicht. Für jeden Bereich wird eine
komprimierte Einführung auf dem neuesten Stand geboten. Auf die
Klärung fachspezifischer Grundbegriffe folgen Übersichten zu allgemeinen Erscheinungsformen und Ursachen der spezifischen Behinderung,
zu den Erziehungs-, Unterrichts- und Therapiemöglichkeiten und
schließlich Ausblicke auf die Entwicklungstendenzen innerhalb des
Fachbereichs. Die aktualisierten und überarbeiteten Bände dieser
„Einführung" bilden in der Neuauflage weiterhin für Studium und Praxis
ein unentbehrliches und leicht handhabbares Standardwerk.

W. Kohlhammer GmbH · 70549 Stuttgart · Tel. 0711/78 63 - 280